중고중국어의 세계

# 百喻經의 언어

중고중국어의 세계

# 百喩經의 언어

박원기 지음

學古房

# 서문

　필자가 처음 ≪百喩經≫을 접한 것이 벌써 십여 년 전이다. 우연히 중고시기 문헌을 뒤적이다가 ≪百喩經≫이란 이름이 붙은 글 한편을 읽으면서 그것의 존재를 인식하게 되었다. 그때 필자는 실로 놀라움을 금할 길 없었다. 그것은 다름 아닌 ≪百喩經≫의 평이한 문체 때문이었다. 평소에 필자는 고대 중국어에 대해 깊은 관심을 갖고 연구를 하면서 항시 그것의 난해함 때문에 치를 떨었다. 한 마디로 쉽게 해석이 안 되었기 때문이다. 그런데 이 문헌은 마치 당시 실제 중국인들이 내 눈앞에 나타나서 당시 중국어로 대화를 하듯이 아주 생생하고 입체적으로 다가왔다. 그때 필자는 반드시 이 책으로 당시 언어를 연구하겠다고 다짐을 하였고 마침내 십여 년 후 드디어 그 계획을 실천에 옮기게 되었다.

　≪百喩經≫은 많은 의미를 지닌 텍스트이다. 이것을 전면적으로 연구하는 작업은 중국 역사어법 연구의 여러 면에서 중요한 의미를 가질 수 있다. 이에 본서를 집필하게 된 목적과 본서의 특징에 대해 주요 키워드를 중심으로 아래와 같이 소개해 보고자 한다.

　**첫째, '중고(中古)'.** 본서는 중국어의 여러 발전 단계 중 중고시기를 선택하였다. 중국어의 발전 단계는 선진(先秦) 및 양한(兩漢)의 '상고시기'와 당송(唐宋) 및 원명청(元明淸)의 '근대시기'가 있고 이 둘을 연결하는 위진남북조의 '중고시기'가 있다. 상고중국어는 ≪論語≫나 ≪孟子≫ 등으로 유명한 이른바 한문(漢文)을 통해서 우리에게 비교적 친숙해진 중국어이다. 이에 대해서는 국내외 여러 학자들이 지금까지 많은 연구를 해오고 있다. 근대중국어는 당왕조 이후의 시대로 우리에게는 낯설 수 있으나 중국어를 연구하는 이들에게는 주요한 연구의 대상이 되어 왔고 특히 현대중국어의 직계 조상이기 때문에 큰 관심을 받아 왔다. 그렇다면 '중고'는 어떠한가? 이 시기의 언어자료들을 얼핏 보면 상고중국어와 크게 구별되지 않아 보인다. 그래서 太田辰夫는 이 시기를 '고대중국어의 말기에 해당하며 일종의 질변(質變)과 혼란(混亂)의 시기'라고 묘사하고 있다. 즉, 이른바 고대중국어의 끝 무렵으로 근대로 변화해가는 과도기에 위치한 시기인 것이며 이 시기에 특히 크나큰 변화가 발생했음을 의미한다. 그 변화란 바로 형태·통사 상의 매우 중요한 유형상의 변화이다. 이처럼 겉보기로는 여전히 상고중국어의 연장과 같아 보이지만 그 내부엔 엄청난 변화를 품고 있기 때문에 이 시기의 진면목을 밝혀내기란 여간 어려운 것이 아니다. 그렇기 때문에 우리나라 학계에서는 다소 생소한 감이 없지 않아 있다. 우리에게는 그러하나 중국과 일본 등 해외의 학자들은 일찍부터 이 시기에 주목을 해 왔고 이미 많은 연구 성과를 이루어 냈다. 이에 필자는 우리에게 다소 낯설면서 동시에 연구 가치가 높은 이 시기를 그 연구 대상으로 삼았다.

둘째, '불경역경(佛經譯經)'과 ≪百喩經≫. 중고중국어를 연구할 수 있는 자료는 많이 있다. 그리고 이들은 대체로 중국 본토에서 중국인이 저술한 중토(中土)문헌과 불경을 중국어로 번역한 불경역경으로 구분할 수 있다. 그런데 이 가운데 불경역경은 그 문체가 매우 평이하고 구어성이 높아 당시 실제 언어의 면모를 많이 반영하고 있다. 이에 필자는 그 대상을 불경역경 자료로 한정하였고 그 가운데 ≪百喩經≫을 선택하였다. ≪百喩經≫은 5세기에 출현한 대표적인 남북조 시기 불경역경으로 내용이 매우 평이하고 구어성이 높은데다가 현재까지 다수의 중국역사어법 논저와 사서(辭書)에서 인용이 많이 이루어지고 있는 문헌이다. 이에 필자는 이것을 주요 대상으로 선정하게 되었다.

셋째, 각종 '허사'와 '술보구조'. 본서에서는 ≪百喩經≫의 대명사, 전치사, 조사, 접속사, 양상동사, 부사라고 하는 주요 허사들을 일차적인 연구대상으로 하였다. 이들은 기본적으로 어떤 중국어의 전서(專書) 연구에서도 빠지지 않는 허사 목록이다. 특히 이들에 대한 묘사를 통해 상고의 자료와 근대의 자료 간에 존재하는 해당 허사의 발전 면모를 파악할 수 있기 때문에 본서에서는 이들 허사를 주요 대상으로 하고 있다. 뿐만 아니라 본서는 또 '술보구조'도 대상으로 하고 있다. 이 시기에 출현한 각종의 통사구조 가운데 술보구조는 바로 위진남북조라는 시기를 대표하고 상징하는 매우 중요한 형식이다. 술보구조는 상고와 근대를 가름하는 매우 중요한 언어 현상이라는 이유가 있기 때문에 본서에서는 특별히 이것을 선택하였다.

넷째, 공시·통시선상의 묘사와 해석. 본서는 기본적으로 ≪百喩經≫에 출현한 상기의 허사 등에 대해 공시적인 묘사·귀납을 진행하였다. 이와 함께 각종 허사들의 상고부터 근대에 이르는 통시적인 변화를 묘사하였다. 특히 중요한 방법론은 바로 통시적인 해석으로 여기서 필자는 대표적인 해석 이론인 '문법화'이론을 적용하여 일부 허사들이 탄생하게 되는 인지언어학적, 화용론적인 기제를 제시하였다. 이 문법화 이론의 적용을 통해 인류언어의 일종인 중국어가 인간의 인지능력을 어떻게 공유하고 있는지, 그리고 '대화'라고 하는 언어 변화의 공간 속에서 어떠한 의미화가 잉태되고 생산되는지 밝혀낼 수가 있다.

이상의 내용을 한 마디로 정리하면 "본서는 중고중국어의 대표적인 불경역경 문헌인 ≪百喩經≫을 대상으로 그것의 각종 허사 및 술보구조 등에 대해 공시·통시선상의 묘사와 해석을 진행하는 것"이라 말할 수 있겠다.

언어란 항시 '가랑비에 옷 젖듯' 변화해 가면서 궁극적으로는 대 변화로 귀결되는 것이지만 그것을 연구하는 연구자들은 결국 '눈감고 코끼리 만지듯' 하고 만다. 중고시기가 바로 전형적인 '가랑비에 옷 젖듯' 변화해 갔던 시기이다. 그리하여 역시 그 결과는 상고중국어에서 근대중국어라고 하는 대 격변이 이루어지고 말았다. 이러한 변화에 대해 필자 자신이 여러 연구자들에게 보다 많은 정보를 그리고 보다 전면적으로, 체계적으로 소개해주고 싶었지만 일천한 깜냥의 한계로 결국 코끼리의 한쪽만 만지지 않았나 싶다. 특히나 상고에서 중고에 이르는 형태상의 변화에 대해서는 사실상 다루지 못하고 있어 못내 아쉬움으로 남는다. 비록 그러하나 본서가 향후 국내의 중고중국어 연구에 조금이나마 도움이 될 수 있기를 바라며 후속의 연구가 지속적으로 나와 코끼리를 완벽하게 묘사해낼 수 있는 시기가 오길 바란다. 그리고 졸저의 미진한 부분에 대해 많은 이들의 질정이 있기를 바란다.

　　장황한 췌언(贅言)으로 늘어난 분량에도 마다하지 않고 기꺼이 이를 출판해주신 학고방의 하운근 사장님과 직원 여러분들께 다시 한 번 감사의 말씀을 전한다. 그리고 이 책을 서술하고 교정하는 동안 필자에게 소중한 가르침을 주신 고려대학교 중국언어학 전공 師兄, 師弟분들께도 감사의 말씀을 전한다. 마지막으로 이 책을 집필하는 동안 곁에서 나에게 큰 힘이 되어주었던 나의 아내 김희경과 아들 유건이에게도 고마움을 전하고 싶다.

2015년 9월
인문대 연구실에서

목차

/ 제1장 /
≪百喻經≫과
중고중국어

1.1 ≪百喻經≫의 成書와 언어적 특징　　15
　　1.1.1 ≪百喻經≫의 저자 및 成書과정　　15
　　1.1.2 ≪百喻經≫ 언어의 특징　　16

1.2 중고중국어의 특징　　23
　　1.2.1 중고중국어 시기구분 문제　　23
　　1.2.2 중고중국어의 주요 특징　　24

1.3 문법화 이론 소개　　32

1.4 본서의 연구내용 및 서술방식　　39


/ 제2장 /
대명사

2.1 인칭대명사　　43
　　2.1.1 상고중국어 인칭대명사의 형태 현상　　43
　　2.1.2 1인칭대명사　　45
　　2.1.3 2인칭대명사　　47
　　2.1.4 3인칭대명사　　53
　　2.1.5 재귀대명사　　58

2.2 지시대명사　　62
　　2.2.1 근칭지시대명사　　62
　　2.2.2 원칭지시대명사　　66
　　2.2.3 旁指대명사　　71
　　2.2.4 無定대명사　　74

2.3 의문대명사　　76

2.4 대명사 소결　　91

/ 제3장 /
전치사

3.1 처소전치사 98
3.2 시간전치사 109
3.3 대상전치사 116
3.4 도구/의거 전치사 132
3.5 원인 전치사 135
3.6 전치사 소결 139
    3.6.1 각 전치사들의 특징 141
    3.6.2 전치사구의 어순 상황 142

/ 제4장 /
조 사

4.1 어기조사 149
    4.1.1 진술어기조사 150
    4.1.2 의문어기조사 160
    4.1.3 가설어기조사 166
    4.1.4 감탄어기조사 168
    4.1.5 명령어기조사 169
    4.1.6 문두어기조사 173
4.2 구조조사 174
    4.2.1 之 175
    4.2.2 者3 178
    4.2.3 所 183
4.3 조사 소결 188

/ 제5장 /
접속사

5.1 연합관계 접속사 195
    5.1.1 병렬 접속사 195
    5.1.2 승접 접속사 203
    5.1.3 선택 접속사 217
    5.1.4 점층 접속사 220
5.2 주종관계 접속사 222
    5.2.1 가설 접속사 222
    5.2.2 양보 접속사 225
    5.2.3 인과 접속사 229

5.2.4 역접 접속사     237

5.2.5 조건 접속사     242

5.3 접속사 소결     243


/ 제6장 /

양상동사

6.1 단음절 양상동사     252

    6.1.1 能     252

    6.1.2 解     255

    6.1.3 可     259

    6.1.4 得     262

    6.1.5 欲     267

    6.1.6 願     269

    6.1.7 肯     270

    6.1.8 敢     271

    6.1.9 應     272

    6.1.10 當     274

    6.1.11 宜     276

    6.1.12 須     277

6.2 쌍음절 양상동사     278

    6.2.1 應當 要當 當須 宜應     279

    6.2.2 可以 足以     280

    6.2.3 意欲 欲得     282

6.3 양상동사 소결     283


/ 제7장 /

完成動詞 및
술보구조

7.1 중국어의 유형적 변화와 보어의 탄생     290

7.2 술보구조의 탄생과정(동결식을 중심으로)     295

7.3 ≪百喻經≫ 각 술보구조의 특징     297

    7.3.1 動結式     298

    7.3.2 動趨式     320

7.4 'V1+(NP)+令+V2' 사역구문     323

7.5 完成동사 및 술보구조 소결     325

/ 제**8**장 /
## 부사

| | |
|---|---|
| 8.1 범위부사 | 333 |
|   8.1.1 총괄류 | 334 |
|   8.1.2 한정류 | 350 |
|   8.1.3 동일류 | 357 |
| 8.2 시간부사 | 363 |
|   8.2.1 과거/이미류 | 363 |
|   8.2.2 미래류 | 372 |
|   8.2.3 선후류 | 377 |
|   8.2.4 始初류 | 378 |
|   8.2.5 최종류 | 383 |
|   8.2.6 즉시류 | 388 |
|   8.2.7 지속불변류 | 404 |
|   8.2.8 점차류 | 416 |
|   8.2.9 항시류 | 417 |
|   8.2.10 잠시류 | 422 |
|   8.2.11 不定時류 | 424 |
|   8.2.12 반복류 | 428 |
| 8.3 추가부사 | 440 |
| 8.4 관련부사 | 447 |
|   8.4.1 병렬류 | 447 |
|   8.4.2 승접류 | 451 |
|   8.4.3 역접/전환류 | 466 |
|   8.4.4 양보류 | 469 |
| 8.5 정도부사 | 471 |
|   8.5.1 절대류 정도부사 | 471 |
|   8.5.2 상대류 정도부사 | 482 |
| 8.6 어기부사 | 488 |
|   8.6.1 긍정/강조류 | 489 |
|   8.6.2 추측류 | 512 |
|   8.6.3 意願류 | 513 |
| 8.7 부정부사 | 515 |
|   8.7.1 일반성 부정 | 515 |
|   8.7.2 기발생(已然性) 부정 | 521 |
|   8.7.3 판단성 부정 | 526 |
|   8.7.4 금지성 부정 | 527 |

8.8 대명사성指代性 부사         530

8.9 방식/상태부사         532

   8.9.1 방식류         533

   8.9.2 상태류         538

8.10 부사 소결         557

• 참고문헌 목록         570
• 허화성분 표제어 색인         577

# 일러두기

본서에서는 기본적으로 아래와 같은 원칙에 입각하여 서술이 이루어졌다.

1. 한자 표기는 기본적으로 '번체'를 원칙으로 한다. 다만, 본문에 출현하는 현대중국어의 경우는 '간체'로 표기한다.
2. 한글과 한자는 병기하지 않고 한자를 그대로 쓰는 것을 원칙으로 한다. 다만 중국식 문법 용어와 한국식 문법 용어의 구분 표시 등을 위해 의도적으로 '한글(한자)'로 병기한다.
   예) 용언성(謂詞性)
3. 본서의 기본적인 문법 용어는 가급적 한국식 문법 용어로 순화하여 쓰는 것을 원칙으로 하나 특수한 경우에 한하여 중국식 용어를 그대로 사용하며 경우에 따라 한자 그대로 표기하기도 한다.
   예) '고한어'(※ 한국어로 '고대중국어'이나 '고대중국어'는 자칫 '상고중국어'와 헷갈릴 수가 있기 때문에 '옛 중국어'의 개념으로 '고한어'를 사용한다.)
   예) '旁指', '無定', '意願' 등
4. 본서의 모든 예문은 한국어로 번역함을 원칙으로 한다.
5. 본서에서 타 논저의 예문을 인용한 경우, 본문 또는 각주에서 그 출처를 밝히는 것을 원칙으로 하나 일부는 각주에서 그 출처를 최초로 밝힌 후 그 뒤에 별도의 명기를 하지 않을 수도 있다

제 **1** 장

# ≪百喻經≫과 중고중국어

1.1 ≪百喻經≫의 成書와 언어적 특징
1.2 중고중국어의 특징
1.3 문법화 이론 소개
1.4 본서의 연구내용 및 서술방식

중고중국어의 시기는 흔히들 상고중국어와 근대중국어를 잇는 과도적 역할을 한 시기로 인식되어 있다. 그것은 그만큼 중고중국어가 상고중국어와도 닮아 있지만 근대중국어의 주요 특징들이 맹아하고 있었기 때문이다. 그러한 중고중국어 시기를 거쳐 탄생한 근대중국어는 상고중국어와 매우 다른 언어 체계를 보여주고 있다. 그렇다면 이러한 차이는 어떻게 형성된 것일까? 그것은 주로 상고중국어에서 중고중국어 사이에 발생했던 형태상의 변화로 인한 것이었다. 그리고 각종 새로운 허사의 탄생, 술보구조의 탄생, 전치사구, 의문사 의문문 등의 어순의 변화가 함께 출현하면서 상고중국어와는 다른 면모로 발전하였던 것이다. 지금 우리가 보는 현대중국어는 그 위로 천년 정도 올라간 唐五代나 宋代의 중국어 모습과 비교했을 때 사실상 큰 차이가 느껴지지 않을 정도로 유사하다. 그러한 이유로는 구체적인 각종 허사나 문법구조, 구문 등이 유사하기 때문일 수도 있겠지만 이러한 것들은 표면적인 면모이고, 무엇보다 유형적인 동질성, 어순상의 일치성 등 저변의 모습이 주요한 원인이 되고 있다. 중고중국어 시기의 변화는 바로 이러한 눈에 쉽게 띄지 않는 저변의 모습을 갖추어 주는 역할을 하였다. 중고중국어는 바로 이러한 특징을 갖고 있기 때문에 중국어의 역사를 연구함에 있어 매우 중요한 의미를 갖는다.

위진남북조 시기에도 당시의 구어 상황을 적나라하게 반영하고 있는 수많은 문헌들이 존재하였다. 이들 문헌은 그 성격에 따라 크게 두 가지로 양분할 수 있다. 먼저, 중국 본토에서 중국인이 서술한 문헌이 있고, 외국인이 중국어를 이용하여 외국책을 번역한 문헌이 있다. 전자를 일명 '中土문헌'이라고 하며, 후자는 주로 불경을 대상으로 하였기 때문에 '佛經譯經'이라고 한다. 대표적인 中土문헌에는 ≪世說新語≫, ≪洛陽伽藍記≫, ≪齊民要術≫ 등이 있고, 불경역경에는 ≪雜寶藏經≫, ≪賢愚經≫, ≪百喩經≫, ≪妙法蓮華經≫ 등이 있다. 이 가운데 불경역경은 비록 번역서이긴 하나 문체가 매우 생생한 구어로 되어 있고 간결하여 당시 구어의 상황을 파악하는데 매우 적합하다. 사실 이미 오래 전부터 중국 및 해외의 여러 학자들이 불경역경을 가지고 중고중국어를 연구해 오고 있다. 본서에서는 이 가운데 ≪百喩經≫을 택하여 여기에 출현한 각종 허사 및 일부 문법구조에 대해 분석해보고자 한다. ≪百喩經≫의 문법과 관련하여 기간논문, 학위논문 등 다수의 연구 성과가 나온 상태이다. 그러나 대부분 일부 허사에 국한해 다루고 있고 전면적이지가 못해 필자는 이 기회를 들어 ≪百喩經≫에 대한 전면적 연구를 진행해보고자 한다. 다만, ≪百喩經≫의 언어를 연구하기에 앞서 본 문헌 및 중고중국어의 일반적인 특징, 그리고 이들 허사를 분석하는데 필요한 최신 문법화 이론에 대해 소개하고자 한다.

≪百喩經≫의 成書와 언어적 특징

### 1.1.1 ≪百喩經≫의 저자 및 成書과정

≪百喩經≫은 원래 梵文으로 쓰인 원본을 漢語로 번역한 것이며 그 원본은 고대 인도의 승려 伽斯那가 지었다. 伽斯那는 大乘法師로 대승불교의 이치를 전파할 목적으로 이것을 저술했으며 ≪百喩經≫속에는 '中道思想', '識의 虛妄' 등 이른바 대승불교의 주요 사상들이 담겨 있다. 이 책에서 伽斯那는 98개의 비유고사를 이용하여 대승불교의 이치를 소개하고 있는데 단순히 이것만 소개함에 그치지 않고 小乘佛敎의 이치를 비판하는 내용도 싣고 있었다. 대승불교가 A.D 1C쯤에 출현하였고 이 책(원본)이 저술된 시점은 아마도 대승불교와 소승불교가 한참 첨예하게 대립하던 시기였을 것으로 추정된다. 작자는 ≪經藏≫12部經 가운데 '譬喩98則'을 취하여 한 권의 책으로 편하였고 그 책의 맨 뒤에 "尊者僧伽斯那造作癡華鬘竟"이라 적었다. 이로써 ≪百喩經≫의 원명이 '癡華鬘(치화만)'임을 알 수 있다. '癡'는 곧 '어리석은 사람, 우매한 사람'이고, '華鬘'이란 당시 고대 인도에서 유행하던 일종의 고사 강설 체재이다. 즉, 여러 고사를 하나로 모아 놓은 것이 마치 아름다운 꽃잎을 엮어 화환으로 만든 것과 같다는 의미이다. 따라서 '癡華鬘'이란 '어리석은 사람의 고사집'으로 풀이할 수 있다. 이것이 '百喩經'이란 이름으로 바뀐 것에 대해서는 현재로서는 그것을 번역한 자가 한 것으로 보고 있다. 원본의 成書 연대는 작자인 伽斯那가 A.D354년에 출생하였기 때문에 아마도 400~450년 사이일 것으로 추정하고 있다.

한편, 원본을 漢語로 번역한 이는 바로 伽斯那의 제자인 求那毗地이다. 伽斯那가 처음 이것을 서술했을 때 이 책의 이름을 '經'으로 하지 않았으나 역자인 求那毗地가 A.D493년 永明년간에 이것을 번역한 후 이름에 '經'을 붙여 '百喩經'으로 하였다고 알려져 있다. 일반적으로 '佛說'이어야만 '經'이라 하는데 사실 이 책의 내용 중 일부는 ≪大般若涅槃經≫ 등의 불경으로부터 온 것이기 때문에 '經'이란 이름을 붙였다고 한다. ≪百喩經≫은 '백 가지 비유'인데 사실 고사는 총 98개 밖에 나오지 않는다. 이에 대해 앞의 '引言'과 맨 뒤의 '偈頌'을 합쳐 '100개'라고 말하는 설도 있다.

현존하는 ≪百喩經≫은 두 가지 판본이 있다. 하나는 四卷本으로 ≪高麗藏≫第三十卷에 수록된 것이 있는데 이것은 引言부분이 빠져 있다. 다른 하나는 二卷本으로 民國3

년(1914년) 金陵刻經處에서 魯迅이 발행한 것이다. 여기에는 '聞如是'로 시작하는 引言이 있다.

본서는 魯迅 탄생 100주년 기념으로 周紹良이 中華書局에서 1993년 발행한 ≪百喩經譯注≫를 기본 저본으로 하여 연구를 하였는데, 이 책은 앞의 판본 중 魯迅이 발행한 것에 기반하고 있다.

## 1.1.2 ≪百喩經≫ 언어의 특징

위진남북조 시기엔 상고중국어로부터 변화된 언어 모습을 반영한 자료들이 다수 출현하였다. 이 시기에는 중국인들이 쓴 中土문헌도 존재하지만 불경을 번역한 불경역경 문헌들이 대거 등장하였다. 불경역경 문헌은 中土문헌에 비해 상대적으로 구어성이 높은 편이다. 그것은 불경을 민간에 쉽게 전파시키고자 하는 목적이 있었기 때문이다. 따라서 당시 기득권층에서 사용하던 전통 문언문의 틀을 따르지 않아도 되고 어휘나 표현 역시 실제 구어에 입각해 기술을 해도 되었던 것이다. 특히 점차 문언문과 구어의 괴리가 시작된 위진남북조 시기부터는 이러한 현상이 당연했을 것이고 그 이후 唐, 宋代에도 이러한 전통은 지속되었다. 그래서 우리가 흔히 근대중국어 연구의 중요 자료로 인식하고 있는 ≪敦煌變文≫이나 ≪祖堂集≫ 역시 불경 관련 자료들이다.

그렇다면 위진남북조 시기의 언어를 연구하는 대표적인 구어성 자료로서 ≪百喩經≫은 어떠한 특징을 갖고 있을까? 이에 대해 몇 가지 차원에서 얘기해 볼 수 있다.

### 1) 구어성이 강한 성격

≪百喩經≫의 언어는 무엇보다 '구어성'으로 대표할 수 있다. 그리하여 당시 문언문에서 사용되던 문법, 어휘, 어순이 채택되지 않았고 당시의 실제 구어에서 사용하는 문법, 어휘, 어순이 대거 채택되었다. 예를 들어, "汝是愚人."이라고 하는 是字 판단문은 東漢 시기부터 출현하여 이미 당시에는 실제 언어에서 활약을 하던 문법 형식인데 여기에서 빈번하게 등장하고 있다. 만약 문언문을 사용했다면 이러한 표현보다 '也' 등의 어기조사로 끝나는 형식이나 '是'가 없는 형식이 사용되었을 것이다. 또 "以石打折", "卽便以嘴啄雌鴿殺" 등의 술보구조 형식 역시 문언문에서는 거의 출현하지 않는 것이다. 그 외에 "口中含嚼, 吐著掌中"이나 "時彼禿人, 往至其所" 등에서 출현하는 전치사 '著', '至', "世間愚人, 亦復如是"에서 등장하는 부사 '亦復', "與我物來"에 등장하는 명령어기조사 '來',

"解作彼家端正舍不?"에 등장하는 양상동사 '解' 등의 허사들 역시 당시 문언문에서는 좀처럼 보기 드문 어휘들이다. 이들 대신, 전치사 '於', 부사 '亦', 양상동사 '能' 등이 문언문에 더 자주 보인다. 바로 이렇게 구어성이 농후한 허사와 문법구조는 물론 당시 새롭게 출현한 쌍음절 實詞들도 대거 등장하고 있었다.

한편, 이러한 측면 외에도 ≪百喩經≫은 문체 자체가 매우 간결하고 명쾌하다. 동시기 문헌인 ≪世說新語≫를 보면, 다음과 같은 표현이 나온다.

(1) 郭林宗至汝南, 造袁奉高, 車不停軌, 鸞不輟軛; 詣黄叔度, 乃彌日信宿. (德行3)
(곽림이 汝南에 가서 袁奉高(즉, 袁閬)을 방문했을 때, 수레가 바퀴 자국도 멈추지 않았고, 말방울이 마구에서 여전히 울리고 있었다. 黄憲을 방문했을 때는 마침내 하루 종일 머물렀으며 이틀 밤을 묵었다.)

여기서 '車不停軌', '鸞不輟軛' 등의 비교적 복잡한 비유적인 수사 표현이 등장하고 있으며 '彌日(하루 종일)', '信宿(이틀 밤)'과 같은 어려운 단어도 출현하고 있다. 그러나 ≪百喩經≫에서는 이러한 표현이 잘 등장하지 않는다. 대개 어려운 어휘가 출현한다면 그것은 주로 불교 용어인 경우가 많으며 일반 어휘를 이처럼 수사적 방식의 표현으로 꼬아서 나타내는 경우가 매우 드물다. 그리고 ≪世說新語≫에는 또 典故가 있는 어휘들도 다수 등장하고 있어 문법적인 측면은 구어에 가깝지만 어휘나 표현은 사실상 문언문이나 진배없는 상황을 연출하고 있다. 그러나 ≪百喩經≫은 이와 같은 典故性의 어휘도 드물다.

아래에서는 ≪百喩經≫의 대표적인 실제 문장을 소개해본다.

---

### 10. 三重樓喩

往昔之世, 有富愚人, 癡無所知. 到餘富家, 見三重樓, 高廣嚴麗, 軒敞疏朗, 心生渴仰, 卽作是念: "我有錢財, 不減於彼, 云何頃來而不造作如是之樓?" 卽喚木匠而問言曰: "解作彼家端正舍不?"

木匠答言: "是我所作."

卽便語言: "今可爲我造樓如彼."

是時木匠卽便經地疊墼作樓.

愚人見其疊墼作舍, 猶懷疑惑, 不能了知, 而問之言: "欲作何等?"

木匠答言: "作三重屋."

愚人復言: "我不欲作下二重之屋, 先可爲我作最上屋."

木匠答言: "無有是事! 何有不作最下重屋, 而得造彼第二之屋? 不造第二, 云何得造

---

第三重屋?"

愚人固言: "我今不用下二重屋, 必可爲我作最上者."

時人聞已, 便生怪笑, 咸作此言: "何有不造下第一屋而得上者!"

譬如世尊四輩弟子, 不能精勤修敬三寶, 懶惰懈怠, 欲求道果, 而作是言: "我今不用餘下三果, 唯求得彼阿羅漢果." 亦爲時人之所嗤笑, 如彼愚者等無有異.

(옛날에 한 부유한 어리석은 자가 있었는데 멍청하여 아는 것이 없었다. 어느 날 다른 부잣집에 가서 3층 집을 봤는데 높고 넓으며 장엄하고 화려하였으며, 넓고 탁트였다. 이에 맘속에 부러움이 생겨 바로 이와 같이 생각했다. "나에겐 돈이 있고 저 사람보다 적지 않은데, 어째서 전에 이러한 집을 짓지 못했는가?"

바로 목수를 불러 물었다. "저 집같이 예쁜 집을 지을 수 있는가?"

목수가 대답했다. "바로 제가 지은 집입니다."

이에 (부사는) 말했다. "지금 나를 위해 저와 같은 집을 만들어 주게."

이때 목수가 바로 땅을 정리하고 벽돌을 쌓아 건물을 지었다.

우매한 자가 그가 벽돌을 쌓아 집을 짓는 것을 보고는 여전히 의혹을 품고 이해할 수가 없어 물어 말했다. "무엇을 지으려고 하는 것이오?"

목수가 대답했다. "바로 3층집을 지으려고 합니다."

우매한 자가 다시 말했다. "나는 아래 2층집은 만들고 싶지 않다. 우선 나를 위해 가장 위층을 만들기 바란다."

목수가 답하여 말했다. "이러한 일은 없습니다! 어찌 가장 아래층 집을 짓지 않고 두 번째 층을 지을 수 있겠습니까? 두 번째 층을 짓지 않고 어찌 또 세 번째 층을 지을 수 있겠습니까?"

우매한 자는 여전히 말했다. "나는 지금 아래 두 층은 필요 없다. 반드시 나를 위해 가장 위의 것을 만들어라."

그때 사람들이 듣고는 비웃음이 나와 모두가 이러한 말을 했다. "어찌 아래 첫째 층을 아니 만들고 그 위층을 지을 수 있겠소!"

비유하자면 세존의 사배 제자 중 전심하여 힘써 삼보(불, 법, 승)를 공경하지 아니하고 게으르고 태만히 하면서 불도의 정과를 구하려고 하며 이 말을 하는 것과 같다. "나는 지금 나머지 아래 삼과는 필요 없고, 단지 저 아라한과만을 얻길 구한다." 또한 당시 사람들의 웃음거리가 되었으니, 저 우매한 자에 비하면 같고 차이가 없다.)

※ 重: 이것은 양사로 현대중국어의 '層'에 해당한다.
※ 四輩弟子: 일명 '四衆弟子'라고도 하며, 比丘, 比丘尼, 優婆塞, 優婆夷가 있다.
※ 三寶: 佛, 法, 僧을 가리킨다.
※ 阿羅漢果: 불교 소승의 수행 차례에 四果가 있는데 그 중 하나로 '阿羅漢'은 '無生'을 의미한다. 그래서 생사의 고통을 더 이상 받지 않는 '無生死果'를 뜻한다.

이것은 ≪百喩經≫에 등장하는 10번째 이야기로 어떤 바보 같고 고집 센 한 부자가 목수에게 아래층을 짓지 말고 바로 위층을 지으라고 우겨대는 내용이다. 아래의 또 한 편의 스토리도 보자.

---

### 53. 師患脚付二弟子喩

譬如一師, 有二弟子. 其師患脚, 遣二弟子, 人當一脚, 隨時按摩.
其二弟子, 常相憎嫉.
一弟子行, 其一弟子捉其所當按摩之脚, 以石打折.
彼既來已, 忿其如是, 復捉其人所按之脚, 尋復打折.
佛法學徒, 亦復如是. 方等學者, 非斥小乘; 小乘學者, 復非方等. 故使大聖法典二途兼亡.

(예컨대 한 스승이 있었고 그에게는 두 명의 제자가 있었다. 그 스승은 다리가 아파 두 제자에게 각각 다리 하나씩을 맡아 수시로 주무르라고 시켰다. 그 두 제자는 항시 서로 시기 질투했다. 한 제자가 자리를 비우자 그 다른 제자는 그(또 다른 제자)가 안마하기로 담당했던 스승의 다리를 잡고 돌로 쳐서 부러뜨렸다. 그 제자가 와서는 그가 이와 같이 한 것에 화가 나서 다시 그 다른 제자가 맡아 안마했던 다리를 잡고 바로 분질렀다. 불법 학도들 또한 이러하다. 방등(대승)의 학자들은 소승을 배척하고 소승의 학자들은 또 방등을 배척한다. 그래서 대성 법전의 두 길이 같이 망하게 만든다.)

※ 方等: 대승의 경전
※ 遣: 사역동사

---

이것은 두 제자가 서로 시기 질투하여 어리석게도 스승의 다리를 부러뜨리고 마는 행위를 들어 대승과 소승의 싸움을 풍자하고 있다.

≪百喩經≫의 98개 이야기는 거의 대부분이 이와 같이 '비유고사'+'작자의 해설' 두 부분으로 구성되어 있다. 비유고사에서는 그야말로 세속에서 볼 수 있는 어리석은 자의 비유적인 고사를 소개하고 있고, 해설 부분에서는 이 고사가 전달하는 불교 관련 교훈을 해석해주고 있다. 이 두 부분 중 특히 비유고사 부분의 문체가 매우 구어적이며 어휘도 훨씬 평이하다. 반면, 해설 부분은 불교 용어 등 비교적 어려운 어휘를 많이 사용하고 있고 문체도 경우에 따라 다소 문어투적인 면도 존재한다. 아무래도 불교의 교리를 설명하고 해석하는 부분이기 때문에 용어나 표현이 난해할 수밖에 없을 것이다.

≪百喩經≫의 스토리 구성은 이와 같은데 위의 두 가지 스토리 예에서 볼 수 있듯이 일단 실사든 허사든 기본적으로 평이한 어휘를 쓰고 있다는 점이 가장 큰 특징이다. 그리고 무엇보다 당시 한창 상용되고 있던 각종 허사(기존 허사든 신흥 허사든 상관없이)가 대거 사용되고 있다. 필자가 동시기 다른 불경역경들과 비교해 봤을 때 거의 대부분의 문법 관련 허사들이 동시 출현하고 있을 정도로 이미 당시의 불경역경의 문체는 이와 같은 구어성의 문체로 확립이 되었다. 위에서 밑줄 친 부분들은 특히 당시 실제 구어 상황을 반영하고 있는 부분들로 다수가 중고시기에 등장한 것들이다.

## 2) 四字格과 쌍음절

≪百喩經≫은 불경역경 문헌이다. 그것이 번역되어 전파된 이유는 바로 불교의 전파를 위해서이고 이 책은 곧 이 목적을 충실히 실행할 수 있는 특징을 갖추고 있는데 이것이 바로 '四字格'이다. '四字格'이란 네 글자씩 끊어 읽을 수 있는 형식을 말하는데 대체적으로 운율적인 요소가 강하다. 趙紀彬 등(2012)에 따르면 ≪百喩經≫의 98개 이야기 중 전체가 다 四言으로 구성된 것이 10편이나 되고, 비유고사만 모두 四言인 것이 7개, 해설부분이 모두 四言인 것이 20개에 달한다고 한다. 그래서 전체 구수 중 四言이 차지하는 비율이 80%이상이라고 한다. 이렇게 보면 사실상 책 전체가 다 四言의 형식이라고 해도 과언이 아니다. 그리고 가급적 四言을 맞추기 위한 여러 가지 노력이 눈에 띄기도 한다. 그래서 심지어 '棄於寶篋', '設於教法', '我與前人同買於汝'에서와 같이 멀쩡한 타동사인데도 단지 네 글자를 맞추기 위해 전치사 '於'를 쓰기까지 할 정도이다. 한편, 단순히 四言으로 구성된 것만이 아니고 그 내부를 자세히 관찰해 보면 대체로 두 글자씩 한 묶음이 되는 '2+2'형식을 구성하고 있음을 볼 수 있는데 이것은 곧 쌍음절 형식과 깊은 관련이 있다. 그래서 위의 '卽便語言'이나 '亦復如是'처럼 2+2를 맞추기 위해 '卽'이나 '便' 한 글자를 써도 될 것을 굳이 '卽便'을 쓰고 있고, '亦' 한 글자를 써도 될 것을 '亦復'을 쓰고 있다. 이렇게 하여 ≪百喩經≫에서는 실사든 허사든 상관없이 쌍음절 어휘를 대량으로 사용하고 있다.

이처럼 ≪百喩經≫은 四字格이 우세인데 도대체 四言을 중심으로 한 이유는 무엇인가? 이에 대해 趙紀彬 등(2012)의 연구를 중심으로 살펴보면 다음과 같다.

## ① 암송의 편리를 위한 의도적 설정

≪百喩經≫은 불경역경 문헌으로 이것은 많은 이들이 읽고 암송함으로써 불교를 널리 전파시키기 위한 목적이 있다. 그렇기 때문에 암송하기에 가장 좋은 형식인 四字格이 채택된 것이다. 이에 대해 朱慶之는 "리듬을 중심으로 해야 한다. 보통 네 글자를 한 음보로 하되 이것이 가장 큰 음보가 되고, 다시 이 네 글자 음보는 두 글자씩 더 작은 음보가 되어 네 글자를 구성한다."라고 하였다. 예컨대, 위의 '其師/患脚', '隨時/按摩', '卽便/語言', '我有/錢財', '以石/打折' 등을 보면, 앞의 두 글자가 한 단위가 되고 뒤 두 글자가 한 단위가 되고 있음을 볼 수 있다. '隨時/按摩'처럼 대체로 쌍음절 어휘를 사용하여 '2+2'씩 맞추기도 하지만 쌍음절 어휘가 아니어도 문법적, 의미적인 측면에서 '2+2'를 구성하고 있다. 바로 이렇게 기본적으로 두 글자가 하나의 단위가 되고 이것으로 다시 四字格을 구성하는 것은 당시 위진남북조 시기에 가장 많이 유행한 쌍음절화 현상과 맥을 같이 하고 있다. 그리고 이것은 당시 거의 모든 불경문헌에서 관찰되고 있는 현상이다. 당시 불경역경 문헌에서는 기본적으로 四言을 하나의 음보로 하고 있고 위의 예에서 보듯이 '2+2'를 기본 구조로 하여 쌍음절 어휘, 쌍음절의 문법결합, 혹은 同義 허사의 연용을 대거 운용하고 있었다.

## ② 한문학의 전통인 四言 형식을 계승

중국의 고전 작품인 ≪詩經≫에서는 四言 형식이 매우 많이 등장하고 있다. 여기 출현하는 상당수의 시가 작품들이 四言을 기본 음보로 하여 쓰여 졌다. 비단 운문 형식 뿐 아니라 ≪書經≫, ≪周易≫ 등도 그렇고 그 이후 등장한 ≪左傳≫, ≪論語≫, ≪孟子≫ 등도 그러하다. 아래는 ≪論語≫의 한 예로 4글자 단위로 문장이 구성되어 있다.

> (2) 子曰: "視其所以, 觀其所由, 察其所安, 人焉廋哉, 人焉廋哉." (論語, 爲政) 공자 가 말했다. "그가 하는 행동을 보고, 그가 지내온 바를 자세히 살피고, 그가 만족하고 편안해 하는 바를 관찰하면, 그 사람이 어떤 사람인지 어찌 모르겠느냐?")

이러한 전통은 秦漢시기에도 이어져 ≪史記≫, ≪漢書≫ 등도 四言 형식을 운용하였고, 위진남북조 시기에도 이것은 지속되었다. 이처럼 四言이란 형식은 당시 한문 문헌에서 매우 광범하게 애용되던 형식이기 때문에 求那毗地가 ≪百喩經≫을 번역할 때에도 당시 漢人들의 한문화와 사유방식을 답습하여 이를 번역과정에 그대로 담아내었을 가능성이 있다.

### ③ 四六騈體文의 영향

위진남북조 시기 특히 齊梁 시기는 중국의 전통 문체 중 하나인 '四六騈體文'이 가장 발달하던 극성기였다. 그리고 ≪百喩經≫이 번역되던 시점 또한 공교롭게도 바로 이 시기였다. 작자는 당연히 그 당시 가장 유행하던 문체의 영향을 받지 않을 수가 없었을 것이다. 丁敏은 "이 시기 역경의 助手나 主譯者 모두 騈體文에 어느 정도는 조예와 소질이 있었고 번역의 과정에서 불경의 특징으로 인해 완전하게 '四六騈體文'의 형식으로 쓸 수는 없었겠지만 분명 이 형식을 어느 정도는 감안하였기에 四字格의 면모가 주류를 이루게 되었다"라고 말하고 있다.

위에서 ≪百喩經≫이 四字格을 주류 음보로 하여 구성된 원인에 대해 살펴보았다. 결국 당시 유행하던 四言 음보 형식을 이용하여 불경 특유의 암송의 편리함이란 목적을 위해 四字格을 주류로 하여 구성했음을 알 수 있다. 그러나 이것은 비단 이러한 실용적, 문화적인 배경에 의해서만 이루어진 현상이 아니다. 이러한 원인과 더불어 언어 자체의 원인도 중요한 한 몫을 하였다. 四言의 기본은 바로 쌍음절이다. 그리고 위진남북조 시기는 쌍음절화 현상이 매우 발달해 가던 시기였다. 상고중국어의 형태 현상에 변화가 발생함으로써 이것을 쌍음절로 대체하려는 당시의 언어학적인 원인이 곧 쌍음절화 현상을 야기하였으며 이것이 또 공교롭게도 四言 형식과 조화를 잘 이뤄 四字格 대유행 현상을 조장했던 것이다. 다만 이 과정에서 중국어 특유의 음보 구성의 원칙에 입각하여 쌍음절이 선택되고 이것이 기초가 되어 四字格을 형성하였을 것으로 보인다. 그리고 ≪百喩經≫ 역시 이러한 배경 속에서 四字格 일색의 문체를 구성하였던 것이다.1)

---

1) 중국어에 이와 같이 2음절 어휘들이 대거 존재하고 있고 또 이를 기반으로 여기에 四字格이 대거 운용되고 있으며, 四六騈體文 등이 유행했던 사실에 대해 馮勝利는 ≪漢語的韻律, 詞法與句法≫이라는 책에서 그 이유를 다음과 같이 설명하기도 한다.
중국어는 다른 언어와는 다르게 1음절성이 강하기 때문에 이것이 모든 언어 단위의 토대가 되며 심지어 음보의 토대도 되고 있다. 다만, 그 1음절만으로는 음보를 구성할 수가 없다. 음보는 2분지 제약이 있기 때문에 이렇게 중국식의 1음절 뿐 아니라 이보다 더 작은 mora도 불가능하다. 반드시 2음절이 한 단위가 되어야 음보를 구성할 수 있다. 그리고 2음절이 한 음보로서 '운율단어'가 되는데 바로 2음절이 기초가 되어 중국어의 '騈偶(두 글자 씩 짝을 이루는 것)'와 '對偶(두 단어가 짝을 이루는 것)'라는 수사적 기능이 가능하게 되었다. 그리고 표준 운율단어인 2음절과 초운율단어인 3음절 간에 결합이 이루어져 [2+2], [3+3], [2+3], [3+2] 등과 같은 다양한 복합 운율단어가 구성될 수 있다. 바로 이러한 결합을 통해 四六騈體文이 탄생하게 된 것이다. 한편, 이러한 복합 운율단어 가운데 가장 간단하고 쉬우며 우선적인 것이 바로 표준 운율단어 간의 결합인 [2+2]이다. 이것이 가장 선호되는 것으로 바로 우리가 알고 있는 四字格이 이렇게 하여 탄생하게 되었다.
四字格이 이렇게 가장 선호되는 것이기 때문에 중국어에서 성어나 숙어가 이를 단위로 형성되게 되었고,

## 1.2 중고중국어의 특징

### 1.2.1 중고중국어 시기구분 문제

중국어의 발전 단계와 관련하여 학자들 사이에서 의론이 분분한 상황이다. 기본적으로 상고, 중고, 근대, 현대의 네 가지 단계로 구분하지만 각 단계의 경계선을 놓고 옥신각신하는 상황이다. 특히 '근대'라는 시기에 대해 어떤 이는 唐五代부터 보기도 하고, 어떤 이는 元代부터 보기도 하며, 어떤 이는 심지어 '중고'까지 포함하여 언급하기도 한다. 그래서 근대중국어의 범위를 길게는 東漢부터 宋代까지 근 1,000년까지 잡는 이도 있다. 그러나 필자는 西漢까지를 상고중국어로 잡고, 근대중국어는 唐五代부터 잡으며 중고중국어를 위진남북조로 잡고자 한다. 이때 東漢시기는 상고에서 중고로 넘어가는 일종의 과도기로 본다. 그리고 隋 및 初唐 시기 역시 중고에서 근대로 넘어가는 과도기로 볼 수 있다. 어찌 됐든 본서에서는 전형적인 중고시기를 위진남북조 시기 중심으로 보고자 한다.

특히 필자가 唐代의 언어를 근대로 보는 이유는 唐代부터 결과 및 가능의 得자보어구, 把자문 등의 처치문 등 기존에 없던 주요 문형이 탄생했기 때문이다. 이것은 단순히 새로운 문형이 추가되었다는 점에서 끝나지 않고 기존의 중고중국어와는 또 다른 면모로 전체 중국어의 변화를 이끌고 있기 때문이다. 특히 이 시기에는 각종의 술보구조가 완전히 자리를 잡게 된다. 물론 술보구조는 위진남북조 시기에 출현하고 발전하게 된다. 그러나 본격적인 차원의 발전은 唐代가서야 이루어지게 되며, 앞의 得자보어구와 처치문의 발전은 술보구조 발전의 견인차 역할을 하여 위진남북조 시기와는 전혀 다른 양상의 발전 모습을 보여준다. 이러한 술보구조와 더불어 唐代에는 이른바 '동상보어'가 대거 탄생하게 되었고 그 이후에는 이것이 발달한 '동태조사'가 출현하게 된다. 그것의 형식은 현대와 차이가 있겠으나 동사의 형태표지로서 전문적으로 동사의 相을 나타내는 동태조사가 탄생한다는 점은 근대중국어의 대표적인 현상이 될 수 있다. 그리고 또 하나의 이유는 바로 唐代부터

---

이어서 ≪百喻經≫ 등의 불경역경에서도 가장 많이 선호하게 된 것이다. 馮勝利는 언어외적인 측면보다 언어내적인 측면에서, 중국어에서 2음절 어휘가 많아졌고 또 四字格이 주류를 이룰 수 밖에 없었던 이유를 밝히고 있다. 그가 말한 언어내적인 요인은 바로 2음절 중심의 음보이며, 이것이 기초가 되어 짝수 단위의 각종 운율단어가 형성된 것이다.

시작하는 북방 중심의 언어 시스템이다. 위진남북조의 공동어는 사실상 洛陽을 중심으로 전해 내려오던 漢代의 공동어 시스템에서 비롯되었고 그것의 연장선이 바로 위진남북조 공동어이다. 그것이 다만 남조와 북조로 나뉘어 발전했던 것인데, 특히 남조의 경우는 정통 한족의 조정이라 위진남북조의 언어는 결국 문화의 중심이었던 남방 언어를 중심으로 이루어지게 된다. 이러한 위진남북조 공동어는 北周를 중심으로 하는 북조의 확장과 이로 인한 隋唐의 건립으로 대 전환기를 맞는다. 바로 남방으로부터 長安 기반의 북방 중심으로 변화하게 된 것이다. 그리고 이것은 그 이후 宋代의 공동어와 元代이후 북경을 중심으로 이루어지는 官話 체계로 이어지게 되기 때문에 사실상 唐代의 언어는 明淸 관화의 직계 조상인 셈이다. 바로 이러한 이유 때문에 唐代를 위진남북조 시기와 구분하여 근대중국어로 넣고자 하는 것이다.

위진남북조 시기의 언어를 唐宋의 언어와 완전히 별개로 취급할 수는 없다. 어차피 조상과 후손의 관계인 것은 분명하기 때문에 대부분의 언어적 면모가 다 계승되고는 있다. 다만 唐代이후에는 그 기초 방언이 달라지면서 음운, 어휘, 통사 모든 측면에서 약간씩 변체가 발생하여 북방식 공동어 체계를 형성하게 되었으며 이 과정에서 또한 기존의 문법 형식들 중 일부는 대거 확장을 하게 되었다. 그 핵심에 바로 술보구조가 있으며 이 확장의 과정은 그 이후 宋元明淸을 관통하고 있다.

## 1.2.2 중고중국어의 주요 특징

중고중국어의 문법적 특징에 대해 太田辰夫의 ≪漢語史通考≫를 중심으로 소개하고자 한다. 그가 언급한 내용을 중심으로 소개하되 부족한 점은 필자가 조사한 내용이나 다른 저서로부터 인용하여 소개한다.

### 1) 대명사

인칭대명사로 1인칭대명사는 상고시기의 '吾', '我'가 계승되었는데 중고시기엔 특히 '我'의 점유율이 높다. 그 외에 방언에 '儂'이란 1인칭대명사가 출현하기도 하였다. 3인칭 대명사로는 '其'와 그 뒤에 나온 '渠'를 주로 사용하였고 방언에서는 또 '伊'가 사용되었다. '他'는 아직 대명사로 문법화하지 않았고 여전히 '다른'의 의미로 쓰이고 있다. 한편, 인칭대명사가 관형어로 쓰일 때 상고중국어에서는 조사를 쓰지 않고 '吾黨'처럼 썼는데 (의문대명사 '誰'는 조사를 썼다), 漢代부터 '我之國'과 같이 조사 '之'가 삽입되는 형식이 등장하였다. 복수를 나타내는 표지로 '等', '曹', '輩' 등이 사용되었는데 상고시기보다 발달하여 순수한 복수 표지의 용법도 출현하였다.

지시대명사는 상고에서 사용하던 '是', '爾', '此', '彼', '其', '之'가 여전히 사용되었다. 다만, '爾'는 원래 2인칭대명사였다가 漢代와서 지시대명사 용법이 출현한 것이다. 이것은 특이하게도 지금의 '这样' 의미의 술어기능을 하기도 하였다.

의문대명사는 상고중국어 시기에서 사용되었던 '何'와 '誰'를 제외한 기타 다양한 형식들은 더 이상 잘 쓰지 않게 되었다. 그 대신 '何'를 기반으로 만들어진 쌍음절 의문대명사들이 대거 등장하였다. 여기에는 '何等', '何物', '何當', '何許' 등이 있다. 그리고 '阿誰', '何誰' 등이 출현하기도 했다. 한편, '那'가 '得'과 함께 자주 결합하여 '那得'의 형식이 상용되었다.

의문대명사 어순의 경우, 상고중국어에서는 이것을 동사 앞으로 도치시키는 것이 일반적인 어순이었다. 그러나 漢代이후 이러한 어순이 없어져서 "汝天上識誰?"(너는 천상에서 누구를 아는가?/ 상고시기에는 원래 '誰識'이어야 함)처럼 쓰이게 되었다. '何'의 경우는 약간 복잡해서 '何'가 관형어로 쓰이면 "今在何處?"와 같이 현대중국어의 어순이 된다. 물론 "今欲何至?"처럼 여전히 상고중국어의 어순인 경우도 있으나 ≪孟子≫의 "何謂善?"을 趙歧注에서는 "善信之行謂何"로 주를 다는 등 중고시기에 와서 현대중국어 어순으로 쓰기도 하였다.

한편, 부정문의 대명사 역시 상고중국어에서는 동사 앞에 출현하였으나 중고시기에 와서는 현대중국어의 어순과 같아졌다. 그래서 "王不殺汝"나 "八國諸王皆爲子求, 悉不與之"와 같이 동사 뒤에 나오고 있다.


## 2) 동사 및 양상동사

중고시기에 와서 가장 눈에 띄는 동사의 변화는 바로 판단사 '是'의 출현이다. 이것의 부정형으로 "我以欲得彼之錢財, 認之爲兄, 實非是兄."처럼 '非是'의 형태가 등장하였다.

양상동사로는 쌍음절 형식이 대거 등장하였다. 그래서 '가능의미'로는 '可得', '堪能', '堪任', '能得', '能善', '善能', '巧能' 등이 출현하였고, '의무, 당연의미'로는 '應當', '當須', '當復' 등이 출현하였다. 그리고 '의욕의미'로는 '欲得'이 등장하였다. 한편, 이 시기에는 '能', '可', '能', '得', '欲', '願'처럼 상고시기부터 전해져 온 것도 다수 쓰이고 있지만 '解'와 같이 이 시기에 등장한 새로운 형태도 존재한다.

동사의 뒤에 출현하여 동태를 나타내는 조사는 이 시기에 아직 등장하지 않았다. 太田

辰夫는 '却'이 이 시기 완성을 나타내는 동태조사로 사용되었다고 하나 아직 동태조사로 발전하지도 않았을 뿐 더러 그가 든 예 역시 허화가 덜 된 상태이기 때문에 이 시기는 여전히 일반 결과보어로 처리해야 한다. 그는 또 '已', '訖', '竟', '畢'이 이 시기에 동태조사처럼 사용되었으나 아직은 아니라고 했는데 동태조사에 가까운 '完結' 의미로 쓰인 것은 사실이다. 한편, 이 시기 드물게 '了'가 완성동사로 쓰이는 예가 아래와 같이 ≪賢愚經≫에서 발견되고 있다.

(1)  父已死了, 我終不用此婆羅門以爲父也. (賢愚經) (아버지는 이미 죽었으니 나는 절대 이 파라문으로 아버지라 여기지 않을 것이다.)

이 시기에 무엇보다 중요한 발전은 바로 술보구조의 출현이다. 술어동사 뒤에 결과보어, 방향보어 등이 출현하는 술보구조가 출현하기 시작했다. 위의 완성동사 역시 일종의 술보구조를 구성하는데 사용되고 있으며 'V(O)C' 술보구조를 구성하였다. 술보구조 중에서 'VC(O)'형식이 일반적이지만 이 시기엔 또 'VOC'의 분용식 술보구조도 출현하기 시작하였다. 실현식 및 가능식의 得자보어구조는 아직 등장하지 않았고 결과보어나 방향보어 모두 아직은 형식이 그렇게 다양하지 못했다.

겸어문 중 '사역'을 나타내는 형식은 특히 '敎'와 '令'이 자주 등장하고 있고 이 둘이 합쳐진 복합동사 '敎令'도 출현하고 있다. 그리고 주목할 만한 것은 '遣'이 사역동사로 사용된다는 점이다. 이것은 아래와 같이 ≪百喩經≫에도 나오고 있다.

(2)  其師患脚, 遣二弟子, 人當一脚, 隨時按摩. (53. 師患脚付二弟子喩) (그 스승은 다리가 아파서 두 제자로 하여금 각각 다리 하나씩 맡아 수시로 안마를 하라고 했다.)

피동의 형식은 매우 다양하다. 상고형식으로는 '見V於A'(※ 'A'는 행위자), '見V', '爲A所V', '爲AV', '爲V', '爲所V', '被V於A', '被V'가 있다. 중고시기에 등장한 것으로는 '被AV', '被A所V', '爲A之所V', '被A之所V', '爲A見V', '爲A所見V', 'A所見V', '所見V', 'A所V' 등이 있다. 이 가운데 피동전치사 '被'가 출현하는 형식은 상고시기에도 다수 출현하였으나 '被+행위자'가 출현하는 '被AV'형식은 위진남북조 시기 와서 등장한 것이다. 이들 중에서 단지 '被AV', '被A所V' 두 가지만이 현대중국어에서 사용되고 있고 나머지들은 문어에서만 사용되거나 사라져버렸다. 이에 대해 太田辰夫는 중고시기가 사실상 고대중국어의 末期에 해당하며 이 시기는 일종의 '質變과 混亂의 시기'라고 하였다.

### 3) 전치사[2]

상고시기의 '從, 對, 爲, 向, 以, 因, 由, 於, 與, 在, 自' 등이 중고시기에도 여전히 주요 전치사로 사용되고 있다. 그 외에 중고시기에 새롭게 등장한 것으로 시간전치사는 '去', '投', '値' 등이 있고, 처소전치사는 '衝', '扶', '經', '就', '沿', '往', '望', '著' 등이 있다. 이 가운데 특히 '著'는 동사 뒤에 출현하여 '縛著馬上' 등의 형식을 취하기도 한다. 도구 전치사로는 '捉'을 들 수 있는데, 이것은 "能捉杖打人(世說新語)"처럼 '用'이나 '以'로 쓰이고 있다. 대상전치사로는 '共'이 있다. 이렇게 새로운 전치사가 출현한 것 외에도 중고 시기에는 전치사의 어순이 변화하였다. 주로 동작의 발생과 관련된 것은 동사 앞으로 이동 하고, 동작의 도착점과 관련된 것들은 동사의 뒤에 출현하게 되었다. 이것은 대명사의 어 순변화와 함께 매우 중요한 변화로 꼽을 수 있다.

처치식을 나타내는 전치사로는 '以', '用' 및 '取', '將'이 출현하고 있고 아직 '把'는 출현하지 않았다. 이들은 주로 '여기다'류나 '주다'류, '놓다'류의 이른바 광의의 처치식이 대부분이다. 현대중국어에서 볼 수 있는 전형적인 처치 의미 즉, 협의의 처치식도 극히 일 부이긴 하나 서서히 출현하기 시작했다. 바로 '取守門人殺之(문지기를 죽이다)'와 같은 예가 있다.

### 4) 부사

부사의 수량은 너무 많기 때문에 여기서는 중고시기 유행한 부사 접미사에 대해 소개한 다. 중고시기의 부사 접미사로는 '自', '復', '乃'가 있다. '自'가 붙은 것으로는 '正自', '殊 自', '必自', '便自', '猶自' 등이 출현하고 있다. '復'이 붙은 것으로는 '亦復', '必復', '倍復', '故復' 등이 있다. '乃'가 붙은 것으로는 '始乃', '遂乃' 등이 있다. 이러한 접미사 가 붙는 쌍음절 형식도 자주 출현하지만 중고시기에는 특히 '悉皆', '皆悉', '都悉', '都 皆', '共同', '同共' 등과 같은 同義병렬복합 부사도 다수 출현하고 있다. 부정부사는 상고 시기의 일부 부정부사가 여전히 활약을 하고 있지만 금지부사로 '莫'이 쓰이고 있는 점이 특이하다. 그리고 '不'의 경우 상고시기에 이어 여전히 '일반성 부정', '기발생(已然性)부 정' 두 가지로 쓰이고 있었다.

---

2) 太田辰夫는 주로 특수한 전치사 위주로 몇 개만 소개하고 있어 여기서는 向熹의 ≪簡明漢語史≫의 것을 인용한다.

## 5) 접속사

중고시기에 등장한 특이한 접속사를 중심으로 보면, '병렬'의미로는 '及與', '幷及', '及以' 등이 출현하고 있는데 이 중 '及以'는 특히 ≪百喩經≫에서 11예나 출현할 정도로 매우 상용되는 병렬 접속사이다. '점층'의미로는 '非但'이 주로 쓰이며 '亦復'과 주로 호응한다. '선택'의미로는 특히 '若'을 들 수 있다. 이것은 두 체언성 성분 사이에 놓여 선택의 의미를 나타낸다. 예컨대, "欲以臣女, 若吾之女, 當以相配."(生經)(그대의 딸이든 나의 딸이든 마땅히 서로 배필로 삼아야 할 것이오.)이 있다. 그리고 '或'의 복합사 형태인 '或復'도 출현한다. 이 시기에 특히 많이 사용되었던 것은 '爲'인데 ≪百喩經≫에서도 "天下衆生爲苦爲樂?"와 같이 다수가 출현하고 있다. 한편, '가설'의미로는 '設'이 있는데 이것은 이미 상고시기에 출현한 것이고 이것으로 구성된 '設當', '設令', '設使' 등이 이 시기에 등장한 것들이다.

## 6) 조사

중고시기에도 상고시기의 '也', '矣', '乎', '哉', '耶' 등이 여전히 출현하고 있다. 먼저 가정을 나타내는 조사를 보면, 대표적으로 '者'가 있는데 이는 ≪百喩經≫에서도 "若欲得王意者, 王之形相, 汝當效之."(26. 人效王眼瞤喩)와 같이 사용되고 있었다. 상고시기에 사용되었던 것 중 '也'는 선택의문문을 구성하는 역할도 하고 '矣'(즉, 현대중국어의 '了2'의미, 변화, 완료의 의미)의 의미로 쓰이기도 한다. 그리고 '耳' 역시 변화가 발생하여 '也'나 '矣'에 비해 그 수가 증가하며 사용이 잦아졌고 급기야 '矣'의 기능까지 하게 되었다. 상고시기의 각종 의문어기조사들이 다수 사라졌고 '乎', '耶' 등으로 축소되었다. 그리고 구조조사로는 상고시기의 형식인 '之'와 '者', '所'가 지속적으로 출현하고 있다.

이상에서 太田辰夫의 견해를 중심으로 중고중국어의 문법적 특징을 살펴보았다. 이들을 상고시기와 비교하여 정리하면 아래와 같이 몇 가지 특징으로 요약할 수 있다.

① 새로운 허사의 출현: 상고형식이 그대로 사용되기도 하지만 중고시기에 새로운 형식이 출현하여 이들과 함께 등장하기도 하고 때로는 상고의 형식을 대체하기도 하였다.
② 어순의 변화: 의문대명사, 부정문 대명사의 어순이 변화하였다. 전치사에서 동작발생 지점과 도착점에 따른 어순 변화가 발생하였다.

③ 쌍음절 어휘의 증가: 대명사는 물론 부사, 접속사, 전치사까지도 쌍음절 형식이 대거 등장하였다.

④ 다양한 구문의 증가: 특히 허사로 구성되는 형식이 상고시대보다 더 다양해졌다.

⑤ 허사 의미의 변화: 일부 허사들은 상고시기부터 지속되어 사용되고 있지만 그 의미가 더 분화하거나 새로운 의미로 바뀌는 현상도 출현하였다.

⑥ 새로운 구문의 출현: 대표적으로 술보구조가 출현하였다. 특히 완성동사 '已', '竟', '訖', '畢' 등으로 구성되는 'V(O)+완성동사'의 형식이 출현, 보편화되었다.

바로 이러한 다양한 변화가 발생하였기에 겉으로는 상고중국어와 비슷해 보이지만 분명히 중고중국어로 구분할 수 있는 것이다. 이러한 변화 속에는 상고중국어 내부에서의 변화와 크게 차이가 없는 것도 존재하지만 일부는 근본적인 차원에서 차이를 보이는 것도 있다. 위의 내용은 주로 허사와 관련된 내용이라 소개되어 있지 못하지만 상고중국어에서 중고중국어로 오는 과정에서 발생한 가장 대표적인 현상은 바로 형태상의 변화이다. 특히 淸濁別義, 四聲別義를 통해 나타내었던 형태현상이 漢代를 거치면서 서서히 사라져 갔으며 동사의 사동용법 등의 활용 현상이 이로써 없어져 버렸다.[3] 각종의 다양한 접두사, 접미사 또는 주요모음의 교체 현상과 같은 굴절형태가 상고시기에 존재했으나 중고시기로 오면서 없어지게 되었고 이것은 그 반대급부로 어휘의 복잡화를 초래하였다. 즉, 한 글자의 음운이 단순화되면서 의사소통의 요구로 인해 상대적으로 어휘가 쌍음절화하는 현상이 등장한 것이다. 위에서 언급한 각종 허사의 쌍음절화 현상, 그리고 일반 실사들에서 보이는 쌍음절화 현상은 모두 이러한 상고 형태현상의 변화와 맥을 같이하는 현상이다.

그렇다면 상고중국어의 형태현상은 도대체 어떠했을까? 이것에 대해서 아래에서 William H. Baxter & Laurent Sagart의 『Old Chinese- A new reconstruction』(2014)의 내용을 중심으로 소개해 보고자 한다. 이 두 사람은 오래 전부터 상고음을 연구해 오면서 동시에 상고중국어에 존재하는 affix(접사) 및 root(어근)에 대한 연구를 진행해 왔다. 일찍이 Baxter는 1992년에 『A Handbook of Old Chinese Phonology』를 발표하여 상고음의 체계를 일차적으로 소개한 바 있고, 최근에 다시 Laurent Sagart과 공동연구를 진행하여 업그레이드된 내용을 바탕으로 『Old Chinese-A new reconstruction』을 발표하였다. 여기서 이

---

3) 어떤 이들은 육조시기에도 여전히 사동용법이 살아 있고 심지어 그 이후에도 약간씩 남아 있다고 주장한다. 그러나 육조시기의 그러한 현상들은 일종의 어휘로 고정화되어 나타난 '倣古'현상으로 봐야 한다. 즉, 생산성이 있는 형태현상이 아니라 어휘의 자질로 남은 비생산적 현상인 것이다.

들은 상고음 체계 및 상고음의 접두사, 접미사 등과 관련한 상고의 형태 체계에 대해서도 언급하고 있다.

상고중국어에는 접두사와 접미사 및 접요사가 있다. 접두사는 한 음절의 앞에 붙고, 접미사는 뒤에 붙는다. 그리고 접요사는 성모와 주요모음 사이에 출현한다. 상고중국어의 접두사, 접미사, 접요사 중 몇 가지만 아래와 같이 소개한다.

## 1) 접두사

### ① *N-접두사

: 타동사로부터 자동사를 만드는 기능을 하고, 뒤에 오는 자음을 유성음으로 만든다.

  a. [敗] *pˤra[t]-s > paejH > bài (패배시키다)[4]

  [敗] *N-pˤra[t]-s > baejH > bài (패배하다)

  b. [折] *tet > tsyet > zhé (부러뜨리다)

  [折] *N-tet > dzyet > shé (부러지다)

### ② *m-접두사

i ) $m_{1a}$는 비의지적인 동사를 의지적인 동사로 만든다.

  a. [覺] *kˤruk-s > kaewH > jiào (깨다)

  [學] *m-kˤruk > haewk > xué (배우다)

  b. [見] *[k]ˤen-s > kenH > jiàn (보다)

  [見] *m-[k]ˤen-s > henH > xiàn (나타나게 하다)

ii) $m_{1b}$는 명사를 의지동사로 만든다.

  a. [背] *pˤək-s > pwojH > bèi (등)

  [背] *m-pˤək-s > bwojH > bèi (등지다)

  b. [倉] *tsʰˤaŋ > tshang > cāng (창고)

  [藏] *m-tsʰˤaŋ > dzang > cáng (저장하다)

iii) $m_{1c}$는 동사를 명사로 바꿔준다.

  a. [判] *pˤan-s > phanH > pàn (나누다)

---

4) *pˤra[t]-s > paejH > bài 여기서 '*pˤra[t]-s'은 상고음 재구음가이고, 'paejH'은 중고음 재구음가, 그리고 'bài'는 현대중국어 발음이다.

[畔] *m-pˤan-s > banH > pàn (두렁)

  b. [稱] *tʰəŋ > tsyhing > chēng (무게 재다)

    [稱] *mə-tʰəŋ-s > tsyhingH > chèng (저울)

③ *s-접두사

  ⅰ) s₁ 접두사는 결합가를 높이는 역할, 즉 타동사나 사동사를 만든다.

    a. [烝] *təŋ > tsying > zhēng (김이 오르다)

      [昇] *s-təŋ > sying > shēng (올리다)

    b. [視] *gijʔ > dzyijX > shì (보다)

      [示] *s-gijʔ-s > zyijH > shì (보이다)

  ⅱ) s₂ 접두사는 장소, 시간, 도구 등의 상황 명사를 만든다.

    a. [逆] *ŋrak > ngjaek > nì (거스르다)

      [朔] *s-ŋrak > sraewk > shuò (음력초하루)

    b. [亡] *maŋ > mjang > wáng (없어지다, 죽다)

      [喪] *s-mˤaŋ > sang > sāng (상, 장의)

2) 접요사 : *⟨r⟩

  ⅰ) ⟨r₁⟩ 접요사: 행위 동사에 쓰여 '분산된 행위'를 나타낸다.

    a. [洗] *[s]ˤərʔ > sejX > xǐ (씻다)

      [灑] *Cə.s⟨r⟩ərʔ-s > srjeH > sreaH > sǎ (뿌리다)

    b. [見] *[k]ˤen-s > kenH > jiàn (보다)

      [瞯] *m-[k]ˤ⟨r⟩en > hean > xián (엿보다)

  ⅱ) ⟨r₂⟩ 접요사: 상태 동사에 쓰여서 강화된 의미를 나타낸다.

    [揭] *m-[k]at > gjot > jiē (들다)

    [傑] *N-[k]⟨r⟩at > gjet > jié (뛰어나다, 영웅)

  ⅲ) ⟨r₃⟩ 접요사: 명사에 쓰여서 여러 개의 개체로 만든다.

    [齊] *[da]ˤəj > dzej > qí (가지런하다)

    [儕] *[da]ˤ⟨r⟩əj > dzreaj > chái (무리)

3) 접미사 : *-s

    ⅰ) -s$_1$ 접미사: 동사를 명사화한다.

        a. [結] *kˤi[t] > ket > jié (묶다)

           [髻] *kˤi[t]-s > kejH > jì (상투)

        b. [內, 納] *nˤ[u]p > nop > nà (받아들이다)

           [內] *nˤ[u]p-s > *nut-s > nwojH > nèi (안)

    ⅱ) -s$_2$ 접미사: 명사를 동사로 만든다.

        a. [衣] *ʔ(r)əj > ʔjɨj > yī (옷)

           [衣] *ʔ(r)əj]-s > ʔjɨjH > yì (옷을 입다)

        b. [王] *Gʷaŋ > hjwang > wáng (왕)

           [王] *Gʷaŋ-s > hjwangH > wàng (왕노릇 하다)

    ⅲ) -s$_3$ 접미사: 내향적 또는 상태동사로부터 외향적 동사를 파생시킨다.

        a. [買] *mˤrajʔ > meaX > mǎi (사다)

           [賣] *mˤrajʔ-s > meaH > mài (팔다)

        b. [受] *[d]uʔ > dzyuwX > shòu (받다)

           [授] *[d]uʔ-s > dzyuwH > shòu (주다)

## 1.3 문법화 이론 소개

    언어의 통시적인 변화를 설명할 때 문법화 이론은 매우 유용하게 적용할 수 있다. 상고 중국어에서 중고중국어로 오는 과정에서 출현한 각종 허사 및 통사구조 등 역시 거의 대부분이 문법화 이론에 의해 설명이 가능하다. 이러한 문법화 이론은 필자가 『중국어와 문법화』(학고방, 2012년)에서 이미 설명을 한 바 있다. 다만 거기서 필자는 Vyvyan Evans & Melanie Green(2008)에서 소개한 세 가지 이론 중 주로 Heine 등(1991)의 이론을 중심으로 설명하였다. 이 세 가지 이론 가운데 특히 많은 이들에 의해 인용되고 있는 이론은 Heine 등(1991)과 Elizabeth C. Traugott의 이론이다. 그런데 Heine 등은 주로 은유, 환유 등 인지언어학의 관점에서 문법화 해석을 시도하고 있는 반면, Elizabeth C. Traugott은 담화 및 화용적 각도에서 해석하려고 한다. 원래 이 둘 사이에는 이러한 명백한 차이가 있는 것은 아니고 둘 다 인지와 화용 모두를 언급하고 있기는 하다. 다만 설명하는 과정에서 주로 의거하고 있는 영역 차원에서 볼 때, 약간의 주안점의 차이를 보이는 것은 사실이다. 본서에서는 두 번째 이론인 Elizabeth C. Traugott & Richard B. Dasher의 이론('T&D (2002)이론'으로 간칭)을 중심으로 소개해 보고자 한다. 이들은 『Regularity in Semantic Change』라는 책을 통해 이른바 '의미화(semanticization)'란 측면으로 문법화를 설명하고 있다. 지금부터 그들의 견해를 소개해 본다.

이들은 의미의 변화가 발생하는 과정을 이른바 '유도적 추론(invited inference)'이라고 하며 그러한 과정에 의해 의미 변화과정을 설명하는 이론을 "의미변화의 유도적 추론이론 (Invited Inferencing Theory of Semantic Change, 줄여서 'IITSC')"이라고 한다. 이것은 쉽게 말하면 화자와 청자가 대화상에서 모종의 추론을 하여 그로부터 의미 변화가 비롯된다는 것이다. 대화란 곧 청자와 화자 간에 벌어지는 일로서 Horn에 따르면 아래의 두 가지 원리에 의해 이루어진다고 한다.


ⅰ) Q-원리(청자 중심)

① 당신의 기여를 충분하게 만들어라.
② (질과 관계의 격률 모두 있다면) 가능하면 많이 말을 하라.
③ Grice의 격률[5] 중, '양1', '태도1', '태도2'가 해당됨.

---

5) 어떻게 말을 해야 대화의 목적에 합당한 말을 할 수 있을까? 여기에 대해 Grice는 '대화의 격률(maxim)'을 제안했다.
  ⅰ) 질의 격률(maxim of Quality) : 대화에서 당신이 기여하는 몫이 진실된 것이 되도록 하시오.
      ① 거짓이라고 믿는 것을 말하지 마시오.
      ② 당신이 충분한 증거가 없는 것을 말하지 마시오.
  ⅱ) 양의 격률(maxim of Quantity) :
      ① 당신이 기여하는 몫을 대화의 현재의 목적을 위해 필요한 만큼 충분히 제보적이게 되도록 하시오.
      ② 당신이 기여하는 몫을 필요 이상으로 제보적이 되지 않도록 하시오.
  ⅲ) 관계의 격률(maxim of Relation) : 적합한(관련성이 있는) 발화를 하시오.
  ⅳ) 양태(태도)의 격률(maxim of manner) : 명료하게 하시오.
      ① 표현의 애매성을 피하시오.
      ② 중의성을 피하시오.
      ③ 간결하게 하시오.
      ④ 순서대로 하시오.

## ii) R-원리(화자 중심)

① 당신의 기여를 필수적이게 만들어라.

② (질과 양 격률 모두 있다면) 당신이 말해야 하는 것 이상으로 말하지 말라.

③ Grice의 격률 중, '관계 격률', '양2', '태도3'이 해당됨.

이것은 Grice의 격률을 다시 '청자 중심'과 '화자 중심'의 두 가지 차원으로 정리한 것이다. Q-원리에 의하면 말을 할 때 가급적 많은 말을 하고 많은 정보를 제공하여 청자가 충분히 이해하게 하라는 것이고, R-원리에 의하면, 청자보다는 화자 중심으로 최대한 말을 적게 함으로써 가장 경제적이고 효과적으로 의사를 전달하라는 것이다. 대화란 바로 이러한 원리에 의해 이루어지는데 문제는 특히 R-원리와 같이 충분히 말을 전달하지 못했을 때 청자의 임의적인 해석이 발생하여 의미 변화가 발생하게 된다는 점이다. 한편, T&D(2002)는 Horn의 이 원리와 Levinson의 'Heuristic'을 바탕으로 크게 세 가지 Heuristic을 다시 설정하였는데 이 중에 두 가지만 소개하면 아래와 같다.

(ⅰ) The Q(uantity)-Heuristic(양의 규칙) : "당신의 기여를 필요한 만큼 충분히 정보를 제공하는 것으로 하라. 그 대신 더 이상을 함축하지 않는다." 즉, "그 상황을 위해 필요한 만큼 충분히 말하거나 쓴다."

(ⅱ) The R(elevance)-Heuristic(관련성(적합성)의 규칙) : "네가 해야 하는 것만큼만 말하거나 쓰고 그 이상을 의미한다." 이것은 Grice의 "Quantity2 Maxim"에 의해 영감을 받은 것으로 그의 'maxim of Relevance(관련성의 격률)'과 관련된 것이다.

이 가운데 'Q-Heuristic'은 변화를 더디게 한다. 왜냐하면 충분히 많은 양의 정보를 제공하기 때문에 '말해진 것 이상의 추론'을 방해하기 때문이다. 반면, 'R-heuristic'은 변화를 유도한다. 충분히 많은 양의 정보를 제공하지 않고 적은 발화로 말해진 것 이상의 발화 의미를 유발하기 때문이다. 다른 말로 하면 그것은 "화용론적 강화"를 포함하고 있는 것이다.

바로 이러한 대화상의 '규칙'들로 인해 화자가 한 말에 대해 청자의 추론이 진행된다. 이렇게 하여 이루어진 함축을 대화함축이라 하는데 일반적으로 대화함축을 아래와 같이 구분할 수 있다.

```
┌─────────────────────────────────────────────────────────────────┐
│              Particularized Conversational Implicature            │
│        (개별화된 대화적 함축, PCI, = Utterance-Token meaning)        │
│                               ↓                                   │
│              Generalized Conversational Implicature               │
│        (일반화된 대화적 함축, GCI, = Utterance-Type meaning)         │
│                               ↓                                   │
│                   Coded meaning(부호화된 의미)                      │
└─────────────────────────────────────────────────────────────────┘
```

여기서 대화함축(CI)은 크게 '개별화된 대화함축(PCI)'과 '일반화된 대화함축(GCI)'으로 나눌 수 있다. 전자는 어떤 특별한 문맥이 더 있어야 나올 수 있는 것으로 이름 그대로 청자가 매우 개인적 차원에서 해석해낸 의미를 뜻한다. 반면, 후자는 어떤 특정 개인에 의해서만 나오는 것이 아니라 다수의 언중에 의해 나올 수 있는 일반적인 함축적 의미이다. 그렇기 때문에 특정한 문맥이 없어도 어느 정도는 추론될 수 있다. 이것은 대화함축의 각도에서 말을 한 것이고 다시 이것들을 Levinson이 말한 '의미'로 바꾸어 말한다면 개별화된 대화함축에 의한 의미를 Utterance-Token meaning(개별사례 의미)으로, 일반화된 대화함축에 의한 의미를 Utterance-Type meaning(발화 유형 의미)으로 지칭할 수 있다. '개별사례 의미'란 곧 어떤 특정 개인에 의해서만 나올 수 있는 지극히 개별적이고 임의적인 의미이다. 반면, '발화 유형 의미'란 다수가 공동으로 인식하고 있는 의미를 말한다. 이렇게 다수가 공동으로 인식하고 인정한 의미는 아직은 임시의 단계이나 일정한 시간이 흘러 고정화 되면 'Coded meaning(부호화된 의미)'이 되는 것이다. 이 과정을 바로 '의미화(semanticization)'라고 한다.

한편, Levinson이 말한 이러한 의미들은 또 T&D(2002)에 의해 제시된 '유도적 추론' 개념으로 다시 환원시킬 수 있다. 그랬을 때, 'Utterance-Token meaning'은 곧 "보편적으로 사용되는 함의로 아직 구체화되지 않은 유도적 추론(invited inference, IIN)"이라 하고, 'Utterance-Type meaning'은 "일반화된 유도적 추론(Generalized invited inference, GIIN)"이라 한다. '일반화된 유도적 추론'은 '선호된 의미'로 특별한 공동체에서만 사용되는 '관습'이기 때문에 충분히 취소될 수가 있다. 이에 비해 '(개별적인) 유도적 추론'은 보다 더 임시적이고 개별적인 의미를 나타낸다. 그리고 'Coded meaning'은 해당 시기 언어의 관습으로 고정화된 것을 말하며 GIIN이 하나의 독립적인 의미로 완성이 되었을 때 지칭하는 명칭이다. 이러한 '의미변화의 유도적 추론이론'의 과정을 그림으로 나타내면 다음과 같다.

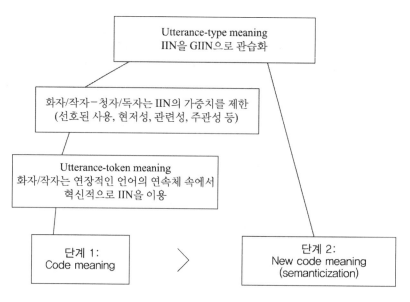

**그림 1-1** IITSC(의미변화의 유도적 추론이론)의 모델

즉, 어떤 부호화된 의미가 있다면 이것이 어떤 대화상에서 화자나 작자에 의해 혁신적인 IIN으로 이용되기 시작하고 이것이 청자/독자에게도 전달되어 점차 보급된 다음 만약 다수에 의해 선호된다면 GIIN으로 관습화가 이루어진다. 그 다음 원래의 '부호화된 의미'와는 다른 새로운 의미가 부호화되어 독립하게 된다.

T&D(2002)는 또 '주관화(Subjectification)'와 '상호주관화(Inter- subjectification)'란 개념을 언급한다. 이 두 가지는 의미 변화와 문법화를 설명하는데 매우 자주 등장하는 이론이다. '주관화'란 곧 '자신의 관점과 태도를 표현하는 것'으로 이때 화자는 여러 가지 언어적 표현들을 이용하여 주관화하게 된다. 대개의 경우는 무의식적으로 어떤 언어 형식을 선택하기 마련이다. 그런데 화자는 자신의 관점을 가장 효과적으로 전달하기 위해서 이에 맞는 표현을 선택하게 되며, 이때 '청자'의 상황에 맞게 표현을 선택해야 가장 효과적일 수 있다. 그래서 이것을 가리켜 '상호주관화'적이라고 한다. '상호주관화'는 화자가 청자를 발화사건의 한 참여자로 여기고 신경을 쓰는 것을 말한다. 예컨대, 인칭대명사 같은 경우는 대표적인 직시소(deixis)로서 화자의 주관적인 관점을 나타내고 있다. 즉, 주관화요소이다. 만약 화자가 청자에 대해 어떤 태도를 취한다든지, 신경 쓰는 어떤 마음을 표현한다면 이때 그 태도는 분명 특정 말로서 표현이 될 것이다. 특히 2인칭대명사가 존칭여부에 따라 구분되는 경우는 바로 이렇게 '화자의 청자에 대한 주의, 배려'가 문법화되어 고정되었기에 가능한 것이다. 화자의 관점이 바로 주관화인데 이 관점은 화자의 청자에 대한 태도로

나타날 수도 있기 때문에 주관화는 상호주관화의 필요조건이 된다.

  '주관화'와 '상호주관화' 개념은 다음과 같은 예를 통해 구체적으로 설명할 수 있다. 영어의 부사 'in fact'는 '사실상, 실제로는' 등의 의미를 갖는다. 이것은 17세기부터 19세기까지 몇 번의 단계를 거치면서 크게 세 가지 의미가 출현하게 되었는데, 가장 이른 1670년대에는 'respect adverbial(RA, 관점표시 부사)'로서 'adverbial of "respect in which"(～라는 관점에서 볼 때라는 의미의 부사적 어구)'로 문법화하게 된다.

(1)  it is evident in fact and experience that there is no such universal judge……

  여기서 'it is evident in fact and experience'는 "사실과 경험이란 관점에서 볼 때 그것은 분명하다"라는 의미이고, 이때 'in fact'는 일종의 절－내부형 부사로 '실제로, 정말로'라는 의미의 'evidential meaning(증거적인 의미)'를 부여받게 된다.

  그 다음 단계는 여기서 더 문법화하여 'epistemic adversative(EA, 인식적 반의접속표현)'로 발전하는 것이다. 이것은 1680년대에 등장한다.

(2)  In whatever light you may consider it, this is in fact a solid benefit.....

  여기서 'in fact'는 앞의 'In whatever light you may consider it'라고 하는 일종의 양보절도 출현하면서 분위기는 화자가 뭔가 앞의 내용과는 대조적인 견해를 피력할 것이라는 점이 암시되고 있고, 뒤의 'this is in fact a solid benefit'은 결국 자신의 견해를 피력한다. 이처럼 EA로 쓰이게 될 경우 모종의 수사적인 용법으로 더 발전하게 되어 앞의 내용과는 대조되는 내용을 이끌어 낼 때 쓰이게 된다. 그러면서 이것은 약간 화용적으로 중의적인 성격을 갖고 있어서 절내부적 부사와 문장부사 두 가지 차원에서 해석이 될 수도 있다. 만약 절내부 부사라면 "This is a solid benefit in fact (rather than imagination)"로 읽을 수 있다. 이에 비해 넓은 scope로 볼 때는 "in reality, this is a benefit"처럼 읽을 수 있어 이미 문장부사로 볼 수도 있다.

  마지막으로 이것은 19세기에 'DM(Discourse Marker, 담화표지)'으로 더 문법화한다. 여기서 'in fact'의 기능은 담화의 수준에서 담화 자체의 타당성에 대한 화자의 태도를 표현하는 것이다.

(3)  I should not used the expression. In fact, it does not concern you-it concerns only myself. (나는 그런 표현은 쓰지 말았어야 했다. 사실, 그것은 당신과는 상관없고, 단지

나 자신과 상관이 있다.)

여기서 'in fact'는 방금 말한 것에 대한 정당화 작용을 하고 있는데, 다른 말로 하면, 자기-교정적인 부연 기능을 하는 것이다.

지금까지의 'in fact'의 발전과정을 정리하면 다음과 같다.

---

Stage Ⅰ : in fact 1 : adverbial of "respect in which(~라는 측면에서)"

↓

Stage Ⅱ : in fact 2 : epistemic adversative(EA, 인식적 반의접속표현)

↓

Stage Ⅲ : in fact3 : DM(담화표지)

---

Ⅰ단계에서는 절－내부 부사의 기능을 하고 있고, Ⅱ단계에선 인식적 문장부사의 역할을 하하고 있다. 그리고 Ⅲ단계에서는 DM(담화표지)의 기능을 하고 있다. 즉, 절－내부 부사였다가 '넓은 범위(wide scope)'를 갖는 문장부사로서 'EA다의어'로 발전한 것이다. 그리고 또 "q(뒷절)가 '부연' 또는 '설명'으로서 p(앞절)에 연관이 되어있음을 밝혀주는 기능인 DM으로 발전하였다.

'in fact'의 EA(인식적 부사)의미가 발전한 것은 주관화의 예이다. 화자/작자는 이 부사를 이용하여 그 언급의 진실성에 대한 자신의 약속을 분명히 하고 있다. DM(담화표지)의 미로 더 심화되어 발전된 것은 '증가된 주관화'의 케이스이다. 왜냐하면 화자/작자는 지금 자신의 수사학적인 책략을 더욱 더 분명하게 만들고 있기 때문이다.

'in fact'는 어떤 측면에서는 상호주관적일 수 있다. 이것이 p와 q 사이의 연결성을 표시할 뿐 아니라 화자 자신의 청자의 반대나 이의를 인정하는 멘트를 좀 더 부드럽게 하는 그런 기능을 하고 있다. 이것이야 말로 화자가 말을 할 때 자신의 주관적인 관점만을 반영시키는 차원에서 끝나지 않고 상대방의 입장을 고려하여 그것을 언어 표현상에 반영시키는 전형적인 상호주관화의 측면이다.

지금까지 T&D(2002)의 '유도적 추론 이론' 및 '주관화', '상호주관화'에 대해 살펴보았다. 이들의 견해는 "담화 공간에서 벌어지는 대화상의 함축이 의미 변화를 유발한다"는 이른바 화용론적 시각을 기반으로 하고 있다. 사실 모든 언어는 화자와 청자 혹은 작자와 독자 간의 대화, 의사소통을 기본 전제로 하고 있다. 그렇기 때문에 의미의 변화 혹은 문법화는 결국 담화 공간과 불가분의 관계에 있는 것이다. 한 마디로 담화 공간은 모든 언어 변화의 에너지를 응축하고 있는 장소로, 언어 연구에서 매우 중요시해야 할 영역임에 틀림없다.

이러한 담화 공간에서 화자와 청자 간 대화적 함축이 발생하기도 하지만 화자가 의도적으로 자신의 주관성을 이입시켜 새로운 의미가 탄생하기도 한다. 이것이 바로 주관화인데 만약 대화 상대자까지 고려하여 표현하고자 한다면 상호주관화가 발생하게 된다. 위에서 본 'in fact'의 예는 처음에 문장 내부의 부사로 관점표시 기능을 하였으나 점차 주관화가 발생하여 문장부사로 발전하였고 여기서 또 상호주관화가 발생하여 상대방을 고려하고자 하는 '담화표지'로까지 발전하였다. 이러한 예는 실제 언어에서 부지기수로 발견할 수 있다. 당연히 중국어에서도 발견할 수 있는데 특히 부사의 발전에서 정도부사나 어기부사의 문법화는 대부분이 '주관화'와 밀접한 관련이 있는 것들이며, 중국어에 있는 이른바 '客气'한 표현들은 대부분이 '상호주관화'를 통해 형성되었다. 한국어의 존칭 표현 또한 이와 무관하지 않다.

비유하자면 담화 공간이란 마치 태아가 잉태될 수 있는 매우 소중한 공간과 같아 인류 언어의 변화가 잉태되는 공간이라 할 수 있을 것이다.

## 1.4　본서의 연구내용 및 서술방식

마지막으로 본서에서 서술할 내용에 대해 소개하고자 한다. 본서는 중고시기의 대표적 문헌인 ≪百喩經≫을 대상으로 하여 그 속에 있는 각종 문법적 내용들을 연구, 소개하는 것으로 아래와 같은 원칙에 입각하여 서술한다.

ⅰ) 기본적으로 공시적인 귀납 정리를 목표로 한다. ≪百喩經≫내에 있는 각종의 허사(대명사, 전치사, 부사, 조사, 접속사, 양상동사 등) 및 통사구조(술보구조) 등을 귀납하여 이들의 공시적 상황과 관련된 수치 통계를 기본 목표로 한다.

ⅱ) 공시적 비교를 진행한다. 가급적 동시기 문헌과의 공시적인 비교를 진행하여 중고시기의 일반적인 상황에 비추어 ≪百喩經≫의 상황을 해석하고자 한다. 이때 주요 비교

대상은 ≪世說新語≫와 ≪顔氏家訓≫이다. 이 두 문헌과 관련한 통계 및 귀납 내용은 기존의 연구 성과를 이용하지만 필요한 경우 필자의 직접적인 조사를 통해 진행한다. 한편, 동시기 불경역경 문헌인 ≪賢愚經≫에 대한 조사를 통해 이것과 ≪百喩經≫과의 비교를 진행하기도 한다. 필요한 경우, 다른 中土문헌인 ≪齊民要術≫ 및 기타 불경역경의 연구 성과를 인용하여 ≪百喩經≫의 상황을 보충한다.

iii) 통시적인 묘사를 진행한다. 필자가 필요하다고 판단되는 주요 허사에 한 해 先秦시기부터 근대중국어 시기까지의 통시적인 묘사를 진행한다. 주로 唐宋시기까지의 발전 과정을 묘사할 것이나 필요시에는 明淸시기까지도 언급한다. 이때 先秦, 兩漢, 唐宋 및 元明 시기의 내용은 기존 연구 성과를 이용하고 필요 에 따라 필자의 연구 성과를 이용하기도 한다.

iv) 통시적인 해석을 진행한다. 필자가 필요하다고 판단되는 일부 허사에 대해 그것의 문법화 과정을 소개한다. 이 경우 기존 연구 성과를 이용하기도 하지만 가급적 필자가 연구한 내용을 중심으로 소개하고자 한다. 문법화 이 외에도 통시적인 변화에 대한 해석을 할 수 있으며 이 경우 역시 기존의 연구 성과를 인용하여 해석을 진행한다.

제 **2** 장

# 대명사

2.1 인칭대명사
2.2 지시대명사
2.3 의문대명사
2.4 대명사 소결

魏晉南北朝 시기는 상고중국어에서 근대중국어로 넘어가는 과도기에 해당하여 상고중국어의 모습을 그대로 보존하는가 하면 당시 특이한 언어적 변화를 반영하여 중고중국어 특유의 새로운 허사들이 다수 탄생하기도 한다. 대명사 또한 그러하다. 전형적인 상고중국어의 대명사가 여전히 큰 활약을 하는가 하면 새로운 대명사가 탄생해 서서히 도약을 시작하기도 한다. ≪百喻經≫의 대명사 역시 이러한 魏晉南北朝 시기의 전형적인 모습을 그대로 담아내고 있다.

한편, 고한어의 대명사는 각종의 문헌에서 매우 다양한 형식들이 발견되고 있다. 그 이유에 대해 여러 가지로 해석이 가능하여 이러한 현상을 일종의 형태현상으로 보는 견해가 지배적이다. 상고중국어 시기에 출현했던 그렇게 다양했던 각종 대명사들이 중고시기에 와서 서서히 단순화되어 갔는데 만약 상고시기의 현상을 일종의 굴절형태 현상으로 본다면 굴절이 없어진 중고시기로 오면서 그것이 자연스럽게 반영이 되어 나타난 현상으로 볼 수도 있을 것이다. 그러나 상고시기 대명사의 형태는 물론 굴절형태 전반에 대해 아직 윤곽이 확실치 않기 때문에 이러한 추측은 좀 더 진일보한 연구를 필요로 한다.

중고중국어의 대명사는 크게 '인칭대명사', '지시대명사', '의문대명사'의 세 가지로 분류할 수 있으며 ≪百喻經≫의 것들도 <표 2-1>처럼 세 가지로 분류할 수 있다. 그리고 각각의 대명사들은 또한 세부적인 분류가 더 가능하다.

**표 2-1 ≪百喻經≫의 대명사 종류**

| 구분 | 종류 | 예 |
|---|---|---|
| 인칭대명사 | 1인칭대명사 | 我, 吾 |
| | 2인칭대명사 | 汝, 爾1, 君, 子 |
| | 3인칭대명사 | 其1, 之1, 彼1 |
| | 재귀대명사 | 自, 己 |
| 지시대명사 | 근칭지시대명사 | 此, 是 |
| | 원칭지시대명사 | 彼2, 其2, 之2, 爾2 |
| | 旁指대명사 | 他, 餘 |
| | 無定대명사 | 無, 或 |
| 의문대명사 | | 何, 云何, 阿誰, 何故, 何等, 何爲, 何時, 如何, 何處, 幾, 何由, 誰, 何以, 何物, 何所, 何用, 何必, 何足, 所 |

## 2.1 　인칭대명사

### 2.1.1 상고중국어 인칭대명사의 형태 현상

　주지하다시피 상고중국어의 인칭대명사는 매우 복잡하다. ≪百喩經≫에서도 1, 2, 3인
칭대명사 모두 각각 몇 개씩 출현하고 있지만 상고중국어는 이 보다 더 복잡하다. 예를
들어 1인칭대명사 하나만도 '我', '余', '朕', '吾', '卬' 등이 출현하고 있다. 도대체 하나의
자연 언어에 왜 이렇게 많은 1인칭대명사들이 필요한 것일까? 이것에 대해 지금까지 많은
학자들이 연구를 해왔는데 그중 특히 王力은 이것을 일종의 형태현상으로 보고자 했다.
어떤 이들은 또 여러 시대의 각기 다른 대명사들이 한 문헌에 모여 있다든가 아니면 일종
의 방언 현상일 것이라고 주장하기도 했다. 공시적 형태현상, 역사적 누적 현상, 지역적인
방언 현상, 이 세 가지는 고한어 연구에서 매우 중요한 해석이론으로 소개되기도 하여 이
른바 "一聲之轉"[1]을 현대 언어학적 각도에서 설명할 때에도 이용되기도 한다. 그렇다면
이 세 가지 중 도대체 어떤 것이 가장 우세할까? 王力이 워낙 저명한 학자인지라 아직까지
도 그의 형태설이 굉장히 힘 있게 전해져 오고 있는데 최근에 이와 관련하여 姚振武
(2015)는 王力의 설을 어느 정도 인정하면서 다음과 같이 분석한다.[2]

　상고중국어의 '我'는 주로 주어, 관형어, 목적어로 쓰이며 단수를 나타낸다. '余'는 단수
를 나타내고, 주어, 목적어로 쓰이며 관형어로는 극소수 출현한다. '朕'은 관형어로 쓰이며
경우에 따라 주어로도 쓰인다. 이 가운데 특히 '余'와 '朕'이 목적어 측면에서 대립을 보이
며 규칙적인 듯이 보이고 있다. 한편, '吾'는 西周이후 등장했는데, 주어와 관형어로 쓰이
고 戰國시대이후에는 목적어로도 쓰였다. '卬'은 주어와 목적어로 쓰였다. 이렇게 상고시
기 1인칭대명사의 상황을 보면 얼핏 보기엔 규칙적인 듯 하면서 또 서로 중복되는 것도
있어서 정확히 그 기능을 가늠하기가 힘들다. 이에 대해 王力은 '格位說(즉, 각각 문장
내에서의 格이 다르다)'을 주장하면서 두 개의 1인칭대명사가 '同時竝用'되는 상황을 인
정하였다. 그런데 그가 말한 동시병용이란 한 문장 내에서 서로 다른 통사 위치에 다른

---

1) 이것은 일종의 훈고학 용어로, 성모가 동류인 상황에서 운모의 변화를 통해 어휘의 파생, 분화, 通假 등
　현상이 발생하는 것을 말한다. 대표적으로 王念孫은 '而, 如, 若, 然'을 '一聲之轉' 현상으로 보았다.
2) 여기서는 대표적으로 1인칭대명사의 상황을 중심으로 살펴본다.

1인칭대명사가 출현하는 것을 말한다. 즉, 두 개의 서로 다른 1인칭대명사가 한 문장에서 출현할 때는 적어도 그 통사 위치가 달라 상호간의 격이 다르다는 것이다.

이러한 현상은 상고 문헌에서 비일비재하게 발견되고 있는데 여기에 대해 姚振武는 '형태'구별이 엄격하지 않은 것으로 본다. 즉, 어떻게 보면 일정한 규칙을 보이는 것 같지만 사실상 어떤 측면에서는 겹치게 나타나고 있고 '형태' 현상이 존재하면서도 그것이 단지 엄격하지 않은 것으로 봐야 한다는 것이다. 그래서 그는 아래와 같이 정리한다.

ⅰ) 만약 통사 환경이 여러 통사 위치를 동시에 제공한다면 이때 대명사들은 각각 위치를 잡는다(各就各位). 그래서 일종의 대립 현상을 보여준다.

ⅱ) 만약 통사 환경이 단지 하나의 위치만을 제공한다면 이 대명사들이 규칙이 있는 모습을 보여주면서도 예외가 있을 수 있다.

ⅲ) 만약 통사 환경이 여러 개의 같은 위치를 제공한다면 그땐 혼란 현상이 자주 발생한다.

그렇기 때문에 아래와 같은 현상이 발생한다.

(1) 大宰知我乎, 吾少也賤故多能鄙事. (論語, 子罕) (태재가 나를 아는구나! 내가 젊었을 때 비천했던 까닭에 비천한 일을 잘 한다.)

이것은 ⅰ)과 같은 상황으로 '我'는 목적어로, '吾'는 주어로 사용되고 있다. 반면, 아래의 문장에서는 바로 ⅲ)과 같은 현상이 발생하고 말았다.

(2) 我得天, 楚伏其罪, 吾且柔之矣. (左傳, 僖公二十八年) (우리가 하늘의 도움을 받아 초나라가 엎드려 죄를 빌면 우리는 그들을 잘 위로해주면 된다.)

이렇게 상고시기에 1인칭대명사의 '형태'체계는 '명확'과 '모호' 두 가지 경향이 있었던 것이다. 역사의 발전 과정에서 만약 '명확성'이 확산되었다면 최종적으로 비교적 엄격한 1인칭대명사 형태체계가 만들어졌을 것이다. 그러나 사실상 모호성이 더 확산되어 中古시기 이후에는 1인칭대명사가 점차 하나로 통일되어 갔다. 따라서 상고중국어 인칭대명사의 형태현상은 일종의 "엄격하지 않은 형태"였다고 결론할 수 있을 것이다.

여기서는 1인칭대명사만을 언급했지만 사실상 2인칭대명사 체계도 대동소이하다 할 수 있다. 이렇게 상고중국어의 인칭대명사 체계는 형태 현상으로 충분히 볼 수 있으면서도 엄격하지 않음으로써 위와 같은 매우 혼란스러운 면모가 출현하였는데 이처럼 모호성이 우세하여 결국 현대중국어의 '我' 하나로 통일되고 만 것이다. 상고중국어의 인칭대명사 체계가 王力의 말대로 형태현상이었음에는 틀림없다. 그러나 과연 格에 따른 서로 다른 어휘의 사용이었는지 아니면 한 어휘가 굴절 변화를 하여 마치 영어와 같이 격에 따라 달라지는 것인지에 대해서는 앞으로 더 깊이 있는 연구가 필요하다.

## 2.1.2 1인칭대명사

≪百喩經≫의 1인칭대명사로는 '我', '吾' 두 가지가 출현한다. 이 두 가지 모두 이미 상고중국어시기부터 전해 내려오던 것으로 '吾'는 1예만 출현하기 때문에 사실상 거의 '我' 하나만 출현한다고 볼 수 있다.

### 我

1) 주어

(1) <u>我</u>今不用餘下三果, 唯求得彼阿羅漢果. (10. 三重樓喩) (나는 지금 다른 아래 삼과는 필요 없고, 단지 저 아라한과만을 얻길 구한다.)

(2) 而此貧人失口, 答言: "<u>我</u>是鴛鴦." (47. 貧人能作鴛鴦鳴喩) (그런데 이 가난한 자가 말실수를 하여 답하여 말했다. "나는 원앙이오.")

2) 목적어

(3) 遙見風吹大樹, 枝柯動搖上下, 便言: "喚<u>我</u>", 尋來樹下. (48. 野干爲折樹枝所打喩) ((여우가) 멀리서 바람이 큰 나무에 불어대 나뭇가지가 위아래로 흔들리는 것을 보더니 "나를 부른다."라고 말하고 곧바로 나무 아래로 갔다.) (※ 野干: 여우의 일종)

(4) 二人答言: "與<u>我</u>何物?" (56. 索無物喩) (두 사람이 답하여 말했다. "나에게 무엇을 줄 것이오?")

(5) 誰有勇健, 能共<u>我</u>試? 請於平原校其伎能. (65. 五百歡喜丸喩) (누가 용감하고 강건하다면 <u>나와</u> 한 판 해볼 수 있소? 평원에서 재주를 겨루어 봅시다.)

(6) 今可爲<u>我</u>造樓如彼. (10. 三重樓喩) (지금 <u>나를</u> 위해 저와 같은 집을 만들어 주게.)

### 3) 관형어

(7) 夫答之言: "我婦已死, 汝是阿誰? 妄言我婦." (4. 婦詐稱死喩) (남편이 대답하여 말했다. "나의 아내는 이미 죽었다. 당신은 누구요? 함부로 내 아내라고 하는 것이오.")

(8) 山羌答言: "我衣乃是祖父之物." (8. 山羌偸官庫衣喩) (산민이 답하여 말했다. "내 옷은 곧 조부의 물건이다.")

### 4) 겸어

(9) 語汝速滅, 莫復更生. 何以故來, 使我見之? (38. 飮木桶水喩) (너에게 속히 없어지고 다시 나오지 말라고 했는데, 어찌하여 여전히 와서 나로 하여금 다시 보게 하는가?)

(10) 醫先敎我恒食雉肉, 是故今者食一雉已盡, 更不敢食. (62. 病人食雉肉喩) (의사 선생께서 지난번에 나에게 항시 꿩고기를 먹으라 하셨는데 이 때문에 지금은 한 마리를 다 먹고 더는 감히 먹지 않고 있습니다.)

## 吾

(11) 是時會中有異學梵志五百人俱, 從座而起, 白佛言: "吾聞佛道洪深, 無能及者, 故來歸問. 唯願說之." (0. 引言) (이때 회의에는 이교도 파라문 오백인도 모였는데 자리로부터 일어나 부처에게 말했다. "제가 듣기에 불도는 넓고 깊어 따를 수 있는 것이 없다고 하여 와서 가르침을 청합니다. 원컨대 말씀해 주십시오.") (※ 梵志: 婆羅門)

1인칭대명사 '我'는 총 145예가 출현하고 있고, '吾'는 1예 출현하고 있다. '我'의 경우, 주어로 사용되는 예가 총 83예, 일반 동사의 목적어로 사용되는 것은 12예, 전치사의 목적어로 사용되는 것이 11예, 관형어가 30예, 그리고 겸어로 사용되는 것이 9예 출현한다. 전체 '我' 가운데서 주어가 57%를 차지하고 있긴 하나 다른 성분으로도 적지 않게 출현하고 있어 당시 구어의 대표적인 1인칭대명사로 활약하고 있음을 확인할 수 있다. 전치사의 목적어로는 '爲'와 결합하는 예(爲我: 나를 위해)가 가장 많이 출현하고 있었고 '與'나 '共'과도 결합하고 있었다(與我: 나를 위해, 나와 함께, 共我: 나와 함께). 관형어로 쓰일 때는 '我頭, 我夫, 我婦, 我兄, 我衣, 我父, 我女, 我語, 我國, 我耳, 我馬' 등과 같이 '我'가 특별한 구조조사 없이 바로 명사와 결합하고 있다. 한편, 겸어로 쓰일 때는 사역동사인 '使', '敎'등의 목적어로 출현하고 있다.

동시기 문헌인 ≪世說新語≫의 상황을 보면, 여기서는 이 두 가지 외에도 '余', '予', '身' 등 더 많은 1인칭대명사들이 등장하고 있다. 그런데 ≪世說新語≫ 역시 '我'가 160여 예로 가장 많이 출현하고 있었고, 그 다음으로 '吾'가 50여 예 출현하고 있었으며 기타 대명사들은 출현 횟수가 매우 적어 사실상 ≪百喩經≫과 유사한 경향을 보여주고 있다. ≪顔氏家訓≫의 경우, 특이하게도 '吾'가 100여회로 가장 많고, 그 다음이 '我'로 겨우 13회 출현한다. 그리고 '余'가 5회 출현하고 있다. 일단 ≪顔氏家訓≫이 '我'보다는 '吾'의 사용이 더 많은 사실은 ≪百喩經≫이나 ≪世說新語≫와 차별화되는 점인데 이것은 모종의 문체적 원인이나 작자의 행문습관에 기인한 것으로 볼 수 있다. 여기서 한 가지 특이한 사실은 ≪顔氏家訓≫의 '吾'가 출현 횟수만 많은 것이 아니라 굉장히 발달된 모습을 보이고 있다는 것이다. 이 문헌에서 '吾'는 동사나 전치사의 목적어로 쓰이는 예가 다수 출현하고 있는데 이것은 기존 秦漢 시대에는 없었던 현상이라고 한다.

向熹(2010)에 따르면, 상고중국어 시기엔 1인칭대명사로 '我, 余, 朕, 吾, 卬, 台, 予' 등 매우 다양한 것들이 있었다고 한다. 상고중국어 시기엔 이렇게 다양한 1인칭대명사들이 각종 문헌 속에서 출현하고 있었는데 중고시기로 오면서 상황이 많이 변화하였다. 그 대표적인 현상은 바로 '我'의 독주이다. 물론 다른 대명사들도 여전히 출현하고 있기는 하나 출현비율로 볼 때, '我'의 점유율이 매우 높아졌다. ≪世說新語≫에서는 '我'와 '吾'가 함께 출현하고 있고 '吾'의 출현비율도 높은 편이나 역시 '我'의 비율이 더 높았으며, ≪百喩經≫에서는 아예 '我' 하나만 출현한 꼴이 되고 있다.3) 이 시기에 '我'의 점유율이 높아지고 있는 것이 하나의 현상이라면 또 하나의 대표적인 현상은 바로 '吾'의 기능 다변화이다. 이것은 위의 ≪顔氏家訓≫의 상황에서도 알 수 있듯이 魏晉南北朝 시기에 진입한 이후 상고중국어와 차별화된 매우 중요한 현상 중 하나이다. 비록 이렇게 '我'와 '吾'가 발전하고 있지만 그 이후 구어의 발전에서 1인칭대명사는 결국 '我' 위주로 통합되어 나가게 되었다.

### 2.1.3 2인칭대명사

≪百喩經≫의 2인칭대명사로는 '汝', '爾1', '君', '子' 등이 출현하고 있다.

---

3) ≪百喩經≫의 '吾'는 '引言'에만 출현하고 있기 때문에 사실상 ≪百喩經≫의 1인칭대명사는 '我' 하나라고 할 수 있다.

## 汝

### 1) 주어

(1) <u>汝</u>是愚人, 云何須財名他爲兄; 及其債時, 復言非兄? (7. 認人爲兄喩) (당신은 우매한 사람이다. 어째서 돈이 필요할 때는 그를 형이라 하고, 그가 빚을 독촉할 때에 와서는 다시 형이 아니라고 말하는가?)

(2) <u>汝</u>大愚癡, 無有智慧. 何不待我, 空自往來? (78. 與兒期早行喩) (너는 너무나도 우둔하고 지혜가 없구나. 어찌 나를 기다리지 않고 헛되이 갔다 왔느냐?)

### 2) 목적어

(3) 若斷淫欲, 云何生<u>汝</u>? (9. 嘆父德行喩) (만약 음욕을 끊었다면 어떻게 <u>너</u>를 낳았냐?)

(4) 將車者言: "無物與<u>汝</u>." (56. 索無物喩) (수레를 모는 자가 말했다. "<u>당신</u>들께 줄 게 없소.")

(5) 夫答婦言: "有好密事, 不得語<u>汝</u>." (69. 效其祖先急速食喩) (남편이 아내에게 답했다. "좋은 비밀스러운 일이 있는데 <u>당신</u>에게 말을 할 수가 없다.")

(6) <u>汝</u>等莫去, 我當爲<u>汝</u>白王, 改五由旬作三由旬, 使<u>汝</u>得近, 往來不疲. (34. 送美水喩) (당신들은 가지 마시오. 내가 <u>당신</u>들을 위해 곧 왕께 말을 해서 오유순을 삼유순으로 바꾸어 당신들이 더 가깝게 해줄 것이오. 그러면 오고가기가 힘들지 않을 것이오.)

(7) 明當共<u>汝</u>至彼聚落, 有所取索. (78. 與兒期早行喩) (내일 장차 <u>너</u>와 함께 저 마을에 가서 받아 낼 것이 있다.)

### 3) 관형어

(8) 我是<u>汝</u>妻. (4. 婦詐稱死喩) (내가 <u>당신</u> 아내요.)

(9) <u>汝</u>馬本黑, 尾何以白? (73. 詐言馬死喩) (<u>당신</u> 말은 본래 검은색인데 꼬리는 어째서 흰색이오?)

(10) 殺<u>汝</u>之子, 取血祀天, 必得多子. (21. 婦女欲更求子喩) (<u>너의</u> 아들을 죽여 그 피를 취해 하늘에 제사지내면 반드시 많은 아들을 얻을 것이다.)

### 4) 겸어

(11) 今可脫<u>汝</u>粗褐衣著於火中, 於此燒處, 當使<u>汝</u>得上妙欽服. (29. 貧人燒粗褐衣喩) (지금 그대의 거친 갈옷을 벗어 불 속에 넣어라. 이 탄 자리에서 분명 <u>그대</u>로 하여금 좋은 '흠파라의'를 얻게 할 것이다.)

(12) 敎<u>汝</u>分物, 使得平等, 現所有物, 破作二分. (58. 二子分財喩) (<u>너희</u>로 하여금 재물을 나누되 공평하게 할 것이다. 지금 갖고 있는 재물을 다 둘로 깨서 나누라.)

## 爾1

### 1) 주어

(13) <u>爾</u>是何人? 何處得馬? (65. 五百歡喜丸喩) (<u>너</u>는 누구냐? 어디서 말을 얻었느냐?)

(14) <u>爾</u>先不作, 今作何益! (47. 貧人能作鴛鴦鳴喩) (<u>너</u>는 아까는 안 하고 지금 하니 무슨 이익이냐!)

### 2) 목적어

(15) 咄! 婢, 我定得餠, 不復與<u>爾</u>. (67. 夫婦食餠共爲要喩) (체, 바보 같으니, 내가 마침내 떡을 얻게 되었다. 더는 <u>너</u>에게 주지 않겠다.)

(16) 汝等小遠, 我當爲<u>爾</u>平等分之. (41. 毗舍闍鬼喩) (당신들 조금 멀리 계시오. 내가 곧 <u>당신들</u>을 위해 공평하게 나누겠소.)

### 3) 관형어

(17) <u>爾</u>村中有池, 在此池邊共食牛不? (46. 偸犛牛喩) (<u>당신</u> 마을엔 연못이 있다. 이 연못가에서 함께 소를 먹지 않았소?)

### 4) 겸어

(18) 我能使<u>爾</u>求子可得, 當須祀天. (21. 婦女欲更求子喩) (내가 <u>당신</u>이 아들을 얻을 수 있도록 할 수 있는데, 마땅히 하늘에 제사를 지내야 한다.)

## 君

### 1) 관형어

(19) 此物雖尠, 可得延<u>君</u>性命數日, 何故捨棄擲著水中? (91. 貧人欲與富者等財物喩) (이 물건은 비록 적지만 <u>당신</u>의 목숨을 며칠이나 연장시킬 수 있소. 어째서 물속에 그것을 버릴 수 있소?)

### 2) 겸어

(20) 我謂空篋, 都無所有; 不知有<u>君</u>在此篋中, 莫見瞋也. (35. 寶篋鏡喩) (저는 빈 상

자고 아무 것도 안에 없을 것이라 생각했는데 <u>당신</u>께서 이 상자 안에 계실 줄은 몰랐습니다. (나에 대해) 노여워 마십시오.)

## 子

(21) 大王, 如截<u>子</u>頭, 雖得千頭, 不免<u>子</u>死. 雖十倍得肉, 不免苦痛. (20. 人說王縱暴喩) (대왕, 만약 <u>당신</u>의 머리를 벤 후 비록 천 개의 머리를 얻었다 해도 <u>당신</u>의 죽음은 면할 수 없습니다. 비록 열 배로 살을 얻었어도 고통은 면할 수 없습니다.) (전자는 관형어, 후자는 주어)

≪百喩經≫에서 2인칭대명사 '汝'는 총 92예, '爾1'은 20예, '君'는 2예, '子'는 2예 출현한다. 이중 '汝'는 주어가 52예, 목적어가 20예(일반목적어 13예, 전치사 목적어 7예), 관형어 16예, 겸어 4예가 출현하고 있으며, 주어가 56%를 차지하고 있다. '爾1'은 주어가 9예, 목적어가 5예(일반목적어 4예, 전치사목적어 1예), 관형어 4예, 겸어 2예가 출현하고 있으며 주어가 42%를 차지하고 있다. '君'은 총 2예로 관형어 1예와 겸어 1예가 출현하고 있고, '子'는 총 2예로 하나는 관형어, 다른 하나는 주어로 사용되고 있다.

'汝'의 경우, ≪百喩經≫에서 출현하는 비중이 가장 높은 2인칭대명사로, 절대적으로 주어의 비중이 높지만 목적어로 쓰일 때는 '生', '與', '敎', '語' 등 다양한 동사의 목적어로 쓰이고 있다. 그리고 관형어로는 '汝妻, 汝衣, 汝父, 汝婦, 汝耳, 汝意' 등처럼 다양한 명사 앞에서 관형어로 자유롭게 쓰이고 있다. 관형어로 쓰일 땐 위처럼 바로 명사와 결합하기도 하지만 구조조사 '之'와 결합하여 예(10)의 '汝之子'처럼 쓰이기도 한다. 상고중국어에서는 대체로 대명사가 구조조사 없이 바로 뒤의 중심어를 수식하는 구조였다. 그런데 太田辰夫(1991)에 따르면, 이러한 대명사의 관형사 용법에 약간의 변화가 발생해 東漢시기 쯤에 드디어 '대명사+之+명사'의 구조가 탄생하였다고 한다. 그는 당시 대표적인 예로 아래와 같은 ≪孟子≫ 趙岐注의 예를 들고 있다.

(22) 此乃天自未欲平治天下耳, 非<u>我之愆</u>. (公孫丑下) (이는 하늘이 스스로 천하를 평치하려고 하지 않았던 것이오, <u>나의 잘못</u>은 아니다.)

현대중국어에서는 '我的生日' 같은 형식이 자주 사용되나 이것은 이처럼 상고에서 중고시기에 이르는 변화를 통해 이루어진 것이다. 전치사와 결합할 때는 '爲(~를 위해)', '共(~와 함께)' 등과 결합하는 예만이 출현하였고, 이 중 대다수가 '爲'와 결합하고 있다.

'爾1' 또한 '汝'와 유사한 모습을 보여주고 있는데, 동사 '與', '捨(捨爾去)' 등의 목적어로 쓰이거나 개사 '爲'의 목적어로 쓰이고 있다. 그리고 주어, 목적어, 관형어, 겸어 모두에 고르게 출현하고 있는 점이 바로 상고중국어와의 차이점이다. 2인칭대명사 '君'과 '子'는 다른 2인칭대명사와는 달리 '존칭'의 용법으로 현대중국어의 '您'와 유사하다. ≪百喩經≫에서는 소수가 출현하고 있지만 여전히 상고중국어 시기의 존칭의 용법이 유지되고 있다. 2인칭대명사로 '汝', '爾1'은 양자 간의 특별한 기능상의 차이가 발견되고 있지 않으며 다만 '汝'가 좀 더 다수 출현하고 있을 뿐이다.

동시기의 ≪世說新語≫에는 '汝', '爾1', '子' 등의 2인칭대명사가 출현하고 있다. 이 가운데 '汝'가 총 63예로 가장 많고 그 다음이 '爾1'로 16예, '子'가 13예 출현하고 있어서 전체적인 2인칭대명사의 상황이 두 문헌 모두 유사한 모습을 보여주고 있다. 특히 ≪世說新語≫의 2인칭대명사들 모두 주격으로 사용되는 예가 50%이상 넘고 있어서 구체적인 문장에서의 기능 또한 ≪百喩經≫과 유사한 상황을 보여주고 있다.4) ≪顏氏家訓≫에서도 2인칭대명사로 '汝', '爾1', '子' 3가지가 출현하고 있다. 이 가운데 역시 '汝'는 27예로 가장 많이 출현하며 주어, 목적어, 관형어, 겸어, 심지어 서술어로도 쓰이고 있었다. 그에 반해 '爾1'은 2예, '子'는 4예만이 출현하고 있다. 劉光明의 ≪<顏氏家訓>語法研究≫에 따르면, 위진남북조 시기에 와서 2인칭대명사들에 모종의 변화가 생겼는데, 이 가운데 '汝'와 '爾1'의 감정색체에 약간의 변화가 발생했다고 한다. 상고중국어에서는 주로 약간 깔보거나 업신여기는 등 예의가 없는 의미를 담고 있었으나 그 이후 부모가 자식들을 칭할 때나 부부간의 호칭, 형제간의 호칭 등으로 모종의 친밀함을 담고 있는 대명사로 바뀌었다는 것이다. 필자가 ≪百喩經≫의 '汝', '爾1'을 조사했을 때에도 딱히 업신여기는 태도는 발견되지 않았으며 현대중국어의 '你'에 준하는 그런 중성적 색채의 용법이 대부분이었다.5)

(23) 我雖欲踢, 每常不及. 以此之故, 唾欲出口, 舉脚先踢, 望得汝意. (57. 踢長者口

---

4) ≪世說新語≫에는 이 세 가지 2인칭대명사 외에도 '卿'이라고 하는 상대방지칭명사가 출현한다. 그리고 무려 170여 예나 출현하고 있어서 오히려 가장 많은 '汝'보다도 많은 출현빈도를 보여주고 있다. 그러나 張振德등(1995)에 따르면, 이러한 '卿'은 그 용법이 주로 '존경, 친밀, 겸손' 등을 표현하는 것에 치중하고 있어 그 사용이 '汝' 등의 보편적인 2인칭대명사에 비해 비교적 특수한 성격을 띠기 때문에 이를 진정한 의미의 2인칭대명사로 볼 수 없다고 한다. 그래서 이들은 '卿'을 '2인칭대명사의 대용품'이라고 분류한다.

5) 본서에서 ≪百喩經≫과의 비교를 위해 인용하는 ≪世說新語≫관련 통계 및 예문은 張振德 等의 ≪<世說新語>語言研究≫(1995)에서 취한 것이고, ≪顏氏家訓≫관련 것은 劉光明의 ≪<顏氏家訓>語法研究≫(2006)에서 취한 것이다. 뒤에선 별도의 인용표시를 하지 않는다.

喻) (저는 비록 밟으려 해도 매번 항상 미치지 못했습니다. 이런 이유로 침이 입에서 나오려고 할 때 발을 들어 먼저 밟아 <u>당신</u>의 뜻을 얻고자 했습니다.)

(24) 卽截他婦鼻, 持來歸家, 急喚其婦: "<u>汝</u>速出來, 與<u>汝</u>好鼻." (28. 爲婦貿鼻喻) (바로 다른 아낙의 코를 베어 가지고 집으로 돌아와 급히 자신의 아내를 불러서 말했다. "<u>당신</u> 빨리 나오시오, 내 <u>당신</u>에게 예쁜 코를 주리다.")

(25) 詐語夫言: "<u>爾</u>今遠使, 慮有乏短. 今我造作五百歡喜丸, 用爲資粮, 以送與<u>爾</u>. <u>爾</u>若出國至他境界, 飢困之時, 乃可取食." (65. 五百歡喜丸喻) (그의 남편에게 속이며 말했다. "<u>당신</u> 지금 멀리 사신 떠나는데 부족함이 있을까 걱정이구려. 그래서 오늘 내가 오백 개의 '환희환'을 만들었으니 식량으로 삼아 그것을 <u>당신</u>에게 드립니다. <u>당신</u>이 만약 출국하여 다른 나라 경계에 이르러 배고프다면 그때 먹을 수 있을 겁니다.")

위의 예들을 보면, (23)처럼 존경하는 어른에게도 쓰이고 있고, (24)(25)에서는 부부간에 쓰이고 있는데 특별히 그러한 업신여기는 감정이 들어있지는 않았다. 이처럼 ≪百喻經≫을 통해서도 이 두 대명사의 감정색채에 분명한 변화가 발생한 것을 확인할 수 있다.

상기 세 문헌의 상황을 보면 분명 이 시기 주요 2인칭대명사로 '汝'와 '爾1'이 주류를 이루고 있음을 알 수 있다. 向熹(2010)에 따르면, 상고중국어 시기엔 2인칭대명사로 '女, 乃, 爾1, 而, 戎, 若' 등이 존재했는데 여기서 '女'는 '汝'와 음이 비슷하여 漢代이후엔 주로 '汝'를 사용했다고 한다. 여기 언급된 대명사들은 모두 성모가 日母이며 비록 글자들은 다 달라도 이들 간에는 모종의 연관관계가 있을 것으로 추측되고 있다. 심지어 이것이 계속 현대에 까지 이어져 지금의 '你'로 모두 대체되었지만 그 성모만큼은 여전히 유사점을 보여주고 있다. 상고중국어 시기에 '汝'는 중고시기와 큰 차이가 없었다. 그러나 '爾1'은 상고시기에 주어, 목적, 관형어 모두 쓰이긴 했지만 '汝'에 비해 관형어로 쓰이는 것이 더 보편적이었다고 한다. 그러나 중고시기에 와서는 이러한 현상이 없어졌고 '汝'와 '爾1'의 차이가 크게 나타나지 않게 된 것이다. 그리고 그렇게 다양했던 2인칭대명사들도 중고시기에 와서 이 두 가지로 좁혀졌다. 상기 세 문헌이 바로 이것을 반영하고 있는 것이다.

한편, 2인칭대명사의 존칭 용법으로 상고중국어 시기엔 '公, 君, 子, 夫子, 先生, 足下' 등이 출현하고 있는데 ≪百喻經≫에서는 이 가운데 '君'과 '子'가 출현한다. 이것의 특수한 성격 때문에 단순한 존칭사 정도로 취급할 수 있겠으나 본서에서는 이 둘을 존칭의 2인칭대명사로 처리하고자 한다.

현대중국어의 '你'는 바로 상고중국어의 '爾1'이 계승되어 생성된 것이다. 向熹(2010)에 따르면, '爾'는 위진남북조 시기부터 형태상 변화가 발생하는데, 먼저 이 시기에 '尒'라고 하는 간체자 형태가 출현하였고 특히 불경에서는 이것을 '儞'로 쓰기도 했다고 한다. 그 이후 또 변화하여 '亻'과 '尓'가 결합된 형태가 쓰이다가 다시 또 이를 '你'로 쓰게 되어 이미 唐代에 지금의 형식이 쓰이게 되었다고 한다. 이렇게 새로운 형태의 '你'가 등장하자 이것과 기존의 '爾'는 특히 宋代부터 발음이 달라지기 시작했다. '爾'는 어음 변화를 계속 받아들여 반절이 '兒氏切'로 바뀌어 결국 기존의 'n-'계열의 모습을 잃게 되었다. 그리고 '你'는 '乃里切'로 기존 '爾' 등이 원래부터 갖고 있던 'n-'계열의 모습을 계승하게 되었고 최후로 2인칭대명사의 구어 형식이 되었다고 한다.[6]

## 2.1.4 3인칭대명사

≪百喩經≫의 3인칭대명사로는 '其1', '之1', '彼1'이 출현한다.

### 其1

#### 1) 주어

(1) 其歡喜丸忘置樹下, 卽以其夜值五百偸賊盜彼國王五百匹馬, 幷及寶物, 來止樹下. (65. 五百歡喜丸喩) (<u>그는</u> 환희환을 나무 아래 놓고 잊었는데 바로 그날 밤 마침 오백의 도적떼가 그 나라 왕의 오백 필 말과 보물을 훔쳐 그 나무 아래로 왔다.) [문장주어]

(2) 由其逃突, 盡皆飢渴, 於其樹下, 見歡喜丸, 諸賊取已, 各食一丸. (65. 五百歡喜丸喩) (<u>그들</u>이 급히 도망하느라고 모두가 배고프고 목말라 있었기 때문에 그 나무 아래에 와서 환희환을 보고 모든 도둑들이 그것을 취하고는 각자 한 환 씩 먹었다.) [문장주어]

(3) 愚人見其疊墼作舍, 猶懷疑惑, 不能了知, 而問之言: "欲作何等?" (10. 三重樓喩) (우매한 자가 <u>그가</u> 벽돌을 쌓아 집을 짓는 것을 보고는 여전히 의혹을 품고 이해

---

6) 1인칭, 2인칭대명사의 경우 복수표지로 '等'이 붙는 경우가 자주 출현하고 있다. '等'은 인칭대명사 외에 사람을 나타내는 일반 명사 뒤에도 출현하고 있으며 인칭대명사 뒤에 출현하는 것은 총7예이다.
(1) 我等伴黨, 盡是親屬, 如何可殺? (14. 殺商主祀天喩) (우리들 동료들은 모두가 다 친척들인데 어떻게 죽일 수 있는가?)
(2) 汝等小遠, 我當爲爾平等分之. (41. 毗舍闍鬼喩) (당신들 조금 멀리 계시오. 내가 곧 당신들을 위해 공평하게 나누겠소.)
(3) 爾等所諍, 我已得去. 今使爾等更無所諍. (41. 毗舍闍鬼喩) (너희들이 다투는 그것은 내가 이미 얻어서 간다. 지금 너희들로 하여금 더 이상 다툴 것이 없게 만들었다.)

할 수가 없어 물어 말했다. "무엇을 지으려고 하는 것이오?") [구(詞組)주어]

(4) 牧羊之人, 未見於婦, 聞其已生, 心大歡喜, 重與彼物. (30. 牧羊人喻) (양치는 사람은 아직 부인을 본 적이 없는데 그녀가 이미 아이를 낳았다고 듣고는 마음으로 매우 기뻐서 다른 물건을 더 많이 주었다.) [구(詞組)주어]

## 2) 관형어

(5) 時諸世人, 卻後七日, 聞其子死, 咸皆嘆言. (11. 婆羅門殺子喻) (그 당시 사람들은 칠일 뒤에 그의 아들이 죽었다는 말을 듣고는 모두 감탄하며 말했다.)

(6) 諸人問言: "有何德行, 請道其事." (9. 嘆父德行喻) (여러 사람들이 물어 말했다. "어떤 덕행이 있는지 그의 일을 말해보게.")

(7) 既不相著, 復失其鼻, 唐使其婦受大苦痛. (28. 爲婦貿鼻喻) (이미 붙지도 않았고 또 그녀의 코도 잃었기 때문에 공연히 그의 아내로 하여금 큰 고통을 당하게 하고 말았다.)

## 3) 목적어

(8) 又有一人復語浣衣. 婢語此者: "先與其浣." (51. 五人買婢共使作喻) (또 한 사람이 다시 (그녀에게) 옷을 빨라고 말했다. (그러자) 여노비는 이 사람에게 말했다. "먼저 그를 위해 빨아야 합니다.") [전치사의 목적어]

(9) 婦來見夫, 欲共其語, 満口中米, 都不應和. (72. 唵米决口喻) (아내는 와서 남편을 보고는 그와 말을 하고 싶었는데 남편은 입 안 가득 쌀이라 대구를 하지 못했다.) (전치사의 목적어)

(10) 即作是言: "不見摩尼珠, 我終不去." 須臾之間, 爲其所殺. (94. 摩尼水竇喻) (그러고는 바로 이렇게 말했다. "마니주가 어디 있는지 안 보이니 나는 결국 못 가겠다." 잠깐 사이에 그는 그에게(남편에게) 죽임을 당했다.) (※ 摩尼珠: 터널, 수로) [전치사의 목적어]

## 之1

(11) 時有智人而語之言…… (38. 飮木桶水喻) (그때 지혜로운 이가 그에게 말했다. ……)

(12) 即答之言: "有人毁我, 力不能報. 不知何方可得報之? 是以愁耳." (68. 共相怨害喻) (바로 그에게 답하여 말했다. "어떤 사람이 나를 해치는데 내 힘으로는 보복할 수가 없소. 어떤 방법으로 해야 그에게 보복할 수 있을지 모르겠소. 이 때문에 근심할 뿐이오.")

(13) 我曾何時喜瞋、倉卒? 而此人者, 道我恒喜瞋恚, 作事倉卒, 是故打之. (13. 說人喜瞋喩) (내가 일찍이 언제 쉽게 화를 내고 급했는가? 그런데 이 사람이 내가 항시 잘 화내고 일도 급하게 한다고 떠드니 이 때문에 그를 때린 것이다.)

(14) 王與之言: "此之樹上, 將生美果, 汝能食不?" (33. 斫樹取果喩) (왕이 그에게 말했다. "이 나무 위에는 곧 맛있는 과일이 열릴 것이네, 너는 먹고 싶은가?") **[전치사의 목적어]**

### 彼1

#### 1) 주어

(15) 彼是遠人, 未可服信. (65. 五百歡喜丸喩) (그는 이방인이라 믿을 수 없습니다.)

(16) 所以爾者, 彼有錢財, 須者則用之, 是故爲兄. (7. 認人爲兄喩) (이렇게 하는 까닭은 그가 돈이 있어 필요한 자는 그것을 쓸 수 있기 때문에 형이라고 하는 것이다.)

#### 2) 목적어

(17) 牧羊之人, 未見於婦, 聞其已生, 心大歡喜, 重與彼物. (30. 牧羊人喩) (양치는 사람은 아직 부인을 본 적이 없는데 이미 아이를 낳았다고 듣고는 마음으로 매우 기뻐서 그에게 물건을 더 많이 주었다.)

(18) 願但敎我. 雖當自害, 要望傷彼. (68. 共相怨害喩) (저에게 그저 가르쳐주길 바랍니다. 비록 스스로 해를 입겠지만 그에게 피해를 입힐 수 있을 것으로 기대됩니다.)

(19) 甘蔗極甜, 若壓取汁, 還灌甘蔗樹, 甘美必甚, 得勝於彼. (16. 灌甘蔗喩) (사탕수수는 매우 단데, 만약 눌러 즙을 취하여 다시 사탕수수 나무에 주면 달기가 분명 심할 것이요, 저 사람에게서 승리를 쟁취할 것이다.) **[전치사의 목적어]**

#### 3) 관형어

(20) 我以欲得彼之錢財, 認之爲兄, 實非是兄. (7. 認人爲兄喩) (나는 그의 재물을 얻기를 원했기 때문에 그를 형으로 인정한 것이나 사실은 형이 아니다.)

(21) 時此婦女, 便隨彼語, 欲殺其子. (21. 婦女欲更求子喩) (이때 이 아낙은 바로 그 말을 따라 자기 아들을 죽이려고 했다.)

3인칭대명사 '其1'은 총 127예 출현하는데, 주어가 28예, 관형어가 96예, 전치사 목적어가 3예 출현하고 있으며 일반 동사의 목적어로는 쓰이지 않고 있다. 전체 기능 중에서 관형어로 쓰이는 것이 무려 75%를 차지하고 있어 대명사 '其1'의 전형적인 모습을 여전히 보여주고 있으며, 주어는 22%에 이른다. 주어로 쓰일 경우엔 '見其疊墼作舍', '聞其已生' 등과 같이 주술구의 주어로 쓰이는 예가 더 많이 출현하고 있으며 (1), (2)처럼 문장주어로 쓰이는 예는 7예 출현하고 있다. 주술구의 주어로 쓰일 때는 거의 대부분이 (4)처럼 주술구 자체가 목적어 역할을 한다. 그리하여 '聞其已生', '見其長大'처럼 "동사+其+술어"의 형식을 취해 일률적으로 4자구를 구성하고 있다. 이러한 예가 무려 18예나 출현하고 있어 절대다수를 차지하는데 이것은 암송하기 좋은 4자구로 구성된 ≪百喩經≫의 문체형식적 특징과 그 맥을 같이 한다. 관형어는 '其1'의 주요 기능으로 '其家, 其婦, 其夫, 其子, 其事, 其法' 등 매우 다양한 명사를 수식하고 있다. 목적어로 쓰이는 경우엔 일반 동사의 목적어로는 쓰이지 않고 모두 전치사의 목적어로 쓰이고 있는데 그 전치사는 위의 '與(~을 위해)', '共(~와)', '爲(~에 의해)' 등이 있다.

'之1'은 총 59예가 출현하고 있는데 주어, 관형어 등은 출현하지 않고 모두 목적어로 쓰이고 있다. 일반 동사의 목적어로 쓰이는 경우가 56예로 거의 절대다수를 차지하며, 전치사의 목적어로도 3예 출현하고 있는데 그 전치사는 모두 '與(~에게)'이다.

'彼1'은 총 23예로 주어가 13예, 일반 동사의 목적어가 4예, 전치사 목적어가 3예, 관형어가 2예, 겸어가 1예 출현하고 있다. 전체적으로 주어의 비중이 높으며 관형어보다는 목적어의 사용이 더 많다. 전치사로는 '於(~에 대해, ~보다 등)', '與(~와)' 등이 출현한다.

동시기 ≪世說新語≫의 경우, 3인칭대명사로 '之1', '其1', '彼1' 외에도 '伊'나 '己' 등도 출현하고 있는데, 여기서는 '之1'이 520여 예로 가장 많고, '其1'이 310여 예, '彼1'이 5예 출현하고 있었다. '之1'은 ≪百喩經≫과 마찬가지로 목적어로만 쓰이고 있고 주어나 기타 기능은 나타나지 않는다. '其1' 역시 비슷한 상황으로, 관형어의 기능이 77%에 이르고 있으며 그 외에 주어와 목적어 등이 출현하고 있다. 주어는 역시 ≪百喩經≫과 유사하게 독립적인 문장주어 보다는 주술구의 주어로 쓰이는 것이 월등히 많았으며 또 주술구의 역할도 동일한 목적어 기능이 다수였다. ≪百喩經≫에서는 '其'가 전치사의 목적어로만 쓰이고 있으나 ≪世說新語≫에서는 전치사의 목적어 외에도 아래와 같이 일반 동사의 목적어로도 사용되고 있었다. 그러나 그 수는 극히 소수에 불과하다.

(22) 有相識小人貽**其**餐, 肴案甚盛, 眞長辭焉. (方正51) (잘 아는 백성이 그에게 음식을 주었는데 반찬이 풍성하여 유진장이 그것을 사양했다.)

'彼1'은 특이하게도 5예 밖에 출현하지 않고 있는데 역시 주어가 4예로 가장 많아 ≪百喩經≫과 유사한 모습을 보이고 있다.

≪世說新語≫에서는 아래와 같이 '伊'와 '己'가 3인칭대명사로 사용되고 있다.

(23) 不敢復近思曠傍, _伊_便能捉杖打人, 不易. (方正53) (감히 다시는 阮思曠 근처로 가지 못했으니, 이처럼 그가 막대기로 사람을 때릴 수 있어도 쉽지 않았다.)

(24) 少時與淵源共騎竹馬, 我棄去, _己_輒取之. (品藻38) (어렸을 때 殷浩와 함께 죽마를 타곤 했는데 그때 내가 버린 것을 그가 항상 주워갔다.)

≪顔氏家訓≫에서도 3인칭대명사로 '其1', '之1', '彼1' 3가지가 등장한다. 이중 '其'는 200여 예이며 역시 관형어 용법이 170예나 된다. 목적어로는 일반동사의 목적어로 6예 쓰이고 있다. '之1'은 270예정도 출현하며 그중 264예가 목적어로 쓰이고 있다.

세 문헌의 상황은 대동소이하여 역시 '其1'은 전체적으로 관형어의 기능이 우위를 점했고, '之1'은 목적어의 기능이 압도적이었다. 그런데 특이하게도 ≪世說新語≫와 ≪顔氏家訓≫ 모두 '彼1'의 출현비율이 매우 낮다. ≪百喩經≫에서는 비록 23예로 나머지 둘보다는 적지만 전체적인 비율상 절대 낮은 비율이 아니다.

呂叔湘에 의하면 상고중국어 시기엔 사실상 진정한 3인칭대명사가 없었다고 한다. 그 당시 3인칭대명사처럼 쓰였던 것으로 '其', '之', '彼' 등이 있었으며 모두가 지시대명사의 임시적 용법이었다는 것이다. 그런데 이들 중 '彼'만이 문장기능상 큰 제약이 없고, '其'와 '之'는 각각 제약이 있었다. '其'는 주로 관형어와 주어로만 쓰이고 있었다. 즉 목적어로 쓰이는 예가 없었던 것이다. 그리고 '之'는 단지 목적어로만 쓰였다. 그런데 이러한 상황은 묘하게도 중고중국어 시기까지도 연장이 되고 있다. 그리하여 '之'는 여전히 목적어로만 쓰였다. 다만 이들 사이에 약간의 변화가 발생하였다. 向熹(2010)는 南北朝 시기에 와서 불경의 번역이 성행함에 따라 白話문학이 흥기하게 되었고, 이에 영향을 받아 기존 비전문적이었던 3인칭대명사 영역이 점차 전문화되기에 이르러 그 기능이 확대되었다고 한다. 아울러 새로운 3인칭대명사까지 탄생하게 되었다고 한다. 바로 이러한 현상으로 상고중국어에서 전해져 온 '其'가 물론 여전히 관형어로 많이 쓰이고 있지만 새롭게 목적어로 쓰이는 예가 탄생하게 된 것이다. 王力은 이것이 단순히 '仿古(옛 것의 모방)'적 현상일 뿐이라고 했지만 呂叔湘은 이를 당시 신흥 3인칭대명사 '渠'와 연결시켜 실질적인 현상으로 보았다.

어쨌든 초보적이긴 하나 이 시기에 분명 3인칭대명사는 모종의 발전과 변화가 있었던 것이 틀림없다. 그리하여 제한적이었던 문장의 기능이 확대된 것인데 '其'자의 이러한 기능을 보다 더 확실히 반영하기 위해 새로운 3인칭대명사가 탄생하였으니 그것이 바로 '渠'이다. 이것과 '其'자는 모두 성모가 群母로 어원상 관련이 있다. 즉, '其'의 변체가 '渠'라는 것이다. 아래는 ≪三國志≫에 출현한 예이다.

(25) 女婿昨來, 必是渠所竊. (吳書, 趙達傳) (사위가 어제 왔었는데 필시 그가 훔쳐간 것이다.)

이 시기에는 아직 활약이 저조한 상황이었으나 唐代에 이르러 주어, 목적어, 관형어로 쓰이는 등 본격적인 활약을 하게 되었다. 그리고 지금도 북방방언에서는 소실되었으나 粤방언에서는 3인칭대명사로 '佢'가 여전히 쓰이고 있다고 한다.

## 2.1.5 재귀대명사

'재귀대명사'란 어떠한 행위를 했을 때 그 결과가 다시 자신에게 돌아감을 나타내는 대명사를 말한다. ≪百喩經≫에는 '自'와 '己' 두 가지 재귀대명사가 출현하는데 이들은 모두 상고중국어에서 전해져 오는 것들이다.

### 自

#### 1) 강조용법(41예)

(1) 爾時愚人聞此語已, 卽自思念. (6. 子死欲停置家中喩) (그때 우매한 자는 이 말을 다 듣고 스스로 생각했다.)

(2) 爲名利故, 至七日頭, 自殺其子, 以證己說. (11. 婆羅門殺子喩) (명리(명성과 이익)를 얻으려고 하기 때문에 칠일에 이르자, 스스로 그 아들을 죽였고 이로써 자신의 말을 증명했다.)

(3) 實是愚癡, 自謂有智, 語梵天言: "我欲造萬物." (61. 梵天弟子造物因喩) (사실은 우매한데 스스로 지혜가 있다고 여겨 대범천왕에게 말했다. "제가 만물을 만들고 싶습니다.") (※ 梵天: 인도사상에서는 만유의 근원인 '梵'을 신격화하여 힌두교의 창조신으로 삼는다. 불교에서는 梵天을 色界의 初禪天이라고 한다.)

(4) 無心進求, 自行邪事, 便以爲足. (55. 願爲王剃鬚喩) (나아가 구할 마음이 없고 스스로 사악한 일을 행하니 그리고 나서 만족스럽게 여긴다.)

#### 2) 재귀용법(6예)

(5) 其人患悔, 以手自打, 而作是言. (44. 欲食半餠喩) (그 사람이 후회를 하며 손으로 스스로 치면서 이러한 말을 했다. )

(6) 願但敎我. 雖當自害, 要望傷彼. (68. 共相怨害喩) (저에게 그저 가르쳐주길 바랍니

다. 비록 <u>스스로</u> 해를 입겠지만 그에게 피해를 입힐 수 있을 것으로 기대됩니다.)

(7) 汝何以<u>自</u>毀, 徒受其苦? (96. 詐稱眼盲喩) (당신은 어째서 <u>스스로</u> 눈을 훼손하여 공연히 고통을 감수하는가?)

(8) 下種於地, 畏其<u>自</u>脚蹹地令堅, 其麥不生. (82. 比種田喩) (땅에 씨를 뿌리는데 그 <u>자신</u>의 발이 땅을 밟아 땅을 딱딱하게 해서 보리가 자라지 못할까 걱정되었다.)

(9) 以此義當知各各<u>自</u>業所造, 非梵天能造. (61. 梵天弟子造物因喩) (이 의미로부터 마땅히 각각의 만물은 <u>스스로</u>의 업이 만들어낸 바이지 범천이 만들 수 있는 게 아님을 알아야 한다.)

　재귀대명사 '自'는 '스스로'라는 의미로 이미 상고중국어 시기부터 재귀대명사로 사용되어 왔다. 이것에 대해 이미 많은 학자들이 연구해왔는데 그중 吳國忠(1985), 張建貴(1988) 두 사람은 특히 고한어에서 '自'가 주어나 목적어로는 쓰인 적이 없고 단지 부사어로만 쓰여 왔다고 주장한다. 사실 ≪百喩經≫의 상황도 마찬가지여서 40여예 모두 문장성분상으로는 부사어로 볼 수도 있다. 그런데 董秀芳(2002)은 비록 부사어처럼 보이나 자세히 보면 크게 두 가지 용법으로 구분이 가능하다고 한다. 그 중 하나는 '강조용법'으로 "동작 행위가 어떤 사람으로부터 직접 이루어졌고 다른 이가 발출한 것이 아님"을 나타내는 것이다. 이 경우 '自'를 제거해도 의미상 큰 문제가 되지 않는다. 그리고 이 경우는 부사어 역할을 한다. 예컨대 위의 (1)(2)(3)(4)에서 '自'가 없어도 의미 전달에 아무런 방해를 받지 않는다. 그리고 다른 하나는 '재귀용법'이다. '自'의 문장성분은 목적어이며 의미상으로 뒤에 출현하는 동사의 피동작주(受事)가 되어 그 동작을 다시 받고 있다(이때 '自'는 일종의 전치된 목적어이다). 그리고 이때 이 동작의 행위자(施事)는 문장 내부에 선행사로서 출현하게 된다. 예컨대, (5)의 '其人悉悔, 以手自打'에서 '打'는 그 행위자(施事)가 '其人'이고 여기서 '自'는 '其人'을 받고 있으며 의미상 피동작주(受事)가 된다.

　이렇게 '自'는 주로 부사어로 동사 앞에 출현하여 강조용법으로 쓰이거나 목적어로 재귀용법으로 쓰이는 것이 일반적인데, 중고시기의 불경역경 중에는 특이한 기능이 추가되었다. 그것은 바로 (8), (9)에 있는 관형어의 용법이다. 이것은 기존 상고중국어에서는 없던 것으로 불경 번역의 영향으로 발생한 것이다. 강조용법을 제외한 기능은 모두 재귀용법으로 볼 수 있어 관형어로 쓰이는 것도 앞에 분명한 선행사가 출현하고 있다면 재귀적 용법으로 볼 수 있다. 朱冠明(2007)은 이러한 관형어 기능의 '自'의 기원을 연구하면서 불경을 번역하는 과정에서 梵文의 영향을 받았다고 주장한다. 梵文의 'sva'란 말을 번역하는 과정에서 이것을 일률적으로 '自'로 번역하면서 아래와 같이 '自+명사'의 형태로 번역을 하게 되었다는 것이다.

| sva-vāda: 自論, 自法 / sva-darśana: 自見 |
| --- |

이 과정에서 '自'와 '己' 모두 가능했지만 당시 '自'가 목적어로 쓰일 때 동사 앞에 옴으로써 梵文의 어순에 더 부합하기 때문에 '自'가 선택되었다고 한다. 이렇게 하여 기존에 중국어에 없던 '自'의 새로운 기능인 관형어의 기능이 출현하게 되었다.

한편, '自'는 ≪顏氏家訓≫에서도 66예나 출현하고 있으며 여기서도 '강조'와 '재귀' 두 가지 용법이 출현하고 있다. 아래는 그중 재귀 용법의 예이다.

(10) 然人有坎壈, 失於盛年, 猶當晚學, 不可自棄. (勉學) (사람들 중에 곤궁함에 빠져 한창 때 배움을 잃는 경우도 있다. 그러나 오히려 늦게라도 배워야 하고 스스로를 포기해서는 안 된다.)

# 己

## 1) 관형어(13예)

(11) 如彼外道, 偸取佛法, 著己法中, 妄稱己有, 非是佛法. (32. 估客偸金喩) (저 외도처럼 불법을 훔치고는 자기의 법속에 놓고 함부로 자기가 갖고 있던 거라고 말하니 이는 불법이 아니다.)

(12) 昔時有人, 於衆人中嘆己父德, 而作是言…… (9. 嘆父德行喩) (옛날에 어떤 사람이 있었는데 여러 사람들에게 자신의 아버지의 덕을 칭찬하여 이러한 말을 했다.……)

(13) 若此愚人, 諱聞己過, 見他道說, 返欲撲打之. (13. 說人喜瞋喩) (이 우매한 자와 같으니 자신의 과오를 듣기 싫어하고 남이 말하는 것을 들으면 도리어 그를 때리려고 한다.)

## 2) 주어(3예)

(14) 譬如外道, 僻取於理, 以己不能具持佛戒, 遂便不受, 致使將來無得道分, 流轉生死. (5. 渴見水喩) (비유하자면 외도와 같은데, 사리에 대해 삐뚤게 취하고, 자신이 불교의 계를 모두 지키지 못한다는 것을 이유로 이에 받아들이지 않고, (심지어) 미래에 득도할 수 있는 희망도 없게 하고 생사의 고해에서 계속 떠돌게 하는 것 같다.)

(15) 猶彼外道, 聞佛善語, 盜竊而用, 以爲己有. (7. 認人爲兄喩) (저 외도와 같으니 불교의 선어를 듣고 이를 훔쳐 사용하고는 자신이 가지고 있었던 것으로 취급하는 것과 같다.)

## 3) 목적어(2예)

(16) 恃己如此, 欲顯其德, 遂至他國, 抱兒而哭! (11. 婆羅門殺子喻) ((그 바라문은) 자기를 믿음이 이와 같아 그의 덕을 드러내 보이려고 드디어 다른 나라로 갔고 아이를 안고는 울었다.)

(17) 有人語言: "唯有《毘陀羅咒》可以害彼. 但有一患, 未及害彼, 返自害己." (68. 共相怨害喻) (어떤 이가 말을 했다. "단지 《毘陀羅咒》만이 그에게 해를 줄 수 있다. 다만 한 가지 걱정이 있는데, 그에게 해를 주기 전에 오히려 스스로 자기에게 해를 줄 수 있소.") (※ 毘陀羅咒: '毘陀羅(비타라, 베타라)'의 의미는 起屍鬼(죽은 사람의 시신에 붙은 귀신)로 이 주문을 외우면 죽은 시신이 일어나 남을 해치게 할 수 있다. 그런데 그 시신이 일어나 이 주문을 외운 사람도 해칠 수 있다고 한다.)

재귀대명사 '己'는 '自'와는 다르게 문장에서의 기능이 매우 다양하다. 그래서 주어, 목적어, 관형어 세 가지 기능 모두 출현하고 있다. 그리고 목적어로 쓰일 때 전치하지는 않는다. 특이한 것은 목적어보다는 관형어가 더 많이 출현하고 있다는 점이다. 董秀芳(2002)은 재귀대명사 '自'와 '己'를 연구하며 특히 ≪史記≫의 '己'를 분석했는데, ≪史記≫에서는 재귀대명사가 아니라 일반 대명사라고 한다. 그는 다음과 같은 예를 들었다.

(18) 陳餘怨項羽之弗王己也. (卷八 高祖本紀第八) (진여는 항우가 자신(진여)을 왕으로 봉하지 않은 것을 원망하였다.)

여기서 '己'는 그것의 동사인 '王(왕으로 봉하다)'의 목적어로 쓰이고 있는데, '己'의 선행사는 '王'이란 동사의 주체인 '項羽'가 아니라 '陳餘'이다. 그렇기 때문에 이것은 재귀대명사가 아니라고 한다. 필자도 ≪百喻經≫에서 이와 같이 쓰이는 '己'를 아래와 같이 1예 발견하였다.

(19) 爾時此人過在門外, 聞作是語, 更生瞋恚, 卽入其屋, 擒彼道己過惡之人, 以手打撲. (13. 說人喜瞋喻) (그때 이 사람이 문 밖에 지나가고 있다가 이 말을 듣고는 더 화가 나서 바로 그 집에 들어와 저 자기의 잘못을 말한 사람을 잡아 손으로 때렸다.)

여기서 '己'의 선행사는 '此人'이고, 동사 '道(말하다)'의 주체는 '彼'로 이 '彼'와 '己'가 같지 않다. 그래서 여기서의 '己'는 엄밀한 의미에서 보면 재귀대명사는 아니다. 그 보다는 앞의 '此人'을 받는 일반 대명사이다.

그러나 董秀芳의 주장과는 다르게 위의 (11)~(17)까지의 '己'는 모두 선행사가 앞에 출현하고 있고 해당 동사의 주체가 되고 있어 분명 재귀대명사로 볼 수 있다. 이러한 '己'는 ≪顔氏家訓≫에서도 24예 출현하고 있고, 여기서도 주어, 목적어, 관형어로 사용되고 있다. 다만 목적어 용법이 14예로 다수를 차지한다. '自'는 일부를 제외하고 부사어로 사용되면서 '자기 자신의 직접적인 행위'임을 강조하는 강조용법이 있지만 '己'는 모두 재귀적용법으로만 쓰이고 있다.

## 2.2 지시대명사

중국어의 지시대명사는 크게 근칭과 원칭으로 나뉜다. 상고중국어시기부터 이러한 시스템은 이미 확실하게 정착이 되어 각 범주에 해당하는 지시대명사들이 사용되어 왔으며 중고중국어 시기 역시 그것의 연장선상에서 다양한 근칭, 원칭 지시대명사들이 활약하였다.

### 2.2.1 근칭지시대명사

≪百喩經≫의 근칭지시대명사로는 '此'와 '是'가 있다.

### 此

1) 주어

   (1)   及其債時, 復言非兄. 此亦如是. (7. 認人爲兄喩) (그가 빚 독촉을 함에 이르러서는 다시 형이 아니라고 한다. 이 또한 이와 같다.)

   (2)   一小兒言: "此是仙鬚." (49. 小兒爭分別毛喩) (한 아이가 말했다. "이것은 신선의 수염이다.")

2) 목적어

   (3)   我失釪時, 畫水作記. 本所畫水, 與此無異, 是故覓之. (19. 乘船失釪喩) (내가 사

발을 잃어버렸을 때 물에 표시를 했다. 본래 표시를 한 물이 <u>이것과</u> 차이가 없어서 그래서 찾으려고 한다.)

## 3) 관형어

(4) 爾時衆人聞其<u>此</u>語, 皆大嗤笑. (5. 渴見水喩) (이때 여러 사람들이 그의 <u>이</u> 말을 듣고는 모두 크게 비웃었다.)

(5) 時<u>此</u>愚人便作是想…… (12. 煮黑石蜜漿喩) (이때 <u>이</u> 우매한 자가 이러한 생각을 했다. ……)

(6) <u>此</u>之樹上, 將生美果, 汝能食不? (33. 斫樹取果喩) (<u>이</u> 나무 위에는 곧 맛있는 과일이 열릴 것이네, 너는 먹고 싶은가?)

## 4) 처소

(7) 問言: "失來二月, 云何<u>此</u>覓?" (19. 乘船失釪喩) (물어 말했다. "잃어버린 지 두 달인데, 어째서 <u>여기서</u> 찾습니까?")

---

## 是

## 1) 주어

(8) '無物'者, 二字共合, <u>是</u>爲假名. (56. 索無物喩) ('無物'이란 것은 두 글자가 함께 합쳐진 것으로, <u>이는</u> '가명(거짓이름)'이다.)

## 2) 목적어

(9) 王聞<u>是</u>已, 給賜刀杖, 尋卽遣之. (65. 五百歡喜丸喩) (왕이 <u>이것을</u> 듣고는 그에게 도장 등의 무기를 하사하고는 곧바로 그를 보냈다.)

(10) 大家先付門、驢及索, 自<u>是</u>以外, 非奴所知. (45. 奴守門喩) (주인께서 먼저 문과 나귀, 그리고 밧줄을 분부하셨고 <u>이</u> 외에는 제가 알 바가 아닙니다.)

## 3) 관형어

(11) 作<u>是</u>念已, 便捉牸牛母子, 各繫異處. (2. 愚人集牛乳喩) (<u>이</u> 생각을 다 하고나서 바로 암소와 송아지를 잡아서 각각 다른 곳에다 맸다.)

(12) 倍踊躍歡喜, 而作<u>是</u>言. (15. 醫與王女藥令卒長大喩) ((그는) 더욱더 뛰며 기뻐하며 <u>이러한</u> 말을 했다.)

(13) 由<u>是</u>之故, 於佛法中永失其善, 墮於三惡. (26. 人效王眼瞤喩) (<u>이러한</u> 이유로 불

법 속에서 영원히 그 선을 잃고 삼악의 나락으로 떨어지게 된다.) (※ 三惡: 地獄, 餓鬼, 畜生 셋을 가리킨다.)

근칭지시대명사 '此'는 총 103예 출현하고 있는데 이 가운데 관형어가 94예로 거의 절대다수를 차지하고, 주어가 8예, 목적어가 1예 출현한다. 목적어의 경우는 단지 전치사의 목적어만이 출현한다. 관형어로 쓰일 때, 그 뒤에 '語', '言', '人', '樹' 등의 일음절명사는 물론 '愚人', '仙人', '婦女', '導師' 등 다양한 쌍음절 명사가 출현하고 있어 관형어로는 매우 활발하게 활동하고 있음을 확인할 수 있다. 특히 '此'가 직접 명사와 연결되는 경우도 있지만('此樹'), 예(6)의 '此之樹'처럼 구조조사 '之'로 연결되는 경우도 극소수 등장하고 있다. 한편, 이러한 사람, 사물 지시 외에도 예(7)처럼 처소를 지시하는 예가 3예 출현하는데 이때 '此'는 그 자체가 '여기(这里)'의 의미가 된다.

'是'는 총 52예 출현하고 있고 이중 역시 관형어가 46예로 88%를 차지한다. 그 외 주어 3예, 목적어가 3예(동사 목적어 2예, 전치사 목적어 1예) 출현하고 있다. '是'도 관형어로 다양한 명사를 수식하는데, 특히 "便作是念"처럼 동사 '作' 뒤의 목적어를 수식하는 용법으로 자주 등장한다. 그리하여 이때의 '是念'은 곧 '이 생각'이다. 이 외에도 "而作是言", "便作是想", "聞作是語", "作是議已", "而作是問" 등이 출현하는데 각각 '이 말(是語/是言)', '이 생각(是想)', '이 논의(是議)', '이 질문(是問)'의 뜻이다. 이렇게 동사 '作'과 결합하는 데는 일부 "莫作此意", "誰作此語" 등처럼 '此'가 출현하기도 하지만 주로 '是'가 쓰이고 있다. 이것 역시 이 문헌 저자의 행문습관에 의한 현상일 수가 있다. 이렇게 동사 '作'과 목적어 '是念' 등으로 구성된 '便作是念'의 형식은 당시 다른 中土문헌에서는 보기 드문 것으로 ≪百喩經≫의 번역문체상 나타나는 특이한 표현이라고 볼 수 있다. 이러한 형식은 동일한 불경역경인 ≪賢愚經≫에서도 자주 등장한다. 그리고 관형어로 쓰일 때, '是故'와 같은 형식도 가능하지만 "由是之故"처럼 구조조사 '之'가 쓰인 예도 간혹 눈에 띈다.

한편, '此'와 '是' 모두 동사 '如'와 결합한 '如此', '如是' 형식이 다수 출현하고 있다. '如此'는 8예 출현하지만 '如是'는 무려 119예나 출현한다. 이것을 현대중국어의 '这样'과 동일한 일종의 지시대명사로 볼 수도 있으나 학자들마다 이들에 대한 시각차가 있어 일단 상용적인 관용어구로 보고자 한다. 이중 '如是'의 경우, 대부분이 서술어로 사용되고 있지만 관형어나 부사어로 사용되는 예도 각각 12예, 3예가 출현하고 있어 이 당시 매우 발전한 형식임을 알 수 있다.

(14) 世間愚人, 亦復<u>如是</u>. (24. 種熬胡麻子喻) (세상의 우매한 사람들은 또한 <u>이와 같</u><br>
　　다.)

(15) <u>如是</u>愚人, 爲世所笑. (79. 爲王負機喻) (<u>이와 같은</u> 우매한 자는 세상의 웃음거리가<br>
　　되었다.)

(16) <u>如是</u>分物, 人所嗤笑. (58. 二子分財喻) (<u>이와 같이</u> 물건을 나누니 사람들의 웃음거<br>
　　리가 되었다.)

위에서 (14)는 서술어로 사용되고 있고 (15)는 명사 '愚人'을 수식하는 관형어, (16)은 '分'이란 동사를 수식하는 부사어로 쓰이고 있다.

동시기 ≪世說新語≫에서는 근칭지시대명사로 '此', '是', '斯', '然', '乃', '阿堵' 등이 등장한다. 이 가운데 '然', '乃', '阿堵' 등은 극소수만이 출현하고 있고 앞의 세 가지 중에서도 '此'가 300예, '是'가 9예, '斯'가 7예 출현하고 있어 이 문헌에서는 사실상 '此'가 주요한 근칭지시대명사로 활약하고 있다. '此'의 기능 중 관형어 용법이 150여 예나 되어 역시 ≪百喻經≫과 유사한 상황을 보여주고 있다. 다만 주어, 목적어로도 수십 예씩 등장하고 있어 이 시기 지시대명사 '此'가 대표적으로 상용되던 근칭지시대명사였음을 확인할 수가 있다. '此'가 관형어로서 다른 명사를 수식하는 예는 많지만 동사 '作'과 결합하여 쓰이는 예는 거의 없으며 당연히 '是'는 더욱더 발견할 수가 없다. 이로 본다면 "而作是言" 등은 확실히 ≪百喻經≫ 등 불경역경의 독특한 언어 습관에 의해 비롯된 형식이라 볼 수 있다.

≪顔氏家訓≫에서는 근칭지시대명사로 '此', '是', '斯', '玆', '然' 등이 출현한다. 이중 전체 비율로 볼 때, '斯', '玆', '然'은 출현비율이 매우 낮으나 '此'가 238예로 가장 많이 출현하며 '是'도 24예 출현하고 있다. '此'가 관형어로 쓰이는 예가 102예나 되어 이러한 점은 ≪百喻經≫과 유사하다. 다만 대표적인 근칭지시대명사인 '此'와 '是' 중 '此'의 비율이 과하게 많은 점은 ≪世說新語≫와 상통하는 점이다. 그러나 어찌되었든 세 문헌 모두에서 '此'가 가장 높은 비율을 보여주어 이 시기 주요한 근칭지시대명사로 자리매김하고 있음을 알 수 있다.

向熹(2010)에 따르면, 상고중국어의 근칭지시대명사에는 '之, 玆, 時, 此, 斯, 是, 寔, 實' 등이 있다고 한다. 이들 모두는 舌齒音이며 이중 '之', '玆'가 가장 일러 甲骨卜辭에서 이미 보이고, '是', '斯'가 그다음 西周 시대에 등장하며, '此', '時'는 이보다 더 늦다고 한다. 劉光明(2006)에 따르면, 상고중국어에서 가장 빈도수가 높았던 대명사 '此', '斯', '是' 가운데 그 시기 가장 출현빈도가 높았던 것은 '是'로 약 60%를 차지하고, '此'는 약 38%정도였다고 한다. 그런데 東漢시기의 ≪論衡≫때부터 각각 37: 58로 '此'가 우세해지기 시작하더니 ≪顔氏家訓≫에서는 아예 8:87로 '此'가 완전히 우세해졌다고 한다. 이것은 ≪百喩經≫을 통해서도 어느 정도는 확인이 가능하며 결국 '是'라는 근칭지시대명사가 상고에서 중고시기로 오면서 '此'에 의해 밀려나게 되었다는 것이다. 이것에 대한 원인으로 '是'가 東漢이후 판단문의 동사 '~이다'의 의미로 문법화한 것을 들고 있다. 즉, '是'의 기능에 또 다른 중요한 기능이 새로 생김으로써 전문적인 근칭지시대명사보다 그쪽 방향으로 점차 치중하게 되어 '此'가 더 득세하게 되었다는 것이다.

≪百喩經≫을 보면, 접속사로 '是故', '是以' 등 '是'로 구성된 것이 다수 발견되고 있다. 그 외에 관용적인 형식으로 '如是'가 119예나 출현한다. 그런데 '此'는 상대적으로 이런 용법으로 쓰이는 예가 극히 드물다. 이렇듯 '是'는 단어의 한 성분이나 고정격식의 일부로 많이 활용되고 있는데 이것은 그것이 근칭지시대명사로서 그 이전시기부터 상당히 활발하게 활약해왔음을 증명하는 것이다. 즉, 상고중국어 시대에 그만큼 자주 상용되던 지시대명사였기 때문에 이렇게 관용적인 용법이 많이 생성될 수 있었던 것이다. 이러한 사실을 통해 '是'가 '此'보다는 더 일찍 유행했었고, 또 한편으로 중고시기에 와서는 그 생산성이 점차 시들어 갔음을 확인할 수 있다.


## 2.2.2 원칭지시대명사

≪百喩經≫의 원칭지시대명사로는 '彼2', '其2', '之2', '爾2' 등이 있다.[7]


彼2

### 1) 주어

(1) <u>彼</u>亦如是. (2. 愚人集牛乳喩) (<u>저것</u> 또한 이와 같다.)

---

7) ≪百喩經≫에는 또 상고중국어에서 전해져 온 형식인 '焉'이란 것이 1예 출현하고 있다. 이것은 상고중국어 시기 여러 가지 기능을 갖고 있던 것으로 다만 아래의 예는 그 가운데 전치사와 대명사를 겸하는 兼詞역할을 하는 것이다.
(1) 如欽婆羅後得大價, 乃生歡喜, 施亦如是. 少作多得, 爾乃自慶, 恨不益焉. (87. 劫盜分財喩) (마치 흠파라의로 인해 나중에 더 큰 값을 얻게 되어 결국 기뻐하게 되는 것과 같으니 보시 또한 이러하다. 작게 하고 많이 얻어 이렇게 하여 <u>스스로</u> 기쁘니, 다만 <u>애초보다</u> 더 많이 하지 않은 것을 후회한다.) 여기서 '焉'은 '比這(那)'의 의미로 '그것보다 많다'의 의미를 구성한다. '焉'이 이 외에도 이러한 기능이 더 허화하여 만들어진 어기조사의 기능도 있으나 사실상 이 시기 불경 역경류에서는 '焉'이 조사로서 잘 쓰이지 않는 분위기였다.

## 2) 목적어

(2) 今可爲我造樓如彼. (10. 三重樓喩) (지금 나를 위해 <u>저</u>와 같은 집을 만들어 주게.)

## 3) 관형어

(3) <u>彼</u>王問言: "爾是何人? 何處得馬?" (65. 五百歡喜丸喩) (<u>그</u> 왕이 물어 말했다. "너는 누구냐? 어디서 말을 얻었느냐?")

(4) 如<u>彼</u>愚人, 習其速食, 以爲好法. (69. 效其祖先急速食喩) (마치 <u>저</u> 우매한 이가 그 빨리 먹는 것을 습관으로 익혀 이를 좋은 방법이라고 여기는 것과 같다.)

## 4) 처소

(5) 到<u>彼</u>往債, 竟不得見. (17. 債半錢喩) (<u>거기</u>까지 가서 빚 독촉 하려고 했으나 결국 만날 수 없었다.)

(6) 兒聞語已, 至明淸旦, 竟不問父, 獨往詣<u>彼</u>. (78. 與兒期早行喩) (아들은 말을 듣고 나서 다음날 아침에 뜻밖에도 아버지에게 묻지도 않고 혼자 <u>거기</u>에 갔다.)

## 其2

## 1) 주어

(7) 以<u>其</u>難得, 便生退心. (22. 入海取沉水喩) (그것이 구하기 어렵기 때문에 물러나고픈 마음이 생긴다.)

## 2) 목적어

(8) 爲<u>其</u>所欺, 喪失善法, 後失身命, 幷及財物, 便大悲泣, 生其憂苦. (30. 牧羊人喩) (그것에 의해 속임을 당해 선법을 잃고 결국 그 목숨과 재물도 잃어 크게 슬퍼하고 걱정과 고통이 생기게 된다.)

## 3) 관형어

(9) <u>其</u>人復言: "汝婦今日已生一子." (30. 牧羊人喩) (<u>그</u> 사람은 또 말했다. "당신의 아내가 오늘 벌써 아들을 하나 낳았소.")

(10) 時彼禿人, 往至<u>其</u>所, 語<u>其</u>醫言: "唯願大師, 爲我治之." (40. 治禿喩) (그때 그 대머리 사람이 그곳까지 가서 <u>그</u> 의사에게 말했다. "오직 선생께서만이 저를 위해 치료해주시길 바랍니다.")

(11) 時人見之, 深生嗤笑, 怪未曾有. (6. 子死欲停置家中喩) (그때 사람이 <u>그것을</u> 보고는 심히 비웃음이 생겼고 일찍이 없었던 일이라 괴이하게 여겼다.)

(12) 我今畫水作記, 捨之而去, 後當取之. (19. 乘船失釬喩) (내가 물에 그려 표시를 하고 <u>그것을</u> 떠나 간 다음 나중에 <u>그것을</u> 취해야겠다.)

(13) 若見女人一髮在地, 自言持戒, 不肯捉之. (79. 爲王負機喩) (여인의 터럭 하나가 땅에 떨어져 있는 것을 봤다면, 스스로 계를 지킨다고 하며 <u>그것을</u> 주우려 하지 않는다.)

(14) 若欲得王意者, **王之形相**, 汝當效之. (26. 人效王眼瞤喩) (만약 왕의 뜻을 얻고자 한다면 <u>왕의 모습을</u> 당신이 마땅히 (그것을) 따라해야 한다.)

(15) **入海方法**, 我悉知之. (66. 口誦乘船法而不解用喩) (<u>바다에 들어가는 방법을</u> 내가 다 알고 있다.)

(16) 世人亦爾, 詣善知識, 而啓之言. (15. 醫與王女藥令卒長大喩) (세상 사람들 또한 <u>그러하니</u>, 선지식 스승에게 가서는 일러 말했다.) (※ 善知識: 정직하고 덕행이 있어 남에게 선을 행하게끔 가르쳐 줄 수 있는 사람을 가리킨다.)

(17) 傍邊愚人見其毒蛇變成眞寶, 謂爲恒爾, 復取毒蛇內著懷裏, 卽爲毒蛇之所蜇螫, 喪身殞命. (89. 得金鼠狼喩) (옆에 있던 우매한 자가 그 독사가 보물로 바뀐 것을 보고는 항상 <u>그럴 것이라</u> 생각하여 다시 독사를 취해 안으로 품안에 넣었다. 그런데 바로 독사에게 물려서 죽고 말았다.)

(18) 佛曰: "汝今問事何以爾深? 泥洹者是不生不死法." (0. 引言) (부처가 말했다. "너희가 지금 묻는 일이 어찌 <u>이리도</u> 깊을까? 열반이란 것은 불생불멸의 법이다.")

≪百喩經≫에서 원칭지시대명사 '彼2'는 95예 출현하며, 이 가운데 주어와 목적어는 각각 1예만이 출현하고 나머지 93예가 모두 관형어이다. 그리하여 관형어의 출현비율이 97%에 이른다. 관형어로 쓰일 때는 다양한 명사를 수식하여, '王', '人', '時' 같은 일음절 명사도 출현하지만 다수가 '愚人', '仙人', '師子'와 같은 다음절명사이다. 이러한 지시대명사는 주로 사람이나 사물을 가리킬 수 있지만 이 외에도 '처소'를 지시하는 용법도 있다. 위의 (5), (6)에서 '彼2'는 처소로 '거기'에 해당한다. 이러한 예가 5예 출현하고 있다. 비록 주어, 목적어 등으로 쓰인 예가 출현하고는 있지만 ≪百喩經≫에서의 지시대명사 '彼2'는 사실상 관형어로 쓰이는 것이 그 주요한 기능이라고 볼 수 있으며 이것은 이 문헌의 문체

적 특징과 관련이 있을 수 있다.

‘其2’는 총 99예 출현하고, 이 역시 관형어가 94예로 95%를 차지한다. 그 외에 주어가 2예, 목적어가 3예 출현하는데 목적어는 모두 전치사의 목적어이다. ‘其2’는 인칭대명사로서도 주로 관형어로 쓰이고 있고 지시대명사일 때에도 동일한 모습을 보여주고 있다. 그 뒤에는 매우 다양한 명사들이 출현하고 있다. 주어로는 위의 (7)의 “以其難得”처럼 주로 ‘以~’(~인 까닭에) 형식에 출현하고 있다. 목적어도 일반 동사의 목적어로는 쓰이지 않고 있고 3예 모두 “爲其所欺”와 같은 “爲~所~”피동구문 전치사의 목적어로만 출현하고 있다. 주어와 목적어 용법은 이처럼 매우 제한된 상황에서만 사용되고 있어 사실상 ≪百喩經≫의 지시대명사 ‘其’는 주로 관형어 기능이 중심이라 할 수 있다.

‘之2’는 총 97예로 앞의 두 지시대명사와 출현횟수가 거의 유사하다. 그런데 ‘之2’는 모두 목적어로만 출현하고 있어 이러한 상황은 인칭대명사의 상황과 동일하다. 다만 전치사의 목적어 예는 출현하지 않고 있으며 예(14), (15)와 같이 바로 앞에 지시대상이 나왔음에도 다시 지시하는 예가 일부 등장하고 있다. 이것은 ‘之2’의 전통적인 기능으로 이 당시에도 여전히 사용되고 있음을 확인할 수 있다.

‘爾2’는 상고중국어에서부터 원칭지시대명사로 사용되어 오던 것으로 단순한 ‘那(그, 저)’가 아니고, 지금의 ‘这样, 那样(이러하다, 저러하다)’ 등에 해당하며 상고중국어 시기에도 같은 기능을 해왔다. 그리고 상고중국어의 ‘然’과도 동일한 기능을 한다. 지시대명사 ‘爾2’는 총 24예가 출현하고 있다. 이 가운데 23예가 위처럼 서술어로 사용되고 있어 ≪百喩經≫의 지시대명사 ‘爾2’가 기존 상고중국어 시기보다 매우 제한적으로 운용되고 있음을 알 수 있다. (18)처럼 형용사 ‘深’ 앞에 부사어로 쓰여 “그렇게”의 의미로 쓰이기도 하지만 이러한 예는 극소수에 불과하다. ≪百喩經≫에서는 ‘世人亦爾’ 뿐 아니라 ‘比丘亦爾’, ‘愚人亦爾’, ‘凡夫亦爾’ 등과 같이 역시 고정된 4자구의 형식으로 출현하는 경우가 많다. 이는 리듬을 의식하여 쓴 본 문헌의 4글자 격식 속에 주어, 부사어, 서술어를 모두 효과적으로 집어넣어 쓰기에 ‘爾’가 일음절로서 최상의 기능을 해주기 때문이다.

동시기 ≪世說新語≫에서는 원칭지시대명사로서 ‘其2’, ‘之2’, ‘爾2’, ‘彼2’, ‘夫’ 등이 출현하고 있다. 그런데 이상하게도 여기서는 ‘彼2’가 단지 1예만 출현하고 있다. 모두가 인칭대명사로 사용되고 있다는 얘기인데 이것은 일종의 문체상의 원인으로 볼 수 있을 것이다. ‘夫’도 극소수 출현하고 있고 주로 앞의 세 가지가 주류를 이룬다. 이중 ‘其2’는 55예로 역시 관형격으로 쓰이는 것이 95% 차지하고 있다. ‘之2’는 총 90예 중 목적격이 역시 60여 예로 가장 많다. 이처럼 ‘其2’와 ‘之2’의 상황은 사실상 두 문헌이 대동소이하다고 볼 수 있다. 그런데 ‘爾2’의 경우는 ≪世說新語≫가 전형적인 상고중국어의 모습을 보존하고 있다. 그래서 총 40예 중, 관형어가 5예, 목적어가 7예, 부사어가 1예, 서술어가 27예 출현하고 있다. 관형어, 목적어의 예는 ≪百喩經≫에서는 발견되지 않은 용법으로 아래는 관형어로 쓰이는 예이다.

(19) 玠體素羸, 恒爲母所禁, 爾夕忽極, 於此病篤, 遂不起. (文學20) (왕개는 평소 몸이 약해서 모친이 항시 과로를 금했다. 그날 저녁 갑자기 피로해서 이에 병이 중해지더니 결국 일어나지 못하고 말았다.)

상고중국어의 모습이 보존되고 있긴 하지만 ≪世說新語≫ 역시 서술어의 용법이 67%나 차지하고 있기 때문에 어느 정도는 ≪百喩經≫과 유사한 면을 반영하고 있다.

≪顏氏家訓≫에서는 원칭지시대명사로 '彼2, 夫, 其2, 爾2' 4가지가 출현한다. '彼2'와 '夫'는 사용이 저조한 편이나 '其2'는 59예로 가장 많이 출현하고 모두 관형어로만 쓰인다. '爾2'도 20예 출현하여 비교적 많은 편인데 주어는 없고, 목적어, 관형어, 서술어로 쓰이고 있다.

(20) 潁川荀仲擧, 琅邪諸葛漢, 亦以爲爾. (文章) (영천의 순중거와 낭야의 제갈한도 또한 그렇다고 여겼다.)
(21) 北俗則不爾. (風操) (북쪽의 풍속은 그렇지 않다.)

예(20)은 목적어 용법이고, (21)은 서술어 용법이다. ≪顏氏家訓≫의 상황은 ≪世說新語≫와 비슷하다. ≪百喩經≫과 다르게 이 두 문헌에서는 주로 '其2', '之2', '爾2'가 활약을 하고 있고 '彼2'의 상황이 매우 저조한데 이것에 대해서는 좀 더 연구가 필요하다.

向熹(2010)에 따르면 상고중국어에서는 원칭지시대명사로 '其2', '彼2', '夫'가 사용되었는데, 이중 '其2'는 관형어로만 쓰이고 있고, '彼2'는 주어, 관형어, 목적어 모두 사용되고 있으며, '夫'는 목적어로만 안 쓰이고 주어와 관형어로 사용되고 있다고 한다.[8] 이들 모두 중고중국어 시기에까지 계승되고 있어 위의 세 문헌에서 보듯이 위진남북조 시기에 여전히 활약하고 있었다. 그리고 용법상에서도 큰 차이가 나타나지 않고 있다.

근칭대명사의 경우 상고와 중고중국어 사이에 '此'와 '是' 간의 점유율 경쟁으로 인해

---

8) 向熹(2010)는 지시대명사 '爾'를 근칭, 원칭 모두 가능한 泛指대명사로 보고 있어서 여기서는 누락되어 있다. 사실 ≪百喩經≫에서도 거의 그렇게 나타나고 있으나 편의상 원칭으로 본 것이다. 어찌되었든 이것은 상고중국어 시대에도 목적어, 관형어, 서술어로만 쓰이고 있어 상고나 중고 큰 차이가 없다(≪百喩經≫에서는 서술어 중심으로 사용되고 있긴 하지만).

약간의 변화가 발생했다면 원칭대명사는 이렇다 할 큰 변화가 없다는 것이 특징이고 결국 상고중국어의 것을 대부분 그대로 답습하고 있는 셈이다.

한편, 우리가 현대중국어에서 자주 보게 되는 '這'와 '那'는 唐代에 가서야 등장하게 된다. 그보다 위진남북조 시기에 독특한 지시대명사들이 탄생하였는데 그것이 바로 '箇'와 '許'이다.

(22) 眞成箇鏡特相宜, 不能片時藏匣裏, 暫出園中也自隨. (北周庾信, 鏡賦) (진정 이 거울이 특히나 내 맘에 잘 맞는다면 잠시라도 경대 안에 넣어 두면 안 되고 잠시 뜰에 나갈 때라도 또한 휴대해야 한다.)

(23) 公兒死已盡, 公持許底作? (南齊書, 王敬則傳) (그대의 아들이 이미 죽었는데, 그대는 왜 이렇게 하는가?) (※ 許底作: 这样做)

'箇'는 '這'에 해당하는 것으로 이 시기에 탄생하긴 했으나 주로 唐宋 시대에 많이 사용하였다. '許'는 '如此', '這樣'에 해당하는데 문장에서의 기능이 너무 제한적이라 이후 널리 사용되지 못하고 소멸되었다.[9]

## 2.2.3 旁指대명사

지시대명사 중에는 또한 근칭, 원칭 외에도 '旁指'의 개념이 있는데 이것은 이른바 '彼此' 이외의 것을 지시하는 것이다. 그래서 "別的, 別人(다른 것, 다른 사람, 남)"의 의미를 갖는다. ≪百喩經≫에는 旁指대명사로 '他'와 '餘' 두 가지가 출현한다.

### 他

(1) 汝是愚人, 云何須財名他爲兄; 及其債時, 復言非兄? (7. 認人爲兄喩) (당신은 우매한 사람이다. 어째서 돈이 필요할 때는 다른 사람을 형이라 하고, 그가 빚을 독촉할 때에 와서는 다시 형이 아니라고 말하는가?)

(2) 昔有一人與他婦通, 交通未竟, 夫從外來, 卽便覺之. (94. 摩尼水竇喩) (옛날에 한 사람이 남의 부인과 사통을 하고 있었는데 그 짓이 채 끝나기도 전에 남편이 밖에서 돌아와 바로 그것을 알아차렸다.)

---

9) 向熹(2010: 380)

(3) 昔有一人騎一黑馬入陣擊賊, 以其怖故, 不能戰鬪, 便以血污塗其面目, 詐現死相, 臥死人中, 其所乘馬爲他所奪. (73. 詐言馬死喩) (옛날에 한 사람이 검은 말을 타고 진중에 들어가 적을 공격하는데 그가 겁이 많은 까닭에 전투를 하지 못했다. 곧 피로 얼굴에 칠하고 거짓으로 죽은 모습을 하고는 죽은 이들 틈에 누워 있는데 그가 탄 말을 <u>다른</u> 이에게 빼앗기고 말았다.)

餘

(4) 譬如彼王, 剝人之脊, 取人之肉, 以<u>餘</u>肉補, 望使不痛, 無有是處. (20. 人說王縱暴喩) (마치 저 왕처럼 사람의 등살을 벗기고 사람의 고기를 취해 <u>다른</u> 고기로 보충해 주고는 그가 아프지 않기를 바라니 이는 옳지 않은 것이다.)

(5) 問<u>餘</u>婦女: "誰有能使我重有子?" (21. 婦女欲更求子喩) (<u>다른</u> 여인에게 물었다. "누가 저로 하여금 또 다시 아들을 낳게 해줄 수 있나요?")

旁指대명사 '他'는 총 28예가 출현하는데 모두 '다른 사람, 남'이란 指人性 의미를 나타내며 '다른 것'이란 의미로는 쓰이지 않고 있다. 반면, '餘'는 총 7예가 출현하는데 指人, 指勿 모두에 쓰이고 있다. '他'는 대부분 목적어로 쓰이고 있고, 관형어로 쓰이는 예는 극히 일부 '他婦(남의 부인)'이다. 그런데 '餘'는 모두가 관형어로만 쓰이고 있고 그 자체가 '다른 것, 다른 사람'이란 명사성으로 쓰이지는 않는다.

동시기의 ≪世說新語≫에서는 旁指대명사로 '他', '餘', '它'가 출현하는데 모두 7~9 예정도만이 출현하고 주로 관형어로만 쓰이고 있다. 다만 '它'는 일부 목적어로도 쓰인다. ≪世說新語≫에서 '他'는 전반적으로 관형어로만 쓰이고 있는데 이러한 점은 ≪百喩經≫과 확실히 다른 면모이다.

≪顔氏家訓≫에서도 旁指대명사로 '他', '別', '餘'가 출현하며 모두 출현비율이 10예 미만으로 저조한 편이다. 이중 '他'는 주로 관형어로만 쓰인다. 그래서 '他人', '他日', '他鄕' 등으로 쓰이고 있다. '別'은 주로 관형어나 부사어로 쓰인다. 그런데 특이하게 여기서는 '餘'가 '其餘'의 형태로 주어로도 사용되고 있다. 이 점은 ≪百喩經≫과 차별되는 점이다.

劉光明(2006)에 따르면 '他'는 이미 상고시기에 발달이 성숙되어 여러 전적에서 관형어, 목적어로 쓰이고 있었고, '餘' 또한 주어, 관형어, 목적어 등 여러 가지 기능으로 쓰이고 있어 역시 비교적 성숙한 旁指대명사였다고 한다. 다만, ≪世說新語≫와 ≪顔氏家訓≫에 출현하는 '他'가 주로 관형어로 쓰이고 있으나 ≪百喩經≫에서는 주로 목적어로 쓰이고 있는 점으로 볼 때, ≪百喩經≫의 '他'가 분명 이들과는 다른 특징이 있음을 보여주고 있다.

向熹(2010)에 따르면, 상고중국어 시기의 대표적인 旁指대명사로 '他'가 있는데 이미 先秦시기부터 "다른 사람, 다른 것"이란 指人, 指物의 의미가 모두 존재했다고 한다. 물론 이 가운데 "다른 사람"이란 뜻으로 사람을 지칭하는 指人은 소수였다고 한다.

> (6)　孟莊子之孝也, 其他可能也, 其不改父之臣與父之政, 是難能也. (論語, 子張)
> 　　　(맹장자의 효도는 다른 사람도 다할 수 있겠지마는 그 어버이의 가신과 어버이의 하던 정사를 고치지 아니 한 것은 이것은 하기 어려운 일이다.)

'他'의 경우 상고중국어 시기 주로 指物로 쓰였던 사실에 비추어 볼 때 ≪百喩經≫에서의 상황 즉 指人의미로 주로 쓰이고 있는 점은 그것의 또 다른 발전된 모습이라 할 수 있고 심지어 3인칭대명사로 발전할 수 있는 주요한 환경이 되었다고 할 수 있다.

≪百喩經≫에 출현하고 있는 旁指대명사 '他' 중에는 3인칭대명사로 발전해가는 과도기 모습이 보이기도 한다. 학자들마다 달라 向熹는 이미 이 시기에 3인칭대명사가 출현했다고 보고 있고, 蔣紹愚(1994), 太田辰夫(1958) 등은 唐代에 가서야 진정한 의미의 3인칭대명사가 출현한다고 주장한다. ≪百喩經≫에 등장하는 다수의 '他'가 사실 어떻게 보면 3인칭대명사 같고 어떻게 보면 여전히 '남, 다른 사람'의 의미로 해석되기도 한다. 그렇지만 대부분의 경우 '남, 다른 사람'으로 봐야 하는데 그것은 바로 앞에 선행사가 나오지 않기 때문이다. 그러나 아래의 예를 보면 '남, 다른 사람', '그' 모두 가능할 수가 있다.

> (7)　雄鴿不信, 瞋恚而言: "非汝獨食, 何由減少?" 卽便以嘴啄雌鴿殺.……雄鴿見已,
> 　　　方生悔恨: "彼實不食, 我妄殺他." 卽悲鳴命喚雌鴿: "汝何處去!" (95. 二鴿喩)
> 　　　(수컷 비둘기는 믿지 않고 화를 내더니 말했다. "네가 혼자 먹은 게 아니라면 어째서 줄어들었냐?" 하면서 즉시 부리로 암컷 비둘기를 쪼아 죽였다.…… 수컷 비둘기가 보더니 드디어 후회가 나서 말했다. "그가 사실 먹지 않았는데 내가 함부로 그를 죽였구나." 하더니 바로 슬프게 울더니 암컷 비둘기를 불렀다. "너 어디로 갔니!")

(7)에서 '他'는 앞에 나온 '雌鴿(암컷비둘기)'를 지시한다고 볼 수도 있다. 그리고 이미 "彼實不食, 我妄殺他"에 있는 '彼'도 그것을 지시하고 있다. 이렇게 볼 때, 이 문장을 "그가 사실은 먹지 않았는데 내가 함부로 다른 사람을 죽이고 말았구나."로 볼 수도 있지만 "그가 사실은 먹지 않았는데 내가 함부로 그를 죽이고 말았구나."로 볼 수도 있는 것이다.

이것이 사실 좀 애매해서 向熹가 이 문장을 증거로 내세웠을 때 앞에 선행사가 나옴에도 불구하고 여전히 방지대명사의 가능성을 배제할 수가 없었는데 아래의 예는 보다 더 3인칭대명사의 가능성을 내포하고 있다.

(8) 而彼仙人尋卽取米及胡麻子, 口中含嚼, 吐著掌中, 語小兒言: "我掌中者, 似孔雀屎." 而此仙人不答他問, 人皆知之. (49. 小兒爭分別毛喩) (그런데 그 신선이 곧이어 쌀과 호마자를 쥐고 입에 넣어 씹더니 손에 토하고는 아이들에게 말했다. "내 손바닥에 있는 것은 공작의 똥과 같다." 그런데 이 신선은 그들의 문제에 대답은 안했으나 사람들은 모두 알 수 있었다.)

여기서 '仙人'은 분명 앞의 '小兒(아이들)'가 질문한 것에 대해 대답을 한 것이다. 그렇기 때문에 "此仙人不答他問"에서 '答'의 목적어는 "다른 사람, 남들의 질문"이라기보다는 문맥상 '그, 그들의 질문'으로 보는 것이 옳다. 바로 그 아이들이 질문한 것에 답을 하지 않았다는 사실을 사람들이 다 안 것이다.

이렇게 ≪百喩經≫에는 3인칭대명사로 해석될 수 있는 旁指대명사가 존재하고 있다. 그러나 매우 적은 예가 나오기 때문에 확실히 이 시기에 3인칭대명사 '他'가 출현했다고 말하기는 어려우므로 위의 예를 일종의 과도적 예로 보고자 한다.


## 2.2.4 無定대명사

'無定대명사'란 확실한 지시 대상이 없는 대명사를 말하는데 ≪百喩經≫에서는 부정형의 '無'와 긍정형의 '或' 두 가지가 출현한다.


### 無

≪百喩經≫에는 세 가지의 '無'가 출현한다. 여기에는 일반동사, 무정대명사, 부사 세가지 역할이 있다. 이를 각각 '無0', '無1', '無2'라고 명명한다면 부사인 '無2'는 총23예가 출현하고 있고, 동사인 '無0'는 96예 출현하고 있다. 그리고 무정대명사인 '無1'이 5예 출현하고 있다. 먼저, 동사와 부사의 예를 보면 아래와 같다.

(1) 偸者對曰: "我實無村." (46. 偸犛牛喩) (훔친 자가 대답하여 말했다. "우리는 사실

무슨 마을 같은 것은 <u>없다</u>.")

(2)　人中天上雖受少樂; 亦<u>無</u>有實. (52. 伎兒作樂喩) (인간 세상이든 천상이든 비록 약간의 쾌락을 향유한다 해도 또한 그 실체가 <u>없는 것이</u>다.)

위의 (1)은 동사이므로 뒤에 목적어인 '村'을 갖고 있고, (2)는 부사이기 때문에 동사인 '有'의 부정부사로 사용되고 있다. 이에 비해 무정대명사 '無1'은 아래와 같다.

(3)　人聞此語, <u>無</u>不笑之. (7. 認人爲兄喩) (사람들이 이 말을 듣고는 웃지 않는 <u>이가 없다</u>.)

(4)　昔有婆羅門, 自謂多知, 於諸星術種種技藝<u>無</u>不明達. (11. 婆羅門殺子喩) (옛날에 한 파라문이 있었는데 스스로 많이 안다고 여겼고, 여러 성술과 각종 기예에 대해 알지 못하는 <u>게 없었다</u>.)

무정대명사 '無'는 대개 뒤에 부정사인 '不'이 함께 와서 이중부정의 형식을 띄는 경우가 많다. 그리하여 '~하지 않는 이(것)가 없다'의 의미를 나타낸다. (3)과 같이 사람을 나타내는 것이 4예이고 (4)처럼 사물을 지칭하는 것이 1예 출현한다. 여기서의 무정대명사는 모두 주어로 출현하고 있다.

≪顔氏家訓≫과 ≪世說新語≫에서는 '無'는 없고 '莫'이 출현하고 있다. 각각 18예와 32예씩 출현한다.

(5)　雖千載冠冕, 不曉書記者, <u>莫</u>不耕田養馬. (勉學) (비록 천년을 두고 관면하였던 귀족자제라도 서기 정도의 일도 모른다면 농사짓고 말먹이는 일을 <u>하지 않는 자가 없</u>다.)

(6)　不忠不孝, 其罪<u>莫</u>大. (政事1) (불충과 불효 중에서 그보다 더 큰 <u>죄가 없다</u>.)

## 或

(1)　時爲賓客, <u>或</u>瞋<u>或</u>笑. (2. 愚人集牛乳喩) (그때 빈객이 <u>어떤 이</u>는 눈을 부릅뜨고 보고, <u>어떤 이</u>는 웃어댔다.)

(2)　未及聚頃, <u>或</u>爲縣官、水火、盜賊之所侵奪, <u>或</u>卒命終, 不及時施. (2. 愚人集牛乳喩) (아직 돈이 모이지 않았을 때에는 <u>어떤 이</u>는 관리들, 물불의 재난이나 도적에 의해 빼앗기게 되고, <u>어떤 이</u>는 갑자기 목숨이 다하게 되니 제때에 베풀지 못하게 된다.)

무정대명사 '或'은 긍정형식으로 '어떤 사람, 어떤 것(有人, 有的)'의 의미를 나타내며 총7예 출현하고 있다. 여기서는 주로 사람을 지칭하는 것으로 쓰이고 있고 모두 주어로 출현한다. ≪百喩經≫에는 몇 가지 용법의 '或'이 출현하는데, 상기의 무정대명사 외에도 아래와 같은 부사의 용법도 있다.

> (3)  傍人語言: "眼若在者, <u>或</u>痛不痛. 眼若無者, 終身長痛." (85. 婦女患眼痛喩) (옆
>      사람이 말했다. "눈이 만약 있다면 <u>어떤 때</u>는 아프기도 하고 안 아프기도 하지만,
>      눈이 없다면 종신토록 길게 아플 것이다.")
>
> (4)  人命難知, 計算喜錯. 設七日頭<u>或</u>能不死, 何爲預哭? (11. 婆羅門殺子喩) (사람의
>      목숨은 알기가 어려워 점을 쳐도 쉽게 틀린다. 만약 칠일이 지났는데도 혹 죽지 않을
>      수 있는데 어째서 미리 우는가?)

여기서 (3)은 시간부사로 '어떤 경우엔'의 의미이고, (4)는 어기부사로 '아마도'의 의미이다.

무정대명사 '或'은 ≪顔氏家訓≫과 ≪世說新語≫에서도 각각 61예, 47예씩 출현하고 있다. 출현비율로 봤을 때 당시 매우 상용되던 형식임을 알 수 있다.

---

## 2.3  의문대명사

≪百喩經≫의 의문대명사[10]에는 '何', '幾', '誰', '阿誰', '云何', '何故', '何等', '何爲', '何時', '如何', '何處', '何由', '何以', '何物', '何所', '何用', '何必', '何足', '所' 등 19개가 출현하고 있다.

---

10) 중국어로는 '疑問代詞'라고 하여 이 속에는 사실상 '대명사' 외에도 '형용사'나 '부사'가 같이 포함될 수가 있다. 그러나 본서에서는 편의상 이를 모두 '의문대명사'로 지칭한다.

## 何

### 1) 목적어

(1) 問曰: "人從何生?" (0. 引言) (물어 말했다. "사람은 <u>어디로부터</u> 생긴 겁니까?") [일반의문]

### 2) 관형어

(2) 彼王問言: "爾是何人? 何處得馬?" (65. 五百歡喜丸喩) (그 왕이 물어 말했다. "너는 <u>누구</u>냐? 어디서 말을 얻었느냐?") [일반의문]

(3) 守池者言: "爾先不作, 今作何益!" (47. 貧人能作鴛鴦鳴喩) (지키던 자가 말했다. "너는 아까는 안 하고 지금 하니 <u>무슨</u> 이익이냐!") [반어]

(4) 王大歡喜, 與其所願. 卽便問言: "汝何所求, 恣汝所欲." (55. 願爲王剃鬚喩) (왕이 크게 기뻐서 그가 원하는 것을 주고자 했다. 즉시 그에게 물어 말했다. "네가 <u>무엇</u>을 원하든 그대가 하고자 하는 대로 맡겨 하겠다.") [임지(任指)]

### 3) 부사어

(5) 若前雉已盡, 何不更食? (62. 病人食雉肉喩) (만약 앞의 꿩을 다 먹었다면 <u>어찌하여</u> 더 먹지 않는 것인가?) [일반의문]

(6) 何有不造下第一屋而得上者! (10. 三重樓喩) (<u>어찌</u> 아래 제1층집을 아니 만들고 윗집을 지을 수 있겠소!) [반어]

의문대명사 '何'는 총 25예 출현하고 있어 ≪百喩經≫의 의문대명사 중 가장 많은 출현 횟수를 나타낸다. 이중 목적어가 8예, 관형어가 9예, 부사어가 8예 출현한다. 주어로 쓰이는 예는 등장하지 않고 있다. '어찌, 어째서' 등의 의미로 쓰이기 때문에 부사어로 쓰이는 예가 다수 출현한다. 관형어로 쓰일 때는 '何奇異, 何德行, 何益, 何人, 何方, 何急事' 등 다양한 명사를 수식하고 있다. 목적어로는 단지 전치사의 목적어 용법만이 출현하고 있다. 의문사의 용법 상으로 볼 때, 일반의문이 16예로 가장 많았고, 그 외 반어가 8예, 임지(任指)가 1예 출현하고 있다. 반어일 경우 주로 '何不……'나 '何有……'의 형식을 취하여 '어찌 ~이 아니겠는가 / 어찌 ~가 있을 수 있겠는가'의 의미를 나타낸다.

동시기 ≪世說新語≫에서는 '何'가 100여 예 출현하는데 이중 부사어 용법이 45예로 가장 많고 관형어가 31예, 목적어가 20예 출현한다. 주어나 서술어 용법도 있는데 이들은 역시 그 수가 매우 적다. ≪顔氏家訓≫에서는 '何'가 37예 출현하고 있으며 여기서도 주어는 없고 부사어, 관형어, 목적어 위주로만 쓰이고 있다. 일반의문에는 18예 쓰이고 있고 반어에 10예, 감탄에 3예 등이 쓰이고 있다. 세 문헌이 주로 부사어나 관형어 용법의 비중이 높은 면에서 유사한 점을 보여주고 있다. 그리고 전체 의문대명사 중에서 ≪世說新語≫도 역시 '何'의 출현비율이 가장 높은데 이를 통해 보건대 상고중국어에서 내려온 '何'가 위진 남북조 시기에도 여전히 크게 활약하고 있음을 알 수 있다.

## 幾

(7) 又復問言: "失經幾時?" (19. 乘船失釪喩) (다시 물어 말했다. "잃어버린 지 얼마나 지났습니까?") [일반의문]

(8) 未經幾日, 天降大雨, 果得濕潤, 還復如故. (95. 二鴿喩) (며칠이 채 지나지 않아 하늘에서 큰 비가 내렸고 과일은 습기를 머금어 회복되어 이전과 같아졌다.) [허지(虛指)]

의문대명사 '幾'는 총 3예 출현하며 모두 관형어로 쓰이고 있다. 뒤에 '時', '日'이라는 명사와 결합하여 '몇 시간', '며칠'이란 의미를 나타내는데, (7)처럼 실제 그 시간을 묻는 경우도 있지만 (8)처럼 의문 의미가 없이 형식적일 수가 있다. 후자와 같은 경우를 '허지(虛指)'라고 하며 ≪百喩經≫에서는 '幾'만이 이와 같이 쓰인다. ≪顔氏家訓≫에서도 '幾'가 6예 출현하는데 일반의문은 물론 허지(虛指) 용법도 출현하고 있어 ≪百喩經≫과 유사하다.

## 誰

### 1) 주어

(9) 誰有能使我重有子? (21. 婦女欲更求子喩) (누가 저로 하여금 또 다시 아들을 낳게 해줄 수 있나요?) [일반의문]

(10) 誰有勇健, 能共我試? 請於平原校其伎能. (65. 五百歡喜丸喩) (누구든 용감하고 강건하다면 나와 한 판 해볼 수 있소? 평원에서 재주를 겨루어 봅시다.) [임지(任指)]

### 2) 서술어

(11) 時守池者而作是問: "池中者誰?" (47. 貧人能作鴛鴦鳴喩) (이때 연못을 지키던 자가 이렇게 물었다. "연못 속에 있는 자 누구요?") [일반의문]

'誰'는 총 4예 출현하며 주어가 3예, 서술어가 1예 출현한다. 서술어로 쓰일 때는 일종의 명사술어문의 형식으로 '誰'하나만이 서술어를 구성하고 있다. 일반의문의 경우는 3예이고 임지(任指)도 (10)처럼 1예 출현하고 있다. 임지(任指) 용법일 경우 '누구든지'의 의미로 쓰이기 때문에 일반의문일 때와는 분명 다르다. ≪世說新語≫에서도 10예의 '誰'가 출현하는데 목적어나 관형어도 출현하나 극히 소수이고 대부분이 주어로 쓰이고 있다. ≪顏氏家訓≫에서는 총5예 출현하며 역시 주로 주어로 쓰이나 아래와 같이 목적어로 쓰이는 예가 간혹 발견된다.

(12) 君王比賜書翰, 及寫詩筆, 殊爲佳手, 姓名爲誰? (慕賢) (군왕께서 근래에 내려주신 서한과 시필을 베낀 글씨는 매우 뛰어난 솜씨입니다. 그의 이름은 <u>무엇</u>입니까?)

여기서는 또 일반의문 외에도 반어와 임지(任指)에 쓰이고 있다. 세 문헌 역시 모두 주어 위주로 출현하고 있으며 그것의 출현 의문문 유형도 유사하게 나타나고 있다.


## 阿誰

(13) 我婦已死, 汝是阿誰? 妄言我婦. (4. 婦詐稱死喩) (나의 아내는 이미 죽었다. 당신은 <u>누구</u>요? 함부로 내 아내라고 하는 것이오.)

≪百喩經≫에는 또한 '누구'에 해당하는 의문대명사로 '阿誰'가 1예 출현하고 있다. 동사 '是'의 목적어로 쓰여 전체 술어부(謂語)의 일부를 구성하고 있으며 일반의문문을 구성한다. '阿誰'는 魏晉南北朝 시기에 출현한 대표적인 신흥 의문대명사로 특이하게도 앞에 접두사인 '阿'가 붙어 일종의 쌍음절 형식을 구성하고 있는데 이는 당시 어휘 변화의 모습을 그대로 반영하는 예라 할 수 있다. '누구'에 해당하는 의문대명사로 ≪世說新語≫나 ≪顏氏家訓≫에서는 모두 '誰'가 중심이 되고 있고 여기에 상고중국어의 흔적인 '孰'이 함께 쓰이고 있으나 모두 '阿誰'는 출현하지 않고 있다. 이들 문헌에 등장하는 '孰'의 경우 주로 주어로만 쓰이고 있어 다양하게 기능하는 '誰'에 비해 상대적으로 용법이 제한적이어서 구어에서 쇠퇴일로에 있는 모습을 보여주고 있다.

한편, ≪百喩經≫ 역시 전형적인 중고중국어 문헌이다 보니 이 시기의 쌍음절화를 그대로 반영하여 기존의 의문대명사 '何'와 기타 어휘가 결합하여 이루어진 다양한 쌍음절 의문대명사 형식이 존재한다. 아래에서 이들에 대해 살펴보자.

(14) <u>云何</u>得使此人常在我國, 不餘處去, 使我藏中得多珍寶? (36. 破五通仙眼喩) (<u>어떻게</u> 하면 이 사람으로 하여금 항시 우리나라에 있게 하고 다른 곳에 가지 않게 하여 내 창고 안에 더 많은 보물을 보관할 수 있게 할 것인가?) [일반의문]

(15) 昔有一小兒陸地游戲, 得一大龜, 意欲殺之, 不知方便, 而問人言: "<u>云何</u>得殺?" (98. 小兒得大龜喩) (옛날에 한 아이가 육지에서 놀다가 큰 거북이 하나를 얻었는데 이를 죽이고 싶었으나 방법을 몰라 어떤 이에게 물었다. "<u>어떻게</u> 죽일 수 있나요?") [일반의문]

(16) 衆人語言: "若斷淫欲, <u>云何</u>生汝?" 深爲時人之所怪笑. (9. 嘆父德行喩) (여러 사람이 말했다. "만약 음욕을 끊었다면 <u>어떻게</u> 너를 낳았냐?" 당시 사람들에게 심히 비웃음을 당하고 말았다.) [반어]

(17) <u>何</u>有不作最下重屋, 而得造彼第二之屋? 不造第二, <u>云何</u>得造第三重屋? (10. 三重樓喩) (<u>어찌</u> 가장 아래층 집을 짓지 않고 제2층 집을 지을 수 있겠습니까? 2층을 짓지 않고 <u>어찌</u> 제3층 집을 지을 수 있겠습니까?) [반어]

의문대명사 '云何'는 총 23예 출현하며 모두 부사어로 쓰이고 있다. 의미상으로 볼 때 크게 '왜'의미의 이유를 묻는 것과 '어떻게'의미의 방법을 묻는 것 두 가지로 구분된다. 일반의문으로 8예 출현하고 있고 반어로 15예 출현하고 있어 반어 용법의 사용 비중이 더 높은 편이다. 종종 '云何得'처럼 '得'나 '能'과 같은 양상동사들과 결합하여 "어떻게 하면 (어찌) ~할 수 있는가?"의 의미를 나타내고 있다. 예(17)과 같이 동일한 반어의문을 앞에서는 '何'로 뒤에서는 '云何'로 표현하고 있는데 '何'를 쓸 때와 '云何'를 쓸 때가 특별히 어떤 의미상, 화용상 차이가 뚜렷하게 나타나고 있지는 않다. 다만 위의 예에서 보듯이 역시 4자구를 구성하는 측면에서 앞문장은 '何'를 써서 "何有不作"으로, 뒷문장은 '云何'를 써서 "云何得造"를 구성하고 있어 문장의 리듬요소와 깊은 관련이 있음을 알 수 있다. ≪世說新語≫에서도 '云何'가 12예 출현하고 있으며 여기서는 부사어 외에도 아래와 같이 다수의 서술어 기능(怎么样)이 출현한다. ≪顔氏家訓≫에서는 출현하지 않는다.

(18) 當世王公以卿比裴叔道, <u>云何</u>? (品藻33) (당대의 왕공들이 그대를 배숙도에 비유하는데 <u>어떠한가</u>?)

(19) 有人問婆羅問言: "汝<u>何故</u>哭?" (11. 婆羅門殺子喩) (어떤 사람이 파라문에게 물어 말했다. "당신은 <u>왜</u> 웁니까?") [일반의문]

(20) 醫既來至, 怪其所以, 卽便問之: "<u>何故</u>如是?" (80. 倒灌喩) (의사가 와서는 그 이유
가 이상하여 바로 물었다. "<u>어째서</u> 이러시오?") **[일반의문]**

(21) 此物雖尠, 可得延君性命數日, <u>何故</u>捨棄擲著水中? (91. 貧人欲與富者等財物
喩) (이 물건은 비록 적지만 당신의 목숨을 며칠이나 연장시킬 수 있소. <u>어째서</u> 물속
에 그것을 버릴 수 있소?) **[반어]**

'何故'는 총10예 출현하고 있고 모두 부사어로만 쓰이고 있다. "어째서, 무슨 이유로"라는
뜻으로 일반적인 의문을 물을 수 있고 반어의 의미로 쓰이기도 한다. 전자는 8예이고 후자는
2예 출현한다. ≪世說新語≫에 10예 출현하며 모두 부사어로 쓰이고 있으며, 공교롭게도
≪顔氏家訓≫에서도 10예 출현하는데 역시 모두 부사어로 쓰이고 있다.


## 何等

(22) 愚人見其疊墼作舍, 猶懷疑惑, 不能了知, 而問之言: "欲作<u>何等</u>?" (10. 三重樓
喩) (우매한 자가 그가 벽돌을 쌓아 집을 짓는 것을 보고는 여전히 의혹을 품고 이해
할 수가 없어 물어 말했다. "<u>무엇을</u> 지으려고 하는 것이오?")

'何等'은 총1예 출현하는데 목적어로 쓰이고 있으며 일반의문문에 출현한다. 이것은 지
금의 '什么(무엇)'에 해당하여 기타 의문대명사들이 부사어 기능 위주라면 이것은 명사적
기능 위주이다. ≪世說新語≫에서는 1예가 출현하고 있는데 역시 "姓何等?"과 같이 동사
의 목적어 기능을 하고 있다. ≪顔氏家訓≫에서도 1예 출현하며 사물을 지시하는 의미로
쓰여 관형어로 쓰이고 있다.


## 何爲

(23) 人命難知, 計算喜錯. 設七日頭或能不死, <u>何爲</u>預哭? (11. 婆羅門殺子喩) (사람의
목숨은 알기가 어려워 점을 쳐도 쉽게 틀린다. 만약 칠일이 지났는데도 혹 죽지 않을
수 있는데 <u>어째서</u> 미리 우는가?)

'何爲'는 총1예 출현하며 위처럼 부사어로 쓰이고 있다. 일반의문문에 쓰이고 있으며
'어째서, 왜'라는 의미를 나타낸다. ≪世說新語≫에 출현하는 '何爲'는 13예 모두 부사어
로 쓰이고 있고, ≪顔氏家訓≫에서는 총2예 출현하면서 역시 부사어로 쓰이고 있다.

(24) 我曾<u>何時</u>喜瞋、倉卒? 而此人者, 道我恒喜瞋恚, 作事倉卒, 是故打之." (13. 說
人喜瞋喩) (내가 일찍이 <u>언제</u> 쉽게 화를 내고 급했는가? 그런데 이 사람이 내가 항시
잘 화내고 일도 급하게 한다고 떠드니 이 때문에 그를 때린 것이다.)

'何時'는 '언제'라는 의미로 부사어로 총1예 출현하며 위처럼 반어의문에 쓰이고 있다.
≪世說新語≫에도 '언제'라는 의미로 2예 출현하고 있다.

(25) 我等伴黨, 盡是親屬, <u>如何</u>可殺? 唯此導師, 中用祀天. (14. 殺商主祀天喩) (우리
들 동료들은 모두가 다 친척들인데 <u>어떻게</u> 죽일 수 있는가? 단지 이 안내자만이 갖다
가 제사 지내기에 딱 좋다.)

'如何'는 '어떻게'라는 의미로, 부사어로 2예 출현하고 있고 모두 반어 용법으로 쓰이고
있다. ≪世說新語≫에서는 총6예로 서술어 4예, 부사어 2예가 출현하고 있다. 아래와 같
이 서술어로 쓰일 때는 '怎么办'의 의미가 있다.

(26) 桓溫來欲作賊, <u>如何</u>? (言語101) (항온이 만년에 반란을 일으키려고 하니 <u>어떻게</u>
해야 하오?)

≪顔氏家訓≫에서는 '如何'는 출현하지 않으며 대신 '如之何'가 1예 출현하는데 서술
어로 쓰이고 있다.

### 1) 부사어

(27) 爾是何人? <u>何處</u>得馬? (65. 五百歡喜丸喩) (너는 누구냐? <u>어디서</u> 말을 얻었느냐?)
**[일반의문]**

### 2) 목적어

(28) 賊言: "金錢今在<u>何處</u>?" (97. 爲惡賊所劫失㲲喩) (도적이 말했다. "돈은 지금 <u>어디</u>

있소?") **[일반의문]**

(29) 卽悲鳴命喚雌鴿: "汝<u>何處</u>去!" (95. 二鴿喩) (바로 슬프게 울더니 암컷 비둘기를
불렀다. "너 <u>어디</u>로 갔니!") **[감탄]**

　'何處'는 '어디'의 의미로 총4예 출현하는데, 부사어로 2예, 목적어로 2예 출현하고 있
다. 목적어로는 동사 '在'나 '去'의 목적어로 쓰이고 있다. 4예 중 3예가 일반의문으로 쓰
이고 있고, 1예는 '감탄'을 나타낸다. 예(29)의 경우 수컷새가 암컷새를 쪼아 죽인 후 후회
하며 "너 어디 갔니!"라고 슬퍼하며 하는 말에 쓰이고 있다. ≪世說新語≫에는 총8예의
'何處'가 출현하며 이중 역시 부사어가 7예로 비중이 높다. 그 외에도 목적어로 1예 출현
하는데 공교롭게도 ≪百喩經≫과 동일하게 동사 '在'의 목적어로 출현하고 있다. 두 문헌
모두 전체적으로 '何處'의 쓰임이 유사하게 나타나고 있다. ≪顔氏家訓≫에서는 2예 출
현하며 역시 목적어와 부사어로 각각 쓰이고 있다.

## 何由

(30) 水則不別. 汝昔失時, 乃在於彼; 今在此覓, <u>何由</u>可得? (19. 乘船失釪喩) (물은 비
록 다르지 않으나 네가 전에 잃어버렸을 때는 곧 저쪽에 있었고 지금은 여기서 찾고
있으니 <u>어떻게</u> 얻을 수 있겠는가?)

(31) 雄鴿不信, 瞋恚而言: "非汝獨食, <u>何由</u>減少?" 卽便以嘴啄雌鴿殺. (95. 二鴿喩)
(수컷 비둘기는 믿지 않고 화를 내더니 말했다. "네가 혼자 먹은 게 아니라면 <u>어째서</u>
줄어들었냐?" 하면서 즉시 부리로 암컷 비둘기를 쪼아 죽였다.)

　'何由'는 '어떻게, 어째서'라는 의미로 3예 출현하는데 모두 부사어로 쓰이고 있다.
그리고 3예 모두 반어 용법으로 쓰이고 있다. ≪世說新語≫에는 6예가 출현하며 모두
부사어로 쓰이고 있다. ≪顔氏家訓≫에서는 4예 출현하는데 역시 모두 부사어로만 쓰이
고 있다.

## 何以

**1) 부사어**

(32) 旁人語言: "汝馬本黑, 尾<u>何以</u>白?" (73. 詐言馬死喩) (옆 사람이 말했다. "당신 말
은 본래 검은색인데 꼬리는 <u>어째서</u> 흰색이오?") **[일반의문]**

(33) 我今當一一嘗之, 然後當取. 若但嘗一, <u>何以</u>可知? (70. 嘗庵婆羅果喩) (내가 지금 마땅히 하나하나씩 다 맛을 본 연후에야 살 수 있다. 만약 단지 하나만 맛보면 <u>어떻게</u> 알 수 있겠는가?) [반어]

(34) 佛曰: "汝今問事<u>何以</u>爾深? 泥洹者是不生不死法." (0. 引言) (부처가 말했다. "너희가 지금 묻는 일이 <u>어찌</u> 이리도 깊을까? 열반이란 것은 불생불멸의 법이다.") [감탄]

### 2) 관형어

(35) 長者語愚人言: "汝<u>何以</u>故, 蹋我脣口?" (57. 蹋長者口喩) (부옹이 우매한 자에게 말했다. "너는 <u>어째서</u> 나의 입을 밟았느냐?") [일반의문]

‘何以’는 총12예 출현하며 부사어가 11예, 관형어가 1예 출현하는데 사실상 부사어 위주로 사용되고 있다. 관형어로 쓰일 때는 "何以故"처럼 ‘무슨 까닭’으로 뒤의 명사 ‘故’를 수식하는 1예만이 매우 이례적으로 출현하고 있을 뿐이다. 12예 중 일반의문으로 8예 출현하고 반어로 3예, 감탄으로 1예 출현하고 있다. ≪世說新語≫에서는 총60예가 출현하고 있고 모두가 부사어의 용법으로 쓰이고 있다. ≪顔氏家訓≫에서는 3예 출현하며 모두 부사어로 쓰이고 있다.

### 何物

(36) 問老母言: "祀須<u>何物</u>?" (21. 婦女欲更求子喩) (노파에게 물어 말했다. "제사지내는데 <u>무엇</u>이 필요합니까?")

(37) 二人答言: "與我<u>何物</u>?" (56. 索無物喩) (두 사람이 답하여 말했다. "나에게 <u>무엇</u>을 줄 것이오?")

‘何物’은 ‘무엇’으로 총2예 출현하며, 모두 목적어 기능을 하고 일반의문으로 쓰이고 있다. 위의 예에서 특히 (37)의 것은 ‘與’의 목적어로 이중목적어를 취하는 구문에서 직접목적어로 쓰이고 있다. ≪世說新語≫에서는 총7예 출현하는데 극소수이긴 하나 주어나 서술어, 관형어 등 비교적 다양하게 쓰이고 있고 특히 동사 ‘是’의 목적어로 아래와 같이 출현하는 예가 다수 출현하고 있다.

(38) 姢隅是<u>何物</u>? (排調35) (‘姢隅’는 <u>무엇</u>인가?)

≪顏氏家訓≫에서는 2예 출현하며 모두 목적어로 쓰이고 있다. 아무래도 명사적 성격을 갖고 있기 때문에 세 문헌 공히 목적어 용법이 많이 출현하고 있다.

## 何所

(39) 所以貪得仙人住者, 能見地中一切伏藏. 汝今毁眼, 何所復任? (36. 破五通仙眼喩) (내가 선인이 머물기를 탐했던 바는 땅속 모든 매장 보물을 볼 수 있기 때문이다. 네가 지금 눈을 파버렸으니 다시 무엇을 맡길 수 있겠는가?)

'何所'는 '무엇'의 의미로 목적어로서 5예 출현하고 있으며 반어 용법으로 쓰이고 있다. ≪世說新語≫에서는 16예로 비교적 많이 출현하는데 모두가 목적어로 쓰이고 있다. 두 문헌 모두 명사적 의미를 갖기 때문에 주로 목적어 역할로 많이 출현하고 있다.

(40) 何所聞而來? 何所見而去? (簡傲3) (너희들은 무엇을 듣고 왔고 또 무엇을 보고 가는가?)

이와 같이 두 문헌에 출현하는 '何所'가 목적어로 쓰일 때 도치가 되어 동사에 앞에 출현하기도 한다. ≪顏氏家訓≫에서는 1예 출현하며 역시 목적어로 쓰이고 있다.

## 何用

(41) 我已破一戒, 旣不具足, 何用持爲? (37. 殺群牛喩) (내가 이미 계 하나를 어겼으니 이미 완전하지 않으므로 어째서 지키려고 하고 있는가?)

'何用'은 '어찌, 어째서'의 의미로 부사어로서 1예 출현하고 반어 용법으로 쓰이고 있다. 여기서의 '用'은 사실상 '何以'의 '以'와 동일한 성격이기 때문에 두 의문대명사의 쓰임도 매우 비슷하다. ≪世說新語≫와 ≪顏氏家訓≫에서는 출현하지 않고 있다.

## 何必

(42) 汝欲得離者, 當攝汝六情, 閉其心意, 妄想不生, 便得解脫. 何必不見欲使不生？

(38. 飮木桶水喩) (당신이 떠나려고 한다면 마땅히 당신의 육정을 다잡고 그 마음을 닫아 헛생각이 생기지 않게 해야 해탈할 수 있다. 어찌 반드시 욕망을 보지 않았다고 그것으로 하여금 나타나지 않게 할 수 있겠는가?)

'何必'은 '어찌 반드시'의 의미로 부사어로서 1예 출현하며 반어 용법으로 쓰이고 있다. ≪世說新語≫에서는 총14예로 출현비율이 비교적 높은데 마찬가지로 모두 부사어로 쓰이고 있다. ≪顔氏家訓≫에서는 부사어로서 1예 출현하고 있다.

## 何足

(43) 二人之中, 其一人者, 含笑而言: "彼不肯與, 何足爲愁." (56. 索無物喩) (두 사람 중 한 사람이 웃으면서 말했다. "저 사람이 주고 싶지 않은 모양이니, 어찌 이로 인해 근심할 만하겠는가?")

'何足'은 "哪里値得(어찌 ~할 만한가?)"의 의미로 부사어로서 1예 출현하고 있으며 반어 용법으로 쓰이고 있다. ≪世說新語≫에서는 7예 출현하는데 마찬가지로 모두 부사어로 쓰이고 있고 ≪顔氏家訓≫에서도 역시 부사어로 2예 출현하고 있다.

## 所

(44) 汝所乘馬今爲所在? 何以不乘? (73. 詐言馬死喩) (당신이 타던 말은 지금 어디 있소? 왜 안타요?)

(45) 大家行還, 問其奴言: "財物所在?" (45. 奴守門喩) (주인이 돌아와서는 그 노예에게 물었다. "재물들은 다 어디 있느냐?")

의문대명사 '所'는 중고시기에 탄생한 신흥 대명사로 총 2예 출현하며 모두 목적어로 쓰이고 있다. 董志翹‧蔡鏡浩(1994)에 따르면 이것은 주로 목적어로만 쓰이고 동사나 전치사에 전치하여 출현한다고 한다. 의미는 지금의 '哪里', '什么'에 상응한다. 주로 동사 '在'와 자주 결합하여 출현하고 있다. 전치사로는 '以, 由, 從' 등과 결합하여 아래와 같이 자주 출현하고 있다.

(46) 爾舍所以有此蓮花? (雜寶藏經) (너의 집에 어찌하여 이 연꽃이 있는가?)

(47) 陛下得患<u>所</u>由? (後漢書, 李固傳) (폐하의 병환은 <u>어찌하여</u> 얻은 것이오?)

(48) <u>所</u>從來耶? 冒涉途路, 得無疲倦? (六度集經) (<u>어디서</u> 오는 길이오? 험한 길을 마다 않고 오셨는데 피곤하지 않으시오?)

董志翹·蔡鏡浩(1994)에 따르면, 상고중국어의 아래와 같이 진술문에서 간접의문문을 구성했던 '所'가 점차 유추 작용이 일어나 '何'의 의미를 갖게 되어 결국 東漢시기에 의문대명사가 되었다고 한다.

(49) 長勺之戰, 曹劌問<u>所</u>以戰於莊公. (國語, 魯語上) (長勺의 전투에서 조귀는 <u>무엇으로 싸울지</u>(싸우는 바)에 대해 장공에게 물었다.)

그리고 '何'보다는 주로 지시대명사의 흔적이 농후하였기 때문에 주로 목적어로만 쓰였다고 한다.

세 문헌의 의문대명사 상황을 정리하면 <표 2-2>와 같다.

표 2-2 ≪百喩經≫, ≪世說新語≫, ≪顔氏家訓≫에서의 의문대명사

| | 誰계열 | 何계열 | 기타 |
|---|---|---|---|
| 百喩經 | 誰, 阿誰 | 何, 云何, 何故, 何等, 何爲, 何時, 如何, 何處, 何由, 何以, 何物, 何所, 何用, 何必, 何足 | 幾, 所 |
| 世說新語 | 誰, 孰 | 何, 云何, 何故, 何爲, 如何, 何處, 何由, 何以, 何物, 何所, 何必, 何足, 何如, 何似, 何至, 何得, 何敢, 何其, 何嘗, 何當, 何若, 何事, 奈何 | 焉, 安, 那, |
| 顔氏家訓 | 誰, 孰 | 何, 何故, 何等, 何爲, 何處, 何由, 何以, 何物, 何所, 何必, 何足, 何事, 何意, 何如, 何其, 何可, 何有, 何不, 何謂, 一何, 如之何 | 幾, 安, 焉, 那, 若爲, 幾何, 多少, 早晚 |

상고중국어 시기엔 아래와 같은 다양한 의문대명사들이 있었는데, 이들은 성모에 따라 다음과 같이 세 가지로 분류할 수 있다.

① [z]계: 誰, 孰, 疇
② [ɣ]계: 何, 曷, 害, 胡, 奚, 盍
③ [∅]계: 惡, 安, 焉

먼저, '누구'에 해당하는 의문대명사로 '誰'와 '孰' 두 가지가 상고중국어에서 운용이 되고 있었는데 '誰'는 주어, 목적어, 관형어 등 다양하게 쓰이고 있었으나, '孰'은 주로 주어나 전치사 목적어로만 쓰이고 일반동사의 목적어나 관형어 등으로는 그다지 잘 쓰이지 않았다. 先秦시대의 문헌 뿐 아니라 漢代의 문헌에서 '誰'와 '孰' 모두 출현비율이 비슷하게 쓰였다. 다만, 위와 같이 문장 기능상의 차이가 있기 때문에 '孰'보다는 '誰'가 더 경쟁력을 갖추어 漢代이후 점차 '孰'의 비율이 줄어들게 된다.11) 이러한 현상은 ≪百喩經≫은 물론 ≪世說新語≫와 ≪顔氏家訓≫에서도 나타나고 있다. 이렇게 '누구'의미의 의문대명사는 결국 이후에 '誰'가 독보적인 위치를 차지하게 되며 위진남북조 시대가 바로 그 주요한 전환기가 되고 있다.

의문대명사 '何'는 이미 상고중국어 시기에 매우 다양한 문장 기능이 있었고 그것이 나타내는 의미 또한 '사람, 사물, 처소, 시간, 원인, 방법' 등 다양했다. 그리하여 이것 자체가 위진남북조 시기에 이르러서도 여전히 높은 출현비율을 보이고 활약을 하고 있었다. 뿐만 아니라 '何'를 어근으로 하는 위와 같은 다양한 의문대명사들이 형성되어 기존에 '何'가 나타내던 것을 보다 전문적으로 나타내고 있는데, 예를 들어, '何物', '何等'은 주로 사물, '何故', '何爲', '何由' 등은 원인, '何處'는 처소, '何時'는 시간 등을 각각 나타내고 있다. 물론 이렇게 쌍음절의 의문대명사가 다양하게 존재하면서도 '何'자체가 또 그러한 의미들을 여전히 나타내고 있다.

그리고 이러한 대명사들은 대부분 先秦시대부터 漢代에 이르는 시간에 걸쳐 출현한 것들인데, 이중 何當, 何物, 何意, 多少, 幾許, 阿誰, 那, 早晩 등은 또 위진남북조 시기에 출현한 것들이다. 이 가운데 '那'는 지금의 '哪'에 해당하는 것으로 ≪世說新語≫에서 아래와 같은 예가 출현한다.

(50) 偸, 那得行禮? (言語4) (술을 훔치는데 어찌 예를 행할 수 있겠습니까?)

또 '多少'의 경우도 다음와 같은 ≪顔氏家訓≫의 예가 출현한다.

(51) 凡字與諱議名同音者, 其數多少, 能盡識乎? (勉學) (무릇 글자들 중 너의 아버지 함자와 같은 음의 글자가 몇 개나 되는지 능히 모두 알 수 있겠느냐?)

---

11) 劉光明(2006)

위의 문헌에서 출현한 것들 외에도 위진남북조 시기에는 또 '底'라고 하는 특이한 의문대명사가 출현하여 아래처럼 쓰이기도 하였다.

(52) 誰能思不歌? 誰能飢不食? 日冥當戶倚, 惆悵底不憶? (子夜歌) (누가 생각난 것 노래 못하고, 누가 배고픈데 먹지 못하랴? 서산에 해질 때 창문에 기대어, 처량하니 어찌 생각나지 않으리.)

비록 이렇게 다양한 의문대명사들이 출현하여 쓰였지만 역시 당시 대세는 아직도 '何'였다.

한편, 현대중국어에서 흔히 볼 수 있는 '什么'는 唐代의 '甚沒', '甚物', '甚摩', '甚麼' 등이나 '是物, 什沒, 什摩, 什麼' 등으로 표기되었던 것으로, 이 '什么'는 '是何物'의 축약으로부터 시작하여 점차 형성된 것으로 알려져 있다. 그 외에 '怎么'는 또한 원래 '作什麼'의 축약형을 '作麼' 등으로 쓰고 나중에 '怎'이라고 하는 한 글자로 축약하고 다시 여기에 '麼'가 붙으면서 이루어진 의문대명사이다.[12]

의문대명사가 목적어로 쓰일 때 상고시기엔 술어동사 앞에 前置하는 경우가 많이 나타나고 있다. 이에 비해 중고시기 이후에 이렇게 전치하는 예는 거의 사라졌는데 그렇다면 중고시기의 상황은 어떠한가? 이와 관련하여 劉開驊의 <試論中古漢語疑問代詞賓語的句法位置>(2005)를 통해 전체적인 상황 및 ≪百喩經≫의 상황을 살펴보도록 하자. 그는 東漢부터 위진남북조 시기에 존재했던 주요 中土문헌과 불경역경에 출현하는 의문대명사 목적어 어순에 대해 조사하여 <표 2-3>, <표2-4>와 같은 결과를 얻었다.

조사 결과, 5종의 中土문헌은 전치의 비율이 후치보다도 훨씬 높은 반면, 5종의 불경역경에서는 대체로 전치보다 후치의 비율이 높았다. 이 가운데 특히 ≪中本起經≫, ≪六度集經≫과 같은 東漢시기의 불경에서는 전치 비율이 후치보다 높았던 반면, ≪雜寶藏經≫, ≪百喩經≫과 같은 남북조 시기의 불경에서는 후치 비율이 전치보다 높았다.

의문대명사의 상황을 볼 때, 상고중국어에서 쭉 계승되어 온 '何'의 경우 전치가 118예, 후치가 30예로 전치의 비율이 전체적으로 높은 편이었고, '誰'는 전치가 11예, 후치가 38예로 후치가 전치보다 높았다. 중고시기 신흥의 의문사들 중 '何所', '所', '如', '若' 등은 전치로만 출현했고, '云何', '何等', '何物', '阿誰'는 후치로만 쓰였다.

---

12) 이상 向熹(2010: 384~396)에서 인용

표 2-3 중고시기 의문대명사 전치목적어의 상황

| | 총수 | 前置 목적어 | | | | | | | |
|---|---|---|---|---|---|---|---|---|---|
| | | 何 | 何所 | 誰 | 所 | 如 | 若 | 회수 | 비율 |
| 論衡(1권-10권) | 39 | 28 | 3 | 2 | | | | 33 | 85% |
| 中本起經 | 28 | 9 | 2 | | 4 | 1 | 1 | 17 | 61% |
| 六度集經 | 54 | 25 | 2 | 1 | 6 | 6 | | 40 | 74% |
| 三國志, 魏書 | 31 | 22 | 4 | 1 | 1 | | | 28 | 90% |
| 世說新語 | 50 | 19 | 18 | | | | | 37 | 74% |
| 雜寶藏經 | 31 | | 4 | | 1 | | | 5 | 16% |
| **百喩經** | 19 | | 5 | | 2 | | | 7 | 37% |
| 阿育王傳 | 23 | | 6 | 1 | 1 | | | 8 | 35% |
| 南齊書 | 40 | 14 | 8 | 6 | | | | 28 | 70% |
| 洛陽伽藍記 | 7 | 1 | 3 | | | | | 4 | 57% |
| 합　계 | 322 | 118 | 55 | 11 | 15 | 7 | 1 | 207 | 64% |

표 2-4 중고시기 의문대명사 후치목적어의 상황

| | 後置 목적어 | | | | | | | | | | | |
|---|---|---|---|---|---|---|---|---|---|---|---|---|
| | '何'계 | | | | | | '誰'계 | | '幾'계 | | 회수 | 비율 |
| | 何 | 云何 | 何等 | 何物 | 何如 | 如何 | 誰 | 阿誰 | 幾 | 幾許 | | |
| 論衡(1권-10권) | 3 | | 2 | | | | 1 | | | | 6 | 15% |
| 中本起經 | 3 | | 3 | 3 | | | 2 | | | | 11 | 39% |
| 六度集經 | 6 | 1 | 2 | 1 | | | 4 | | | | 14 | 26% |
| 三國志, 魏書 | | | 1 | | 1 | | 1 | | | | 3 | 10% |
| 世說新語 | 4 | | 1 | 4 | | | 2 | 2 | | | 13 | 26% |
| 雜寶藏經 | 1 | | 3 | 5 | | | 15 | 1 | | 1 | 26 | 84% |
| **百喩經** | 8 | | 1 | 2 | | | | 1 | | | 12 | 63% |
| 阿育王傳 | 3 | | 1 | 3 | | | 5 | | | 3 | 15 | 65% |
| 南齊書 | | 1 | | 1 | | 1 | 8 | 1 | | | 12 | 30% |
| 洛陽伽藍記 | 2 | | | | | 1 | | | | | 3 | 43% |
| 합　계 | 30 | 2 | 14 | 19 | 1 | 2 | 38 | 2 | 3 | 4 | 115 | 36% |
| | 68 | | | | | | 40 | | 7 | | | |

우리의 연구 대상인 ≪百喩經≫만 따로 봤을 때, '何'는 전치보다는 후치가 강세였고, 중고시기에 등장한 '何所'는 특이하게도 모두 전치로 쓰이고 있다. 그 외에 '何等', '何物', '阿誰' 등 전형적인 중고시기 의문대명사는 모두 후치위주로 쓰이고 있다.

상기의 내용을 종합하자면 ≪百喩經≫을 포함한 중고시기의 문헌들에 출현한 의문대명사들은 상고시기처럼 모두가 전치로 쓰이지도 않았고, 또 완전히 현대중국어처럼 후치로 변하지도 않았다. 전형적인 [전치 ⇒ 후치]로의 과도적 상태를 보여주고 있다. 일부 문헌 특히 구어를 많이 반영하는 불경역경에서는 후치의 비율이 전체적으로 높았는데 ≪百喩經≫ 또한 그러한 면모를 보여주고 있다. 이 사실을 통해 실제 구어에서는 아무래도 의문대명사의 후치가 상당히 진전되었음을 알 수 있다.

## 2.4 대명사 소결

상기의 대명사 상황을 표로 정리하면 다음 표와 같다.

표 2-5 ≪百喩經≫의 대명사

| 구분 | 종류 | 총회수 | 문장에서의 기능 | | | | | |
|------|------|--------|------|--------|------|--------|--------|--------|
| | | | 주어 | 목적어 | 겸어 | 관형어 | 부사어 | 서술어 |
| 인칭대명사 | 1인칭대명사 | 我(145) | 83 | 23 | 9 | 30 | | |
| | | 吾(1) | 1 | | | | | |
| | 2인칭대명사 | 汝(92) | 52 | 20 | 4 | 16 | | |
| | | 爾1(20) | 9 | 5 | 2 | 4 | | |
| | | 君(2) | | | 1 | 1 | | |
| | | 子(2) | 1 | | | 1 | | |
| | 3인칭대명사 | 其1(127) | 28 | 3 | | 96 | | |
| | | 之1(59) | | 59 | | | | |
| | | 彼1(23) | 13 | 7 | 1 | 2 | | |
| | 재귀대명사 | 自(47) | | 4 | | 2 | 41 | |
| | | 己(18) | 3 | 2 | | 13 | | |

| 분류 | | 항목 | | | | | |
|---|---|---|---|---|---|---|---|
| 지시대명사 | 근칭대명사 | 此(103) | 8 | 1 | | 94 | |
| | | 是(52) | 3 | 3 | | 46 | |
| | 원칭대명사 | 彼2(95) | 1 | 1 | | 93 | |
| | | 其2(99) | 2 | 3 | | 94 | |
| | | 之2(97) | | 97 | | | |
| | | 爾2(24) | | | | 1 | 23 |
| | 旁指대명사 | 他(28) | | 27 | 1 | | |
| | | 餘(7) | | | 7 | | |
| | 無定대명사 | 無(5) | 5 | | | | |
| | | 或(7) | 7 | | | | |
| 의문대명사 | | 何(25) | | 8 | 9 | 8 | |
| | | 幾(3) | | | 3 | | |
| | | 誰(4) | 3 | | | | 1 |
| | | 阿誰(1) | | 1 | | | |
| | | 云何(23) | | | | 23 | |
| | | 何故(10) | | | | 10 | |
| | | 何等(1) | | 1 | | | |
| | | 何爲(1) | | | | 1 | |
| | | 何時(1) | | | | 1 | |
| | | 如何(2) | | | | 2 | |
| | | 何處(4) | | 2 | | 2 | |
| | | 何由(3) | | | | 3 | |
| | | 何以(12) | | | 1 | 12 | |
| | | 何物(2) | | 2 | | | |
| | | 何所(5) | | 5 | | | |
| | | 何用(1) | | | | 1 | |
| | | 何必(1) | | | | 1 | |
| | | 何足(1) | | | | 1 | |
| | | 所(2) | | 2 | | | |

　　≪百喻經≫에 출현하는 대명사는 상고에서 전해져 온 것과 중고시기에 출현한 것들로 나눠볼 수 있는데 거의 대부분이 상고중국어에서 전해져 온 것들이며 중고시기에 새롭게 탄생한 것으로는 주로 의문대명사로 '阿誰', '所', '云何', '何等', '何所' 등 몇 가지에 불과하다. '何爲', '何由', '何以' 등 대부분의 의문대명사들은 이미 상고시기부터 존재해 왔고 인칭대명사와 지시대명사들은 모두 상고중국어의 형식들이 그대로 사용되고 있다. 상고중국어에서 중고중국어로 오면서 변화된 각 대명사들의 면모를 대략 정리하면 다음과 같다.

## 1) 인칭대명사

1인칭대명사는 여러 가지의 형식이 있었으나 '我'위주로 정리되어 갔으며 '吾'도 사실상 구어에서는 소멸되어 간 것으로 보인다. 다만 이 시기에 다른 문헌에서는 '吾'의 기능이 전국시대부터 변화를 하여 약간 다변화한 면모를 보여주고 있는 것이 특징이다.

2인칭대명사는 상고시기 여러 가지 형식이 있었지만 중고시기엔 주로 '汝'와 '爾1'이 주류를 이루고 있었다. 이들은 특별한 기능, 분포상의 차이를 보여주지는 않고 있다.

3인칭대명사는 '其1', '之1', '彼1' 등이 출현하고 있는데 기본적으로 '其1'은 주로 관형어와 주어로, '之1'은 목적어로 '彼1'은 주어로의 사용이 높았다. 이렇게 대체로 상고시기의 면모가 계속 계승되었으나 당시 불경번역 등의 영향으로 이른바 3인칭대명사의 개념이 점차 전문화되면서 '其1'이 목적어로 쓰이는 등의 변화도 발생하였다.

재귀대명사는 '自'와 '己'로 이들의 용법은 재귀적 용법과 강조적 용법으로 나눌 수 있다. 이 시기에 '己'는 재귀대명사로서 주어, 관형어, 목적어로 쓰이면서 재귀적 용법으로 쓰이고 있다. '自'의 경우 목적어나 관형어로 쓰일 때 재귀적 용법으로 쓰이는데 특히 목적어는 동사 앞에 전치되어 출현한다. 부사어로 쓰이는 경우가 대다수이며 이때는 모두 강조적 용법이다.

상고중국어의 인칭대명사는 모종의 형태적 면모를 보여주고 있었다. 그러나 중고시기 오면서 그러한 면모가 다소 사라지고 모호한 형태가 확장이 되었다. 그래서 전체적으로 사용되고 있는 대명사의 숫자도 줄어들었고 특정의 한 둘에 집중되는 현상이 발생하고 있으며 기능상의 상보적 분포 현상도 더 이상 현저하게 나타나지도 않는다.

## 2) 지시대명사

근칭지시대명사는 '此'와 '是'가 출현하며 '此'의 비중이 더 높다. '是'는 당시 판단사로 문법화하여 이로 인한 기능 부담 때문에 대명사 기능이 많이 저조해진 것으로 보인다. 상고시기 '此'는 '是'보다 늦게 출현하였지만 중고시기에서는 대체적으로 '此'의 우세가 강하다.

원칭지시대명사는 '彼2', '其2', '之2', '爾2' 등이 있다. 이중 '彼2', '其2', '之2'의 상황은 인칭대명사의 경우와 매우 흡사하여 '其2'는 주로 관형어로, '之2'는 주로 목적어로 쓰이고 있다. 네 개의 대명사 모두 상고시기와 큰 차이를 보이지 않고 있다.

旁指대명사로는 '他'와 '餘'가 있다. 이 가운데 '他'는 특히 指人의 의미 및 목적어로 많이 사용되어 왔고 이로부터 서서히 3인칭대명사로 변화해갔다. ≪百喩經≫에서는 3인칭대명사로 가는 과도기의 모습이 관찰되고 있다.

無定대명사로는 부정형의 '無'와 긍정형의 '或'이 출현한다. 이들의 면모는 상고시기의 상황과 큰 차이가 없다.

### 3) 의문대명사

이 시기 '누구'에 해당하는 의문대명사로는 상고시기의 '誰'와 '孰' 중 '誰'가 우세한 모습을 보이고 있다. 그 외 상고시기의 曷, 害, 胡, 奚, 盍, 安, 焉 등의 의문대명사들은 ≪百喩經≫과 같은 구어성이 짙은 문헌에서는 거의 출현하지 않고 있다. 중고시기에는 무엇보다 '何'의 시대이다. '何'자체도 활약이 커서 출현비율이 높지만 이것과 전치사, 명사 등이 결합한 다양한 쌍음절 형식의 의문대명사들이 대거 운용되고 있다. 이들 쌍음절 의문대명사 중 중고시기에 출현한 '云何'의 출현비율이 가장 높다.

특히 중요한 사실은 상고중국어에 비해 의문대명사가 목적어로 쓰일 때의 어순에 변화가 생겼다는 것이다. 그리하여 의문대명사가 후치 목적어로 출현하는 비율이 63%에 이르러, 이 시기 어순 상의 변화를 잘 반영하고 있다.

의문대명사만이 어순의 문제를 갖고 있는 것이 아니다. 바로 재귀대명사 '自' 역시 그러한 문제와 밀접하다. 董秀芳(2002)에 따르면, 재귀대명사 중 '自'가 漢代의 문헌인 ≪史記≫에서도 재귀적 용법으로 쓰일 때, 즉, 동사의 피동작주(목적어)로 쓰일 때, 여전히 동사의 앞으로 이동해 있음을 발견하였다. 그는 이것을 단순한 도치 차원의 문제가 아니라 바로 원시 중국어의 'SOV'어순의 흔적이라고 한다. 상고 이전엔 'SOV'의 어순이었고 이것이 상고중국어로 오면서 점차 'SVO'어순으로 변화해 갔는데 그때 다 변화를 하고 남은 것이 바로 재귀대명사 '自'라는 것이다. 물론 상고시기에는 여전히 부정문에서의 대명사 목적어나 의문대명사의 목적어가 전치하고 있는 상황이 존재하고 있고 이들 역시 '自'의 이러한 상황과 유사한 원시 중국어의 흔적이라고 할 수 있다. 다만 다른 대명사들은 中古시기로 가면서 점차 후치로 변화했는데 재귀대명사 '自'만이 여전히 전치를 유지하고 있는 이유에 대해 그는 그것의 재귀적 용법이란 특수성 때문에 기인하고 있다고 한다. 이러한 현상은 중고시기의 ≪百喩經≫에서도 여전히 발견되고 있어 '自'가 재귀적 용법일 경우 전치를 하고 있다.

董秀芳이 발견한 재귀대명사의 전치 현상은 원시한어에서부터 상고중국어를 거쳐 중고중국어에 이르는 기나긴 중국어 변천의 과정을 농축하고 있는 매우 흥미롭고 귀중한 면모라 할 수 있다. 이것은 의문대명사의 전치여부의 문제와 더불어 대명사 계통에 존재하고 있는 매우 중요한 어순 상의 문제이며 중국어의 유형적 성격을 규명할 수 있는 귀중한 단서가 될 수 있다.

제 **3** 장

# 전치사

3.1 처소전치사
3.2 시간전치사
3.3 대상전치사
3.4 도구/의거 전치사
3.5 원인 전치사
3.6 전치사 소결

전치사는 명사(구) 또는 대명사 등 체언성 성분 앞에 출현하여 전치사구를 형성하며, 전치사 뒤의 명사(구) 등을 이것의 목적어라 칭한다. 전치사구는 문장에서 대개 부사어로 쓰이며 경우에 따라서는 보어로 쓰이기도 한다. 이것은 동작의 행위, 성질과 관련된 시간, 처소, 대상, 원인 등을 나타낸다.

중고중국어의 전치사는 기존 상고중국어에서 사용되던 것들이 대거 전승되어 사용되는 예가 많으며 중고시기에 와서 새롭게 탄생한 전치사들도 다수 존재한다. ≪百喩經≫에는 상고중국어 시기의 전치사들 뿐 아니라 중고시기에 새롭게 등장한 신흥 전치사들도 함께 등장하고 있다.

전치사는 동사로부터 문법화한 것들이 대부분이다. 그래서 목적어를 취하는 등 동사의 문법적 특징이 어느 정도는 계승되고 있으나 이것은 분명한 허사이기 때문에 허사로서 실사인 동사와 구별되는 특징을 갖고 있다. 현대중국어 전치사의 특징을 정리하면 아래와 같다.[1]

ⅰ) 전치사는 혼자서 단독으로 사용될 수 없다. 단독으로 주어, 서술어가 될 수 없다.
ⅱ) 전치사는 중첩할 수 없고, 조사인 '了', '着', '過'가 붙을 수 없다.
ⅲ) 통사상 전치사는 일반적으로 "V1+N+V2"격식 중 V1위치나, "V1+(N)+V2+N"격식 중 V2위치에 출현한다.

이 가운데 상고, 중고중국어의 전치사들은 ⅱ)의 특징을 갖지는 않는다. 그러나 VP를 기준으로 ⅲ)과 같이 앞에 출현하기도 하고 뒤에 출현하기도 하는데 이러한 특징은 현대중국어는 물론, 고한어도 마찬가지이다.

현대중국어에는 여러 개의 전치사가 존재한다. 그리고 이들은 각각 의미기능에 따라 몇 가지로 크게 분류할 수 있다. 그리고 이것은 상고·중고시기의 전치사도 마찬가지이다. 전치사의 분류와 관련하여 학자들마다 약간씩 다른 견해를 보이나 본서에서는 馬貝加(2002)의 기준을 참고하여 아래와 같이 크게 5가지로 분류한다.

1. 처소전치사
2. 시간전치사
3. 대상전치사

---

1) 이것은 劉月華 등(2003)과 馬貝加(2002)의 견해를 참고한 것이다.

4. 도구/의거 전치사

5. 원인 전치사

한편, ≪百喩經≫에는 총 20개의 전치사들이 등장하는데 이들을 소개하면 아래와 같다.

① 於(처소전치사, 시간전치사, 대상전치사)

② 就(처소전치사)

③ 著(처소전치사)

④ 在(처소전치사, 시간전치사)

⑤ 從(처소전치사, 시간전치사, 대상전치사)

⑥ 自(처소전치사)

⑦ 至(처소전치사)

⑧ 到(처소전치사)

⑨ 以(시간전치사, 대상전치사, 도구/의거전치사, 원인전치사)

⑩ 當(시간전치사)

⑪ 及(시간전치사)

⑫ 比(시간전치사)

⑬ 用(대상전치사, 도구/의거전치사)

⑭ 爲(대상전치사(처치, 수익), 원인전치사)

⑮ 被(대상전치사)

⑯ 見(피동전치사)

⑰ 共(대상전치사)

⑱ 與(대상전치사)

⑲ 由(원인전치사)

⑳ 緣(원인전치사)

이들을 위의 각 전치사 하위범주에 귀속시키면 다음과 같다.

표 3-1 ≪百喻經≫의 전치사

| 하위범주 | 실례 |
|---|---|
| 처소전치사 | 於1, 就, 著, 在1, 從1, 自, 至, 到 |
| 시간전치사 | 於2, 在2, 以1, 當, 及, 比, 從2 |
| 대상전치사 | 於3, 以2, 用1, 爲1, 被, 見, 爲2, 共, 與, 從3 |
| 도구/의거전치사 | 以3, 用2 |
| 원인전치사 | 以4, 爲3, 由, 緣 |

아래에서 각 하위범주별 전치사들의 구체적인 상황을 살펴보도록 하자.


## 3.1 처소전치사


처소전치사는 '동작발생지점', '동작기점', '도착점' 등 몇 가지 의미로 세분화된다. 그리고 각 전치사들 역시 이러한 의미에 따라 다시 재분류되기도 한다.


### 於1

처소전치사 於1은 상고중국어에서 전해져 온 것으로 총51예 출현하며, 동작발생지점인 '~에서(在)'와 도착점인 '~로, ~에(到)'의 의미 둘로 분류할 수 있다.


1) VP 앞(21예)

(1) 既燒之後, 於此火處求覓欽服, 都無所得. (29. 貧人燒粗褐衣喩) (이미 태운 다음에 이 불 자리에서 흠복을 찾았지만 아무 것도 얻지 못했다.)

(2) 由其逃突, 盡皆飢渴, 於其樹下, 見歡喜丸, 諸賊取已, 各食一丸. (65. 五百歡喜丸喩) (그들이 급히 도망하느라고 모두가 배고프고 목말라 있었기 때문에 나무 아래에서 환희환을 보고 모든 도둑들이 그것을 취하고는 각자 한 환 씩 먹었다.)

## 2) VP 뒤(30예)

(3) 未見不淨, 返爲女色之所惑亂, 流轉生死, 墮於地獄. (27. 治鞭瘡喩) (아직 '부정'을 보지 않은 상태에서 (부정관을 닦으면) 오히려 여색에 의해 미혹되고 생사윤회를 떠돌다가 지옥에 떨어진다.) (~에 떨어지다) (※ 不淨(觀): 五停心觀인 不淨觀, 慈悲觀, 緣起觀, 界分觀, 數食觀 중 하나)

(4) 捨棄而走, 到於露地. 乃至日暮, 亦不肯來. (48. 野干爲折樹枝所打喩) ((여우가) 거기를 떠나 가다가 개활지에 도착하였다. 이내 해가 질 때까지 또한 돌아가려고 하지 않았다.) (~에 도착하다)

(5) 王遣著衣, 實非山羌本所有故, 不知著之, 應在手者著於脚上, 應在腰者返著頭上. (8. 山羌偸官庫衣喩) (왕이 (그에게) 옷을 입어 보라고 시켰으나 사실 산민 본래 소유가 아닌 까닭에 입을 줄 몰랐다. 손에 있어야 할 것을 발에 입고, 허리에 있어야 할 것을 거꾸로 머리에 입었다.) (~에 입다)

(6) 狀如愚人, 失釪於彼, 而於此覓. (19. 乘船失釪喩) (이는 마치 그 모습이 우매한 자가 사발을 저기에서 잃어버렸는데 여기서 찾는 것과 같다.) (~에서 잃다)

(7) 昔有一人與他婦通, 交通未竟, 夫從外來, 卽便覺之. 住於門外, 伺其出時, 便欲殺害. (94. 摩尼水竇喩) (옛날에 한 사람이 남의 부인과 사통을 하고 있었는데 그 짓이 채 끝나기도 전에 남편이 밖에서 돌아와 바로 그것을 알아차렸다. 남편은 문밖에 있다가 그가 나올 때를 기다려 그를 죽이려 했다.) (~에 있다, 머물다)

VP 앞에 출현하는 경우는 21예이고 VP 뒤에 출현하는 경우는 30예이다. 일반적으로 '於'전치사구가 VP 앞에 출현하게 되면 동작발생지점을 표시하여 '~에서'의 의미를 나타낸다. 위의 예에서도 '불 있는 곳에서(於此火處) 찾다', '나무 아래에서(於其樹下) 보다' 등이 그러하다. 반면, VP 뒤에 출현하는 경우엔 대개 '도착점'을 표시하여 '~로, ~에'의 의미를 나타낸다. 그러나 (6)의 "失釪於彼"나 (7)의 "住於門外"의 경우는 도착점이 아닌 동작발생지점 의미로 쓰이고 있다. 이러한 예는 모두 4예 출현하고 있다. 즉, 처소전치사 '於1'은 **동작발생지점**을 나타내는 것이 **25예**, 도착점을 나타내는 것이 **26예(모두 VP뒤)** 출현하고 있다. 한편, VP 뒤에 출현하는 경우 대부분이 '동사' 뒤에 바로 전치사 '於'가 출현하나, 위의 (6)의 경우는 '동사+목적어+於+처소'의 형식을 취하고 있다. 이러한 예는 단 1예만이 출현한다.

'於1'이 VP 앞과 뒤에 출현할 때 각각 결합하는 동사도 차이를 보인다. VP 뒤에 출현하는 경우 술어동사는 '墮, 至, 著, 入, 置, 到' 등으로 대체로 방향성을 갖는 동사가 많다. 이에 비해 VP 앞에 쓰이는 동사는 '見, 求覓' 등 주로 방향성이 없는 동사이다.

동시기 ≪顔氏家訓≫의 상황을 보면, 처소전치사로 '於'가 총 45예 출현하는데, 이중 동작발생지점으로 쓰이는 경우가 31예, 종결점이 5예, 그리고 동작의 기점이 9예 출현한다. ≪百喩經≫의 '於'가 상당수 종결점 표시로 쓰이고 있는 점에 비해 ≪顔氏家訓≫에서는 주로 동작발생지점 표시로 쓰이고 있는 것이다. 특히 ≪百喩經≫에서는 동작기점 표시가 1예도 나타나지 않는데 비해 ≪顔氏家訓≫에서는 여전히 다수가 출현하고 있어 모종의 대조를 이루고 있다. 동작의 기점 표시로서 ≪百喩經≫에서는 '於'를 쓰지 않고 있지만 대신 '從'으로 이를 표시하고 있으며 그것도 모두 VP 앞에 출현하고 있다. 반면, ≪顔氏家訓≫에선 '從'이 겨우 2예 밖에 출현하고 있지 않고, 동작기점 의미는 주로 '於'에 의해 이루어지고 있다. 이러한 점에서 ≪百喩經≫이 좀 더 구어에 가까운 면모를 보여주고 있다. 즉, '於'가 더 이상 동작의 기점 의미로 사용되지 않고 있다는 것이 ≪百喩經≫ 전치사 '於1'의 중요한 특징 중 하나인 셈이다.

상고중국어에서 처소전치사 '於'는 대부분의 문헌에서 VP 뒤에 출현하고 있다. 단지 극소수의 예만이 VP 앞에 출현하고 있는데 이 당시 동작발생지점, 출발점, 도착점 모두 VP 뒤에 출현하고 있던 것이다. 그런데 위진남북조 시기에 이르게 되면 상황이 많이 바뀌게 된다. ≪顔氏家訓≫의 상황을 보면, 처소전치사 45예 중 동작발생지점으로 쓰일 땐 VP의 앞이나 뒤 모두에 출현하는데 도착점일 경우는 모두 VP 뒤에 출현하고 있다. 당시 가급적 도착점만큼은 VP 뒤를 유지하려는 모습이 반영된 것이다. 張頙(2002)에 따르면, VP를 중심으로 '於'전치사구의 의미적 차이에 의해 그 위치가 이분화 되는 것이 이 시기 대표적인 변화라고 한다. 특히 구어성이 강한 불경 문헌들에서는 동작발생지점이나 출발점을 나타낼 경우 '於'전치사구는 거의가 VP 앞에 출현하고 있고, 도착점을 표시하는 경우는 모두 VP 뒤에 출현한다고 한다. 이러한 상황은 특히 불경 문헌과 같은 구어성이 강한 문헌에서 더 그러하며 ≪世說新語≫ 등과 같은 中土문헌에서도 비도착점 의미가 VP 앞에 출현하는 예가 약간 더 많긴 하나 상대적으로 보수적인 편이라고 한다. 그렇게 볼 때 ≪百喩經≫의 상황은 위진남북조 시기의 상황을 상당히 정확하게 반영하고 있는 셈이다.

위진남북조의 이러한 상황은 그 이후 唐五代시기에도 계속 이어져, '於'가 VP앞에 출현할 때는 주로 '동작발생의 장소', '체류, 존재의 장소', '경과의 장소', '동작의 기점'을 나타내고, VP뒤에 출현할 때는 주로 '체류의 장소' 혹은 '동작의 귀결점, 도착점'을 나타낸다. 일부 예외도 존재하긴 하나 이 시기에 가면 중고시기의 分工이 어느 정도 확립되기에 이른다.

## 就

처소전치사 '就'는 중고중국어 시기에 탄생한 것으로 ≪百喻經≫에서는 단지 2예만이 출현하고 있다.

(1) 不如卽就牛腹盛之, 待臨會時, 當頓齎取. (2. 愚人集牛乳喩) (바로 소의 배속에 담았다가 모임에 이르러서 한꺼번에 짜내는 것만 못하다.)

(2) 如是數數往來磨刀, 後轉勞苦, 憚不能數上, 懸駞上樓, 就石磨刀. (18. 就樓磨刀 喩) (이와 같이 여러 차례 왔다 갔다 하면서 칼을 갈았더니 더욱 힘이 들었다. 그래서 여러 번 올라갈 수 없다고 싫어하여 낙타를 메고 위층으로 올라가 숫돌에 칼을 갈았 다.)

모두 VP 앞에 출현하고 있으며 '~에, ~에서(在)'의 의미를 나타낸다. (1)은 '소 배속에 (就牛腹)', (2)는 '숫돌에(就石)'의 의미이다. 이것은 동사 '就'로부터 서서히 문법화되어 만들어진 것으로 馬貝加(2002)에 따르면 고한어 시기에 전치사 '就'는 아래의 여러 가지 의미를 갖고 있었다고 한다.

ⅰ) 처소전치사 : 시발(始發處), 소재(所在處), 방향(方向)
ⅱ) 시간전치사 : 시점(時點)
ⅲ) 대상전치사 : 대화대상(言談者), 교여대상(交與者), 사승대상(師從者), 구색대상 (求索者)
ⅳ) 범위전치사 : 의제(議題), 선택범위(關涉, 選擇)

이것의 문법화 과정은 『중국어와 문법화: 현대중국어의 탄생』(317~325)에서 자세히 다루고 있다. 신흥의 전치사이면서 특히 동작의 도착점 보다는 동작발생지점을 나타내고 있는데 전형적인 'VP1+ VP2'의 연동구조를 그 원형으로 하여 문법화된 전치사이기 때문에 전치사구가 동사구 앞에 위치하고 있다. 동시기 ≪顔氏家訓≫에서는 처소전치사로는 출현하고 있지 않지만 그와 유사한 '범위전치사'로 등장하고 있다. 이러한 범위전치사의 용법 역시 동사 '就'의 문법화를 통해 탄생한 것으로 처소의미가 좀 더 추상화되어 발전한 의미라 할 수 있다. 아래는 동시기 ≪三國志≫에 출현한 '범위'의 예이다.

(3) 肅之所言, 蓋就漢制而言耳. 謂之爲謬, 乃是譏漢, 非難肅也. (三國志, 魏書, 王

朗傳, 裴松之評語) (王肅이 말한 것은 아마도 <u>한의 제도에 대해</u> 말한 것일 뿐이니 그것을 틀렸다고 하는 것은 곧 한을 기롱한 것이지 왕숙을 비난한 것이 아니다.)

한편, ≪世說新語≫에서도 아래와 같은 '처소'의미의 '就'가 1예 등장하고 있다.

(4) 韓后與范同載, **就**<u>車中</u>裂二丈與范. (世說新語, 德行) (韓伯이 范宣과 함께 수레를 타고는 <u>수레에서</u> 명주 2장을 찢어 범선에게 주었다.)

이러한 '처소'의미의 '就'는 唐五代의 ≪祖堂集≫에서도 16예나 출현하고 있고, 특히 그 뒤의 ≪水滸傳≫에서도 매우 활발히 활약을 하여 '처소'의미로만 무려 280여 회나 출현하고 있다. 이 가운데 '在'의 의미로만 250예 출현한다.

(5) 那婦人便把西門慶摟將起來, 當時兩個**就**<u>王婆房裏</u>, 脫衣解帶, 共枕同歡. (24회) (그 부인은 서문경을 끌어안았다. 당시 둘은 <u>왕씨 할멈 방에서</u> 옷을 벗고는 함께 즐겼다.) (소재: ~에서)

(6) 那老大虫吼了一聲, **就**<u>洞口</u>帶着刀, 跳過澗邊去了. 李逵却拿了朴刀, **就**<u>洞裏</u>趕將出來. (43회) (그 호랑이는 어흥하며 <u>동굴 입구로부터</u> 칼을 달고 냇가로 뛰어 갔고, 이규는 박도를 들고 <u>동굴 안에서</u> 쫓아 나왔다.) (시발: ~로부터)

## 著

처소전치사 '著'는 전형적인 중고중국어 시기의 전치사로서 총5예가 출현한다.

(1) 而彼仙人尋卽取米及胡麻子, 口中含嚼, <u>吐**著**掌中</u>, 語小兒言. (49. 小兒爭分別毛喩) (그런데 그 신선이 곧이어 쌀과 호마자를 쥐고 입에 넣어 씹더니 <u>손에</u> 토하고는 아이들에게 말했다.)

(2) 此物雖尠, 可得延君性命數日, 何故捨棄擲**著**<u>水中</u>? (91. 貧人欲與富者等財物喩) (이 물건은 비록 적지만 당신의 목숨을 며칠이나 연장시킬 수 있소. 어째서 <u>물속에</u> 그것을 버릴 수 있소?)

모든 예에서 전치사 '著'는 VP 뒤에 출현하고 있으며 앞에 출현하는 예는 발견하지 못했다. 특히 동사로 '安, 吐, 擲, 排, 内' 등 방향성을 갖는 동사가 쓰이고 있어 기본적으로 "동사+著+처소"구조는 "처소 방향으로 동사하다"라는 '도착점' 의미를 나타낸다. ≪顔氏

家訓≫에서는 출현하지 않고 있고, 張振德등(1994)의 ≪世說新語≫ 연구에서도 전치사 '著'를 언급하고 있지 않으나 기타 연구로부터 ≪世說新語≫에 이것이 등장하고 있음을 확인할 수 있다.

    (3)   長文尚小, <u>載著車中</u>. (德行6) (손자인 장문은 아직 어려서 <u>수레에</u> 실었다.)

   이러한 전치사 '著'는 중고중국어 시기의 중요한 전치사로서 이후 중국어 발전에 적지 않은 영향을 끼치게 된다. 兪光中등(2000)에 따르면, 이것은 형식·의미상 다양한 모습을 보여주며 중고중국어는 물론 근대중국어 시기에 매우 발전한다고 한다. 그의 견해를 중심으로 살펴보자. 일단 형식상에서 이것은 아래의 두 가지 형식이 존재한다.

 ⅰ) V+著+처소
 ⅱ) V+O+著+처소

  ⅰ)은 동사와 전치사가 바로 결합된 형식이고, ⅱ)는 동사와 '著' 사이에 목적어가 삽입된 형식이다. ≪百喩經≫에서는 전자만이 출현하고 있으나 ≪世說新語≫에서는 후자도 출현하고 있다.

    (4)   酒正<u>引</u>人著<u>勝地</u>. (任誕48) (술은 정말이지 사람을 저절로 <u>아름다운 곳으로</u> 이끈다.)

   여기서 동사 '引'은 뒤에 목적어 '人'을 갖고 있고 그 뒤에 '著'전치사구가 출현한다. 이러한 형식적인 특징 외에도 전치사 '著'는 의미상 크게 두 가지로 구분할 수 있다. 그것은 바로 '동적 의미'와 '정적 의미'이다. 대표적으로 위의 (1)(2)(3)(4)는 모두 처소의 방향으로 움직이는 것을 나타내는 동적 의미이고, 아래의 ≪世說新語≫의 예는 바로 정적 의미이다.

    (5)   旣還, 藍田愛念文度, 雖長大, <u>猶抱著膝上</u>. (方正58) (왕문도가 돌아오자 남전은
            문도를 아껴서 비록 아들이 다 컸지만 그는 여전히 아들을 <u>무릎에다 안고 있었다</u>.)

 '동적 의미'는 그 처소 방향으로 움직이는 것을 나타내는 반면, '정적 의미'는 그 처소에서 계속 지속되고 있는 동작을 나타낸다. (5)에서 '抱'는 '안다'라는 동작으로 여기서는 무릎위에 계속 안고 있는 정적인 자세를 말한다. 전치사 '著'는 동사 '著'(붙다)의 '부착

의미'로부터 점차 문법화하여 형성된 것으로 '정적 의미'를 나타낼 때는 전치사 '在'와 유사한 의미를 나타내게 된다. 다만 '著'는 어떤 처소에 존재함과 동시에 모종의 '부착'의미까지 나타낸다는 점에서 '在'와 구별되고 있다.

이러한 '著'는 唐五代의 ≪祖堂集≫에서도 4예가 출현하고 있었다.2)

    (6)  師云: "大德龜毛拂子、兔角柱杖藏**著**何處?" (三平和尚) (선사가 대답했다. "대덕아, 거북이 털로 만든 털이개와 토기 뿔로 만든 지팡이를 어디에 숨겨 두었는가?")

이렇게 전치사로서도 계속 이어졌지만 이러한 정적 의미의 'V+著+O'구조 속 '著'는 '상태지속'이란 의미를 내포하고 있어서 이후에 '著'가 점차 지속 의미의 동태조사 '着'로 발전해 나갔다.


## 在1

처소전치사 '在1'은 이미 상고중국어 시기부터 전해 내려오던 것으로 ≪百喻經≫에서는 총10예가 출현한다.

### 1) VP 앞(6예)

    (1)  其人卽便**在**<u>前</u>然火, 語貧人言. (29. 貧人燒粗褐衣喩) (그 사람은 바로 <u>그의 앞에서</u> 불을 피워 가난한 자에게 말했다.)

    (2)  昔有一老母**在**<u>樹下</u>臥, 熊欲來搏, 爾時老母繞樹走避. (93. 老母捉熊喩) (옛날에 한 노파가 <u>나무 아래에서</u> 누워 있었는데 곰이 와서 그녀를 잡으려고 했다. 그때 노파는 나무를 돌아 피했다.)

### 2) VP 뒤(4예)

    (3)  爾時此人過**在**<u>門外</u>, 聞作是語, 更生瞋恚, 卽入其屋. (13. 說人喜瞋喩) (그때 이 사람이 <u>문 밖에</u> 지나가고 있다가 이 말을 듣고는 더 화가 나서 바로 그 집에 들어왔다.)

    (4)  時樹上人至天明已, 見此群賊死**在**<u>樹下</u>, 詐以刀箭斫射死尸, 收其鞍馬, 驅向彼

---

2) 본장에서 언급하는 ≪祖堂集≫관련 언급은 曹廣順, 梁銀峰, 龍國富의 ≪<祖堂集>語法硏究≫(2011)로부터 인용한 것임을 밝혀둔다.

國. (65. 五百歡喜丸喩) (그때 나무 위의 사람은 날이 밝자 이 여러 도적들이 나무 아래에서 죽어 있는 것을 보고는 거짓으로 칼과 화살로 사체를 베고 쏴서 그들이 훔친 말 등을 거두어 그 나라로 행했다.)

(5) 昔有一獼猴持一把豆, 誤落一豆**在**地, 便捨手中豆, 欲覓其一. (88. 獼猴把豆喩) (옛날에 원숭이 한 마리가 있었는데 콩을 한 움큼 쥐고 있다가 실수로 하나를 <u>땅에</u> 떨어뜨렸다. 그러고는 손에 있던 콩들을 버리고 그 떨어진 하나를 찾으려 했다.) [V +O+**在**+처소]

    VP 앞에 출현하는 예는 6예, 뒤에 출현하는 예는 4예 출현하고 있다. 앞에 출현할 경우는 모두가 동작발생지점을 의미하고 있고, 뒤에 출현할 경우엔 3예가 동작발생지점을 나타내고 있다. 예(3)은 "문 밖에서 지나가고 있는 것"이고, 예(4)는 "나무 아래에서 죽어 있는 것"이다. 반면, 예(5)는 "콩 하나를 땅에 떨어뜨린 것"이므로 도착점을 나타내고 있고 동사도 방향성을 갖는 '落'이다. 특히 예(5)는 "동사+목적어+在+처소"의 형식으로 동사와 전치사 사이에 목적어가 출현하는 형식으로 되어 있다. 동시기 ≪顔氏家訓≫에서는 5예의 '在'가 출현하는데 모두 VP 앞에 출현하고 있다. 그리고 ≪世說新語≫에서는 120여 예가 출현하고 있는데 그중 110여 예가 앞에 출현하고 있다.

    '在'가 VP앞에 위치하느냐 뒤에 위치하느냐는 매우 중요한 내용이다. 대체로 상고중국어 시기에는 전치사 '在'자체도 드물었지만 '在'가 십중팔구 VP 뒤에 출현하고 있었다. 그리고 VP 뒤에서 동작발생지점, 도착점 모두를 나타내고 있었다. 그러나 東漢이후 상황이 많이 바뀌어 '在'가 VP 앞으로 이동하는 예가 다수 발견되고 있다. 그 당시 ≪論衡≫과 같은 전통적인 中土문헌에서는 여전히 뒤에 출현하는 예가 많았지만 보다 구어의 상황을 담고 있던 불경들에서는 VP 앞과 뒤에서 모두 출현하고 있었다. 이것은 전치사 '在'의 발전에서 매우 획기적인 현상이다. 전치사 '在'의 의미는 '동작발생지점'을 나타낼 수도 있고 '동작의 도착점'을 나타낼 수도 있다. 물론 위진남북조 시기에 오면 심지어 동작의 기점도 나타내게 된다. 그런데 이러한 여러 의미들이 VP를 중심으로 앞과 뒤로 갈라지게 되어 대체로 동작발생지점이나 기점은 앞으로, 도착점은 뒤로 출현하는 현상이 발생한다. 물론 동작발생지점이 앞과 뒤 모두에서 나타나는 예도 여전히 출현하고 있다. 이러한 상황으로 볼 때 ≪百喩經≫을 포함한 동시기 두 문헌에서 전치사 '在'가 동사구 앞에 출현하는 예가 비교적 많이 출현하고 있음은 전형적인 중고중국어 시기의 모습을 반영함과 동시에 '在'의 발전을 그대로 반영하는 현상이라고 볼 수 있다.

    張赬(2002)에 따르면, 唐五代로 가면서 '在1'의 分工현상은 더욱더 굳어져서, VP 앞에 출현할 경우 동작발생, 체류, 장소 혹은 기점을 나타내고 VP 뒤에 출현할 경우 동작의 도착점을 나타낸다고 한다. 약간의 예외가 있긴 하나 상기의 위진남북조 시대보다 훨씬 더 분명하게 구분이 되고 있어 사실상 전치사 '在'의 현대중국어 면모가 확립되었다고 한다.


## 從1

처소전치사 '從1'은 상고중국어시기부터 존재해온 것으로 ≪百喩經≫에서는 총 19예 가 출현하고 있다.

(1) 卽便以刀決破其口, 米**從**口出, 其事彰露. (72. 唵米決口喩) (바로 칼로 그 입을 찢어 열자 쌀이 <u>입에서</u> 나왔고 그 일이 밝혀졌다.)

(2) 問曰: "人**從**何生?" (0. 引言) (물어 말했다. "사람은 <u>어디로부터</u> 생긴 겁니까?")

(3) 昔有一人與他婦通, 交通未竟, 夫**從**外來, 卽便覺之. (94. 摩尼水竇喩) (옛날에 한 사람이 남의 부인과 사통을 하고 있었는데 그 짓이 채 끝나기도 전에 남편이 <u>밖에서</u> 돌아와 바로 그것을 알아차렸다.)

전치사 '從'은 19예 모두 VP 앞에 출현하고 있다. 이때 '從'의 의미는 '~로부터'라고 하는 기점을 나타내고 있으며 이것과 함께 출현하는 동사들도 대부분 '出, 來, 生, 起' 등 으로 모두가 어느 지점으로부터 출발함을 나타낼 수 있는 동사들이다. 이 외에 아래와 같 이 추상적인 처소로부터 이루어지는 기점을 표시하기도 한다.

(4) 時行伴中**從**睡寤者, 卒見火邊有一羅刹, 竟不諦觀, 捨之而走. (63. 伎兒著戲羅 刹服共相驚怖喩) (그때 일행 중 <u>잠으로부터</u> 깬 자가 갑자기 불 옆에 나찰 악귀가 있는 것을 보고는 결국 자세히 보지도 않고 거기를 떠나 도망갔다.) (※ 羅刹: 인도의 전설상의 악귀)

여기서의 '睡(잠)'는 곧 추상적인 처소이며 이것은 '從'의 의미상의 발전을 확인할 수 있는 예이다.

이것은 ≪顔氏家訓≫에서 2예, ≪世說新語≫에서 29예 출현하며 모두 VP 앞에 출현 하고 있고 '기점'을 표시한다. 이렇게 볼 때 ≪百喩經≫의 출현비율은 편폭으로 볼 때 이 들보다 상대적으로 높은 편이다.

張赬(2002)에 따르면, 상고중국어 시기부터 '從+목적어'는 이미 대부분 VP 앞에 출현 하여 왔다고 한다. 이러한 현상은 그 이후 唐宋시기에까지 지속된다.

## 自

처소전치사 '自'는 상고중국어에서 전해온 것으로 ≪百喻經≫에서는 총1예가 출현하고 있다.

(1) 大家先付門、驢及索, <u>自是以外</u>, 非奴所知. (45. 奴守門喻) (주인께서 먼저 문과 나귀, 그리고 밧줄을 분부하셨고 <u>이 외</u>에는 제가 알 바가 아닙니다.)

여기서의 '自'는 '~로부터'의 기점을 표시하며 구체적인 처소라기보다 여기서 더 추상화된 '범위'에 가까운 의미를 나타내고 있다. ≪顏氏家訓≫에서는 처소전치사로서의 '自'가 3예 출현하고 그 외 17예가 시간전치사 기능을 하고 있다. ≪世說新語≫에서도 28예의 '自'가 출현하여 일부는 처소를 일부는 시간을 나타내고 있다. ≪百喻經≫에서는 전치사 '自'가 단지 1예만 출현하고 있어서 이들과 대조를 이루고 있는데 ≪百喻經≫은 처소든 시간이든 '~로부터'의 의미를 대부분 '從'으로 표현하고 있다. 아마도 상대적으로 문어투에 가까운 ≪顏氏家訓≫과 ≪世說新語≫에서 '自'가 좀 더 많이 사용되고 있는 것으로 보인다. 현대중국어에서도 '自'는 여전히 사용되고 있지만 그 경우 대개 서면어성의 문장에 출현하고 있다. 張猷(2002)에 따르면 東漢시기부터 이미 불경에서는 '自'의 쓰임이 줄어들었고 위진남북조 시기에 가면 더 줄어들어 거의 찾아보기 힘들다고 한다. 물론 기타 中土문헌에서는 여전히 출현하고 있다고 하는데 ≪百喻經≫을 비롯한 이들 불경역경 문헌에 나타난 모습은 곧 구어성이 강한 문헌에서 '自'가 점차 자취를 감추어 가는 현상을 반영한 것이다.

唐五代의 ≪祖堂集≫에서도 여전히 '自'가 출현하고 있으나 역시 문어적인 어투에서 등장하고 있고, 기본적으로 동작의 기점은 '從'에 의해 수행된다. 동작기점의 '從'은 160여 예 출현하고 있는 반면, '自'는 겨우 8예 출현하여 대조적인 모습을 보여준다. 다만 이 시기엔 '自'가 주로 시간의 기점을 표시하는데 쓰이고 있고 그 출현횟수도 70여 예에 이르고 있어 '自'와 '從'간의 모종의 分工이 이루어진 모습이다(시간기점 의미의 '從'은 26예임).

## 至 到

처소전치사 '至'와 '到'는 중고중국어 시기에 와서야 출현한 것으로 ≪百喻經≫에서는 각각 6예와 1예가 출현한다.

(1) 卽便驅**至**深坑高岸, 排著坑底, 盡皆殺之. (37. 殺群牛喩) (바로 <u>깊은 구덩이가 있</u><u>는 높은 언덕으로</u> 몰고 가서 구덩이로 밀어 모두 죽여 버렸다.)

(2) 時彼禿人, 往**至**其所, 語其醫言…… (40. 治禿喩) (그때 그 대머리 사람이 <u>그곳까지</u> 가서 그 의사에게 말했다……)

(3) 困急出林, 還**至**伴邊. (81. 爲熊所嚙喩) (곤란하고 위급하여 숲을 나와 <u>동료 옆으로</u> 돌아 왔다.)

(4) 父執弓箭, 往**到**林間, 見一仙人, 毛髮深長, 便欲射之. (81. 爲熊所嚙喩) (아비가 활을 들고 <u>숲으로</u> 가서 한 선인을 봤는데 털이 심히 길어 그를 쏘려고 했다.)

7예 모두 VP 뒤에 출현하고 있으며 모두 '~로'의 도착점을 나타내고 있다. 그리고 '至', '到'와 함께 출현하는 동사들도 역시 방향성을 갖는 '往, 驅, 還' 등이다. 張振德 (1994)과 劉光明(2006)에 따르면 ≪世說新語≫나 ≪顔氏家訓≫에서도 각각 전치사 '至'가 출현하고 있고 VP 앞이나 뒤 모두에 출현하고 있다고 한다. 그런데 이들이 전치사 라고 주장하는 '至'를 보면 여전히 동사의 성격이 강하다. 전치사 '至'는 동사로부터 문 법화한 산물로 그것이 동사와 확연히 구분되려면 그 자체의 '도착하다'라는 의미가 많이 축소되고 보조적인 의미로 변화하여야 한다. 특히 VP 앞에 출현할 경우 '~까지' 정도의 의미를 나타내야 한다. 필자가 볼 때 그들이 전치사라고 주장하는 대부분이 '도착하다'의 의미가 확연하여 아직은 동사의 상태에 머물고 있다고 생각된다. '至'가 VP 뒤에 출현하 는 예는 漢代 가서야 서서히 출현하기 시작한다. 그러나 이 당시는 유사의미의 동사가 연이어 출현하는 V1V2 연동문 형태가 매우 유행하던 시기이기 때문에 동일한 'V+至'라 하더라도 여기서의 '至'를 전치사로 규정하기는 사실상 어렵다. 그러나 그 이후 위진남북 조 시기에 이르게 되면 상황이 약간 다르게 전개된다. 이 시기엔 바로 결과보어, 방향보 어 등과 같은 보어의 개념이 출현하고 또 비교적 많은 활약을 하게 된다. 이 보어 역시 용언성(謂詞性) 성분으로 앞의 동사의 의미를 보충하고 있는데 바로 이러한 현상의 영향 으로 이 시기 'V+至'의 '至'를 더 이상 동사가 아닌 전치사로 충분히 볼 수 있다고 본 다.3) 그리고 '到'의 상황도 '至'와 평행하다.

≪百喩經≫에서는 VP 앞에 출현하는 '至'가 43예 출현하고 '到'는 6예 출현하고 있다.

---

3) 전치사 중에서 선진시기부터 VP뒤에 있던 것들('於' 등)은 이러한 것을 고려할 필요가 없다. 그러나 그 이후 특히 漢代를 거치며 전치사로 문법화한 경우에는 좀 더 신중한 접근이 필요하다.

그런데 이들 대부분이 아래와 같이 여전히 동사의 신분이다.

(5) <u>到</u>餘富家, 見三重樓, 高廣嚴麗, 軒敞疏朗. (10. 三重樓喩) (다른 부유한 집에 <u>가서</u> 삼층 건물을 봤는데, 높고 넓으며 장엄하고 화려하였으며, 넓고 밝았고 탁 트였다.)

(6) <u>至</u>城賣之, 諸貴長者多與其價, 一人所得倍於衆伴. (87. 劫盜分財喩) (성안으로 <u>가서</u> 그것을 팔았는데 여러 대관과 부자들이 그 값보다 많이 주어서 이 한 사람이 혼자서 얻은 것이 다른 동료들의 배가 되었다.)

(7) 時此二人卽佐推車, <u>至</u>於平地, 語將車人言: "與我物來." (56. 索無物喩) (그때 이 두 사람이 바로 수레를 도와 밀어 평지로 <u>간</u> 다음 수레 모는 자에게 말했다. "우리에게 물건을 주시오.")

예(5)에서는 "집에 가서 삼층 건물을 보다"라는 두 동작으로 되어 있다. 예(6)의 "至城 賣之" 역시 "성으로 가서 팔다"의 두 동작이다. 그렇기 때문에 이들은 동사로 봐야 옳다. 심지어 이들과 비슷하게 사용되고 있는 예(7)의 "至於平地"는 4자구의 형식을 맞추기 위해 '至' 뒤에 전치사 '於'까지 출현하고 있다.

이 시기 VP 앞에 출현하면서 전치사로 문법화한 예에 대해서는 좀 더 신중한 접근이 필요하며 보다 진일보한 연구가 필요하다.

한편, VP 뒤에서 도착점을 나타내는 처소 전치사로 이 시기엔 '於', '在', '著' 등이 있었다. 그러나 '至'와 '到' 및 '著'는 아직 발생초창기이기 때문에 상대적으로 그 수가 적고 도착점 표시는 여전히 '於'에 의해 수행되고 있었다.

## 3.2 시간전치사

현대중국어의 시간전치사에는 대표적으로 '在', '從', '當', '自', '於' 등이 있는데 이것을 의미를 중심으로 다시 분류하면 크게 '기시점' 전치사와 '시점' 전치사, '종점' 전치사로 나눌 수 있다. 기시점이란 '從', '自'와 같이 어느 시점으로부터 시작하는 시간을 의미하고, 시점은 동작이 이루어지는 어느 한 시점을 의미하며, 종점은 동작이 끝나는 시간을 의미한다. ≪百喩經≫의 시간전치사 역시 이와 같이 구분이 가능한데, 기시점을 나타내는 것으로는 '從2'가 있고, 시점을 나타내는 것으로는 '於2', '在2', '以1', '當'이 있으며, 종점을 나타내는 것에는 '及', '比'가 있다. 아래에서 이들에 대해 구체적으로 살펴보도록 하자.

## 於2

시간전치사 '於2'는 상고중국어 시기부터 존재하던 전치사로 ≪百喻經≫에서 총14예 출현하고 있다.

### 1) VP 앞

(1) 婦**於**後時, 心厭旁夫, 便還歸家, 語其夫言: "我是汝妻." (4. 婦詐稱死喻) (아내는 나중에 정부를 싫어하게 되어 집으로 돌아와서는 그의 남편에게 말했다. "내가 당신 아내요.") **(나중에)**

(2) 其中有捉頭者, 有捉耳者, 有捉尾者, 有捉脚者, 復有捉器者, 各欲先得, **於**前飮之. (77. 搆驢乳喻) (그중 머리를 잡은 자, 귀를 잡은 자, 꼬리를 잡은 자, 발을 잡은 자, 또 다른 기관을 잡은 자 등이 있었고, 각자 먼저 얻어서 사전에 마시길 원했다.) **(사전에)**

(3) 夫用其言, 至他界已, 未及食之, **於**夜暗中, 止宿林間, 畏懼惡獸, 上樹避之. (65. 五百歡喜丸喻) (그의 남편은 그의 말을 듣고 다른 나라 경계에 다 갔으나 미처 먹지를 못했다. 밤에 깜깜할 때 숲속에서 자는데 짐승들이 두려워 나무 위로 올라가 피했다.) **(밤에)**

### 2) VP 뒤

(4) 顚倒在懷, 妄取欲樂, 不觀無常, 犯於重禁, 悔之**於**後, 竟何所及! (95. 二鴿喻) (거꾸로 하여 맘속에 품고는 함부로 오욕의 즐거움을 취하고, 무상을 보지 못해 중죄를 범했으니 그것을 뒤에서야 후회하니 대체 어찌 따라갈 수 있겠는가!) **(뒤에서)**

시간전치사 '於2'는 '~에서, ~에'라고 하는 동작 행위가 이루어지는 시점을 표시하며 현대중국어의 '在'에 해당한다. 이것 뒤에는 '後時', '初時', '冬時' 등의 주로 시간명사가 출현하고 있다. ≪百喻經≫에 출현하는 14예 중 VP 앞에 출현하는 것이 13예로 압도적이고 뒤에 출현하는 것은 겨우 1예뿐이다. ≪顔氏家訓≫에서는 시점을 표시하는 '於'가 14예 출현하는데 거의 대부분이 VP 뒤에 출현하고 있고 오히려 VP 앞에 출현하는 것은 매우 적다. ≪世說新語≫에서는 시간의미로 쓰이는 전치사 '於2'가 비교적 적은데 아래와 같이 VP 앞에 출현하는 예가 많았다.

(5) 而河北混同一音, 雖依古讀, 不可行**於**今也. (顏氏家訓, 音辭) (하북은 한 음으로 혼동하는데 비록 옛 독음을 근거로 하였으나 <u>지금에</u>는 통용될 수 없는 것이다.)

(6) **於**病中猶作漢晉春秋, 品評卓逸. (世說新語, 文學80) (그는 <u>병중</u>에 또 <한진춘추>를 지었는데 그 품평이 탁월했다.)

≪百喩經≫을 포함한 이러한 상황은 곧 상고중국어에서 중고중국어에 이르는 과정에서 발생한 모종의 변화를 반영하는 것이다. 일단 상고중국어시기 전치사 '於'는 의미에 관계없이 일률적으로 VP 뒤에 출현하였다. 그러나 앞의 처소전치사의 경우와 마찬가지로 중고중국어 시기엔 의미에 따른 재배치 현상이 발생해 대체로 종점은 VP 뒤에 출현하는 반면 기타 의미는 앞뒤 모두에 출현하는 경향을 보였다. ≪顏氏家訓≫에서는 약간 다르나 ≪百喩經≫과 ≪世說新語≫에서는 그래도 비종점 의미의 시점 의미가 VP 앞에 출현하는 경향을 많이 보이고 있어 확실히 상고중국어와는 달라진 면모를 반영하고 있다.

## 在2

시간전치사 '在2'는 상고중국어 시기부터 전해 내려온 것으로 ≪百喩經≫에서는 총2예 출현한다.

### 1) VP 앞

(1) **在**後來者復謂有鬼. 二人鬪爭, 遂至天明. (64. 人謂故屋中有惡鬼喩) (<u>뒤(나중)</u>에 온 자는 또 귀신이 있다고 여겼으니 이 두 사람은 서로 싸웠고 날이 밝을 때까지 줄곧 계속되었다.)

### 2) VP 뒤

(2) 先所瞋人, 代謝不停, 滅**在**過去. (83. 獼猴喩) (전에 화를 냈던 사람은 서로 교체됨이 끊임없어 이미 <u>과거</u>에 없어졌다.)

시간전치사 '在2'는 '~에서'의 의미로 현대중국어의 것과 동일하며 2예 중 각각 VP 앞과 뒤에 출현하는 것이 1예씩 있다. 이러한 상황은 동시기 ≪世說新語≫나 ≪顏氏家訓≫과도 비슷하여 전자에서도 역시 앞에 출현하는 것 1예, 뒤에 출현하는 것 1예씩 나오고 있으며 후자에서는 앞에 출현하는 것 1예가 나오고 있다. 일단 시간전치사 '在2'의 행위는 대체로 처소전치사 '在1'과 동일하여 그것의 발전상황도 유사하다. 그래서 앞에서 언급했듯이 처소전치사 '在1'이 점차 뒤로부터 앞으로 이동하는 경향이 많아졌다고 했는 데 세 문헌에 보이고 있는 시간전치사 '在2' 또한 사실상 그러한 현상을 반영하고 있다. 무엇보다 상고중국어에서 거의 보이지 않았던 VP 앞에 출현하는 상황이 빈번히 보이고 있는 점이 바로 처소전치사의 행위와 유사한 면이고 또한 당시의 모습이 반영된 것이라 볼 수 있다.

唐五代의 ≪祖堂集≫에서는 대부분의 '在'가 처소를 나타내고 있지만 시간을 나타내 는 용법이 2예 출현하고 있다. 그런데 이 둘 모두 아래와 같이 VP 앞에 출현하고 있어 확실히 변화된 상황을 잘 반영하고 있다.

(3) 達摩梁時來. 若將經來, **在什摩朝**飜譯? (仰山和尙) (달마는 梁朝에 왔다. 만약 경 전을 갖고 있다면 어느 조에 번역을 했는가?)

## 以1

시간전치사 '以1'은 상고중국어 시기부터 존재했던 것으로 ≪百喻經≫에서는 총1예 출 현한다.

(1) 其歡喜丸忘置樹下, 卽**以其夜**値五百偸賊盜彼國王五百匹馬, 幷及寶物, 來止樹 下. (65. 五百歡喜丸喩) (그는 환희환을 나무 아래 놓고 잊었는데 바로 그날 밤에 마침 오백의 도적떼가 그 나라 왕의 오백 필 말과 보물을 훔쳐 그 나무 아래로 왔다.)

시간전치사 '以1'은 '~에서'의 의미로 현대중국어 '在'에 해당한다. ≪百喻經≫의 '以 1'은 VP 앞에 출현하고 있는데 이러한 상황은 ≪顔氏家訓≫도 마찬가지이다. 여기서도 시점을 나타내는 예가 2예 출현하고 있으며 모두 VP 앞에 출현하고 있다.

(2) 魏世王修母**以社日亡**,…… (風操) (위나라 때 왕수의 어미가 마침 社日에 죽었다.)

'以'는 고대중국어에서 여러 가지 의미를 갖고 있던 허사로 전치사용법에서는 무려 4가 지 의미로 쓰이고 있다. 그것의 주요 의미는 '공구'나 '원인' 등으로 이는 많이 알려져 있는 용법이나 '시간'의미는 매우 드물게 나타난다. 그러나 이것은 이미 상고중국어에서도 출현

하고 있었다.[4]

> (3)  孔子年七十三, **以魯哀公十六年四月己丑年**卒. (史記, 孔子世家) (공자는 나이 73
> 세에 노애공 16년 4월 기축년에 죽었다.)

그리고 이 시기에 이미 VP 앞에 출현하고 있다. 물론 秦漢시기 이전 자료에서는 아래와 같이 VP 뒤에 출현하는 용례도 많이 나오고 있다.

> (4)  入郢必**以庚辰**. (左傳, 昭公三十一年) (郢都에 들어가는 것은 반드시 <u>庚辰일</u>에 했다.)

이러한 시간전치사 '以'는 '在' 등에 밀려 구어에서 사라졌지만 '以前' 등의 단어 속에 그 흔적을 남기고 있다.

## 當

시간전치사 '當'은 상고중국어에서 전해 내려온 것으로 ≪百喩經≫에서는 단1예만이 출현하고 있다.

> (1)  **當**爾偸牛, 非日中時耶? (46. 偸犛牛喩) (당신이 소를 훔칠 때 정오 때가 아니었나요?)

이것은 '~할 때'라는 시점을 나타내는 것으로 현대중국어에서도 사용되고 있다. ≪顔氏家訓≫에서 5예, ≪世說新語≫에서도 14예가 출현하며 모두 VP 앞에 출현하고 있다. 아래는 ≪顔氏家訓≫의 예이다.

> (2)  當爾之時, 亦快士也. (勉學) (그러한 시대에는 그렇게 하는 것이 또한 훌륭한 선비이다.)

## 及

시간전치사 '及'은 상고중국어시기에 존재했던 것으로 ≪百喩經≫에서는 총3예 출현

---

4) 楊伯峻·何樂士 ≪古漢語語法及其發展≫ 384쪽.

한다.

(1) **及**其夫還, 老母語言: "汝婦已死." (4. 婦詐稱死喩) (그의 남편이 <u>돌아올 때에 이르러</u>(돌아올 때까지 기다려) 노모는 (그에게) 말했다. "네 아내가 이미 죽었다.")

(2) 汝是愚人, 云何須財名他爲兄; **及**其債時, 復言非兄? (7. 認人爲兄喩) (당신은 우매한 사람이다. 어째서 돈이 필요할 때는 그를 형이라 하고, 그가 <u>빚을 독촉할 때에 와서는</u> 다시 형이 아니라고 말하는가?)

시간전치사 '及'은 현대중국어의 '等到, 到(~에 이르러)'에 해당하며 행위발생의 시간적 종점을 나타낸다. 그 뒤에는 (1)의 "其夫還"처럼 주술구조의 절이 출현하기도 하고 (2)의 '其債時(그가 빚독촉을 할 때)'처럼 어떤 시간을 나타내는 명사구가 출현한다. 3예 모두 VP 앞에 출현하고 있으며 출현빈도가 그리 높은 편이 아니다. ≪顔氏家訓≫에서는 총19예가 출현하고 있는데 모두 VP 앞에 출현한다. ≪世說新語≫에서도 다수 출현하고 있으며 역시 대부분이 VP 앞에 출현하고 있다. 이러한 '及'의 용법은 이미 상고중국어 때부터 출현하였으며 그때도 주로 VP 앞에 출현하였다. 특히 상고중국어의 '及' 뒤엔 '其+술어동사'의 구조가 자주 출현하고 있는데 ≪百喩經≫에 출현하는 3예 모두 그런 형식으로 되어 있다.

## 比

시간전치사 '比'는 상고중국어에 이미 존재했던 것으로 ≪百喩經≫에서는 총1예 출현한다.

(1) 我與良藥, 能使卽大. 但今卒無, 方須求索. **比**得藥頃, 王要莫看. 待與藥已, 然後示王. (15. 醫與王女藥令卒長大喩) (제가 약을 드리면 능히 바로 크게 할 수 있습니다. 그러나 지금 갑자기 없으니 장차 찾아야 합니다. <u>약을 구할 때에 이르러</u> 왕께선 딸을 절대 보지 마십시오. 약을 다 주고 나서 왕을 보이십시오.)

이것은 '~할 때에 이르러'라는 뜻으로 현대중국어의 '(等)到~時'에 해당하며 역시 행위발생의 시간적 종점을 나타낸다. ≪百喩經≫에서는 그 뒤에 '頃(때)'이라고 하는 시간명사가 출현하고 있다. VP 앞에 출현하고 있으며 출현비율이 매우 낮다. ≪世說新語≫에 6예 출현하는데 모두 VP 앞에 출현한다. ≪顔氏家訓≫에서는 출현하지 않으나 이와 유사한 '比及'이 1예 출현하고 있다.

(2) <u>比入至庭</u>, 傾身引望, 語笑歡甚. (世說新語, 假譎13) (정원에 들어갈 때에 이르러서는 몸을 옆으로 하고 목을 빼고 보니 담소가 매우 즐거워 보였다.)

(3) <u>比及數歲</u>, 可省笞罰. (顏氏家訓, 敎子) (다시 몇 살 정도에 이르게 되면 회초리와 꾸지람의 뜻을 알게 하였다.)

'比'와 '比及' 모두 상고중국어에 이미 출현했으며 '比及'은 사실상 동일 전치사 '比'와 '及'으로 구성된 복합어이다.


## 從2

시간전치사 '從2'는 상고중국어에서 전해 내려온 것으로 ≪百喩經≫에서는 총2예 출현한다.

(1) <u>從本以來</u>, 常無有樂, 然其癡倒, 橫生樂想. (44. 欲食半餅喩) (본원(자고)이래, 항상 즐거움이 없는데 저 터무니없고 앞뒤가 전도가 되는 이들 때문에 마지못해(어거지로) 즐거운 생각이 생긴다.)

이것은 '~로부터'의 기시점을 나타내고 있으며 현대중국어에서도 계속 활약하고 있다. 2예 모두 VP 앞에 출현하며 역시 출현빈도가 낮은 편이다. ≪世說新語≫에 2예 출현하고 있고 모두 VP 앞에 출현한다. ≪顏氏家訓≫에서는 출현하지 않고 있는데 대신 '自'가 그 기능을 하고 있다. 시간전치사 '從2'는 이미 상고중국어 시기에 탄생한 것이지만 '自'와의 싸움에서 항상 밀려 시간의 기점을 나타내는 전치사는 대개 '自'가 역할을 해왔다. 중고중국어 시기에서도 이러한 현상은 지속되어 상대적으로 문어성이 강한 ≪世說新語≫와 ≪顏氏家訓≫에서는 '從'보다는 '自'가 주류를 이루고 있는데, 상대적으로 구어성이 강한 ≪百喩經≫에서는 역시 '自'는 출현하지 않고 소수이지만 '從'이 기시점 의미로 쓰이고 있어 당시 구어의 상황을 잘 반영하고 있다.

唐五代의 ≪祖堂集≫에서 비록 '自'가 시간 기시점 의미로 다수 출현하고 있지만 '從' 역시 기시점 용법이 26예로 적지 않은 수가 출현하고 있어 일정 정도는 구어의 면모를 반영하고 있다.

대상전치사

중국어의 대상전치사는 馬貝加(2002)에 따르면 아래와 같이 여러 가지 의미를 나타낼 수가 있다.

① 동작행위의 대상이 되는 '접수대상(~에게)'
② 관련성을 나타내는 '관련대상(~에 관하여, 대하여)'
③ 비교의 대상이 되는 '비교대상(~보다)'
④ 동작행위의 방향을 나타내는 '방향대상(~을 향해)'
⑤ 대화의 상대인 '언담대상(~에게 말하다)'
⑥ 취득의 대상을 나타내는 '구색(求索)대상(~로부터)'
⑦ 동작행위의 공동대상인 '교여(交與)대상(~와)'
⑧ 피동을 나타내는 '행위자(施事)대상(~에 의해)'
⑨ 처치의 대상을 나타내는 '처치대상(~을)'
⑩ 행위의 혜택대상인 '수익(受益)대상(~을 위해)'
⑪ 피동작주 목적어를 나타내는 '피동작주(受事)대상(~을)'

이에 대해 일각에서는 보다 간단하며 포괄적인 몇 가지로 다시 묶기도 하나 좀 더 정밀한 분석을 위해 본서에서는 상기의 기준을 적용하여 ≪百喻經≫의 대상전치사를 분류하고자 한다.


於3

대상전치사 '於3'은 상고중국어 시기부터 전해 오던 것으로 ≪百喻經≫에서는 총47예 출현한다.

1) 접수대상(~에)

① VP뒤(9예)

(1) 或經七日, 或十五日, 徒自困餓, 無益**於**道. (1. 愚人食鹽喩) (혹은 7일간 경과하고 혹은 15일 경과하는데, 공연히 곤궁해지고 배만 고플 뿐이요 <u>도에</u>는 아무 도움이 안 된다.)

(2) 諸魔外道諍篋者, 喩**於**有漏中强求果報, 空無所得. (41. 毗舍闍鬼喩) (여러 마귀와 외도가 상자를 다투는 것은 비유컨대 <u>번뇌 속에서 인과응보를 억지로 구하되 헛되이 아무 소득이 없는 것</u>을 나타낸다.)

② VP앞(1예)

(3) 是故應當**於**福田所勤心修施. (65. 五百歡喜丸喩) (이런 까닭에 마땅히 <u>복전에 대해</u> 열심히 수행하고 보시해야 한다.) (※ 福田: 佛, 僧, 父母, 悲苦者의 경우 이들을 잘 공경하고 모시면 福德, 功德을 얻을 수 있기에 이들을 일컬어 福田이라 한다.)

2) 관련대상(~와 관련해): 모두 VP앞(7예)

(4) 昔有婆羅門, 自謂多知, **於**諸星術種種技藝無不明達. (11. 婆羅門殺子喩) (옛날에 한 파라문이 있었는데 스스로 많이 안다고 여겼고, <u>여러 성술과 각종 기예에 대해</u> 알지 못하는 게 없었다.)

(5) 如來法王有大方便, **於**一乘法分別說三. (34. 送美水喩) (여래법왕은 큰 방편이 있어서 <u>'일승법'에 대해</u> 각각 셋으로 말을 한다.) (※ 如來法王: 부처를 이르는 별칭)

3) 비교대상(~보다): 모두 VP뒤(4예)

(6) 我有錢財, 不減**於**彼, 云何頃來而不造作如是之樓? (10. 三重樓喩) (나에겐 돈이 있고 <u>그보다</u> 적지 않은데, 어째서 전에 이러한 집을 짓지 못했는가?)

(7) 弟子答言: "此驢勝**於**瓦師. 瓦師久時所作瓦器, 少時能破." (31. 雇倩瓦師喩) (제자가 답했다. "이 나귀는 <u>도공보다</u> 낫습니다. 도공이 오랜 시간에 만든 도기를 이 나귀가 단 시간에 깨뜨릴 수 있습니다.")

4) 피동작주(受事)대상(~을): 모두 VP뒤(23예)

(8) 以貪利故, 破**於**淸淨戒及諸功德, 爲世所笑, 亦復如是. (23. 賊偸錦綉用裹氀褐喩) (이익을 탐하는 까닭에 <u>청정계와 제 공덕</u>을 깨서 세상 사람들의 웃음거리가 되니 또한 이러하다.) **(청정계와 제공덕을 깨다)**

(9) 牧羊之人, 未見**於**婦, 聞其已生, 心大歡喜, 重與彼物. (30. 牧羊人喩) (양치는 사

람은 아직 <u>부인</u>을 본 적이 없는데 이미 아이를 낳았다고 듣고는 마음으로 매우 기뻐서 다른 물건을 더 많이 주었다.) **(부인을 만나다)**

(10) 如彼愚人, <u>**棄於**寶篋</u>, 著我見者, 亦復如是. (35. 寶篋鏡喩) (저 우매한 자처럼 보물을 버리는 이와 같으니, '我見'에 집착하는 자 또한 이와 같다.) **(보물을 버리다)** (※ 我見: 실제적인 내가 있다고 집착하는 妄見을 가리킨다.)

(11) 昔有國王, <u>**設於**敎法</u>, 諸有婆羅門等, 在我國內, 制抑洗淨. (74. 出家凡夫貪利養 喩) (옛날에 어떤 국왕이 있었는데, <u>법규</u>를 만들어 모든 파라문들은 자기 나라 안에서 반드시 깨끗이 씻어야 한다고 강제했다.) **(법규를 만들다)**

(12) 我與前人同<u>**買於**汝</u>, 云何獨爾? (51. 五人買婢共使作喩) (내 앞 사람과 같이 <u>너를</u> 샀는데 어째서 단지 그렇게만(그 사람을 위해서만) 하느냐?) **(너를 사다)**

## 5) 방향 및 언담대상(~에게): 모두 VP뒤(3예)

(13) 經十二年, 得藥來還, 與女令服, <u>將示**於**王</u>. (15. 醫與王女藥令卒長大喩) (12년이 지나 약을 얻어 돌아 와서는 딸에게 주어 먹게 했고 데려다가 <u>왕에게</u> 보였다.)

(14) 作是議已, 便<u>白**於**王</u>. (65. 五百歡喜丸喩) (이 의논을 다 하고 곧 <u>왕에게</u> 말했다.)

대상전치사 '於3'은 그 의미 분류가 위와 같이 5가지로 나뉜다. 이 5가지 의미 모두 이미 상고중국어 시기에 탄생한 것들이며 중고중국어 시기에도 여전히 사용되고 있었다. 이 가운데 특이한 의미는 바로 '피동작주(受事)대상'을 이끄는 기능이다. 楊伯峻·何樂士(2001)에 따르면 여기에 출현하는 전치사의 목적어는 사실상 동사의 피동작주(受事)목적어이며 고대에 강조를 위해서 혹은 어떤 원인에 의해 특별히 전치사를 사용해 동사의 피동작주 목적어를 유도하는 예가 있었다고 한다. 상고중국어의 예로 아래와 같은 예가 있다.

(15) 鄭伯由是始<u>惡**於**王</u>. (左傳, 莊公二十一年) (정문공은 이로 인해 <u>周惠王을</u> 싫어하기 시작했다.)

여기서의 '惡'는 곧 '싫어하다'라는 타동사로 그 뒤의 '王'은 이것의 직접적인 피동작주(受事)대상이 된다. 그렇기 때문에 이 문장에서의 '於'는 형식적으로 들어가 있는 것이며 이것을 삭제해도 의미에는 아무 지장이 없다. 위의 '피동작주 대상'에 출현하는 "破<u>於</u>淸淨戒及諸功德", "見<u>於</u>婦", "棄<u>於</u>寶篋", "設<u>於</u>敎法", "買<u>於</u>汝" 등은 모두 '~을 깨다', '~을 보다', '~을 버리다', '~을 만들다', '~을 사다' 등의 직접적인 피동작주(受事)목적어를 갖는 타동사로 구성된 것이다. 이 외에도 '觀(보다)', '度(건너다)', '看(지키다)', '問(묻다)', '失(잃다)', '値(만나다)', '識(알다)', '擔負(메다)', '犯(범하다)' 등 매우 많은 타동사들이 출현하고 있다. 대상전치사 '於3'의 출현횟수가 총47예인데 그중 이들이 차지하는 횟수가 무려 23예로 근 50%에 육박할 정도로 당시 이러한 기능의 '於'가 매우 큰 활약을 했음을 확인할 수 있다. 그렇다면 ≪百喩經≫에서는 도대체 무슨 목적으로 이러한 '於'를 빈번히 사용한 것인가? 앞서 '강조'를 목적으로 이렇게 할 수 있다고 했는데 일차적으로 모종의 강조를 위한 쓰임일 가능성이 있다. 그러면서도 특히 ≪百喩經≫의 4자구 형식을 감안할 때, 4자구의 리듬을 위해 특별히 이것을 활용했을 가능성이 있다. 일부의 경우엔 4자를 넘어서는 경우도 있으나 전체 23예 중 15예나 4자의 틀을 구성하고 있다. 예컨대, 위의 "未見於婦"의 경우, '於'를 빼면 '未見婦' 3글자가 되어 ≪百喩經≫의 기본 리듬에 맞지 않게 되고 더욱이 "牧羊之人, 未見於婦, 聞其已生, 心大歡喜, 重與彼物"이라는 전체 문장을 5개의 4자구로 구성하기 위해서라도 의도적으로 이렇게 했을 가능성이 있다. 이것은 필자가 단순히 위의 몇 가지 예만을 근거로 추측한 것이므로 이와 관련해서 보다 심도 있는 연구가 필요할 것이다.

≪顔氏家訓≫이나 ≪世說新語≫ 모두 대상전치사 '於'의 쓰임이 ≪百喩經≫과 유사하게 접수대상, 비교대상, 피동작주 대상 등의 의미가 출현하고 있다. 어순의 상황을 보면, ≪顔氏家訓≫의 경우 거의 모두 VP의 뒤에 출현하고 있다. ≪百喩經≫에서 특히 '관련대상'을 나타낼 경우 모두 VP 앞에 출현하고 있으며 VP 앞에 출현하는 '於3'의 예는 총8예에 이른다. 張赬(2002)에 따르면, 처소나 시간전치사의 '於'와 마찬가지로 이것도 역시 상고중국어 시기엔 거의 VP 뒤에만 출현하고 있었고 VP 앞에 출현하는 예는 극소수에 불과했다고 한다. 그리고 위진남북조에 이르게 되면 특히 불경류 문헌에서 VP 앞에 출현하는 예가 뒤에 출현하는 예보다 오히려 더 많아졌다고 한다. 피동작주(受事)대상을 나타내는 경우 VP 뒤에 위치하는데 이것은 타동사와 목적어 사이에 출현해야 하기 때문에 나타나는 매우 자연스러운 현상이다. 따라서 이것을 제외한 나머지 24예 중 8예나 VP앞에 출현하므로 33%의 비율을 보이는데 이것은 ≪顔氏家訓≫ 등 기타 中土문헌에 비하면 상대적으로 상고중국어로부터의 변화된 모습을 충분히 반영하고 있다고 볼 수 있다.

張赬(2002)에 따르면, 唐五代로 가면서 대상전치사 '於3'에 급격한 변화가 발생한다고 한다. 일차적으로 대상의 기능으로서 '於'의 비율이 감소하는데, 위진남북조 시기의 50~70%까지 출현했던 '於'가 唐五代 와서 38%로 감소한다. 이보다 '向'이나 '與'의 비율이 급격히 높아졌다. 이와 함께 어순 상에서도 변화가 발생하여 위진남북조 시기에 시작된 VP앞 출현상황이 훨씬 더 진행되어 심지어 '언담'대상의 경우도 ≪百喩經≫에서는 모두 VP뒤에 출현했지만, VP앞으로 이동하는 예가 등장하였다.

(16) 後母聞言, **於**瞽叟詐云… (敦煌變文, 舜子變) (계모는 말을 듣고 <u>고수에게</u> 거짓으로 ~라고 말했다.)

이처럼 중고시기 이후로 가면서 대상전치사 '於'는 다른 전치사들에게 밀리는 상황이 발생하게 되었지만 그 어순은 오히려 점차 현대중국어에 가까워졌다.

## 以2

대상전치사 '以2'는 상고중국어로부터 전해 내려온 것으로 ≪百喻經≫에서 총12예 출현한다.

### 1) ~을 ~으로 여기다 (VP 앞: 5예)

(1) 欲入法海, 取其珍寶, 當修善法**以**爲導師. (14. 殺商主祀天喻) (법해로 들어가서 진귀한 보물을 취하고 싶거든 마땅히 <u>선법 닦는 것을</u> 안내자로 삼아야 한다.) (이것은 "以修善法爲導師"의 변형이다.)

(2) 世人無知, **以**富貴爲樂. (44. 欲食半餠喻) (세상 사람들은 무지하여 <u>부귀를</u> 즐거움이라고 여긴다.)

(3) 胡**以**水寶名爲"摩尼", 欲令其人從水寶出. (94. 摩尼水寶喻) (서역에서는 <u>수로를</u> '摩尼'라고 부른다. 그 사람을 이 수로로 내보려고 한 것이다.)

### 2) ~을 ~에 놓다 (VP 앞: 4예)

(4) 老母於後伺其夫主不在之時, **以**一死尸置其家中. (4. 婦詐稱死喻) (노모는 나중에 그 남편의 없는 틈을 보아 <u>시체 하나를</u> 집 안에 가져다 놓았다.)

(5) 須臾之間, 賊便棄去, 還**以**兒頭著於身上, 不可平復. (86. 父取兒耳璫喻) (잠깐 사이에 도둑은 버리고 갔고 (아비는) 다시 <u>아들의 머리를</u> 그의 몸에 얹었지만 다시 원상태로 되지는 않았다.)

### 3) ~을 ~에게 주다

#### ① VP앞(1예)

(6) 今我造作五百歡喜丸, 用爲資粮, **以**送與爾. (65. 五百歡喜丸喻) (오늘 내가 오백 개의 '환희환'을 만들었으니 식량으로 삼아 <u>(그것을)</u> 당신에게 드립니다.)

② **VP뒤(2예)**

(7) 王見歡喜, 即自念言: "實是良醫, 與我女藥, 能令卒長." 便勅左右, 賜**以**珍寶.
(15. 醫與王女藥令卒長大喩) (왕이 보고는 기뻐서 바로 스스로 생각하고는 말했다. "확실히 좋은 의사구나. 나의 딸에게 약을 주어 갑자기 자라게 할 수 있었다니." 그러고는 좌우에 일러 <u>보물을</u> 하사하였다.)

대상전치사 '以2'는 처치문을 구성하는 전치사로 처치대상을 이끌고 있다. 이것은 "~을 가지고(이용하여) ~하다"라고 하는 도구전치사와는 분명 다르다. 처치의 대상이 되기 때문에 '以2' 뒤에 나오는 목적어는 사실상 그 뒤에 나오는 동사의 피동작주 목적어 역할을 한다. 예컨대, "以一死尸置其家中"에서 동사 '置'는 '一死尸'를 목적어로 바로 취할 수가 있어 "시신 한 구를 놓다"라는 문장을 만들 수 있다. 이러한 처치대상의 의미는 또 '여기다류', '놓다류', '주다류' 등 크게 3가지로 구분가능하다. 이러한 처치문은 현대중국어에서도 사용되고 있는 것으로 지금은 모두 '把'자구로 대체되었다. 일반적으로 처치전치사는 VP 앞에 출현하는 것이 보통인데 예(7)의 "賜以珍寶"처럼 VP 뒤에도 출현하고 있다. 현대중국어에 와서는 이러한 처치문은 사실상 구어에서는 사라졌다고 보는데 이 역시 상고중국어의 흔적이라 할 수 있다. 한편, 예 (1)과 (6)의 '以' 뒤에는 원래 그것의 처치대상 목적어가 출현해야 하나 여기서는 생략이 된 상태이다.

≪顔氏家訓≫이나 ≪世說新語≫에서도 처치전치사 '以'가 출현하고 있으며 그 출현 상황은 ≪百喩經≫과 유사하다.

(8) 崔笑而退, 竟不**以**粲集示之. (顔氏家訓, 勉學) (최문언은 웃으면서 물러났으나 끝내 <u><찬집>을</u> 펴서 보여주지 않았다.)
(9) 庚稚恭爲荆州, **以**毛扇上武帝, 武帝疑是故物. (世說新語, 言語53) (유익이 형주자사가 되었을 때 <u>깃털부채를</u> 진무제에게 바쳤더니 무제가 혹시 쓰던 것 아닌가 의심했다.)

張斌(2002)에 따르면, 이 시기 불경이건 中土문헌이건 대부분의 처치전치사 '以'는 VP 앞에 출현하고 있었고, 뒤에 출현하는 것이 일부 몇 예에 불과했다고 한다. ≪百喩經≫에도 이것을 그대로 반영하여 거의 대부분이 VP 앞에 출현하고, VP 뒤에 출현하는 예는 겨우 1예에 불과하다. 蔣紹愚 등(2005)에 따르면, '以'처치문은 이미 상고중국어 시기부터 존재해왔으며 최초엔 '여기다류'처치와 '주다류처치' 위주로 탄생하였고, 漢代에 가서야 '놓다류'처치가 출현했다고 한다. 이러한 과정을 거치면서 처치전치사 '以'의 쓰임은 날로 다변화되어 현대중국어에 더욱더 근접한 처치문을 구성하기에 이른다.

처치전치사는 이 외에도 '將', '把' 등이 있다. 이 시기에는 '將'이 막 등장한 시기였고 '把'는 아직 출현하지 않은 때였다. 게다가 '以'는 이미 상고시기부터 존재해왔던 것이기 때문에 '以'가 바로 중고시기 가장 대표적인 처치전치사라고 할 수 있다. 唐五代의 ≪祖堂集≫에서는 이 세 가지가 모두 출현한다. 그 가운데 '以'는 54예로 여전히 많은 수가 출현하며 위의 세 가지 의미 가운데 '여기다'류가 가장 많다. 그리고 '將'도 55예나 출현하고 있어 이 시기에 이미 확실한 처치전치사로 자리 잡은 것으로 보인다. 다만 '把'는 아직 초기 단계인지라 6예만이 출현하였다.

일반적으로 처치문은 광의와 협의 두 가지로 나뉘는데, 여기서 소개한 '여기다류', '주다류', '놓다류' 는 모두 광의의 처치문이다. 협의의 처치문은 동사의 동작 행위가 피동작주(受事)대상에게 직접적인 영향을 주어 어떤 결과가 생성되어야 한다. 우리가 흔히 처치문이라 부르는 것이 바로 이것인데 이것은 중고시기에 맹아 단계에 있었다. 그래서 '欲取我殺(나를 죽이려고 하다/ 增壹阿含經)'과 같이 초보적인 형태가 등장하기도 하였다. 그러나 위진남북조 시기엔 협의의 처치문이 완전히 보급이 안 된 상태였고 주로 '以'를 중심으로 하는 광의의 처치문이 주류를 이루었다. 이러한 현상은 '將'이 탄생하고 唐으로 들어서면서 서서히 변화가 생기게 된다. 물론 '將'이나 '把'도 여전히 광의의 처치문이 위주였으니 唐代에 와서야 협의의 처치문이 증가하기 시작했다. 그리고 唐宋시기에는 특히 술어동사 뒤에 기타 성분(결과보어, 방향보어, 동태조사 등)이 붙는 현대중국어와 같은 처치문 형식의 출현이 중요한 발전으로 손꼽을 수 있다.[5]

이러한 처치문의 발전상황을 살펴보면, ≪百喩經≫이 처한 위진남북조 시기에는 여전히 광의의 처치문 위주이고 협의의 형식은 맹아단계였기 때문에 매우 원시적인 형태의 처치문이 사용되고 있었다고 볼 수 있다.

## 用1

대상전치사 '用1'은 중고중국어 시기에 출현한 전치사로 총2예 출현한다.

(1) 我知彼家有一好女, 當爲汝求, 可用爲婦. (30. 牧羊人喩) (내 저 집에 한 아리따운 처자가 있는 것을 아는데 곧 그대를 위해 부탁을 하려고 하네, 그러면 (그 처자를) 자네의 아낙으로 삼을 수 있을 걸세.)

---

5) '처치문'의 발전과정과 관련하여 졸저 『중국어와 문법화: 현대중국어의 탄생』제6강을 참조하시오.

(2)　今我造作五百歡喜丸, <u>用爲</u>資粮, 以送與爾. (65. 五百歡喜丸喩) (오늘 내가 오백
　　　개의 '환희환'을 만들었으니 <u>(그것을)</u> 식량으로 삼아 당신에게 드립니다.)

　대상전치사로서의 '用1'은 일종의 처치전치사로 처치대상을 이끌고 처치문을 구성한다.
이것 역시 '以2'와 마찬가지로 '∼을 이용하여'라는 도구전치사와는 다른 것이다. 두 예
모두 '여기다류' 처치를 나타낸다. 위의 '用爲婦'는 사실 '用一好女爲婦'의 생략형으로
공교롭게도 위의 두 예 모두 '用' 뒤에 목적어가 생략되어 있다. 이렇게 "처치전치사+처치
대상+동사+목적어"형식에서 '처치대상'이 생략되는 예는 근대중국어인 ≪水滸傳≫의 把
자문에서도 종종 발견되는 것이다.

(3)　虛閃一個過, 把石秀輕輕的從馬上捉過來, 直挾到庄前撇下, 喝道: "<u>把</u>來縛了."
　　　(50회) ((손립이) 석수의 창을 피해 지나가게 한 다음 석수를 가볍게 말에서 잡아 채와
　　　장앞까지 끼고 가서 던지며 말했다. "<u>(놈을)</u> 묶어라.")

　대체로 처치문에서 '把'의 목적어는 '이미 알고 있는 것(已知)'이고 앞에 나온 것이기
때문에 이처럼 목적어를 생략하는 예가 자주 발견되고 있으며 이것은 앞의 '以2'에서도
나타나고 있는 현상이다.
　≪顔氏家訓≫에서는 발견되지 않고 있으며 ≪世說新語≫에서 1예가 발견되고 있다.

(4)　蘇子高事平, 王、庾諸公欲<u>用</u>孔廷尉爲丹陽. (方正37) (소준의 난이 평정된 후, 王
　　　導와 庾亮은 <u>孔坦을</u> 丹陽尹으로 임명하고자 했다.)

　여기서의 '用'은 도구가 아니라 처치를 나타내고 있고 일종의 '여기다류'처치로 '孔廷
尉'는 처치의 대상이다. 이렇게 처치전치사 '用1'은 ≪百喩經≫은 물론 동시기 다른 문헌
에서조차 찾아보기 힘들 정도로 출현비율이 매우 낮다. 張頍(2002)에 따르면, 이것은 상고
중국어에서는 없었고 중고중국어 시기에 와서야 탄생한 것이며 그것도 주로 불경류 문헌
에서 출현하고 있다고 한다.

## 爲1

　대상전치사 '爲1'은 상고중국어에서 전해 온 것으로 ≪百喩經≫에서는 총50예가 출현
한다.

(1) 汝若不癡, **爲**他<u>所</u>打, 乃至頭破, 不知逃避. (3. 以梨打頭破喩) (네가 만약 멍청하지 않다면 <u>남에게</u> 맞아 머리가 깨지게 되었는데도 (어째서 여전히) 도망갈 것을 모를 수 있는가?)

(2) 默然無對, **爲**<u>人所</u>笑. (73. 詐言馬死喩) (조용히 대답이 없자 <u>사람들에 의해</u> 웃음거리가 되었다.)

(3) 衆人語言: "若斷淫欲, 云何生汝?" 深**爲**<u>時人之所</u>怪笑. (9. 嘆父德行喩) (여러 사람이 말했다. "만약 음욕을 끊었다면 어떻게 너를 낳았냐?" 당시 사람들에게 심히 비웃음을 당하고 말았다.)

(4) 靜處而坐, 心意流馳, 貪著五欲, **爲**<u>色、聲、香、味之所</u>惑亂. (45. 奴守門喩) (안정한 곳에 앉아 있어도 마음은 밖으로 흘러 오욕을 탐하니 <u>색, 성, 향, 미에 의해</u> 미혹되었다.)

(5) 卽使四人, 人擎一脚, 至田散種, 地堅逾甚, **爲**<u>人</u>嗤笑. (82. 比種田喩) (바로 네 사람을 시켜 각 사람당 다리 하나씩 들게 하여 밭에 가서 파종을 했는데 땅의 굳기가 더욱더 심해졌고, <u>사람들의</u> 웃음거리가 되었다.)

(6) 寧**爲**<u>毒蛇</u>螫殺, 要當懷去. (89. 得金鼠狼喩) (차라리 <u>독사에게</u> 물려 죽을 지언정 꼭 그것을 품고 가겠다.)

대상전치사 '爲1'은 일명 피동전치사로 피동의미를 나타내며 '행위자(施事)대상'을 이끄는 역할을 한다. 50예 모두 VP 앞에 출현하며 형식은 (1), (2)처럼 '爲A所B'형식, (3), (4)처럼 '爲A之所B'형식, (5), (6)처럼 '爲AB'형식 3가지가 있다.

이러한 행위자(施事)대상 전치사 '爲1'은 ≪顏氏家訓≫에서 33예, ≪世說新語≫에서 31예가 나올 정도로 이 시기 불경, 中土문헌 할 것 없이 고르게 활용되고 있었으며 모두가 VP 앞에 출현한다. 張延俊(2010)에 따르면, '爲'자 피동문은 戰國시대에 본격적으로 성숙되기 시작했는데 이 시기에 전체 피동문 형식에서 25%정도에 불과했던 것이 西漢 시기엔 43%, 이후 위진남북조 시기에 와서는 66%나 차지할 정도로 매우 발전하게 되었다고 한다.

이 시기 '爲'로 구성된 피동문은 여러 가지 형식이 존재했다. 그 형식은 先秦시기부터 위진남북조 시기까지 <그림 3-1>과 같이 발달 상황을 나타낼 수 있다.6) ≪百喩經≫에서 볼 수 있는 상기의 3가지 형식 모두 이 시기 유행하던 대표적인 형식들이다.

---

6) 張延俊(2010:181). 여기서 '爲V'는 행위자가 없는 형식으로 이것은 그 이후 행위자(A)가 추가되거나 '之'가 붙거나 '所'가 붙음으로써 총4가지 형식으로 발전해 나갔다. 한편, '爲AV'형식은 각각 '之', '所', '見', '而'자가 붙어서 네 가지의 다양한 형식이 탄생하였는데, 이 가운데 '爲A所V'형식에 각각 '之', '見', '而'자가 또 추가로 붙어 세 가지의 형식이 더 발전해 나온 것이다. 그리고 그 중에서 '爲A所見V'형식에 다시 '之'가 추가되어 최종적으로 '爲A之所見V'이란 형식이 ≪三國志≫에 출현하였다.

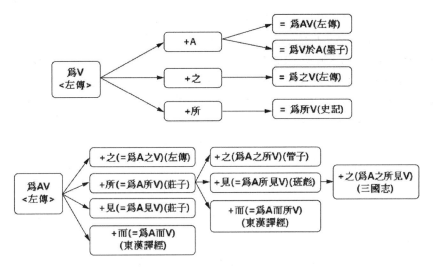

**그림 3-1** '爲'자피동식의 변체 발전과정

張延俊(2010)에 따르면, 중고시기 '爲'자 피동문은 기존에 비해 상당히 복잡화되었다고 한다. 그래서 출현하는 술어동사의 경우 쌍음절 형태가 대량으로 증가하였다고 한다. 이러한 현상은 ≪百喩經≫에서도 어렵지 않게 발견되고 있다. 그리고 '爲'피동문 자체에 각종 보어가 붙는 현상이 증가하였다고 한다. 그래서 '爲鮮卑所射死'(선비에 의해 활로 쏴 죽었다)와 같이 결과보어 구조('射死')가 추가되는 경우나 방향보어, 수량보어 등이 붙는 경우도 늘었다고 한다. 한편, 상기의 여러 가지 '爲'자 피동문 형식 가운데 이 시기 가장 발전한 것은 바로 '爲A所V'형식이다. ≪百喩經≫에서도 이 형식이 가장 많고 여기에 '之'가 첨가된 '爲A之所V'형식까지 하면 거의 대부분이 이들로 이루어져 있다. 이렇게 중고시기에는 이 형식이 발달하여 '爲AV'형식이나 '爲V'형식은 점차 축소되어갔으며 위의 그림에서도 볼 수 있듯이 이렇게 '爲'와 '所'는 물론 '見'까지 결합된 '爲A之所見V' 형식까지 출현하게 되었다.

## 被

대상전치사 '被'는 상고중국어에서 전해져 온 것으로 ≪百喩經≫에서는 총7예가 출현한다.

(1) 如彼愚人, <u>被</u>他打頭, 不知避去, 乃至傷破, 反謂他癡. (3. 以梨打頭破喩) (이는

저 우매한 이와 같다. 다른 이에게 머리를 맞아도 피할 줄 모르고 결국 머리가 깨지게 되는데도 도리어 다른 이가 우둔하다고 여긴다.)

(2) 所債甚少, 所失極多. 果被衆人之所怪笑. (17. 債半錢喩) (빚내준 것은 매우 적은데 잃은 것은 너무 많다. 과연 여러 사람들의 웃음거리가 되었다.)

(3) 旣被鞭已, 以馬屎傅之, 欲令速差. (27. 治鞭瘡喩) (이미 채찍으로 다 맞고 난 후 말의 오줌으로 거기를 발라 빨리 낫고자 했다.)

대상전치사 '被'는 피동문을 구성하며 행위자(施事)대상을 이끌고 있다. 역시 모두 VP 앞에 출현하고 위와 같이 '被AB'형식이나 '被A之所B', '被B' 3가지 형식을 취하고 있다. ≪顔氏家訓≫에서는 3예, ≪世說新語≫에서는 32예 출현하고 있으며 모두 VP 앞에 출현하고 있다.

중고시기에는 '爲'자 피동문이 주류였지만 '被'자 피동문도 많은 발전을 하였다. 그래서 위와 같은 여러 가지 형식들이 존재했는데 특히 '被A所B'나 '被A之所B'와 같은 '所'와 결합한 형식은 바로 중고시기에 출현한 것들이며 이들은 대체로 '爲'자 피동문의 유추에 의해 출현하게 되었다. 그리고 '被'자 피동문 역시 출현하는 술어동사가 쌍음절 형태가 증가하였고, 결과보어, 방향보어 등 각종 보어류와 결합하는 형식도 출현하기 시작했다. 심지어 (3)과 같이 동상보어인 '已'와 결합하는 형식도 등장하였다.


## 見

대상전치사 '見'은 상고중국어 시기부터 전해 오던 것으로 ≪百喩經≫에서는 총2예 출현한다.

(1) 爾時弟子見聞是已, 歡喜念言: "此驢乃是佳物!" (31. 雇倩瓦師喩) (이때 제자는 이것을 다 듣고 나서 기뻐하며 생각하고는 말했다. "이 나귀야 말로 좋은 물건이다!")

대상전치사 '見'은 피동문을 만드는 것으로 '행위자대상'을 이끌고 있다. 다만 위와 같이 그것의 목적어가 생략이 된 형식이 출현하고 있다. ≪顔氏家訓≫에서는 출현하지 않고 있으며 ≪世說新語≫에서도 6예정도 출현한다.

(2) 陳述爲大將軍掾, 甚見愛重. (術解5) (진술은 王敦대장군부의 속관이 되어 매우 존중을 받았다.)

'見'피동문은 先秦시대에 매우 활약했던 피동형식이나 그 이후 점차 쇠퇴하여 위진남북조시대엔 각 문헌에서의 출현비율이 상당히 저조한 편이다.

## 爲2

대상전치사 '爲2'는 상고중국어부터 전해져 온 것으로 ≪百喩經≫에서는 총20예 출현한다.

- (1) 我不欲作下二重之屋, 先可**爲**我作最上屋. (10. 三重樓喩) (나는 아래 이층집은 만들고 싶지 않다. 먼저 <u>나를 위해</u> 가장 윗층을 만들기 바란다.)
- (2) 昔有一人, 貧窮困苦, **爲**王作事. (18. 就樓磨刀喩) (옛날에 한 사람이 있었는데 빈곤하고 곤궁하여 <u>왕을 위해</u> 일을 했다.)
- (3) 今復若能殺彼師子, **爲**國除害, 眞爲奇特. (65. 五百歡喜丸喩) (지금 다시 만약 저 사자를 죽여 <u>나라를 위해</u> 해를 제거할 수 있다면 정말로 특별할 것이다.)
- (4) 卽往白王, 王**爲**改之, 作三由旬. (34. 送美水喩) (바로 가서 왕에게 말하자 왕이 <u>(그들을 위해)</u> 고쳐주어 삼유순으로 하였다.) (爲의 목적어 생략) (※ 由旬: 고대 인도의 거리 단위, '上由旬'은 60리라고 한다.)

대상전치사 '爲2'는 '~을 위해'라고 하는 수익대상을 이끌고 있으며 모두 VP 앞에 출현하고 있다. 총20예 중 2예는 예(4)처럼 '爲'의 목적어가 없이 출현하기도 한다. 여기서 '爲'의 목적어는 '村人(마을 사람들)'이다. 馬貝加(2002)에 따르면 이러한 예는 이미 상고중국어에도 출현하였다고 한다.

- (5) 項羽大怒曰: "旦日饗士卒, **爲**破沛公軍!" (史記, 項羽本紀) (항우가 대노하여 말했다. "내일 사졸들을 위로하여 <u>(나를)</u> 위해 유방을 격퇴시키게 하라!")

≪顔氏家訓≫에서는 이러한 전치사가 19예 출현하는데 모두 VP 앞에 출현하고 있고 역시 '爲'의 목적어가 생략되는 예도 발견되고 있다.

수익대상을 이끄는 전치사가 이 외에도 '與'가 있기는 하나 그 출현빈도가 비교적 낮은 편이다. 이것보다는 이 시기 뿐 아니라 현재에 이르기까지 중국어에서 수익대상을 이끄는 전형적인 전치사로 '爲'가 가장 많이 상용되고 있다.

## 共

대상전치사 '共'은 중고중국어에 와서 탄생한 것으로 ≪百喩經≫에서는 총9예 출현한다.

(1) 過去有人, **共**多人衆坐於屋中, 嘆一外人德行極好, 唯有二過. (13. 說人喜瞋喻)
(옛날에 어떤 사람이 있는데, 많은 <u>사람들과</u> 같이 집 안에 있으면서 한 바깥에 있는 사람의 덕행이 매우 좋다고 감탄하였고 단지 두 가지 잘못이 있다고 했다.)

(2) 明當**汝**至彼聚落, 有所取索. (78. 與兒期早行喻) (내일 장차 <u>너와 함께</u> 저 마을에 가서 받아 낼 것이 있다.)

(3) 汝**共**我捉, 殺分其肉. (93. 老母捉熊喻) (당신 <u>나와</u> 함께 곰을 잡아 죽여서 고기를 나눕시다.)

대상전치사 '共'은 '～와 더불어'라는 의미를 나타내며 '交與대상'을 이끈다. 이 전치사는 상고중국어에서는 없었고 중고중국어에 와서 탄생한 것으로 현대중국어 '和'에 해당한다. 그리고 9예 모두 VP 앞에 출현하고 있다. ≪顏氏家訓≫에서도 3예 출현하며 모두 VP 앞에 출현하고 있다. 두 문헌 모두 전치사 '與' 자체의 출현횟수가 높아, ≪百喩經≫에서는 19예가 출현하고 있고, ≪顏氏家訓≫에서는 50여 예가 출현하고 있다. 그러나 '與'의 교여대상 용법은 사실상 두 문헌 모두 7~8예에 불과해 이 시기 신흥의 전치사 '共'이 기존 상고중국어에서 전해져 온 전치사 못지않게 크게 활약하고 있음을 알 수 있다.

대상전치사 '共'은 기본적으로 동사 '共'으로부터 문법화되어 나온 것으로 위진남북조 시기에 와서야 출현하였다. 그것이 문법화되는 기본 원시 구조는 바로 "共+N+VP"구조이다. 이때 '共+N'은 '～와 함께 하여'라고 하는 일종의 VP형태이며 위 구조는 전형적인 연동구조이다. 이는 대부분의 전치사가 문법화되는 전형적인 틀로서 전치사 '共' 역시 이 구조를 모태로 하고 있다. 이러한 전치사 '共'은 宋元시기까지 계속 연용되어 오다가 明代가서야 '和'에 의해 대체된다.

## 與

대상전치사 '與'는 상고중국어 시기부터 전해져 온 것으로 ≪百喩經≫에서는 총19예가 출현한다.

## 1) 교여대상(8예)

(1) 昔有一人**與**他婦通, 交通未竟, 夫從外來, 卽便覺之. (94. 摩尼水竇喩) (옛날에 한 사람이 <u>남의 부인과</u> 사통을 하고 있었는데 그 짓이 채 끝나기도 전에 남편이 밖에서 돌아와 바로 그것을 알아차렸다.)

(2) 昔有父子**與**伴共行, 其子入林, 爲熊所嚙, 爪壞身體. (81. 爲熊所嚙喩) (옛날에 부자가 <u>동료와</u> 같이 길을 가고 있었는데 그 아들이 숲으로 들어갔다가 곰에게 물리고 발톱에 의해 몸이 다쳤다.)

(3) 我昨見王女, 顏貌端正, 思**與**交通, 不能得故, 是以病耳. (76. 田夫思王女喩) (내가 지난번에 왕의 딸을 보았는데 용모가 단정하여 <u>(그와)</u> 사귀고 싶은 마음이 들었다. 그녀를 얻지 못한 이유로 이렇게 병이 났다.) [전치사 목적어가 없는 경우]

## 2) 수익대상(3예)

(4) 昔有一人, 貧窮困乏. **與**他客作, 得粗褐衣, 而被著之. (29. 貧人燒粗褐衣喩) (옛날에 한 사람이 있었는데 빈곤하고 궁핍했다. <u>다른 손님을 위해</u> 일을 하다가 거친 갈옷을 얻어 그것을 입었다.)

(5) 譬如五人共買一婢, 其中一人語此婢言: "**與**我浣衣." (51. 五人買婢共使作喩) (비유하자면, 다섯 명이 함께 여노비 하나를 샀는데 그 중 한 사람이 이 노비에게 말했다. "<u>나를 위해</u> 옷을 빨아 주거라.")

## 3) 언담대상(4예)

(6) 王**與**之言: "此之樹上, 將生美果, 汝能食不?" (33. 斫樹取果喩) (왕이 <u>그에게</u> 말했다. "이 나무 위에는 곧 맛있는 과일이 열릴 것이네, 너는 먹고 싶은가?")

(7) 譬如有蛇, 尾**與**頭言: "我應在前." (54. 蛇頭尾共爭在前喩) (비유하자면, 뱀이 하나 있는데 그 꼬리가 <u>머리에게</u> 말했다. "내가 마땅히 앞에 있어야 해.")

## 4) 비교대상(3예)

(8) 我失釪時, 畫水作記. 本所畫水, **與**此無異, 是故覓之. (19. 乘船失釪喩) (내가 사발을 잃어버렸을 때 물에 표시를 했다. 본래 표시를 한 물이 <u>여기와</u> 차이가 없어서 그래서 찾으려고 한다.)

## 5) 접수대상(1예)

(9) 今我造作五百歡喜丸, 用爲資粮, 以送**與**爾. (65. 五百歡喜丸喩) (그래서 오늘 내가 오백 개의 '환희환'을 만들었으니 식량으로 삼아 그것을 <u>당신에게</u> 드립니다.)

대상전치사 '與'는 상고중국어 시기부터 그 다양한 용법이 전해져 오던 것으로 ≪百喩經≫에서는 이와 같이 총 5가지 의미기능을 한다. 이 가운데 교여, 언담, 비교대상의 경우는 그 의미가 서로 깊은 연관이 있어 구분이 약간 어려운 면도 없지 않아 있으나 '교여'는 A와 B 두 행위자의 공동 행위에 초점을 맞추는 것이고, '언담'은 A가 B에게 일방적으로 말하는 행위에 초점을 맞춘다. 그리고 '비교'는 공동행위와 비슷하나 비교행위에 보다 초점을 두어 본 것이다. 사실 이렇게 여러 가지 의미가 서로 교차되는 이유는 하나의 동사 '與'가 전치사로 문법화된 이후 다른 의미기능들이 서로 연관이 되어 순차적으로 문법화되어 나왔기 때문이다. 한편, 수익대상은 '~을 위해'라는 뜻으로 현대중국어에서 상용되는 '爲'나 '給'에 해당한다. 그리고 접수대상은 '~에게'의 의미로 동작행위의 내용이 대상에게 일방적으로 영향을 주는 것을 의미한다. 그리고 교여대상의 경우 "思與交通"과 같이 전치사의 목적어가 출현하지 않는 경우도 있다. 이러한 경우는 앞의 '用' 등에서도 보았던 것으로 上下文에 이미 출현한 것을 감안하여 생략한 경우이다.

기본적으로 전치사 '與'는 VP의 앞에 출현하는 것이 일반적인 현상이고 19예 중 18예가 모두 VP 앞에 출현하고 있다. 그런데 1예가 VP 뒤에 출현하고 있는 것이다(예(9) '送與'). 이때, 접수대상으로 출현하고 있는 '與'는 현대중국어의 '給'에 해당하는 것으로 역시 '送'과 '與'를 유사 의미 동사로 구성된 연동문으로 볼 수도 있겠으나 당시 술보구조의 영향력을 감안하여 이때의 '與'를 동사 '送'을 보조하는 것으로 보고자 한다. 이때 일각에서는 이러한 '與', '到,' '至' 등을 보어로 처리하기도 하나 본서에서는 전치사로 본다.

≪顔氏家訓≫, ≪世說新語≫ 모두 ≪百喩經≫과 대동소이한 상황이다. 다만 ≪世說新語≫에서는 VP 뒤에 위치하는 접수대상의 용법이 19예나 출현하고 있어 흥미를 끈다.

(10) 公於是獨往食, 輒含飯兩頰邊, 還, 吐與二兒. (德行24) (이에 郗公은 혼자 가서 먹고는 항상 밥을 두 볼에 가득 넣고 돌아와서는 두 아들에게 토해줬다.)
(11) 桓公見謝安石作簡文諡議, 看竟, 擲與坐上諸客曰: "此是安石碎金." (文學87) (桓溫은 謝安石이 만든 간문제의 諡議를 다 보고는 좌중에 있는 여러 객들에게 던져주며 말했다. "이것은 안석의 碎金이다")

≪百喩經≫의 예와 유사하게 '與'는 모두 '이동, 방향'의 의미를 갖는 동사들과 결합하는데 그렇기 때문에 이때의 '與'는 그 접수대상을 이끌고 방향을 가리키는 전치사의 용법으로 볼 수 있다.

대상전치사 '與'는 이미 상고중국어 시기부터 아래와 같이 여러 용법들이 존재해 왔다.

(12) 鄒人與楚人戰, 則王以爲孰勝? (孟子) (추나라 사람이 <u>초나라 사람과</u> 전쟁을 하면 왕께선 누가 이길 것이라 보십니까?) [교여대상]

(13) 陳涉少時, 嘗與人佣耕. (史記) (진섭이 어렸을 때, 일찍이 <u>남과</u> 함께 같이 고용되어 밭을 갈았다.) [교여대상]

(14) 齊人無以仁義與王言者. (孟子) (제나라 사람들은 인의로써 <u>왕에게</u> 말하는 자가 없다.) [언담대상]

(15) 良不可, 曰: "我不貫與小人乘, 請辭." (孟子) (수레 모는 왕량이 달가워하지 않으며 말했다. "저는 <u>소인을 위해</u> 수레를 모는 게 익숙하지 않으니 청컨대 이 일을 사양하겠습니다.") [수익대상]

상고중국어에서 '與'의 기본적인 여러 전치사 용법이 상용되던 상황이었고 중고중국어에 와서도 비록 유사 의미의 새로운 전치사들이 탄생했지만 '與'의 의미 기능들이 지속적으로 활약하고 있었다. 그런데 중요한 현상은 바로 'V+與+O'형식의 출현으로 동사 뒤에 출현하는 것이 본격화되기 시작한다는 점이다. 이것은 '도착점'을 나타내는 전치사가 동사 뒤에 출현하게 된다는 당시의 대세와 맥을 같이 하는 현상이다.

## 從3

대상전치사 '從3'은 상고중국어에서 전해져 온 것으로 ≪百喩經≫에서는 총1예 출현한다.

(1) 譬如伎兒王前作樂, 王許千錢. 後從王索, 王不與之. (52. 伎兒作樂喩) (비유하자면, 기녀가 왕 앞에서 연주를 했는데 왕이 돈 천전을 준다고 허락하였다. 뒤에 <u>왕에게</u> 달라고 요구하자 왕이 주지 않았다.)

대상전치사 '從3'은 '～에게서(구하다)'의 의미를 가지며 '求索대상'을 이끈다. 겨우 1예만이 출현하며 VP 앞에 출현하고 있다. 이것은 매우 보기 드문 전치사로 ≪顔氏家訓≫에서는 출현지 않고 있고, ≪世說新語≫에서도 겨우 2예 출현하고 있다.[7]

---

7) ≪世說新語≫의 예는 원래 張振德 등(1994)에서는 출현하지 않는 것으로 나와 있으나 필자가 직접 조사해본 결과 위와 같이 2예를 발견할 수 있었다.

(2) 答曰: "昔晉文王殺嵇康, 而嵇紹爲晉忠臣. **從**公乞一弟以養老母." (德行43) (전에 진문공이 혜강을 죽였는데 그의 아들인 혜소가 진의 충신이 되었다. 이에 나는 환공에게 동생 하나를 남겨 노모를 공양하도록 청할 것이다.)

(3) 劉伶病酒, 渴甚, **從**婦求酒. (任誕3) (유령은 지난번 술이 안 깨 갈증이 심해서 아내에게 술을 구해 마셨다.)

여기서 전치사 '從3' 뒤에 출현하는 동사는 '索', '乞', '求' 등 "찾다, 구하다, 청하다" 등의 의미이다. 이 의미와 어울려 이때의 '從'의 의미는 이러한 행위를 요구할 수 있는 상대방을 목적어로 가져야 하므로 '~에게서, ~에게' 등의 의미를 갖게 된 것이다.

馬貝加(2002)에 따르면, 이러한 '從'은 이미 漢代부터 출현하기 시작했다고 한다.

(4) 飢而**從**野人乞食. (史記, 晉世家) (중이가 배가 고파 야인에게 구걸하여 먹었다.)

즉, 先秦시기에는 없었던 용법으로 전치사 '從'의 전체 의미에서 비교적 후기에 탄생한 의미임을 알 수 있다. 이처럼 탄생한 이후에 위진남북조 시기엔 그다지 빈번히 사용되지는 않았으나 그 이후 꾸준히 활약을 하게 된다.

## 3.4 도구/의거 전치사

중고중국어의 도구/의거 전치사로는 '以3, '用2' 두 가지가 있으며, 이 둘은 이미 상고중국어 시기에 출현한 것이다. 이들의 의미는 크게 '도구'와 '의거'로 구분된다. '도구'의미는 그야말로 어떤 구체적인 도구를 가지고 행위를 할 때 그 도구를 목적어로 이끄는 기능을 하는 것이고, '의거'는 판단, 생각 등의 행위를 할 때 근거로 삼는 내용을 목적어로 이끄는 것을 말한다.

## 以3

도구/의거 전치사 '以3'은 상고중국어에서 전해내려 온 것으로 ≪百喩經≫에서는 총37
예 출현한다.

### 1) 도구의미(35예)

(1) 見我頭上無有髮毛, 謂爲是石, **以梨**打我, 頭破乃爾! (3. 以梨打頭破喩) (내 머리
에 머리카락이 없는 것을 보고는 돌이라고 생각하여 배로 나를 때려서 머리가 깨져
이렇게 된 것이오.)

(2) 一弟子行, 其一弟子捉其所當按摩之脚, **以石**打折. (53. 師患脚付二弟子喩) (한
제자가 자리를 비우자 그 다른 제자는 그(또 다른 제자)가 안마하기로 담당했던 스승
의 다리를 잡고 돌로 쳐서 부러뜨렸다.)

(3) 此病最重, **以刀**決之, 可得差耳! (72. 唵米決口喩) (이 병은 매우 중합니다. 칼로
찢으면 나을 수 있습니다!)

### 2) 의거의미(2예)

(4) **以此**義當知各各自業所造, 非梵天能造. (61. 梵天弟子造物因喩) (이 의미로부터
마땅히 각각의 만물은 스스로의 업이 만들어낸 바이지 범천이 만들 수 있는 게 아님을
알아야 한다.)

도구/의거 전치사 '以3'은 '도구'의미와 '의거'의미 둘로 나눌 수 있으며 ≪百喩經≫에
서는 주로 '도구'의미가 출현하고 있다. 그리고 '以3'은 모두 VP 앞에 출현한다. ≪顔氏家
訓≫에서는 '도구'가 10예, '의거'가 44예 출현하고 있고 '의거'는 주로 VP 앞에 출현하나
'도구'는 VP 앞과 뒤에 모두 출현하고 있다. 그리고 여기에는 또 아래와 같은 '방식'의 의
미까지도 출현하고 있다.

(5) 雖薑菜有切割, 皆不忍食, 居家惟**以**掐摘供廚. (風操) (비록 생강이나 채소조차도
절단한 것은 모두 차마 먹지 않았다. 집에서도 오직 손으로 따서(손으로 따는 방식으
로) 부엌에 주었다.)

대체로 이 시기 문헌들에서는 도구/의거 전치사 '以'가 주로 VP 앞에 출현하고 있었고
張赬(2002)에 따르면 불경문헌이든 中土문헌이든 모두 VP 앞이 대세라고 한다. 상고중국
어 시기와 비교를 해볼 때 상고중국어 시기는 VP 앞과 뒤 모두에서 출현하고 있었는데,
<표 3-2>와 같이 張赬(2002)이 조사한 결과를 통해 확인해 볼 수 있다.

표 3-2 상고중국어 도구/의거의 '以'

| | 論語 | 孟子 | 韓非子 |
|---|---|---|---|
| VP 앞 | 16 | 88 | 385 |
| VP 뒤 | 38 | 44 | 205 |
| 총수 | 38 | 132 | 590 |

아래의 예는 상고중국어에서 전치사 '以3'이 VP 뒤에 출현하는 예이다.

(6)  殺人**以**梃與刃, 有以異乎? (孟子, 梁惠王上) (사람을 죽일 때 **몽둥이와 칼로** 하는
    것에 차이가 있습니까?)

앞의 표에서 알 수 있듯이 상고중국어 시기엔 VP 앞, 뒤 모두 도구/의거 '以'전치사구가
출현하고 있었고, 춘추시대에서 전국시대로 갈수록 앞으로 오는 예가 더 늘어나고 있다.
이렇게 '以'전치사구가 VP 뒤에서 앞으로 이동하는 현상은 뒤로 갈수록 더 심화되어 위진
남북조 시기보다 唐宋시대가 더 그렇고, 또 이 시기보다 元明시대로 가면 더 그렇다. 그리
하여 현대중국어에선 특별히 서면어적인 풍격을 요하는 것을 제외하면 도구/의거 전치사
는 모두 VP 앞에 위치한다. 상대적으로 서면어성이 강한 ≪顔氏家訓≫보다 ≪百喩經≫
에서 '以'가 모두 VP 앞에 출현하고 있는데, 이것은 곧 자연적인 구어의 발전을 그대로
반영하는 현상이다.

## 用2

도구/의거 전치사 '用2'는 상고중국어 시기부터 전해오던 것으로 ≪百喩經≫에서는
총4예 출현한다.

(1)  第二估客即便偸他被燒之金, **用**兜羅綿裹. (32. 估客偸金喩) (두 번째 상인은 바로
    다른 이의 탄 금을 훔쳐 兜羅綿으로 쌌다.) (※ 兜羅綿 : 木綿의 일종)
(2)  若是汝之祖父已來所有衣者, 應當解著, 云何顚倒**用**上爲下? (8. 山羌偸官庫衣
    喩) (만약 네 조부 이래로 갖고 있던 옷이라면 마땅히 입을 줄 알아야 하는데 어째서
    거꾸로 위의 것을 아래로 하는가?)

≪百喩經≫에 출현하는 도구/의거 전치사 '用2'는 모두 도구의 의미이며 '의거'의미는 없다. 그리고 모두 VP 앞에 출현한다. 도구/의거 전치사로서 '用'은 '以'와 그 행위가 매우 흡사하여 VP 뒤를 제외하면 '以'가 출현하고 있는 위치에 거의 다 출현할 수 있다. 심지어 '以'가 접속사로 발전하는 것도 닮아 동일한 용법의 접속사로도 문법화하였다. 그래서 상기의 예문들에 '用' 대신 '以'를 넣어도 무방하다.

≪顔氏家訓≫에 등장하는 '用'은 모두 '도구'의 의미이며 총6예 출현하는데 모두 VP 앞에만 출현하고 있다. 도구/의거 전치사 '以'는 상고중국어에서 매우 상용되던 전치사인데다가 이 시기까지 계속 이어지고 있고 그 의미도 매우 다양하다. 그래서 ≪顔氏家訓≫에서는 '도구', '의거' 외에도 '방식'의 의미까지 나타내고 있다. 그런데 '用'은 출현빈도도 상대적으로 낮고 그 의미도 다양하지 못해 ≪顔氏家訓≫, ≪百喩經≫ 모두 도구 의미만을 나타낸다.[8] 그리고 상고시기부터 '用'은 도구전치사로서 항시 VP 앞에 출현하여 왔다. '以'가 근대중국어 시기에도 서면어투를 위해 의식적으로 VP 뒤에 출현할 수 있는 것과는 대조적으로 '用'은 그러한 의도로도 거의 쓰이지 않을 뿐 더러 VP 뒤에 절대 출현하지 않고 있는데 이것이 바로 전치사 '用'의 가장 큰 특징이다. '用'이 비록 상고시기에 출현하였다 하나 '以'에 비해 그렇게 상용되지는 못했다. 이러한 상황은 중고시기도 마찬가지여서 ≪百喩經≫에서 가장 주요한 도구 전치사는 바로 '以'이다. 이후 唐宋시기에도 도구전치사로서 '以'가 지속적으로 활약을 하게 되었고, 元明시기 이후에 가서야 구어에서 '以'의 자리를 기타 전치사들이 대체하게 된다. 여기에는 바로 '用'을 비롯한 '將', '把', '着' 등이 있으며 이들 중 단지 '用'만이 현대중국어에 이르고 있다.

## 3.5　원인 전치사

중고중국어 시기의 원인 전치사는 인과 관계를 나타내는 전치사이다. 이러한 전치사들

---

8) 상고중국어에서 '用'이 '의거'의 의미로 쓰이는 경우도 있다.
　(1) 吾聞用夏變夷者, 未聞變於夷者也. (孟子, 滕文公上) (나는 <u>화하로</u> 오랑캐를 변화시켰다는 말은 들었어도, 오랑캐에게서 변화되었다는 말은 듣지 못했다.)

에는 '以4', '爲3', '由', '緣' 등이 있다.

## 以4

'원인' 전치사 '以4'는 상고중국어 시기부터 전해져 온 것으로 ≪百喩經≫에 총13예 출현한다.

(1) 皮、氈之價, 理自懸殊, <u>以愚癡故</u>, 以氈覆皮. (42. 估客駝死喩) (가죽과 모피의 값은 이치상 자연히 매우 다른데, <u>우매한 까닭에</u> 모포로 가죽을 덮고 말았다.)

(2) <u>以是之故</u>, 世人當知時與非時. (57. 蹋長者口喩) (<u>이러한 까닭</u>으로 세상 사람들은 마땅히 때와 때가 아님을 알아야 한다.)

(3) 旣有信心, 入佛法中修行善法, 及諸功德, <u>以貪利故</u>, 破於淸淨戒及諸功德, 爲世所笑, 亦復如是. (23. 賊偸錦綉用裹氀褐喩) (이미 믿음이 있으면 불법 속으로 들어가 선법과 제 공덕을 수행해야 하는데 <u>이익을 탐하는 까닭에</u> 청정계와 제 공덕을 깨서 세상 사람들의 웃음거리가 되니 또한 이러하다.)

원인 전치사 '以4'는 "~이기 때문에"라는 '원인'의미를 나타내고 있고 모두 VP 앞에 출현하고 있다. 그런데 공교롭게도 거의 대부분이 "以~故"의 형식을 취하고 있다. 이것은 아래의 '爲3'에서도 발견되고 있는 고정 격식인데 이때 '故'는 '까닭, 이유'의 의미로, '愚癡故'는 '우매한 까닭', '貪利故'는 '이익을 탐하는 까닭'이 된다. 그렇기 때문에 전치사 '以' 뒤에는 일종의 '~故'라고 하는 체언성 성분이 목적어로 오는 것이고 '<u>以愚癡故</u>'는 '우매한 까닭으로'가 된다.

≪顔氏家訓≫에서는 총40예 출현하고 있으며 가끔 VP 뒤에 출현하기도 하나 거의 대부분이 VP 앞에 출현하고 있다. '원인'을 나타내는 전치사 '以4'는 이미 상고중국어 시기에 등장한 것으로 아래와 같이 ≪左傳≫에서도 출현하고 있다.

(4) 伯有之亂, <u>以大國之事</u>, 而未爾討也. (左傳, 昭公二年) (伯有의 난은 <u>대국의 일로 인해</u> 너를 정벌하지 못했다.)

'원인'의미의 전치사 '以4'는 이처럼 위진남북조 시기까지 주로 활약을 했고 唐宋 시대로 가면서 거의 찾아보기 어려워졌다. 아마도 동일한 의미의 전치사인 '爲', '因' 등이 보다 상용화되면서 이들에 의해 주요 기능이 대체되었을 것으로 보이는데, 馬貝加(2002)에 의하면 근대중국어에서는 주로 서면어에서 등장한다고 한다.

## 爲3

원인 전치사 '爲3'은 상고중국어에서 전해져 온 것으로 ≪百喩經≫에서는 총27예 출현한다.

### 1) VP 앞(24예)

(1) **爲**名利故, 至七日頭, 自殺其子, 以證己說. (11. 婆羅門殺子喩) (명리(명성과 이익)를 <u>얻으려고 하기 때문에</u> 칠일에 이르자, 스스로 그 아들을 죽였고 이로써 자신의 말을 증명했다.)

(2) 既作要已, **爲**一餅故, 各不敢言. (67. 夫婦食餅共爲要喩) (이미 약속을 하였기에 <u>떡 하나 때문에</u> 각자 감히 말을 하지 않았다.)

(3) 爲瞋恚故, 欲求≪毘陀羅咒≫用惱於彼, 竟未害他, 先**爲**瞋恚, 反自惱害, 墮於地獄、畜生、餓鬼. (68. 共相怨害喩) (화가 났기 때문에 ≪毘陀羅咒≫를 구해 그를 괴롭히려고 하는데 결국 그에게 해를 미치진 못하고 먼저 <u>화로 인해</u> 도리어 스스로 분노하고 싫어하게 되니 이렇게 하여 지옥, 짐승, 아귀로 떨어지게 되는 것이다. )

### 2) VP 뒤(3예)

(4) 如是去來, 是**爲**愚惑. (48. 野干爲折樹枝所打喩) (이와 같이 왔다갔다하는 것은 우매하고 <u>매혹하기 때문이다.</u>)

(5) 留爾守門, 正**爲**財物. 財物既失, 用於門爲? (45. 奴守門喩) (너에게 남겨 문을 지키라고 한 것은 바로 <u>재물 때문이다.</u> 재물을 다 잃었으니 문을 뭐하겠는가?)

전치사 '爲3'은 ≪百喩經≫에서 '원인'의 의미를 나타내는데 쓰이고 있다. 대부분 VP 앞에 출현하나 3예가 VP 뒤에 출현하고 있다. ≪顏氏家訓≫이나 ≪世說新語≫ 모두 '원인'의미의 전치사 '爲'가 출현하며 대부분이 VP 앞에 출현하나 ≪世說新語≫에서 뒤에 출현하는 예가 극소수 출현하고 있다. ≪顏氏家訓≫에서는 '원인'을 나타내는 전치사로 '以'와 '爲'가 다 출현하고 있는데 '爲'는 단지 6예만이 출현하고 있고 '以'가 40예로 훨씬 더 많이 출현하고 있다. 이런 점에서는 ≪百喩經≫과는 대조를 이루는데 여기서는 '爲'가 좀 더 많이 출현하는 편이다. 앞에서 언급했듯이 '원인'을 나타내는 전치사 '以'는 점차 소멸해 가기 때문에 ≪百喩經≫의 상황이 좀 더 전체적인 중국어의 발전과정에 합치하고 있다. 사실 '以'나 '爲' 모두 先秦시기에 출현한 원인 전치사들이다. 그러나 굳이 순서를 따지자면 '以'가 먼저 상용되기 시작했고 그 이후에 '爲'가 후발로 상용된 것으로 보인다.

한편, ≪百喩經≫에서는 위의 예들처럼 '爲~故'의 형식이 무려 16예나 출현해 전체

'爲3'의 절반이상을 차지한다. 이 형식은 '以~故'와 동일한 것으로 역시 '~의 까닭 때문에'로 해석할 수 있다. 그리고 '爲'와 '故' 사이에는 '名利' 같은 단일 명사 뿐 아니라 '小名利' 같은 '수식어+명사'의 형식, '得財'같은 술목구조, '一餅'같은 '수사+명사', '瞋恚' 같은 동사 등 다양한 형식이 오고 있다. 이러한 형식은 馬貝加(2002)에 따르면 이미 춘추전국시대에 출현했다고 한다.

> (6)  秋, **爲**戎難**故**, 諸侯戍國. (左傳, 僖公十三年) (가을에 융적이 난을 일으켰던 까닭에 제후들이 주를 지켰다.)

이러한 고정 격식의 사용이 바로 ≪百喻經≫에 출현하는 원인 전치사들의 특징이라고 말할 수 있다.

## 由　緣

원인전치사 '由'와 '緣'은 모두 상고중국어에서 전해져 온 것으로 각각 5예, 2예씩 출현한다.

ⅰ) 由

> (1)  **由**是之**故**, 於佛法中永失其善, 墮於三惡. (26. 人效王眼瞤喻) (이러한 이유로 불법 속에서 영원히 그 선을 잃고 삼악의 나락으로 떨어지게 된다.)
> (2)  **由**是之**故**, 燒滅外典, 不行於世. (32. 估客偸金喻) (이러한 까닭에 외전을 불태워 없애 세상에 전해지지 않는다.)
> (3)  我今飽足, **由**此半餅. 然前六餅, 唐自捐棄, 設知半餅能充足者, 應先食之. (44. 欲食半餅喻) (나는 지금 배가 부른데 이 반쪽 전병 때문이다. 그러나 앞의 여섯 전병은 공연히 버린 것에 불과하다. 만약 반쪽 전병으로 충분할 수 있음을 알았다면 마땅히 먼저 그것(반쪽)을 먹었을 텐데.)

ⅱ) 緣

> (4)  昔有父子二人**緣**事共行, 路賊卒起, 欲來剝之. (86. 父取兒耳璫喻) (옛날에 부자 둘이 일 때문에 함께 가다가 길에서 도둑이 갑자기 나와 그들의 물건을 빼앗으려 했다.)
> (5)  所以美者, **緣**有鹽**故**. (1. 愚人食鹽喻) (맛이 좋은 것은 소금이 있기 때문이다.)

원인전치사 '由'는 '~ 때문에'란 뜻으로 5예 중 4예가 VP 앞에 출현하고 있으나 1예가 예(3)과 같이 VP 뒤에 출현하고 있다. ≪顔氏家訓≫에서는 7예, ≪世說新語≫에서는 13예가 출현하고 있는데, 전자에서는 모두 VP 앞에서 출현하나, 후자에서는 1예를 제외한 모두가 VP 앞에 출현한다. 당시 이와 같은 원인류의 전치사들이 대체적으로 VP 앞에 출현하는 것이 일반적이기 때문에 세 문헌 모두에서 그와 합치하는 현상이 나타나고 있다. 한편, 전치사 '由'는 또 위와 같이 '由是之故'의 관용적 형식을 자주 구성하고 있다. 이것은 앞에서 봤던 '以'나 '爲'와 상통하는 현상으로 볼 수 있다.

원인전치사 '緣'도 '~ 때문에'란 뜻이며 (4)는 VP 앞에, (5)는 VP 뒤에 출현하고 있다. ≪世說新語≫에서 2예 출현하고 있으며 모두 VP 앞에 출현한다. '緣'은 '由'와 달리 그것이 문법화된 시기가 다소 늦어서 馬貝加(2002)에 따르면, 先秦시기엔 '緣'이 아직 완벽히 전치사로 문법화하지는 못했으며, 그것의 '因爲'의 뜻은 당시 유의어였던 '因'이 먼저 이러한 의미를 갖게 되면서 그것의 유추에 의해 '因爲'의 의미를 갖게 되었고 이후 점차 원인 전치사로 문법화하게 되었다고 한다. 그렇게 볼 때, '緣'은 ≪百喩經≫에 출현하는 여러 가지 원인 전치사 중에서 문법화가 가장 늦은 셈이다. 즉, 앞의 '以', '爲', '由'가 더 먼저 원인 전치사로 문법화하였고 그 후에 서서히 문법화한 후 漢代가서야 본격적으로 많아지기 시작했다고 한다. 이렇게 여러 원인 전치사들 중에서 상대적으로 늦게 문법화하였고 그 사용 빈도도 기타 원인 전치사들에 비해 저조하기 때문에 馬貝加(2002)는 이것이 다른 전치사들 보다 상대적으로 구어성이 높다고 보고 있으며, 唐宋시기엔 일종의 구어어휘로서 특히 당시의 變文, 筆記小說 등의 인물대화에서 많이 등장한다고 한다.

## 3.6  전치사 소결

지금까지의 ≪百喩經≫ 전치사 상황을 표로 정리하면 <표 3-3>과 같다.

표 3-3 ≪百喻經≫의 전치사 정리

| 하위범주 | 의미 구분 및 출현횟수 | | | '전치사+목적어'의 어순 | |
|---|---|---|---|---|---|
| | | | | VP앞 | VP뒤 |
| 처소전치사 | 於1(51) | 동작발생지점(25) | | 21 | 4 |
| | | 도착점(26) | | 0 | 26 |
| | 就(2) | 동작발생지점(2) | | 2 | 0 |
| | 著(5) | 도착점(5) | | 0 | 5 |
| | 在1(10) | 동작발생지점(9) | | 6 | 3 |
| | | 도착점(1) | | 0 | 1 |
| | 從1(19) | 동작기점(19) | | 19 | 0 |
| | 自(1) | 동작기점(1) | | 1 | 0 |
| | 至(6) | 도착점(6) | | 0 | 6 |
| | 到(1) | 도착점(1) | | 0 | 1 |
| 시간전치사 | 於2(14) | 시점(14) | | 13 | 1 |
| | 在2(2) | 시점(2) | | 1 | 1 |
| | 以1(1) | 시점(1) | | 1 | 0 |
| | 當(1) | 시점(1) | | 1 | 0 |
| | 及(3) | 종점(3) | | 3 | 0 |
| | 比(1) | 종점(1) | | 1 | 0 |
| | 從2(2) | 기시점(2) | | 2 | 0 |
| 대상전치사 | 於3 (47) | 접수(10) | | 1 | 9 |
| | | 관련(7) | | 7 | 0 |
| | | 비교(4) | | 0 | 4 |
| | | 피동작주(23) | | 0 | 23 |
| | | 방향, 언담(3) | | 0 | 3 |
| | 以2 (12) | 처치 | 여기다(5) | 5 | 0 |
| | | | 놓다(4) | 4 | 0 |
| | | | 주다(3) | 1 | 2 |
| | 用1(2) | 처치 | 여기다(2) | 2 | 0 |
| | 爲1(50) | 피동 | 행위자(50) | 50 | 0 |
| | 被(7) | 피동 | 행위자(7) | 7 | 0 |
| | 見(2) | 피동 | 행위자(2) | 2 | 0 |
| | 爲2(20) | 수익(20) | | 20 | 0 |
| | 共(9) | 교여(9) | | 9 | 0 |
| | 與(19) | 교여(8) | | 8 | 0 |
| | | 수익(3) | | 3 | 0 |
| | | 언담(4) | | 4 | 0 |
| | | 비교(3) | | 3 | 0 |
| | | 접수(1) | | 0 | 1 |
| | 從3(1) | 구색(1) | | 1 | 0 |

| 도구/의거 전치사 | 以3(37) | 도구(35) | 35 | 0 |
|---|---|---|---|---|
| | | 의거(2) | 2 | 0 |
| | 用2(4) | 도구(4) | 4 | 0 |
| 원인전치사 | 以4(13) | 원인(13) | 13 | 0 |
| | 爲3(27) | 원인(27) | 24 | 3 |
| | 由(5) | 원인(5) | 4 | 1 |
| | 緣(2) | 원인(2) | 1 | 1 |

≪百喩經≫에 출현하는 전치사들의 특징을 정리하면 아래와 같다.


## 3.6.1 각 전치사들의 특징

### 1) 처소전치사

대부분의 전치사들이 상고중국어에서 전해져 온 것들이지만 '就', '著', '至', '到' 등은 중고시기에 출현한 것들이다. 그러나 처소전치사로서 가장 많은 활약을 한 것은 상고중국어에서 활약했던 '於'이다. 이것은 동작발생지점, 도착점 등 다양한 의미를 나타내고 있었고, 출현비율도 가장 높았다. '在' 역시 상고중국어에서 전해져 온 것으로 '於'와 비슷한 의미를 나타내지만 도착점 의미가 적고 주로 동작발생지점의미로 쓰이고 있다. '著'나 '至', '到' 등은 전형적인 도착점 표시 전치사들로 신흥 형식들이다. '從'과 '自'는 전형적인 동작기점 표시 전치사이나 '從'의 활약이 더 크고 '自'는 문어성의 글에서 주로 출현하고 있다. 신흥의 '就'는 소수 출현하나 동작발생장소 표시기능을 한다. 전체적으로 중고시기에 탄생한 신흥 전치사 수도 많지만 주요 기능이 상고시기에서 내려온 전치사인 '於', '在', '從' 등에 의해 수행되고 있다.


### 2) 시간전치사

시간전치사 모두 상고시기에서 전해져 온 것들이다. 이 가운데 '於'의 출현비율이 가장 높아 이 시기 가장 대표적인 시간전치사로 사용되고 있다. '시점'을 나타내거나, '종점'을 나타내기도 하고, 또 '기시점'을 나타내기도 한다.


### 3) 대상전치사

대부분이 상고시기에서 전해져 온 것들이고, '用'과 '共'만이 중고시기에 등장한 것이다. 이 중 '於'는 출현비율도 높고 의미기능도 다양하여 접수, 관련, 비교, 피동작주, 언담의 5가지 의미가 있다. 이 가운데 피동작주(受事)대상 의미는 특히 ≪百喻經≫에서 매우 상용되던 것으로 '4자구'리듬과 밀접한 관련이 있다. 한편, ≪百喻經≫에는 처치문과 피동문을 구성하는 전치사인 '以', '用', '爲', '被', '見' 등이 출현한다. 이 중 '以'는 여기다류, 주다류, 놓다류 등 광의의 처치문을 구성한다. '用'은 신흥의 처치문 전치사로 극소수 출현하고 있다. 이 시기 주류 처치문 전치사는 역시 '以'였다. 피동문전치사로는 '爲'가 가장 많이 출현하는데, 중고시기는 바로 '爲'피동문의 최고 전성기였다. 이 외에 '被'피동문도 '爲'피동문의 영향을 받아 다양한 형식으로 발전하였다. 그리고 '與' 역시 출현비율이 높은 전치사로 교여, 수익, 언담, 비교, 접수의 다양한 기능을 하고 있다. 이 중 교여의 기능이 주류를 이루고 있어 신흥의 '共'이 출현하였으나 중고시기 대표적인 교여 전치사로 '與'가 계속 활약을 하였다.

중고시기 대상전치사 중에서 처치전치사로서는 '以', 피동문전치사로서는 '爲', 교여 등 각종 의미로서는 '與'가 가장 많이 활약을 하였다.

### 4) 도구/의거 전치사

중고시기 도구/의거 전치사는 '以'와 '用'이 있으며 모두 상고시기에서 내려온 것이다. 이중 '以'의 출현비율이 가장 높고 가장 많이 활약을 하였다. '以'는 도구의 의미와 의거의 의미도 갖고 있어서 상고중국어에 이어 당시에도 대표적인 도구전치사였다.

### 5) 원인 전치사

여기에는 '以', '爲', '由', '緣'이 있다. 이중 '以'와 '爲'가 제일 많이 출현하는데, '爲'가 '以'보다도 더 많이 쓰이고 있다. 이는 당시 변화된 상황을 반영하는 것으로 보인다.

## 3.6.2 전치사구의 어순 상황

### 1) ≪百喻經≫에서 나타난 주요 변화

상고중국어에서 대표적인 전치사로 쓰였던 '於'는 거의 대부분 VP 뒤에 출현하였다. 의미에 관계없이 그렇게 출현했던 것이다. 그리고 '以' 역시 춘추시대에는 VP 뒤에 출현하는 것이 더 많았다(그 뒤 점차 VP 앞에 출현하는 것이 더 많아짐). 그런데 위진남북조 시기는 한편으로 상고시기의 전치사구 어순이 계승되는 면도 있지만 상고시기와는 다르게 변화된 어순이 매우 많이 등장하고 있다. 그리하여 위의 표에서 볼 수 있듯이, 전치사구가 나타내는 의미에 따라 VP의 앞과 뒤로 나뉘게 되었다. 처소 전치사일 경우, 기존에는 일률적으로 VP 뒤에 놓이던 것이, 동작발생지점, 기점은 VP 앞으로, 도착점은 VP 뒤로 가게끔 조정이 되었다. 전치사들마다 여전히 동작발생지점임에도 VP 뒤에 출현하는 것들이 일부 존재하지만 전체적인 경향은 이미 이와 같이 위치 구분이 확립되었다. 시간전치사들의 경우 일률적으로 VP 앞에 출현하게 되었다. '於'와 '在'의 경우 시점을 나타낼 때, 상고중국어 시기에 VP 뒤에 출현했었는데 이렇게 앞으로 이동한 것이다. 이것은 처소전치사의 상황과 더불어 매우 중요한 의미를 갖는다. 한편, 대상전치사에서 '처치', '피동'을 나타내는 것들은 모두 VP 앞에 출현하고 있어 현대중국어와 같아졌다. 비교나 접수, 언담을 나타내는 '於'가 VP 뒤에 출현하고 있는 것은 여전히 상고중국어와 같다. 대상전치사들 중 대부분이 현대중국어와 유사한 면모를 보이고 있으나 단지 '於'만이 여전히 상고중국어의 모습이 유지되고 있었다. 대상전치사들 중 특히 눈여겨 볼만한 것이 바로 '與'이다. 이것은 당시 변화된 어순의 모습을 반영하여 'V+與+O'와 같은 새로운 형식이 출현하기도 하였다. 비록 극소수이지만 매우 중요한 의미를 갖는 변화이다. 도구/의거 전치사들은 100% VP 앞에 출현하고 있어 현대중국어와 동일해졌고, 원인전치사의 경우 소수 VP 뒤에 출현한 것을 제외하면 전체적으로 지금과 유사한 VP 앞이 선호되고 있다.

이와 같이 ≪百喩經≫에서는 특히 처소, 시간 전치사들에서 대규모의 전치사구 위치 이동이 발생하여 처소의 경우 동작발생지점이나 기점 등을 나타내는 것은 VP 앞으로 이동하고 도착점을 나타내는 것은 VP 뒤로 이동하였다. 이것은 시간전치사에서도 발견되는데 시점을 나타내는 경우 '於'는 기존의 뒤에서 앞으로 이동하게 된 것이다. 이렇게 VP를 중심으로 도착점과 같이 모종의 '종결', '결과'를 나타내는 내용은 VP 뒤로 가고 그와 거리가 먼 것들은 가급적 VP 앞으로 가려고 하는 기본적인 어순틀이 이때 확립되었다. 그리고 이것은 비단 처소, 시간 전치사 뿐 아니라 기타 기능의 전치사들에게도 적용이 되었고, 전체적으로 현대중국어와 유사하게 전치사구가 VP 앞으로 이동하는 모습을 보여주고 있다.[9]

이러한 모습은 그 이후 唐宋시대에도 더욱더 가속화되어 위진남북조 시기에 다소 상고

---

9) '及'이나 '比'의 경우, 종점 시간을 나타내면서도 VP앞에 출현하고 있는데, 이 경우, 뒤에 출현한 VP의 결과시간을 나타내는 것이 아니라 그 시간에 이르고 나서 VP가 진행되는 것이므로 사실상 '시점'의미나 진배없다.

중국어 어순을 유지했던 일부 전치사구들의 어순이 현대중국어와 완벽하게 같아지는 등의 변화가 발생하였다.

## 2) 시간순서원칙(PTS)과 어순의 변화[10]

한편, 이러한 전치사 어순의 변화는 이른바 '시간순서원칙(PTS)'으로 설명이 가능하다. '시간순서원칙'이란 "두 통사 단위의 상대적인 순서가 그들이 표시한 개념 영역 내 상태의 시간순서에 의해 결정된다"는 것으로 이것은 특히 현대중국어에서 비교적 철저하게 지켜지고 있는 규칙 중 하나이다.

陳忠(2006)에 따르면, 현대중국어가 시간순서원칙에 철저한 이유가 바로 '형태'가 부족한 현상과 관련이 있다고 한다. 즉, 형태가 부족하기 때문에 그로 인한 문법상의 내용을 형태 이외의 수단에 과도하게 의존하여 표현하고 있다는 것이다. 그런데 상고중국어는 주지하다시피 굴절형태가 존재했던 언어이다. 그렇기 때문에 상고중국어의 어순을 보면 현대중국어와 매우 다르게 시간순서를 잘 따르지 않음을 알 수 있다. 앞에서 봤던 처소전치사 '於'를 봐도 그 의미에 상관없이 모두 VP 뒤에 출현했고, 비교대상을 나타내는 '於'도 일률적으로 VP 뒤에 출현하였다. 이 모두는 시간순서원칙에 위배되는 어순들이다. 그러나 현대중국어에 와서 이들 중 일부는 VP 앞으로 이동하여 철저하게 시간순서원칙을 따르게 되었다. 전치사구와 관련된 문장성분은 바로 부사어이다. 부사어는 현대중국어에서 술어동사 앞에 위치한다. 예컨대,

(1) a. 他从中国来.    b. *他来从中国.

이 두 문장에서 a는 시간순서원칙을 지키고 있으며 현대중국어 어순에도 맞는다(출발을 의미하는 '从+명사구'가 그 이후의 행위를 의미하는 '来'보다는 시간상 선행되기 때문이다). 그러나 b는 현대중국어에 맞지도 않을뿐더러 시간순서원칙에도 어긋난다. 이는 오히려 상고중국어 어순에 가깝다. 상고중국어의 '自'가 바로 이러한 어순으로 되어 있다. 한편, '到'의 경우도 다음과 같은 두 가지 상황이 가능하다.

(2) a. 他昨天到美国来    b. 他昨天来到美国

---

10) 이것은 陳忠(2006)의 내용과 예문을 이용하여 필자의 연구 내용과 결합시켜 서술한 것임.

이 두 문장 모두에서 동일하게 '到+목적어'의 전치사구가 등장한다. 다만 a는 VP 앞에 출현하고 b는 VP 뒤에 출현하고 있다. 이렇게 VP를 중심으로 앞과 뒤로 다르게 나타나지만 사실 모두가 시간순서원칙에는 부합한다. a는 일종의 '계획 중의 목적지' 개념이기 때문에 동사 '來' 앞에 온 것이고, b는 '도착점'을 나타내기 때문에 VP 뒤에 온 것이다. '到'가 도착점을 나타내면서 VP 뒤에 출현하는 것은 이미 ≪百喩經≫에서도 나타나고 있다.

이것은 또 아래와 같은 비교구문의 경우에도 적용된다.

(3) a. 他比我高          b. *他高比我

여기서 비교의 내용인 '比我'가 비교의 결과인 '高'보다 더 앞에 출현하고 있다. 상고중국어에서는 대개 '高於我' 등의 어순으로 썼을 것이다. 비교를 먼저 한 다음 그 결과가 나오는 것이기 때문에 사실 현대중국어 어순이 역시 시간순서원칙에 부합하는 것이다.

이러한 상황은 또 전치사 '在'에서도 민감하게 반영되고 있다. '在'는 상고중국어에서 거의 대부분 VP 뒤에 출현하여 도착점을 나타내었다. 그러나 아래와 같이 일부는 동작발생지점을 나타내기도 하였다. 이러한 현상은 ≪百喩經≫에서도 나타나고 있다.

(4)  身流在道, 心回鄕内. (論衡, 恢國篇第五十八) (몸은 길에서 떠돌고 있어도 마음은 여전히 조정을 향한다.)

그러나 이러한 예는 시간순서원칙에 부합하지 않는 것이다. 이것은 현대중국어의 아래와 같은 예를 통해서 확인할 수 있다.

(5) a. 他在厨房里做饭.  b. *他做饭在厨房里.

a는 '주방에서'라고 하는 동작발생지점이 VP 앞에 출현하여 시간순서원칙에 맞는다(즉, '주방에 위치함'이 먼저 발생하고 나서 그 뒤에 '요리'하는 행위가 따르는 것이기 때문이다). 그러나 b는 동작발생지점이 VP 뒤에 나와 시간순서원칙에 맞지 않는다. 이는 마치 위의 (4)의 고한어 예문과 유사한 구조로 되어 있어 현대중국어에서는 비문이 된다. 그리고 '在'가 VP뒤로 갈 경우는 아래와 같이 반드시 동작의 도착점이나 체류장소여야 한다.

(6) a. 他掉在水里    b. *他在水里掉

여기서 a는 동작의 도착점이기 때문에 VP뒤에 와서 시간순서원칙에 부합하지만(즉, '뛰어 내리는 동작'이 먼저 선행되어야 그 뒤에 '물속에 있음'이란 행위가 가능한 것이다), b는 도착점이 VP 앞에 와서 부합하지 않는 비문이다. 이러한 '在'의 상황은 ≪百喩經≫에서 아직 상고중국어와 유사한 모습을 보여주고는 있다. 그러나 동작발생지점이 VP앞에 주로 출현하는 등 모종의 변화가 발생하고 있어 과도적인 모습을 보여주고 있다.

　　이와 같이 상고중국어에서 근대중국어로 가는 과정에서 굴절형태가 소멸됨으로써 시간순서원칙에 입각한 어순이 점점 더 철저히 요구되는 식으로 변화를 하고 있었다. ≪百喩經≫은 곧 이러한 변화의 중간 지점에 위치하여 그 변화의 주요한 내용을 반영하고 있다.

　　전치사구의 어순 변화는 대명사에서 나타난 어순 변화와 더불어 상고에서 중고로 가는 과정에서 나타난 매우 중요한 변화의 지표가 된다. 이 변화는 당시 보어라고 하는 새로운 개념의 통사구조가 탄생되어 가던 시점에 나타나던 것으로, 중국어가 동사를 중심으로 그 앞과 뒤에 출현하는 성분의 성격이 서서히 분화되고 있음을 반영하고 있다. 이러한 변화를 통해 보다 더 현대중국어와 가까운 어순이 탄생하고 현대중국어로 완성이 되어 갔던 것이다.

# 제 4 장

# 조사

4.1 어기조사
4.2 구조조사
4.3 조사 소결

助詞는 중국어의 허사 가운데서 가장 의미가 '虛'한 즉, 문법화 정도가 가장 높은 부류이다. 부사 혹은 전치사의 경우 문법적인 의미가 주를 이루면서도 그 자체의 어휘적 의미가 여전히 흔적으로 남아 있지만 조사는 사실상 완전 허화에 가까운 성분이다. 그래서 문법적 의미 외에 어휘적 의미가 거의 없다고도 볼 수 있다.

중국어의 조사는 그 기능에 따라 어기조사, 구조조사, 동태조사 등으로 나눌 수 있으며 각 하위범주의 상황은 중국어의 발전시기마다 다른 모습을 보여주고 있다. 그래서 각 하위범주별 해당 어휘들의 교체가 지속적으로 이루어지기도 하고 일부는 수백 년 간 사용되기도 하였다. 그리고 이중 동태조사는 근대에 와서 등장하였다. 위진남북조 시기엔 기존 상고중국어에서 사용하던 각종 조사들을 그대로 이어 사용하는 경우가 대부분이었으나 일부는 이 시기에 새로이 등장하기도 하였다. 새롭게 등장한 경우는 사실상 극소수에 불과하고 전체적으로 상고중국어의 모습을 강하게 풍기고 있다. 예컨대 진술어기조사로서는 여전히 기존의 '也, 耳'가 주류였고 아직 '了' 등은 등장하지 않았다. 의문어기조사로서도 여전히 '乎' 등이 주류였고 근대를 상징하는 '麼' 등은 등장하지 않았다. 이 외에도 구조조사로서 기존의 '之'가 아직도 크게 활약하고 있고 근대를 상징하는 '底'나 '的' 역시 나타나지 않았다. 무엇보다 가장 큰 차이점은 이 시기 동보구조가 막 출현하여 발전해나가던 시기였기 때문에 이것이 더 발전하여 이루어진 동태조사나 사태조사들이 아직 등장하지 않았다는 점이다. 이렇게 근대를 상징하는 각종 조사들 예컨대, '了', '麼', '底' 등은 唐代에 가서야 모습을 나타내게 되므로 위진남북조 시기는 조사 영역 역시 상고와 근대를 연결하는 전형적인 가교역할을 하고 있는 셈이다.

≪百喻經≫의 조사들은 아래와 같이 크게 '어기조사', '구조조사'의 두 영역으로 나눌 수 있다.[1]

---

[1] 중국어에는 '~해보다'라는 의미의 '嘗試'조사가 있다. 현대중국어의 '看'이 대표적인 예가 되는데 ≪百喻經≫에서도 이와 유사한 예가 출현하고 있다.

  (1) 婦怪不語, 以手摸看, 謂其口腫, 語其父言: "我夫始來, 卒得口腫, 都不能語." (72. 唵米決口喩) (아내는 그가 말 안하는 것을 이상히 여겨 손으로 만져 보니, 그의 입이 부어올라 있다고 여기고 자기 아버지에게 말했다. "내 남편이 막 왔는데, 갑자기 입이 붓는 병이 나 조금도 말을 하지 못하네요.") 이렇게 위진남북조 시기에 지금의 '嘗試'조사 '看'과 유사한 기능의 '看'이 이 외에도 다수 출현한다. 그런데 과연 이것이 조사인가? 이와 관련하여 약간의 논의가 필요하다. 현대중국어 嘗試조사 '看'은 '보다'란 동사 '看'에서 문법화한 것이 맞다. 그러나 상기의 '看'은 완벽한 형태의 조사라고 볼 수는 없다. 이 시기에 분명 의미상에 있어서 '測試' 의미가 출현한 것은 사실이다. 게다가 이것이 동사 뒤에 출현하고 있어 형식, 의미상으로 충분한 자격을 갖추었다고 말할 수 있다. 그러나 吳福祥(1995)에 따르면 이 '看'은 아직 동사 단계에 있다고 한다. 이때의 '看'은 "모든 감각기관을 동원하여 테스트 해보다"라는 의미의 동사이며 이것이 완벽한 허사가 되려면 명령문(祈使句)에 자주 출현하여 사용되어야 한다고 한다. 그리하여 위진남북조 시기에 일부 예가 명령문(祈使句)에 출현하게 되면서 허사로 점차 발전해 나가기 시작했고

표 4-1 조사 분류

| 분류 | 하위범주 | 예 |
|------|----------|-----|
| 어기조사 | 진술어기조사 | 者1, 也1, 耳, 矣, 已 |
| | 의문어기조사 | 也2, 耶, 乎, 爲 |
| | 가설어기조사 | 者2 |
| | 감탄어기조사 | 哉 |
| | 명령어기조사 | 也3, 來 |
| | 문두어기조사 | 夫 |
| 구조조사 | | 之, 者3, 所 |

## 4.1 어기조사

'語氣'라 함은 '화자의 어떤 행위 혹은 사건에 대한 견해와 태도'를 일컫는 것으로 다른 말로는 '情緖'라고도 표현할 수 있다. 이러한 '語氣'는 곧 다양한 '情緖'만큼 다양한 교제 기능을 갖고 있는데 중국어는 바로 이러한 '情緖'를 어기조사를 통해 표현한다. 사실 어기를 표현하는 수단은 어기조사 외에도 '語調', '語氣副詞', '감탄사' 등이 있다. 예를 들어,

(1) 他难道不知道吗？(그가 설마 모른단 말인가?)

이 문장은 語調도 있고, 어기부사 '难道'도 있으며, 어기조사인 '吗'도 있다. 그러나 표현기능의 전문성과 표현 어기의 다양성이란 측면에서 볼 때 어기조사가 단연 가장 중요한 역할을 한다.[2]

이렇게 어기조사는 '어기'를 나타내는 주요 허사로 그것의 기능도 다양하다. 본서에서는

唐代에 와서 보다 완벽한 형태의 嘗試조사 '看'이 등장하게 되었다고 한다. 이렇게 봤을 때, ≪百喻經≫에서는 아직 완벽한 형태의 嘗試조사가 출현하지는 않은 셈이다.

2) 張誼生(2002)

상고중국어와 근대중국어 등의 상황과 비교하여 ≪百喩經≫에 출현하는 어기조사의 하위 범주를 '진술', '의문', '가설', '감탄', '명령'의 5가지로 나누고자 한다.3) 이들 각 범주에 속하는 각종 어기조사들에 대해 아래에서 자세히 살펴보도록 하자.

## 4.1.1 진술어기조사

### 者1

'者1'은 어기조사 중 진술기능을 하는 어기조사이다. 이것은 상고중국어 시기에 이미 출현하였고 그 시기에도 다양한 형식적 특징을 갖고 있었다. 이에 대해 何樂士(2006)의 의견을 참고하면 아래와 같이 몇 가지 형식적 분류를 하고 그 특징을 제시할 수 있다.

① 주어 뒤에 출현하는 경우

: 대개 판단문이나 진술문이다. '者'가 주어 뒤에 나옴으로써 진술과 소개의 의미를 갖게 된다. 그리고 이 주어에 대해 판단을 하거나 서술, 묘사하는 것은 그 뒤에 출현하는 술어부(謂語)가 담당하게 된다.

예1) 楚左尹項伯者, 項羽季父也. (史記, 項羽本紀) (초나라 좌윤 항백은 항우의 숙부이다.)

예2) 北山愚公者, 年且九十. (列子, 湯問) (북산의 우공이란 사람은 나이가 거의 90에 가깝다.)

② 복문 앞 절 말에 출현하는 경우

: 복문의 앞 절은 진술의 결과를 나타내고, 뒷 절은 원인을 나타낸다. '者'는 앞절 말에 출현하여 문장의 휴지어기를 나타내고, 아래 문장을 이끄는 작용을 한다.

예) 井蛙不可以語於海者, 拘於處也. (莊子, 秋水) (우물 안 개구리가 바다에 대해 말을 못하는 것은 장소에 제한되기 때문이다.)

③ 단문 혹은 복문의 끝에 출현하는 경우

: 이때는 주로 진술문의 긍정어기를 강조한다.

---

3) 원칙상 문두어기조사는 따로 설정하여야 하나 이 역시 어기조사의 일종이기 때문에 이 분류에 함께 넣는다.

예) 吾視郭解, 狀貌不及中人, 言語不足采<u>者</u>. (史記, 卷一百二十四 游俠列傳第六十
    四) (내가 곽해를 보니 모습이 중등인만 같지 못하며 말 또한 취할 만한 것이 없도다.)[4]

여기서 ①의 경우는 전형적인 판단, 진술로 '北山愚公者'에서 보듯이 '者'앞에 주어로서
명사가 등장하고 있는데 여기서 '者'를 빼도 전체적으로 문제가 없다. 그것은 ②, ③의 경우
도 마찬가지이다. 이러한 어기조사들은 문장 내의 구성 자체에 관여를 하는 것이 아니기
때문에 그것이 필수적으로 존재해야 하는 것이 아니다. 이에 비해 구조조사 '者'는 이것을
제거했을 경우 문장의 완성에 영향을 주게 된다. 한편, 이러한 진술어기조사 '者'는 다른
차원에서 설명하자면 일종의 화제화표지로 명명할 수 있다. 즉, '北山愚公者'는 화제가
되고 '年且九十'이 술제가 되어 전체적으로 화제화구문이 되고 있다. 위에서 何樂士(2006)
는 이것이 '휴지기능'을 하며 '진술과 소개의 의미'기능을 한다고 설명하고 있는데 그러한
내용들이 바로 화제화와 관련이 있는 것이다.

'者1'이 진술의 어기를 나타낼 때 위와 같은 형식적·의미적 특징을 갖고 있기 때문에
이것을 중심으로 ≪百喩經≫의 '者1'을 계정한 결과 아래와 같이 총32예가 출현하고 있
었다.

## 1) 주어 뒤 : 판단 혹은 소개

(1)  毗舍闍<u>者</u>, 喩於衆魔, 及以外道. (41. 毗舍闍鬼喩) ((두) 毗舍闍 귀신은 여러 마귀
     와 외도를 비유한다.) (※ 毗舍闍鬼: 피나 고기를 먹거나 사람의 정기를 빨아먹는
     귀신을 말한다.)
(2)  '無物'<u>者</u>, 二字共合, 是爲假名. (56. 索無物喩) ('無物'이란 것은 두 글자가 함께
     합쳐진 것으로, 이는 '가명(거짓이름)'이다.)
(3)  夫富貴<u>者</u>, 求時甚苦; 旣獲得已, 守護亦苦; 後還失之, 憂念復苦; 於三時中, 都無
     有樂. (44. 欲食半餠喩) (무릇 부귀라는 것은 구하려고 할 때도 매우 고통스럽고,
     이미 얻은 후 그것을 지키려고 할 때 또 고통스럽고, 후에 잃게 되었을 때 근심걱정으
     로 또 괴로우니, 이 세 가지 경우에서 즐거움이란 전혀 없다.)
(4)  泥洹<u>者</u>是不生不死法. (0. 引言) (열반이란 것은 불생불멸의 법이다.)

## 2) 복문 앞 절 말에 출현하는 경우: 원인

(5)  所以貪得仙人住<u>者</u>, 能見地中一切伏藏. (36. 破五通仙眼喩) (내가 선인이 머물기

---

4) 孫錫信(1999)

를 탐했던 바는 땅속 모든 매장 보물을 볼 수 있기 때문이다.)

### 3) 단문 혹은 복문의 끝에 출현하는 경우: 긍정강조

(6) 大梵天王是世間父, 能造萬物, 造萬物主者. (61. 梵天弟子造物因喻) (위대한 범
천왕은 세상의 아비이다. 능히 만물을 만들 수 있어 만물을 만든 주인이다.)

위에서 (1)은 '毗舍闍(일종의 귀신 이름)'라는 명사가 나왔고 거기에 '者'가 결합된 형
식이다. (2)에서도 '無物'이란 일종의 불교 용어를 설명하는 것이다. (3)은 특히 앞에 '夫'
와도 결합하여 전형적인 형식을 보여주고 있다. (4)에서는 '泥洹(열반)'에 대해 '是자판단
문'으로 설명하고 있는 전형적인 판단문 형식을 보여준다. (5)의 '所以貪得仙人住'는 결
과이고 뒤의 '能見地中一切伏藏'이 그 원인이다. 바로 인과관계를 '者'로 연결하고 있다.
(6)과 같은 형식은 그다지 많이 출현하지 않는 편인데 여기서 '大梵天王是世間父, 能造
萬物, 造萬物主'까지가 하나의 완벽한 문장이며 여기에 어기조사 '者'가 붙어 있는 형식
이다.

≪顔氏家訓≫에서는 1)의 기능이 33예, 2)가 16, 3)이 7예 출현하고 있는데 ≪百喩經≫
에서는 1)이 27예, 2)가 3예, 3)이 2예 출현한다.

한편, 이러한 '者1'은 唐宋시기에도 유행하여 ≪祖堂集≫에서 98예가 출현하고 있다.
이 가운데 1)의 경우가 거의 대부분이고 2)가 2예 출현하며 3)은 없다.

(7) 如來者, 無所從來, 亦無所去, 故名如來. (第三十三祖惠能和尙) (여래라는 것은
그것이 온 곳도 없고 그것이 갈 곳도 없어 이에 '여래'라고 이름한 것이다.) **1)**
(8) 寶山者, 吾身是也; 出光明者, 汝智慧也; 從屋而出者, 入道也; 山頂泉者, 無上法
味也. (第五祖提多迦尊者) (보배산은 나의 몸이오, 빛이 나오는 것은 그대의 지혜이
다. 지붕에서 나오는 것은 출가하는 것이오, 산꼭대기 샘은 무상의 법이다.) **1)**
(9) 吾今不傳此衣者, 以爲衆信心不疑惑. (第三十三祖惠能和尙) (내가 지금 이 의발
을 전하지 않으려는 것은 대중이 믿어 마음에 의혹이 없어졌기 때문이다.) **2)**

어기조사 '者1'의 문법화와 관련하여 李小軍·劉利(2008)는 명사화 기능을 하는 '者'가
점차 그 성질을 잃으면서 휴지, 화제표지의 기능을 갖추게 된 것이며, 이미 ≪論語≫, ≪左
傳≫ 등에 유사한 예가 등장하기 시작했다고 한다. 그러나 이 시기엔 대부분이 맹아 시기이
고 사실상 戰國시대 후기로 가야 진정한 의미의 어기조사 '者1'이 등장한다고 한다.

(10) 故桓公之兵橫行天下, 爲五伯長, 卒見弒於其臣, 而滅高名, 爲天下笑者, 何也? (韓非子, 十過) (그러므로 환공의 군대가 천하를 횡행하여 오패의 수장이 되었지만 결국 그 신하에게 시해당하고 말았고 고명이 없어지고 말았다. 이렇게 천하 사람들의 웃음거리가 된 것은 어째서인가?)

이를테면, 위의 (10)에서 '爲天下笑者'는 "천하 사람들의 웃음거리가 되다"로 이때의 '者'는 천하의 웃는 사람도 아니고 웃음거리가 된 자도 아니므로('爲天下笑' 자체는 일종의 피동형이다) 단지 휴지, 화제화 기능만을 하고 있다.

일반적으로 명사화를 이끄는 '者'는 형태 또는 통사적 성분이다. 그런데 이것의 명사화 기능이 저하되어 갈 때 그것 자체가 차지하고 있는 운율상의 작용으로 전체적인 리듬이 느려지고 휴지가 발생한다. '者'가 있는 경우가 없는 경우보다 훨씬 더 이러한 성격이 짙다고 한다. 그러함과 동시에 화자는 이미 명사화 기능이 없어진 '者'를 제거하기 보다는 이것을 이용하여 뒤의 설명 내용을 부각시키려고 한다. 즉, 명사화 기능이 없어졌다 하더라도 '者'를 계속 사용함으로써 화자의 발화 의도를 더욱더 부각시키게 되는 것이다. 그러한 용도로 '者'가 변화함으로써 기존의 명사화 기능 조사에서 화제화 어기조사로 문법화가 이루어지게 되었다. 이를 다시 말하면 형태, 통사적 지위가 점차 하강하는 반면 그것의 화용적 지위가 더욱 상승하여 급기야 화용적 표지로 변화해 버렸다는 것이다. 이것이 바로 명사화 구조조사 '者'로부터 화제화 표지 어기부사 '者'로 문법화하는 과정이다.[5]

## 也1

어기조사 '也1'은 상고중국어에서 전해져 온 것으로 총3예 출현한다.

(1) 我不病眼, 亦不著風, 欲得王意. 見王眼瞤, 故效王也. (26. 人效王眼瞤喻) (저는 눈에 병이 있는 게 아니고 또 바람을 맞아서 그런 것도 아닙니다. 왕의 뜻을 얻고자함입니다. 왕이 눈을 깜빡거리는 것을 보고 이에 왕을 따라한 것입니다.)

(2) 如彼愚臣, 唐毀他目也. (36. 破五通仙眼喻) (저 우매한 신하와 같이 공연히 남의 눈을 훼손한 것과 같다.)

---

5) 위의 李小軍·劉利(2008)는 상고중국어의 명사화 기능의 '者'를 지시대명사로 보고 있고 원래 '명사화 기능의 약화'란 말 대신 '지대성의 약화'란 말을 사용하고 있다. 이러한 기능의 '者'에 대해 지시대명사와 구조조사의 두 가지 학설이 대립하고 있는 상황인데 본서에서는 何樂士 등을 따라 이를 지시대명사로 보지 않고 명사화 기능의 구조조사로 보고자 한다.

(3) 譬如盲龜值浮木孔, 此二難値, 今已遭遇, 然其意劣, 奉持少戒, 便以爲足, 不求
涅槃勝妙法也. (55. 願爲王剃鬚喩) (비유하자면, 눈먼 거북이 물에 뜬 나무의 구멍
을 만나는 것과 같으니, 이 두 개는 만나기가 힘들다. (이렇게 어려운 두 가지가) 지금
이미 만났으나 그 생각이 졸렬하여 작은 계만 받들어도 만족스럽다고 여기며 열반을
위한 勝妙法(뛰어나고 묘한 법)을 구하지 않는다.) (※ 盲龜値浮木孔: 이것은 ≪雜
阿含經≫에 나온 것으로 사람이 세상에 태어나서 부처를 만나고 법을 들을 기회가
매우 어렵고 드물기 때문에 귀하게 여겨야 함을 강조한 것이다.)

≪百喩經≫에 출현하는 '也1'은 전통적인 상고중국어의 '판단', '논단'을 나타냈던 것
과는 약간 다르다. 孫錫信(1999)은 이 시기에 주목할 만한 '也'의 의미기능은 바로 현대중
국어의 '的'에 상당한 "사실이 확실히 이러하다는 것에 대한 긍정, 강조를 나타내는 것"이
라 하였다. 아래는 당시 기타 문헌에 출현한 동일 기능의 '也'이다.

(4) 君家不宜畜此婢, 可於東南二十里賣之, 愼勿爭價, 則此妖可除也. (搜神記卷三)
(그대 집에서는 이 천한 계집을 들여서는 안 된다. 동남쪽 20리 쯤 되는 곳에 가서
팔되 너무 가격흥정을 하지 말 것이며, 그러면 이 요괴를 제거할 수 있을 것이다.)

상기의 (1)(2)(3)에 등장한 '也'들은 '판단'보다는 긍정, 강조의 기능으로 볼 수 있다. 이
러한 긍정, 강조의 기능은 상고중국어에서도 존재했던 것이며 위진남북조 시기에 와서
'是'자 판단문이 증가하면서 '也'의 용도가 판단보다는 긍정, 강조 쪽으로 다소 선회한 면
모를 반영하는 것이다.
동시기 ≪顔氏家訓≫에서는 '也'가 350 예정도 출현하고 있다. 여기서는 판단, 인과관
계, 확인 등 전통적인 것도 있지만 또 아래와 같이 '矣'의 기능을 흡수한 예도 등장한다.

(5) 江南文制, 欲人彈射, 知有病累, 隨卽改之, 陳王得之於丁廙也. (文章) (강남 사람
들은 글을 지을 때, 남의 비평(彈射)을 받아 잘못된 곳이 있음을 알면 바로 고쳤으니,
진왕은 정이에게 그러함을 얻게 되었다.)

상고시기에는 '也'와 '矣' 사이의 기능 구별이 비교적 명확하였다. 그러나 孫錫信(1999)
에 따르면, 이와 같이 '也'가 '矣'의 기능을 하는 예는 위진남북조 시기에 비일비재하였고
唐宋시기로 가면서 더욱더 심해져서 사실상 '也'가 '矣'를 겸병하는 상황까지 발생했다고
한다. 아래는 기타 문헌에 등장하는 예이다.

(6) 汝着衫污, 火燒便浩也. (搜神記卷十) (네가 입고 있는 적삼이 더러우면 불로 태우면 깨끗해 질 것이다.)

여기서의 '也'는 곧 현대중국어의 사태조사 '了'와 같다.

이렇게 본다면, 위진남북조 시기의 진술의 어기조사 '也'는 한편으로 '的'와 유사한 긍정, 강조의 용법이 있었고, '了'와 유사한 사태 변화의 기능도 있었던 셈이다. 어찌됐든 ≪百喩經≫에서는 이 가운데 긍정, 강조의 기능만이 출현하고 있는데 '판단'의 용법이 다수 출현하는 ≪顏氏家訓≫과는 대조적으로 당시 실제 언어 변화에 보다 근접한 모습을 보여주고 있다.

'也'는 일찍이 상고중국어에서 다양한 용법으로 사용되어 왔다. 판단문이나 진술문에서 위와 같은 기능을 하는 것 외에도 감탄, 명령, 의문 등의 기타 어기로도 사용되고 있었다. 이러한 상고중국어의 기능은 위진남북조 시기에도 그대로 연속되고 있어 ≪百喩經≫에서는 의문, 명령의 어기조사로도 출현하고 있다.

이후 唐五代의 ≪祖堂集≫에서도 대부분의 기능이 잔존하고 있는데, 위의 진술문에서의 기능 말고도 의문문, 감탄문에서도 사용되고 있다. 특히 "어떤 사실의 변동"을 나타낼 수가 있다. 이것은 '미래상황문(將然句)'에 쓰여 사태가 곧 이루어질 것임을 나타내기도 하고(아래의 예(7)), '기발생상황문(已然句)'에 쓰여 사태가 이미 실현되었음을 나타내기도 한다(아래의 예(8)). ≪祖堂集≫에서 총669예의 '也' 가운데 이러한 용법이 200예가 넘는다.[6)]

(7) 欲報師恩, 無過守志; 欲報王恩, 無過流通大敎. 歸去也! 歸去也! 呵呵珍重! (羅山和尙) (스승의 은혜에 보답하려면 지조를 지키는 것 만한 것이 없고, 왕의 은혜에 보답하려면 대교를 유통시키는 것 만한 것이 없다. 돌아가리라! 돌아가리라! 하하! 잘 있으라.)

(8) 三日後問侍者: "這箇師僧在摩?" 侍者云: "去也." (後疎山和尙) (사흘 뒤에 시자에게 물었다. "이 중이 있는가?" 시자가 말했다. "떠났습니다.")

≪祖堂集≫에서 나타나고 있는 이러한 모습은 곧 위진남북조 시기에 출현한 '矣'를 대

---

6) 앞으로 본장에서 소개하는 대부분의 상고중국어 예문은 何樂士의 ≪古代漢語虛詞詞典≫, 또는 王海棻의 ≪古漢語虛詞詞典≫, 向熹의 ≪簡明漢語史≫, 楊伯峻·何樂士의 ≪古漢語語法及其發展≫ 등에서 인용한 것임을 밝히며 별도의 인용 표시를 하지 않는다. 다만 이 외에 특별히 다른 서적에서 인용한 경우는 그 출처를 밝힌다. 한편, ≪祖堂集≫이나 ≪朱子語類≫에서 인용한 예문들은 曹廣順등의 ≪<祖堂集>語法硏究≫, 吳福祥의 ≪<朱子語類輯略>語法硏究≫, 唐賢淸의 ≪<朱子語類>副詞硏究≫에서 인용한 것임을 밝혀두며 특별한 인용 표시를 하지 않는다.

체하는 기능(사태의 변화)이 계속해서 연장되어 발전한 것으로 볼 수 있다.

## 耳

어기부사 '耳'는 상고중국어에서 전해져 온 것으로 총7예 출현한다.

(1) 我祖父已來, 法常速食. 我今效之, 是故疾耳. (69. 效其祖先急速食喩) (내 조부 이래 법은 항상 빨리 먹는 것이었다. 나도 지금 그들을 본받아 하는 것이므로 빠르게 먹은 것이다.)

(2) 我昨見王女, 顏貌端正, 思與交通, 不能得故, 是以病耳. (76. 田夫思王女喩) (내가 지난번에 왕의 딸을 보는데 용모가 단정하여 그와 사귀고 싶은 마음이 들었다. 그녀를 얻지 못한 이유로 이렇게 병이 났다.)

(3) 此病最重, 以刀決之, 可得差耳! (72. 唵米決口喩) (이 병은 매우 중합니다. 칼로 찢으면 나을 수 있습니다!)

(4) 昔有一人患下部病, 醫言: "當須倒灌, 乃可瘥耳." (80. 倒灌喩) (옛날에 한 사람이 있었는데, 몸의 아랫부분이 아파서 의사가 말했다. "마땅히 장을 씻어내야 합니다. 그래야만 병이 나을 수 있습니다.")

이것은 진술어기조사로서 상고중국어 시기부터 아래와 같이 두 가지 기능을 해 왔다.

ⅰ) 진술문의 끝에 쓰여 한정의 어기를 나타낸다. '仅此而已'의 의미이다.

> 예) 寡人非能好先王之樂也, 直好世俗之樂耳. (孟子, 梁惠王下) (과인은 선왕의 음악을 좋아하는 것이 아닙니다. 다만 세속의 음악을 좋아할 뿐이다.)

ⅱ) 진술문의 끝에 쓰여 긍정 혹은 판단의 어기를 나타낸다. 이 경우 현대중국어의 '呢', '啊' 등과 같다.

> 예) 且壯士不死卽已, 死卽擧大名耳. (史記, 陳涉世家) (대장부가 죽지 않는다면 그만이지만 죽는다면 큰 이름을 이루어야 한다.)

이 둘은 사실 엄격하게 구분하기가 애매한 경우가 많아 문맥을 통해 구분해야 하며 특히 ⅰ)의 경우는 '直', '唯', '但' 등의 한정류 부사들과 호응을 하는 경우가 많다. ≪百喩經≫에서는 위와 같이 모두가 ⅱ)의 긍정, 판단 의미로 쓰이고 있다. 특히 형식적인 면에서 반복적으로 나타나는 경우가 있어 (1),(2)처럼 '是故', '是以' 등의 인과 관계를 나타내는 접속사들과 연결되는 경우가 4예나 출현하고 있다. '是以~耳'가 마치 하나의 관용적인 구문으로 쓰이듯이 하고 있고 이때의 '耳'는 그 인과관계에 대한 긍정을 강조하고 있다. 이 외에도 (4)와 같이 관련부사 '乃'와 함께 쓰이기도 하는데 이러한 예가 특히 ≪論衡≫에서 자주 등장한다.

(5) 令池在深室之中, 則三千人宜臨池坐, 前俯飮池酒, 仰食看膳, 倡樂在前, 乃爲樂耳. (語增篇) (가령 연못이 심궁에 있다면 삼천 인이 연못가에 앉아 고개를 숙여 연못의 술을 마시고 고개를 들어 안주를 먹으며 앞에는 또 음악을 연주하니 이래야 비로소 즐거운 것이다.)[7]

≪顔氏家訓≫에서는 한정을 나타내는 어기로 24예가 등장하고 긍정, 강조의 어기로 64예가 등장하고 있다. 이러한 상황은 ≪世說新語≫도 마찬가지여서 위진남북조 시기엔 여전히 상고중국어의 용법이 거의 그대로 유지되고 있는 상황이다.

孫錫信(1999)에 따르면, 위진남북조 시기에 와서 상고시기에 쓰이던 각종 진술어기조사들이 모종의 변화가 발생한다고 한다. 그 가운데 특히 눈여겨볼 만한 것이 바로 '耳'의 변화이다. 이 시기에 오면 기존 상고시기에 진술어기조사로 활약을 했던 '也'나 '矣'의 수가 점차 감소하기 시작하고, 상대적으로 '耳'의 기능이 증대된다고 한다. 즉, '耳'는 위와 같이 상고시기에 이미 두 가지 기능이 있었는데 중고시기에 와서 '止此(이에 불과하다)'의미를 갖는 ⅰ)의 기능이 많이 감소하고 이것이 없이 긍정, 강조하는 ⅱ)의 용법이 광범위하게 운용된다고 한다. 당장 ≪百喩經≫에서 나타난 상기의 현상이 바로 이것을 증명하고 있다. 그런데 여기서 더 눈여겨 볼 것은 바로 '耳'가 '矣'의 영역을 침범한다는 사실이다. 즉, '事態의 변화'까지 나타내게 되었다는 것이다. 예컨대, 아래와 같은 예가 있다.

(6) 行像訖, 王及夫人乃還宮耳. (法顯傳, 於闐國) (행상의식이 끝나자 왕과 부인은 곧 환궁하였다.)

여기서 '耳'는 기존의 '矣'와 같고 현대중국어의 '了'와 같다. 이렇게 '耳'가 '矣'의 기능을 하게 된 원인에 대해 孫錫信(1999)은 일차적으로 당시 '也'나 '矣'의 사용이 현격히 감소했다는 것을 들고 있다. 그러면서 동시에 '耳'의 운용이 확대됐다는 것이다. 두 번째는

---

7) 吳慶峰(2011)

바로 '矣'를 대체할 동일 기능의 어기조사가 출현하지 않은 것도 한 원인이 될 수 있다. 사실 '矣'와 같은 기능을 하는 어기조사는 바로 '了'인데 이것은 宋代에 가야 출현한다. 즉, 위진시기부터 宋代까지의 '矣'의 기능 공백을 '耳'가 대신하게 된 것이다.

## 矣

어기조사 '矣'는 상고중국어에서 전해져 온 것으로 총1예 출현한다.

> (1) 其人後復而與之言: "汝兒已生, 今死矣!" (30. 牧羊人喩) (그 사람은 나중에 다시 그에게 일러 말했다. "당신의 아들이 이미 태어났고 지금은 죽었다!")

어기조사 '矣' 역시 상고중국어 시기에 이미 여러 용법이 있었다. 위와 같이 진술어기를 나타낼 때에는 진술문의 끝에 쓰여, 사물의 기발생상황(已然), 미래상황(將然), 필연상황(必然)을 나타낸다. '기발생상황(已然)'을 나타낼 때는 "동작이 이미 완성이 되었거나 상황이 이미 출현했음"을 나타낸다. ≪百喩經≫에서는 이 용법만이 출현하고 있다. 그리고 '미래상황(將然)'일 경우는 "동작이 곧 시행되거나 상황이 곧 출현함"을 나타낸다. 상고중국어에서는 이 세 가지 용법이 모두 존재했으며 이 가운데 특히 '기발생상황(已然)'과 '미래상황(將然)'의 예를 보면 다음과 같다.

> (2) 晉侯在外十九年矣, 而果得晉國. 險阻艱難, 備嘗之矣; 民之情僞, 盡知之矣. (左傳, 僖公二十八年) (晋侯流亡在外十九年了, 终于得到了晋国, 艰难险阻, 都尝过了; 百姓的想法, 他全都了解了。) [기발생상황]
> (3) 孔子曰: "諾, 吾將仕矣" (論語, 陽貨) (孔子说: "好吧, 我即将担任官职了。") [미래상황]

예문의 옆에는 그것의 현대중국어 번역이 병기되어 있는데 이를 비교해 보면 확실히 '矣'가 현대중국어의 '了'에 해당함을 알 수 있다. (1)의 '今死矣' 또한 "現在死了"로 번역할 수 있다.

≪顔氏家訓≫에서는 '矣'가 매우 많이 출현하여 78예나 출현한다. '기발생상황(已然)'의 의미가 37예, '미래상황(將然)'이 1예, '필연사황(必然)'이 22예 출현하며 이 외에 긍정, 감탄 용법이 또 출현하고 있다.

≪百喩經≫에서는 비록 1예만 출현하고 있으나 이 시기 ≪世說新語≫에서도 36예 출현

하고 있는 등 여전히 상용되고 있던 어기조사이다. 그런데 특이하게도 ≪賢愚經≫에서도 10예정도만이 출현하고 있다. 전체적인 편폭으로 볼 때, ≪賢愚經≫이나 ≪世說新語≫가 거의 비슷한 수준인데 이러한 출현비율 상의 차이가 나타나고 있다. 또 ≪搜神記≫에서는 50예가 발견되고 있는 반면 다른 불경역경류에서는 매우 드물게 출현하고 있다. 이로 보면 대체로 中土문헌에서는 '矣'의 사용비율이 높은 편이나 불경역경에서는 낮은 편이다. 이 것의 원인에 대해서는 보다 심도 있는 연구가 필요할 것으로 보인다.

## 已

어기조사 '已'는 상고중국어에서 전해져 온 것으로 총1예 출현한다.

(1) 臨命終時, 方言: "今我欲得修善." 獄卒將去付閻羅王, 雖欲修善, 亦無所及已. (47. 貧人能作鴛鴦鳴喩) (명이 끝날 즈음에 그제야 비로소 말을 한다. "지금 나는 선을 닦으려고 한다." 그러나 옥졸이 데리고 가서 염라왕에게 넘기면 비록 선을 닦고 자 해도 이를 수 없게 될 것이다.)

어기조사 '已'는 상고중국어에서 판단, 진술, 감탄 등의 어기조사 기능을 갖고 있었다. 위의 예는 이 가운데 '진술'의 어기조사로 현대중국어의 '了'에 해당한다. 이 부분을 현대 중국어로 바꾸면 "鬼卒还是把他带到阎罗王那里, 就是要做好事, 也来不及了"가 된다. 이러한 예의 상고중국어 예는 아래와 같다.

(2) 然則大王之所大欲, 可知已. (孟子, 梁惠王上) (그러하니 대왕께서 하고자 하는 바 를 알 수 있게 되었습니다.)

즉, 상고중국어의 '矣'와 그 기능이 유사한 셈이다. 그래서 孫錫信(1999)은 "이것이 문 말에 출현하여 한 마디 말이 종결되었음을 표시하며, 결정, 긍정의 어기를 갖고 있어서 그 작용이 '矣'와 유사하다"라고 하고 있다.
≪顏氏家訓≫에서도 1예 출현하며 역시 진술의 기능을 한다.

(3) 然則可儉而不可吝已. (治家) (그러한 즉 검소한 것은 가하나 인색할 수는 없다.)

## 4.1.2 의문어기조사

### 也2

어기조사 '也2'는 상고중국어에서 전해져 온 것으로 총3예 출현한다.

#### 1) 특지의문문

    (1)  汝自愚癡, 云何名彼以爲癡也? (3. 以梨打頭破喩) (너 스스로 멍청한 것이니, 어째서 저 사람을 우둔하다고 칭하는가?)

    (2)  傍人問言: "何故打也?" (13. 說人喜瞋喩) (옆 사람이 물어 말했다. "어째서 때리는 것이오?")

#### 2) 반어의문문

    (3)  所以美者, 緣有鹽故. 少有尙爾, 況復多也? (1. 愚人食鹽喩) (맛이 좋은 것은 소금이 있기 때문이다. 적게 넣어도 여전히 이러하니 하물며 많으면 어떠하겠는가?)

어기조사 '也'는 상고중국어 시기부터 매우 다양한 기능을 갖고 있었으며 의문어기조사로서도 상기의 기능 모두 이미 존재했었다. 아래는 상고중국어의 예이다.

    (4)  樂正子入見, 曰: "君奚爲不見孟軻也?" (孟子, 梁惠王下) (악정자가 궁에 들어와 왕을 보고는 말했다. "왕께서는 어째서 맹자를 만나지 않습니까?")

    (5)  君美甚, 徐公何能及公也? (戰國策, 齊策) (그대는 매우 아름다운데 徐公이 어찌 그대를 따라가겠는가?)

(4)는 특지의문의 경우이고, (5)는 반어의문이다. ≪顔氏家訓≫에서도 여전히 '也'는 의문어기조사로 활약했는데 20예나 출현하고 있었다.

한편, 孫錫信(1999)에 따르면, 중고시기에 의문어기조사 '也2'에 생긴 주요한 변화로 '是非의문문', 추측의문문'에서의 용법을 들 수 있다고 한다.

    (6)  又曰: "君疑我也?" (搜神記) (또 말했다. "그대는 나를 의심하시오?")

    (7)  鬼言: "卿太重, 將非鬼也?" (搜神記) (귀신이 말했다. "당신은 너무 무거운 걸 보니, 귀신이 아닌가 보오?")

(6)은 是非의문문이고, (7)은 추측의문문이다. 그러나 이 둘은 모두 ≪百喩經≫에서는

출현하지 않는다.

위진남북조 시기에는 의문어기조사 ‘也2’가 여전히 활약하고 있지만 唐代의 ≪祖堂集≫이나 宋代의 ≪朱子語類≫에서는 거의 출현하지 않고 있다.

## 耶

어기조사 ‘耶’는 상고중국어에서 전해져 온 것으로 총4예 출현한다.[8]

(1) 何以苦惱? 取汝百兩, 十倍與汝. 意不足耶? 何故苦惱? (20. 人說王縱暴喩) (어째서 괴로워하는가? 너의 백량을 취한 후 열 배를 주었는데 부족하다고 여기는가? 어째서 괴로워하는가?)

(2) 汝眼痛耶? (85. 婦女患眼痛喩) (당신은 눈이 아프나요?)

(3) 汝爲病耶, 爲著風耶? 何以眼瞤? (26. 人效王眼瞤喩) (너는 병 때문인가, 아니면 바람 때문인가? 어째서 눈을 깜빡이는가?)

이것은 상고중국어에서 전문적인 의문어기조사로 활약을 해왔다. 그 시기에 특지의문, 是非의문, 선택의문 등 여러 의문문에 다 출현하고 있었다. ≪百喩經≫에서는 이 가운데 시비의문과 선택의문에서 출현하고 있다. 대부분이 시비의문이며 (3)은 둘 중 하나를 선택하게 하는 선택의문문의 형식을 취하고 있다.

≪顔氏家訓≫에서는 총10예 출현하는데 일반의문은 2예지만 반어의문이 8예에 이른다. ‘耶’는 위진남북조 시기에도 대체로 상고 시기의 용법이 거의 그대로 사용되고 있고 주요한 의문어기조사로 활약하고 있지만 唐五代의 ≪祖堂集≫에서도 무려 72예나 출현하여 가장 상용되는 의문어기조사로 출현하고 있다.

(4) 師乃問毱多曰: “汝年幾歲耶?” 子曰: “年十七歲也.” (第三祖商那和修尊者) (선사가 毱多에게 물어 말했다. “너는 나이가 몇 살이냐?” 아이가 대답했다. “나이가 열일곱입니다.”)

(5) 唯此一等, 更有別耶? (第二十八祖菩提達摩和尙) (오직 이러한 것뿐일 텐데 또 다른 것이 있습니까?)

---

8) ‘耶’는 상고시기엔 ‘邪’로도 표기하였다. 이 두 글자는 모두 喩母麻韻四等자로 상고음에선 余母, 魚部자들이다. 즉, 이들의 발음이 같다. 다만 先秦兩漢에서는 ‘邪’로 쓰고, 위진남북조 시기엔 ‘耶’로 썼다고 한다.(孫錫信(1999))

(6) 師曰: "彼風鳴耶, 銅鈴鳴耶?" (第十七祖僧伽難提尊者) (선사가 말했다. "저것은 바람이 우는 것인가 아니면 동령이 우는 것인가?")

(4)는 특지의문문이고, (5)는 是非의문문, (6)은 선택의문문이다. 특히 선택의문문의 경우 《百喩經》과 동일한 형식을 띄고 있다.


## 乎

어기조사 '乎'는 상고중국어에서 전해져 온 것으로 총1예 출현한다.

(1) 我今寧可截取其鼻, 著我婦面上, 不亦好乎? (28. 爲婦貿鼻喩) (내가 차라리 그의 코를 베어 내 아내 얼굴에 붙이면 또한 예쁘지 않겠는가?)

어기조사 '乎'는 상고중국어에서 의문, 감탄, 명령 등의 기능이 있었다. 의문어기조사로서 특지의문문, 是非의문문, 선택의문문, 반어의문문 등 다양한 방면에 출현하고 있어 상고중국어 시기 가장 대표적인 의문어기조사라고 할 수 있다. 《百喩經》에서는 위의 1예만이 등장하여 매우 낮은 출현비율을 보여주고 있으며 위의 예는 반어의문이다. 특히 앞에 반어를 나타내는 표지인 '不亦'이 등장하고 있어 쉽게 구분이 된다.9)

동시기 《顔氏家訓》에서는 의문어기조사로 62예나 출현하고 있으며 이 중 반어의문이 45예로 가장 많다. 아래는 반어의문에 쓰이는 예이다.

(2) 一手之中, 向背如此, 況異代各人乎? (勉學) (같은 사람에게서 나온 이론도 향배가 이와 같거늘 하물며 다른 시대 다른 사람에게서 나온 것은 어떠하겠는가?)

의문어기조사 '乎'는 《百喩經》에서 비록 1예만 출현하나 동시기 기타 문헌에서는 위와 같이 다수가 출현하는 비교적 상용되는 조사였고 이후 唐宋시대에도 이러한 상황은 계속 이어졌다. 唐五代의 《祖堂集》에서도 '耶' 다음으로 많은 42예가 출현하고 있는데 특이하게도 여러 가지 의문문 중 반어의문의 출현예가 28예나 되어 전체적인 상황이 《顔氏家訓》 심지어 《百喩經》과도 유사하다. 아래는 《祖堂集》의 예이다.

---

9) 《古代漢語虛詞詞典》(2000)에 의하면, 고한어에서 반어의 의미를 나타내는 어기조사 '乎'는 '何', '孰', '誰' 등의 반어 의문대명사나 '不亦', '豈', '其', '寧' 등의 반어 어기부사와 호응을 하고 있다고 한다.

(3) 佛身無爲, 無所挂碍. 今以有爲質碍之物而作佛身, 豈不乖於聖旨乎? (慧忠國師) (부처님의 몸은 본디 행위가 없고 장애도 없거늘, 지금 행위와 장애의 것으로 부처님의 몸이라 하니, 어찌 성인의 뜻에 어긋나지 않겠습니까?)

중고시기 의문어기조사 '乎'의 발전과 관련하여 孫錫信(1999)은 다음과 같이 언급한다. '乎'는 위진남북조 시기에 매우 빈번하게 사용되었던 어기조사였다. 그 출현비율은 상고시기를 상회하고 있으며 용법도 상고시기의 것이 거의 그대로 전해져 오고 있다. 다만, 이 시기의 특징은 '乎'의 여러 용법 중 특히 '반어의문'의 용법이 가장 많이 출현한다는 점이다. 일반적인 是非의문문에서의 용법보다도 더 많이 출현하고 있다. 반어의문은 강한 긍정의 어기를 갖기 때문에 쉽게 감탄문으로 전환이 되는데 중고시기에 감탄에 쓰이는 어기조사 '乎'는 대부분 이렇게 하여 이루어진 것이다. 그의 말처럼 이렇게 '乎'의 반어의문에서의 용법이 부각된 것은 《顔氏家訓》의 상황을 봐도 알 수 있고, 사실상 《百喩經》의 상황을 봐도 알 수 있다. 《百喩經》에서는 비록 1예만 출현하지만 그것이 하필 반어의문의 용법이었다. 위에서 또 《祖堂集》에서도 그렇게 나타난다고 했는데 이 모두가 중고시기부터 등장한 의문어기조사 '乎'의 기능상의 주요 변화가 반영된 현상이라 할 수 있다. '乎'의 이러한 변화는 곧 상고시기에서 중고시기로 가는 과정에 발생한 의문어기조사의 매우 특이하고 중요한 변화현상으로 평가할 수 있겠다.

## 爲

어기조사 '爲'는 상고중국어에서 전해져 온 것으로 총4예 출현한다.

(1) 我已破一戒, 旣不具足, 何用持爲? (37. 殺群牛喩) (내가 이미 계 하나를 어겼으니 이미 완전하지 않으므로 어째서 지키려고 하고 있는가?)

(2) 汝何以不得瓦師將來? 用是驢爲? (31. 雇倩瓦師喩) (너는 어째서 도공을 모셔오지 않았느냐? 이 나귀를 뭐하겠는가?)

(3) 已失一牛, 俱不全足, 用是牛爲! (37. 殺群牛喩) (이미 소 한 마리를 잃어서 전부 온전하게 충족되지 못하니 이 소들을 뭐하겠는가!)

(4) 留爾守門, 正爲財物. 財物旣失, 用於門爲? (45. 奴守門喩) (너에게 남겨 문을 지키라고 한 것은 바로 재물 때문이다. 재물을 다 잃었으니 문을 뭐하겠는가?)

어기조사 '爲'는 매우 특이한 형식으로 이것으로 구성되는 의문문은 이미 상고중국어

시기부터 존재해왔다. 이와 관련하여 太田辰夫(1991)는 상고중국어와의 관련성도 언급하면서 중고시기의 특이한 의문문형식으로서 어기조사 '爲'로 구성된 새로운 형식을 언급하고 있다. 먼저 그는 아래와 같은 상고시기 형식을 제시한다.

ⅰ) 何以……爲?

(5) 夫顓臾, 昔者先王, 以爲東蒙主, 且在邦域之中矣, 是社稷之臣也, <u>何以伐爲</u>? (論語, 季氏) (저 전유는 옛적에 선왕께서 東蒙山의 祭主로 삼으셨고, 또한 우리나라 안에 위치하고 있으니, 이는 사직(社稷)의 신하이다. 어찌 정벌할 수 있겠는가?)

(6) 棘子成曰: "君子質而已矣, <u>何以文爲</u>?" (論語, 顏淵) (극자성이 말하였다. "군자는 質뿐이니, 文을 어디에 쓰겠는가?")

ⅱ) 何用……爲?

(7) 賀怨曰: "<u>何用故人富貴爲</u>? 脫粟布被, 我自有之." (西京雜記, 公孫弘粟飯布被) (高賀가 원망하며 말했다. "친구의 돈으로 무엇 하겠는가? 거친 곡식과 이불 정도는 나도 있다네.")

(8) 男兒重意氣, <u>何用錢刀爲</u>? (漢卓文君, 白頭吟) (남자는 무릇 의기를 중시해야 하는데 돈과 보물은 다 무엇 하겠는가?)

ⅲ) 何……爲?

(9) 吾所爭, 周人所恥, <u>何往爲</u>? 祇取辱耳. (史記, 周本紀) (우리가 다투는 것을 주나라 사람들은 수치스럽게 생각한다. 무엇 때문에 서백을 보러 가는가? 그저 수치를 당할 뿐이다.)

(10) 天之亡我, <u>我何渡爲</u>? (史記, 項羽本紀) (하늘이 나를 망하게 하거늘 내 어찌 강을 건너겠는가?)

상기의 형식들은 모두 상고중국어에 이미 등장한 것이며 이 가운데 ⅱ)는 상고에 나오긴 했으나 주로 중고시기에 쓰인 형식이라고 한다. 즉, 의문대명사 '何'와 전치사 '以' 그리고 어기조사 '爲'로 구성된 것인데, 이중 ⅱ)는 '以'가 '用'으로 대체된 형식이고 ⅲ)은 전치사가 생략된 형식이다(물론 '何以'와 '何用'을 하나의 의문사로 볼 수도 있다). 이러한 형식들은 이미 학계에 많이 보고된 것이며 이보다 太田辰夫(1991)는 의문대명사가 사용되지 않는 특이한 아래와 같은 형식이 주로 중고시기에 사용되었다고 한다.

**iv)** 以……爲?

(11) 育兒數月, 而婦姪身, 曰: "吾以無嗣, 故育異姓, 天授余祚, 今以子爲? (六度集經) (아이를 수개월 기르고 있었는데 아내가 임신을 하여 말했다. "내 후사가 없어 남의 아이를 기르고 있었는데 하늘이 나에게 은혜를 베풀었으니 이제 이 아이를 어찌할꼬?)

**v)** 用……爲?

(12) 如來弟子遇苦惱時, 亦復求刀自殺. 我今用此命爲? (增壹阿含經19) (여래의 제자가 고뇌를 만났을 때 또한 칼로 자살할 수 있는데 나는 지금 이 목숨을 어찌할꼬?)

(13) 汝刹利種, 用出家受戒爲? (十誦律2) (그대는 찰리종인데 어찌하여 출가하여 계를 받는가?)

이 가운데 특히 v)와 같이 전치사 '用'으로 구성된 형식은 중고중국어에서 상용되던 것으로 ≪百喩經≫의 것도 주로 이 형식이다. 위의 예들을 살펴보면, (1)은 전형적인 '何用…爲'구문이고, (2)(3)은 전형적인 '用…爲'구문이다. 그런데 특이한 것은 바로 (4)이다. 여기서는 '用' 뒤에 '於'라는 전치사가 나오고 나서 명사 '門'이 나온다. 이때 전체 '用於門爲'의 의미는 "문만 남겨 무엇 하려고 하는가?"인데 이 의미에 대해 전치사 '於'가 하는 역할이 눈에 띄지 않는다. 사실 '門' 하나만 출현해도 되는 것이다. 그렇다면 이때의 '於'는 도대체 어떤 역할을 하는 것인가? 이에 대해서는 앞의 전치사편에서 등장한 '於3'의 '未見於婦'와 유사한 역할일 것으로 추정된다. 즉 전체적으로 4자구를 구성할 목적으로 이와 같이 형식적인 '於'를 삽입시켰을 것으로 보인다.

한편, ≪百喩經≫에 출현하고 있는 어기조사 '爲'는 모두 의문문의 여러 유형 중 반어의문에 출현하고 있으며 기타 문헌에서 출현하고 있는 예들도 대부분 반어의문에 출현하고 있는 것이 특징이다. '爲'자체가 조사인지에 대해서도 아직은 논란의 여지가 있으나 본서에서는 일단 어기조사로 보고자한다. 이러한 '爲'자체가 중고시기에 새롭게 등장한 것은 아닐지라도 이것으로 구성된 '用…爲'형식이 이 시기에 새롭게 등장했다는 점이 바로 주목할 만한 사실이다.

## 4.1.3 가설어기조사[10]

### 者2

어기조사 '者'는 중고시기에서 탄생한 것으로 총14예 출현한다.

(1) 若欲得王意者, 王之形相, 汝當效之. (26. 人效王眼瞤喩) (만약 왕의 뜻을 얻고자 한다면 왕의 모습을 당신이 마땅히 따라해야 한다.)

(2) 今我若能使汝得者, 我亦應先自得, 令汝亦得. (40. 治禿喩) (지금 내가 만약 그대로 하여금 얻을 수 있게 한다면 나 또한 마땅히 먼저 스스로 터득하고 나서 그대에게 얻게 해줄 수 있을 것이다.)

(3) 我今飽足, 由此半餅. 然前六餅, 唐自捐棄, 設知半餅能充足者, 應先食之. (44. 欲食半餅喩) (나는 지금 배가 부른데 이 반쪽 전병 때문이다. 그러나 앞의 여섯 전병은 공연히 버린 것에 불과하다. 만약 반쪽 전병으로 충분할 수 있음을 알았다면 마땅히 먼저 그것(반쪽)을 먹었을 텐데.)

(4) 苟須懺者, 更就犯之, 然後當出. (6. 子死欲停置家中喩) (만약 참회가 필요하다면 다시(又) 이를 범하고 나서 마땅히 出罪해야 할 것이다.)

(5) 汝欲得離者, 當攝汝六情, 閉其心意, 妄想不生, 便得解脱. (38. 飲木桶水喩) (당신이 떠나려고 한다면 마땅히 당신의 육정을 다잡고 그 마음을 닫아 헛생각이 생기지 않게 해야 해탈할 수 있다.)

---

10) ≪百喩經≫에는 가설의 어기조사로 '者'하나만 출현한다. 그러나 '者'와 유사한 기능을 하는 '時'도 1예 출현하고 있다.
   (1) 我以欲得彼之錢財, 認之爲兄, 實非是兄. 若其債時, 則稱非兄. (7. 認人爲兄喩) (나는 그의 재물을 얻기를 원했기 때문에 그를 형으로 인정한 것이나 사실은 형이 아니다. 만약 그가 빚독촉을 한다면 그가 형이 아니라고 하는 것이다.)
   이 문장에서 '時'는 어느 정도는 가설의 기능을 갖고 있다고 볼 수 있다. 특히 '若'이란 접속사와 '則'이 출현하기 때문에 더더욱 그러할 가능성이 있다. 그리고 근대중국어 시기에 '時'가 가설조사로 문법화하여 쓰이기도 하였다. 그러나 현재까지 학계에 보고된 바에 의하면 '時'가 가설조사로 문법화한 시기는 初盛唐 정도로 보고 있다. 江藍生(2002)에 따르면, 初唐 王梵志詩에서 최초의 가설조사로서의 '時'가 등장한다고 한다. 물론 여기에는 또 여전히 시간명사의 의미가 흔적으로 남아 있는 것도 존재한다. 그렇기 때문에 江藍生은 이 시기에 '時'가 시간명사에서 가설어기조사로 문법화한 것으로 보는 것이다. 사실, 위의 예 앞부분에 아래와 같은 문장이 출현한다.
   (2) 汝是愚人, 云何須財名他爲兄; 及其債時, 復言非兄? (7. 認人爲兄喩) (당신은 우매한 사람이다. 어째서 돈이 필요할 때는 그를 형이라 하고, 그가 빚을 독촉할 때에 와서는 다시 형이 아니라고 말하는가?)
   이 문장에서 '及其債時'는 "그가 빚독촉을 할 때에 이르러서는"이란 시간의 개념을 표시한다. 그렇기 때문에 이와 동일 문맥 속에서 유사한 형식으로 출현하는 (1)과 같은 예문의 '時'는 당연히 (2)의 '時'와 같이 여전히 시간명사의 기능이라고 봐야 할 것이다.

여기서 '者'는 항상 가설복문에서 가설을 나타내는 절의 끝에 출현하여 현대중국어의 '……的话'에 해당하는 역할을 한다. (1) (2) (3) (4)는 가설접속사로서 '若', '設', '苟'가 출현하고 있으나 (5)는 그러한 접속사가 출현하지 않고 있다. ≪顔氏家訓≫에서도 가설조사인 '者2'가 아래와 같이 11예 출현하고 있다.

(6) 若生女者, 輒持將去, 母隨號泣, 使人不忍聞也. (治家) (만약 딸을 낳으면 곧바로 안고 달아나 버리러 갔는데, 어미가 따라가며 우는 소리는 사람들로 하여금 차마 들을 수 없게 했다.)
(7) 不爾者, 失其時也. (書證) (그렇게 하지 않으면 때를 놓치고 만다.)

그리고 唐五代의 ≪祖堂集≫에서도 32예나 출현하고 있다.

(8) 若變悔者, 朕當破作七分. (第七釋迦牟尼佛) (만약 회개한다면 짐은 쪼개져 일곱 조각으로 나뉠 것이오.)

가설의 어기조사 '者2'에 대해 何樂士(2006) 등은 상고중국어 시기에 이미 존재했다고 주장한다. 그래서 아래와 같은 상고시기 문헌에 출현하는 '者'가 이미 가설어기조사의 역할을 하고 있다고 한다.

(9) 若不得者, 則大憂以懼. (莊子, 至樂) (만약 얻지 못하면 크게 근심하고 걱정할 것이다.)
(10) 伍奢有二子, 不殺者, 爲楚國患. (史記, 楚世家) (오사는 두 아들이 있다. 만약 죽이지 않으면 장차 초나라의 화근이 될 것이다.)

그러나 이와 관련하여 좀 더 신중히 접근할 필요가 있다. 이에 대해 李小軍·劉利(2008)는 가설의 어기조사 '者2'가 중고시기에 가서야 문법화 한 것으로 보고 있다. 이들은 가설어기조사 '者'가 진술어기조사인 화제화표지 '者1'로부터 문법화된 것이라 한다. 이들의 연구에 따르면 상고시기에 등장한 위의 (9)(10) 등과 같은 문장에 출현한 '者'는 여전히 진술어기조사(휴지기능)의 신분이라 한다. 왜냐하면 이 시기 '者'자가 쓰인 가설문이 전체 문헌에서 그다지 많이 출현하지 않으므로 설사 존재한다 해도 이는 아직 완벽히 가설어기를 띈 형식이 아니기 때문이다. 즉, 위진남북조 시기에 가서야 대량으로 '者'자가 있는 가설문이 나오기 때문에 문법화 시점을 이 시기로 잡아야 한다고 본다. 그래서 ≪世說新語≫의 경우, 총32예의 어기조사 '者' 가운데 가설문이 12예에 이르러 37%를 차지할 정도라고 한다.

과연 이 시기에 (9)(10) 등과 같은 문장의 '者'가 가설어기인지 진술어기인지는 아직 논란의 여지가 있지만 그들의 문법화 과정 설명은 매우 참고할 만하다. 그들은 가설문에 있는 '者'가 진술어기조사의 신분이지만 이것이 가설문에 대량으로 등장함으로써 서서히 가설문 특유의 어기에 영향을 받아 문장 자체의 가설의미에 전염이 되었다는 것이다. 이러한 전염의 현상은 사실 어기조사 자체가 갖는 강한 '主觀性'에 기인하는데 화자가 말을 할 때 어기조사를 통해 자신의 어기를 강조하고자 하는 성향이 강하기 때문에 '문장의 어기'가 '조사의 어기'로 전환할 수밖에 없는 상황이라고 한다. 이들은 이것을 '화용추리'라고 부르는데, 다른 말로 '문맥적 재해석' 또는 '화용론적 강화'라고 할 수 있다. 사실 이러한 현상은 전형적인 주관화 현상이다. 주관화는 결국 '화자의 관점이나 견해를 표현'하는 것이다. 그렇기 때문에 화자가 '가설 강조'라고 하는 자신의 관점을 부호화하기 위한 수단으로 '者'를 선택하여 이것이 문장의 가설의미를 부여받게끔 한다. 이를 통해 기존의 진술어기 강조를 위해 쓰이던 '者'의 의미에 변화가 발생하고 새로운 기능을 수행하게 되는 것이다.

### 4.1.4 감탄어기조사

## 哉

어기조사 '哉'는 상고중국어에서 전해져 온 것으로 총2예 출현한다.

(1) 倍踊躍歡喜, 而作是言: "快哉! 大師速能令我證最妙法." (15. 醫與王女藥令卒長大喩) ((그는) 더욱더 뛰며 기뻐하며 이러한 말을 했다. "통쾌하군! 대사께서는 빠르게 나로 하여금 가장 묘한 방법을 증명하게 했구나!")

(2) 佛言: "善哉!" (0. 引言) (매우 좋다)

어기조사 '哉'는 이미 상고중국어에서 존재했던 것으로 이 시기에는 감탄, 의문, 명령 세 가지 어기를 나타내는데 사용되었다. ≪百喩經≫의 '哉'는 이 중 감탄어기만을 나타내고 있고 그 출현비율도 비교적 저조한 편이나, 동시기 ≪顔氏家訓≫에서는 34예나 출현하는 등 매우 자주 출현하고 있다. ≪顔氏家訓≫에서는 감탄어기가 17예, 반어의문이 16예, 일반의문이 1예 출현한다.

(3) 此君子之所惜哉! (養生) (이것은 군자가 안타깝게 여기는 바이다!) **[감탄어기]**

(4) 愛先人之遺體, 惜己身之分氣, 非兄弟何念哉? (兄弟) (선인들이 남겨준 몸을 사랑하고 자신에게 나누어진 기를 아낌에 형제가 아니라면 어찌 그런 생각을 하겠는가?) **[반어어기]**

동일한 중토문헌인 ≪世說新語≫에서는 특이하게도 '哉'가 단지 5예만 출현하고 있고 그것도 반어의문에만 출현하고 있다. 또한 필자의 조사에 의하면 ≪賢愚經≫에서는 40예 정도가 출현하고 있기 때문에 중토문헌과 불경역경의 특별한 구분현상이 있는 것은 아닌 것으로 보인다.

한편, 唐五代의 ≪祖堂集≫에서도 '哉'가 41예나 출현하고 있다. 감탄어기가 36예로 가장 많고 그 외에 반어의문, 명령문 등에서도 쓰이고 있어 특별히 상고중국어와 달라진 모습이 보이지 않는다.

(5) 祖師一跳下來, 撫背曰: "善哉, 善哉! 有手執干戈." (一宿覺和尙) (조사가 뛰어 내려와서는 등을 어루만지면서 말했다. "좋다. 옳은 말이다! 손에 간과를 들었구나.")

(6) 如來藏性遍於螻蟻, 豈独於獦獠而無哉? (第三十三祖惠能和尙) (여래장의 성품은 개미까지도 두루 있는 것이거늘 어찌 유독 오랑캐 땅에만 없을 수 있겠습니까?)

위의 (5)는 감탄어기이고, (6)은 반어어기이다.

이와 같이 위진남북조 시기에서 唐五代에 이르는 '哉'의 상황을 보면 기존 상고시기의 다양한 기능에서 주로 감탄어기 중심으로 발전해 나간 것을 볼 수 있는데, 孫錫信(1999)도 역시 이것을 주목하여 이미 위진남북조 시기에 들어서서 상기의 여러 기능 가운데 주로 감탄어기 위주로 사용되기 시작했다고 한다. 이러한 사실은 ≪百喩經≫에서도 그대로 반영되어 있어 비록 적은 수긴 하나 모두 감탄어기조사로만 쓰이고 있다.


## 4.1.5 명령어기조사[11]

**也3**

어기조사 '也3'은 상고중국어에서 전해져 온 것으로 총4예 출현한다.

---

11) 본서에서 말하는 '명령'이란 말은 중국어의 '祈使'를 순화하여 표현한 것이다. 물론 '祈使'가 완벽히 '명령'이란 말에 대응하는 것이 아니고 보다 더 넓은 의미를 나타낼 수 있으나 본서에서는 이것을 넓은 의미로 사용하여 '祈使'란 말을 대신하고자 한다.

(1) 我謂空篋, 都無所有; 不知有君在此篋中, 莫見瞋也. (35. 寶篋鏡喩) (저는 빈 상자고 아무 것도 안에 없을 것이라 생각했는데 당신께서 이 상자 안에 계실 줄은 몰랐습니다. (나에 대해) 노여워 마십시오.)

(2) 汝色聲香味, 莫復更來使我見也. (38. 飮木桶水喩) (너 색,성,향,미 더 이상 나로 하여금 보게 하지 마라.)

(3) 汝莫愁也. 我敎汝出. (75. 駝甕俱失喩) (그대는 걱정 마시오. 내가 그대로 하여금 나오게 해줄 것이오.)

(4) 我當爲汝作好方便, 使汝得之, 勿得愁也. (76. 田夫思王女喩) (내가 너를 위해 좋은 방법을 마련하여 너로 하여금 그녀를 얻게 해 줄 테니 더는 상심 마라.)

어기조사 '也'는 상고중국어에서 여러 가지 의미기능이 있었고 명령(祈使)의 의미 역시 그 중 하나이다. 상고시기에는 유사 어기부사인 '其', 부정부사 '勿', '莫', '毋' 등과 함께 출현하기도 하였으며, 상기의 ≪百喩經≫의 예 모두 부정부사와 결합하여 '금지'의미를 나타내고 있다. 다만 중고시기의 대표적인 '금지'부정부사로 '莫'이 주로 쓰였기 때문에 '莫'과 결합하는 예가 더 많이 출현한다.

≪顏氏家訓≫에서는 명령의미의 '也'가 16예 출현하며 ≪世說新語≫에서도 다수 출현하고 있다. 다만 張振德 등의 ≪<世說新語>語言硏究≫에서는 이러한 '명령' 기능의 '也'가 명령어기를 완화시키는 작용을 하기도 한다고 했는데, 공교롭게도 ≪百喩經≫의 상기 4개의 예 모두 비록 금지성 명령이지만 그 내용은 상대방을 배려하거나 사정하는 등의 비교적 완곡한 어감이 들어 있다.

한편, 唐宋시기 ≪祖堂集≫, ≪朱子語類≫에서는 '也3'이 출현하지 않고 있고, ≪祖堂集≫이나 ≪敦煌變文≫에서는 '著(着)'가 주로 사용되고 있다. 이것은 唐代에 새롭게 등장한 명령어기조사이다.

(5) 阿難問師: "傳佛金襴外, 別傳箇什麽?" 師喚阿難, 阿難應喏. 師曰: "倒却門前刹竿著!" (第一祖大迦叶尊者) (아난이 스승께 물었다. "부처께서 금란가사 이외에 또 무엇을 전하였습니까?" 이에 스승은 아난을 불렀고 아난이 대답했다. 스승이 말했다. "문 앞에 있는 저 刹竿을 꺾어버려라!")

중고시기엔 여러 가지 어기조사가 있었고 또 그들 어기조사 모두 여러 가지 기능을 갖기도 했다. 그런데 孫錫信(1999)에 따르면 이들 어기조사들이 상고시기로부터 그 기능이 이어지고 있어도 어느 정도는 상호 간의 分工이 이루어져서 의미 기능이 점차 간소화, 통일되는 방향으로 나아갔다고 한다. 그러나 그 와중에서도 '也'는 의미기능이 가장 많았다고 하는데, 이러한 사실은 ≪百喻經≫을 통해서도 확인이 되고 있다. 여기서 '也'는 긍정, 강조와 의문, 그리고 명령어기까지 수행하고 있어 매우 다양한 의미기능을 골고루 수행하고 있으며, 이것은 또 기타 동시기 문헌에서도 동일하게 반영되고 있다. 즉, 중고시기 가장 바쁘고 활발한 어기조사라고 평가할 수 있겠다.

## 來

어기조사 '來'는 중고시기에 등장한 것으로 총1예 출현한다.

(1) 時此二人卽佐推車, 至於平地, 語將車人言: "與我物來." (56. 索無物喻) (그때 이 두 사람이 바로 수레를 도와 밀어 평지로 간 다음 수레 모는 자에게 말했다. "우리에게 물건을 주시오.")

명령기능의 어기조사 '來'는 명령, 요구, 건의 등의 어기를 나타낼 수 있으며 현대중국어의 '吧'에 해당한다. 명령의 어기조사 '來'의 문법화와 출현에 대해 현재까지 학자들 사이에서 많은 이견이 존재한다. 일부는 이미 先秦시기에 위와 같은 형태의 '來'가 탄생했다고 주장하고, 일부는 唐宋시대로 가야 출현한다고 주장한다. 그런데 여러 의견 가운데 梁銀峰(2007)의 견해를 참고할 만하다. 지금부터 그의 견해를 중심으로 '來'의 문법화와 각종 상황을 소개한다.

명령기능 '來'의 문법화는 漢代를 거쳐 위진남북조 시대에 완성된다. 이 과정은 몇 가지 단계를 거치게 되는데, 먼저 아래의 A와 B의 두 가지 경우가 존재할 수 있다.

### [ A ]

(2) 漢使取其實來, 於是天子始種苜蓿, 蒲陶肥饒地. (史記, 大宛列傳) (한의 사신이 그 열매를 가지고 왔고 이에 천자가 비옥한 토지에 苜蓿과 蒲陶를 처음 심었다.)

### [ B ]

(3) 毛遂謂楚王之左右曰: "取鷄狗馬之血來." (史記, 平原君虞卿列傳) (모수가 초왕의 좌우 신하들에게 말했다. "닭, 개, 말의 피를 가져오시오.")

명령의 어기조사 '來'가 문법화하기 위한 조건은 바로 그것이 노출되는 문맥적 환경이다. 일반적으로 진술문과 명령문의 두 가지 환경이 가능한데 위의 A는 바로 진술문의 환경이다. 이 경우는 대개 어떤 사건 혹은 명제에 대한 객관적 진술이 되기 때문에 'V+NP+來'가 이 환경에 놓이게 되면 이때 '來'는 순수 객관적 의미만을 나타내게 된다. 즉, 행위자(施事)가 피동작주(受事) 대상을 휴대하고 함께 화자의 방향으로 이동하는 것을 나타낸다. 그렇기 때문에 화자의 주관적인 의미가 깃들지 않는다. 반면, B는 명령문인데, 명령문이 대화중 나타날 경우, 화자는 청자에게 명령, 요구 등을 하여 어떤 휴대동작을 통해 어떤 사물을 화자 쪽으로 가까워지도록 하는 것을 표현하게 된다. 'V+NP+來'가 이 환경에 놓이게 되면 '來'는 '방향의미'가 사라지게 된다. 그보다는 화자의 어기를 체현하게 되며 화자의 주관적 의미를 부가하게 된다. 다시 말해, B조의 환경이 명령의미 '來' 문법화의 주요한 환경이 된다는 것이다.

위의 西漢의 '來'는 東漢이후 또 새로운 변화가 발생하게 되는데, B조의 동사는 원래 주로 '取, 持' 등의 [+携持]의미들이었다. 그러나 東漢이후에 동사들이 이러한 의미가 없는 것까지 확대되게 된다.

(4)  桓爲設酒, 不能冷飮, 頻語左右令 "溫酒來". (世說新語, 任誕50) (桓玄이 그를 위해 술을 준비해 놨는데 그가 술을 차갑게 먹을 수 없어서 여러 차례 좌우에게 "술을 데워 오라"고 명했다.)

여기서의 동사가 [+携持]의미가 없기 때문에 V와 '來'사이에는 '致使'관계가 없고 그래서 동작의 결과가 목적어로 하여금 어떤 위치 이동을 하게끔 시킬 수가 없다. 바로 이러한 이유로 이 문장에서의 '來'는 이동의미 보다는 '명령'의미가 증가하게 되었고 주관의미 역시 증가하게 된 것이다. 따라서 위의 (2)(3)의 '來'는 여전히 독립된 방향동사로서 'V+NP+來'는 일종의 연동문이 되지만, (4)의 '來'는 독립성이 약화되고, 'V+NP+來'의 연동문 성격도 약화되어 방향성과 어기성이 복합된 성분으로 변화하였다고 볼 수 있다.

그리고 위진남북조 시기에는 더 나아가 "取將示王來(佛本行集經)"처럼 비전형적 행위동사들도 이 구조에 출현하게 된다. 여기에 출현한 '示' 등의 동사도 물론 행위동사이나 대상에게 구체적인 영향을 주지 않는 행위동사이다. 그렇기 때문에 이러한 동사들과 함께 출현하는 '來'의 방향성은 더욱더 약화되고 주관의미만이 남게 되었을 것으로 보인다.

지금까지 '來'가 문법화되어 가는 과정을 살펴보았다. 그런데 董志翹·蔡鏡浩(1994), 何樂士(2006), 向熹(2010) 등은 아래와 같은 상고 시기의 '來'의 예를 들면서 어기조사 '來'가 이미 상고시기에 등장한 것이라 주장한다. 그렇다면 이들이 주장하는 상고시기의 예들은 도대체 어떠한 것들인가? 이들이 든 상고시기의 예를 보면 아래와 같다.

(5)  盍歸乎<u>來</u>! 吾聞西伯善養老者! (孟子, 離婁上) (어째서 그에게 돌아가지 않는가! 내 듣기에 서백은 노인을 잘 봉양하는 자라 한다.)

(6)  雖然, 若必有以也, 嘗以語我<u>來</u>. (莊子, 人間世) (비록 그렇기는 하지만 자네가 굳이 위나라에 가려 할 때는 필시 방책이 있을 게야. 자, 한번 나에게 말하러 와보게.)

(7)  子其有以語我<u>來</u>! (莊子, 人間世) (선생님께서는 제게 가르침을 말씀하시러 와주십시오.)

일단, 이 가운데 (5)와 (6)(7)은 그 성질이 다르다. (5)에 출현하는 '來'는 분명 어기사가 맞다. 그러나 (6)과 (7)의 것은 다른 차원에서 생각해야 한다. 여기서의 '來'는 동사로 '語我來'는 "나에게 말해주러 오다"이다. 그렇기 때문에 이들 (6)과 (7)에 대해서는 고민의 여지가 없이 연동문으로 처리하면 된다. 한편, (5)를 어기조사로 인정할 경우, 앞에서 소개한 문법화의 과정은 아무 의미가 없는 것으로 보일 것이다. 그런데 (5)의 '來'는 자세히 관찰해 보면, 감탄의 어기를 나타내고 있다. 즉, 감탄의 어기와 명령 어기가 동시에 공존하는 형식인 것으로 이러한 형식은 이미 先秦시기에 별도의 어기조사로 존재했던 것이다. 그에 반해 (1)과 같은 것은 단지 명령만을 나타내는 어기조사로 상기의 문법화 과정을 거쳐 위진남북조 시기에 출현한 형식이다. 바로 이 점을 유의하면 先秦시기의 '來'와 위진남북조의 '來'를 확실히 구분할 수 있고 아울러 후자의 문법화를 이해할 수 있다.

앞에서 위진남북조 시기에 비전형적 행위동사가 'V+NP+來'격식에 출현하면서 사실상 '來'의 문법화가 완성되었다고 하였다. 바로 ≪百喩經≫의 상기 예 '與我物來'가 여기에 해당하는 것으로 비록 1예만이 출현하지만 완성된 명령 어기조사의 전형적인 예라고 할 수 있다.

## 4.1.6 문두어기조사

어기조사 '夫'는 상고중국어에서 전해져 온 것으로 총2예 출현한다.

(1)  <u>夫</u>爲學者, 硏思精微, 博通多識, 宜應履行, 遠求勝果. (43. 磨大石喩) (무릇 학문하는 자는 깊이 생각함이 정밀해야 하고, 널리 알고 박식해야 하며, 마땅히 실천에

부합하여야 하고 원대하게 승과를 추구해야 한다.)

(2) <u>夫</u>富貴者, 求時甚苦; 旣獲得已, 守護亦苦. (44. 欲食半餠喩) (무릇 부귀라는 것은 구하려고 할 때도 매우 고통스럽고, 이미 얻은 후 그것을 지키려고 할 때 또 고통스럽다.)

문두어기조사 '夫'는 문두에 등장하여, 판단 혹은 의론을 드러내는 어기를 나타낸다. 즉, 판단이나 의론의 대상 앞에 출현하여 이 대상에 대해 그것의 개괄성과 보편성을 강조한다. 아울러 아래 문장을 유도하는 어기와 작용도 겸하고 있다. 아래는 상고시기의 예이다.

(3) <u>夫</u>戰, 勇氣也. (左傳, 莊公十年) (무릇 전쟁은 용맹한 기운에 의존하는 법이다.)
(4) <u>夫</u>撫劍疾視曰: "彼惡敢當我哉!" 此匹夫之勇, 敵一人者也. (孟子, 梁惠王下) (칼을 어루만지고 노려보면서 '저 녀석이 어떻게 감히 나를 당해내겠는가?'라고 하는 것은 이는 보통사람의 용기일 뿐으로 겨우 한 사람만을 대적할 수 있을 뿐입니다.)

위의 (3)은 뒤에 체언성 성분이 오는 경우이고, (4)는 용언성(謂詞性) 성분이 오는 경우이다. ≪百喩經≫의 두 예는 모두 뒤에 체언성 성분이 출현하고 있다. 이렇게 체언성 성분이 오는 경우, '夫'는 그것의 지시성이 다소 부각되고 있음을 느낄 수 있는데 이는 어기조사 '夫'가 지시대명사 '夫'로부터 문법화되었기 때문이다.

≪顔氏家訓≫에서는 29예가 출현하고 있으나 ≪世說新語≫에서는 5예정도로 편폭에 비해 매우 적게 출현한다. '夫'와 같은 문두 어기조사는 전형적인 상고중국어의 형식으로 중고시기로 가면서 점차 구어에서 사라져 간 것으로 보이며 이후에도 주로 문어투의 문장에만 등장하게 된다.

## 4.2 구조조사

구조조사는 단어를 연결하여 그로 하여금 모종의 통사적 관계를 갖춘 구(詞組)가 되게 한다. 현대중국어에서는 대표적으로 관형어와 중심어를 연결하는 '的', 부사어와 중심어를 연결하는 '地', 보어와 중심어를 연결하는 '得'이 있다. 고한어 시기에도 현대중국어와 완전히 같지는 않지만 유사한 기능의 구조조사들이 존재한 바 있다. 상고중국어에서는 현대 중국어의 '的'과 유사한 기능을 한 '之', 체언성구로 전환을 시키는 기능을 하는 '者'와 '所' 등이 있었다. ≪百喩經≫에서도 상고중국어의 형식을 크게 벗어나지 않아 '之', '者 3', '所' 세 가지 구조조사가 출현하고 있다. 아래에서 이들에 대해 구체적인 상황을 살펴 보도록 하자.

## 4.2.1 之

'之'는 고한어에서 매우 다양한 기능을 갖고 있다. 대표적인 것이 바로 대명사와 구조조 사이며 이 두 가지는 상고중국어는 물론 중고중국어 시기에도 계속 沿用되고 있다. 본절에 서 다룰 구조조사로서의 '之'는 상고중국어 시기에 매우 다양한 목적으로 사용된 바가 있 고 그들 중 일부는 여전히 중고중국어에서도 운용되고 있다. 구조조사로서 '之'의 가장 대 표적인 기능은 바로 수식어와 피수식어(중심어)를 연결하는 역할로 현대중국어의 '的'에 해당하는 것이다. 'A+之+B'에서 '之'로 연결된 관계는 통사기능상으로 볼 때 기본적으로 수식어와 피수식어의 관계이다. 그러나 의미상으로 볼 때 이것은 여러 가지 관계로 다시 세분화할 수 있다.

사실상 상고중국어 '之'의 기능을 거의 그대로 답습한 ≪顔氏家訓≫의 경우를 살펴보면, 'A+之+B'의 관계가 매우 복잡하게 나타나고 있음을 알 수 있다. 일단, 이 문헌에는 구조조사 '之'가 668에 출현하고 있다. 이 가운데 단순 수식 즉, A가 B를 특별한 다른 관계없이 수식만 을 하는 경우, 또는 영속의 관계를 나타내는 경우 모두 합쳐 591예가 출현한다. 사실상 거의 절대다수가 수식과 영속의 관계인 셈이다. 그런데 그 외에 주어부와 술어부(謂語) 사이에 '之'가 출현하여 주술구조를 문장에서 하나의 구로 만들어 그 독립성을 제거하는 역할도 할 수 있다.

   (1) 後主之奔淸州, 遣其西出, 參伺動靜, 爲周軍所獲. (勉學) (후주가 청주로 달아날
       때, 그를 서쪽으로 보내어 주나라의 동정을 살피게 했는데 그만 주나라 군대에 잡히고
       말았다.)

이 문장에서 '後主奔淸州'는 하나의 문장이나 여기에 '之'가 삽입됨으로써 그 독립성을 잃게 되었다. 한편, 전치목적어와 동사 사이에도 출현하여 아래와 같이 도치의 관계를 나 타나는 경우도 있다.

(2) 如雀鼠之不卹, 風雨之不防, 壁陷楹淪, 無可救矣. (兄弟) (참새나 쥐를 걱정하지 않고 바람이나 비를 막지도 않다가 벽이 무너지고 서까래가 무너지면 구제할 수가 없다.)

이 문장에서 '雀鼠'는 곧 동사 '卹'의 목적어이고, '風雨'는 동사 '防'의 목적어이다. ≪百喻經≫의 구조조사 '之'도 기본적으로는 위의 상황과 많이 유사하여 수식관계가 총135예 중 102예 출현한다. 그 외의 영속관계도 8예 출현하고 있고, 전치목적어와 동사를 잇는 역할도 1예 출현하고 있다. 이들을 구체적으로 살펴보면 아래와 같다.

## 1) 수식관계(102예)

(1) 出家之人, 守持禁戒, 如護明珠, 不使缺落. (6. 子死欲停置家中喻) (출가한 사람이 금계를 지켜야 하는 것은 마치 진귀한 보물을 지키듯 해야 하며 잃어버리거나 망가지지 않게 해야 한다.)

(2) 世間之人, 亦復如是. (68. 共相怨害喻) (세상 사람들 또한 이러하다.)

(3) 入大海之法, 要須導師, 然後可去. (14. 殺商主祀天喻) (바다에 들어가는 방법은 안내자가 필요하고 그래야만 갈 수가 있었다.)

(4) 彼旣來已, 忿其如是, 復捉其人所按之脚, 尋復打折. (53. 師患脚付二弟子喻) (그가 와서는 그가 이와 같이 한 것에 화가 나서 다시 그 다른 제자가 맡아 안마했던 다리를 잡고 바로 분질렀다.)

(5) 此長者子善誦入海捉船方法, 若入海, 水漩洑迴流磯激之處, 當如是捉, 如是正, 如是住. (66. 口誦乘船法而不解用喻) (이 부옹의 아들은 바다에 들어가 배를 모는 방법을 잘 외웠다. 만약 바닷물에 들어가 물이 소용돌이 치고 이리 저리 돌며 솟아오르는 곳에서는 마땅히 이렇게 몰고 이렇게 삿대질 하고, 이렇게 멈춰야 한다고 외운 것이다.)

## 2) 영속관계(8예)

(6) 我衣乃是祖父之物. (8. 山羗偸官庫衣喻) (내 옷은 곧 조부의 물건이다.)

(7) 我以欲得彼之錢財, 認之爲兄, 實非是兄. (7. 認人爲兄喻) (나는 그의 재물을 얻기를 원했기 때문에 그를 형으로 인정한 것이나 사실은 형이 아니다.)

## 3) 전치목적어와 동사의 사이(1예)

(8) 半國之治, 大臣輔相, 悉皆可得, 乃求賤業. (55. 願爲王剃鬚喻) (나라 반을 다스리는 일이나 대신 혹은 재상 정도는 다 얻을 수 있는 것이다. 그러나 이런 천한 일을 요구했다.)

## 4) 리듬조사(24예)

(9)  衆人語言: "若斷淫欲, 云何生汝?" 深爲時人之所怪笑. (9. 嘆父德行喩) (여러 사람이 말했다. "만약 음욕을 끊었다면 어떻게 너를 낳았냐?" 당시 사람들에게 심히 비웃음을 당하고 말았다.)

(10) 未見不淨, 返爲女色之所惑亂, 流轉生死, 墮於地獄. (27. 治鞭瘡喩) (아직 '부정'을 보지 않은 상태에서 (부정관을 닦으면) 오히려 여색에 의해 미혹되고 생사윤회를 떠돌다가 지옥에 떨어진다.)

(11) 爲無量煩惱之所窮困, 而爲生死、魔王、債主之所纏著. (35. 寶篋鏡喩) (무량 번뇌에 의해 곤궁해지고, 생사윤회, 마왕, 빚쟁이에 의해 얽매이게 된다.)

(12) 昔有一人, 頭上無毛, 冬則大寒, 夏則患熱, 兼爲蚊虻之所唼食. (40. 治禿喩) (옛날에 한 사람이 있었는데 머리 위에 털이 없어, 겨울엔 매우 춥고, 여름엔 더위에 시달렸으며 또 모기, 등에의 먹이가 되기도 했다.)

이렇게 수식, 영속관계 위주로 출현하고 있는 반면, 주술구조의 독립성을 제거하는 기능은 출현하지 않고 있다. '수식관계'의 형식을 보면, '之'앞에 출현하는 수식어들의 형식이 매우 다양하다. 그래서 '出家'나 '世間'과 같은 쌍음절 명사도 있지만 '入大海'와 같은 동목구조도 존재하고, '水漩洑洄流磯激'과 같은 다소 복잡한 술어가 병렬 연결된 주술구조도 있다. 그리고 (4)의 '其人所按'처럼 주어와 '所+동사'로 구성된 명사화 구조가 출현하는 예도 있다. '영속관계'에서는 수식어가 '汝'나 '彼'와 같은 대명사인 경우도 있고, '祖父'와 같은 명사도 있다. 한편, ≪百喩經≫에서는 기존의 다양한 형식들이 다 쓰이지는 않고 있어, '전치목적어와 동사의 사이'에 쓰이는 예가 매우 드물게 1예 출현하는데, 여기서 '半國之治'는 곧 '治半國'의 도치형태이다.

그리고 특히 주목할 만한 것은 4)와 같은 '리듬조사'가 다수 출현한다는 사실로, 무려 24예나 출현하고 있다. 리듬조사란 문장 속에서 리듬운율과 조화를 유지하기 위해 화자가 첨가하는 모종의 특수 성분을 말하는데 주로 '爲…所…' 피동문에 '之'를 삽입하여 이러한 기능을 나타내고 있다. 즉, 여기서의 '之'는 사실상 없어도 전체 문장의 완성도에 영향을 주지 않는다. 이렇게 '之'가 '爲…所…' 피동문에 출현하여 리듬조사 역할을 하는 것은 이미 상고중국어 시기에 등장하였다.

(13) 有制人者, 有爲人之所制者. (管子, 樞言) (남을 제어하는 자도 있고, 남에게 제어당하는 자도 있다.)

張延俊(2010)에 따르면, 이러한 리듬조사 '之'가 쓰이는 피동문에서 뒤의 출현하는 동사들은 거의 대부분이 쌍음절동사라고 한다. 일부 단음절인 경우도 있지만 여러 문헌에서 공통적으로 이러한 현상이 출현하고 있다고 한다. 그리고 ≪百喩經≫만 봤을 때에도 위와 같이 '怪笑', '惑亂', '纏著', '窮困', '噉食' 등 쌍음절 동사들이 출현하고 있는데 24예 모두가 쌍음절 어휘였다. 그의 말대로 이것이 쌍음절과 반드시 관계가 있는지는 정확히 알 수 없지만 적어도 '之'가 문장형성에는 필수성분이 아니란 점을 봤을 때 '之'의 리듬조사로서의 신분을 확신할 수는 있다. 이렇게 피동형식에 '之'가 출현하는 (13)과 같은 형식은 '爲'자 피동문 발달에서 상견되는 현상이다(전치사 부분 참조). 다만, ≪百喩經≫이 4자구 위주의 리듬을 중시하는 문헌이기 때문에 張延俊(2010)의 말대로 주로 쌍음절 동사들과 결합하여 '深爲時人之所怪笑'와 같이 4자+4자의 8자구를 구성하는데 쓰였을 가능성이 있다. 다시 말해, 이 시기 '之'가 '爲'자 피동문에 쓰이는 것은 비일비재한 현상이지만 특히 여기서 이렇게 자주 운용된 것은 이와 같은 리듬적 요소를 더욱 더 의식해서일 가능성이 있다는 것이다.

위진남북조 시기에는 이와 같이 '之'가 수식어와 피수식어의 연결 역할을 주로 하고 있다. 그런데 唐五代로 가서도 이러한 상황은 기본적으로 큰 변화가 없다. 그래서 ≪祖堂集≫에서도 구조조사 '之'가 663예나 출현하고 있으나, 이 시기에 근대중국어의 특징으로 볼 수 있는 새로운 구조조사인 '底'가 아래와 같이 출현하고 있다. 이 신흥의 구조조사도 203예나 출현하고 있기 때문에 ≪祖堂集≫시기에 '底'가 사실상 정착을 한 것으로 볼 수 있다.

(14) 你去東邊子細看, 石頭上坐底僧, 若是昨來底後生, 便喚他. (石頭和尙) (너는 동쪽을 가서 자세히 보거라. 돌 위에 앉아 있는 승려가 만약 어제 왔던 자라면 그를 부르거라.)


## 4.2.2 者3

'者3'은 구조조사로서 체언성구를 만드는 역할을 한다. 이것은 이미 상고중국어 시기부터 존재해왔던 것으로 주로 동사나 형용사 혹은 기타 非명사 어휘를 체언성구로 만들게 된다. 何樂士(2006)에 따르면 상고중국어의 '者3'의 가장 기본적인 변화 규칙은 다음과 같다.

동사(형용사, 수사 또는 수량구) + 者 ⇒ 체언성구

이들은 주로 문장에서 주어, 목적어, 관형어, 술어 등의 역할을 한다. 그리고 이것은 동작 행위 혹은 성질상태 등의 생동적이며 형상적인 특징을 운용하여 사람이나 사물을 설명함으로써 생명력이 매우 많이 느껴진다고 한다. 이것의 특징을 아래의 몇 가지로 구분할 수 있다.

① '者'가 동사 또는 용언성구 뒤에 출현하여 체언성구를 구성함으로써 사람이나 사물을 가리키는데 주로 동작을 발출하는 사람을 가리킨다.

   예) 得道者多助, 失道者寡助. (孟子 公孫丑下) (인정을 행하는 자는 많은 이들이 도움을 줄 것이오, 인정을 행하지 않는 자는 지지하는 자들이 적을 것이다.)

② '者'가 형용사 또는 형용사성구 뒤에 출현하여 체언성구를 구성함으로써 이런 특징을 갖는 사람이나 사물, 일을 지칭한다. 그중 대부분이 사람이다.

   예) 吾聞君子務知大者, 遠者, 小人務知小者, 近者. (左傳, 襄公三十一年) (내 듣기에 군자는 큰 것, 먼 것을 알려고 하고 소인은 작은 것, 가까운 것을 알려고 힘쓴다.)

③ 수사 또는 不定수사 뒤에 출현하여 '數+者'체언성구를 구성함으로써 앞에서 언급된 사람이나 일, 사물을 지칭한다.

   예) 傳曰: "伯樂學相馬, 顧玩所見, 無非馬者. 宋之庖丁學解牛, 三年不見生牛, 所見皆死牛也." 二者用精至矣! (論衡, 訂鬼) (전에 다음과 같이 말한다. "伯樂이 말 감별을 배울 때 그가 본 것을 관찰하여 말이 아닌 것이 없었다. 宋의 庖丁이 소 해부를 배울 때 삼년 동안 살아 있는 소를 보지 못했고 본 것은 모두 죽은 소였다." 이 두 사람은 정신력의 집중이 지극하도다!)

何樂士가 제시한 위의 기준에 근거하여 ≪百喻經≫의 구조조사 '者3'을 계정했을 때, 총80예가 출현하고 있었다.

## 1) 동사 또는 동사구 뒤에 출현(49예)

   (1) 持來歸家, 詣市賣之. 以其貴故, 卒無買者. (22. 入海取沉水喻) (갖고 집으로 돌아와 시장에 가서 그것을 팔았다. 그런데 그것이 귀한 까닭에 결국 사는 이가 없었다.)

   (2) 偸者對曰: "我實無村." (46. 偸犛牛喻) (훔친 자가 대답하여 말했다. "우리는 사실 무슨 마을 같은 것은 없다.")

   (3) 時彼伴中著羅刹衣者, 亦復尋逐, 奔馳絶走. (63. 伎兒著戲羅刹服共相驚怖喻) (이 때 저 동료 중 악귀 옷을 입은 자 역시 바로 쫓아갔고 엄청 빠르게 달려 나갔다.)

   (4) 將車者言: "無物與汝." (56. 索無物喻) (수레를 모는 자가 말했다. "당신들께 줄 게 없소.")

(5) 其中有捉頭者, 有捉耳者, 有捉尾者, 有捉脚者, 復有捉器者, 各欲先得, 於前飲之. (77. 搆驢乳喩) (그중 머리를 잡은 자, 귀를 잡은 자, 꼬리를 잡은 자, 발을 잡은 자, 또 다른 기관을 잡은 자 등이 있었고, 각자 먼저 얻어서 사전에 마시길 원했다.)

## 2) 형용사 또는 형용사구 뒤에 출현(17예)

(6) 如彼愚者, 意好嘆父, 言成過失, 此亦如是. (9. 嘆父德行喩) (저 우매한 자와 같아, 그의 뜻은 아비를 찬양하기를 좋아한 것이나 말은 과실이 되었으니, 이 또한 이러하다.)

(7) 眞是智者, 所言不錯! (11. 婆羅門殺子喩) (정말로 지혜로운 자다. 말한 것이 틀림이 없네!)

(8) 便生念言: "不如熬而種之後得美者." (24. 種熬胡麻子喩) (생각이 나서 말했다. "삶아서 심은 후에 맛좋은 것을 얻는 게 낫겠다.")

## 3) 수사 또는 不定수사 뒤에 출현(4예)

(9) 過去有人, 共多人衆坐於屋中, 嘆一外人德行極好, 唯有二過: 一者喜瞋, 二者作事倉卒. (13. 說人喜瞋喩) (옛날에 어떤 사람이 있는데, 많은 사람들과 같이 집 안에 있으면서 한 바깥에 있는 사람의 덕행이 매우 좋다고 감탄하였고 단지 두 가지 잘못이 있다고 했다. 그것은 첫째는 쉽게 화를 낸다는 것이고, 둘째는 일을 너무 급하게 대충한다는 것이다.)

(10) 時二人中, 一者念言…… (16. 灌甘蔗喩) (이때 두 사람 중 한 사람이 생각하여 말했다.…)

## 4) 체언성성분 뒤에 출현(10예)

(11) 時守池者而作是問: "池中者誰?" (47. 貧人能作鴛鴦鳴喩) (이때 연못을 지키던 자가 이렇게 물었다. "연못 속에 있는 자 누구요?")

(12) 我掌中者, 似孔雀屎. (49. 小兒爭分別毛喩) (내 손바닥에 있는 것은 공작의 똥과 같다.)

(13) 未得一豆, 先所捨者鷄鴨食盡. (88. 獼猴把豆喩) (아직 그 콩 하나를 줍지도 않았는데 먼저 놓아 버린 콩들을 닭과 오리가 다 먹어버렸다.)

(14) 雖復出家, 少得利養, 心有希望, 常懷不足, 不能得與高德者等獲其利養. (91. 貧人欲與富者等財物喩) (비록 다시 출가해도 공양을 약간 얻게 되면 맘속으로는 바람을 갖게 되고 항상 부족함을 느끼는데, 덕이 높은 자와 동등하게 존경과 공양을 얻을 수는 없다.)

(15) 我此篋者, 能出一切衣服、飲食、床褥、臥具資生之物, 盡從中出. (41. 毗舍闍

鬼喩) (나의 이 상자는 모든 옷, 음식, 침대, 이불 및 생활에 도움을 주는 물건들이
모두 다 여기로부터 나올 수 있소.)

(16) 婢語**此者**: "先與其浣." (51. 五人買婢共使作喩) (여노비는 이 사람에게 말했다.
"먼저 저분의 것을 빨아야 합니다.")

≪百喩經≫의 구조조사 '者'에 대해 살펴보기 전에 먼저 구조조사 '者'의 기능과 성격
에 대해 알아보자. 구조조사 '者'는 형식상으로 명사가 아닌 성분을 체언성 성분으로 만드
는 역할을 한다. 그래서 주로 그 앞에는 동사나 형용사와 같은 非 체언성 성분이나 수사
등이 오게 마련이다. 그럼 이것의 의미적 성질은 어떠한가? 'X+者'에서 '者'는 크게 '변환
지시(轉指)'와 '자기지시(自指)'로 구분가능하다. 이와 관련하여 아래 劉一豪(2012)의 언
급을 보자.

> (他认为)转指的"者"只出现在"VP+者"中，用于提取VP的主语，往往指称施
> 事，有时也指称受事。自指的"者"不提取任何成分，可以出现在"NP者"中，也
> 可以出现在"VP者"中。('변환지시(轉指)'의 '者'는 단지 'VP+者'에만 출현하고
> VP의 주어를 추출하는데 사용되며 종종 행위자를 지칭하거나 피동작주를 지칭한
> 다. '자기지시(自指)'의 '者'는 어떤 성분도 추출하지 않으며 'NP+者'에도 나오고
> 'VP+者'에도 나올 수 있다.)

이것은 劉一豪(2012)가 朱德熙의 '者'자 분석에 대한 설명을 한 부분인데, 이를 통해
'변환지시'와 '자기지시'의 의미를 밝히고 있다. 즉, 전자는 VP하는 주체가 있을 때 그 주
체 즉, 주어가 전체 [VP者]의 지칭 대상이 된다는 것이다. 예를 들어 위의 '卒無買者'에서
'買'의 주체가 누군가 있을 것이며 [買者]는 그 누군가를 지칭한다. 이에 비해 후자는 'NP'
나 'VP' 그 자체를 다시 지칭하는 것을 말한다. 예를 들어, '王者如佛'에서 "'王'이라고
하는 것"으로 '者'자체가 다시 '王'을 지칭한다. 바로 이러한 '변환지시'와 '자기지시'의
개념을 가지고 모든 'X+者'의 성격을 논할 수가 있는 것이다. 앞의 진술어기조사로서 '者
1'을 언급한 적이 있다. 이때도 역시 동사나 형용사 등이 '者'와 결합을 하고 있으나 이들
은 대개의 경우 '자기지시'이다. 그러나 이미 어기조사로 문법화가 되었기 때문에 그 자체
에 '자기지시'로서의 의미 자체는 사실상 거의 사라진 상태이다. 어찌됐든 '者1'의 기원은
바로 '자기지시'의 '者'라고 할 수 있다.

그럼, 이러한 내용을 통해 ≪百喩經≫의 상황을 보면, 구조조사 '者'를 그가 결합하는

성분에 따라 위의 4가지로 구분할 수 있다. 일반적으로 명사화 구조조사 '者'는 주로 동사나 형용사를 명사화한다고 한다. 그러나 특이하게도 《百喩經》에서는 동사, 형용사 등의 용언성 성분 말고도 4)와 같은 체언성 성분이 출현하는 예가 다수 발견되고 있다. 劉一豪(2012)에 따르면, 사실 이렇게 '체언성 성분+者'의 형태가 이미 상고중국어에서도 종종 출현했다고 한다. 다만, 위진남북조 시기에 와서 이와 같이 그 수가 증가했는데 이것이 바로 위진남북조 시기 'X+者'의 가장 큰 특징이라고 한다.

의미상으로 볼 때, 1), 2), 3)처럼 동사나 형용사, 수사와 결합할 때는 모두가 '변환지시'가 된다. 즉, [X+者]가 이것의 행위자(施事)를 지칭하게 된다. 예를 들어, (5)의 '捉頭者', '捉耳者', '捉尾者', '捉脚者', '捉器者'의 경우 이들이 각각 그 행위의 행위자(施事)가 있을 것이고 그 행위자(施事)가 곧 이들 [X+者]의 지칭대상이 되는 것이다. 이와는 달리 4)의 체언성 성분이 결합하는 경우는 (11), (12), (13), (14)와 같이 변환지시인 경우가 대부분인데, (15)와 같이 자기지시도 가능하다. 즉, '池中者'는 곧 '연못에 있는 어떤 사람'을 지칭하고, '我掌中者'는 단지 '내 손바닥'이 아니라 '내 손바닥에 있는 어떤 것'을 지칭하기 때문에 변환지시인 것이다. 반면, '我此篋者'는 그 자체가 곧 '我此篋'과 같다. 그래서 자기지시가 된다. 한편, 4)의 경우는 또 13)과 같이 '所捨者'의 형태가 등장하기도 한다. 이것은 곧 [[所+捨]+者]의 구조로 이미 명사화가 된 '所捨'가 '者'와 다시 한 번 더 결합하고 있는 것이다.

'者1'은 진술의 어기를 나타내는 어기조사이기 때문에 여기에 출현하는 '者'는 모두 자기지시 출신이다. 何樂士 등 대부분의 상고중국어 학자들이 비록 명사화 구조조사 '者'가 동사, 형용사와만 결합한다고 했지만 이렇게 보듯이 체언성 성분과 결합하는 특이한 예들도 출현하고 있다. 체언성 성분과 결합하는 것에는 '자기지시'의 예도 존재한다. 그러나 '자기지시'라 해도 '者1'과 같이 휴지, 진술, 또는 화제화 기능을 하지 않는 위의 4)와 같은 예들이 출현하기 때문에 이들의 성격이 애매한 상황이 될 수 있겠으나 위와 같이 명사화 구조조사의 새로운 형식으로 취급하면 문제가 해결될 것으로 보인다.[12]

《顏氏家訓》에서도 이러한 구조조사 '者'의 예가 218예 출현하고 있으며 동사, 형용사, 수사와 결합하고 있다.

앞에서 劉一豪(2012)가 위진남북조 시기에 체언성 성분과 구조조사 '者'가 결합하는 'X+者' 형식이 늘어나는 것이 이 시기 큰 특징이라고 하였는데 이 외에도 전체적으로 'X+

---

12) 물론 상고중국어에서도 'X+者'구조에 체언성 성분이 오는 예가 다수 출현한다. 그런데 이 경우는 명사화 구조조사로 보기보다 화제화 표지로 볼 수 있는 예가 더 많이 출현하고 있다.

者'의 형식이 상고중국어에 비해 많이 줄어들었다는 것도 그 특징이라 한다. 그의 조사 결과 ≪論語≫에서는 매 1천자 당 9.6회, ≪孟子≫에서는 13.7회 출현하는 것에 비해, ≪世說新語≫에서는 2.7회 출현하고 있어 이를 증명하고 있다.

## 4.2.3 　所

구조조사 '所'는 크게 체언성구를 만드는 기능과 피동문을 만드는 기능 두 가지로 나눌 수 있다. 체언성구를 만들 경우, 대개 동사와 결합을 하게 되는데 이 외에도 다양한 상황이 가능하다. 이것은 이미 상고중국어 시기부터 활약을 해 왔으며 위진남북조 시기에도 대부분이 계승되어 사용되고 있다. 피동문의 구성 기능 역시 상고중국어에서 출현하고 있으며 위진남북조 시기에 매우 발달하게 된다. ≪百喩經≫에는 이 두 가지 기능 모두 출현하고 있으며 그 출현 비율도 상당히 높은 편이다.

### 1) 명사화 기능(64예)

구조조사 '所'는 일찍이 상고중국어 시기부터 명사화 기능이 있어 주로 동사와 결합하여 이를 명사화하는 기능을 수행했다. 이러한 '所+V'의 형식은 단순히 '所'와 동사만 결합하는 경우도 있으나 뒤에 명사화표지인 '者'가 함께 결합하는 '所+V+者'의 형식도 존재했고, '所' 뒤에 전치사가 삽입되는 '所+P+V'의 형식도 존재했다. 이 세 가지는 ≪百喩經≫에 모두 출현하고 있으며 모두가 문장 내에서 주어, 목적어, 술어, 관형어 등의 기능을 수행하고 있다.

### ① 所+동사(60예)

#### ⅰ) 주어로 쓰이는 경우(12예)

(1) 日月可闇, 星宿可落, 我之**所記**, 終無違失. (11. 婆羅門殺子喩) (해와 달은 어두울 수 있고, 별은 떨어질 수 있다. 내가 예언한 것은 절대 실수가 없다.)

(2) **所債**甚少, **所失**極多. (17. 債半錢喩) (빚내준 것은 매우 적은데 잃은 것은 너무 많다.)

(3) 諸外道見是斷常事已, 便生執著, 欺誑世間, 作法形像, **所說**實是非法. (61. 梵天弟子造物因喩) (뭇 외도들은 斷이나 常같은 일을 보고나서 집착이 생기고 세상 사람들을 속이며 法의 형상을 만들지만 그가 말한 것은 사실 法이 아니다.) (※ 斷, 常: 十使 중 하나인 '邊見'에서 斷과 常 중 한쪽에만 집착하는 것을 말한다.)

## ii) 목적어로 쓰이는 경우(24예)

(4) 祀天已竟, 迷失道路, 不知**所趣**, 窮困死盡. (14. 殺商主祀天喩) (하늘에 제사를 다 지내고 나서 길을 잃어 나아갈 바를 몰라 처지가 매우 곤궁해져서 죽어 없어지고 말았다.)

(5) 如彼仙人不答**所問**, 爲一切人之所嗤笑. (49. 小兒爭分別毛喩) (마치 저 신선이 묻는 것에 답하지 않아 모든 이들에게 웃음거리가 된 것과 같다.)

(6) 徒自虛喪, 空無**所獲**, 如彼愚人. (39. 見他人塗舍喩) (단지 헛되이 잃기만 했고 공연히 소득이 없으니 저 우매한 자와 같다.)

(7) 如是年少, 不閑戒律, 多有**所犯**. (54. 蛇頭尾共爭在前喩) (만약 나이가 젊으면 계율에 익숙치 않아 규율에 저촉되는 바가 많다.)

(8) 木匠答言: "是我**所作**." (10. 三重樓喩) (목수가 답하여 말했다. "제가 만든 것입니다.")

## iii) 술어로 쓰이는 경우(7예)

(9) 大家先付門、驢及索, 自是以外, 非奴**所知**. (45. 奴守門喩) (주인께서 먼저 문과 나귀, 그리고 밧줄을 분부하셨고 이 외에는 제가 알 바가 아닙니다.)

(10) 昔有田夫游行城邑, 見國王女顔貌端正, 世**所希有**. (76. 田夫思王女喩) (옛날에 농부가 있었는데 성안을 구경하다가 임금의 딸을 보았는데, 얼굴이 예쁘고 단정하고 세상에 보기 드문 것이라 생각했다.)

## iv) 관형어로 쓰이는 경우(17예)

(11) 若是汝之祖父已來**所有**衣者, 應當解著, 云何顚倒用上爲下? (8. 山羗偸官庫衣喩) (만약 네 조부 이래로 갖고 있던 옷이라면 마땅히 입을 줄 알아야 하는데 어째서 거꾸로 위의 것을 아래로 하는가?)

(12) 復捉其人**所按**之脚, 尋復打折. (53. 師患脚付二弟子喩) (다시 그 다른 제자가 맡아 안마했던 다리를 잡고 바로 분질렀다.)

## ② 所+동사+者(1예)

(13) 未得一豆, 先**所捨者**鷄鴨食盡. (88. 獼猴把豆喩) (아직 그 콩 하나를 줍지도 않았는데 먼저 놓아 버린 콩들을 닭과 오리가 다 먹어버렸다.)

## ③ 所+전치사(3예)

(14) **所以**美者, 緣有鹽故. 少有尙爾, 況復多也? (1. 愚人食鹽喩) (맛이 좋은 것은 소금이 있기 때문이다. 적게 넣어도 오히려 이러하니 하물며 많으면 어떠하겠는가?)

(15) **所以**貪得仙人住者, 能見地中一切伏藏. (36. 破五通仙眼喩) (내가 선인이 머물기

를 탐했던 바는 땅속 모든 매장 보물을 볼 수 있기 때문이다.)

명사화 기능의 구조조사 '所'는 총64예이며 이중 단순히 '所+V'로 구성된 형식이 가장 많이 출현한다. '所+V'형식은 또한 문장 내에서 다양한 기능을 하는데 주어, 목적, 관형어, 술어 등 여러 기능을 고루 맡고 있다. 이중 주어로 쓰일 경우, '我之所記'처럼 앞에 '我之'와 같은 수식 성분이 오기도 하고 '所債甚少'처럼 수식어가 없는 경우도 있다. 목적어로 쓰일 경우, '知'나 '答'과 같은 일반 동사의 목적어로도 출현하지만 위에서 보듯이 '無'나 '有'의 목적어로도 쓰인다. 특히 '無'의 목적어로 자주 등장하여 '實無所曉'나 '空無所獲' 등 관용적인 '부사+無+所+동사'형식이 자주 출현한다. 술어로 출현할 때에는 주로 판단문의 술어로 등장한다. '非奴所知'의 경우는 아예 판단문의 표지로 '非'가 존재하지만 '世所希有'은 명사술어문의 성격을 띠고 있다. 관형어로도 다수 출현하는데 이때 '所有衣'처럼 조사 없이 출현하기도 하지만 '所按之脚'처럼 구조조사 '之'로 연결된 형식이 등장하기도 한다. '所+동사+者'의 형식은 1예만이 출현한다. 이때 '所'와 '者' 모두 구조조사로 명사화를 유도하는 기능을 한다. 이 경우 일반적으로 '所+V'가 먼저이고 그 다음 '者'가 결합하게 된다. '所+전치사'의 예로 기타 문헌에서는 '與'도 등장하나 여기서는 '以'만이 등장한다. 위의 '所以美者'와 '所以貪得仙人住者'에 비록 '者'가 나왔다 해도 이는 어기조사이지 명사화 기능의 구조조사가 아니어서 '所+동사+者'의 형식과는 다르다. 이 두 예에서 '者'는 '원인'을 나타내는 진술어기조사 역할을 하며 이렇게 '所以~'로 구성된 형식은 대개 원인을 설명하는데 쓰이고 있다.

≪顏氏家訓≫에서 명사화 구조조사 '所'는 총164예 출현하며 전체적인 출현 경향이 ≪百喩經≫과 대동소이하여 '所+V'의 단순 형식이 절대다수를 차지하고 있다. 다만 여기서는 상고중국어에서 보기 드문 '부사+所+동사'의 예가 등장한다.

(16) 元帝在江荊間, <u>復所愛習</u>, 召置學生, 親爲敎授. (勉學) (원제는 강릉과 형주에 있을 때, 다시 이를 익히기를 좋아한 바가 있고 학생들을 불러 모아 친히 교수가 되기도 하였다.)

## 2) 피동표지 기능

'所'는 피동문에서 피동문의 동사와 결합하여 피동표지의 역할을 한다. 대개의 경우 피동전치사인 '爲'나 '被'와 결합을 하나 어떤 경우엔 이러한 전치사 없이 '所' 하나만으로 피동을 나타내기도 한다. '所'가 피동문에 쓰인 것은 이미 상고중국어 시기부터 출현하였으며 아래에서 소개되는 거의 모든 형식들이 상고중국어에서 전해져 왔다. 피동표지 '所'의 분류는 이것이 구성하는 형식을 중심으로 할 수 있는데 피동전치사나 기타 성분의 삽입 등을 고려하여 아래처럼 몇 가지로 구분할 수 있다.

① 爲+A+所+V(23예)[13]

(1) 昔有一人, **爲**王**所**鞭. (27. 治鞭瘡喩) (옛날에 어떤 이가 있었는데 왕한테 채찍으로 매질을 당했다.)

(2) 如是愚人, **爲**世**所**笑. (79. 爲王負機喩) (이와 같은 우매한 자는 세상의 웃음거리가 되었다.)

(3) 昔有賊人, 入富家舍, 偸得錦綉, 卽持用裹故弊氍褐種種財物, **爲**智人**所**笑. (23. 賊偸錦綉用裹氍褐喩) (옛날에 도둑이 있었는데 부자집에 들어가 화려하게 수놓은 비단을 훔쳐서 그것을 갖고 자신의 낡고 허름한 여러 가지 옷가지와 재물을 싸고 다녀 총명한 사람들의 웃음거리가 되었다.)

(4) 須臾之間, **爲**其**所**殺. (94. 摩尼水竇喩) (잠깐 사이에 그는 남편에게 죽임을 당했다.)

② 爲+A+之+所+V(23예)

(5) 衆人語言: "若斷淫欲, 云何生汝?" 深**爲**時人**之所**怪笑. (9. 嘆父德行喩) (여러 사람이 말했다. "만약 음욕을 끊었다면 어떻게 너를 낳았냐?" 당시 사람들에게 심히 비웃음을 당하고 말았다.)

(6) 聞他宿舊沙門、婆羅門有大名德, 而**爲**世人**之所**恭敬, 得大利養, 便作是念言. (28. 爲婦貿鼻喩) (다른 나이 많은 사문과 파라문은 큰 명덕이란 '虛名'이 있고 세상 사람들의 공경을 받고 풍부한 공양을 받아 이러한 생각을 하고 말을 한다고 들었다.)

(7) **爲**無量煩惱之**所**窮困, 而**爲**生死、魔王、債主之**所**纏著. (35. 寶篋鏡喩) (무량 번뇌에 의해 곤궁해지고, 생사윤회, 마왕, 빚쟁이에 의해 얽매이게 된다.)

(8) **爲**彼雖著法服無道行者之**所**罵辱, 而濫害良善有德之人. (81. 爲熊所嚙喩) (법복은 입었으나 무도한 행자인 놈한테서 모욕을 당하고는, 도리어 어질고 덕있는 이를 함부로 해한다.)

③ 被+A+之+所+V(1예)

(9) 所債甚少, 所失極多. 果**被**衆人之**所**怪笑. (17. 債半錢喩) (빚내준 것은 매우 적은데 잃은 것은 너무 많다. 과연 여러 사람들의 웃음거리가 되었다.)

---

13) 여기서 A는 '행위자'를 나타낸다.

④ **A+所+V(3예)**

(10) 如此愚人, 世人**所**笑. (55. 願爲王剃須喩) (이와 같은 우매한 이는 세상 사람들이 비웃는다.)

(11) 如是分物, 人**所**嗤笑. (58. 二子分財喩) (이와 같이 물건을 나누니 사람들의 웃음거리가 되었다.)

피동표지 '所'는 총50예 출현한다. 위의 4가지 형식 중에서 피동전치사 '爲'와 결합하는 예가 가장 많으며 중간에 '之'가 삽입되는 것과 없는 것 두 가지가 출현한다. 전자의 경우는 구조조사 '之'에서도 언급했듯이 모종의 리듬운율과 깊은 관련이 있는 것으로 보인다. 공교롭게도 ≪百喩經≫에서는 ①과 ②에서 사용되는 '所'의 차이가 그 뒤에 출현하는 동사의 음절수와 관련을 맺고 있다. 그래서 ①의 경우는 모든 예가 일음절 동사이고, ②는 모든 예가 쌍음절 동사이다. '之'의 사용이 張延俊(2010)의 말대로 쌍음절 동사와의 호응을 위해 출현했을 가능성도 완전히 배제할 수는 없는 것으로 보이나 이에 대해 좀 더 심도 있는 연구가 필요하다.

①의 상황을 보면, '**爲世所**笑' 등과 같이 행위자 위치에 일음절 명사가 오기도 하고 '**爲智人所**笑'처럼 쌍음절 명사도 출현한다. 그리고 '**爲其所**殺'처럼 대명사가 오기도 한다. 한편, ②의 경우는 행위자 자리에 간단한 명사가 오기도 하지만 (8)처럼 '彼雖著法服無道行者' 등의 복잡한 명사구조가 오기도 한다. 이 두 형식은 중고시기 가장 많이 번성한 피동식이다.

특이한 것은 ③의 경우인데, '被'를 사용하는 형식은 '爲'보다는 발전이 늦은 편이라 그것의 변식도 발전이 느리다. '爲'피동식은 이미 상고중국어 시기에 다양한 형식이 있어 위의 ①, ② 모두 존재했었다. 그러나 '被'피동식은 상고시기가 맹아기인지라 위진남북조 시기에 와서 급격한 발전을 하게 된다. 이에 그것의 형식 또한 이 시기에 와서 다양화되는데 일차적으로 행위자(A)가 출현하는 '被+A+V'식이 출현한 것이 매우 큰 발전이라 할 수 있다. 이와 더불어 '所'와 결합하는 형식도 출현하기 시작하는데 이것은 아마도 '爲'피동식의 영향을 받아 발생한 유추의 결과일 것으로 보인다. 이렇게 하여 '被'피동식에 '所'가 출현하기 시작하면서 역시 '爲'피동식과 마찬가지로 리듬조사인 '之'를 삽입하는 ③의 형식도 등장하였다. 따라서 ③의 형식이 그 수는 매우 적지만 매우 중요한 위진남북조 피동식의 한 형식이 되고 있다.

張延俊(2010)에 따르면, ④의 형식은 이미 상고시기에 출현했다고 한다. 다만 중고시기에 와서 그 사용이 증가한 것인데 이 형식은 주로 불경역경에서 많이 사용한다고 한다.

(12) 時和難聞彼新弟子所在, 即時速還. 觀其室中, <u>多所竊取</u>. (生經, 佛說和難經第三) (이때 和難이 새 제자의 소재를 듣고는 즉시 돌아와 그의 방을 봤더니 모두가 다 도둑맞았다.)

'所'가 피동표지로 '爲'피동식과 함께 출현하는 경우는 唐代이후 점차 사라져 갔다. 그것은 일차적으로 '爲'자 피동식 자체에 원인이 있는 것인데 '爲'의 기능이 다양함으로 인해 보다 전문적인 '被'자 등에게 밀렸기 때문이다. '被'피동식과 함께 출현하는 ③과 같은 형식은 그 자체도 소수였지만 唐이후 사실상 소멸되었고 대신 '被A所V'형식은 상대적으로 증가했다고 한다. 그러나 이것도 전체 피동식 중 매우 낮은 비율을 차지하고 있다. 이렇게 唐이후로 가면서 '所'로 구성된 피동문의 수가 급감하는데, 그 원인에 대해 張延俊(2010)은 '所'가 결합하는 '所+V'형식 자체의 특징도 하나의 원인이 되고 있다고 한다. '所'는 주로 일음절 동사와 결합하여 당시의 대세인 쌍음절구조를 만든다. 이것은 쌍음절 동사가 많이 일반화되지 않았던 위진남북조 시기엔 매우 유용하지만 쌍음절동사가 점차 많아지는 唐이후로 가면서 오히려 '所'로 구성되는 것이 더 번거롭게 변했다는 것이다. 즉, 당시 운율조화를 추구하는 언중의 요구에 부합하지 않았던 것이다. 이러한 현상은 특히 결과보어, 방향보어 등이 발전하면서 더 가속화되었고 이후 '所'를 피동문에 써서 동사와 결합하는 형식은 주로 문언형식에 쓰이며 구어에서 서서히 사라져 갔다고 한다.

## 4.3  조사 소결

≪百喩經≫에 등장하는 각종 조사들의 출현 상황을 <표 4-2>와 같이 정리할 수 있다.

**표 4-2** 조사 별 특징 정리

| 분류 | 하위범주 | | 의미 및 형식 세부사항 |
|------|----------|------|----------------------|
| 어기조사 | 진술어기조사 | 者1(32) | 판단 혹은 소개(27) |
| | | | 원인(3) |
| | | | 긍정강조(2) |
| | | 也1(3) | 긍정, 강조(3) |
| | | 耳(7) | 긍정 혹은 판단의 어기(7) |
| | | 矣(1) | 동작의 완성이나 상황의 출현(已然)(1) |
| | | 已(1) | 진술, 긍정의 어기(1) |
| | 의문어기조사 | 也2(3) | 특지의문(2) |
| | | | 반어의문(1) |
| | | 耶(4) | 是非의문(3) |
| | | | 선택의문(1) |
| | | 乎(1) | 반어의문(1) |
| | | 爲(4) | 반어의문(4) |
| | 가설어기조사 | 者2(14) | 가설어기(14) |
| | 감탄어기조사 | 哉(2) | 감탄어기(2) |
| | 명령어기조사 | 也3(4) | 명령어기(4) |
| | | 來(4) | 명령어기(4) |
| | 문두어기조사 | 夫(2) | 판단, 의론의 어기(2) |
| 구조조사 | | 之(135) | 수식관계(102) |
| | | | 영속관계(8) |
| | | | 전치목적어와 동사의 사이(1) |
| | | | 리듬조사(24) |
| | | 者3(80) | 동사 또는 용언성구 뒤에 출현(49) |
| | | | 형용사 또는 형용사성구 뒤에 출현(17) |
| | | | 수사 또는 不定수사 뒤에 출현(4) |
| | | | 명사성성분 뒤에 출현(10) |
| | | 所(114) | 명사화 기능(64) |
| | | | 피동표지 기능(50) |

≪百喩經≫의 조사 역시 상고에서 근대중국어로 넘어가는 과도적 모습을 많이 보여주고 있다. 이에 대해 각 하위범주별 상황을 정리하면 아래와 같다.

## 1) 진술어기조사

진술어기조사들은 모두 상고중국어에서 전해져 온 것들이다. 이중 '者1'이 가장 많이 사용되고 있고, 그 의미기능 또한 다양하다. 이들 의미기능 역시 모두 상고중국어에서 이어져 온 것들이고, 그 가운데 주어 뒤에서 판단 혹은 소개를 하는 기능이 가장 많이 출현하고 있다. 이러한 '者1'은 명사화 기능을 하는 '者'로부터 문법화한 것이다. 한편, 상고시기부터 상용되었던 '也1' 역시 이 시기에 계속 상용된다. 상고시기엔 특히 판단, 논단의 기능이 주류였는데 중고시기 이후엔 '是'자 판단문의 상용화로 그러한 의미보다 긍정, 강조의 기능이 주류를 이룬다. 여기서도 모두 그렇게 쓰이고 있다. 그리고 다른 문헌에서 '也'는 또 '矣'의 '사태변화' 기능도 하고 있다. 이것은 어기조사 '也'의 매우 중요한 변화이나 ≪百喩經≫에서는 반영되어 있지 않다. 흥미로운 것은 특히 '耳'의 변화이다. 중고시기 와서 특히 '也'나 '矣'에 비해 그 수가 증가하며 사용이 잦아지는데 특히 기존의 두 가지 기능 중 긍정, 강조의 기능이 더 발달하게 된다. ≪百喩經≫에는 없지만 심지어 '耳'가 '사태변화'의미의 '矣'의 영역까지 침범하는 예도 등장하고 있다. '矣'의 경우 ≪百喩經≫에서는 단지 1예만이 출현하지만 당시 매우 상용되던 어기조사이다. 그 기능은 상고시기와 같다. 다만 당시 구어에서는 점차 소멸되어 가고 있어 불경문헌류에서는 매우 적게 출현한다. 한편, '已'는 상고중국어에서 판단, 진술, 감탄 등의 어기조사 기능이 있었으나 여기서는 단지 '矣'와 동일한 기능을 하고 있고 그 수도 매우 적다.

이처럼 진술어기조사 영역에서는 출현비율 상으로는 '者1'이 가장 많지만, 당시 민감한 변화의 모습을 반영하는 차원에서는 '耳'와 '也'가 중요한 어기조사로 부상하고 있다. 특히 이들은 둘 다 '矣'의 '사태변화'기능을 나타낼 수 있어 '了'가 출현하기 전까지 '矣'를 대체하고 있다.

## 2) 의문어기조사

상고시기에는 '乎', '與', '耶', '哉', '焉', '也', '夫', '爾' 등 매우 다양한 의문어기조사들이 있었다. 그러나 중고시기로 오면서 이들 가운데 일부만이 주요 형식으로 살아남고 거의 대부분이 모습을 감추었다. ≪百喩經≫에서는 상고시기에서 전해져 온 기존 형식인

'也2', '乎', '耶' 등이 지속적으로 활약을 한다. 그들의 출현비율이 대체로 낮긴 하나 이 시기 전체적으로 볼 때 매우 상용화되던 형식들이었다. 특히 이 가운데 '乎'는 상고시기보다 오히려 더 늘어났다고 한다. 그리고 '乎'는 거의 전문적으로 반어의문 위주로 변화하였다. 이러한 형식도 여전히 활약했지만 특이한 것은 바로 '爲'의 활약이다. 이것은 상고시기부터 다양한 형식을 구성하여왔고 이 시기에도 독특한 형식을 구성할 만큼 비교적 상용적인 조사였다. ≪百喩經≫에서의 출현비율도 비교적 높다. 이와 같은 ≪百喩經≫의 의문어기조사 중 '耶'가 그 이후에도 꾸준히 생존해 나갔다.

## 3) 가설어기조사

가설어기조사는 그다지 발전하지 않은 분야이다. 그래서 ≪百喩經≫에서도 '者2' 한 가지만 출현하고 있고 상고시기 조차도 그렇게 발달하지 않았다. 이 '者2'는 중고시기에 출현한 것인데 진술어기조사인 화제화표지 '者1'로부터 문법화한 것이다. 비록 다른 형식이 출현하지는 않았지만 ≪百喩經≫에서 '者2'의 출현비율은 상당히 높은 편이다. 이 시기에 매우 상용된 것으로 보이며 심지어 그 이후 唐代까지 이어져갔다.

## 4) 감탄어기조사

상고시기엔 '乎', '與', '耶', '哉', '矣', '夫' 등 의문어기사 만큼이나 다양한 형식들이 사용되었으나 ≪百喩經≫에서는 '哉' 하나만 출현한다. 그러나 기타 문헌에서는 이 외에 '乎', '耶' 등도 여전히 상용되고 있었다. '哉'는 원래 다양한 기능을 갖고 있었는데 이 시기 들어 주로 감탄어기 위주로 좁혀졌다고 한다.

## 5) 명령어기조사

상고시기엔 주로 '也', '矣' 등이 명령어기조사 기능을 하였다. 특히 '矣'는 문말에서 청구, 금지, 권면, 명령 등 다양한 어기를 나타내었다. 그런데 ≪百喩經≫에서는 이 중 '也3'만이 출현한다. 동시기 ≪世說新語≫에서는 '矣'가 명령어기조사로 쓰이고 있었다. 즉, 상고시기의 두 형식이 그대로 계승되고 있었던 셈이다. ≪百喩經≫에는 또 중고시기에 새롭게 등장한 '來'가 출현한다. 비록 신흥 형식이 등장했으나 주요 형식은 여전히 '也3'이나 '矣'이다.

## 6) 문두어기조사

상고시기엔 다양한 형식의 문두 어기조사가 있었고 비교적 상용적이었으나 중고시기에 이르러서는 운용을 거의 안하고 있다. ≪百喩經≫에서도 '夫'하나만 출현하고 있고 그 수도 매우 적다. 물론 ≪顔氏家訓≫등의 문헌에서는 다수 출현하고 있으나 대체로 그 구어성이 저조한 편이라 당시 구어에서는 사실상 거의 소멸되어 갔을 것으로 추측된다.

## 7) 구조조사

구조조사로 수식관계를 형성하여 현대중국어의 '的'의 기능을 하는 '之'의 출현비율이 매우 높다. 그리고 명사화 기능의 '者3' 및 '所' 그리고 피동구문 형성 기능의 '所' 모두 그 출현횟수가 매우 많은 편이다. 이 셋 모두 상고중국어의 형식들로 ≪百喩經≫에서는 신흥의 형식이 출현하지 않고 있다. '之'의 여러 기능은 대체로 상고시기와 유사하며 이 가운데 수식기능이 가장 주를 이룬다. 특이한 것은 피동문에서 일종의 리듬조사 역할로 자주 등장하고 있다는 점이다. '者3' 역시 기존의 기능이 거의 이어져 오고 있어서 '변환지시'와 '자기지시' 모두 출현하고 있다. 형식상 '체언성 성분+者'의 형태가 특히 많이 발견되고 있고 여기에는 또 '자기지시'도 출현하는데 이는 전형적인 중고시기 현상을 반영하고 있다. 명사화표지 '所'는 거의가 '所+동사'의 형식이고 일부 전치사가 결합되는 경우도 출현하고 있다. 피동표지 '所'는 피동전치사인 '爲', '被' 등과 결합하여 다양한 구문을 형성하고 있다. 특히 당시 대세였던 '爲'와 결합한 형식들이 많은데 이는 중고시기의 전형적인 현상으로 唐代로 가면서 '爲'자피동문의 감소로 역시 함께 감소해갔고, 대신 '被A所V'형식은 상대적으로 증가해 갔다.

마지막으로, 孫錫信(1999)에 따르면 상고중국어의 각종 어기조사들이 중고시기에 와서 일종의 分工이 이루어졌다고 하는데 아래와 같다.

> "'也', '矣', '耳', '焉'은 진술어기에 '乎', '耶', '哉'는 의문과 감탄어기에 주로 포진되었다. 그리고 '也'는 이것저것 다양한 기능을 모두 갖고 있어 중고시기 여러 가지 기능을 다 하고 있었다."

그의 이러한 내용은 ≪百喩經≫에서도 거의 그대로 반영되어 나타난다. 중고시기에 새롭게 등장한 신흥의 형식은 매우 극소수에 불과하지만 기존 상고시기의 형식들은 이처럼 나름의 分工을 이루어 점차 전문화되어갔다는 것이 주목할 만한 사실이다.

제 **5** 장

# 접속사

5.1 연합관계 접속사
5.2 주종관계 접속사
5.3 접속사 소결

접속사는 두 단어나 구 또는 절을 연결하면서 그들 간의 모종의 통사적 혹은 논리적 관계를 표시한다. 접속사는 실재의 어휘의미가 없고 단지 문법의미만을 가지며 그렇기 때문에 부사 등과는 달리 문장 내에서 하나의 문장성분으로 충당되지 못한다. 접속사는 또 다른 것에 부착되어 출현하기 때문에 그 자체만 단독으로 출현할 수 없고, 다른 어휘의 수식을 받지도 못한다. 그리고 동일 유형의 접속사가 동시에 같이 출현하지 못하며, 문장에서 주어 앞이나 주어 뒤 모두에 출현할 수 있다. 이상은 현대중국어 접속사의 특징인데 고한어의 접속사 또한 이러한 성격을 대부분 공유하고 있다.

접속사는 그것이 연접하는 성분에 따라 몇 가지로 구분이 가능한데, 단어만을 서로 연결하는 것이 있고, 구만을 서로 연결하는 것, 절만을 서로 연결하는 것이 있다. 물론 단어, 구, 절 모두에 쓰이는 것도 있다. 한편, 이것이 나타내는 '관계'의 차이에 따라 '연합관계의 접속사'와 '주종관계의 접속사' 두 가지로 나눌 수 있다. 전자에는 주로 연결되는 항목 간 主, 從의 관계가 아닌 대등의 관계가 형성되며, 여기에는 병렬, 승접, 선택, 점층의 하위범주가 존재한다. 그리고 후자는 대등이 아닌 主從이 구분되는 관계로 여기에는 가설, 양보, 인과, 역접, 조건의 하위범주가 있다. ≪百喩經≫에 출현하는 접속사를 상기의 분류에 따라 구분하면 아래와 같이 열거할 수 있다.[1]

**표 5-1 접속사 분류**

| 대분류 | 소분류 | | 예 |
|---|---|---|---|
| 연합관계 | 병렬 | | 及, 與, 幷, 而1, 及以, 幷及, 及乃 |
| | 승접 | 순접 | 而2, 然後, 於是, 爾乃, 因卽, 致 |
| | | 목적 | 以1, 用, 以用 |
| | 선택 | | 爲 |
| | 점층 | | 兼, 況復, 不但 |
| 주종관계 | 가설 | | 若, 苟, 設, 如 |
| | 양보 | | 雖, 雖復, 縱, 假使 |
| | 인과 | | 因, 以2, 由, 故, 是故, 是以 |
| | 역접 | | 然, 而3, 但1, 要 |
| | 조건 | | 但2 |

---

1) 접속사의 하위범주 분류와 관련하여 학자들마다 약간씩 견해가 다르게 나타나고 있으나 전체적으로는 대동소이한 편이다. 본서에서는 吳福祥(2004(a))과 劉光明(2006)의 견해를 기준으로 하여 분류하였다.

## 5.1 연합관계 접속사

### 5.1.1 병렬 접속사

병렬 접속사는 종류나 구조가 비슷한 병렬성분을 연결하는 것으로 대등한 연합관계를 나타낸다.

### 及

병렬접속사 '及'은 상고중국어에서 전해져 온 것으로 총11예 출현한다.

**1) 主次의 구별이 있는 경우(4예)**

(1) 旣有信心, 入佛法中修行善法, 及諸功德, 以貪利故, 破於淸淨戒及諸功德, 爲世所笑, 亦復如是. (23. 賊偸錦綉用裹氀褐喩) (이미 믿음이 있으면 불법 속으로 들어가 선법과 제 공덕을 수행해야 하는데 이익을 탐하는 까닭에 청정계와 제 공덕을 깨서 세상 사람들의 웃음거리가 되니 또한 이러하다.)

(2) 牧羊之人, 聞之歡喜, 便大與羊及諸財物. (30. 牧羊人喩) (양치는 사람은 이 말을 듣고 기뻐서 바로 양과 여러 재물을 많이 주었다.)

**2) 主次의 구별이 없는 경우(7예)**

(3) 火及冷水, 二事俱失. (25. 水火喩) (불과 냉수 둘 모두 잃게 되었다.)

(4) 大家先付門、驢及索, 自是以外, 非奴所知. (45. 奴守門喩) (주인께서 먼저 문과 나귀, 그리고 밧줄을 분부하셨고 이 외에는 제가 알 바가 아닙니다.) **[3항의 연결]**

(5) 若得遇佛, 及値遺法, 人身難得. (55. 願爲王剃鬚喩) (부처를 만나거나 유법을 만나는 것처럼 사람의 몸도 얻기 힘든 것이다.) **[동목구조의 연결]**

이것은 'A 및 B'라는 의미와 'A와 B'라는 의미 모두 가능하다. 전자의 경우는 A와 B 간의 主次 관계가 존재하는 것인 반면, 후자는 主次의 관계가 없는 것을 말한다. 대체로 '及'은 主次의 관계가 있는 경우가 더 많은 편인데 《百喩經》에서는 후자가 7예로 더 많이 나타나고 있다. 主次 관계가 있는 경우, (1)의 '善法及諸功德' 또는 (2)의 '羊及諸財物'처럼 '諸'를 통해 B항을 나타내어 그 次性을 강조하고 있다. 대부분 '及'은 체언성(體詞性) 성분을 연결하지만 (5)와 같이 '得遇佛', '值遺法' 등의 동목구조로 된 용언성(謂詞性)성분을 연결하기도 한다. 이런 예는 1예 출현하고 있다. 그리고 대체로 두 항을 연결하지만 (4)와 같이 세 항을 연결하기도 한다.

≪顔氏家訓≫에서는 총36예 출현하며, 상황은 ≪百喩經≫과 큰 차이가 없다. 그래서 主次 구분이 없는 예도 출현하고, 3항 이상을 연결하는 것, 또 용언성 성분을 연결하는 것도 출현한다.

이러한 병렬의 접속사 '及'은 이미 상고중국어에서 출현한 것으로 아래와 같은 예가 있다.[2]

(6) 秦王大喜, 傳以示美人及左右. (史記, 廉頗藺相如列傳) (진왕은 매우 기뻐, 옥벽을 妃嬪과 좌우 시종들에게 전달해 보여줬다.)

병렬 접속사 '及'은 '與'와 또 다르다. 일반적으로 '與'는 두 항 간의 대등성이 주요 특징이지만 '及'은 위와 같이 상고중국어 시기부터 주로 主次관계가 주를 이루고 있다. 그런 면에서 볼 때, ≪百喩經≫에서 대등 관계가 다수 출현하는 현상은 접속사 '及'의 또 다른 발전된 면모라 할 수 있다.

한편, 불경 역경 중의 '及'은 용법상에 있어서 中土문헌과는 다른 매우 특이한 면모를 보여주고 있다. 이와 관련하여 薛蓓(2013)는 아래와 같이 한 가지 중요한 사실을 소개하고 있다. 일반적으로 中土문헌에 출현하는 접속사 '及'은 체언성 성분 뿐 아니라 용언성 성분도 연접할 수 있다. 이 점은 불경 역경 문헌에서도 동일하게 나타나는데 다만 그 연접된 성분의 성격이 다르게 나타난다. 아래의 예를 보자.

(7) 如餘沙門, 婆羅門, 食他信施, 但**說**遮道無益之言, 王者, 戰鬪, 軍馬之事; 群僚, 大臣, 騎乘出入, 游園觀事; **及論**臥起, 行步, 女人之事; 衣服, 飮食, 親里之事. 又

---

2) 앞으로 본장에서 소개하는 대부분의 상고중국어 예문은 何樂士의 ≪古代漢語虛詞詞典≫, 또는 王海棻의 ≪古漢語虛詞詞典≫, 向熹의 ≪簡明漢語史≫, 楊伯峻·何樂士의 ≪古漢語語法及其發展≫ 등에서 인용한 것임을 밝히며 별도의 인용 표시를 하지 않는다. 다만 이 외에 특별히 다른 서적에서 인용한 경우는 그 출처를 밝힌다. 한편, ≪祖堂集≫이나 ≪朱子語類≫에서 인용한 예문들은 曹廣順등의 ≪<祖堂集>語法硏究≫, 吳福祥의 ≪<朱子語類輯略>語法硏究≫에서 인용한 것임을 밝혀두며 특별한 인용 표시를 하지 않는다.

說入海探寶之事, 沙門瞿曇無如此事. (後秦, 長阿含經) (다른 사문이나 바라문은 다른 이의 믿음과 보시를 먹는다. 그러면서 다만 도를 가리는 무익한 말, 왕, 전투, 전쟁의 일 그리고 여러 신하, 대신, 말 타기, 놀러 나가기 등의 일을 말하거나 기침, 걷기, 여인의 일 그리고 옷, 음식, 친척이웃의 일 등을 논한다. 또는 바다에 들어가 보물을 취하는 일도 말한다. 그러나 사문 고타는 이러한 일이 없다.)

(8)  王殺害比丘**及**壞塔寺. (雜阿含經) (왕은 비구를 죽이거나 탑사를 파괴했다.)

이 두 예에서 접속사 '及'을 통해 두 개의 용언성 성분이 연결되고 있는데 이것들과 위의 (5)에 있는 '若得遇佛, 及値遺法'을 비교해 보자. 일단 후자는 '得遇佛'과 '値遺法'이 각각 동목구조로 된 용언성 성분이지만 전체적으로 동사인 '若'의 목적어 역할을 하고 있다. 따라서 이것은 이 문장 내에서 술어부(謂語) 역할을 하지 못한다. 그에 비해 (7)과 (8)의 '說~'과 '論~', '殺害~', '壞~'는 동일한 주어의 여러 술어부(謂語)로서 비록 접속사 '及'으로 연결되어 있지만 한 문장에서 완벽한 술어부 역할을 하고 있다.

이것과 관련하여 이른바 '지칭(指稱)'과 '진술(陳述)'이란 개념으로 설명할 수 있다. 전자는 보통 '무엇'에 대한 대답이고, 후자는 '어떠한가'에 대한 대답이다. 동일한 '동사+목적어'로 구성된 구라 하더라도 어떤 경우는 여전히 '지칭(指稱)'을 나타내기 때문에 문장에서 술어부(謂語) 구실을 못할 수도 있다. '及'으로 연결된 두 용언성 성분의 동목구조는 그 자체가 이미 '지칭화(指稱化)'가 되어서 술어부 역할을 못하게 되는 것이다. 위의 (5)에 출현한 '得遇佛'과 '値遺法'이 바로 지칭화가 된 동목구조인 것이다. 그리고 이러한 현상은 특히 中土문헌에서 나타나고 있다. 그런데 불경 역경의 상황은 좀 다르다. '及'으로 연결된 동목구조가 그 고유의 진술성(陳述性), 즉 '표술(表述)'의 기능을 보존하고 있어 여전히 술어부 역할을 할 수가 있다. 위의 (7), (8)에 있는 동목구조들이 바로 그러하다. 이들은 '지칭'의 역할이 아닌 '진술'의 기능을 하고 있다.

바로 이렇게 불경 역경들의 접속사 '及'은 체언성 성분을 연결시키기도 하고, 용언성 성분을 연결시키기도 하지만, 더 나아가 술어부로 쓰이는 진술성의 용언성 성분을 연결시키기도 한다. 비록 ≪百喩經≫에서는 이러한 예가 발견되지 않았지만 동 시기 다른 문헌에서는 위처럼 '及'의 특이한 용법이 발견되고 있다.


## 與

병렬 접속사 '與'는 상고중국어에서 전해져 온 것으로 총2예 출현한다.

(1)　以是之故, 世人當知時與非時. (57. 蹋長者口喩) (이러한 까닭으로 세상 사람들은 마땅히 때와 때가 아님을 알아야 한다.)

(2)　如是愚人氎與金錢一切都失. (97. 爲惡賊所劫失氎喩) (이와 같은 우매한 자는 모직옷과 금화 등 모두를 잃게 되었다.)

상고중국어에서 병렬 접속사 '與'는 단어와 단어, 구와 구를 연결하는 역할을 했다. 즉, 현대중국어의 '和', '同'과 동일한 기능이다. 접속사 '與'는 주로 체언성 성분을 연결하는 역할을 하지만 극소수 용언성 성분도 연결한다. ≪百喩經≫에서는 상고중국어의 특징이 그대로 나타나고 있어 (1)에서는 '時'와 '非時', (2)에서는 '氎'과 '金錢'이라고 하는 대등한 두 체언성 성분을 연결시키고 있다. ≪顔氏家訓≫에서도 16예 출현하는데 대부분이 체언성 성분을 연결하고 있다. 아래는 상고중국어에 출현한 체언성 성분과 용언성 성분의 연결 상황이다.

(3)　富與貴, 是人之所欲也, 不以其道得之, 不處也. (論語, 里仁) (부와 귀는 사람이 바라는 바이다. 그러나 그 도로써 얻은 것이 아니면 처하면 안 된다.)

(4)　智所以相過, 以其長見與短見也. (呂氏春秋, 仲冬紀) (지혜에 서로 차이가 있는 까닭은 그 멀리 보느냐 가깝게 보느냐에 있다.)

이러한 병렬 접속사 '與'는 '及'과 더불어 상고중국어의 주요한 병렬 접속사로 사용되었는데 이 둘은 분명한 차이가 존재한다. 이에 대해 薛蓓(2009)는 다음과 같은 차이점을 소개한다. 이 둘은 기본적으로 체언성 성분, 용언성 성분 모두를 연결시킬 수 있다. 그러나 '與'는 완전히 같은 명사 또는 서로 대칭이 되는 명사를 연결하고, 또 유의, 반의의 관계에 있는 명사를 연결하곤 한다. 상기의 (3)(4)가 바로 대표적인 예이다. 특히 부정사와 함께 쓰이는 'X+與+不(非)+X'에서도 '與'가 주로 사용되어 (1)의 '時與非時'나 아래의 예와 같은 것도 출현한다.

(5)　孔子曰: "道二, 仁與不仁而已矣." (孟子, 離婁上) (공자가 말했다. "도는 둘이다. 인과 불인일 뿐이다.)

이에 비해, 접속사 '及'은 대등한 것을 연결하기 보다는 주로 主次의 관계에 있는 것을 연결한다. 그렇기 때문에 'X+及+不(非)+X'의 형식은 위진남북조 시기에도 거의 출현하지 않았고 唐代 가서야 나타난다. 즉, 위의 구조는 대등 관계를 위한 것이기 때문에 주로 '與'가 취한다는 것이다. 이렇게 '與'와 '及'은 기본적으로 그것이 연결하는 대상의 主次 관계에 큰 차이를 보이고 있다.

이러한 내용을 볼 때, ≪百喩經≫의 '與'는 전형적인 상고중국어의 모습을 유지하고 있고, '及'은 그 기능이 다소 확장된 면모를 보이고 있는 셈이다.

## 幷

병렬 접속사 '幷'은 東漢시기에 등장한 것으로 총2예 출현한다.

(1) 殺群賊者, 喩得須陀洹, 强斷五欲, 幷諸煩惱. (65. 五百歡喜丸喩) (뭇 도적을 살해한 것은 須陀洹을 얻어 오욕 및 제 번뇌를 끊는 것을 비유한다.) (※ 須陀洹: 소승불교의 聲聞수행 차례에 4가지가 있는데 여기엔 須陀洹, 斯陀含, 阿那含, 阿羅漢이 있고 이중의 하나가 수타원이다.)

(2) 譬如有人, 將欲遠行, 敕其奴言: "爾好守門, 幷看驢索." (45. 奴守門喩) (비유하자면, 어떤 사람이 있는데 장차 멀리 가고자 하여 그의 노예에게 명령하여 말했다. "너는 문을 잘 지키고 아울러 나귀 줄도 잘 보거라.")

병렬 접속사 '幷'은 현대중국어의 '和'와 같이 두 개의 대등한 항을 연결하는 기능을 한다. 그런데 이것의 문법화 시기와 관련하여 현재 학계에서는 의론이 분분하다. 대체로 漢代나 그 이후일 것이라 얘기되고 있으나 뜻하지 않게 ≪莊子≫에서 2예 출현하고 있기 때문이다. 그러나 ≪莊子≫의 예는 그 수도 적고 先秦시기 기타 문헌에서 등장을 안 하기 때문에 이에 대해서는 재고의 여지가 있다. 그렇다면 대체로 漢代쯤일 것으로 보는데 이와 관련하여 徐朝紅(2007)은 東漢의 불경역경 자료를 통해 東漢시기임을 밝혔다. 그에 따르면, 이 시기에 병렬 접속사 '及'과 동일한 기능을 하는 '幷'이 출현하고 있다고 한다. 한편, 초창기에는 주로 체언성 성분을 연결했지만 이후 위진남북조 시기에 와서 점차 동사나 형용사 같은 용언성 성분도 연결하게 되었다고 한다. 이러한 예는 中土문헌에서는 잘 발견되지 않고 있었다.

(3) 如來入城, 不於豪貴幷卑賤家而從乞食, 但隨尼提, 何故如是, 此必有緣. (後秦 鳩摩羅什譯, 大莊嚴論經) (여래가 성에 들어가 부유하거나 가난한 집에서는 구걸하지 않았고 다만 尼提를 따랐는데 어째서 이렇게 하였는지 이는 분명 이유가 있다.)

**[형용사 연결]**

(4) 此處可種胡麻, 此處可種大小麥, 此處可種禾幷種大小豆. (後秦 鳩摩羅什譯, 大

莊嚴論經) (이곳은 호마를 심을 수 있고, 이곳은 대소맥을 심을 수 있다. 이곳은 벼도 심을 수 있고 대소두도 심을 수 있다.) **[동목구조 연결]**

≪百喩經≫의 상황을 보면, (1)과 같이 체언성 성분을 연결하는 전형적인 예도 있지만, (2)처럼 '守門'과 '看驢索'이라고 하는 용언성 성분을 연결하는 것도 출현한다. 즉, 당시 위진남북조 시기의 불경 역경의 상황과 합치하고 있고 문법화 초창기 보다는 발전된 형태의 모습을 반영하고 있는 것이다. ≪顔氏家訓≫에서는 3예만이 출현하는데 中土문헌답게 역시 체언성 성분만을 연결하고 있다.

## 而1

병렬 접속사 '而1'은 상고중국어에서 전해져 온 것으로 총3예 출현한다.

(1) 昔有國王, 有一好樹, 高廣極大, 常有好果, 香而甜美. (33. 斫樹取果喻) (옛날 한 국왕에게 좋은 나무가 하나 있었다. 나무가 높고 넓으며 매우 컸다. 항상 좋은 과실이 열렸는데 향이 좋고 맛이 좋았다.)

(2) 爲無量煩惱之所窮困, 而爲生死、魔王、債主之所纏著. (35. 寶篋鏡喻) (무량 번뇌에 의해 곤궁해지고, 생사윤회, 마왕, 빚쟁이에 의해 얽매이게 되다.)

상고중국어에서 '而'는 접속사로서 여러 가지 기능을 하고 있다. 대표적으로 위와 같은 병렬 접속사말고도 역접의 접속사, 승접의 접속사, 가설의 접속사 등의 역할을 한다. 병렬 접속사일 경우, 명사 혹은 명사구 등을 연결하기도 하고 동사나 형용사를 연결하기도 한다.

(3) 是子也, 熊虎之狀而豺狼之聲. (左傳, 宣公四年) (이 아이는 곰이나 호랑이와 같은 외모와 승냥이 같은 소리를 가졌다.) **[명사구]**

(4) 父慈而敎, 子孝而箴, 兄愛而友, 弟敬而順, 夫和而義, 妻柔而正, 姑慈而從, 婦聽而婉, 禮之善物也. (左傳, 昭公二十六年) (부친은 자애로우면서도 자식을 교육하고, 아이는 효성스러우면서 부친에게 충고하고, 형은 사랑하면서 우애가 있어야 하고, 아우는 공경하면서 순종해야 한다. 그리고 남편은 온화하면서 의기가 있어야 하고, 아내는 부드러우면서 정직해야 하며, 시어미는 자상하면서 상냥해야 한다. 그리고 며느리는 잘 따르면서 완곡해야 한다. 이것이 예의 좋은 면에 부합하는 일이다.) **[형용사 또는 동사]**

위의 (1)의 '香而甛美'는 바로 형용사를 연결하고 있는 것으로 상고중국어의 용법을 그대로 계승하고 있다. (2)에서는 '爲無量煩惱之所窮困'라는 절과 '爲生死、魔王、債主之所纏著'라는 두 절이 대등하게 '而'에 의해 연결되고 있다. ≪顔氏家訓≫에서는 34예나 출현하며 ≪百喩經≫과 마찬가지로 단지 용언성 성분만을 수식하고 있다.

唐五代 ≪祖堂集≫에서도 여전히 접속사 '而'가 다수 출현하여 무려 465개나 출현하고 있는데 이중 병렬 기능은 36예 출현한다. 역시 여기서도 다수가 용언성 성분을 연결하고 있다.

(5)   汝但無事於心, 無心於事, 乃虛而妙矣. (德山和尙) (그대가 다만 마음에 두는 일이 없고 일에 마음을 쓰지 않으면 허하고 묘하게 된다.)


## 及以

병렬 접속사 '及以'는 東漢시기에 등장한 것으로 11예 출현한다.

(1)   我欲觀於女色, 及以五欲. (27. 治鞭瘡喩) (나는 여색과 오욕을 보고 싶다.)
(2)   由是之故, 我得此馬, 及以珍寶, 來投王國. (65. 五百歡喜丸喩) (이런 이유로 저는 이 말과 보물을 얻었기에 귀국에 가지고 가는 길입니다.)
(3)   縱可無村, 及以無樹, 何有天下無東, 無時? (46. 偸犛牛喩) (설령 마을이 없거나 또 나무가 없을 수는 있어도 어찌 천하에 동쪽이 없고 시간이 없을 수 있소?)

접속사 '及以'는 매우 특이한 형태로 일단 상고중국어에서는 존재하지 않았던 형식이다. 薛蓓(2010)에 따르면, 이것은 주로 불경 역경에 나타나며 그 최초의 예는 東漢시기 ≪太平經≫에 출현한다고 한다. 비록 이렇게 東漢시기에 최초의 예가 나왔으나 위진남북조 시기에 가서야 자주 등장하기 때문에 사실상 위진남북조의 대표적 형식으로 봐야 한다. 薛蓓(2010)에 따르면, 초기인 魏晉시기만 하더라도 주로 명사, 명사구, 동사, 동사구 등을 연결했는데, 남북조 시기에 이르면 더 발전하여 형용사도 연결할 수 있게 되었다고 한다.

(4)   我於爾時, 故是凡夫, 爲母所殺及以罵辱, 終無恨心. (撰集百緣經, 法護王子爲母所殺緣) (내가 그때 범부인지라 어머니에 의해 죽임을 당하고 모욕을 당했으나 끝내 미워하는 마음은 없다.) [동사의 연결]
(5)   若未來世諸衆生等, 欲求度脫生老病死, 始學發心修習禪定, 無相智能者, 應當

先觀宿世所作惡業<u>多少及以輕重</u>. (占察善惡業報經)[3] (만약 미래의 제 중생들 중 구도하여 생로병사를 벗어나길 원하고 발심하여 선정과 무상지능을 익히길 원하는 자라면 응당 먼저 전생에 지은 악업의 다소와 경중을 살펴야 한다.) **[형용사의 연결]**

≪百喻經≫에서는 (1)의 '女色<u>及以</u>五欲'이나 (2)의 '此馬<u>及以</u>珍寶'처럼 주로 체언성 성분을 연결하고 있으나 11예 중 1예 즉 예(3)이 '無村<u>及以</u>無樹'처럼 용언성 성분을 연결하고 있다. '及以'는 그 기능에 있어서 당시 상용되던 '及'과 거의 차이가 없는 동일 기능의 접속사라 해도 과언이 아니다. 그러면 왜 하필 쌍음절 형태의 '及以'를 굳이 썼던 것인가? 이에 대해 薛蓓(2010)는 불경 역경 특유의 4자구 틀을 의식했기 때문이라 한다. 사실 위에서 소개된 모든 예들은 4글자씩 끊을 수가 있다. 예컨대, '我得此馬, 及以珍寶, 來投王國'도 원래는 '此馬及以珍寶'로 붙여 읽어야 하는데 4글자를 의식해 이렇게 띄어 읽는다. 그리고 '爲母所殺及以罵辱'도 역시 '爲母所殺, 及以罵辱'의 4글자씩 띄어 읽게 된다. 바로 이러한 리듬운율 상의 이유가 있어서 이들 문장에는 일음절인 '及'을 쓰지 않고 쌍음절의 '及以'를 써서 조정을 했던 것이다.

## 幷及

병렬 접속사 '幷及'은 중고시기에 등장한 것으로 총2예 출현한다.

(1) 爲其所欺, 喪失善法, 後失身命, <u>幷及</u>財物, 便大悲泣, 生其憂苦. (30. 牧羊人喻)
(그것에 의해 속임을 당해 선법을 잃고 결국 그 목숨과 재물도 잃어 크게 슬퍼하고 걱정과 고통이 생기게 된다.)

(2) 卽以其夜, 値五百偸賊, 盜彼國王, 五百匹馬, <u>幷及</u>寶物, 來止樹下. (65. 五百歡喜丸喻) (바로 그날 밤 마침 오백의 도적떼가 그 나라 왕의 오백 필 말과 보물을 훔쳐 그 나무 아래로 왔다.)

이것은 두 개의 同義 병렬 접속사인 '幷'과 '及'이 결합되어 이루어진 병렬 복합 접속사로 그 기능은 '幷' 또는 '及'과 큰 차이가 없으며 모두 체언성 성분을 연결하고 있다. (1)의 '身命<u>幷及</u>財物'과 '五百匹馬<u>幷及</u>寶物' 모두 대등한 두 항을 연결하고 있는데 쌍음절의 '幷及'을 사용한 이유는 역시 리듬운율 상의 이유 때문으로 보인다(뒤의 쌍음절 명사와 결합하여 4자구를 구성).

---

3) 이것은 隋나라때 三藏法師菩提燈이 번역한 것이다.

상고중국어에서는 찾아보기 힘들며 동시기 中土문헌에서도 출현하지 않고 있다. 그리고 아래와 같은 ≪賢愚經≫, ≪撰集百緣經≫ 등의 동시기 불경 역경에서 각각 1예와 3예씩만 출현하는 등 전체적으로 출현횟수가 매우 적다.

(3) 便勤作務, 得少錢穀, 用施洗具, 幷及飮食. (賢愚經, 淨居天請洗浴緣品第五十九) (이에 열심히 일을 하여 돈과 곡식을 얻어 이로써 씻는 도구와 음식을 구했다.)

(4) 時二梵志, 在大衆前, 各發誓願, 信富蘭那者. 尋取香花, 幷及淨水, 在大衆前, 發大誓願. (撰集百緣經, 二梵志各諍勝如來緣) (그때 두 범지는 대중 앞에서 각각 富蘭那를 믿겠다고 맹세했는데, '香花'와 '淨水'를 취해 대중 앞에서 크게 맹세를 하였다.)

## 及乃

병렬 접속사 '及乃'는 중고시기에 등장한 것으로 총1예 출현한다.

(1) 邪見外道、天魔波旬、及乃惡知識而語之言: "汝但極意六塵, 恣精五欲, 如我語者, 必得解脫." (98. 小兒得大龜喩) (사견의 외도와 천마파순마왕 그리고 惡師는 그에게 말한다. "너는 단지 六塵에 대해 네 맘대로 하고, 오욕에 대해 구속 없이 마음대로 해 보거라. 이렇게 내 말대로 하면 반드시 해탈을 얻을 것이다.") (※ 天魔波旬: 불교에서 法을 어지럽게 하는 四魔 중의 하나. / 六塵: 色, 聲, 香, 味, 觸, 法 / 五欲: 財, 色, 飮食, 名, 睡眠)

이것은 접속사 '及'과 동일한 기능을 하는 것으로 위에서 '邪見外道', '天魔波旬', '惡知識' 세 항을 연결하면서 사용되고 있다. '及乃'와 관련하여 아직까지 학계에 보고된 내용이 거의 없고 동시기 다른 문헌에서도 그 예를 찾기가 힘들다. 단지 ≪百喩經≫에서만 출현하고 있는데, 위 문장의 내용을 볼 때 충분히 병렬 기능의 접속사로 볼 수 있으므로 본서에서는 이를 쌍음절의 병렬 접속사로 보고자 한다. 이와 관련하여 이후 더 심도 있는 연구가 진행되기를 바란다.

## 5.1.2 승접 접속사

승접 접속사는 두 사건 간의 승접 관계를 나타내는데, 여기서 말하는 승접이란 '시간 선후' 또는 '인과 관계' 등에 의해 이루어질 수가 있다. 이것은 대개 대등한 두 절을 잇는 과정에서 뒷절에 출현한다. 승접은 의미상 순접과 목적으로 구분할 수 있다. 순접은 A에서 B로 순차적으로 연결되는 것으로 시간순서, 인과관계, 조건 등에 의해 이루어질 수가 있다. 반면 목적은 A와 B사이에 '목적'이란 관계가 존재하여 대개 A를 통해 B라는 목적에 이르는 것을 나타내게 된다. 전자에는 '而2', '然後', '於是', '爾乃', '因卽', '致'가 있고, 후자에는 '以1', '用', '以用'이 있다.

## 而2

승접 접속사 '而2'는 상고중국어에서 전해져 온 것으로 총100에 출현한다.

### 1) 시간선후 순서(57예)

(1) 弟子見已, 而問之言: "何以悲嘆懊惱如是?" (31. 雇倩瓦師喩) (제자가 보더니 그에게 물었다. "어째서 이다지도 슬퍼 탄식하며 괴로워합니까?")

(2) 譬如一村, 共偸犛牛, 而共食之. (46. 偸犛牛喩) (비유하자면, 한 마을에서 어떤 이들이 함께 얼룩소를 훔쳐서 같이 그것을 먹었다.)

(3) 時諸伎兒會宿山中, 山中風寒, 然火而臥. (63. 伎兒著戲羅刹服共相驚怖喩) (그때 여러 기예인들이 산 속에 모여 묵었는데 산속은 바람이 차서 불을 피우고 누웠다.)

(4) 旣捉之已, 老母卽便捨熊而走. (93. 老母捉熊喩) (이미 그것을 잡자 노파는 즉시 곰을 버리고 도망갔다.)

### 2) 인과관계(7예)

(5) 如彼愚人, 以鹽美故, 而空食之, 至令口爽, 此亦復爾. (1. 愚人食鹽喩) (저 우매한 사람처럼 소금이 맛있다는 이유로 공연히 그것만을 먹으면 입이 상하는 지경에 이를 것이니 이 또한 이러하다.)

(6) 爲半錢債, 而失四錢, 兼有道路疲勞乏困. (17. 債半錢喩) (단지 반전의 빚 때문에 사전을 잃었고 아울러 길에서 피로하고 곤궁한 것까지 생기고 말았다.)

(7) 如捉毒蛇被螫而死. (89. 得金鼠狼喩) (이는 곧 마치 독사를 잡아 독사에게 물려 죽는 것과 같다.)

### 3) 방식(29예)

(8) 其人後復而與之言: "汝兒已生, 今死矣!" (30. 牧羊人喩) (그 사람은 나중에 다시 그에게 일러 말했다. "당신의 아들이 이미 태어났고 지금은 죽었다!")

(9) 愚人卽便而作念言…… (39. 見他人塗舍喩) (우매한 사람은 바로 다음과 같이 생각하여 말했다.……)

(10) 田夫聞之, 欣然而笑, 謂呼必得. (76. 田夫思王女喩) (농부가 듣고는 기뻐하며 웃었다. 그리고 반드시 얻을 것이라고 말했다.)

(11) 是時會中有異學梵志五百人俱, 從座而起, 白佛言: …… (0. 引言) (이때 회의에는 이교도 파라문 오백인도 모였는데 자리로부터 일어나 부처에게 말했다.……)

(12) 二人之中, 其一人者, 含笑而言…… (56. 索無物喩) (두 사람 중 한 사람이 웃으면서 말했다.……)

(13) 如彼見金影, 勤苦而求覓, 徒勞無所得. (60. 見水底金影喩) (마치 저 사람이 금의 그림자를 보고 열심히 애를 써서 찾았는데도 단지 헛수고만 하고 소득이 없는 것과 같다.)

## 4) 주체 표시(3예)

(14) 時守池者而作是問: "池中者誰?" (47. 貧人能作鴛鴦鳴喩) (이때 연못을 지키던 자가 이렇게 물었다. "연못 속에 있는 자 누구요?")

(15) 邪見外道、天魔波旬、及乃惡知識而語之言…… (98. 小兒得大龜喩) (사견의 외도와 천마波旬마왕 그리고 惡師는 그에게 말한다.……)

## 5) 부연설명(4예)

(16) 王見賊已, 集諸臣等共詳此事, 而語之言…… (8. 山羌偸官庫衣喩) (왕이 도적을 보고는 제신들을 모아놓고 이 일에 대해 상의했다. 그리고 그에게 말했다.……)

(17) 昔時有人, 於衆人中嘆己父德, 而作是言…… (9. 嘆父德行喩) (옛날에 어떤 사람이 있었는데 여러 사람들에게 자신의 아버지의 덕을 칭찬하여 이러한 말을 했다.……)

(18) 昔有一人, 說王過罪, 而作是言…… (20. 人說王縱暴喩) (옛날에 한 사람이 있었는데 왕의 죄에 대해 말하면서 이와 같은 말을 했다.……)

승접의 접속사 '而2'는 상고중국어에서 매우 상용되던 것으로 중고시기에 와서도 여전히 상용되고 있다. '而2'는 전체 승접 접속사 중 가장 많은 비중을 차지하며 상고시기에 존재했던 각종 용법이 대부분 그대로 계승되고 있다. '승접'은 곧 '而'로 연결되는 앞절과 뒷절이 의미상 배치가 되지 않으면서 이어져야 하는데, 그 의미상의 관계는 위에서 보듯이 매우 다양할 수가 있다. 여기 소개된 대부분의 의미관계는 상고중국어에서 출현했던 것들이며 이 가운데 가장 많은 수를 차지하는 것은 시간순서에 의한 승접관계이다. 즉, 앞절과 뒷절이 발생된 시간 순서에 의해 연결되고 있는 것이다. 이것은 (1)의 '弟子見已, 而問之

言’처럼 아예, 앞절에 그 행위가 끝났음을 알려주는 ‘已’와 같은 표지가 등장하기도 한다. 이렇게 ‘본다’는 앞 행위가 끝나고 나서 시간적으로 뒤에 ‘묻는’ 행위가 이어지는 것이다. 이처럼 완성동사 ‘已’가 출현하는 예가 4예 출현하고 있다. 형식적으로 (1)(2)와 같이 동일한 동목구조가 ‘而’로 연결될 수도 있고, (3)(4)처럼 앞절은 동목구조, 뒷절은 동사 하나만 출현하기도 한다. 인관관계를 구성하는 예도 상고시기에 매우 상용되었던 것으로 앞절은 원인, 뒷절은 결과를 나타낸다. 이때 (5)(6)처럼 아예 인과관계를 나타내는 표지인 ‘以~故’, ‘爲’ 등이 출현하는 것도 있다. 그리고 (7)의 ‘被螫而死’처럼 죽음의 원인을 나타내는 것들도 다수 출현하고 있다. 한편, 방식을 나타내는 것도 상고시기에 매우 상용되던 형식인데, (8)(9)(10)의 경우는 앞절에 아예 ‘復’, ‘卽便’, ‘欣然’ 등의 부사가 나오는 경우이다. 이 경우는 재론의 여지없이 ‘而’가 전문적으로 부사어를 표시하기 위해 쓰이고 있다. 이는 마치 현대중국어의 ‘去’와 비슷하다. 그 외 (11) (12)(13)의 경우는 대개 앞절과 뒷절의 행위가 동시동작인 경우이다. 즉, 앞절이 끝나고 뒷절을 하는 것 이 아니라 두 동작이 동시에 이루어지고 있는 것으로 ‘含笑而言’은 웃으면서 말하는 것, ‘勤苦而求覓’는 애를 써서 찾는 것이다. 역시 앞절의 행위가 일종의 방식이 되어 뒷절을 수식하는 식으로 되어 있다. 그리고 앞절과 뒷절이 매우 특이한 관계가 될 수도 있는데 4)의 관계는 앞절이 뒷절의 행위주체인 경우이다. 즉, 앞절이 사실상 주어가 되고 뒷절은 그것의 서술어인 셈이다. ‘守池者而作是問’은 곧 ‘연못을 지키는 자가 묻는 것’이고, ‘邪見外道、天魔波旬、及乃惡知識而語之言’은 앞의 세 가지가 주체가 되어 말하는 것이다. 또 다른 특이한 관계로서 5)는 앞절의 내용에 대해 뒷절에서 상세히 부연설명을 해 나가는 경우이다. 예컨대 ‘共詳此事(상의하다)’의 한 행위로 뒤의 말하는 행위가 나오고 있고, ‘嘆己父德(아버지덕을 칭친하다)’의 한 행위로 뒤의 말하는 행위가 나온다. 실제로 이 문장 뒤에는 “我父仁慈, 不害不盜, 直作實語, 兼行布施.(내 아버지는 인자하고 다른 사람을 해하거나 남의 물건을 훔치지 않았으며 줄곧 참말만을 해 왔고 그 외에도 은혜를 베풀어왔다.)”라는 아들의 멘트가 연속되고 있다. 그리고 ‘說王過罪(왕의 죄를 말하다)’에 대해 그 구체적인 행위로 역시 뒷절이 이어지는데 뒷절에 “王甚暴虐, 治政無理”란 왕의 죄의 내용이 이어지고 있다. 5)와 같은 경우는 시간 순서도 아니고 원인도 아니며 방식이나 주체도 아닌 또 다른 차원의 의미 관계를 보여주고 있다.

《顔氏家訓》에서도 승접의 ‘而’는 110예 출현하고 있고 위와 같은 다양한 의미 관계가 출현하고 있다. 唐五代의 《祖堂集》에서도 379예에 달하는 승접(특히 시간순서)접속사 ‘而’가 출현하고 있고, 宋代 《朱子語類輯略》에서도 380여예나 출현하고 있어 唐宋

시기까지도 주요한 접속사로 활약했음을 알 수 있다.

何樂士의 《古代漢語虛詞詞典》이나 王海棻 등의 《古漢語虛詞詞典》 등과 같은 사서류 및 기타 고대 중국어 문법 관련 연구서 등을 봤을 때, 상기의 1)~3)까지의 기능은 찾을 수 있었다. 그러나 4), 5)와 같은 기능은 거의 찾아볼 수가 없다. 이것이 이 시기에 나타난 새로운 기능인지 아니면 불경역경에서만 발견되는 특이한 현상인지 향후 보다 심도 있는 연구를 통해 확인해 볼 필요가 있다.

**然後**

승접 접속사 '然後'는 상고중국어에서 전해져 온 것으로 총8예 출현한다.

## 1) 시간순서 관계(5예)

    (1)  欲修布施, 方言待我大有之時, 然後頓施. (2. 愚人集牛乳喩) (포시를 닦고자 해도 여전히 내가 크게 가진 것을 기다린 후에야 한꺼번에 베풀겠다고 말한다.)

    (2)  比得藥頃, 王要莫看. 待與藥已, 然後示王. (15. 醫與王女藥令卒長大喩) (약을 구할 때에 이르러 왕께선 딸을 절대 보지 마십시오. 약을 다 주고 나서 왕을 보이십시오.)

## 2) 조건 관계(3예)

    (3)  入大海之法, 要須導師, 然後可去. (14. 殺商主祀天喩) (바다에 들어가는 방법은 안내자가 필요하고 그래야만 갈 수가 있었다.)

    (4)  至曠野中, 有一天祠, 當須人祀, 然後得過. (14. 殺商主祀天喩) (광야에 이르렀더니 거기에 한 천신묘가 있었다. 반드시 사람으로 제사를 지내야 그런 연후 지나갈 수 있었다.)

승접을 나타내는 접속사 '然後'는 현대중국어에서도 상용되는 쌍음절 접속사로 일찍이 상고중국어에서 문법화가 이루어져 현대에까지 이르고 있다. 王海棻 등의 《古漢語虛詞詞典》과 何樂士의 《古代漢語虛詞詞典》에서는 이것이 '시간 순서'와 '조건 관계' 두 가지 기능이 있다고 보고 있다. 상고시기의 예는 다음과 같다.

    (5)  子貢反築室於場, 獨居三年然後歸. (孟子, 滕文公上) (자공만이 오히려 무덤가에 집을 짓고 홀로 삼년을 더 지낸 뒤에야 돌아갔다.)

(6)  權然後知輕重, 度然後知長短. (孟子, 梁惠王上) (저울질한 연후에 가볍고 무거움
     을 알고, 자질해본 연후에 길고 짧음을 안다.)

(5)는 시간 순서를 나타내는 것이고 (6)은 조건을 나타내는 것이다. 이렇게 조건을 나타낼
때에는 현대중국어의 '才'와 유사하다. 위의 ≪百喩經≫에서도 이 두 가지 기능이 모두 출현하
고 있다. 특히 (3)(4)의 경우는 앞절에 '須'가 출현하고 있어 조건 의미를 더 부각시키고 있다.
이러한 두 의미 기능은 唐五代의 ≪祖堂集≫에서도 여전히 출현하고 있다.

(7)  後再見馬大師, 於大師前旋行一匝作圓相, 然後於中心禮拜. (躭源和尙) (후에
     다시 마대사를 만나서 대사 앞에서 한 바퀴를 돌아 원의 모양을 그린 다음 마음속에
     예배를 하였다.)
(8)  不然, 子且還老僧草鞋價, 然後老僧還子江陵米價. (黃山和尙) (그렇지 않다. 그
     대가 노승에게 짚신값을 줘야 노승이 그대에게 강릉쌀값을 줄 것이다.)

여기서 (7)은 시간 순서를 나타내고 (8)은 조건을 나타낸다. 이처럼 고한어에서는 이러한
두 가지 기능이 대체로 계속 유지되고 있는데 현대중국어에서는 이 가운데 시간 순서 기능
만이 존재한다. '然後'의 의미에 대해 ≪現代漢語八百詞≫에는 아래와 같이 한 가지 기
능만을 설명하고 있다.

> 表示一件事情之后接着又发生另一件事情。前句有时用'先、首先'等。后句有时
> 用'再、又、还'等。 (한 사건 후 이어서 다시 다른 사건이 발생하는 것을 나타낸다.
> 앞절엔 어떤 경우 '先, 首先' 등이 오고, 뒷절에는 '再, 又, 還' 등이 온다.)

이러한 현상과 관련하여 何洪峰·孫嵐(2010)은 아래와 같이 그것의 문법화를 언급하면
서 소개하고 있다. 그들에 따르면 이것은 먼저 先秦시기에 문법화하였다. '然後'에서 '然'
은 원래 '如是'의 의미로 '然後'는 곧 '如是, 後~(이러하니 그 후엔)'의미에 해당한다. 그
런데 ≪孟子≫에 아래와 같은 예가 등장한다.

(9)  故曰, 國人殺之也. 如此, 然後可以爲民父母. (그러므로 나라 사람들이 그를 죽였
     다라고 말합니다. 이와 같은(如此) 연후(然後), 백성의 부모 노릇을 하는 것이 가능합
     니다.)

여기서 '然' 앞에 다시 '如此'란 말이 출현하고 있기 때문에 이때의 '然'은 더 이상 '如

是'가 아니고 '然後' 자체는 하나의 어휘로 볼 수 있는 것이다. 바로 이 예가 '然後' 문법화의 한 증거가 되고 있다. 문법화 여부는 이렇게 확인 가능하고, 何洪峰·孫嵐(2010)은 조건과 시간 두 가지 의미의 탄생에 대해서도 설명을 하고 있다. 그들에 따르면, '然後'에서 만약 의미 관계의 초점이 '然'자에 가게 되면 '조건'의미가 현저성을 받게 되고, '後'자에 가게 되면 '시간'의미가 현저성을 받게 된다고 한다. 바로 이러한 이유로 고한어에서는 단지 시간 순서만을 나타내지 않고 조건 관계도 나타낼 수 있었던 것이다. 그래서 그들은 아예 시간 순서 기능보다 조건의미가 더 먼저 문법화한 것으로 보고 있고 여기서 더 허화가 진행되어 시간 순서 기능이 문법화되었다고 본다. 어찌됐든 고한어에서는 이러한 과정을 거쳐 '조건 관계'와 '시간 순서'라고 하는 두 가지 기능이 문법화되어 매우 오랜 기간 동안 함께 쓰였다. 그 이후 무슨 이유에 의해 조건의 의미가 사라졌는지는 좀 더 살펴봐야 할 것이다.

## 於是

승접 접속사 '於是'는 상고중국어에서 전해져 온 것으로 총6예 출현한다.

(1) 至曠野中, 有一天祠, 當須人祀, 然後得過. 於是衆賈共思量言…… (14. 殺商主祀天喩) (광야에 이르렀더니 거기에 한 천신묘가 있었다. 반드시 사람으로 제사를 지내야 그런 연후 지나갈 수 있었다. 이에 여러 상인들은 함께 상의하여 말했다.……)

(2) 爾時愚人聞此語已, 卽自思念: "若不得留, 要當葬者, 須更殺一子, 停擔兩頭, 乃可勝致." 於是便更殺其一子而擔負之, 遠葬林野. (6. 子死欲停置家中喩) (그때 우매한 자는 이 말을 다 듣고 스스로 생각했다. "만약 남겨놓을 수 없고 반드시 장례를 치러야 한다면 (한 구의 시체를 어찌 들고 갈 수 있는가?) 아들 하나를 더 죽여 멜대 양쪽에 메고 가면 더 잘 들 수 있을 것이다." 이에 곧 그의 아들 하나를 더 죽여 그를 메고는 멀리 숲에 묻었다.)

(3) 爲身見鏡之所惑亂, 妄見有我, 卽便封著, 謂是眞實. 於是墮落, 失諸功德, 禪定道品、無漏諸善、三乘道果一切都失. (35. 寶篋鏡喩) ('身見'의 거울에 의해 미혹되어 내가 있다고 妄見하고서는 바로 상자를 봉하고서 진실이라고 여긴다. 이에 타락을 하여 제 공덕을 잃고, 선정의 도품과 번뇌에 빠지지 않는 제선, 삼승의 도과 등 모두를 잃고 말았다.) (※ 身見: 五見 중 하나로 일명 '我見'이라고도 한다.)

이것은 앞절을 승접하여 뒷절과 연결시켜주는 역할을 하며 뒷절의 내용은 대개 앞절 내용에 의해 기인하게 된다. 즉, 뒷절의 내용이 앞절 내용에 의해 결과적으로 나타나는 경우가 많다. 예컨대 '須更殺一子, 停擔兩頭, 乃可勝致(아들을 하나 더 죽여서 두 끝에 매달면 더 잘 들 수 있다)'라는 이유가 있기 때문에 그 결과로 '更殺其一子而擔負之(아들 하나를 더 죽여 메다)'라는 내용이 뒤따르는 것이다.

이러한 '於是'는 원래 '전치사+지시대명사'의 구(詞組)의 형태로 상고시기에 상용되던 형식이었다. 이것은 '在这里'나 '在这时'와 같은 공간 또는 시간 상의 개념인데 점차 문법화를 거치면서 승접의 기능으로 발전해 갔다. 이에 대해 范江蘭(2009)은 先秦시대에 어느 정도 과도의 과정을 거치면서 漢代쯤에 문법화가 된 것으로 설명한다. 즉, 아래와 같은 단계를 거치게 된다.

(4) 孔子旣得合葬於防, 曰: "吾聞之, 古也墓而不墳. 今丘也, 東西南北人也, 不可以弗識也." 於是封之, 崇四尺. (禮記, 檀弓上第三) (공자가 이미 부모를 防에 합장을 한 후 말했다. "내가 듣기에 옛 제도에 묘는 만들어도 墳은 하지 않는다고 했다. 그러나 지금 나는 사방으로 돌아다니는 자라 표식을 하지 않을 수 없다."하고는 여기에 흙을 쌓으니 높이가 사척이 되었다.)

(5) 宋襄公卽位, 以公子目夷爲仁, 使爲左師以聽政, 於是宋治. (左傳, 僖公九年) (송양공이 즉위하여 공자 목이가 어질다 여겨 그로 하여금 좌사를 맡게 하여 정무를 처리시켰더니 이로 인해(이때에) 송이 다스려졌다.)

(6) 內史士曰: "太后獨有帝與魯元公主, 今王有七十餘城, 而公主乃食數城. 王誠以一郡上太后爲公主湯沐邑, 太后必喜, 王無患矣." 於是齊王獻城陽郡以尊公主爲王太后. (漢書, 卷三十八, 高五王傳) (내사사가 말했다. "태후는 단지 혜제와 노원공주 둘만을 낳았습니다. 그런데 지금 왕께서는 칠십 여 성을 갖고 있으나 공주의 식읍은 단지 몇 성 밖에 없습니다. 대왕께서 군 하나를 태후께 올려 이를 공주의 식읍으로 삼게 하신다면 태후께서는 반드시 기뻐하실 것이고 대왕 역시 화가 없을 것입니다." 그리하여 제왕은 성양군을 바쳤고 아울러 공주를 왕태후로 존칭하였다.)

위의 세 가지 문장 중 (4)의 '於是'는 '在这里'의 의미로 아직 구의 단계이며 접속사로서의 승접의 의미도 있지 않다. 그러나 (5)에서는 '이때에'라는 의미로 구의 단계로 볼 수도 있지만 현대중국어의 '因此'의 의미와 유사한 면도 있어 승접의 의미를 어느 정도는 갖고 있다고 볼 수 있다. 이것은 일종의 과도의 단계이다. 그리고 (6)의 것은 완벽한 승접의 의미를 띄고 있으며 더 이상 시간, 공간 상의 의미를 함축하고 있지는 않다.

范江蘭(2009)에 의하면 또 '於是'가 구에서 접속사로 문법화하기 위한 조건으로 "단지 절의 가장 첫머리나 주어 뒤에 위치해야 함"을 주장한다. 예컨대,

(7) 古者, 天子諸侯必有養獸之官, 及歲時, 齊戒沐浴而窮朝之. 犧牷祭牲, <u>必於是取</u><u>之</u>, 敬之至也. (禮記, 祭義第二十四) (옛날에 천자와 제후는 반드시 짐승을 기르는 관리를 두었다. 때가 되면 목욕재계하고 몸소 보여준다. 희생을 길러 제사지냄에 <u>반드시 이에서 가져다 썼</u>으니 공경함이 지극하였다.)

여기서 '於是'는 문두가 아닌 문중에 출현하고 있고 그 의미도 여전히 실의가 살아 있다. 이렇게 전치사구일 경우엔 부사어로 쓰이기 때문에 그 위치가 자유롭다. 그러나 (4)나 (5)처럼 절의 앞에 출현해야만 더 이상 부사어로 쓰이지 않게 되고 접속사로서의 통사적 조건이 갖추어 지게 된다.

바로 이와 같은 과정을 거쳐 접속사 '於是'는 늦어도 漢代에는 문법화가 되었을 것으로 추측되며 승접의 기능으로 현대중국어에까지 꾸준히 사용되고 있다.

## 爾乃

승접 접속사 '爾乃'는 중고시기에 등장한 것으로 총5예 출현한다.

(1) 遂便破戒, 多作不善, <u>爾乃</u>頓出. (6. 子死欲停置家中喩) (이에 파계를 하고 여러 차례 불선을 저지르니 <u>이렇게 하고 나서야</u> 바로 出罪하게 되었다.)
(2) 卽便以餘藥服之, 方得吐下, <u>爾乃</u>得瘥. (80. 倒灌喩) (바로 다른 약을 복용시켜 드디어 토해내고 <u>이렇게 하여</u> 나았다.)
(3) 我當坐一床上, 使人擧之, 於上散種, <u>爾乃</u>好耳. (82. 比種田喩) (내가 침상에 앉아서 사람을 시켜 이것을 들게 하고 그 위에서 파종을 하면 <u>이러면</u> 좋겠군.)

이것은 대명사인 '爾'와 부사인 '乃'의 결합으로 만들어진 쌍음절 접속사이다. '爾'는 '这'의 의미이고, '乃'는 '才'의 의미라, '爾乃'는 곧 '这才'의 의미가 되거나 '于是'의 의미가 된다. 상고중국어에서는 거의 발견되지 않으며 위진남북조 시기에 이르러 발견되고 있는 형식이다. ≪百喩經≫에 등장한 5예 모두 기본적으로 '조건 관계'를 나타내고 있다. 즉, 'A, 爾乃B'는 'A해야 비로소 B하다'라는 의미를 나타낸다. 예컨대, '卽便以餘藥服之, 方得吐下'라는 조건이 성립되어야만 '得瘥'라는 결과가 이루어지는 것이다. '爾乃'는 특히 위와 같이 4자구 격식을 주요 리듬으로 하는 불경 역경에서 뒤의 'B'에 해당하는 내용이 쌍음절일 경우 상용되고 있다. 아래와 같이 ≪賢愚經≫에 무려 11예정도가 출현하고 있었다.

(4) 學事甚難, 追師積久, <u>爾乃</u>知之. (雜譬喻品第一) (法을 배우는 일은 어려운 일이다. 선사를 오래도록 따라 다녀야 <u>그러고 나서야</u> 알 수 있다.)

(5) 從佛作次, <u>爾乃</u>水出, 咸得洗手. (降六師緣品第十三) (부처부터 시작하여 차례대로 하자 <u>그러자</u> 물이 나왔고, 모두가 세수할 수 있었다.)

그리고 그 외에 中土문헌에서도 다음과 같이 출현하고 있다.

(6) 吳蜀以定, <u>爾乃</u>上安下樂, 九親熙熙. (三國志, 魏志, 楊阜傳) (오촉이 평정되어야만 위가 편안하고 아래가 즐거우며 구친이 화목하다.)

## 因卽

승접 접속사 '因卽'은 중고시기에 등장한 것으로 총1예 출현한다.

(1) 如是年少, 不閑戒律, 多有所犯. <u>因卽</u>相牽, 入於地獄. (54. 蛇頭尾共爭在前喩) (만약 나이가 젊으면 계율에 익숙치 않아 규율에 저촉되는 바가 많다. <u>이에</u> 바로 스승과 제자가 연루되어 같이 지옥에 들게 된다.)

이것은 앞절과 승접하여 뒷절을 이끌어내어 '因此'의 의미를 나타내는 역할을 한다. '因卽'은 기타 문헌에서 거의 발견되고 있지 않고 아래와 같이 ≪賢愚經≫에서 단지 1예만이 겨우 출현하고 있다.

(2) 相師復言: "此亦兒志, 寄之於母, 故使然耳." <u>因卽</u>立字, 爲波婆伽梨(此言惡事). (賢愚經, 善事太子入海品第三十三) (상사가 말했다. "이것은 아이의 뜻을 어미에 기탁하여 그렇게 한 것이다. <u>이에</u> 그에게 이름을 '波婆伽梨'라고 지어줬다(이 말의 뜻은 나쁜 일이다.))

이것은 접속사 '因'과 부사 '卽'의 결합으로 구성된 쌍음절 접속사로 이처럼 4자구를 구성하는 불경 역경에서 리듬운율을 위해 출현하고 있다.

## 致

승접의 접속사 '致'는 중고시기에 등장한 것으로 총1예 출현한다.

(1)　世人亦爾, 要少名利, 致毀大行. (17. 債半錢喻) (세상 사람들 또한 이러하다. 작은 명리를 구하다가 이로써 고상한 덕행을 잃고 만다.)

≪百喩經≫에는 특이한 형태의 접속사 '致'가 등장하는데 이것은 ≪漢語大詞典≫에서는 "连词。犹以至, 以至于(접속사, 현대중국어의 '以至' 등에 해당한다)"라고 언급되어 있고, ≪近代漢語虛詞詞典≫에는 "因果连词, 意为'因此'(인과 관계의 접속사로서, 뜻은 '따라서'이다)"라고 되어 있다. 이러한 기능의 '致'에 대해 현재 다른 사서나 연구저작에서는 특별한 언급이 없으나 본서에서는 위의 辭書들의 의견을 참고하여 일단 '승접'의 기능을 하는 접속사로 보고자 한다.
　그리고 위의 두 사전 공히 아래의 ≪水滸傳≫의 예를 들고 있다.

(2)　恩兄不肯上山, 致有今日之苦. (40회) (형님이 산으로 오르려 하지 않았기 때문에 오늘의 이런 고초가 있게 된 것입니다.)

≪水滸傳≫의 것과 비교할 때, ≪百喩經≫의 예에 등장한 '致' 역시 유사한 의미 관계를 나타낸다. 즉, '要少名利'라는 원인으로 '毀大行'이란 결과가 초래되고 있다. 이렇게 앞절과 뒷절이 인과관계로 연결되어 있으며 이때 '致'는 이를 연결하는 역할을 하고 있다. 이러한 기능의 '致'는 ≪賢愚經≫에서도 다수의 예가 발견되고 있다.

(3)　於時世尊, 告阿難言: "此五人者, 先世之時, 先食我肉, 致得安隱." (設頭羅健寧緣品第二十六) (이에 세존은 아난에게 말했다. "이 다섯 사람은 전생에 내 고기를 먼저 먹은 후에 이로써 안락함을 얻게 되었다.")
(4)　其音深遠聲徹乃爾, 宿作何行, 致得斯報? (無惱指鬘緣品第三十六) (그의 목소리는 이렇게도 심원하고 맑게 잘 울리니, 그는 전생에 무엇을 했기에 이로써 이러한 과보를 얻게 된 것인가?)
(5)　過去世中, 作何善根, 致斯無極燈供果報? (貧女難陀品第三十七) (세존이 과거세에 어떠한 선업을 했기에 이로써 이러한 무수히 많은 등공과보를 얻게 된 것인가?)

위진남북조 시기의 '致'는 위에서 본 ≪水滸傳≫의 '致'와 구분이 안 갈 정도로 유사하기 때문에 ≪百喩經≫시기에 확실히 일종의 접속사 기능을 했을 것으로 보인다. 접속사 '致'의 문법화 과정과 관련하여 향후 보다 심도 있는 논의가 필요한 실정이다.

한편, 승접 접속사 중에는 A, B 두 동사구 사이에 출현하여 A를 통해 B의 목적을 나타내어 A, B 사이의 **목적 관계**를 나타내는 것이 있는데, 여기에는 '以1', '用', '以用'이 있다.

## 以1

승접(목적) 접속사 '以1'은 상고중국어에서 전해져 온 것으로 총10예 출현한다.

(1) 爲名利故, 至七日頭, 自殺其子, 以證己說. (11. 婆羅門殺子喩) (명리(명성과 이익)를 위해 칠일에 이르자, 스스로 그 아들을 죽였고 <u>이로써</u> 자신의 말을 증명했다.)

(2) 於佛法王欲得親近, 求其善法, 以自增長. (26. 人效王眼瞤喩) (불법왕(즉, 부처)에 대해 친근함을 얻고자 하고 그의 선법을 구하고 <u>이로써</u> 스스로 자신의 도행을 증가시킨다.)

(3) 我亦患之, 以爲痛苦. 若令我治能得差者, 應先自治<u>以</u>除其患. (40. 治禿喩) (나역시 그 병을 앓고 있어서 고통스럽게 여기고 있다. 만약 내가 그것을 치료하여 낫게할 수 있다면 아마도 먼저 <u>스스로 치료하여 그것으로써</u> 그 근심을 제거했을 것이다.)

이러한 '以1'은 A, B두 동사구 사이에 출현하여 A를 함으로써 B라는 목적에 이름을 나타내고 있으며 현대중국어의 '以便'에 해당한다. 그래서 앞부분에 수단에 해당하는 내용이 출현하고 뒷부분에 목적이 출현한다.4)

이것은 상고중국어에서도 매우 상용되던 접속사였다.

(4) 構木爲巢, <u>以</u>避群害. (韓非子, 五蠹) (나무를 엮어 둥지를 만들어 이로써 여러 해를 피하다.)

(5) 懷王恐, 乃使太子爲質於齊<u>以</u>求平. (史記, 楚世家) (초회왕이 두려워서 태자를 제에 인질로 보내 평화를 구했다.)

≪顏氏家訓≫에서는 이것이 출현하지 않으나 대신 '業以'의 쌍음절 형태가 1예 등장하고 있다.

(6) 吾今所以復爲此者, 非敢軌物範世也, <u>業以</u>整齊門內, 提撕子孫. (序致) (내가 지금 다시 이러한 책을 쓰는 이유는 감히 만물의 법칙이 되고자 하는 것이 아니라 이로써 집안을 가지런히 다스려 자손을 깨우치려 함에서이다.)

승접(목적)의 접속사 '以1'은 고한어 시기 내내 꾸준히 사용되어 현대중국어에까지 이르

---

4) 이러한 '以1'이 얼핏 보기에 앞의 '致'와 유사해 보인다. 그러나 '致'는 A, B 두 절을 순차적으로 연결하여 A의 결과 자연적으로 B에 이름을 나타낼 뿐 B를 목적으로 함을 표시하지는 않는다. 그에 비해 '以1'은 B가 A의 목적이 되고 있음을 나타내는 것이므로 양자 간 확실히 구별되고 있다.

고 있다. 다음은 현대중국어의 예이다.

(7) 应该节约开支以降低生产成本。 (반드시 절약하여 지출함으로써 생산 원가를 낮춰야 한다.)

## 用

승접(목적) 접속사 '用'은 상고중국어에서 전해져 온 것으로 총11에 출현한다.

(1) 卽压甘蔗, 取汁用漑, 冀望滋味. (16. 灌甘蔗喩) (사탕수수를 눌러 즙을 취해 뿌리고는 맛을 기대했다.)
(2) 便用稻穀和泥, 用塗其壁. (39. 見他人塗舍喩) (바로 곡식을 이용하여 섞어 진흙을 만들어 이로써 그 벽에 발랐다.)
(3) 苦引證佐, 用自明白. (13. 說人喜瞋喩) (애써 증거를 끌어다가 이로써 스스로 변명한다.)
(4) 有餘作師聞之, 便欲自壞其目, 用避苦役. (96. 詐稱眼盲喩) (다른 장인들이 이것을 듣고는 스스로 자신의 눈을 훼손하여 이로써 고역을 피하고자 했다.)
(5) 爲瞋恚故, 欲求"毘陀羅咒"用惱於彼. (68. 共相怨害喩) (화가 났기 때문에 "毘陀羅咒"를 구해 그를 괴롭히려고 했다.)

승접(목적) 접속사 '用'은 A,B 두 동사구 사이에 출현하여 A를 함으로써 B라는 목적에 이르게 함을 나타낸다. 즉, 앞의 '以1'과 동일한 기능이다.

'用'은 이미 상고중국어에서 도구나 이유 등의 전치사로 쓰여 왔다. 그리고 그것의 행위는 '以'와 평행한데 ≪百喩經≫에서도 '以'와 '用'은 매우 평행하게 출현하고 있다. 그리하여 도구/의거, 대상 전치사로 모두 사용되고 있다. 접속사에서도 '以'와 '用'은 동일하게 '목적'을 표시하는데 쓰이고 있다. 물론 전체적으로 전치사와 접속사 모두에서 '以'가 '用'보다는 좀 더 다양한 용법을 갖고 있는 것은 사실이다. 어찌되었든 승접(목적) 용법의 '用'은 그 행위가 '以1'과 매우 흡사하여 사실상 상호 간 대체를 해도 될 정도이다.

그렇다면 이러한 '用'의 용법은 언제부터 존재했는가? 이에 대해 현재 많은 학자들이 이미 상고시기부터 '접속사'로서의 기능이 있었다고 주장하고 있다. 그러나 그들은 상고시기에 등장했다고 주장하면서 그 의미가 현대중국어의 '因为'(원인)와 '因此'(승접) 둘에 해당한다고 한다.[5] 그렇다면 이른바 '목적'을 나타내는 것은 무엇인가? 이 두 가지 용법 중 후자인 '因此' 용법의 예를 보면 아래와 같다.

(6) 彼虜以我爲走, 今皆解鞍以示不走, 用堅其意. (史記, 李將軍列傳) (저들(흉노)은 우리가 도망갈 거라 생각하는데 지금 모두 안장을 풀어 안 도망갈 거라 보여주면 이로써 그 뜻을 확실히 할 수가 있다.)

(7) 臣有作福作威玉食, 其害於而家, 凶於而國, 人用側頗辟, 民用僭忒. (史記, 宋微子世家) (만약 신하가 남에게 작위를 주고 형벌을 가하고 좋은 음식을 먹고 그러면 그 해는 당신의 가족에게 갈 것이고, 그 피해는 국가에게 갈 것이다. 관리들은 이로 인해 부정으로 치우칠 것이고, 백성들은 법도를 어겨 이로 인해 범죄를 저지를 것이다.)

이것은 吳慶峰의 ≪<史記>虛詞通釋≫에서 그가 '因此'의 용법이라고 든 예이다. 그런데 여기서 (7)은 확실히 '因此'로 해석이 가능하나 (6)은 '因此'로도 해석할 수 있지만 '목적'으로 해석할 수도 있다. 사실 내용상으로 볼 때 오히려 '목적'에 더 가깝다. 그렇다고 본다면 이 시기에 출현한 '用'도 '因此' 의미 외에 '목적'의미를 더 추가해 분류해도 될 것으로 보인다. 실제로 何樂士의 ≪古代漢語虛詞詞典≫에서는 '以'의 접속사 용법 중 '승접' 부분에 '목적'과 '인과' 둘을 다 설정하고 있다. 이러한 사실로 봤을 때, ≪百喩經≫에 출현하는 상기의 '用'의 예들은 '以1'과 동일한 기능의 '목적'을 나타내는 승접 접속사로 충분히 볼 수 있으며, 그 기원도 이미 상고중국어라고 단정할 수 있을 것이다.

'以'와 '用'이 허사로서 이미 상고시기부터 활발하게 사용되어 왔다. 그런데 이 둘은 동일한 의미의 동사로부터 출발했고, 허사로의 용법도 전반적으로 평행하게 출현하고 있어 '用'이 이러한 의미로 쓰이고 있는 현상은 보다 활발히 허사로 활약을 하고 있던 '以'로부터의 유추 현상에 기인했을 가능성도 있다. '用'의 승접 접속사 문법화 과정에 대해 좀 더 진일보한 연구가 필요하다.


## 以用

승접(목적) 접속사 '以用'은 중고시기에 등장한 것으로 총3예 출현한다.

(1) 卽殺導師, 以用祭祀. (14. 殺商主祀天喩) (이에 안내인을 죽여 이로써 제사에 사용했다.)

---

5) ≪漢語大詞典≫에서는 '用'에 대해 "连词。因而 ; 因此。(접속사, '따라서')"라고 풀이되어 있다. 여기서는 그 예로 "朝政多門, 用生國禍." (조정에 문이 많으면 이로써 나라에 화가 생긴다.)라고 하는 ≪晉書, 庾亮傳≫의 예를 들고 있다. 다만 이것은 본절에서 말하는 '用'의 용법과는 약간 거리가 있다.

(2) 欲求善福, 恃己豪貴, 專形挾勢, 迫脇下民, 陵奪財物, <u>以用</u>作福. (16. 灌甘蔗喩)
(선한 일을 해 복을 받기를 원하면서 자신의 지위와 높은 권세를 믿고 오로지 권세에
의지하는 모습만 모여주고 백성들을 위협하여 재물을 빼앗고 다시 이로써 복리사업을
하려고 한다.)

(3) 猶如愚人, 毀破禁戒, 多取錢財, <u>以用</u>修福, 望得生天. (18. 就樓磨刀喩) (마치 우
매한 사람과 같이 금계를 훼손하여 깨고 재물을 많이 취하여 이것으로 선행을 하여
복을 구하고 생천하기를 바라는 것과 같다.)

접속사 '以用'은 동일한 기능을 하는 접속사 '以'와 '用'의 결합으로 이루어진 것으로
이 시기에 주로 사용된 것으로 보인다. 그 기능은 두 동사구를 연결하여 뒷절이 앞절의
목적을 나타내게 한다. 4자구를 구성하는 과정에서 단음절인 '以'나 '用'을 사용하여 4자
구를 구성하기도 하고 위와 같이 '祭祀', '作福', '修福' 등의 쌍음절 동사구가 나올 경우
에 쌍음절의 '以用'을 사용하고 있다. 이렇게 '以', '用'과의 분포상의 차이는 리듬운율 상
의 원인이 가장 큰 것으로 보인다.

이것은 동시기 기타 中土문헌에서는 쉽게 발견되지 않는다. 다만 아래와 같이 ≪賢愚
經≫등의 불경 역경에서 자주 등장하는데 여기서는 무려 10예가 발견되고 있다.

(4) 今持爾所七寶之頭, <u>以用</u>貿易. (月光王頭施緣品第二十二) (지금 이 칠보로 만든
머리를 가지고 국왕의 머리를 바꾸고자 한다.)

(5) 又作告下, 敕令人民, 辦具花香, <u>以用</u>供養. (阿輸迦施土緣品第二十七) (波塞奇
王은 또 영을 내려 각국의 신민들이 화향을 구비하여 공양하도록 하였다.)

여기서도 4자구 리듬을 형성하기 위해 의도적으로 '以用'이 쓰이고 있음을 확인할 수
있다. 이렇게 '以用'은 주로 위진남북조 시기에 한하여 불경 역경에서 상용되고 있으며 이
후 唐宋시기 기타 문헌에서는 좀처럼 찾아보기 힘들다.

## 5.1.3 선택 접속사

선택의 접속사는 선택 관계에 있는 병렬 성분 사이에 출현하여 단어 혹은 구를 연결하기
도 하고 절을 연결하기도 한다.

## 爲

선택 접속사 '爲'는 東漢시기에 등장한 것으로 총4예 출현한다.

(1) 有問人爲最勝不? 應反問言: 汝問三惡道, 爲問諸天. 若問三惡道, 人實爲最勝; 若問於諸天, 人必爲不如. (58. 二子分財喩) (사람이 가장 우월합니까라는 질문이 있다. 이때 마땅히 반문하여 말해야 한다. "너는 삼악도와 비교함을 묻는 것인가, 아니면 제천과 비교함을 묻는 것인가? 만약 삼악도와 비교함을 묻는 것이라면 사람이 가장 우월하고, 만약 제천과 비교함을 묻는 것이라면 사람은 분명 그만 못하다.")

(2) 問曰: "天下爲有爲無?" (0. 引言) (물어 말했다. "천하는 실제로 있는 것입니까, 없는 것입니까?")

(3) 王問之言: "汝爲病耶, 爲著風耶? 何以眼瞤?" (26. 人效王眼瞤喩) (왕은 그에게 물어 말했다. "너는 병때문인가, 아니면 바람때문인가? 어째서 눈을 깜빡이는가?")

(4) 佛言: "我今問汝, 天下衆生爲苦爲樂?" (0. 引言) (부처가 말했다. "내가 지금 너에게 물으니, 천하의 중생들이 괴로울까, 즐거울까?")

선택의 접속사 '爲'는 선택 의문의 복문 중 각 절 앞에 쓰여 선택의문을 나타낸다. 즉, 두 선택절인 'A'와 'B'가 있다면 이것을 연결하는 역할인데, 이때 (ⅰ) '**爲A, B**'로 앞절에 출현할 수도 있고, (ⅱ) 'A, **爲B**'로 뒷절에 출현할 수도 있으며, (ⅲ) '**爲A, 爲B**'로 둘 다에 출현할 수도 있다. 劉開驊(2005)에 따르면 위진남북조 시기의 이러한 '爲'의 예를 조사한 결과, 총35예 중 '爲A, B'가 11예, 'A, 爲B'가 6예, 그리고 '爲A, 爲B'가 가장 많은 13예 출현하고 있다고 한다. 위의 ≪百喩經≫의 상황을 보면, (1)의 '汝問三惡道, **爲**問諸天'이 바로 (ⅱ)의 형식이고 나머지는 모두 (ⅲ)의 형식이다. 여기서도 (ⅲ)의 형식이 더 많은 비중을 차지고 하고 있다.

劉開驊(2005)에 따르면 선택접속사 '爲'의 가장 이른 예는 아래와 같이 東漢 불경역경 문헌에서 발견되고 있다고 한다.

(5) 前世我爲有不, 前世我爲無有不? (一切流攝守因經) (전생에 나는 있었는가 없었는가?)

(6) 佛爲於樹下六年得道耶, 十二年得道乎? (修行本起經) (부처는 나무아래에서 육년 만에 득도했는가 십이년 만에 득도했는가?)

아마도 先秦시기부터 모종의 문법화 과정을 거쳐 東漢시기에 어느 정도 완성된 모습이 출현한 것으로 보인다. 이것은 당시 위진남북조 시기의 불경 역경은 물론 中土문헌에서도 자주 발견되고 있던 형식으로 아래와 같은 예들이 출현하고 있다.

    (7) 茂辟左右問之曰: "亭長爲從汝求乎? 爲汝有事囑之而受乎?" (後漢書, 卓茂傳)
        (卓茂가 좌우를 물리더니 그에게 물었다. "정장이 너에게 요구한 것인가, 아니면 네가
        일이 있어 그에게 부탁하고 준 것인가?")

    (8) 於時世尊, 地取少土著於爪上, 而告魔言: "地土爲多, 爪上多耶?" (賢愚經, 月光
        王頭施緣品第二十二) (이때 세존이 땅에서 약간의 흙을 취해 손톱 위에 놓고 마왕
        에게 말했다. "대지상의 흙이 많은가 아니면 손톱 위의 흙이 많은가?")

이러한 접속사 '爲'의 기원과 관련하여 柳士鎭(1986)은 그것의 판단사 용법에서 발전한 것이라 한다. 그는 다음과 같은 이유를 제시한다. 먼저, 판단사 '爲'자가 판단문의 첫 머리에 등장해 그 서술 혹은 판단이 확실한가를 묻는데 쓰이고 있다가 이것이 접속사로 발전한 것이다. 둘째, 선택의문문 그 자체가 판단문이라면 이미 판단사가 있어서 이것이 선택작용을 겸하게 된다. 셋째, 후대의 선택 접속사인 '是' 역시 판단사에서 비롯되었다. 그의 이러한 견해는 다른 학자들에 의해서도 많이 접수되고 있는 상황이다.

이 시기에 선택접속사로서 '爲' 이 외에도 이것을 기반으로 이루어진 '爲是'나 '爲復', '爲當'이 출현하고 있다. 특히 ≪顔氏家訓≫에서는 '爲'는 없지만 '爲當'이 출현하고 있다.

    (9) 郗重熙與謝公書, 道: "王敬仁聞一年少懷問鼎, 不知桓公德衰? 爲復後生可畏?"
        (世說新語, 排調39) (郗重熙가 謝公에게 편지를 써서 말했다. "王敬仁이 듣기에
        한 젊은이가 맘속에 '問鼎'일을 품고 있다고 하는데 제환공의 덕이 쇠락한 것인지
        아니면 후생이 두려워할 만한 것인지 모르겠소.")

    (10) 今復無此書, 未知卽是通俗文, 爲當有異? 或更有服虔乎? 不能明也. (顔氏家訓,
        書證) (지금은 이 책이 없으니, 이것이 통속문인지 아니면 다른 것인지 알 수가 없다.
        혹은 다른 복건이 있었는지도 알 수가 없다.)

이들 중 '爲復'은 '爲'와 접미사인 '復'의 결합으로 탄생한 것이지만 '爲是'나 '爲當'은 同義의 성분이 병렬로 결합하여 이루어진 쌍음절 접속사이다. 唐五代의 ≪祖堂集≫에 가면 특히 이 가운데 '爲復'과 '爲當'이 각각 25예, 15예 출현하는 등 자주 사용되고 있다.

    (11) 一切人佛性, 爲復一種, 爲復有別? (慧忠國師) (모든 사람의 불성은 한종류입니까
        아니면 유별이 있습니까?)

(12) 凡修心地之法, 爲當悟心卽了, 爲當別有行門? (草堂和尙) (무릇 마음 바탕을 닦는 법은 마음을 깨달으면 끝나는 것입니까, 아니면 다른 수행문이 있는 것입니까?)

## 5.1.4 점층 접속사

점층 접속사가 연결하는 성분 간에는 일종의 불평등의 연합관계가 존재한다. 즉, 뒷항의 성분이 앞항의 것 보다 의미상 한 층 더 나아가게 되어 의미가 점점 더 강화, 확대된다.


兼

점층 접속사 '兼'은 상고중국어에서 전해져 온 것으로 총4예 출현한다.

(1) 爲半錢債, 而失四錢, 兼有道路疲勞乏困. (17. 債半錢喩) (단지 반전의 빚 때문에 사전을 잃었고 아울러 길에서 피로하고 곤궁한 것까지 생기고 말았다.)

(2) 昔有一人, 頭上無毛, 冬則大寒, 夏則患熱, 兼爲蚊虻之所唼食. (40. 治禿喩) (옛날에 한 사람이 있었는데 머리 위에 털이 없어, 겨울엔 매우 춥고, 여름엔 더위에 시달렸으며 또 모기, 등에의 먹이가 되기도 했다.)

'兼'은 대개 뒷절 술어나 문두에 출현하여 '更进一层(한층 더 나아감)'을 나타낸다. 즉, 앞에 서술된 상황의 기초 위에 '兼'자 뒤의 상황이 더 추가되는 것이라 '而且', '加之'의 의미를 나타낸다. 위의 (1)에선 돈을 잃은 상황 위에 길에서 곤궁한 사태까지 추가되는 것을 나타내고, (2)에선 대머리라 춥고 더운 것 외에도 모기 등에 물리는 상황이 더 추가되는 것을 나타낸다.

이러한 점층의 접속사 '兼'은 아래와 같이 東漢시기에도 출현하고 있다.

(3) 魏公子之德, 仁惠下士, 兼及鳥獸. (論衡, 書虛) (위공자의 덕은 인자하고 관용적으로 아래 사람을 대하고 아울러 조수에게까지도 미친다.)


況復

점층 접속사 '況復'은 중고시기에 등장한 것으로 총2예 출현한다.

(1) 所以美者, 緣有鹽故. 少有尚爾, 況復多也? (1. 愚人食鹽喩) (맛이 좋은 것은 소금이 있기 때문이다. 적게 넣어도 여전히 이러하니 <u>하물며</u> 많으면 어떠하겠는가?)

(2) 不淨之施, 猶尚如此, 況復善心歡喜布施. (65. 五百歡喜丸喩) (맑지 않은 베풂도 오히려(여전히, 尚且) 이러할진대, <u>하물며</u> 선심과 기쁨으로 보시한 것은 어떠하겠는가?)

점층 접속사 '況復'은 본문의 뒷절 첫머리에 출현하여 앞절에 비해 한층 더 의미가 강함을 표현한다. 이것은 쌍음절 접속사로서 일음절인 '況'과 접미사인 '復'이 결합해서 이루어진 것이다. 중고시기에는 이것 외에도 유사 기능의 '況'류 접속사로 '而況', '何況', '況乃', '況當' 등이 더 존재한다. 한편, 劉金波(2011)에 의하면 이 시기 '況復'이 매우 빈번히 사용되었다고 하는데 아래는 그가 든 예이다.

(3) 假令六蔽之人, 猶當不爲其事, 況復足下少祖名敎, 疾沒世無稱者邪. (宋書, 蕭惠開 殷琰) (설령 이렇게 학문을 하지 않은 이도 오히려 이러한 일을 하지 말아야 하거늘, <u>하물며</u> 당신처럼 어렸을 때부터 명교를 계승해왔으나 묵묵히 세상을 떠나는데도 아무 명성 없는 자에 있어서랴!)

## 不但

점층 접속사 '不但'은 중고시기에 등장한 것으로 총1예 출현한다.

(1) <u>不但</u>自失其利, 復使餘人失其道業, 身壞命終, 墮三惡道. (97. 爲惡賊所劫失㲲喩) (단지 스스로 자신의 이익을 잃을 <u>뿐</u> 아니라 또 다른 사람으로 하여금 그 도업을 잃게 만드니, 몸이 죽으면 삼악도에 떨어지고 만다.)

이것은 복문의 앞절에 출현하여 점층의 의미를 나타내는데 뒷절에는 항시 그와 호응하는 '亦' 등의 부사가 등장하고 있다. 이것은 현대중국어에서는 매우 상용되는 접속사이지만 이것의 출현에 대해 아직까지 확실한 언급이 많지가 않다. 다만 ≪漢語大詞典≫에는 이것을 설명하면서 아래의 宋代 楊萬里의 시를 예로 들고 있다.

(2) 龜魚到此總回頭, <u>不但</u>龜魚蟹<u>亦</u>愁. (峽峙) (거북과 물고기는 여기에 오면 항시 고개를 돌리는데, 단지 거북과 물고기<u>만이</u> 아니라 게도 또한 근심에 빠진다.)

여기서 '不但'이 '亦'과 호응하고 있으며 전형적인 형식을 보여준다. (1)의 상황을 보면, 여기서는 '不但'이 '復'과 호응하고 있다. 그리고 '不但'과 '復' 사이에 있는 '自失其利', '使餘人失其道業' 이 두 절은 상호 간 점층의 관계로 연결되어 있음이 분명하다. 이러한 것을 통해 볼 때, ≪百喩經≫시대엔 '不但'이 확실히 하나의 접속사로 문법화 한 상태임을 충분히 확인할 수 있다.

한편, ≪賢愚經≫에도 이와 유사한 완벽한 형태의 '不但'이 다수 출현하고 있다.

(3) <u>不但</u>今日, 六師之徒, 諍名利故, 求與我決, 自喪失衆, 過去世時, <u>亦</u>共我諍, 我亦傷彼, 奪其人衆. (降六師緣品第十三) (육사의 무리는 단지 지금에만 명리를 쟁탈하기 위해 나에게 결투를 요구하여 자신의 목숨을 잃고 무리까지 흩어진 <u>게</u> 아니라 과거세에도 또한 나와 싸운 적이 있는데 그때도 내가 그에게 상처를 입혔고 그 무리를 취했다.)

## 5.2 주종관계 접속사

### 5.2.1 가설 접속사

가설 접속사는 가설복문에서 앞절에 출현하여 가설을 나타내며, 이 복문은 기본적으로 '가설+결과'로 구성된다.

#### 若

가설 접속사 '若'은 상고중국어에서 전해져 온 것으로 총38예 출현한다.

(1) 今<u>我</u><u>若</u>能使汝得者, 我亦應先自得, 令汝亦得. (40. 治禿喩) (지금 내가 <u>만약</u> 그대로 하여금 얻을 수 있게 한다면 나 또한 마땅히 먼저 스스로 터득하고 나서 그대에게 얻게 해줄 수 있을 것이다.)

(2) 王言: "**此事**若適汝意, 聽汝所願." (55. 願爲王剃鬚喩) (왕이 말했다. "이일이 만약 너의 뜻에 맞다면 너의 소원을 들어주마.")

(3) 若長者唾出落地, 左右諂者已得蹋去; 我雖欲蹋, 每常不及. (57. 蹋長者口喩) (만약 어르신께서 침을 뱉어 나와 땅에 떨어지면 좌우에 아첨하는 자들이 이미 밟아버리게 됩니다. 저는 비록 밟으려 해도 매번 항상 미치지 못했습니다.)

(4) 衆人語言: "若斷淫欲, 云何生汝?" 深爲時人之所怪笑. (9. 嘆父德行喩) (여러 사람이 말했다. "만약 음욕을 끊었다면 어떻게 너를 낳았냐?" 당시 사람들에게 심히 비웃음을 당하고 말았다.)

(5) 若欲得王意**者**, 王之形相, 汝當效之. (26. 人效王眼瞤喩) (만약 왕의 뜻을 얻고자 한다면 왕의 모습을 당신이 마땅히 따라해야 한다.)

‘若’은 이미 상고중국어 시기부터 매우 상용되던 가설의 접속사로 복문의 앞절에 출현하여 가설의미를 나타낸다. 이것은 ≪百喩經≫의 여러 가설 접속사 가운데 출현비율이 가장 높다. ≪顏氏家訓≫에서도 45예가 출현하는데 역시 가설 접속사 가운데 출현비율이 제일 높다. ‘若’은 (1)(2)(3)과 같이 앞절에 주어가 출현할 수도 있고 (4)(5)처럼 출현하지 않을 수도 있다. 그런데 출현할 경우 대개는 (1)(2)처럼 주어가 나오고 나서 ‘若’이 뒤에 출현하게 된다. 전체 주어 출현의 예 12예 가운데 이러한 예가 10예에 이르고 (3)처럼 ‘若’이 먼저 나오는 경우는 2예뿐이다. 그리고 (1)(5)와 같이 가설의 조사인 ‘者’가 함께 쓰이는 예도 다수 출현한다.

‘若’은 상고는 물론 이와 같이 위진남북조 시기에도 가장 많이 사용되는 가설 접속사였고, 이후 唐宋에 가서도 이러한 상황이 지속되어 ≪祖堂集≫에서는 559예, ≪朱子語類≫에서는 무려 5,970예정도가 출현한다.

## 苟

가설 접속사 ‘苟’는 상고중국어에서 전해져 온 것으로 총2예 출현한다.

(1) 苟須懺**者**, 更就犯之, 然後當出. (6. 子死欲停置家中喩) (만약 참회가 필요하다면 다시(又) 이를 범하고 나서 마땅히 出罪해야 할 것이다.)

(2) 苟容己身, 不顧禮義, 現受惡名, 後得苦報. (17. 債半錢喩) (만약 자신의 몸만을 용납하고 예의를 따지지 않는다면, 지금도 악명을 얻을 것이요, 후에도 고통스러운 보응을 받을 것이다.)

이것은 가설 복문의 앞절에 출현하여 가설의미를 나타낸다. ≪百喩經≫에서 그 출현비율은 '若'에 비해 낮으며 동시기 기타 문헌의 상황도 이와 유사하여 ≪顏氏家訓≫에서는 출현하지 않고 있다. 이것은 상고시기부터 상용되어 오던 것으로 이 두 예 역시 상고시기의 용법과 큰 차이를 보이지 않고 있다. 다만, (1)과 같이 '苟'가 가설을 나타내는 조사 '者'와 함께 사용되는 예도 출현하고 있다.

## 設

가설 접속사 '設'은 상고중국어에서 전해져 온 것으로 총3예 출현한다.

   (1)  我今飽足, 由此半餅. 然前六餅, 唐自捐棄, 設知半餅能充足**者**, 應先食之. (44. 欲食半餅喩) (나는 지금 배가 부른데 이 반쪽 전병 때문이다. 그러나 앞의 여섯 전병은 공연히 버린 것에 불과하다. 만약 반쪽 전병으로 충분할 수 있음을 알았다면 마땅히 먼저 그것(반쪽)을 먹었을 텐데.)
   (2)  設得出家, 卽剃鬚髮, 服三法衣. (78. 與兒期早行喩) (만약 출가를 한다면 바로 머리를 깎고 삼법의를 입어야 한다.)

이것은 가설 복문의 앞절에 출현하여 가설의미를 나타낸다. (1)의 경우는 '若', '苟'와 마찬가지로 가설의 조사 '者'와 함께 쓰이고 있다. 이것은 이미 상고시기에 등장하여 상용되었고 아래와 같은 예들이 있다.

   (3)  聞先生高議, 設爲不宦, 而願爲役. (戰國策, 齊策四) (선생의 고론을 들었습니다. 만약 선생이 벼슬을 하지 않는다면 저는 원컨대 선생의 하인이 되겠습니다.)
   (4)  設百歲後, 是屬寧有可信者乎? (史記, 魏其武安侯列傳) (만약 황상께서 돌아가신 후, 이 사람은 과연 믿을 만한 구석이 있습니까?)

위진남북조 시기엔 그 출현비율이 그다지 높은 편이 아니었으며 그 이후에도 점차 줄어들어 ≪朱子語類≫에서는 단지 6예만이 출현하고 있다.

## 如

가설 접속사 '如'는 상고중국어에서 전해져 온 것으로 총4예 출현한다.

(1) 大王, 如截子頭, 雖得千頭, 不免子死. (20. 人說王縱暴喩) (대왕, 만약 당신의 머리를 벤 후 비록 천 개의 머리를 얻었다 해도 그 사람의 죽음은 면할 수 없습니다.)

(2) 如今有者, 云何言無? 如今無者, 云何言有? (0. 引言) (만약 지금 있는 것이라면, 어째서 없다고 말하고, 또 만약 지금 없는 것이라면, 어째서 있다고 말합니까?)

이것은 가설 복문의 앞절에 출현하여 가설의미를 나타내며, '若', '苟' 등과 용법상 큰 차이가 없다. ≪顔氏家訓≫에서는 8예 출현하고 있으며 아래와 같은 상고시기의 예가 있다.

(3) 王如知此, 則無望民之多於隣國也. (孟子, 梁惠王上) (왕께서 만약 이것을 아신다면 백성들이 이웃나라보다 많아지기를 바라지 마십시오.)

전체적으로 많은 출현비율을 보이지 않는데 唐宋시대에 가서도 유사한 상황으로 ≪朱子語類≫에서 단지 37예가 출현하고 있다.


## 5.2.2 양보 접속사

'양보'란 S1, S2 두 개의 절이 있을 때, S1이 사실임을 승인하지만, S2가 이로 인해 결코 어떤 변화가 발생하지는 않음을 표시한다. 본서에서는 '양보'접속사 영역에 '가설양보'라고 하는 것도 포함시키고자 한다. 이것은 중국어로 '纵予'로, '양보'가 단지 '양보'의 개념만 포함된다면, '가설양보'는 S1이 '가설 혹은 가상'의 성격을 갖는다. 이를테면 아래의 현대중국어 예가 바로 '양보'와 '가설양보'의 차이이다.

(1) 这孩子虽然年龄不大 , 懂得的事情可不少。 (이 아이가 비록 나이는 많지 않지만, 아는 게 적지 않다.)

(2) 即使再晚一小时出发 , 也还来得及。 (설령 한 시간 더 늦게 출발해도 시간 내에 도착할 수 있다.)

여기서 (1)은 양보이고, (2)는 가설양보이다. 즉, (1)의 '这孩子年龄不大'는 실제 사실인 반면, (2)의 '再晚一小时出发'는 가상의 일이다.

≪百喩經≫에도 이 두 가지 접속사가 모두 출현한다. ≪百喩經≫에 출현하는 '雖', '雖復', '縱', '假使'는 일반양보도 나타내고 가설양보도 나타낸다.

# 雖

양보 접속사 '雖'는 상고중국어에서 전해져 온 것으로 총19예 출현한다.

## 1) 양보(10예)

(1) 其於初時**雖**無淨心, **然**彼其施遇善知識便獲勝報. (65. 五百歡喜丸喩) (그는 처음에 비록 淨心이 없이 보시를 했으나 그가 보시를 할 때 덕과 지식이 있는 선사를 만나 좋은 과보를 얻을 수 있게 된다.)

(2) 此物**雖**尠, **可**得延君性命數日, 何故捨棄擲著水中? (91. 貧人欲與富者等財物喩) (이 물건은 비록 적지만 당신의 목숨을 며칠이나 연장시킬 수 있소. 어째서 물속에 그것을 버릴 수 있소?)

## 2) 가설양보(9예)

(3) **雖**千百年, 受人供養, 都無報償, 常爲損害, 終不爲益. (31. 雇倩瓦師喩) (설사 천백년 동안 남의 공양을 받아도 아무런 보답이 없고 오히려 항상 해를 입히고 줄곧 이익이 되지 않는다.)

(4) 爲修福故, 治生估販, 作諸非法, 其事**雖**成, 利不補害. (50. 醫治脊傴喩) (선을 쌓아 복을 빌기 위해 장사를 하는 과정에서 각종의 불법적인 일을 하니 그 일이 설령 성사되어도 이익이 해를 보충하지 못한다.)

이것은 단순한 '양보'를 나타내기도 하고 '가설+양보'를 나타내기도 한다. (1)의 '初時無淨心'이나 (2)의 '此物尠'은 가상의 사실이 아닌 실제의 상황이고, (3)의 '千百年, 受人供養'과 (4)의 '其事成'은 가상의 사실이다. 한편, 이러한 용법은 이미 상고중국어 시기부터 존재해왔다.

(5) 楚**雖**有富大之名, 而實空虛; 其卒**雖**多, 然而輕走易北. (史記, 張儀列傳) (초나라가 비록 부유하고 강대한 명성이 있지만 사실 공허하다. 그 병사가 비록 많지만 쉽게 도망간다.)

(6) **雖**有天下易生之物也, 一日暴之, 十日寒之, 未有能生者也. (孟子, 告子上) (설사 천하에 쉽게 생겨나는 식물이 있어도, 하루 종일 햇볕을 쬐었다가 또 열흘 동안 춥게 하면 살아남을 것이 없을 것이다.)

여기서 (5)는 단순 양보이지만 (6)은 가설양보이다.

'雖'는 대개 뒤에 '然', '而', '亦', '乃' 등의 부사와 호응하기도 한다. ≪百喩經≫에서도 '然', '可', '亦' 등과 호응하는 예가 발견되고 있다. 한편, '雖'는 복문 중 앞절에 출현할 때 주어의 앞에 출현하는 경우도 많지만 위의 (2), (4)처럼 주어 뒤에 오는 경우도 많다.

양보를 나타내는 '雖'는 이후 '雖然'이란 쌍음절 형식으로 발전하는데 단음절의 '雖'자체도 위진남북조 시기는 물로 그 이후에도 꾸준히 출현한다. ≪顔氏家訓≫에서도 25예 출현하고 있고, 唐五代의 ≪祖堂集≫에서도 96예나 출현하고 있다. 물론 ≪祖堂集≫에서는 쌍음절 형식인 '雖然'도 45예나 출현하는 등 쌍음절 형식이 점차 늘어나고 있는데, 위진남북조 시기엔 여전히 단음절의 '雖'가 우세하여 ≪百喩經≫에서도 쌍음절 형식인 '雖復'은 겨우 1예 출현한다.

## 雖復

양보 접속사 '雖復'은 중고시기에 등장한 것으로 총1예 출현한다.

(1) 雖復出家, 少得利養, 心有希望, 常懷不足, 不能得與高德者等獲其利養. (91. 貧人欲與富者等財物喩) (<u>비록(설령)</u> 다시 출가해도 공양을 약간 얻게 되면 맘속으로는 바람을 갖게 되고 항상 부족함을 느끼는데, 덕이 높은 자와 동등하게 존경과 공양을 얻을 수는 없다.)

이것은 단음절 접속사 '雖'와 접미사 '復'이 결합되어 이루어진 쌍음절 접속사로 의미상 단순 '양보'도 가능하고 '가설양보'도 가능하다. (1)은 일종의 가설양보이다. 徐朝紅(2008)에 의하면 중고시기 각종 불경 역경 문헌에서 무려 284예나 출현한다고 한다. 아래는 그의 예이다.

(2) 大聖太子, 此馬<u>雖復</u>是畜生身, 猶尚慈悲垂泪而泣, 况復聖子? (佛本行集經) (대성태자님, 이 말이 <u>비록</u> 짐승의 몸이나 오히려 자비로워 눈물을 흘리며 울고 있습니다. 하물며 성자께서는 어떠하십니까?)
(3) 專心習智也. 比丘無熱惱者. <u>雖復</u>天地融爛形, 處其中終不熱惱, 無所傷損. (出曜經, 第九卷) (마음을 다하여 지혜를 익혀야 한다. 비구는 애타는 마음과 고뇌가 없는 자이다. 설령 천지가 그 형체를 녹여 내도, 그 속에 처해 결단코 애타는 마음과 고뇌가 없다면 다치지 않게 된다.)

(2)는 단순 양보의 예이고, (3)은 가설양보의 예이다. 이것은 ≪顔氏家訓≫에서도 1예 출현하고 있는데 徐朝紅(2008)에 따르면 당시의 쌍음절 양보 접속사 중 점유율이 97%에

이르는 매우 상용화된 접속사라고 한다. 그러나 唐宋시기에 이르면 주로 '雖然' 등에 밀려 ≪祖堂集≫이나 ≪朱子語類≫에서는 발견되지 않고 있다.

## 縱

양보 접속사 '縱'은 상고중국어에서 전해져 온 것으로 총1예 출현한다.

(1) 縱可無村, 及以無樹, 何有天下無東, 無時? (46. 偸犛牛喩) (설령 마을이 없거나 또 나무가 없을 수는 있어도 어찌 천하에 동쪽이 없고 시간이 없을 수 있소?)

'縱'은 주로 가설양보의 기능으로 쓰여 뒤에는 주로 가상의 내용이 출현한다. (1)에서 '可無村, 及以無樹(나무와 마을이 없을 수 있다)'는 가상의 일이다. 이것도 역시 상고중국어에서 상용되던 접속사였으나 위진남북조 시기에 이르러 그 수가 많이 줄었다고 한다(徐朝紅(2008)). 그리고 중고시기에 오면 이것이 기초가 되어 이루어진 '縱令', '縱使' 등의 쌍음절 형식이 유행하는데 ≪百喩經≫에서는 출현하지 않는다. ≪顔氏家訓≫에서는 '縱'이 8예 출현하며 이 외의 '縱使', '縱復' 같은 쌍음절 형식도 출현하고 있다.

(2) 縱使相如天才鄙拙, 强爲此語, 則下句當云: "麟雙䏶共抵之獸", 不得云犧也. (書證) (비록 사마상여의 천품이 비루하고 졸렬하나 억지로 이런 말을 들었다면 그 아랫 구절은 마땅히 "인의 두 뿔이 함께 가지런한 짐승"이어야 하며 '犧(희생으로 삼다)'란 말은 쓸 수가 없다.)

(3) 唯王羲之小學章, 獨阜傍作車, 縱復俗行, 不宜追改六韜, 論語, 左傳也. (書證) (오직 왕희지의 <소학장>에만 단지 '阜'옆에 '車'를 썼다. 비록 세속에 이미 통행되고는 있지만 그렇다고 이를 근거로 <육도>, <논어>, <좌전>을 고치는 것은 마땅치 않다.)

## 假使

양보 접속사 '假使'는 중고시기에 등장한 것으로 총1예 출현한다.

(1) 此驢今者適可能破, 假使百年, 不能成一. (31. 雇倩瓦師喩) (이 나귀는 지금에야 깨뜨릴 수 있겠으나 설사 백년이 지난다 해도 그는 하나도 이루어내지(만들어내지) 못할 것이다.)

이것은 양보복문의 앞절에 출현하여 가설 및 양보의 의미를 나타낸다. '假使' 자체가 쌍음절 접속사로 출현한 것은 아래와 같은 ≪史記≫의 예이며 그 이전 자료에서는 잘 등장하지 않는다.

(2) 假使臣得同行於箕子, 可以有補於所賢之主, 是臣之大榮也, 臣有何恥? (史記, 范雎列傳) (만약 제가 기자와 같은 행위를 할 수 있다면 현명한 군주께 도움을 줄수 있을 것이니 이는 신의 큰 영광이요, 신이 어찌 부끄러워하겠습니까?)

이것은 '가설'의미만을 나타내고 있는데 여기에 '양보'의미까지 나타내는 것은 그 이후에 가서야 등장하는 것으로 보인다. 즉, 먼저 '가설'의 의미가 탄생하고 이것이 다시 문법화하여 '양보'의미까지 나타내게 된 것이다. 일단 이것은 가설 의미를 나타내는 '假'와 '使' 두 개의 同義 접속사가 결합하여 同義병렬 복합 접속사가 된 후 이 상태로 다시 문법화가 진행된 것이다.

唐宋의 자료에서는 ≪朱子語類≫에서 다수의 예가 발견되고 있다.

(3) 假使漢高祖能行夏時, 乘商輅, 亦只是漢高祖, 終不可謂之禹湯. (朱子語類卷第一百二十二 呂伯恭) (설사 한고조가 夏時를 행하고, 商輅을 탄다 해도 또한 단지 한고조일 뿐이니 끝내 禹湯이 될 수가 없다.)

## 5.2.3 인과 접속사

인과 접속사는 두 절 중 앞절이나 뒷절에 사용되어 인과관계를 나타내는 기능을 한다. 인과 접속사는 그것이 어디에 출현하는가에 따라 구분이 가능한데, ≪百喻經≫에 출현하는 것들 중 '因', '以2', '由'는 원인을 나타내는 절에, '故', '是故', '是以'는 결과를 나타내는 뒷절에 출현한다.

### 因

인과 접속사 '因'은 상고중국어에서 전해져 온 것으로 총3예 출현한다.

(1) 以菩薩曠劫修行, 因難行苦行, 以爲不樂, 便作念言. (24. 種熬胡麻子喻) (보살이 영원한 겁 동안 수행을 해야 하고 고행을 어렵게 행해야 하기 때문에 즐겁지 않다고

여겨 다음과 같이 생각하여 말했다.)

(2) 昔乾陀衛國有諸伎兒, 因時飢儉, 逐食他土. (63. 伎兒著戲羅刹服共相驚怖喻)
(옛날 건타위국에 여러 기예인들이 있었는데 그해 흉작이 들어서 다른 지역에서 음식을 구걸해야 했다.) (※ 逐食: 음식을 구걸하다)

‘因’은 이미 상고중국어 시기에 출현하여 상용되어 온 접속사로 원인을 나타내는 절에 출현하여 현대중국어의 ‘因为’, ‘由于’의 역할을 한다. 위의 (1)과 (2)에서 ‘難行苦行’과 ‘時飢儉’은 모두 원인을 나타내고 있다.

≪百喩經≫내에서는 ‘원인절’ 인과 접속사로서 ‘以2’가 가장 많이 출현하고 있고 ‘因’은 상대적으로 출현비율이 적은 편이다. ≪顔氏家訓≫에서는 출현하지 않으며 ≪世說新語≫에서도 출현비율이 낮은 편이다. 唐宋시대로 가면 그 출현비율이 더 저조해지는데 ≪祖堂集≫에서는 주로 ‘爲’, ‘只爲’ 등이 주로 사용되고 있고, ≪朱子語類≫에서는 ‘緣’, ‘以’, ‘爲’ 등이 주로 사용되고 있다.

현대중국어의 대표적인 ‘원인류 접속사’인 ‘因为’는 ≪朱子語類≫의 아래의 1예가 비교적 이른 예로 등장하고 있어 이 시기를 시작으로 서서히 문법화해 갔다.

(3) 後因爲人放爆杖, 焚其所依之樹, 自是遂絶. (朱子語類卷第三 鬼神) (나중에 사람들이 폭죽을 터뜨려 그가 의지한 나무를 태워서 이에 드디어 끊어졌다.)

## 以2

인과 접속사 ‘以2’는 상고중국어에서 전해져 온 것으로 총8예 출현한다.

(1) 譬如外道, 僻取於理, 以己不能具持佛戒, 遂便不受, 致使將來無得道分, 流轉生死. (5. 渴見水喩) (비유하자면 외도와 같은데, 사리에 대해 삐뚤게 취하고, 자신이 불교의 계를 모두 지키지 못한다는 것을 이유로 이에 받아들이지 않고, (심지어) 미래에 득도할 수 있는 희망도 없게 하고 생사의 고해에서 계속 떠돌게 하는 것 같다.)
(2) 以信佛語, 終不肯捨. (34. 送美水喩) (부처의 말을 믿기 때문에 끝내 떠나려고 하지를 않는다.)
(3) 値天大雨, 屋舍淋漏, 水土俱下, 墮其眼中. 以先有要, 不敢起避, 遂令二目俱失其明. (71. 爲二婦故喪其兩目喩) (마침 하늘에 큰 비가 내려 집이 다 젖었고, 물과 흙이 함께 아래로 떨어졌는데 그의 눈 속에 떨어졌다. 미리 약속한 것이 있어서 감히 일어나 피하질 못하고 결국 두 눈이 모두 실명하고 말았다.)

인과의 접속사 '以2'는 복문의 원인절에 출현하여 '원인'을 나타내므로 현대중국어의 '因为', '由于'에 해당한다. 예컨대, (1)의 경우, '己不能具持佛戒'가 원인이 되고, 그 뒤 모두가 결과가 된다. 이러한 '以2'는 다음과 같이 이미 상고중국어 시기에도 출현하였다.

(4) 晉侯、秦伯圍鄭, <u>以</u>其無禮於晉, 且貳於楚也. (左傳, 僖公三十年) (진후와 진백이 정을 포위했는데 왜냐하면 정나라가 晉에 무례한데다가 이 두 나라가 모두 초나라에 속했기 때문이다.)

(5) 吾所以爲此者, <u>以</u>先國之急而後私仇也. (史記, 廉頗藺相如列傳) (내가 이와 같이 하는 것은 나라의 위급함을 먼저하고 사사로운 원한을 뒤로 하기 때문이다.)

이러한 접속사 '以2'는 전치사 '以'로부터 문법화한 것으로 이렇게 일찍이 先秦시기에 문법화가 이루어졌다. 그런데 전치사 '以' 역시 인과 관계를 나타낼 수가 있어서 양자 간의 구별이 쉽지가 않다. 이와 관련하여 吳莎(2014)는 다음과 같은 몇 가지 기준을 제시한다.

i) 전치사 '以'는 명사, 대명사 혹은 체언성 구조와 결합하여 전치사구를 형성하여 동사나 형용사 등의 부사어, 보어가 된다. 그러나 접속사는 단어나 구, 절을 연결하는 허사로 대개 동사, 형용사, 용언성구를 연결한다. 위의 예들을 보면 (1)과 같이 하나의 절이 오기도 하고, (2)처럼 동목구조가 오기도 한다. 그러나 ≪百喩經≫에 있는 전치사 '以'는 뒤에 모두 'X故'의 형식이 온다. 예컨대, '以此之故', '以愚癡故', '以貪利故' 등이 있는데 이때 'X故'의 'X'에 형용사, 대명사, 동목구조가 오더라도 전체 'X故'는 '故(이유)'란 명사가 중심어가 되는 구조라 곧 체언성 성분이 된다. 이렇기 때문에 '以~故'들은 모두 '以' 뒤에 체언성 성분을 갖는 것이다.[6]

ii) 전치사 앞에는 부사나 접속사, 양상동사 등 기타 성분이 출현할 수 있으나 접속사는 다른 성분이 오지 않는다. ≪百喩經≫의 접속사 '以'는 그 앞에 모두 기타 성분이 오지 않고 있다.

iii) 전치사의 경우 그것이 다른 성분과 결합한 후 문장 내에서 부사어나 보어의 역할을 한다. 그러나 접속사는 단지 연접의 기능만을 한다.

---

6) 전치사가 주로 체언성 구조를 목적어로 갖긴 하나 이때 이 목적어는 품사상 꼭 명사만이 아니다. 여기에는 형용사나 동사, 심지어 주술구조도 가능하다. 다만 이들이 일종의 체언성의 성질을 갖기 때문에 목적어로 취급되는 것이다.

이러한 몇 가지 기준을 중심으로 살펴봤을 때, ≪百喩經≫에 존재하는 전치사 '以'와 접속사 '以'를 충분히 구분할 수 있다.[7] 전치사와 관련해서는 제3장을 참고하기 바란다. 특히 접속사일 경우 위의 예들과 같이 주로 복문의 한 절(分句)내에 출현하고 있는 점이 쉽게 드러나고 있다.

≪顔氏家訓≫에서도 4예 출현하고 있고, 이후 宋代에서도 지속적으로 출현하고 있는데, ≪朱子語類≫에서 280여 예나 출현하고 있다.

(6)  <u>以</u>其先發, 故是行仁之本. (朱子語類卷第二十 論語二) (그것이 먼저 발하는 까닭에 이는 인을 행하는 근본이 된다.)


## 由

인과 접속사 '由'는 상고중국어에서 전해져 온 것으로 총1예 출현한다.

(1)  <u>由</u>其逃突, 盡皆飢渴, 於其樹下, 見歡喜丸, 諸賊取已, 各食一丸. (65. 五百歡喜丸喩) (<u>그들이 급히 도망하느라고</u> 모두가 배고프고 목말라 있었기 때문에 나무 아래에 와서 환희환을 보고 모든 도둑들이 그것을 취하고는 각자 한 환 씩 먹었다.)

'由'는 복문 중 원인을 나타내는 절에 출현하여 인과 관계를 나타낸다. ≪百喩經≫에는 전치사와 접속사의 두 가지 용법이 출현한다. 전치사의 경우 그 뒤에 체언성 성분이 오는 반면, 접속사는 주술구조나 용언성 성분이 오는데, 위의 예는 바로 주술구조가 출현하고 있다. 접속사 '由'는 상고시기에도 아래와 같이 출현하고 있다. 여기서도 '由' 뒤에 '所殺 蛇白帝子, 殺者赤帝'라는 절이 출현한다.

(2)  <u>由</u>所殺蛇白帝子, 殺者赤帝子, 故上赤. (史記, 高祖本紀) (전에 죽인 뱀은 白帝의 아들이고, 뱀을 죽인 자는 赤帝의 아들이기 때문에 적색을 숭상한다.)

---

7) 또한 何樂士(2006)에 따르면 전치사로서의 '以'와 접속사로서의 '以'가 다음과 같은 차원에서 분명 다르다고 한다. 일단 출현 환경에서 볼 때, 전치사 '以'는 단문에 출현하고, 접속사 '以'는 복문에 출현한다. 둘째, 구조상으로 볼 때, 전치사 '以'는 뒤의 성분을 목적으로 갖는다. 그렇기 때문에 '以'가 없으면 문장 자체가 성립이 안 되고 구조가 이상해진다. 그러나 접속사 '以'는 단지 연결 작용만 하는 것이기 때문에 이것과 뒷부분은 구조관계가 발생하지 않는다. 따라서 설사 이것이 없어도 문장의 의미도 통하고 구조자체도 문제가 없다. 예컨대, 위의 (2)에서 '(以)信佛語, 終不肯捨'처럼 '以'가 없어도, 의미상 인과관계가 유지되고 있다.

위진남북조 시기에도 출현비율이 비교적 낮아 ≪顔氏家訓≫에서도 출현하지 않고 있으며, 唐宋의 ≪祖堂集≫, ≪朱子語類≫에서도 접속사로서의 '由'는 출현하지 않고 있다.


## 故

인과 접속사 '故'는 상고중국어에서 전해져 온 것으로 총9예에 출현한다.

(1) 答曰: "我見衆生死時, 苦痛難忍, 故知死苦." (0. 引言) (답하여 말했다. "내가 보기에 중생들이 죽을 때 고통스럽고 참기 힘들어 <u>그래서</u> 죽음이 고통스럽다는 것을 압니다.")

(2) 其主答言: "平治其地, 兼加糞水, 故得如是." (82. 比種田喩) (그 주인이 답했다. "그 땅을 고르게 다스리고 아울러 비료와 물을 주기 <u>때문에</u> 이렇게 됩니다.")

(3) 方等學者, 非斥小乘; 小乘學者, 復非方等. <u>故</u>使大聖法典二途兼亡. (53. 師患脚付二弟子喩) (대승의 학자들은 소승을 비방 배척하고, 소승학자들은 또 대승을 비방한다. <u>그래서</u> 대성 법전의 두 길이 같이 망하게 만든다.)

접속사 '故'는 인과 복문의 결과절에 출현하여 현대중국어의 '所以' 역할을 한다. 이러한 '故'는 이미 상고중국어 시기에 출현하여 상용되어 왔고 위진남북조 시기에도 여전히 높은 출현비율을 보이고 있다. ≪顔氏家訓≫에는 62예나 출현한다.

唐宋시기에도 매우 많이 사용되어 ≪祖堂集≫에서는 125예, ≪朱子語類≫에서는 3,300예나 출현한다. 한편, 위진남북조 시기에 이미 쌍음절 원인 접속사 '所以'가 문법화가 되어 출현하기 시작했고, 唐宋 시기엔 더 많은 예가 등장하며 성숙 시기로 접어든다. 그래서 ≪祖堂集≫에서는 '所以'가 72예, ≪朱子語類≫에서는 1,780예정도 출현하는데, ≪顔氏家訓≫에 '故'와 '所以'의 비율이 62대 6으로 거의 10배 차이인 점을 감안하면 唐宋시기엔 2:1 정도로 점차 '所以'의 사용이 증가하는 것을 확인할 수 있다(다만, ≪百喩經≫에는 '所以'가 출현하지 않는다). 아래는 ≪顔氏家訓≫에 출현하는 '所以'의 예이다.

(4) 校其長短, 覈其精麤, 或彼不能如此矣. <u>所以</u>魯人謂孔子爲東家丘. (慕賢) (그 장단을 따져보고, 그 정추를 살펴보면 간혹 그런 자들이 오히려 그렇지 못할 수가 있다. 그래서 노나라 사람들은 공자를 동가구라 불렀다.)

## 是故

인과 접속사 '是故'는 상고중국어에서 전해져 온 것으로 총11예 출현한다.

(1) 所以爾者, 彼有錢財, 須者則用之, 是故爲兄. (7. 認人爲兄喩) (이렇게 하는 까닭은 그가 돈이 있어 필요한 자는 그것을 쓸 수 있기 때문에 형이라고 하는 것이다.)

(2) 我失釪時, 畫水作記. 本所畫水, 與此無異, 是故覓之. (19. 乘船失釪喩) (내가 사발을 잃어버렸을 때 물에 표시를 했다. 본래 표시를 한 물이 여기와 차이가 없어서 그래서 찾으려고 한다.)

(3) 是故行者應當精心, 持不殺戒. (42. 估客駝死喩) (이러한 까닭에 수행하는 자는 마땅히 정심하여 불살의 계를 지켜야 한다.)

이것은 인과복문의 결과절에 출현하여 현대중국어의 '所以'에 해당하는 의미를 나타낸다. (1)(2)처럼 뒤에 동사구가 출현하기도 하고 (3)처럼 '行者應當精心, 持不殺戒'같은 절이 오기도 한다.

'是故'는 '是'라는 지시대명사와 명사 '故'가 결합하여 이루어진 쌍음절 접속사로 毛志剛(2012)에 따르면, 이미 상고시기에 접속사로 문법화되었다고 한다. 그에 따르면, 먼저 '是故'의 형식으로 문두에 위치하는 예가 많아 위치상의 요건을 갖추었다고 한다. 그리고 당시 지시대명사들이 주로 이렇게 인과복문의 접속사로 발전하는 예가 많은데 바로 '是故'도 그에 부합하면서 다수의 사용 비율을 보여주고 있다고 한다. 그렇기 때문에 상고시기에 충분히 접속사로 문법화한 것으로 볼 수 있다는 것이다. 아래는 상고시기의 예이다.

(4) 爲國以禮, 其言不讓, 是故哂之. (論語, 先進) (나라를 다스림에 예로써 해야 하거늘 그의 말이 겸양하지 않아 이 때문에 웃은 것이다.)

그에 따르면, 원래 '대명사성 인과관련 구(詞組)'였던 것이 대명사성이 약화되면서 인과 접속사로 문법화하였다고 한다.

≪百喩經≫에서는 비교적 다수가 출현하고 있으며 당시 ≪世說新語≫ 등 기타 문헌에서도 등장하고 있다. 그런데 '是故'는 '故'와 모종의 상보적인 분포를 이루고 있다. 그것은 바로 리듬운율 차원으로 '故'는 '故'자 이외의 내용이 세 글자로 전체가 4글자를 구성할 때 쓰여 '故知死苦'와 같이 쓰인다. 반면, '是故'는 이것 이외가 두 글자일 때 쓰여 역시 '是故爲兄'처럼 4자구를 구성할 때 주로 쓰이고 있다. 이것은 '是以'도 동일한 모습을 보여주고 있다.

‘是故’는 唐宋시기에도 계속 사용되어 ≪祖堂集≫에서는 아래와 같이 35예가 출현한다(≪朱子語類≫에서는 출현하지 않음).

(5) 今日乃知一切諸法本來空寂; 今日乃菩提不遠. 是故菩薩不動念而至薩般若海; 不動念而登涅槃岸. (第二十八祖菩提達摩和尙) (오늘에야 일체 법이 본래부터 空寂하고, 오늘에야 보리가 멀지 않음을 알게 되었다. 이런 까닭에 보살은 생각을 움직이지 않고 살바야의 바다에 이르게 되고 또 생각을 움직이지 않고 열반의 언덕에 오르게 된다.)


## 是以

인과 접속사 ‘是以’는 상고중국어에서 전해져 온 것으로 총4예 출현한다.

(1) 今此小兒, 七日當死, 愍其夭殤, 是以哭耳! (11. 婆羅門殺子喩) (지금 이 아이는 칠일 있으면 죽습니다. 그가 어려서 죽는 것이 안스러워 이런 이유로 울고 있습니다!)
(2) 有人毀我, 力不能報. 不知何方可得報之? 是以愁耳. (68. 共相怨害喩) (어떤 사람이 나를 해치는데 내 힘으로는 보복할 수가 없소. 어떤 방법으로 해야 그에게 보복할 수 있을지 모르겠소. 이 때문에 근심할 뿐이오.)

이것은 결과복문의 결과절에 출현하여 현대중국어의 ‘所以’의미를 나타낸다. 위의 예에서 보듯이 ‘是故’와 유사하게 4자구를 구성하는 과정에서 출현하고 있다. (1)의 ‘是以哭耳’을 보면, 4자구를 만들기 위해 쌍음절 접속사를 쓴 것뿐이 아니라 어기조사인 ‘耳’까지 동원하고 있다.

‘是以’는 상고중국어 시기에 문법화되었는데, 이와 관련하여 毛志剛(2012)의 견해를 살펴보자. ‘是以’는 원래 ‘지시대명사+전치사’로 구성된 전치사구였다. 즉, 이때 ‘以’의 목적어로 지시대명사 ‘是’가 쓰여 앞으로 전치되어 ‘是以’를 구성한 것이며 이렇게 목적어가 전치하는 예는 先秦시기에 비일비재하였다. ‘是以’의 형태는 ≪詩經≫시대부터 출현하나 사실 이때는 여전히 전치사구의 상태이고 아래와 같은 과도의 예가 서서히 출현하게 된다.

(3) 敏而好學, 不恥下問, 是以謂之文也. (論語, 公冶長) (그는 머리가 명민하면서도 배우기를 좋아하고 아랫사람에게 묻는 것도 부끄러워하지 않았다. 이 때문에 ‘文’이라고 한 것이다.)

이때 '是'는 지시대명사로 앞의 '敏而好學, 不恥下問'을 지시하고 있는데 기존의 예에서는 단순히 사람, 사물, 장소, 행위 등만을 지시하다가 이렇게 '사건'을 지시하는 쪽으로 발전하게 된 것이다. 그리고 그와 동시에 위의 '是以'가 어느 정도는 접속사의 기능도 갖기 시작했다. 한편, 다음의 예를 보자.

(4) 凡奸臣皆欲順人主之心, 以取信幸之勢者也. <u>是以</u>主有所善, 臣從而譽之; 主有所憎, 臣因而毀之. (韓非子, 奸劫弒臣) (간신은 군주의 비위를 맞춰 신임과 총애를 받고, 유리한 위치에 자리하려는 자를 말한다. <u>이러한 이치로</u> 군주가 어떤 것을 좋아하면, 그것을 극찬하고, 군주가 어떤 것을 싫어하면 곧 부화뇌동하여 그것을 내치는 것이다.)

여기서 '是'는 (3)과는 달리 '事理'를 지칭한다. 즉, '凡奸臣皆欲順人主之心, 以取信幸之勢'의 理가 '是'의 지시대상인 것이다. 이렇게 '是'로써 아래 문장들에 대한 추론의 이유를 지시하고 있다. 이러한 '是以'는 전자보다 훨씬 더 추상화되어 논리적 의미관계의 표지 역할을 하게 되고 보다 성숙된 인과 접속사로 발전하게 되는 것이다.

이처럼 '是以'가 '전치사구'로부터 접속사로 문법화가 되기 위해서는 일차적으로 '是'의 선행사가 소실되어야 하고, 이로써 '是'의 지시대명사 기능이 약화되어야 한다. '是'의 지시대명사 기능의 약화과정은 곧 **사람, 사물, 장소 등의 지시 → 사건의 지시 → 사리의 지시**'인 셈이다. 한편, 先秦시대에는 여전히 지시대명사를 포함한 전치사구로 볼 수 있으나 漢代에 오게 되면서 중국어의 '목적어 전치'라고 하는 어순이 사라져 가면서 '是以'는 '지시대명사(목적어)+전치사'라고 하는 틀을 벗게 되고 하나의 접속사로 문법화 하게 된다.

이렇게 '是以'는 '以'라고 하는 전치사가 '是'라고 하는 지시대명사를 목적어로 삼는 구조이기 때문에 그것의 문법화 과정은 보다 더 복잡한 과정을 필요로 하고 있고 漢代에 가서야 어느 정도 완성이 된다.

≪顏氏家訓≫에서 4예 출현하고 있으며, 唐宋시기에 가서 ≪朱子語類≫에서 18예 출현한다. 이 시기에 쌍음절 결과류 접속사로 '所以'가 이미 상당한 점유율을 나타내고 있어서 '是以'는 사용 비율이 다소 저조하다.

## 5.2.4 역접 접속사

역접 접속사는 앞절과 뒷절의 의미가 대조적이거나 상반되는 경우 이를 나타내는 기능을 한다.

### 然

역접 접속사 '然'은 상고중국어에서 전해져 온 것으로 총10예 출현한다.

(1)  自言善好, 修行慈心, 不食酒肉, <u>然</u>殺害衆生, 加諸楚毒, 妄自稱善, 無惡不作. (73. 詐言馬死喩) (스스로 선하다고 말하고 자비심을 닦고, 술과 고기도 안 먹<u>으나</u> 중생을 살해하고, 여러 혹형을 가하면서도 함부로 스스로 선이라 칭하고 악을 하지 않음이 없다.)

(2)  我今飽足, 由此半餅. <u>然</u>前六餅, 唐自捐棄, 設知半餅能充足者, 應先食之. (44. 欲食半餅喩) (나는 지금 배가 부른데 이 반쪽 전병 때문이다. <u>그러나</u> 앞의 여섯 전병은 공연히 버린 것에 불과하다. 만약 반쪽 전병으로 충분할 수 있음을 알았다면 마땅히 먼저 그것(반쪽)을 먹었을 텐데.)

(3)  其於初時雖無淨心, <u>然</u>彼其施遇善知識便獲勝報. (65. 五百歡喜丸喩) (그는 처음에 비록 淨心이 없이 보시를 <u>했으나</u> 그가 보시를 할 때 덕과 지식이 있는 선사를 만나 좋은 과보를 얻을 수 있게 된다.)

'然'은 복문의 뒷절에 출현하여 역접 관계를 나타낸다. 이것은 주로 절과 절을 연결하며, 형식상 (3)과 같이 양보의 접속사 '雖'와 호응하여 사용되기도 한다. 그리고 상고중국어의 의미기능과 큰 차이를 보이지 않고 있다. '然'은 이미 상고중국어 시기에 역접의 접속사로 사용되었고 이 시기에도 적잖은 출현비율을 보여주고 있다. ≪顔氏家訓≫에서도 14예 출현하고 있다. 이것은 唐宋시기에도 계속 활약을 하고 있는데, ≪祖堂集≫에서도 11예 출현하여 '而'(18예) 다음으로 많은 출현비율을 보이고 있고, ≪朱子語類≫에서는 2,780예나 출현하여 '而' 다음으로 많은 출현비율을 보이고 있다. 唐宋시기에 '但是', '可是' 등의 쌍음절 접속사가 등장하고는 있지만 생산초기인지라 출현비율이 그다지 높지 못하고 주로 '而', '然' 등의 단음절 접속사의 비율이 높다.

## 而3

역접 접속사 '而3'은 상고중국어에서 전해져 온 것으로 총22예 출현한다.

(1) 却後一月, 爾乃設會, 迎置賓客, 方牽牛來, 欲犂取乳, 而此牛乳卽乾無有. (2. 愚人集牛乳喩) (다시 한 달이 지난 후 그가 연회를 베풀어 빈객을 맞이할 때 바야흐로 소를 끌고 오게 하였고 젖을 짜려고 했는데 이 소젖이 말라 없었다.)
(2) 良醫占之曰: "須恒食一種雉肉, 可得愈病." 而此病者, 市得一雉, 食之已盡, 更不復食. (62. 病人食雉肉喩) (의사가 그에게 말로 말했다. "반드시 항시 꿩고기를 먹어야 병이 나을 수 있다." 그런데 이 환자는 꿩 한 마리를 사서 그것을 이미 다 먹자 다시 더 먹지 않았다.)
(3) 狀如愚人, 失釪於彼, 而於此覓. (19. 乘船失釪喩) (이는 마치 그 모습이 우매한 자가 사발을 저기에서 잃어버렸는데 여기서 찾는 것과 같다.)

'而'는 접속사로서 병렬을 나타내는 '而1'과 승접을 나타내는 '而2'와 더불어 역접을 나타내는 '而3'이 존재한다. 이들은 모두 상고중국어에서부터 상용되고 있는데, '而3'은 ≪百喩經≫에서 출현비율이 가장 높은 역접 접속사이다. 그리고 이러한 상황은 ≪顔氏家訓≫도 유사하여 88예로 가장 많이 출현하고 있다. '而'의 역접의 기능은 기본적으로 상고중국어와 큰 차이가 없어, (1)(2)와 같이 절과 절을 연결하기도 하고, (3)과 같이 동사구를 연결하기도 한다.

'而'는 이처럼 위진남북조 시기에도 여전히 주요한 역접의 접속사로 활약을 했고 唐宋 시기에 가서도 계속 상용된다.

## 但1

역접 접속사 '但1'은 중고시기에 등장한 것으로 총2예 출현한다.

(1) 我與良藥, 能使卽大. 但今卒無, 方須求索. (15. 醫與王女藥令卒長大喩) (제가 약을 드리면 능히 바로 크게 할 수 있습니다. 그러나 지금 갑자기 없으니 장차 찾아야 합니다.)
(2) 有人語言: "唯有《毘陀羅咒》可以害彼. 但有一患, 未及害彼, 返自害已." (68. 共相怨害喩) (어떤 이가 말을 했다. "단지 《毘陀羅咒》만이 그에게 해를 줄 수 있다. 다만 한 가지 걱정이 있는데, 그에게 해를 주기 전에 오히려 스스로 자기에게 해를 줄 수 있소.")

접속사 '但'은 복문의 뒷절에 출현하여 역접의 의미를 나타낸다. 이것은 중고시기에 새롭게 등장한 역접의 접속사로, ≪顔氏家訓≫에서도 6예나 출현하고 있는 등 이 시기 기타 문헌에서도 종종 등장하고 있다.

'但'은 이 외에 부사의 기능도 있고, 조건접속사의 기능도 있다. 그런데 이들은 모두 '但'의 원래 의미인 '袒'으로부터 유래한 것으로 보고되고 있다. 이와 관련하여 金春梅(2005)는 아래와 같은 논리를 전개한다. 일반적으로 '但'의 허사 기능이 본의와는 상관없이 가차에 의해 이루어진 것으로 알려져 있으나 분명 그것의 본의와 밀접한 관련이 있다. 그것의 본의는 '袒(옷 벗다)'으로 '袒'자의 본자가 바로 '但'이다. 先秦시기에 '但'은 '옷을 벗다'란 의미에서 '아무 것도 없다'란 의미로 쓰이게 된다. 그렇기 때문에 일부 주석에서는 아예 이를 '徒'와 동일시 하게 되고 '徒'자와 동일 의미로 쓰이게 된다. 이렇게 형용사인 '空(아무 것도 없다, 텅빈)'의 의미로 '徒'와 동일시되면서 사실상 그것의 형용사 의미는 점차 부사로 발전하는 준비를 하게 되어 결국 '다만, 단지' 의미의 부사로 발전한다. 그런데 상고중국어 시기 '다만'의미의 부사로 활약을 하면서 동시에 아래와 같은 과도적 문장들이 출현한다.

(3)  素聞先生高義, 願爲弟子久矣, 但不取先生以白馬爲非馬耳. (公孫龍, 迹府) (평소 선생의 고견을 들어서 원컨대 제자가 되고 싶은지 오래입니다. 다만 선생의 '白馬'는 말이 아니라고 하는 것은 취할 수 없습니다.)

(3)의 '但'은 부사지만 그 뒤의 절은 무주어문으로 처리할 수 있고, 이때 주어인 '吾'를 첨가한다면 '但'은 사실상 접속사의 기능을 하는 셈이 된다. 이러한 예가 점차 늘어나면서 이러한 환경에 노출되는 '但'이 서서히 접속사로 문법화해 가게 되었다. 그리하여 아래와 같이 정식의 접속사의 예들이 등장하게 된다.

(4)  安與任隗擧奏諸二千石, 又它所連及貶秩免官者四十餘人, 竇氏大恨. 但安、隗素行高, 亦未有以害之. (後漢書, 袁張韓周列傳第三十五) (袁安과 任隗는 여러 이천 석의 관리들을 보고하였고 또 그 외로 연루되어 폄직되거나 면관된 자가 사십여 인에 이르러 竇씨는 매우 화가 났다. 그러나 袁安과 任隗는 평소에 행동이 훌륭하여 그들을 해할 수 없었다.)

(5)  旣召見而惜之, 但名字已去, 不欲中改, 於是遂行. (世說新語, 賢媛2) (불러서 봤더니 예쁜지라 너무 아까웠다. 그러나 이미 이름이 갔기 때문에 중간에 고칠 수가 없어서 이에 드디어 가게 되었다.)

다시 말해, 형용사의 의미로부터 부사가 문법화하고 부사에서 다시 '역접'의미의 접속사가 문법화한 것이다. 접속사 '但'은 이렇게 위진남북조 시대에 출현한 후 지속적으로 증가하여 宋代의 ≪朱子語類≫에선 아래와 같이 630여 예나 출현할 정도로 증가하게 되었다.

(6) 至今日雖不足道, 但當時也是喫了多少辛苦, 讀了書. (朱子語類卷第一百四 朱子一) (지금에 이르러 비록 족히 말할 만하지 못하지만 당시엔 많은 고생을 해서 공부를 했다.)

### 要

역접 접속사 '要'는 중고시기에 등장한 것으로 총1예 출현한다.

(1) 其人聞已, 便大歡喜: "願但教我. 雖當自害, 要望傷彼." (68. 共相怨害喩) (그 사람은 듣고 나서 크게 기뻐하며 말했다. "저에게 그저 가르쳐주길 바랍니다. 비록 스스로 해를 입겠지만 그에게 피해를 입힐 수 있을 것으로 기대됩니다.")

'要'는 중고시기에 새롭게 등장한 접속사로 위처럼 복문의 뒷절에 출현하여 역접의미를 나타낸다. 이때는 특히 접속사 '雖'와 호응을 하며 출현하고 있다.

'要'는 고한어 시기에 조동사로 문법화하기도 했고 또 이렇게 접속사로 문법화하기도 했다. 이 중 접속사 용법은 그것의 형용사 의미로부터 문법화한 것으로 알려져 있는데 이와 관련하여 馬貝加는 <"要"的語法化>(2002)에서 다음과 같이 소개한다. 접속사 '要'는 형용사 의미인 '중요하다'에서 기원한 것이다. 아래의 예는 漢代에 등장한 유사 예이다.

(2) 夫絳侯卽因漢藩之固, 杖朱虛之鯁, 据相扶之勢, 其事雖醜, 要不能遂. (漢書, 王莽傳) (絳侯는 한조와 번국의 견고함과 朱虛侯 유장의 강직함에 의지하고 또 장수들이 단결하여 서로 돕는 형세에 의지하여 呂氏의 무리가 비록 험악하긴 했으나 (그러나) 일을 성사시킬 수 없었다.)

여기서 '其事雖醜, 要不能遂'은 "여씨의 무리가 비록 험악하긴 하다. 중요한 것은 실현되지 않았다는 것이다."라고 '要'의 '중요하다'라는 의미를 살려 해석할 수도 있고 '그러나'의 의미로 해석할 수도 있다. 앞에 '雖'가 있기 때문에 더욱더 그러한데 이 예는 바로 '要'의 과도적 모습이 드러난 것으로 볼 수 있으며 완벽한 형태의 접속사로 보기는 좀 힘들다. 그런데 바로 이 예를 통해 보면, 접속사 '要'는 형용사 용법과 모종의 관련이 있음을 확인할 수 있다. 즉, 이처럼 동사 앞에 형용사 '要'가 출현하는 '要+V'의 형식에서 형용사 '要'의 의미가 점차 문맥의 영향을 받아 역접의 의미로 변화해 간 것이며 결국 재분석이 발생하여 '要'가 접속사로 문법화하게 되었다.

馬貝加(2002)가 소개한 이러한 문법화의 과정은 전형적인 '의미변화의 유도적 추론이론(IITSC)'으로 설명이 가능하다. 즉, 화자가 사용하는 어떤 언어 형식에 대해 청자가 나름의 해석을 하여 새로운 의미가 창출되는데, 화자가 '중요하다'란 의미로 '要'를 사용하지만 점차 '역접', '전환'의 문맥에 지속적으로 노출되면서 청자가 이때의 '要'를 재해석하게 되는 것이다. 그리하여 결국 '要'는 역접의 의미가 전염된다. 다시 말해서, 사람들의 의사소통 과정에서 화자가 어떠한 '함축'을 제시하면 청자는 그 함축으로부터 나름의 해석을 하여 위와 같은 '要'의 의미에 대해 새로운 의미를 부과하면서 '역접'과 유사한 의미로 사용하게 된다. 이때 초창기에는 개별적 함축이었기 때문에 'Utterance-Token meanings'이었다가 점차 일반화된 대화적 함축으로 변화하고 관습화되어 'Utterance-Type meanings'이 되고 나중에는 하나의 독립적인 'New Coded meanings'으로 굳어지게 된다.

이렇게 하여 '要'는 '중요하다'라는 형용사 의미가 일종의 'Coded meanings'이었다면 이것이 상기의 과정을 거쳐 '역접'이라고 하는 'New Coded meanings'로 변화하게 되는 것이다.

위진남북조 시기에는 아래와 같은 예들이 출현한다.[8]

(3) 臣松之以爲張魯雖有善心, 要爲敗而後降, 今乃寵以萬戶, 五子皆封侯, 過矣. (三國志, 魏志, 張魯傳, 裴松之注) (신 송지가 생각하기에 장노가 비록 선한 마음이 있으나 패한 후 항복을 하였습니다. 지금 만호로써 총애하시고 그의 아들 다섯이 제후에 봉해진 것은 과합니다.)

(4) 國寶雖終爲禍亂, 要罪逆未彰, 今便先事而發, 必大失朝野之望. (晉書, 王珣傳) (국보가 비록 끝내는 화란을 일으켰으나 죄는 아직 밝혀지지 않았으니, 지금 만약 사전에 진공을 한다면 반드시 조야의 기대를 크게 저버리게 될 것이다.)

唐代이전엔 '要'가 주로 문두에 출현하다가 唐代엔 문중에 나타나는 예도 출현하게 되었다. 아래의 시에서 앞구절에는 그와 비슷한 '但'이 출현하고 있어 의미상 호응이 되고 있다.

---

8) 董志翹·蔡鏡浩(1994)

(5)　一旦入閨門, 四屋滿塵埃. 斯人旣已矣, 觸物但傷摧. 單居移時節, 泣涕撫嬰孩.
　　　知妄謂當遣, 臨感要難裁. (韋應物, 傷逝) (어느 날 안방에 들어갔더니 사방이 먼지
　　　만 쌓여있다. 이 사람 이미 떠났기에 물건을 <u>만져보지만</u> 그저 슬플 뿐이다. 홀로 있으
　　　면서 시간만 가고 눈물로 아이를 달랠 뿐이다. 당연히 그 사람을 보내줘야 한다고
　　　생각은 하지만 막상 느껴질 때는 <u>오히려</u> 헤아리기가 어려워진다.)

## 5.2.5 조건 접속사

　조건 접속사는 인과복문에 쓰여 어떤 결과를 초래하는 조건을 표시한다. 이것은 대개
복문에서 조건을 나타내는 절에 출현한다.

### 但2

　조건 접속사 '但2'는 중고시기에 등장한 것으로 총2예 출현한다.

(1)　汝但擲置水中, 卽時可殺. (98. 小兒得大龜喩) (당신은 <u>다만</u> 물속에 그것을 던져
　　　놓기만 <u>하면</u> 즉시 죽일 수 있소.)
(2)　汝但極意六塵, 恣精五欲, 如我語者, 必得解脫. (98. 小兒得大龜喩) (너는 <u>단지</u>
　　　六塵에 대해 네 맘대로 하고, 오욕에 대해 구속 없이 마음대로 해 보거라. 이렇게
　　　<u>내 말대로 하면</u> 반드시 해탈을 얻을 것이다.)

　이것은 복문의 앞절(조건절)에 출현하여 결과에 대한 조건을 나타낸다. 예컨대, '擲置水
中(물에 던져 넣는 것)'은 '卽時可殺(바로 죽이기)'의 조건이 된다.
　이러한 조건의 접속사 '但2'는 위진남북조 시기에 문법화하였는데 이에 대해 于麗娟
(2007)의 연구를 참고할 수 있다. 그에 따르면 漢代의 '但'은 아래와 같이 현대중국어의
'只管' 의미로 쓰였고, 이것은 "다른 일은 신경 쓰지 말고 ~만 하면 된다."라는 의미를
함축하고 있다.

(3)　涉卽往候, 叩門, 家哭, 涉因入弔, 問以喪事. 家無所有, 涉曰: "但潔掃除沐浴, 待
　　　涉." (漢書, 原涉傳) (원섭이 바로 들어가 문안하려고 문을 두드렸더니 집안이 다
　　　울고 있었다. 원섭이 이에 들어가 조문을 하고 상사에 대해 물었다. 집안에는 아무것
　　　도 없어서 원섭이 말했다. "<u>그저</u> 청소 잘 하고 망자를 잘 목욕시키시오. 다하고 나를
　　　기다리시오.")

바로 이러한 '只, 只管'의미가 동사 앞에 쓰여 범위 이 외의 상황에 대해 토론하지 말라고 하면서 그 범위 내의 상황을 긍정함을 나타내게 된다. 게다가 (3)의 예문은 명령식으로 되어 있어 "네가 ~하기만 하면 되고, 나머지는 신경 쓸 필요 없다."라는 의미를 나타내고 있다. 바로 이러한 의미 속에 '화자의 보장'이 내포되어 있는데, 화자의 보장은 곧 '但'이 수식하는 그 절을 전제로 한 것이다. 이러한 식으로 '但'이 점차 '전제'를 나타내는 의미로 발전하면서 '조건'의미로 변화하게 된다. 아래는 바로 그러한 것이 어느 정도 완성이 된 상태의 문장이다.

(4) 我知臺欺寺久, 卿能執禮與之抗衡, 但守此心, 勿慮不富貴. (北齊書, 宋世軌傳)
    (내가 알기에 南臺가 대리사를 압박한지가 오래되었는데, 그대가 예로써 그들과 맞설
    수 있으니 <u>단지</u> 이 마음만 <u>가진다면</u> 부귀하지 못함을 걱정 안 해도 된다.)

이 문장에서 '但'은 '只管'의 의미로 해석될 수도 있지만 더 나아가 '只要'의 의미로 볼 수도 있다. 즉 의미가 이미 '조건'표시로 변화하였다. 위에서 '守此心(이 마음을 지키다)'이 뒷절인 '勿慮不富貴'의 조건이 되고 있다. 이렇게 '但'은 '只, 只管'의 의미로부터 '화자의 보장' 즉, '전제'로 발전하고 이것이 논리상의 '조건'의미로 발전하여 조건의 접속사로 문법화하게 되었다.

이렇게 위진남북조 시기에 문법화가 완성되기는 하였으나 이 시기엔 여전히 출현비율이 낮다. 이후 唐宋시기에 가서 출현비율이 높아지는데, ≪祖堂集≫에서 아래와 같이 34예나 출현하고 있어 당시 조건 접속사로 가장 비중이 높게 쓰이고 있다.

(5) 汝但無事於心, 無心於事, 乃虛而妙矣. (德山和尙) (너희들이 <u>일단</u> 마음에 일이
    없고, 일에 마음이 <u>없다면</u> 허하고 오묘해질 것이다.)

## 5.3 접속사 소결

≪百喩經≫ 접속사를 정리하면 표 5-2와 같다.

표 5-2 접속사 별 특징 정리

| 대분류 | 소분류 | 출현횟수 | | 의미 및 형식 특징 |
|---|---|---|---|---|
| 연합 관계 | 병렬 | 及(11) | | 主次의 구별이 있는 경우(4) |
| | | | | 主次의 구별이 없는 경우(7) |
| | | 與(2) | | 主次의 구별이 없는 경우(2) |
| | | 幷(2) | | 主次의 구별이 없는 경우(2) |
| | | 而1(3) | | 용언성 성분의 연결(3) |
| | | 及以(11) | | 체언성 성분, 용언성 성분 연결(11) |
| | | 幷及(2) | | 체언성 성분 연결(2) |
| | | 及乃(1) | | 체언성 성분 연결(1) |
| | 승접 | 순접 | 而2(100) | 시간선후 순서(57) |
| | | | | 인과관계(7) |
| | | | | 방식(29) |
| | | | | 주체 표시(3) |
| | | | | 부연설명(4) |
| | | | 然後(8) | 시간순서 관계(5) |
| | | | | 조건 관계(3) |
| | | | 於是(6) | 인과 관계(6) |
| | | | 爾乃(5) | 조건 관계(5) |
| | | | 因卽(1) | 인과 관계(1) |
| | | | 致(1) | 인과 관계(1) |
| | | 목적 | 以1(10) | '수단+以+목적'(10) |
| | | | 用(11) | '수단+用+목적'(11) |
| | | | 以用(3) | '수단+以用+목적'(3) |
| 연합 관계 | 선택 | 爲(4) | | 'A, 爲B'형식(1) |
| | | | | '爲A, 爲B'형식(3) |
| | 점층 | 兼(4) | | 점층적 확대(4) |
| | | 況復(2) | | 점층적 확대(2) |
| | | 不但(1) | | 점층적 확대(1) |
| 주종 관계 | 가설 | 若(38) | | 가설 의미(38) |
| | | 苟(2) | | 가설 의미(2) |
| | | 設(3) | | 가설 의미(3) |
| | | 如(4) | | 가설 의미(4) |

| | | | |
|---|---|---|---|
| 주종 관계 | 양보 | 雖(19) | 양보(10) |
| | | | 가설양보(9) |
| | | 雖復(1) | 가설양보(1) |
| | | 縱(1) | 가설양보(1) |
| | | 假使(1) | 가설양보(1) |
| | 인과 | 因(3) | 원인절 인과(3) |
| | | 以2(8) | 원인절 인과(8) |
| | | 由(1) | 원인절 인과(1) |
| | | 故(9) | 결과절 인과(9) |
| | | 是故(11) | 결과절 인과(11) |
| | | 是以(4) | 결과절 인과(4) |
| | 역접 | 然(10) | 역접관계(10) |
| | | 而3(22) | 역접관계(22) |
| | | 但1(2) | 역접관계(2) |
| | | 要(1) | 역접관계(1) |
| | 조건 | 但2(2) | 조건관계(2) |

## 1) 병렬접속사

‘及’의 경우 상고시기엔 主次관계가 있는 것을 연결하는데 주로 쓰인 반면 ≪百喩經≫에서는 主次관계가 없는 것도 연결시키고 있다. 심지어 당시 다른 불경역경에서는 그 문장에서 술어부(謂語) 역할을 하는 진술성의 두 동사구를 연결시키기도 하는데 이것은 일종의 중고시기에 나타난 발전이다. 이러한 ‘及’에 비해 ‘與’는 主次의 구별이 없는 것을 주로 연결하며 이것은 상고시기부터 있었던 기능이다. 이러한 점에서 ‘及’과 ‘與’가 차이를 보인다. ‘幷’은 東漢시기에 등장한 것으로 이 역시 ‘與’와 마찬가지로 主次구별이 없는 것을 연결한다. 그리고 ≪百喩經≫에서는 심지어 동사구로 된 것도 연결하고 있는데 이것은 특히 불경역경에서 나타나고 있다. ‘而1’은 상고시기부터 이미 체언성, 용언성 모두를 연결하는데 쓰였다. 여기서는 단지 용언성 성분만을 연결시키고 있다. 한편, 중고시기엔 신흥의 쌍음절 병렬접속사들이 등장했는데 여기엔 ‘及以’, ‘幷及’, ‘及乃’ 등이 있다. 이 가운데 일부는 다른 문헌에서도 발견되는 등 상용되었는데 특히 ‘及以’는 그 출현비율도 높고 체언성과 용언성 모두 연결가능 하는 등 비교적 상용된 접속사였다.

이 시기에 주로 많이 사용된 형식은 상고형식인 '及'이며 '而1'도 다수가 출현하고 있다. 특히 '及'은 상고시기와는 다른 발전면모를 보여주고 있었다. 이들과 더불어 중고형식인 '及以'의 활약이 두드러지게 나타나고 있다는 점이 주목할 만하다.

### 2) 승접접속사

승접류 접속사는 의미상으로 볼 때 크게 '순접'과 '목적' 둘로 나눌 수 있다. 순접에는 시간순서, 인관관계, 조건관계 등을 나타내는 것이 있으며 대표적으로 '而2'가 있다. 반면, '목적'을 나타내는 것은 'A+접속사+B'의 틀을 구성하여 A를 통해 이로써 B를 하다라고 하는 목적을 나타낸다. 여기에는 대표적으로 '以1'이 있다. 일반적인 승접류 접속사는 바로 '순접'류로서 '而2'는 상고중국어에서 전해져 왔으며 가장 많은 출현비율을 보여준다. 상고시기의 각종 기능이 다 전승되고 있으나 특이하게도 '주체표시'나 '부연설명'을 표시하는 용법도 일부 등장하고 있다. 순접류에는 이러한 단음절 형식 말고도 쌍음절 형식들이 많이 등장한다. 여기에는 이미 상고시기에 등장한 '然後', '於是'도 다수 출현하고 있고, 중고시기에 등장한 '爾乃'와 '因卽'도 출현하고 있다. '然後', '於是'는 매우 유명한 접속사로서 상고시기에 등장하여 현대중국어에까지 이르고 있으며 주로 시간순서와 인과관계를 나타낸다. '爾乃'의 경우 중고시기에 등장한 것이지만 출현횟수가 비교적 높으며 동시기 다른 문헌에서도 자주 발견되는 등 당시 매우 많이 활약한 쌍음절 접속사로 볼 수 있다. 그리고 이 시기엔 인과관계를 나타내는 '致'도 새롭게 등장하였다. 이것은 얼핏 보기에 목적을 나타내는 '以1'과 유사해 보이나 분명한 차이를 나타내는 순접류 접속사이다. 한편, '목적'류에는 단음절의 '以1'과 '用'이 다수 출현한다. 이 둘은 전치사로서도 같이 문법화하여 동일한 기능을 나타내고 있지만 접속사로서도 동일한 의미기능을 하고 있다. 모두 상고시기에 탄생한 것으로 이 시기 주요 접속사로 쓰였음을 물론 이후 현대중국어에도 이르고 있다. 그런데 특이하게도 이 둘이 결합한 '以用'이 등장하고 있어 눈길을 끈다.

### 3) 선택접속사

《百喩經》에서는 선택접속사가 단지 '爲' 하나만 출현한다. 이것은 東漢시기에 판단기능의 '爲'로부터 문법화한 것으로 형식상 3가지('爲A, B'/ 'A, 爲B'/ '爲A, 爲B')가 있으며 이 중 여기서는 첫 번째, 세 번째가 출현한다. 당시 선택접속사 '爲'는 비교적 상용되던 형식으로 특히 '爲A, 爲B'형식이 가장 많이 쓰였고, 《百喩經》도 그러하다. 동시기 다른 문헌에서는 '爲復', '爲當' 등 쌍음절 형식도 출현하고 있고 그 이후엔 이러한 쌍음절 형식이 중심이 되어 발전한다.

## 4) 점층접속사

점층접속사는 상고시기부터 전해져 온 '兼'이 가장 많이 쓰이고 있지만 중고의 형식인 두 개의 쌍음절 형식 '況復'과 '不但'도 강한 인상을 남기고 있다. 특히 이 두 형식은 당시 기타 문헌에서도 자주 발견되는 상용된 형식이며 '不但'은 오늘날에도 이르고 있다.

## 5) 가설접속사

여기서는 '若', '苟', '設', '如'의 네 가지 형식이 등장한다. 이들 넷은 모두 상고의 형식 으로 '若'이 가장 많이 출현하고 있다. 이러한 상황은 동시기 다른 문헌도 마찬가지이다.

## 6) 양보접속사

≪百喩經≫에서는 '雖', '縱'과 같이 상고시기에서 전해져 온 단음절 형식과 '雖復', '假使'와 같이 중고시기에 등장한 쌍음절 형식이 있다. 물론 이 중 상고형식이 주류이고 그 중에서도 '雖'가 독보적이다. 상대적으로 '縱'은 저조한 편이다. 한편, 쌍음절 형식으로 기타 문헌에서는 '雖復'도 매우 상용되고 있었다. 이들은 일반양보와 가설양보 두 가지를 나타낼 수 있다.

## 7) 인과접속사

이것은 형식상 '원인절'형식과 '인과절'형식으로 구분할 수 있다. 전자에는 '因', '以2', '由'가 있고, 후자에는 '故', '是故', '是以'가 있다. 원인절 형식에서는 '以2'의 출현비율 이 가장 높고, 인과절에선 '故'가 가장 높다. 이 시기엔 이렇게 여전히 단음절 형식이 우세 하였으나 근대시기로 가면서 원인절에서는 '因爲', 결과절에서는 '所以' 등의 형식이 석권 하게 된다. 인과접속사들은 대개 상고중국어에서 이어져 온 것이며 이중 쌍음절 형식들은 중고이후에 가서도 그다지 큰 활약을 하지는 않는다. 이 중 특히 '故'는 그 이후에도 크게 활약을 한다.

## 8) 역접접속사

역접접속사로 쓰이는 '然', '而3'은 상고의 형식으로 중고형식인 '但'과 '要'가 출현하긴 하나 상고형식이 주류가 된다. 이 가운데 특히 '而3'은 동시기 기타 문헌에서도 매우 많은 출현비율을 보여주고 있어 사실상 이 시기의 주요 역접접속사라 할 수 있다. 중고형식 중 '要'는 매우 드문 것으로 이후 소멸되어 갔지만 '但'은 현대중국어까지 이어지고 있다.

### 9) 조건접속사

여기에는 중고시기에 등장한 '但2'가 소수이지만 활약을 하고 있다. 이것은 이후 唐宋 시기에도 크게 활약을 한다.

접속사들을 크게 상고형식과 중고형식으로 양분할 수 있다.9) 그런데 거의 대부분의 하위범주 영역에서 상고형식의 출현비율이 높다. 일부 '及以' 등의 중고형식이 활약을 하지만 이 시기엔 아직도 전체적으로 상고형식이 주류가 된다. 접속사 중 '而'는 역시 상고시기 주류 형식답게 이 시기에도 큰 활약을 하여 병렬, 승접, 역접 등의 여러 영역에서 사용되고 있다. 형식상으로 볼 때 단음절과 쌍음절 형식의 비율이 '25:14'(의미기능으로 구분했을 경우)로 물론 단음절 형식이 아직은 우세하나 쌍음절 형식도 상당한 비율을 차지함을 알 수 있다. 전반적으로 상고형식이 주류이긴 하나 새로운 형식이 출현하고 있어 향후 근대시기로 발전할 수 있는 기반을 제공하고 있다.

한편, 이 시기 일부 접속사는 복수의 의미기능을 갖고 있는데 이들을 아래와 같이 정리할 수 있다.

표 5-3 접속사의 의미분화

| 접속사 | 의미분화 내용 |
|---|---|
| 而 | 而1: 병렬 |
|  | 而2: 승접 |
|  | 而3: 역접 |
| 以 | 以1: 승접 |
|  | 以2: 인과 |
| 但 | 但1: 역접 |
|  | 但2: 조건 |

---

9) 상고형식은 상고시기에 문법화한 것이고, 중고형식은 중고시기에 등장한 것이다. 특히 여기서는 주로 의미기능을 중심으로 구분한다.

제 **6** 장

# 양상동사

6.1 단음절 양상동사
6.2 쌍음절 양상동사
6.3 양상동사 소결

'양상(modality)'이란 Lyons에 따르면 "문장이 표현하는 명제나 명제가 묘사하는 상황 (situation)에 대해 갖는 화자의 관점 혹은 태도"를 지칭한다고 한다. 다시 말하면 화자의 주관적 태도나 관점이 문법상으로 표현된 것을 말한다. 중국어에도 영어의 'can', 'must' 등에 해당하는 양상동사[1]가 존재하며 고한어 시기에도 역시 존재했었다. 다만 중국어의 양상동사는 영어 등의 기타 언어와는 또 다른 나름의 특징을 갖고 있는데 이것에 대해서는 아래와 같이 정리할 수 있다.[2]

ⅰ) 대다수의 양상동사는 다독으로 술어가 될 수 있는데 특히 대화 중의 '대답'에서 나타난다.
ⅱ) 긍정, 부정의 병렬 방식으로 의문문을 만들 수 있다.
ⅲ) 부사의 수식을 받을 수 있다.
ⅳ) 목적어로 동사(구), 형용사(구), 주술구조가 오며 명사나 대명사는 올 수 없다.
ⅴ) 중첩이 불가능하며 동태조사와 공기할 수 없다.

이것은 특히 현대중국어에서의 특징들이며 본서에서는 이러한 특징을 참고하여, 형식적으로 용언성(謂詞性) 목적어를 취하고 의미상으로 양상 의미를 나타내는 특징을 중심으로 《百喩經》의 양상동사를 界定하고자 한다.

양상동사는 그 의미에 따라 몇 가지로 분류가 가능하다. 이에 대해 현재까지 학계에서는 많은 논의가 진행되어 오고 있으나 본서에서는 彭利貞(2007)과 朱冠明(2008) 등의 견해를 참고하여 아래와 같이 분류하고자 한다.

**표 6-1** 양상동사의 분류

| 대분류 | 소분류 |
|---|---|
| 認識양상 | 可能, 蓋然, 必然 |
| 道義양상 | 許可, 義務, 價値, 必要 |
| 動力양상 | 能力, 意願, 勇氣, 條件(中性) |

---

1) 중국언어학계에서는 '助動詞', '能願動詞' 등의 명칭을 사용하기도 하는데, 아래와 같은 이유로 여기서는 '양상동사'라는 명칭을 사용한다. 먼저, 이들 양상동사가 단독으로 쓰이거나 문미에 출현하는 경우가 있기 때문에 '조동사'라는 명칭은 문제가 있고, 둘째로 단지 능력, 의원 이외에도 인식, 도의 등의 의미도 나타낼 수 있기 때문에 '능원동사'란 명칭도 문제가 있다.
2) 劉月華등(2001)

여기서 '동력양상'이란 양상동사의 의미가 주어를 지향하지 화자를 지향하지 않는 것을 말한다. 그렇기 때문에 주로 주어의 능력이나 意願(의지, 희망) 등을 나타내고 화자의 관점, 태도는 나타내지 않는다. 그리고 동력양상은 다시 '주어지향'과 '중성'의 두 가지로 구분가능하다. 여기서 전자는 문장의 주어 자체의 능력 혹은 意願, 勇氣 등을 나타내지만 후자는 외부조건 혹은 환경이 부여하는 가능성, 필연성을 나타낸다. '도의양상'이란 이보다 좀 더 추상화된 개념으로 의무나 허가 등의 의미를 나타낸다. 그리고 '인식양상'은 가장 추상화된 개념으로 지식에 대한 화자의 판단, 확신, 믿음 등을 나타내는 방식이며 다른 말로 화자가 자신의 의심이나 확신, 추측을 표현하는 방식이라고 말할 수 있다.

위의 세 가지 중 동력양상은 이른바 '뿌리의미'로 나머지 두 양상동사류의 기초가 되고 있다. 그래서 이들 동력양상류로부터 도의나 인식양상 동사들이 문법화하는 경우가 많다. 대개의 경우 '能力'의 의미는 주어의 주관적인 능력의 의미를 나타내는데, 만약 동작을 수행하기 위한 가능 조건이 외부 세계에 달려 있다면 이로부터 의미가 더 추상화되어 위의 '條件'의 의미로 변화하게 된다. 그리고 '條件'의미는 행위에 대한 조건을 나타낼 수 있고 이것이 '무엇을 해도 되는가'의 여부를 결정할 수 있기 때문에 이로부터 '도의양상'의 '許可'의미가 문법화된다. 또한 '條件'은 좀 더 발전하여 보다 추상적인 가능성을 나타낼 수 있는데 이로써 추측이나 확신 의미를 나타내는 '인식양상'으로 발전하게 된다. 여기서의 '條件'을 Joan Bybee(2010)는 '본원적 가능성'이라 칭하며, 그는 이들의 문법화 과정을 아래와 같이 나타내기도 한다.

```
능력 → 본원적 가능성 → 인식적 가능성
         ↘
        허락
```

물론 모든 언어의 양상동사들이 반드시 이러한 과정을 거쳐야 하는 것은 아니나 대체적으로 위와 같은 경로를 거칠 수 있다고 한다.

한편, 각 양상동사류는 다시 세분화할 수 있는데, 이중 **인식양상**은 현대중국어의 '可能'이나 '能'의 의미에 해당하는 [可能]; '應該', '會'에 해당하는 [蓋然]; '一定' 등에 해당하는 [必然]이 있다. **도의양상**은 '可以' 등에 해당하는 [許可]; '應該', '要' 등에 해당하는 [義務]; '値得'에 해당하는 [價値]; '必須'에 해당하는 [必要] 등으로 나눌 수 있다. 그리고 **동력양상**은 '能' 등에 해당하는 [能力]; '要', '肯' 등에 해당하는 [意願]; '敢'에 해당하는 [勇氣]; '能' 등에 해당하는 [條件(中性)]으로 나눌 수 있다.

　고한어 시기의 양상동사들도 대부분이 상기의 기준에 의해 분류가 가능하며 ≪百喩經≫의 양상동사 역시 대체적으로 위의 분류를 따라 진행할 수 있다. 이렇게 하였을 때 ≪百喩經≫의 양상동사들을 아래와 같이 분류할 수 있다.

표6-2 ≪百喩經≫ 양상동사의 분류

| 대분류 | 소분류 | |
|---|---|---|
| 動力양상<br>(dynamic) | 能力 | 能1, 解 |
| | 意願 | 能2, 欲, 願, 肯, 意欲, 欲得 |
| | 勇氣 | 敢 |
| | 條件(中性) | 能3, 可1, 得1, 可以, 足以 |
| 道義양상<br>(deontic) | 許可 | 可2, 得2 |
| | 義務 | 應1, 當1, 宜, 應當, 要當, 當須, 宜應 |
| | 價値 | 可3 |
| | 必要 | 須 |
| 認識양상<br>(epistemic) | 蓋然 | 應2, 當2 |

　대체로 하나의 양상동사가 여러 가지 양상 의미를 갖는 경우가 많다. 이에 본서에서는 하나의 양상동사 내부의 의미 간 관계를 명확하게 하고 그 기원 관계를 밝히기 위해 상기의 양상 의미는 각 양상동사 내부에서 다룰 것이며, 모든 양상동사들을 형식상 단음절 양상동사와 쌍음절 양상동사로 구분하여 소개하고자 한다.

## 6.1　단음절 양상동사

### 6.1.1　能

　양상동사 '能'은 상고중국어에서 전해져 온 것으로 총 63예 출현하며, 동력양상의 '能力'의미 47예, '意願'의미 3예, 중성의 '條件'의미 13예가 출현한다.

## 1) 能力(47예)

(1) 大梵天王是世間父, 能造萬物, 造萬物主者. (61. 梵天弟子造物因喩) (위대한 범천왕은 세상의 아비이다. 능히 만물을 만들 수 있어 만물을 만든 주인이다.)

(2) 有弟子言: "我亦能造萬物." (61. 梵天弟子造物因喩) (제자가 한 명 있어 말했다. "나도 만물을 만들 수 있습니다.")

(3) 彼遠人者, 自謂勇健, 無能敵者, 今復若能殺彼師子, 爲國除害, 眞爲奇特. (65. 五百歡喜丸喩) (저 이방인이란 자는 스스로 용감하고 건장하며 자신을 대적할 자가 없다고 말한다. 지금 다시 만약 저 사자를 죽여 나라를 위해 해를 제거할 수 있다면 정말로 특별할 것이다.)

(4) 梵天王語言: "莫作此意. 汝不能造." (61. 梵天弟子造物因喩) (범천왕이 말했다. "이런 생각을 하지 마라. 너는 만들 수 없다.")

## 2) 意願(30예)

(5) 時彼使人羞不肯捉, 而白王言: "我不能捉, 我願擔之." (79. 爲王負機喩) (그때 그는 사람으로 하여금 부끄럽게 한다고 보아 가져가지 않으려 하고는 왕에게 말했다. "저는 들고 갈 맘이 안 나 메겠습니다.")

(6) 此之樹上, 將生美果, 汝能食不? (33. 斫樹取果喩) (이 나무 위에는 곧 맛있는 과일이 열릴 것이네, 너는 먹고 싶은가?)

## 3) 條件(13예)

(7) 此樹高廣, 雖欲食之, 何由能得? (33. 斫樹取果喩) (이 나무는 높고 큰데 비록 먹고 싶다 해도 어떻게 과일을 얻을 수 있겠습니까?)

(8) 人命難知, 計算喜錯. 設七日頭或能不死, 何爲預哭? (11. 婆羅門殺子喩) (사람의 목숨은 알기가 어려워 점을 쳐도 쉽게 틀린다. 만약 칠일이 지났는데도 혹 죽지 않을 수 있는데 어째서 미리 우는가?)

(9) 頭果在前, 其尾纏樹, 不能得去. (54. 蛇頭尾共爭在前喩) (머리가 결국엔 앞에 있게 되자 그 꼬리는 나무를 감아서 갈 수가 없었다.)

(10) 數未能周, 金主忽至, 盡還奪錢. (90. 地得金錢喩) (돈 세는 것이 다 끝날 수도 없었는데 돈주인이 갑자기 와서 모두 다시 돈을 빼앗았다.)

가장 많은 출현비율을 보이는 '能力'의 의미는 '~을 할 능력이 있다'로 '能'의 가장 일반적인 의미기능이다. 예컨대, '能造萬物'이라고 한다면 주체 자체가 만물을 만들 수 있는 능력을 주관적으로 구비하고 있음을 의미한다. 이것의 부정형식은 (4)의 '汝不能造'와 같이 부정부사 '不'이 쓰이기도 하나 (3)과 같이 '無'가3) 출현하기도 한다. '意願'의미는 '~

을 하고 싶다'의 의미이나 그 출현비율이 매우 낮다. 예컨대 '我不能捉, 我願擔之'는 '들고 가고 싶지는 않으나 메고 가고 싶다'는 것으로 이때 '願'자와 아예 대구로 등장하고 있다. 긍정형식은 없고 부정형식만 출현하며 (6)은 정반의문문의 형식이다. '條件'의미는 객관조건 상 할 수 있는가의 여부를 말하는 것으로 ≪百喩經≫에서 출현비율이 비교적 높다. 예컨대, '不能得去'는 자신의 주관적인 능력과 관계없이 상황상 앞으로 나갈 수 없음을 말하고 있다. 부정형식은 이처럼 부정부사 '不'이 출현하기도 하고 (10)처럼 '未'가 출현하기도 한다. 그리고 '能不死'와 같이 조동사 뒤에 부정형식이 출현하는 형식도 등장한다. 이들 세 가지 의미 가운데 '能力'의미와 '意願'의미의 '能'은 주어를 지향하고 있다. 다시 말해 여기서의 '能'은 주어의 능력, 주어의 의지를 나타내고 있는 것이다.

劉利(2000)에 따르면, 선진시기에 '能'은 '能够'의 의미에 해당하는 것과 '肯願'의미 둘로 나눌 수 있으며 전자를 다시 '객관조건상의 허가', '사리상의 허가', '추론상의 허가', '능력상의 허가'로 나눌 수 있다고 했는데 이들이 바로 '조건', '추측', '능력'의미에 해당하는 것들이다. 그렇게 볼 때, 상고시기에 이미 상기의 ≪百喩經≫ '能'의 세 가지 의미가 모두 출현한 셈이다. 이중 다만 '인식'양상의 '추측'의 예는 발견되지 않고 있다. '추측'의미는 문법화가 상당히 진전된 의미로 '화자가 일정한 사실에 기초하여 추리'하는 것을 말한다. 아래는 先秦 시기 '意願'의미의 예이다.

(11) 人誰無過? 過而能改, 善莫大焉. (左傳, 宣公二年) (사람이 누가 잘못이 없을 수
    있겠는가? 잘못이 있으면서 고치고자 한다면 선은 그보다 큰 것이 없다.)

孫冬妮(2005)에 따르면, 상고시기 '能'의 부정으로 이미 '不' 외에도 '未', '弗', '莫', '無', '非' 등이 쓰였고, 'Neg+能'의 형식 뿐 아니라 'Neg+能+Neg'의 이중부정 형식, '能+Neg+VP'의 형식도 아래와 같이 출현하였다고 한다.

(12) 魏王日聞其毀, 不能不信, 後果使人代公子將. (史記, 魏公子列傳) (위왕이 매일
    그의 비방을 듣더니 믿지 않을 수 없어 나중에 결국 사람을 시켜 공자를 대신해 지휘
    하게 했다.)
(13) 喜賂, 怒頑, 能無戰乎? (左傳, 僖公二十八年) ((제, 진 두 나라는) 송나라의 재물을
    얻어 기쁘고, 초나라 頑抗 때문에 화가 났으니 전쟁을 안 할 수 있겠는가?)

---

3) 이 경우 '無'가 엄밀한 의미에서는 부정부사는 아니지만 전체적으로 부정의미의 문장을 만드는 기능을
하기 때문에 본장에서 부정부사에 준하는 기능으로 본다.

≪百喻經≫에서는 형식상 이중부정 형식은 출현하지 않지만 상고시기의 기본형식은 위와 같이 계속 유지되고 있다.

한편, 尹淳一(2014)에 따르면, ≪祖堂集≫에서도 상기의 네 가지 의미(條件, 蓋然, 能力, 意願)가 모두 출현하고 있다고 한다.[4] 이중 조건은 39예, 개연은 3예, 능력은 144예, 의원은 4예 출현하고 있다.

(14) 不萌之草爲什摩能藏香象? (洞山和尙) [能力] (싹트지 않는 풀이 어찌 향상(香象)을 숨길 수 있는가?)

(15) 我今日無心情, 不能爲汝說. (江西馬祖) [意願] (나는 오늘 마음이 없으니 그대에게 말하지 않으리다.)

(16) 師兄若這個善心, 某甲身自不能去得. (一宿覺和尙) [條件] (사형이 이런 마음이라면 난 이미 떠날 수 없소.)

(17) 大唐國內能有幾人? (洞山和尙) [蓋然] (대당국 안에 몇 명이나 있을 수 있나?)

이러한 양상동사 '能'이란 말은 원래 곰류의 짐승에서부터 비롯되었는데 이러한 동물의 능력은 사람에게로 사상되고, 이것은 또 "어떤 능력을 구비하고 있다"라고 하는 일반 동사로 발전한다. 그런 다음 이 동사로부터 주어가 내재적으로 구비한 능력으로 발전하는데 바로 '動力양상'의 '能力'의미가 이렇게 하여 탄생하게 되었다. 그 이후엔 사람의 내부 능력으로부터 외재적인 객관적 조건으로 발전하여 동력양상의 '條件'의미가 문법화한다. 한편, '條件'의미는 '能'이 화자의 강렬한 주관적 색채 문맥에 출현하면서 점차 '推理'의미로 발전한다. 이렇게 하여 '인식'양상의 의미가 문법화하게 되는 것이다.[5]


## 6.1.2 解

양상동사 '解'는 중고시기에 등장한 것으로 총 4예 출현한다.

(1) 若是汝之祖父已來所有衣者, 應當解著, 云何顚倒用上爲下? (8. 山羌偸官庫衣喩) (만약 네 조부 이래로 갖고 있던 옷이라면 마땅히 입을 줄 알아야 하는데 어째서

---

4) 본장에서 ≪祖堂集≫관련한 내용 및 예문은 尹淳一(2014)에서 인용한 것임을 밝혀둔다. 아래에서는 인용표시를 생략한다.

5) 尹淳一(2014)

거꾸로 위의 것을 아래로 하는가?)

   (2)  以不<u>解</u>故, 定知汝衣必是偸得, 非汝舊物. (8. 山羌偸官庫衣喩) (할 줄 모르기 때문이니, 분명 네 옷은 훔친 것임이며 너의 옛 물건이 아님을 알겠다.)

   (3)  卽喚木匠而問言曰: "<u>解</u>作彼家端正舍不?" (10. 三重樓喩) (바로 목수를 불러 물었다. "저 집같이 예쁜 집을 지을 수 있는가?")

'解'는 현대중국어의 '會'에 해당하는 것으로 현대중국어에서는 더 이상 출현하지 않는 양상동사이다. ≪百喩經≫에서는 동력양상 중 '能力'의 의미만이 출현한다. 이때는 '~을 할 줄 알다'의 의미이다. 형식상으로는 (2)와 같이 '不'을 통한 부정형식이 출현하며, (3)과 같이 정반의문문 형식에도 출현하고 있다.

양상동사로서의 '解'는 東漢에서 위진남북조에 이르는 시기에 문법화한 것으로 보인다. 사실상 東漢시기에는 아래와 같은 일반동사의 의미만이 있었다.

   (4)  聖人之言, 不能盡<u>解</u>; 說道陳義, 不能輒形. 不能輒形, 宜問以發之; 不能盡<u>解</u>, 宜難以極之. (論衡) (성인의 말을 완전히 이해할 수는 없다. 도를 말하고 의를 진술하는 것을 한순간에 형용할 수가 없다. 한순간 형용할 수 없으니 마땅히 물어서 분명히 해야 한다. 다 이해할 수 없기 때문에 마땅히 의문을 제기함으로써 그것을 철저히 해야 한다.)

이러한 의미는 이후 더 발전하여 위진남북조 시기엔 "어떤 대상에 대해서 아주 잘 알다"란 의미로 발전하였다.

   (5)  須先敎中虎步兵五六千人. 姜伯約甚敏於軍事, 旣有胆義, 深<u>解</u>兵意. (三國志, 蔣琬費禕姜維傳第十四) (반드시 먼저 중군의 虎步兵 5~6천 명을 훈련시켜야 한다. 姜伯約은 군사에 대해 잘 아는데 용기와 의기도 있고 또 용병의 도를 심히 잘 알았다.)

이렇게 원래 '신체를 해부하다'라는 의미에서 '분석하다'라는 의미가 나오고 여기서 더 나아가 '잘 알다'란 의미로 발전했는데 양상동사 의미는 바로 이것을 기초로 문법화하게 된다. 그래서 문법화 초기인 위진남북조 시기엔 가장 기본적인 의미인 '能力'의미만이 존재했고, 이것은 아래와 같이 ≪世說新語≫ 및 남북조 시기 詩歌에서도 출현하고 있다. 예(7)에서는 심지어 '能'자와 대구를 이루고 등장한다.

   (6)  晉明帝<u>解</u>占冢宅, 聞郭璞爲人葬, 帝微服往看. (世說新語, 術解第二十) (진 명제

는 분묘와 집의 풍수를 점칠 줄 알았는데 郭璞이 남을 대신 해 장례를 한다는 말을 듣고는 변복을 하고 가서 보았다.)

(7) 風生解刺浪, 水深能捉船. (南朝梁蕭綱, 棹歌行) (바람이 생겨 물결을 찌를 수 있고, 물이 깊어 배를 저을 수 있다.)

그 이후 ≪祖堂集≫에서는 문법화가 더욱 더 진행되어 동력양상의 '意願'류가 등장하게 된다.

(8) 大師云: "汝是什摩人?" 對云: "我是獵人." 馬師云: "汝解射不?" 對云: "解射." (石鞏和尙) (대사가 말했다. "너는 어떤 사람이냐?" 대답했다. "저는 사냥꾼입니다." 마조가 말했다. "너는 활을 쏠 줄 아느냐?" 그가 대답했다. "쏠 줄 압니다.") [能力]

(9) 山上有嬾融, 身著一布裘, 見僧不解合掌. 此是異人也, 禪師自往看. (牛頭和尙) (산 위에 나융이라고 있는데, 몸에 하나의 갖옷을 입고서, 승려를 봐도 합장하려 하지 않는다. 이 사람은 기이한 사람이니 선사께서는 친히 가서 보십시오.) [意願]

이처럼 ≪祖堂集≫에서는 '能力'이 99예, '意願'이 2예 출현하고 있고 蓋然의미는 출현하지 않고 있다. 그리고 宋代의 ≪朱子語類≫에 가서는 더 문법화가 진행되어 인식양상의 '蓋然'의미가 출현하게 된다. 아래는 '蓋然'의 예이다.

(10) 若堯當時把天下與丹朱, 舜把天下與商均, 則天下如何解安! 他那兒子如何解寧貼! 如周公被管蔡恁地, 他若不去致辟于商, 則周如何不擾亂! 他後來盡死做這一著時, 也是不得已著恁地. 但是而今且去理會常倫. 而今如何便解有箇父如瞽瞍, 有箇兄弟如管蔡. 未論到那變處. (朱子語類卷第十六 大學三) (만약 요가 당시에 천하를 丹朱에게 주고, 순이 천하를 商均에게 주었다면 천하가 어찌 <u>편안할 수 있으리오</u>! 그 자식이 어찌 <u>안정될 수 있으리오</u>! 예컨대 주공은 管蔡에 의해 그런 상황이었는데 그가 만약 商에 致辟하지 않았다면 周가 어떻게 어지럽지 않을 수 있었겠는가! 그가 나중에 죽음을 다해 이 일을 했을 때도 어쩔 수 없이 그렇게 한 것이다. 그러나 지금은 그저 상륜을 이해하면 된다. 지금 어찌 瞽瞍같은 어버지, 管蔡같은 <u>형제가 있겠는가</u>. 그런 변칙의 상황이 아니다.)

필자의 연구에 따르면, ≪朱子語類≫에는 160여 개의 양상동사 '解'가 출현하는데, 이 가운데 '能力'의미는 23예에 지나지 않고, 나머지 140예가 모두 인식양상의 '蓋然'의미를 나타내고 있었다.

이러한 '蓋然'의미는 사실 동력양상의 '能力'의미로부터 문법화한 것이다. 이에 대해 박원기(2011)는 아래와 같은 힘역학 이론으로 설명하고 있다. 기본적으로 '能力'에서 '蓋然' 의미로 문법화하는 과정에 적용되는 원리는 바로 '은유'이다. '解'의 '~을 할 수 있다, ~을 할 능력이 있다'는 것은 '사회적, 물리적 세계'에 해당한다. 그리고 '解'의 '~일 가능성이 있다. ~일 수 있다.'라고 하는 것은 곧 '인식적 세계'에 해당한다. 이 두 영역 사이에서의 전환은 곧 서로 다른 영역모체에서 발생하는 일종의 은유인 셈이다. 일찍이 Talmy는 이에 대해 '힘역학' 관점을 갖고 설명하고 있다. 그는 힘역학 이론으로 언어의 기본적인 구조를 설명하고 있는데 '힘역학'은 주힘, 반힘, 힘의 균형, 세기, 성향 등의 물리적인 요소로 구성된다. 사실 이 힘역학은 영상도식 중 '경로' 영상도식의 일종으로 여기에는 '강요', '봉쇄', '저항', '장벽제거', '권능'의 몇 가지 패턴이 있다. 이들 패턴 가운데 '강요' 패턴이 바로 '解'의 양상동사 의미를 설명할 수 있다.6)(<그림 6-1> 참조)

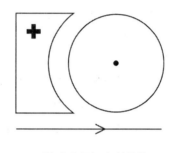

**그림 6-1** '강요' 힘역학

(11) 解念經 (경을 읽을 수 있다.)
(12) 便解有箇父如瞽瞍 (고수와 같은 아비가 있을 수 있다.)

예컨대, 위의 두 경우에서 전자는 '~을 할 수 있다. 할 줄 안다'인데 이것은 힘역학 패턴상 "행위자의 능력이 그 행위를 가능하게 한다"라는 사역성 강요이다. 이 경우는 '能力'에 해당된다. 후자의 경우는 '~일 가능성이 있다, ~일 수 있다'의 '蓋然'의미로, 이것은 "인식적인 '解'의 전제적 힘이 화자의 결론을 내림을 가능하게 하는 것"이다. 이처럼 동력양상 의미와 인식양상 의미 사이에는 하나의 추상적 원리가 함께 적용될 수 있는데 이로 인해서 전자와 후자 간에 은유적 사상이 가능하게 되는 것이다. 이로써 '~할 수 있다'로부터 '~일 수 있다'로 의미 전환이 발생하게 되었다.

---

6) <그림 6-2>에서 '○'은 주힘이고 그 옆의 '【'은 반힘이다. '+'는 세기를 나타내고, '>'은 활동으로 향하는 힘, '•'은 정지로 향하는 힘이다. '강요'는 주힘이 정지하려고 하나 반힘이 작용하여 한 방향으로 이동하게 되는 모형이다.

## 6.1.3 可

양상동사 '可'는 상고중국어에서 전해져 온 것으로 총 36예 출현한다.

### 1) 條件 (32예)

(1) 入大海之法, 要須導師, 然後可去. (14. 殺商主祀天喩) (바다에 들어가는 방법은 안내자가 필요하고 그래야만 갈 수가 있었다.)

(2) 有人語言: "汝但擲置水中, 卽時可殺." (98. 小兒得大龜喩) (어떤 이가 말했다. "당신은 다만 물속에 그것을 던져 놓기만 하면 즉시 죽일 수 있소.")

(3) 如彼外道, 聞他邪說, 心生惑著, 謂是眞實, 永不可改. (4. 婦詐稱死喩) (마치 저 외도처럼 다른 사설을 듣고는 맘으로 미혹이 생겨나 이를 진실이라 여겨 영원히 바꾸지 못하는 것 같다.)

(4) 愚癡無智, 乃至如此! 未生子者, 竟可得不? 而殺現子. (21. 婦女欲更求子喩) (우매하고 무지함이 이 정도라니! 아직 낳지도 않은 아들을 도대체 얻을 수나 있을까? 그런데 지금 아들을 죽이다니!)

(5) 縱可無村, 及以無樹, 何有天下無東, 無時? (46. 偸犛牛喩) (설령 마을이 없거나 또 나무가 없을 수는 있어도 어지 천하에 동쪽이 없고 시간이 없을 수 있소?)

### 2) 許可 (1예)

(6) 彼王舊臣, 咸生嫉妬, 而白王言: "彼是遠人, 未可服信." (65. 五百歡喜丸喩) (저 왕의 노신하가 모두 질투가 나서 왕에게 말했다. "그는 이방인이라 믿으면 안됩니다.")

### 3) 價値 (3예)

(7) 若不見信, 可遣往看賊之瘡痍殺害處所. (65. 五百歡喜丸喩) (만약 못 믿으시면 사람을 보내 도적들이 상처가 나서 죽어 있는 곳을 보게 해도 좋습니다.)

(8) 此是眞金, 若不信我語, 今此草中有好金師, 可往聞之. (97. 爲惡賊所劫失氈喩) (이것은 금이다. 만약 내 말을 믿지 못하면 지금 이 숲에 좋은 금장이 한 명 있으니 그에게 물어볼 만 하오.)

'可'는 크게 동력양상과 도의양상 두 가지 의미가 있는데 동력양상은 '條件'의 의미가 있다. 즉, 객관적인 조건 하에서 주체가 어떤 동작을 진행할 가능성이 있음을 말하는 것이다. 예컨대, (1)의 '可去'나 (2)의 '可殺'은 갈 수 있거나 죽일 수 있는 주체의 주관적 능력과는 관계없이 상황상 갈 수 있는가, 죽일 수 있는가라는 객관적 조건이 전제되어 있다. '條件'류의 부정형식은 부정부사 '不'을 쓰는 (3)과 같은 형식만 출현하며, (4)와 같은 정반의문문의 형식에도 등장하고 있다.

한편, 도의양상에는 '許可'와 '價値' 두 가지 의미가 있다. '許可'일 경우, 주어가 어떤 행위를 할 가능성에 대해 화자가 주관적으로 인정함을 나타내는 것이다. (6)의 '未可服信'은 단순히 '믿을 수 없다'라는 의미 외에도 '믿는 행위'를 인정할 수 없음을 내포하고 있기 때문에 '條件'과는 구분될 수 있다. 여기서는 위와 같이 부정부사 '未'를 사용하는 부정형식 하나만이 출현하고 있다. '價値'란 현대중국어의 '値得(~할 만하다)'에 해당하는 것으로 화자가 사람 혹은 사물의 성질에 대해 주관적인 가치 판단을 하는 것이다. 예컨대, (7)의 '可遣往看賊之瘡痍殺害處所' 역시 '가서 도적이 죽은 곳을 확인 할 수 있다'는 조건으로 볼 수도 있겠으나 이것은 단순한 조건의 의미 외에 그러한 행위를 할 만한가에 대한 화자의 주관적인 견해가 깃들어 있다. 그래서 충분히 그럴만한 행위임을 인정하고 있다.

양상동사 '可'의 이러한 모습은 동시기 문헌인 ≪世說新語≫에서도 등장하고 있어 '條件', '許可', '價値' 세 가지 모두 출현한다. 아래는 '許可'와 '價値'의 예이다.[7]

(9) 吾今死矣, 子可去! (德行9) (나는 지금 죽을 것이니, 그대는 가도 좋다.) **[許可]**
(10) 北方何物可貴? (言語94) (북방에 어떤 물건이 귀합니까?) **[價値]**

양상동사 '可'는 상고시기에 이미 여러 의미를 갖고 있었다. 劉利(2000)에 따르면, 상고중국어에 있는 '可'는 크게 '能够'류, '應該'류, '値得'류 셋으로 분류할 수 있다고 한다. 그리고 '能够'류는 다시 '객관상의 허가', '사리상의 허가' 등으로 구분하는데, 이 가운데 '객관상의 허가'인 '能够1'류는 '條件'에 해당하고, '事理상의 허가'인 '能够2'류는 '許可'에 해당한다. 그리고 그가 말한 '應該'류에 대해서는 학자들 사이에서 의론이 분분하다. 이에 대해 李明(2001)은 "'許可'의미 '可'의 일종의 특수 용법"이라 칭할 정도로 사실상 '許可'의미에 가깝다. 이렇게 볼 때, 상고시기에도 '條件', '許可', '値得' 세 가지 의미가 이미 존재했음을 알 수 있다. ≪百喩經≫의 양상동사 '可'는 이러한 상고중국어의 의미를 모두 계승하고 있다.

한편, 孫冬妮(2005)에 따르면 형식상으로 상고시기 '可'는 아래와 같이 'Neg+可'의 형식 뿐 아니라 '可+Neg'의 형식도 존재했고, 또 'Neg+可+Neg'의 이중부정 형식도 존재했다.

---

7) 胡玉華(2001)

(11) 國君進賢, 如不得已, 將使卑踰尊, 疏踰戚, <u>可不</u>愼與. (孟子, 梁惠王下) (군주는 어진이를 등용하되 부득이한 것처럼 해야 한다. 장차 지위가 낮은 자로 하여금 높은 자를 넘게 하며, 소원한 자로 하여금 친한 이를 넘게 하는 것이니 신중하지 않을 수 있겠습니까?)

(12) 子曰: "父母之年, <u>不可不</u>知也. 一則以喜, 一則以懼." (論語, 里仁) (공자가 말했다. "부모의 나이는 반드시 알아야 한다. 한편으로는 장수하시어 기쁘고, 한편으로는 노쇠하시어 두려운 것이다.")

≪百喩經≫에는 이중부정 형식은 출현하지 않으나 역시 기본적인 면모는 계승되고 있다.

양상동사 '可'는 이후 ≪祖堂集≫에서도 계속 활약한다. 여기에는 크게 동력양상의 '條件'과 도의양상의 '許可', '價値' 등 세 가지가 있다. 이중 역시 '條件'의 의미가 150여 예로 가장 많은데 이 점은 ≪百喩經≫과도 유사하다. 아래는 ≪祖堂集≫의 예이다.

(13) 阿難答言: "我已證無漏." 迦叶報言: "汝旣證無漏, <u>可</u>現神變以遣衆疑." (第一祖 大迦叶尊者) (아난이 대답하여 말하였다. "나는 이미 무루를 증득했습니다." 가섭이 말하길 "그대가 이미 무루를 증득했다면 신통변화를 보여 그것으로 대중의 의문을 풀 수 있을 것이다.") [條件]

(14) 師曰: "汝今不見《大品經》曰: '<u>不可</u>離有爲而說無爲, 又<u>不可</u>離無爲而說有爲.' 汝信色是空不?" (慧忠國師) (선사께서 말씀하시길 "그대는 지금 <대품경>을 보지 않고서 '유위를 떠나고 무위를 말해서는 안 되며, 또 무위를 떠서고 유위를 말해서도 안 된다'고 말하는데, 그대는 색이 공함을 믿는가?") [許可]

(15) 若也單明自己, 未明目前, 此人只具一雙眼, 所以是非忻猒貫繫, 不得脫折自由. 謂之深<u>可</u>傷愍矣. (落浦和尙) (자기를 밝히기만 하고, 눈앞의 일을 밝히지 못하면 이 사람은 한쪽 눈만을 갖춘 것이다. 그리하여 옳고 그름과 좋고 싫음에 얽매여 자유롭게 되지 못하나니, 이것을 일러 매우 가엾어 할 만 하다고 한다.) [價値]

양상동사 '可'는 원래 '適合(적합하다)'라는 형용사로부터 출발한다. 이 의미에서 '허가' 의미의 동사가 나왔고 바로 이로부터 양상동사의 의미가 문법화하기 시작한다.[8]

(16) 公使諸齊, 使盜待諸莘, 將殺之. 壽子告之, 使行. <u>不可</u>, 曰: "棄父之命, 惡用子矣!" (左傳, 桓公十六年) (선공은 急子를 제나라에 사신으로 파견하고 도적을 시켜

---

8) 尹淳一(2014)

莘땅에서 기다려 그를 죽이려 했다. 이때 壽子가 알려 줬으나 허락하지 않고는 말했다. "부친의 명을 버리고 어찌 자식일 수 있겠소?") [허가 의미의 일반동사]

위의 '허가'의미로부터 '허가'의 도의양상이 문법화하게 된다. 그리고 이러한 '허가'의 의미는 주어의 동작 진행을 위한 객관적인 조건을 제시하게 되어 동력양상의 '條件'의미로 발전한다. 이러한 '條件'의미는 다른 의미로 주어가 어떤 조건 하에서 무엇을 해야 한다는 의미를 내포하게 되어 '義務'의미로 변화하게 되는데, 이것은 일종의 '許可'의미의 강화된 의미로 볼 수 있다. 그리고 '~해야 한다'라는 '義務'의미는 '~을 할 만한 가치가 있음'을 내포하고 이로부터 더 발전하여 '價値'의 의미가 문법화한다.

(17) 子夏曰: "雖小道, 必有可觀者焉, 致遠恐泥, 是以君子不爲也." (論語, 子張) (자하가 말했다. "비록 작은 도라도 반드시 볼만한 것이 있지만, 원대한 뜻을 이루는데 장애가 될 수 있으므로, 이로 인해 군자는 도모하지 않는다.")


## 6.1.4  得

양상동사 '得'은 상고중국어에서 전해져 온 것으로 총 26예 출현한다.

### 1) 條件(25예)

(1) 無有是事! 何有不作最下重屋, 而得造彼第二之屋? 不造第二, 云何得造第三重屋? (10. 三重樓喩) (이러한 일은 없습니다! 어찌 가장 아래층 집을 짓지 않고 제2층 집을 지을 수 있겠습니까? 2층을 짓지 않고 어찌 제3층 집을 지을 수 있겠습니까?)

(2) 佛亦如是, 教諸衆生, 令得解諸法壞故不常、續故不斷, 即得劃除常見之病. (62. 病人食雉肉喩) (부처 역시 이와 같아 제 중생으로 하여금 제 법이 '파괴되기에 항상되지 않고(壞故不常)', '연속되기에 끊이지 않음(續故不斷)'을 이해하게 한다. 그렇게 하여 즉 '상견'의 병폐를 제거할 수 있다.) (※ 常見: 세계나 모든 존재, 또는 우리들의 자아가 실재로 끊임없이 존재한다고 생각하는 그릇된 견해를 말한다.)

(3) 夫答婦言: "有好密事, 不得語汝." (69. 效其祖先急速食喩) (남편이 아내에게 답했다. "좋은 비밀스러운 일이 있는데 당신에게 말을 할 수가 없다.")

(4) 老母得急, 即時合樹, 捺熊兩手, 熊不得動. (93. 老母捉熊喩) (노파는 급해서 즉시 나무를 끌어안고는 곰의 두 손을 꽉 눌러 곰이 움직이지를 못했다.)

## 2) 許可(1예)

(5) 諸親語言: "我當爲汝作好方便, 使汝得之, 勿得愁也." (76. 田夫思王女喩) (여러 친척들이 그에게 말했다. "내가 너를 위해 좋은 방법을 마련하여 너로 하여금 그녀를 얻게 해줄테니 더는 상심 마라.")

양상동사 '得'은 대부분 동력양상의 '條件'의미로 쓰여 '객관적인 조건 하에 주어가 어떤 동작 행위를 진행할 가능성이 있음'을 나타낸다. 예컨대, (1)의 상황은 아래층을 짓지 않고는 윗층 짓는 것이 불가능함을 말하는데 이것은 주체의 주관적인 능력과는 관계가 없다. 이에 비해 예(5)의 '걱정하지 말라'고 하는 것은 주어가 어떤 행위를 할 수 있는 가능성이 있음을 화자가 주관적으로 인정하고 있는 '許可'의 의미이다. 형식적으로 볼 때, 대개 부정부사 '不'이 부정 형식에 쓰이고 있으나 (5)처럼 '勿'이 쓰이기도 한다.

상고시기에 양상동사 '得'은 역시 위의 '條件'과 '許可'라는 두 가지 의미만이 있었다.[9]

(6) 子曰: "回也, 視予猶父也, 予不得視猶子也, 非我也, 夫二三子也." (論語, 先進) (공자가 말했다. "회는 나를 아비처럼 보았다. 그런데 내가 회를 자식처럼 볼 수 없는 것은 나 때문이 아니라 바로 너희들 때문이다.") **[條件]**

(7) 沈同以其私問曰: "燕可伐與?" 孟子曰: "可, 子噲不得與人燕, 子之不得受燕於 子噲." (孟子, 公孫丑下) (제 나라 신하인 沈同이 사사로이 와서 물었다. "燕나라를 정벌해도 됩니까?" 맹자께서 말씀하셨다. "된다. 연나라 임금 자쾌도 남에게 연 나라 를 주면 안 되고, 재상인 子之도 자쾌에게 연 나라를 받아선 안 되는 것이다.") **[許可]**

상고중국어 시기부터 일반적으로 양상동사 '能'은 동력양상의 '能力'의미를 나타냈다면 '可'는 주로 '條件'을 나타내는 등 모종의 상보적인 분포가 존재하였고, '得'은 이 가운데 주로 '條件'의 의미로 사용된 것이다. 형식상 'Neg+得'과 '得+Neg'의 형식 뿐 아니라 'Neg+得+Neg'의 이중부정 형식도 등장하고 있다.[10] 이중부정 형식은 ≪百喩經≫에 보이 지 않으나 기타 기본 형식은 유사하게 나타나고 있다.

(8) 竇太后好黃帝、老子言, 帝及太子諸竇不得不讀黃帝、老子, 尊其術. (史記, 卷 四十九 外戚世家第十九) (竇태후는 황제, 노자의 글을 좋아하여 황제와 태자 및 여러 竇씨 사람들이 황제, 노자를 읽지 않을 수 없었고 또 그것을 존중해야 했다.)

---

9) 李明(2001)
10) 孫冬妮(2005)

양상동사 ‘得’은 ≪世說新語≫ 등 기타 동시기 문헌에서도 유사하게 나타나고 있고, ≪祖堂集≫도 거의 비슷한 면모를 보여주고 있다. 여기서도 ‘條件’과 ‘許可’만이 출현하며 각각 292예와 137예가 출현한다.

(9) 我今唯此一子, 雖然端正, 不堪爲王. 作何方便, 今我此子得紹王位? (第七釋迦牟尼佛) (나는 오직 이 아들 하나뿐이다. 비록 그가 단정하기는 하나 왕위를 이을 만하지 않다. 어떤 방편을 써야 내 아들이 왕위를 이을 수 있겠는가?) **[條件]**

(10) 迦叶語曰: “汝漏未盡, 不得入來.” 阿難答言: “我已證無漏.” (第一祖大迦叶尊者) (가섭이 말하였다, “번뇌가 다하지 않았으니 들어올 수 없다.” 아난이 대답하여 말하길, “나는 이미 무루를 증득하였습니다.”) **[許可]**

양상동사 ‘得’의 문법화를 살펴보기 위해서는 고한어 시기 존재했던 일반동사 ‘得’의 상황을 함께 살펴볼 필요가 있다. 고한어 시기에는 여러 가지 유형의 ‘得’이 존재하였다. 이것을 크게 분류하면 양상동사와 일반동사로 나눌 수 있다. 그런데 일반동사는 또 몇 가지 특별한 면모를 보여준다. 대개의 경우 일반동사는 체언성 목적어를 갖게 되나 동사 ‘得’은 용언성 목적어도 가질 수 있다. 아래는 ≪百喩經≫에 출현하는 일반동사 ‘得’의 유형이다.

### ① 得+체언성 목적어(106예)

(11) 如彼山羌, 得王寶衣, 不識次第, 顚倒而著, 亦復如是. (8. 山羌偸官庫衣喩) (마치 저 산민과 같으니 왕의 보물 옷을 얻었어도 차례를 알지 못하고 거꾸로 하여 입었으니 또한 이와 같다.)

(12) 昔有一人, 欲得王意, 問餘人言: “云何得之?” (26. 人效王眼瞤喩) (옛날에 어떤 사람이 있는데 왕의 뜻을 얻고 싶어서 다른 사람에게 물어 말했다. “어떻게 해야 얻을 수 있죠?”)

(13) 汝鞭我背, 我得好法, 今欲試之. (27. 治鞭瘡喩) (너 내 등을 채찍으로 때려라. 내가 좋은 치료법을 얻어서 지금 시험 좀 해보려 한다.)

(14) 由是之故, 我得此馬, 及以珍寶, 來投王國. (65. 五百歡喜丸喩) (이런 이유로 저는 이 말과 보물을 얻었기에 귀국에 가지고 가는 길입니다.)

### ② 得+용언성 목적어(45예)

(15) 昔者有王, 有一親信, 於軍陣中, 殁命救王, 使得安全. (55. 願爲王剃鬚喩) (옛날에 왕이 있었는데 한 신임하는 자가 있었다. 그는 전쟁 와중에서 목숨을 바쳐 왕을 구했고 왕으로 하여금 안전하게 했다.)

(16) 老母得急, 即時合樹, 捺熊兩手, 熊不得動. (93. 老母捉熊喩) (노파는 급해서 즉시 나무를 끌어안고는 곰의 두 손을 꽉 눌러 곰이 움직이지를 못했다.)

(17) 經歷多日, 不能得售, 心甚疲厭, 以爲苦惱. (22. 入海取沉水喩) (며칠이 지났는데도 팔수가 없어 마음이 심히 피곤하고, 괴롭다고 여겨졌다.)

(18) 猶如世人, 不知布施有報無報, 而行少施, 得生天上, 受無量樂. (87. 劫盜分財喩) (마치 세상 사람들처럼 보시에 보응이 있는지 없는지 모르고 그저 작은 보시만을 한 후 天上에 태어나서 무한한 즐거움을 누릴 수도 있다.)

(19) 雖得值遇三寶福田, 不勤方便, 修行善業, 忽爾命終, 墮三惡道. (90. 地得金錢喩) (비록 삼보 복전을 만난다 해도 方便에 열심히 하지 않고 선업을 수행하지 않으면 갑자기 죽어 삼악도에 떨어지게 된다.)

(20) 時婦爲夫造設飮食, 夫得急吞, 不避其熱. (69. 效其祖先急速食喩) (그때 아내가 남편을 위해 음식을 만들었는데, 남편은 급히 삼켰고, 그 뜨거운 것을 별로 신경 쓰지 않았다.)

앞의 예와 같이 체언성 목적어를 갖는 경우 가장 일반적인 '得'의 동사 용법인데 매우 다양한 형식을 목적어로 취할 수 있으며 이러한 '得'의 수량도 106예로 사실상 전체 '得'의 과반수이상을 차지한다. 그런데 문제가 되는 것이 바로 용언성 목적어를 취하는 '得'이다. 이것은 위의 (15)(16)처럼 형용사를 목적어로 취할 수도 있고, (17)과 같은 단음절 동사, (18)(19)와 같은 동목구조의 동사구를 취할 수도 있으며 (20)처럼 '부사+동사'의 수식 구조를 취할 수도 있다. 바로 이렇게 용언성 목적어를 취하기 때문에 양상동사의 '得'과 구별이 모호한 면이 있다. 이렇게 둘 사이가 모호할 수밖에 없는 이유는 바로 양상동사의 용법이 용언성 목적어를 취하는 '得'으로부터 기원했기 때문이다. 다만, 용언성 목적어를 취하는 '得'은 그 전에 먼저 약간의 변화가 발생한다. 그것은 바로 '得'의 의미가 추상화된다는 점이다. 만약 일반적인 체언성 목적어라면 '得'은 기본적인 '獲得'의 의미일 것이지만 용언성 목적어라면 구체적인 대상이 아닌 '동작 행위'를 획득하게 되는 것이고 이는 다른 말로 그 '동작 행위'가 '達成', '實現'된다는 말이다. 이렇게 하여 '獲得'의미의 '得'은 '達成, 實現'의 의미로 허화된다. ≪百喩經≫에는 위와 같이 40여개가 넘는 '得+용언성 목적어'가 출현하지만 이 가운데는 상대적으로 더 허화한 예도 발견된다. 尤愼(1994)에 따르면, 이른바 '完成, 實現'을 나타내어 현대중국어의 '着', '成' 등과 의미기능이 비슷해진 '得'에 대해 아래와 같은 예를 들고 있다.

(21) 若長者唾出落地, 左右諂者已得蹋去; 我雖欲蹋, 每常不及. (57. 蹋長者口喩) (만약 어르신께서 침을 뱉어 나와 땅에 떨어지면 좌우에 아첨하는 자들이 이미 밟아버렸

습니다. 저는 비록 밟으려 해도 매번 항상 미치지 못했습니다.)

(22) 昔有工匠師爲王作務, 不堪其苦, 詐言眼盲, 便<u>得</u>脫苦. (96. 詐稱眼盲喩) (옛날에 한 장인이 있었는데 왕을 위해 일을 하다가 그 고통을 못 견뎌 눈이 멀었다고 거짓말을 하고는 그 고통에서 벗어날 수 있었다.)

그에 따르면, ≪百喩經≫ 가운데 불과 위와 같은 3예정도만이 전형적인 '完成, 實現'을 나타내고 있다고 한다. 그러나 사실 위의 (15)~(20)의 경우를 보더라도 이들이 단순히 '獲得'만을 나타내고 있다고 보기 어려울 정도로 구분이 매우 모호한 것을 볼 수 있다. 용언성 목적어를 갖는 모든 '得'의 의미가 허화된 '達成, 實現'의 의미를 갖는다고는 할 수 없다. 그 중엔 여전히 '獲得'의 의미가 강한 것도 있다. 그러나 어떤 경우는 이미 '達成, 實現'의 의미를 나타내고 있으며 그 중 일부는 상대적으로 허화 정도가 높게 보일 수 있다고 본다.11) 아무튼 용언성 목적어를 갖는 '得'은 이렇게 '達成, 實現'의 의미를 나타내면서 양상동사로 발전할 수 있는 가능성을 품게 된다. 그리고 이러한 형식들이 '미발생상황(未然)'의 문맥에 출현하면서 점차 '어떤 결과를 達成, 實現할 수 있는 가능성'을 표시하게 된다. 이것은 매우 이른 시기에 이루어져 이미 춘추전국 시기에는 다수의 '條件' 양상동사 '得'이 출현하고 있었다.12)

(23) 子曰: "里仁爲美, 擇不處仁, 焉<u>得</u>知!" (論語, 里仁) (공자가 말했다. "마을이 인후한 것이 아름다운데, 인심이 좋은 마을을 택하여 인에 처하지 않으면 어찌 지혜로울 수 있겠는가!")

(24) 子曰: "聖人, 吾不得而見之矣, <u>得</u>見君子者, 斯可矣." (論語, 述而) (공자가 말했다. "내가 성인을 만날 수 없다면, 군자만 만날 수 있어도 이에 다행이다.")

그리고 이러한 '條件'의미가 보다 더 발전하여 이로부터 '許可'의 의미가 문법화하였다. 한편, 宋代에 가면 '得'의 양상동사 의미로 도의양상의 '必要'의미가 출현한다. 즉, '~할 필요가 있다.'라는 의미로 아래와 같은 예가 있다.

---

11) 周小婕(2007)은 <<百喩經>中表完成的標記系統>에서 ≪百喩經≫가운데 있는 '完成'의미 표시 체계로 각종의 부사, 완성동사 등을 소개하면서 동시에 體助詞로서 이러한 '得'을 소개한다. 그는 필자가 용언성 목적어를 취하는 '得'으로 분류한 거의 모든 '得'이 '完成'을 나타내는 體助詞라고 까지 주장한다. 조사인지의 여부는 알 수 없으나 그도 '得+용언성 목적어'의 '得'의 성질이 어느 정도는 허화가 되었음을 주장하고 있다.

12) 그리고 이러한 '達成, 實現'을 나타내는 '得'은 비단 용언성 목적어 앞에만 출현하는 것이 아니고 기타 동사 뒤에도 출현한다. 이것이 바로 'V得(O)'형식으로 발전하게 되었다.

(25) 臨別, 再言: "學者須是有業次, 須專讀一書了, 又讀一書." 德明起稟: "數日侍行, 極蒙敎誨. 若得師友常提撕警省, 自見有益." 曰: "如今日議論, 某亦得溫起一遍." (朱子語類卷第一百一十三 朱子十) (헤어지기 전에 다시 말했다. "배우는 이는 일에 순서가 있어야 한다. 먼저 한 권의 책을 다 읽고 나서 다른 책을 읽어야 한다." 덕명이 아뢰었다. "며칠 동안 모시면서 많은 가르침을 받았습니다. 만약 스승과 벗이 항시 계도해주고 깨우쳐 주면 절로 이로움이 있을 것 같습니다." 말했다. "오늘의 의론 같은 경우, 나도 한 차례 복습할 필요가 있구나.")

이러한 '必要'의미는 '가능'의 의미로부터 비롯되었을 수도 있으나 그것 보다는 사실 '~하지 마라, ~해라'라고 하는 명령, 금지 어기의 '得'으로부터 비롯되었을 가능성이 있다. 그리고 이러한 '必要'의미는 그 이후 더 발전하여 淸末에 이르러 인식양상의 '必然'의미 '得'(dei)가 문법화하게 되었다.[13]


## 6.1.5  欲

양상동사 '欲'은 상고중국어에서 전해져 온 것으로 총 89예 출현한다.

(1) 愚人見其壘墼作舍, 猶懷疑惑, 不能了知, 而問之言: "欲作何等?" (10. 三重樓喩) (우매한 자가 그가 벽돌을 쌓아 집을 짓는 것을 보고는 여전히 의혹을 품고 이해할 수가 없어 물어 말했다. "무엇을 지으려고 하는 것이오?")
(2) 昔有賈客, 欲入大海. (14. 殺商主祀天喩) (옛날에 상인이 있었는데 바다에 들어가고 싶었다.)
(3) 時此婦女, 便隨彼語, 欲殺其子. (21. 婦女欲更求子喩) (이때 이 아낙은 바로 그 말을 따라 자기 아들을 죽이려고 했다.)
(4) 我不欲作下二重之屋, 先可爲我作最上屋. (10. 三重樓喩) (나는 아래 이층집은 만들고 싶지 않다. 먼저 나를 위해 가장 윗층을 만들기 바란다.)
(5) 譬如野干, 在於樹上, 風吹枝折, 墮其脊上, 即便閉目, 不欲看樹. (48. 野干爲折樹枝所打喩) (비유하자면, 여우가 나무 위에 있는데 바람이 불어 나뭇가지를 부러뜨렸고 그것이 그의 등위에 떨어졌다. 그때 바로 눈을 감아 나무를 보려고 하지 않았다.)
(6) 汝今云何違犯所受, 欲不懺悔? (6. 子死欲停置家中喩) (그대는 지금 어째서 받은 바를 어기고 참회를 안 하려고 하는가?)

---

13) 尹淳一(2014)

이것은 모두 동력양상 중 '意願'의미 하나만을 나타내어 '~을 하고자 하다'라는 의미를 갖는다. 그것의 부정형식은 부정부사 '不'이 앞에 출현하는 '不+欲'이 주류인데 (6)과 같이 부정부사가 '欲' 뒤에 출현하는 경우도 있다. 동시기의 ≪世說新語≫에서도 동일한 의미 기능으로 출현하며 다음과 같이 정반의문문의 형식도 출현하고 있다.

(7) 傖父欲食餠<u>不</u>? 姓何等? 可共語. (雅量18) (북쪽놈 떡 먹고 싶은가? 성이 뭐요? 얘 기나 합시다.)

그러나 동시기 ≪齊民要術≫에는 '意願'의미 외에도 '義務'의미도 출현하고 있다.14)
(8) 以相着爲限, 大都<u>欲</u>小剛, 勿令太澤. (造神麴幷酒) (서로 붙을 정도까지만 할 것이며, 모두가 약간 딱딱해지게 해야 하고 너무 축축하게 해서는 안 된다.)

양상동사 '欲' 역시 상고중국어에서부터 존재해온 것으로 상기의 '意願'의미는 물론 '義務'의미까지 상고시기에 출현하였다. 李明(2001)에 따르면, 선진시기에 먼저 '意願'의미가 출현하였고 이로부터 다시 '義務'의미가 문법화하였다고 한다.

(9) 子曰: "君子<u>欲</u>訥於言而敏於行." (論語, 里人) (공자가 말했다. "군자는 말에는 어눌해야 하고, 행동에는 민첩해야 한다.")

상고시기에 부정사(Neg)가 '欲'의 앞에 오는 형식은 물론 뒤에 오는 형식도 존재했고 이러한 면모는 중고시기에 여전히 계승되고 있었다.15)

(10) 子貢曰: "我不欲人之加諸我也, 吾亦<u>欲無</u>加諸人." (論語, 公冶長) (자공이 말했다. "저는 남이 저에게 가하기 원치 않은 일을 저도 남에게 가하고 싶지 않습니다.")

중고시기엔 意願과 義務 두 가지 의미가 계속 유지되어 왔으나 ≪祖堂集≫에서는 '意願'의미만이 98예 출현하고 있다.

(11) 若<u>欲</u>度衆生, 無過且自度. (懶瓚和尙) (만약 중생을 제도하고자 한다면, 스스로를 제도하는 것만 한 것이 없다.)

---

14) 李明(2001)
15) 孫冬妮(2005)

## 6.1.6 願

양상동사 '願'은 상고중국어에서 전해져 온 것으로 총 2예 출현한다.

> (1) 我欲求導, 願見敎授, 使我立得. (15. 醫與王女藥令卒長大喩) (저는 이끌어주기를 청합니다. 원컨대 가르침 받기를 원하니 저로 하여금 바로 득도할 수 있게 해주십시오.)
>
> (2) 時彼使人羞不肯捉, 而白王言: "我不能捉, 我願擔之." (79. 爲王負機喩) (그때 그는 사람으로 하여금 부끄럽게 한다고 보아 가져가지 않으려 하고는 왕에게 말했다. "저는 들고 갈 맘이 안 나 메겠습니다.")

'願'은 전형적인 동력양상의 '意願'류 양상동사로 '~을 하고자 하다, ~하고 싶다'라는 의미를 나타낸다. '願'은 이미 상고시기에 '意願'의미가 존재했고 그 이후 唐代까지도 줄곧 '意願'의미로만 쓰여 왔다.

> (3) 子路曰: "願聞子之志." (論語, 公冶長) (자로가 말했다. "선생님의 뜻을 듣고 싶습니다.")[16]

劉利(2000)에 따르면, 동일한 '意願'을 나타내는 것이라 해도 '肯'에 비해 '願'이 훨씬 더 적극적인 요소를 갖고 있어서 '希望'이라는 것을 내포하고 있다고 한다. 양상동사 '願'은 ≪祖堂集≫에서도 '意願'의미만으로 총7예 출현하고 있다.

> (4) 時長者尋後果生三子. 前二子不願出家, 第三子名優婆鞠多, 年十七. (第三祖商那和修尊者) (이때 장자는 이내 세 아들을 이어서 얻었는데 위로 두 아들은 출가를 원하지 않고, 셋째인 우바국다가 열일곱이 되었다.)

이러한 양상동사 '願'은 '~을 희망하다'라는 심리활동 동사의 '願'으로부터 문법화하였다. 즉, 아래와 같은 심리활동 동사가 주어 내부의 주관적 바람을 나타내면서 점차 意願의 양상의미로 발전하게 되었다.

> (5) 夫存危國, 美名也 ; 得九鼎, 厚寶也. 願大王圖之! (戰國策, 東周策) (무릇 위기에 처한 나라를 구하는 일은 명예로운 일입니다. 또 구정을 얻는 것은 커다란 이익입니

---

16) 尹淳一(2014)

다. 바라옵건대 대왕께서 살펴주시기 바랍니다!)[17]

≪百喩經≫에도 아래와 같은 일반동사의 '願'이 출현하며 이것은 주어 자신의 주관적 의지를 나타내는 양상과는 구분된다.

(6) 時彼禿人, 往至其所, 語其醫言: "唯願大師, 爲我治之." (40. 治禿喩) (그때 그 대머리 사람이 그곳까지 가서 그 의사에게 말했다. "오직 선생께서만이 저를 위해 치료해주시길 바랍니다.")


## 6.1.7 肯

양상동사 '肯'은 상고중국어에서 전해져 온 것으로 총 13예 출현한다.

(1) 雖問此語, 信王語故, 終不肯去. (34. 送美水喩) (비록 이 말을 들었어도 왕의 말을 믿었던 까닭에 결국 떠나가려고 하지 않았다.)
(2) 羞其婦故, 不肯棄之, 是以不語. (72. 唵米決口喩) (자기 아내 보기 민망한 까닭에 그것을 버리지 못했고 이래서 말을 못했다.)
(3) 作諸惡行, 犯於淨戒, 覆藏其過, 不肯發露, 墮於地獄、畜生、餓鬼. (72. 唵米決口喩) (여러 악행을 저지르고 淨戒를 범한 후 그 죄를 덮어 드러내기를 원하지 않으나 지옥, 짐승, 아귀로 떨어지고 만다.)

양상동사 '肯'은 모두 동력양상의 '意願'의미로 쓰이고 있다. 그리하여 '~을 하려고 하다'의 의미를 나타내는데 다만 13예 모두 부정의 형식으로만 출현하고 있다. 동시기 ≪世說新語≫에서도 17예 출현하고 있으며 그 의미 기능은 동일하다.

이것은 상고시기 일반동사였던 '肯'의 '應允, 同意'의 의미로부터 문법화한 것으로, 상고시기에도 단지 '意願'의미로만 사용되었다. 그리고 孫冬妮(2005)에 따르면, 상고시기에도 이미 절대다수가 부정식으로 사용되었으며 모두가 부정사가 앞에 오는 'Neg+肯'의 형식이었다고 한다. 또한 부정부사 역시 ≪百喩經≫에서는 '不'만 출현하나 상고시기엔 '莫肯', '未肯', '非肯' 등의 형식도 있었다.

(4) 其佐先縠剛愎不仁, 未肯用命. (左傳, 宣公十二年) (그의 중군부장 先縠이 고집이

---

17) 尹淳一(2014)

세고 어질지 못해 명령을 따르려고 하지 않았다.)

한편, 李明(2001)에 의하면, 東漢이후부터 '意願'의미 외에 '어떤 조건 하에 어떤 일을 할 능력이 있음'을 나타내는 '條件'의 의미가 등장하기 시작했다고 한다.

(5)  我五百弟子, 今朝燃火, 了不肯燃, 是佛所爲乎? (中本起經) (저의 오백 제자가 오
     늘 아침 불을 피우는데 아무도 피울 수 없었습니다. 부처께서 하신 것입니까?)

이러한 의미는 唐代에도 출현하였다고 하나 ≪祖堂集≫에서는 단지 30예의 '意願'의미만이 출현하고 있다.

(6)  李翶相公來見和尙, 和尙看經次, 殊不採顧. 相公不肯禮拜, 乃發輕言: "見面不
     如千里聞名." (藥山和尙) (상공 이고가 화상을 뵈러 왔는데 마침 화상이 경을 보고
     있던 까닭에 전혀 돌아본 체도 하지 않으니 상공은 절을 할 생각도 않고 비꼬는 말을
     하였다. "얼굴을 보는 것이 천리 밖에서 이름을 듣느니만 못하구나!")

## 6.1.8  敢

양상동사 '敢'은 상고중국어에서 전해져 온 것으로 총 7예 출현한다.

(1)  昔有故屋, 人謂此室常有惡鬼, 皆悉怖畏, 不敢寢息. (64. 人謂故屋中有惡鬼喩)
     (옛날에 한 고택이 있었는데 사람들은 이 집에 항상 악귀가 있다고 여겼고 모두 두려
     워했으며 감히 거기서 잠을 자려하지 않았다.)
(2)  旣作要已, 爲一餠故, 各不敢言. (67. 夫婦食餠共爲要喩) (이미 약속을 하였기에
     떡 하나때문에 각자 감히 말을 하지 않았다.)

'敢'은 동력양상의 '勇氣'의미로 '어떤 일을 할 용기가 있다, 감히 ~을 하다'라는 의미를 나타낸다. 특이하게도 ≪百喩經≫에서는 모두가 부정식에 출현하고 있고 긍정형식은 1예도 없다. 다만 그 부정식의 경우 모두 'Neg+敢'의 형태이며 '敢+Neg'의 형식이나 이중부정 등의 형식은 출현하지 않는다. 동시기 ≪世說新語≫에도 모두 동일한 의미로 30예가 출현하고 있으며, 형식상 아래와 같이 이중부정의 형식이 출현하기도 한다.[18]

---

18) 胡玉華(2001)

(3)  守門人遽啓之曰: "一異人在門, <u>不敢不啓</u>." (容止31) (문지기가 급히 아뢰어 말했
     다. "한 이상한 자가 문 앞에 있어 보고하지 않을 수 없었습니다.")

양상동사 '敢'은 이미 상고시기에 등장하여 역시 동일한 '勇氣'의 의미로 쓰여 왔다. 그런
데 劉利(2000)에 따르면, 이 시기에도 대부분 부정식이나 의문, 반어의문 등에 출현하고
있었고 평서문의 긍정형식은 불과 7%에 지나지 않았다고 한다. 이러한 현상은 중고시기에도
그대로 반영되고 있었다. 한편, 孫冬妮(2005)에 따르면, 상고시기에도 이미 아래와 같은
이중부정의 형식이나 '敢+Neg'형식이 출현했다고 한다.

(4)  其謨如是, 懼害於主, 吾<u>不敢不</u>言. (左傳, 襄公二十一年) (그의 계략이 이와 같아
     당신을 해할까 두려워 내 말하지 않을 수 없었습니다.)
(5)  今王將繼簡、襄之意以順先王之志, 臣<u>敢不</u>聽命乎! (史記, 卷四十三 趙世家第
     十三) (지금 군왕께서는 簡主, 襄主의 뜻을 받들어 선왕의 뜻을 따르고자 합니다.
     그러니 신께서 감히 명을 안 듣겠습니까!)

양상동사 '敢'은 상고시기의 면모가 이처럼 중고시기에도 지속되었고, ≪祖堂集≫에서
도 동력양상의 '勇氣'의미로 58예가 출현하고 있었다.


## 6.1.9  應

양상동사 '應'은 상고중국어에서 전해져 온 것으로 총 13예 출현한다.


### 1) 義務(10예)

(1)  譬如有蛇, 尾與頭言: "我<u>應</u>在前." (54. 蛇頭尾共爭在前喩) (비유하자면, 뱀이 하
     나 있는데 그 꼬리가 머리에게 말했다. "내가 마땅히 앞에 있어야 해.")
(2)  言師耆老, 每恒在前; 我諸年少, <u>應</u>爲導首. (54. 蛇頭尾共爭在前喩) ((제자들은)
     말한다. 스승은 나이가 많아 매번 앞에서 인도하시는데 (나이가 많아 적당치 않다.)
     우리는 나이가 젊으니 마땅히 지도자가 되어야 한다.)
(3)  聞說於道不<u>應</u>求處, 妄生想念, 起種種邪見. (77. 搆驢乳喩) (도에 대해서 구하지
     말아야 할 곳에 대해 이야기를 들었어도 함부로 생각을 하여 각종 사악한 생각을 떠올
     린다.)

## 2) 蓋然(3예)

(4) 我亦患之, 以爲痛苦. 若令我治能得差者, 應先自治以除其患. (40. 治禿喩) (나 역시 그 병을 앓고 있어서 고통스럽게 여기고 있다. 만약 내가 그것을 치료하여 낫게 할 수 있다면 아마도 먼저 스스로 치료하여 그 근심을 제거했을 것이다.)

(5) 我今飽足, 由此半餅. 然前六餅, 唐自捐棄, 設知半餅能充足者, 應先食之. (44. 欲食半餅喩) (나는 지금 배가 부른데 이 반쪽 전병 때문이다. 그러나 앞의 여섯 전병은 공연히 버린 것에 불과하다. 만약 반쪽 전병으로 충분할 수 있음을 알았다면 확실히 아마도 먼저 그것(반쪽)을 먹었을 텐데.)

양상동사 '應'은 두 가지 의미가 있는데 이것은 도의양상의 '義務'와 인식양상의 '蓋然'이다. '義務'는 곧 화자가 모종의 도의적인 의무를 이행해야 함을 말하는 것으로 화자의 주관적인 태도가 함축되어 있다. '蓋然'은 어떤 사실에 대한 긍정 혹은 추측을 나타낸다. 3예 모두 미발생상황(未然)의 문맥에 출현하고 있으며 위의 (4)(5)처럼 '만약 ~의 상황이라면 분명 ~을 했을 것이다'라는 추측의 의미를 나타낸다. 이것은 현대중국어의 '會'로 번역될 수 있으며 '必'이나 '須'보다는 확신도가 낮게 나타난다. 부정형식은 모두 'Neg+應'으로 주로 부정부사 '不'이 쓰였다.

동시기 ≪世說新語≫에도 22예의 양상동사 '應'이 출현하고 있으며 '義務'와 '蓋然' 모두 등장한다.[19]

(6) 陛下不應憂嶠, 而應憂戎. (德行17) (폐하께서는 和嶠를 위해 걱정하지 마시고 王戎을 위해 걱정하셔야 합니다.) [義務]

(7) 然每至佳句, 輒云: "應是我輩語." (文學86) (그러나 매번 아름다운 구절에 이를 때 마다 항시 말한다. "이는 분명 우리들의 말이다.") [蓋然]

汪維輝(2000)에 따르면, 양상동사 '應'은 西漢말 또는 東漢시기에 가서야 양상동사로 문법화되었다고 한다. 먼저 '義務'의미가 출현하였고 그러고 나서 위진남북조 시기에 와서 '蓋然'의미가 출현하게 되었다. ≪百喩經≫에서는 '義務'의미가 더 많고 '蓋然'의미는 상대적으로 적은 편인데 '蓋然'의미는 이 시기 막 문법화한 초기 상태임을 보여주고 있다.

이러한 '應'은 ≪祖堂集≫에서도 동일한 면모를 보여주어, '義務'가 9예, '蓋然'이 12예 출현하고 있는데 중고시기보다 '蓋然'의미가 더 발달된 모습을 보여준다.

---

19) 胡玉華(2001)

(8) 夫求法者, 應無所求. 心外無別佛, 佛外無別心. (江西馬祖) (무릇 법을 구하는 자는 구하는 바가 없어야 하는데 마음 밖에 따로 부처가 있으면 안 되고 부처 외에 따로 마음이 있으면 안 된다.) [義務]

(9) 如此瑞祥, 實未曾有. 應是禪師來儀之兆也. (溟州崛山故通曉大師) (이러한 상서로움은 처음 있는 일이다. 필시 선사가 오시는 징조일 것이로다.) [蓋然]

양상동사 '應'은 '相應, 相當'이란 의미의 동사로부터 기원하였다. '상응, 대등, 상당'이란 것은 대체로 구체적인 대상에 대한 의미이나 이것이 추상적인 인지영역으로 사상된다면 "주관적인 바람과 상응함, 부합함"이란 의미가 출현하게 된다. 이러한 은유의 기제를 통해 '~해야 한다'라고 하는 '義務'의미가 문법화하게 되었다.[20] 이러한 '義務'의미의 기초가 '미발생상황(未然)'의 문맥 속에서 주관적인 추측의 의미로 더 발전을 함으로써 '蓋然'의 의미가 출현하게 된 것이다.


## 6.1.10 當

양상동사 '當'은 상고중국어에서 전해져 온 것으로 총 25예 출현한다.


### 1) 義務(23예)

(1) 昔有二人, 共種甘蔗, 而作誓言: "種好者賞; 其不好者, 當重罰之." (16. 灌甘蔗喩) (옛날에 두 사람이 있었는데, 함께 사탕수수를 심었는데 맹세를 하며 말했다. "좋은 것을 심은 자는 상을 주고, 그 나쁜 것을 심은 자는 마땅히 중하게 벌을 받아야 한다.")

(2) 若欲得王意者, 王之形相, 汝當效之. (26. 人效王眼瞤喩) (만약 왕의 뜻을 얻고자 한다면 왕의 모습을 당신이 마땅히 따라야 한다.)

(3) 以是之故, 世人當知時與非時. (57. 踱長者口喩) (이러한 까닭으로 세상 사람들은 마땅히 때와 때가 아님을 알아야 한다.)

(4) 何故射之? 此人無害, 當治有過. (81. 爲熊所嚙喩) (어째서 그를 쏘는가? 이 사람은 해가 없으니 마땅히 잘못이 있는 놈을 다스려야 한다.)


### 2) 蓋然(2예)

(5) 汝今當信我語, 修諸苦行, 投巖赴火, 捨是身已, 當生梵天, 長受快樂. (29. 貧人

---

20) 尹淳一(2014)

燒粗褐衣喩) (너는 지금 마땅히 나의 말을 믿어야 한다. 제고행을 닦고 높은 바위 위에서 뛰어 내리거나 불로 뛰어 들어야 하고 이 몸을 다 버리면, 분명 梵天에 태어나 영원히 쾌락을 즐길 것이다.)

양상동사 '當'은 도의양상의 '義務'와 인식양상의 '蓋然' 두 가지 의미가 출현하고 있다. 이 점에서는 '應'과 매우 평행하다. 전자는 '~을 해야 한다'라는 의미이고, 후자는 어떤 사실에 대한 긍정 혹은 추측으로 '아마도 ~일 것이다'라는 의미이다. 예컨대, '世人當知時與非時'는 '세상 사람들은 때와 때가 아님을 마땅히 알아야 한다'라는 의무로 해석되는 반면, '當生梵天, 長受快樂'은 앞의 내용을 행하게 되면 이러한 일을 하게 될 것이라는 추측으로 해석된다. ≪百喩經≫에서는 모두 긍정형식만이 출현하고 부정형식은 출현하지 않고 있다. ≪世說新語≫에서도 80여 예의 양상동사 용법이 발견되고 있으며 의미는 유사하게 나타나고 있다.[21]

양상동사 '當'은 상고시기에 이미 위의 두 의미가 모두 출현하고 있다. 동사 '當'의 '相當, 對等'이란 의미로부터 발전하여 '義務'의 의미가 문법화하였고, 다시 이로부터 '蓋然'의 의미가 파생되었는데, 李明(2001)에 따르면, 상고시기에 이미 어떤 상황이 마땅히 이래야 함을 추측하거나 예측하는 의미가 출현하기 시작했다고 한다.

(6)  諸能治天下者, 固必通乎性命之情者, 當無私矣. (呂氏春秋, 有度) (능히 천하를 다스릴 수 있는 자는 진실로 반드시 성명의 정에 통한 자만이 사사로움이 없을 것이다.)

한편, 孫冬妮(2005)에 따르면 상고시기에 양상동사 '當'이 아래처럼 '不'이나 '未' 등의 부정사가 앞에 출현하는 'Neg+當'의 부정형식이 주류였다고 한다. 그 외의 부정형식은 발견되지 않고 있다.

(7)  文帝曰: "吏不當若是邪? 尉無賴!" (史記, 卷一百二 張釋之馮唐列傳第四十二) (문제가 말했다. "관리는 이렇게 하면 안 되는 것인가? 상림위는 무능하다!")
(8)  當出不出, 未當入而入. (史記, 卷二十七 天官書第五) (太白은 마땅히 나와야 할 때 나오지 않고 들어가지 말아야 할 때 들어간다.)

중고시기까지 기본적인 의미와 형식적 특징들이 계승된 후, ≪祖堂集≫에 이르게 돼도 '義務'와 '蓋然'의미 두 가지가 출현하게 되는데, 각각 43예와 62예로 오히려 '蓋然'의미

---

21) 胡玉華(2001)

가 더 많이 출현하고 있다.

(9) 阿難嘆已, 語比丘曰: "此非佛語. 如今當聽我演佛偈." (第二祖阿難尊者) (아난이 탄식하고는 비구들에게 말했다. "이는 부처의 말씀이 아니다. 지금 내가 부처의 게송을 읊는 것을 들어라.") [**義務**]

(10) 師曰: "汝當無智, 看汝幼少." 答曰: "我年百歲, 非其理也." (第十七祖僧伽難提尊者) (선사께서 말씀하셨다. "그대는 매우 어리석음이 틀림없다. 그대는 어려 보인다." 대답하여 말하길, "백 살이라 하니 이치에 맞지 않습니다.") [**蓋然**]


## 6.1.11 宜

양상동사 '宜'는 상고중국어에서 전해져 온 것으로 총1예 출현한다.

(1) 希心菩提, 志求三乘, 宜持禁戒, 防護諸惡. (75. 駝甕俱失喻) (菩提(正覺)를 흠모하고 뜻은 三乘을 구하고자 한다면 마땅히 금계를 지키고 제 악을 막아야 한다.) (※ 菩提: 이른바 '覺' 또는 '智'로 번역되는 개념이다. / 三乘: 중생을 태우고 깨달음의 경지로 간다는 뜻에서 '乘'이라 했으며, '聲聞乘', '緣覺乘', '菩薩乘'을 삼승이라 한다.)

이것은 도의양상으로 '義務'의 의미만을 갖고 있다. ≪世說新語≫에서는 29예 출현하고 있으며 모두 '義務'의 의미이다.22)

(2) 此公旣有宿名, 加先達知稱, 又與先人至交, 不宜說之. (德行30) (이 공은 평소부터 명망이 있었고, 명류들이 칭찬을 하는데다가 선부와 교분이 두터우니 그에 대해 말하지 말아야 한다.)

'宜'는 상고시기 '適合'이란 형용사였는데 이로부터 '마땅히 ~해야 한다'라고 하는 義務의 의미가 문법화하였다. 그리고 李明(2001)에 따르면, 이 시기에 또 화자의 미발생(未然) 사건에 대한 추측을 표시하는 의미도 출현했다고 하는데 이것은 현대중국어의 '會'에 해당하며 인식양상의 '蓋然'의 의미이다. 이러한 '蓋然'의미는 대개 '義務'의미로부터 문법화한 것이며, 이러한 현상은 앞의 '應', '當'과 더불어 평행하게 나타나고 있다.

---

22) 胡玉華(2001)

(3) 此寶也, <u>宜</u>爲君子器, 不<u>宜</u>爲細人用. (韓非子, 喻老) (이것은 보배입니다. 마땅히 군주가 가지고 있어야 할 물건이지 소인이 쓰면 안 되는 물건입니다.) **[義務]**

(4) 異哉! 夫子有三軍之懼, 而又有桑中之喜, <u>宜</u>將竊妻以逃者也. (左傳, 成公二年) (이상하다! 이 사람은 삼군의 위엄이 있고 또 상중 맹약의 기쁨도 있는 사람인데 아마도 몰래 부인을 데리고 도망갈 것 같다.) **[蓋然]**

위와 같이 상고시기에는 '義務'와 '蓋然' 두 가지가 존재했으나 중고시기의 ≪百喻經≫에서는 단지 '義務'만이 출현하고 있다. 그리고 唐五代의 ≪祖堂集≫에서도 '義務'로만 사용되고 있었다.

(5) 道明云: "行者好與速向岭南, 在後大有僧來趁行者." 道明又問: "<u>宜</u>往何處?" 行者云: "遇蒙則住, 逢袁卽止." (第三十二祖弘忍和尙) (도명(道明)이 말했다. "행자께서는 속히 남쪽을 향해 떠나시는 것이 좋겠습니다. 이 뒤에는 많은 중들이 행자의 뒤를 좇아오고 있습니다." 도명이 또 말했다. "그리고 저는 어디로 가야 합니까?" 행자가 말했다. "몽을 만나거든 살고 원을 만나거든 멈추라.")

## 6.1.12 須

양상동사 '須'는 중고시기에 등장한 것으로 총 4예 출현한다.

(1) 我與良藥, 能使卽大. 但今卒無, 方<u>須</u>求索. (15. 醫與王女藥令卒長大喻) (제가 약을 드리면 바로 크게 할 수 있습니다. 그러나 지금 갑자기 없으니 장차 꼭 찾아야 합니다.)

(2) 若不得留, 要當葬者, <u>須</u>更殺一子, 停担兩頭, 乃可勝致. (6. 子死欲停置家中喻) (만약 남겨놓을 수 없고 반드시 장례를 치러야 한다면 (한 구의 시체를 어찌 들고 갈 수 있는가?) 반드시 아들 하나를 더 죽여 멜대 양쪽에 메고 가면 더 잘 들 수 있을 것이다.)

이것은 도의양상의 '必要'의 의미로 '必須, 一定要'로 번역될 수 있다. 이것은 화자가 사회 혹은 도의의 각도에서 봤을 때, 주어가 반드시 어떤 동작 행위를 진행할 것을 인정하는 것으로 전체적으로 강렬한 지령어기를 함축하고 있다.[23]

'須'는 원래 '기다리다'의미의 동사였는데 이후 '需要(~이 필요하다)'라는 일반동사로

___

23) 尹淳一(2014)

발전하였고, 이 의미가 더 발전하여 도의양상의 '必要'의미가 문법화하였다. 이것은 중고시기의 일로 '須'는 중고시기에 새롭게 등장한 양상동사인 것이다. 한편, 李明(2001)에 따르면, 唐代에 이르러 화자의 사건에 대한 진실성 혹은 명제가치에 대한 주관적 판단이란 의미가 또 등장하게 되는데 이것이 바로 인식양상의 '必然'의미이다. 그래서 唐五代의 ≪祖堂集≫에서는 '必要'의 의미 외에도 인식양상인 '必然'의 의미도 출현하고 있다. 전자가 18예 출현하는 반면 후자는 무려 161예나 출현하고 있다.

(3) 不棄光陰須努力, 此言雖說人不識. (丹霞和尚) (시간을 헛되이 보내지 말고 노력해야 한다. 누구나 이 말을 하지만 알지는 못한다.) [必要]

(4) 莫爲人間小小名利, 失於大事. 假使起模盡样覓得片衣口食, 總須作奴婢償他定也. (洞山和尚) (인간 세상의 사소한 일 때문에 큰일을 잃지 마라. 가령 흉내를 내어서 약간의 옷과 밥을 얻는다 해도 나는 필경 노비로 다시 태어나 갚게 될 것이다.) [必然]

이러한 '必然'의미는 앞에 출현했던 '應', '宜' 등의 '蓋然'의미보다 추측을 나타내는 어기강도가 더 세게 나타난다.

## 6.2 쌍음절 양상동사

≪百喩經≫ 뿐 아니라 중고시기 기타 문헌에서도 쌍음절 형식의 각종 허사들이 대거 발견되고 있다. 부사가 특히 그러한 경향을 많이 보이고 있으며 양상동사 역시 유사하게 나타난다. 그런데 이 시기의 쌍음절 형식에 대해 단지 연용의 수준인지, 아니면 하나의 어휘로 고정화된 것인지에 대해서는 현재까지 학계에서 지속적인 논의의 대상이 되고 있고 학자들마다 약간씩 다른 견해를 보여주고 있다. 이에 본서에서는 기본적으로 단일한 의미기능을 갖고 있는 아래의 쌍음절 형식들을 일종의 쌍음절 어휘로 처리하고자 한다.24)

---

24) 일부 쌍음절 형식의 경우 두 가지 양상 의미가 있기도 한데 이것은 먼저 단일 의미로 문법화한 이후에 그 자체가 다시 문법화하여 생성된 의미로 볼 수 있다. 쌍음절 어휘에 대한 界定문제는 '부사편'을 참고

## 6.2.1  應當 要當 當須 宜應

### 1) 應當(총6예)

(1) 若是汝之祖父已來所有衣者, 應當解著, 云何顚倒用上爲下? (8. 山羌偸官庫衣喩) (만약 네 조부 이래로 갖고 있던 옷이라면 마땅히 입을 줄 알아야 하는데 어째서 거꾸로 위의 것을 아래로 하는가?)

(2) 心生願樂, 欲得果食, 應當持戒, 修諸功德. (33. 斫樹取果喩) (맘속에 간절한 맘이 생겨 과실을 얻어먹고자 한다면 응당 지계를 해야 하고 제 공덕을 닦아야 한다.)

### 2) 要當(총2예)

(3) 若不得留, 要當葬者, 須更殺一子, 停擔兩頭, 乃可勝致. (6. 子死欲停置家中喩) (만약 남겨놓을 수 없고 반드시 장례를 치러야 한다면 (한 구의 시체를 어찌 들고 갈 수 있는가?) 아들 하나를 더 죽여 멜대 양쪽에 메고 가면 더 잘 들 수 있을 것이다.)

(4) 此人深思: "寧爲毒蛇螫殺, 要當懷去." 心至冥感, 還化爲金. (89. 得金鼠狼喩) (이 사람은 깊이 생각했다. "차라리 독사에게 물려 죽을 지언정 꼭 그것을 품고 가겠다." 마음이 지극하여 신령을 감화시켜 그 독사는 다시 금으로 변하였다.)

### 3) 當須(총3예)

(5) 我能使爾求子可得, 當須祀天. (21. 婦女欲更求子喩) (내가 당신이 아들을 얻을 수 있도록 할 수 있는데, 마땅히 하늘에 제사를 지내야 한다.)

(6) 昔有一人患下部病, 醫言: "當須倒灌, 乃可瘥耳." (80. 倒灌喩) (옛날에 한 사람이 있었는데, 몸의 아랫부분이 아파서 의사가 말했다. "마땅히 장을 씻어내야 합니다. 그래야만 병이 나을 수 있습니다.")

### 4) 宜應(총1예)

(7) 夫爲學者, 硏思精微, 博通多識, 宜應履行, 遠求勝果. (43. 磨大石喩) (무릇 학문하는 자는 깊이 생각함이 정밀해야 하고, 널리 알고 박식해야 하며, 마땅히 실천에 부합하여야 하고 원대하게 승과를 추구해야 한다.)

이들은 모두 중고시기에 등장한 것으로 모두 의미상 도의양상의 '義務'를 나타낸다. 이들은 모두 동일한 의미의 양상동사들이 결합하여 구성된 것으로 '應', '當', '須', '宜'는 ≪百喩經≫에 이미 출현하고 있는 단음절 양상동사이다. 그리고 '要'의 경우는 ≪百喩經≫

---

하기 바란다.

에서는 출현하지 않으나 盧卓群(1997)에 의하면 이미 漢代에 양상동사로 문법화한 형식이라고 한다. 상기의 쌍음절 형식 모두 두 개의 양상동사가 결합된 병렬복합 양상동사이다. 이중 '應當'의 경우는 아래와 같이 ≪祖堂集≫에도 출현하고 있다.

(8) 德山云: "旣然如此, 因什摩不肯山僧?" 師對云: "豈不聞道: '智慧過師, 方傳師敎'. 智慧若與師齊, 他後恐減師德." 德山云: "如是, 如是, 應當善護持." (巖頭和尙) (덕산이 말했다. "이미 그렇다면 어째서 나를 긍정치 않는가?" 선사가 대답하여 말하였다. "어찌 듣지 못하셨습니까? 지혜가 스승보다 나아야 바야흐로 스승의 가르침을 전하지, 지혜가 스승과 같다면 스승의 덕을 뒷날에 줄인다 하였습니다." 이에 덕산이 말했다. "그렇다. 그렇다. 반드시 잘 지키도록 하여라.")

동시기 ≪賢愚經≫에는 다음과 같은 예들이 등장하고 있다.

(9) 我爲汝曹, 世世苦行, 積功累德, 今日致佛, 汝等應當勤求出要. (快目王眼施緣品第三十五) (내가 너희를 위해 어려 해 고행을 하고 공덕을 쌓았다. 지금 불과를 얻으려 하는데 너희들은 마땅히 생사윤회를 벗어날 요도를 정성껏 구해야 한다.) [應當]

(10) 而作是念, 我子端正, 容貌無倫, 要當推求選擇名女. (金天緣品第二十) (그가 맘 속으로 말했다. "내 아들은 몸이 단정하고 용모가 빼어나 마땅히 명문 가문의 딸을 고르기를 추구해야 한다.") [要當]

(11) 時仙山中, 有一辟支佛, 身有風患, 當須服油. (降六師緣品第十三) (당시 선산에는 한 辟支佛이 있는데 몸이 풍질에 걸려 기름을 복용해야 한다.) [當須]


## 6.2.2  可以  足以

### 1) 可以(총3예)

(1) 譬彼外道, 聞節飮食可以得道, 卽便斷食. (1. 愚人食鹽喩) (비유컨대, 저 외도처럼 음식을 절식하면 득도할 수 있다고 듣고 곧바로 단식하는 것과 같다.)

(2) 唯有《毘陀羅咒》可以害彼. (68. 共相怨害喩) (단지 《毘陀罗咒》만이 그에게 해를 줄 수 있다.)

### 2) 足以(1예)

(3) 我此樹果, 悉皆美好, 無一惡者. 汝嘗一果, 足以知之. (70. 嘗庵婆羅果喩) (나의 이 나무 열매는 모두가 좋고 나쁜 것이 하나 없다. 네가 하나를 맛을 보면 충분히 알 수 있다.)

이 둘은 모두 동력양상의 '條件'의미를 갖고 있다. 그래서 '~을 할 수 있다. ~일 가능성이 있다'라는 의미를 나타낸다. 이중 '可以'는 고한어에서 비교적 복잡한 양상을 보여준다. 이것에 대해 王鴻濱(2001)은 다음과 같이 설명한다. ≪左傳≫에 보면 아래와 같은 두 가지 경향의 '可以'가 등장한다.

ⅰ) 晉侯曰: "孰可以代之?" 對曰: "赤也可." (진도공이 물었다. "누가 그를 대체할 수 있습니까?" 祁奚가 대답했다. "赤이 가합니다.")

ⅱ) 若敬行其禮, 道之以文辭, 以靖諸侯, 兵可以弭. (만약 예로써 공경히 행하고, 문사로써 이끌고 이로써 제후를 안정시킨다면 전쟁을 멈추게 할 수 있습니다.)

여기에 출현하는 두 가지 '可以'는 그 성질이 다르다. 전자는 '可以+동사'의 구조이고, 후자는 '可+以(전치사)+[  ]+동사'의 구조이다. 즉, 전자는 '可以'가 이미 하나의 어휘로 문법화된 상태이나 후자는 그렇지 않은 상황이다. 특히 전자는 주어가 행위자(施事)성이 등장하나 후자는 피동작주(受事)성이 등장하여 근본적인 차이가 드러난다. 그런데 후자가 전자의 형식상의 기원이 되고 있고 이러한 형식이 재분석 등의 일련의 문법화 과정을 거쳐 '可以'라고 하는 하나의 양상동사가 된 것이다. 한편, 이 시기의 '可以'는 '可'와 완전히 동일한 기능을 한 것이 아니라고 한다. 대체로 '可' 앞에는 피동작주(受事)의 주어가 등장하는 반면, '可以' 앞에는 非피동작주 주어가 나와 동일한 양상의 의미라 할지라도 그 기능상의 분포가 달랐던 것이다. 어찌됐든 양상동사 '可以'는 선진시기에 이미 하나의 양상동사로 문법화가 이루어졌던 것이나 상고, 중고 시기엔 여전히 '可+以(전치사)'의 형식이 존재하고 있어 ≪百喩經≫의 예들도 신중한 검토가 필요하다. 필자가 살펴본 결과 ≪百喩經≫에 등장하는 몇 가지 '可以'의 예는 모두 非피동작주의 주어가 등장하고 있기 때문에 양상동사임이 확실하다.

상고시기 '可以'의 의미에 대해 劉利(2000)는 '能够', '應該', '値得' 등의 기능이 있었다고 한다. 그러나 ≪百喩經≫에서는 단지 '條件(劉利가 말한 '객관조건상'의 허가)'의 의미만이 존재하고 ≪祖堂集≫에서도 단지 1예의 '條件'의미 '可以'가 출현하고 있다.

'足以' 역시 양상동사 '足'과 전치사 '以'의 결합으로 구성된 쌍음절 어휘이다. 王祖霞(2011)에 따르면, 이것은 이미 선진시기에 양상동사로 문법화하였다고 한다. 그에 따르면, 원래 '足(양상동사)+以(전치사)'의 구조였던 것이 아래와 같은 원인에 의해 재분석이 발생했다고 한다.

ⅰ) '何足以[ ]知之'형식의 출현: 여기서 '何'는 전치사 '以'의 목적어이나 앞으로 도치되어 있는 상황이다. 그렇기 때문에 '以'는 지배대상이 비어있어 이른바 '영형식 재지시(零形回指)' 현상이 발생한 것이다. 이러한 '영형식 재지시'는 '足'과 '以'의 결합, 즉 재분석을 촉진시켰다.

ⅱ) 고한어 시기 전치사 '以'는 일정한 문맥에서 대개 목적어가 생략되는 현상이 자주 나타난다. 이러한 현상은 결국 전치사 '以'의 독립성을 빼앗아 점차 앞의 '足'과 결합하게 유도하였다.

이렇게 하여 탄생한 '足以'는 단음절 양상동사 '足'과 함께 지속적으로 사용되어 왔다.


## 6.2.3 　意欲　欲得

### 1) 意欲(총3예)

(1) 昔有一貧人, 有少財物. 見大富者, 意欲共等. (91. 貧人欲與富者等財物喩) (옛날 한 가난한 자가 재물이 약간 있었다. 그가 큰 부자를 보고는 그들과 같아지고 싶었다.)

(2) 昔有一小兒陸地游戲, 得一大龜, 意欲殺之, 不知方便, 而問人言: "云何得殺?" (98. 小兒得大龜喩) (옛날에 한 아이가 육지에서 놀다가 큰 거북이 하나를 얻었는데 이를 죽이고 싶었으나 방법을 몰라 어떤 이에게 물었다. "어떻게 죽일 수 있나요?")


### 2) 欲得(총2예)

(3) 汝欲得離者, 當攝汝六情, 閉其心意, 妄想不生, 便得解脱." (38. 飮木桶水喩) (당신이 떠나려고 한다면 마땅히 당신의 육정을 다잡고 그 마음을 닫아 헛생각이 생기지 않게 해야 해탈할 수 있다.)

(4) 臨命終時, 方言: "今我欲得修善." (47. 貧人能作鴛鴦鳴喩) (명이 끝날 즈음에 그제야 비로소 말을 한다. "지금 나는 선을 닦으려고 한다.")


이 두 가지 양상동사는 동력양상의 '意願'의미로 '~을 하고자 하다'를 나타낸다. 이중 '意欲'은 ≪漢語大詞典≫에서 "想要。谓心想做某事"로 의미가 소개되어 있는데 즉, '~을 하고 싶어 하다'란 뜻이다. 그러나 필자의 조사에 의하면 기타 先秦 전적들에서는 쉽게 발견되고 있지 않으며 관련 연구도 찾기 쉽지 않다. ≪漢語大詞典≫에서도 단지 ≪後漢書≫의 예를 하나 들고 있는데, 필자의 추측으로는 위진남북조 시기에 양상동사로 문법화한 것으로 보인다. 필자의 조사에 따르면, 아래와 같이 동시기 ≪賢愚經≫, ≪世說新語≫ 등에서 자주 발견되고 있었다. 특히 ≪賢愚經≫에서는 무려 7예나 발견되고 있다.

(5) 時阿泪吒, 卽還入澤取薪, 到見一兔, 意欲捕取, 走逐轉近. (賢愚經, 波婆梨緣品第六十七) (阿泪吒가 나중에 다시 들에 땔나무를 하러 갔는데 거기서 토끼 한 마리를 봤고, 이것을 잡고 싶어 쫓아가 거의 따라 잡았다.)

(6) 有人葬母, 意欲借而不敢言. (世說新語, 德行32) (어떤 이가 모친을 장사지내고자 하여 수레를 빌리고자 했으나 감히 말을 못했다.)

≪百喩經≫에서도 3예나 출현하는 것으로 보아 당시 상용되던 '意願'류 양상동사인 것으로 볼 수 있다.

'欲得'의 경우는 李明(2001)에 의하면, '可得, 能得, 當得' 등의 유추에 의해 문법화가 이루어졌을 수 있다고 본다. 그는 여기서의 '得'은 實義가 없기 때문에 '欲得'자체를 하나의 양상동사로 볼 수 있다고 한다. 이것은 중고시기에 문법화가 이루어졌으며 도의정태의 '義務' 의미와 동력정태의 '意願' 두 가지 의미 모두 나타내고 있다. 특히 아래와 같이 ≪齊民要術≫에 다수가 등장하는데 여기서는 모두 '義務'로 쓰이고 있다.

(7) 種禾豆, 欲得逼樹. (곡식이나 콩류를 심으려고 한다면 나무에 가깝게 해야 한다.)

반면, ≪百喩經≫의 두 예는 모두 '意願'의미로 '～을 하고자 하다. 하고 싶다'를 나타낸다. ≪祖堂集≫에서도 34예나 출현하는데 모두 '意願'의미로 쓰이고 있다.

(8) 有一日, 兒子啓和尙曰: "某甲欲得受戒去, 還得也無?" (長髭和尙) (하루는 아이가 화상에게 말했다. "저는 계를 받고 싶습니다. 가능합니까?)

## 6.3 양상동사 소결

≪百喩經≫에 등장하는 각종 양상동사를 정리하면 <표 6-3>과 같다.

**표 6-3 ≪百喩經≫ 양상동사의 정리**

| 대분류 | 각 양상동사 | | 의미 |
|---|---|---|---|
| 단음절류 | 能(63) | 能1(47) | 能力(동력) |
| | | 能2(3) | 意願(동력) |
| | | 能3(13) | 條件(동력) |
| | 解(4) | | 能力(동력) |
| | 可(36) | 可1(32) | 條件(동력) |
| | | 可2(1) | 許可(도의) |
| | | 可3(3) | 價値(도의) |
| | 得(26) | 得1(25) | 條件(동력) |
| | | 得2(1) | 許可(도의) |
| | 欲(89) | | 意願(동력) |
| | 願(2) | | 意願(동력) |
| | 肯(13) | | 意願(동력) |
| | 敢(7) | | 勇氣(동력) |
| | 應(13) | 應1(10) | 義務(도의) |
| | | 應2(3) | 蓋然(인식) |
| | 當(25) | 當1(23) | 義務(도의) |
| | | 當2(2) | 蓋然(인식) |
| | 宜(1) | | 義務(도의) |
| | 須(4) | | 必要(도의) |
| 쌍음절류 | 應當(6) | | 義務(도의) |
| | 要當(2) | | 義務(도의) |
| | 當須(3) | | 義務(도의) |
| | 宜應(1) | | 義務(도의) |
| | 可以(3) | | 條件(동력) |
| | 足以(1) | | 條件(동력) |
| | 意欲(3) | | 意願(동력) |
| | 欲得(2) | | 意願(동력) |

先秦시기에는 '克', '能', '得', '足', '可', '宜', '欲', '當' 등의 단음절 양상동사가 주류로 탄생하고 활약을 하였으나 이 외에도 '可以', '足以'와 같은 쌍음절의 양상동사도 출현하였다. 그 이후 兩漢에 와서 '肯', '應', '要' 등의 새로운 형식이 추가되었다. 이후 위진 남북조 시기에 오게 되면 대체로 상기의 기존 형식들이 거의 그대로 사용되는데, 여기에는 '能', '得', '足', '肯', '可', '應', '當', '宜', '欲', '可以', '足以' 등과 같은 것들이 계승되고 있다. 이와 더불어 중고시기에 와서 새롭게 등장한 것들도 있는데 여기에는 '欲得', '合', '解', '須' 등이 있다. 물론 이런 것 외에도 다양한 쌍음절 형식도 존재한다. 여기에는 특히 '應當', '要當', '當須' 등과 같은 同義병렬복합사가 다수를 차지한다. 각각의 양상동사들의 의미 기능 변화상황을 보면 아래와 같다.

## 1) 能

상고시기의 '能力', '蓋然', '條件', '意願'의 의미가 탄생, 중고시기에도 이어졌으나 ≪百喩經≫에서는 '蓋然'의 의미가 출현하지 않고 있다. '能力'의 의미가 주류였으며 '條件'도 적잖은 수가 출현한다. 唐代엔 상고시기의 네 가지 의미가 모두 다 출현한다.

## 2) 解

이것은 중고시기에 새롭게 등장한 것으로 위진남북조 시기엔 단지 '能力'의미만이 있었다. ≪百喩經≫의 상황도 이러하여 다소 초창기의 모습을 보여주고 있다. 이후 唐宋시기에 가서야 '意願'과 '蓋然'의 의미가 등장한다.

## 3) 可

상고시기에 '條件', '許可', '價値' 세 의미가 탄생하였다. 중고시기에도 상기의 의미들이 이어지고 있고 ≪百喩經≫에서도 세 가지 의미가 그대로 출현한다. 唐代에 가서도 이 의미들은 계속 유지된다. ≪百喩經≫에서 '條件'의미가 주류를 이루고 있다.

## 4) 得

상고시기에 '條件'과 '許可' 두 가지 의미가 탄생하였고 중고시기에도 이것이 유지된다. ≪百喩經≫에서도 이 두 가지 의미가 계속 이어지고 있으며 이 가운데 '條件' 의미가 다수를 차지한다. 그리고 이러한 상황은 그 이후 唐代까지도 이어지고 있다.

## 5) 欲

상고시기엔 '意願'과 '義務' 두 가지 의미가 탄생하였고 이것이 중고시기에도 이어졌다. 다만, ≪百喩經≫에서는 이중 '意願'만이 남았고, 唐五代 ≪祖堂集≫에서도 '意願'만이 출현한다.

## 6) 願

상고시기부터 ≪百喩經≫시대 뿐 아니라 唐代까지도 단지 '意願'의미만이 이어지고 있다.

## 7) 肯

상고시기에 먼저 '意願'의미가 탄생하고 이어서 東漢시기에 '條件'의 의미가 등장한다. 이 둘은 중고시기에도 계속되나 ≪百喩經≫에서는 단지 '意願'의미만이 출현한다. '肯'의 이러한 상황은 심지어 唐代에도 이어지고 있다.

## 8) 敢

상고시기부터 동력양상의 '勇氣'의 의미로 쓰이고 있고 중고시기 및 ≪百喩經≫에서도 그러하며 唐五代 ≪祖堂集≫에서도 '勇氣' 하나만 출현한다.

## 9) 應

상고시기에 '義務'의 의미가 탄생하였고 중고시기에 와서 '蓋然'의 의미가 탄생한다. ≪百喩經≫에선 이 두 가지 의미가 모두 출현하고 있고 이것은 이후 唐代에도 이어진다. 중고시기 '蓋然'의미가 막 탄생하였기에 ≪百喩經≫에서는 '義務'의미가 주류이다.

## 10) 當

상고시기에 먼저 '義務'가 나오고 '蓋然'도 뒤이어 출현하였다. 이들은 중고시기에도 이어졌으며 ≪百喩經≫에서도 모두 출현하고 있다. 아울러 唐代에도 계승되고 있다. ≪百喩經≫에서는 '義務'의미가 다수 차지한다.

## 11) 宜

상고시기에 '義務'와 '蓋然' 두 가지 의미가 탄생하여 중고시기에도 이어졌으나 ≪百

喩經≫에서는 '義務'의미만 출현한다. 이러한 두 가지 의미는 그 이후 唐代에도 이어졌으나 東漢때에 비해 매우 쇠락해졌다.

## 12) 須

東漢때부터 모습을 보이나 대체로 중고시기에 양상의 의미가 탄생하여, '必要'의 의미를 나타낸다. 중고시기에도 이 의미 위주였고 ≪百喩經≫에서도 마찬가지이다. 그러나 唐代에 가면서 '必然'이란 인식양상의미가 탄생하였다.

## 13) 쌍음절 형식

이들 중 '應當', '要當', '當須', '宜應', '意欲'은 모두 한 가지 의미만이 존재하며 ≪百喩經≫에서도 동일하게 반영되어 있다. '欲得'의 경우, 중고시기에 탄생하여 '義務'와 '意願'을 나타내었고, ≪百喩經≫에서는 '意願'의미만이 출현한다. 한편, '足以'는 상고시기부터 양상동사로 문법화한 것으로 '條件'과 '價値'의 두 가지 의미가 있었다. 그리고 이것은 그 이후에도 계속 이어졌는데 ≪百喩經≫에서는 '條件'의미만이 출현한다. '可以' 역시 상고시기에 문법화한 것으로 '條件'과 '許可' 두 가지 의미가 있었다. 중고시기에도 동일했으며 ≪百喩經≫에서는 단지 '條件'의미만이 출현하고 있다.

지금까지 ≪百喩經≫에 출현하는 양상동사들의 의미 변화과정을 살펴보았다. '解'와 '須' 및 일부 쌍음절 형식을 제외한 절대다수가 상고시기에 이미 양상동사로 형성된 것들로 이중 '能', '可', '得', '應', '當' 등이 다양한 의미로 활발히 활약을 하고 있다. 한편, 다양한 의미기능을 갖는 것들 역시 그 의미기능들이 대체로 先秦 또는 兩漢시기에 이미 탄생한 것들이 대부분이다. '應'의 '蓋然'의미가 중고시기에 와서야 탄생하는 등 중고시기에 탄생한 의미기능도 일부 있으나 극소수이고 대부분 상고시기의 형식과 의미기능의 답습이었다. 다만 한 가지 흥미로운 것은 同義병렬의 쌍음절 형식이 대량 등장하면서 비록 주류는 아니지만 여기서도 쌍음절 형식이 유행하게 되었다는 점이다.

제 **7** 장

# 完成動詞 및
# 술보구조

7.1 중국어의 유형적 변화와 보어의 탄생
7.2 술보구조의 탄생과정(동결식을 중심으로)
7.3 ≪百喻經≫ 각 술보구조의 특징
7.4 'V1+(NP)+令+V2' 사역구문
7.5 完成동사 및 술보구조 소결

중국어는 상고중국어에서 중고·근대중국어로 오면서 크나큰 변화를 겪게 된다. 그러한 변화 중에는 앞의 여러 장에서 보았던 허사의 교체 과정도 있지만 구조상의 변화도 발생하여 기존에 존재하지 않았던 각종의 새로운 통사구조들이 등장하게 되었다. 여기에는 무엇보다 중국어의 근대성을 강하게 반영하는 술보구조가 핵심 위치를 차지한다. 술보구조는 통사구조상 술어동사 뒤에 보어가 출현하여 결과나 방향, 상태, 가능 등 다양한 의미를 표현하는 구조로 중고시기의 대표적인 언어변화 현상으로 평가할 수 있다. 그런데 술보구조의 탄생은 단순한 보어들의 등장만을 대표하는 것이 아닌 중국어 전체 시스템의 변화를 대표한다. 즉, 결과적 성분, 종결점 등을 나타내는 것들은 동사를 중심으로 동사 뒤로 이동하고 그 외의 것들은 동사 앞으로 이동하는 어순 변화상의 대이동을 유발하였다. 이러한 어순 변화는 得자보어구의 등장, 시량보어, 동량보어 등의 등장도 포함하지만 전치사구의 어순 변화와 처치문 및 피동문의 발달도 포함하고 있어 상고중국어와는 다른 전반적인 어순의 변화를 유도하였다.

漢語史에서 이처럼 중요한 술보구조는 ≪百喩經≫이 처한 南北朝 시기에 발달 초기 형태를 보이면서 등장하는데 초기이기 때문에 지금의 상황과는 많이 다른 형식적 특징을 보여주고 있다. 특히 完成動詞[1]를 중심으로 한 구조는 술보구조 및 중국어 형태 발달에 매우 중요한 영향을 끼쳤기 때문에 본장에서는 ≪百喩經≫속에 등장한 完成動詞의 면모와 초기 술보구조의 모습을 살펴보고자 한다.

---

7.1  **중국어의 유형적 변화와 보어의 탄생**

---

흔히 상고중국어에서 중고, 근대중국어로 오면서 유형상의 변화가 발생했다고들 한다. 여기서 말하는 유형상의 변화란 바로 굴절·분석 중심의 유형에서 분석 중심의 언어로 변

---

1) '完成動詞'는 원래 중국식 용어로 '完結, 實現 등의 相을 나타내는 비교적 허화된 동사'를 말한다. 물론 그렇다고 고한어 시기 '竟, 訖, 畢' 등의 모든 完成動詞들이 다 완료상 정도의 고도의 허화된 내용을 나타낸 것은 아니다. '完成動詞'에서의 '完成'은 보다 넓은 개념으로 "'완성(完結, completed)' 또는 '實現', '완료상(完整體, perfective)' 등의 '相'을 나타내는 동사"라는 의미로 쓰였다고 보면 된다.

화한 것을 말한다. 상고중국어는 현대중국어와 유사한 각종의 허사를 통해 문법적 내용을 표현하기도 했지만 동사, 명사, 형용사라고 하는 주요 품사들이 일종의 굴절이란 형태 현상을 통해서 문법적 내용을 표현하기도 했다. 현재까지 상고중국어의 음운과 형태를 연구하는 상고음 학자들에 의해 당시의 굴절 형태 시스템이 발굴되고 있어 이를 통해 중고시기와는 다른 상고중국어만의 독특한 형태, 통사 시스템을 확인할 수 있다(제1장 '1.2.2 중고중국어의 주요 특징' 참조). 그런데 이러한 상고중국어의 형태, 통사 시스템은 중고시기로 오면서 대 격변을 맞는다. 바로 굴절 형태의 소멸이다. 즉, 접두사, 접미사 등을 통한 동사의 활용 등으로 형태를 나타내던 시스템이 사라져가면서 상고음은 그 음운 체계가 매우 단순화되었고 이것은 어휘의 형성과 운용에도 영향을 주게 되었다. 쉽게 말해서 漢字 하나의 발음이 複聲母, 複韻尾 등으로 표현된 형태체계에 의해 매우 복잡했던 것이 어느 순간에 간화가 된 것이다. 이로 인해 사람들은 보다 확실한 의미 전달을 위해 한 글자로 나타내던 것을 두 글자로 나타내게 되어 점차 쌍음절 어휘들이 늘어갔다.[2]

이러한 현상과 맥을 같이 하면서 나타난 현상이 바로 보어의 탄생이다. 보어라는 것으로 어떤 행위 동작의 결과를 나타내는 것이 등장하기 이전에, 주로 상고중국어 시기에는 '결과'로 쓰일 동사가 결과를 일으키는 동작 자체로도 쓰여 그 동사 하나만으로 원인과 결과를 모두 나타냈었다. 예컨대, '見'의 경우 상고시기엔 '보다'라는 타동사적 용법도 있었지만 '보이게 하다'라는 일종의 사역성의 용법도 존재했다. 이를 일컬어 이른바 '使成式'이라 하는데 다른 말로는 '사동용법'이라고 한다. 바로 이것을 통해서 하나의 동사인 '見'으로 어떤 대상을 나타나게 만들고 또 '見'자체가 그 나타남이란 결과도 동시에 표현하게

---

2) 흔히 상고중국어를 단음절어라고 그 성격을 논하곤 한다. 이는 즉 어휘의 기본 단위가 1음절이며 이를 기반으로 통사가 구성이 된다는 것이다. 한편, 현대중국어는 대량의 2음절 어휘가 존재하기 때문에 다음절 어라고 성격을 규명하기도 한다. 그러나 이에 대해서는 재고의 여지가 있다. 우리가 단음절어, 다음절어라고 말하는 것은 단순히 단어 자체가 몇 음절짜리냐를 가지고 판단하는 것이 아니다. 그보다는 단어의 기초인 형태소가 몇 음절짜리냐가 더 중요하다. 사실 한국어나 영어를 보면 1음절 형태소도 있지만 그보다 더 적은 것도 있고, 2~3음절이 한 형태소인 것도 부지기수이다. 그렇기 때문에 확실히 단음절어가 아닌 것은 사실이다. 그러나 현대중국어의 경우는 대부분의 단어들이 설사 2음절이라 해도 그 상황이 한국어나 영어와는 또 다르다. 무엇보다 중국어의 단어들이 조합되는 방식에 주목해야 한다. 이들이 만들어지는 방식은 한국어처럼 접사를 이용한 파생이나 다음절 형태소를 중심으로 한다기보다는 주로 합성의 방식, 즉 두 개의 어근이 결합되는 방식이 선호된다. 중국어에 비록 접두사, 접미사가 있기는 하나 그 수가 매우 적고 그 기능도 그다지 생산적이지 못하기 때문에 중국어의 어휘는 사실상 합성어가 주류라고 봐도 과언이 아니다. 게다가 중국어의 어근, 즉 형태소는 절대다수가 1음절짜리 또는 한 글자짜리이다. 쉽게 말해서 그 자체가 하나의 어휘로 독립이 가능할 정도로 1음절 형태소의 성격이 뚜렷하고 확실하다. 바로 이러한 이유로 현대중국어는 2음절어라기 보다 여전히 상고중국어의 성격이 계승된 단음절어라고 봐야 한다. 이에 대해 馮勝利는 그의 ≪漢語的韻律, 詞法與句法≫에서 이 문제를 정면으로 언급하고 있다.

되었던 것이다.3) 다른 예로, '難'의 경우, 이 자체는 '어렵다'란 말인데 '어떤 대상을 어렵게 만들다'라는 사성식이 가능하다. 그렇게 되면 '難'이란 동작이 원인이 됨과 동시에 그 결과로 '難(어려워지다)'하게 되는 것이다. 이때 '見'의 경우는 주로 성모의 '淸濁'을 가지고 사성식을 나타내고, '難'은 성조의 차이로 사성식을 나타낸다. 그래서 전자를 '淸濁別義', 후자를 '四聲別義'라 칭한다. 지금에 보기에는 일종의 발음상의 문제로만 보이지만 이것은 분명 일종의 형태 변화에 의해 이루어진 현상이다. 특히 성조의 경우 상고시기에는 자음 운미 등 다른 형태로 성조가 표현되었기 때문에 초분절음운 현상이 아니라 일종의 접미사 교체 현상이라고 볼 수 있다.

상고시기에는 바로 이렇게 하나의 글자(혹은 단어)로 원인과 결과를 모두 나타냈었다. 그런데 위에서 볼 수 있듯이 대체로 '결과'를 나타내는 글자 하나로 원인과 결과를 모두 나타내던 시스템이기 때문에 '원인'이 확실히 드러나지 않는다. 예컨대, '죽이다'라고 한다면, 어떻게 해서 죽게 했다고 하는 '죽음'이란 행위의 구체적인 원인 또는 방식이 제시되어야 하는데 상고의 시스템으로는 그것이 드러나지 않고 있다. 바로 이러한 것을 극복할 수 있는 것이 술보구조이다.

중국어의 사성식 시스템의 변화는 Talmy(2000)의 이론에 근거하여 설명할 수 있다. 그는 운동사건에 대해 원인자(Cause), 이동체(Figure), 배경(Ground), 경로(Path), 방법(Manner) 등과 같은 기본적인 개념성분으로 나타낼 수 있다고 보았으며, 이들 개념성분이 표현되는 형식에 따라 세계의 언어를 크게 '동사틀(verb-framed) 언어'와 '위성틀(satellite-framed) 언어' 두 종류로 나누었다. 즉, 운동사건을 나타내는 어떤 어휘가 형성될 때 상기의 개념성분으로 어떻게 어휘를 구성하는가를 보는 것인데, 영어, 독일어, 중국어 등이 전형적인 '위성틀 언어'에 속하고, 불어, 스페인어 등이 '동사틀 언어'에 속한다고 한다. 예를 들어, '비행기로 영국해협을 건넜다'라는 같은 의미를 전달하는데 영어의 경우 'flew'와 'across'라고 하는 '이동'과 '경로' 둘을 따로 설정하여 표현하고 있는 반면, 불어는 'traversa'라는 한 단어로 '이동+경로'를 나타내고 있다. 이와 같이 하나의 위치이동을 표현할 때, 주요동사와 부속성분(보어나 전치사구 등)으로 나누어 표현하는 것을 위성틀 언어라고 하고, 위치이동이 핵심동사 하나로 표현되는 것을 동사틀 언어라고 한다.4)

이러한 현상은 또 동일한 언어에도 충분히 적용될 수 있으며 바로 상고중국어와 근대(현

---

3) [見] *[k]ˤen-s > kenH > jiàn (보다)

　　[見] *m-[k]ˤen-s > henH > xiàn (나타나게 하다)

4) 김동환(2005)

대)중국어 사이에서도 적용할 수 있다. 상고중국어는 위에서 봤듯이 동사 하나로 원인과 결과를 다 표현하고자 하던 굴절사성식 언어인 반면, 근대(현대)중국어는 원인과 결과를 분리시켜 표현하고자 하는 술보구조식 언어이다. 이것을 위의 Talmy 이론으로 설명하면 상고중국어의 굴절사성식은 일종의 동사틀 언어 유형에 가깝고, 근대중국어의 술보구조식은 위성틀 언어에 가깝다. 예를 들어, 아래의 예를 보자.

(1) 他徒手打死了老虎。(그는 맨 손으로 호랑이를 때려 죽였다.)

이것은 동결식으로 구성된 문장으로 이를 도식화 하면 아래와 같다.

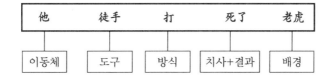

여기서 '打死'의 의미는 '때리다'라는 방식과 '죽다'라는 '치사/결과' 둘로 구성되어 나타나고 있는데 만약 상고중국어라면 대개 '殺'이란 동사 하나로 표현했을 것이다. 즉, '殺'이라는 하나의 동사에 '방식'과 '결과'가 모두 함축되어 실현된다. 상고중국어의 한 예로 아래의 문장을 보자.

(2) 及魏王豹反, 使韓信將兵擊之, 因舉燕、代、齊、趙. 然卒破楚者, 此三人力也. (史記, 留侯世家) (위와 표가 반역을 하였을 때, 한신을 시켜 병사를 이끌고 가서 위왕을 공격하게 했다. 또 승세를 잡아 연, 대, 제, 조나라도 공격하였다. 그러나 결국 초를 격파한 자는 이 세 사람의 힘이다.)

여기서 '破'란 동사는 문맥상 '擊'과 '破'란 두 동사의 의미를 함축하고 있는 것이다. 즉, '공격하여 깨뜨리다'가 된다. 이것을 현대중국어로 바꾸면 아마도 '击破' 또는 '打敗' 정도가 될 것이다. 그리고 만약 현대중국어에서 위의 내용을 서술할 때 단지 '破'라는 동사 하나만 쓰면 비문이 된다.5)

이와 같이 술보구조가 탄생하기 전 상고중국어는 사실상 동사틀 언어의 성격을 띠고 있어서 하나의 동사로 원인과 결과를 모두 나타내려고 했으나 중고시기 이후 술보구조가 기

---

5) 여기서의 내용은 주로 陳忠(2006: 140-148)에서 인용한 것이다.

존의 사성식을 대체하면서 점차 위성틀 언어로 변모해 갔다. 그리하여 주요동사 이 외에 결과보어, 방향보어 등의 부속 성분으로 함께 하나의 위치이동(치사사건 포함)을 표현하게 되었다.

상고중국어에서 중고중국어로 오는 과정에서 Talmy의 말처럼 정말로 중국어가 전반적으로 위성틀 언어로 변화했을 가능성도 있지만 모든 중국어의 시스템을 다 위성틀 언어로 말하기엔 무리가 있고 이에 대해 이미 몇몇 학자들이 이의를 제기한 바 있다. 다만 여기서는 이른바 '사성식'이란 것이 상고중국어의 동사틀 언어와 같은 시스템으로부터 중고, 근대중국어의 위성틀 언어 시스템으로 바뀌었다는 것을 말하고자 하는 것이다.6)

이러한 설명 방식 외에 또 '형태표현식', '분석표현식'이란 개념으로 설명할 수 있다. 일반적으로 문법화의 방향은 단일방향적이라 아래와 같은 과정을 겪게 된다.

---

담화구조 > 통사구조 > 형태구조 > ∅

---

즉, 문장이상의 형식이 문법화를 통해 통사적인 구조로 고정화되고, 이들 통사적 구조 중 일부가 문법화를 하여 형태성분이 되는 것이다. 다시 말하면 보다 느슨하고 큰 구조가 보다 긴밀하고 작은 단위로 변화하고 결국 더 작은 접어나 굴절접사로 문법화하게 되는 것이다. 그런데 이런 식으로 가다보면 결국 언어의 형식은 없어지고 만다. 그런데도 언어가 문법화 과정을 거치면서도 사라지지 않는 것은 바로 '형태표현식'과 '분석표현식'의 교체적 사용 때문이다. 예컨대, 영어에는 비교급 표시로 형용사에 '-er'을 붙이게 되어 있다. 이것이 곧 굴절접사인데 이러한 표현 말고도 'more'라는 말을 앞에 붙여 비교급을 표현할 수도 있다. 바로 이것이 분석표현식이다. 이러한 현상은 어느 언어에나 다 존재한다. 쉽게 말해 작은 형식인 굴절표지로 하던 것을 보다 큰 형식인 분석식으로 표현할 수 있는데 이러한 현상은 모종의 화용적인 요구에 의해 이루어진다. 이를 중국어의 '사성식'에 대응시키면 일종의 '형태표현식'인 상고중국어의 굴절사성식이 당시 굴절형태가 소멸되어 가면서 그 반대급부로 '분석표현식'인 술보구조로 대체되었다고 말할 수 있다.

---

6) 상고중국어 시기에는 다양한 형식의 使成구조가 있었다. 위에서 말한 어휘 하나로 표현하는 굴절사성식도 있었지만 느슨한 담화구조 형식의 'V1+O1+V2+O2'나 'V1+而+V2+O' 등 여러 가지 담화구조로 표현이 가능했다. 그리고 이러한 것들은 동결식의 기원과도 모종의 관계가 있는 것들이다. 그러나 본서에서 말하는 '사성식'의 대상은 형태와 통사구조에 국한한 것이기 때문에 이와 같이 느슨한 형태의 담화구조는 포함하지 않는다.

이처럼 중국어 술보구조의 탄생은 상고중국어에서 중고중국어로 넘어가는 과정에서 발생한 주요한 유형적 변화를 반영함과 동시에 세계 여러 언어에서 공히 발견되고 있는 상기의 몇 가지 언어 현상과 맥을 같이 하고 있음을 알 수 있다.

## 7.2 술보구조의 탄생과정(동결식을 중심으로)

현재까지 내로라하는 근대한어어법학자들은 각각 적어도 한차례씩은 중국어 술보구조의 기원에 대해 언급을 한 적이 있다. 최초 王力으로부터 시작하여 梅祖麟, 志村良治, 蔣紹愚, 吳福祥 등 저명한 학자들이 술보구조가 어떻게 문법화하게 되었는지 각자의 견해를 밝힌바 있다. 이 가운데 가장 영향력이 있는 것이 바로 梅祖麟(1991)의 견해로 그는 특히 상고중국어의 사동용법과 淸濁別義, 四聲別義 등 상고중국어 형태적 현상을 함께 결합하여 상당히 입체적으로 그 과정을 설명하였다. 한편, 志村良治(1995)의 경우는 상고중국어에 존재하는 'VC'형식의 기원이 되는 형식들을 일일이 분석하면서 그 발전과정을 소개하고 있다. 그리고 蔣紹愚(1999)는 특히 관건이 되고 있는 漢代의 자료인 ≪史記≫, ≪論衡≫ 등을 중심으로 주요 결과보어의 발전과정을 소개한 바 있다. 또한 吳福祥(1999)은 보어를 의미지향에 따라 나눠 指動, 指受, 指施보어 각각의 기원에 대해 소개하였다. 현재도 많은 학자들이 술보구조의 문법화를 지속적으로 연구하고 있으며 상기의 이론들이 이러한 연구를 위한 중요한 기초를 제공해주고 있다. 본서에서는 위의 내용들을 토대로 일목요연하게 정리한 吳福祥(1999)의 견해를 중심으로 소개하고자 한다. 술보구조의 범위가 워낙 넓기 때문에 본서에서는 動結式('동사+결과보어' 형식의 간칭)의 문법화과정만을 다룬다.

일반적으로 'V+C'구조[7]가 나오기 위해서는 사실상 두 개의 동사가 연이어 출현하는 형식이 형식적인 기초로 제공되어야 하는데 이 형식은 곧 연동식이다. 先秦시기에는 아래와 같은 세 가지 연동식이 동결식의 형식적 기초를 제공하고 있다.

---

7) Verb(동사)의 'V', Complement(보어)의 'C'를 딴 것이다.

A. Vt₁+Vt₂+O

   예1) 以俎壺投殺人而後死. (左傳, 襄公二十八年) (도마, 주전자를 던져 사람을 죽인 뒤에 죽었다.)

B. Vt+Vi-t+O

   예2) 故擧兵擊滅之. (史記, 秦始皇本紀) (이에 병사를 일으켜 공격하여 그를 멸하였다.)

C. Vt+Vi

   예3) 匈奴右賢王當衛靑等兵, 以爲漢兵不能至此, 飮醉. (史記, 衛將軍驃騎列傳) (흉노 우현왕이 위청 등의 군대를 대항하다가 한군이 여기까지 오지 못할 거라 생각하고는 술을 마셔 취했다.)

여기서 A는 두 개의 타동사가 연이어 출현하며 뒤에 복적어를 갖는 형식이다. 이 경우 뒤의 목적어는 V₁과 V₂ 두 동사의 지배를 받게 된다. B의 경우 'Vi-t'란 자동사가 사동용법 기능을 갖고 있는 것을 말하며 先秦시기엔 '敗', '滅', '碎', '絶', '傷' 등의 동사가 자주 출현하였다. 그리고 C의 경우는 타동사와 자동사가 병렬되어 구성된 것인데 이들의 경우는 대개 목적어가 없던가 아니면 아래와 같이 목적어가 'Vt'와 'Vi' 사이에 출현하게 된다.

예4) 右賢王以爲漢兵不能至, 飮酒醉. (史記, 匈奴列傳) (우현왕은 한군이 오지 못할 거라 생각하고는 술을 마시고 취했다.)

이렇게 두 동사 사이에 목적어가 위치하는 이유는 목적어가 앞의 타동사 하나에만 지배를 받기 때문에 그렇다.

이러한 연동식들은 아래와 같은 과정을 거쳐 동결식으로 변화해 갔는데, 먼저 'Vt₁+Vt₂+O'의 형식에서는 두 번째 타동사인 'Vt₂'가 자동사화하게 되었다. 대표적으로 '得'을 보면 처음에는 그와 유사한 의미의 '獲', '獵' 등 획득 의미 동사들과 주로 결합하였으나 이후에는 '逢', '遭', '砍' 등의 비획득 의미 동사들과 결합하게 되었고 이때의 '得'은 더 이상 '획득'의미의 타동사가 아니고 동사 그 자체가 이루어졌다거나 어떤 결과가 발생했음을 나타내게 된다. 당연히 이렇게 된 이후에는 '獲' 등과 결합해도 '得'은 결과보어로 쓰이게 되는 것이다. 동일한 이치로 '取'도 타동사에서 자동사로 변화하여 보어로 쓰이게 되었으나 위진남북조 시기엔 아직 연동문의 단계에 있다.

한편, 자동사 중 사동용법으로 쓰였던 것들은 점차 그 사동용법이 소멸되면서 원래의 자동사를 회복하게 되어 'Vt+Vi+O'를 구성하게 되었고 이로써 결과보어가 되었다. 대표적으로 '破'를 보면, "縛束長吏子弟, 斫破器物. (漢書, 張湯傳) (장리의 자제를 포박하고 기물을 때려 부수다)"에서는 여전히 연동구조였지만 위진남북조 시기로 오면서 이것의 사동용법이 사라지고 자동사화하여 "當打汝口破.(幽明綠) (너의 입을 때려 깨뜨려야 겠다)" 같은 'V+O+破'형식이 등장하였다. 그래서 결국 "驅羊踏破地皮. (齊民要術, 種葵) (양을 몰아 땅껍질을 밟아 깨다)"와 같은 전형적인 동결식이 등장하였다. 그 외에 '壞'나 '折' 등도 동일한 과정을 겪게 되었다.

상고중국어의 연동식들은 대체로 이와 같은 경로를 거쳐 동결식으로 문법화하였다. 그리고 'Vt+C(Vi/A)+O'라고 하는 기본적인 동결식 틀이 형성된 이후 특히 唐代이후에 가서는 이 형식을 기초로 하여 점차 더 많은 자동사들이 보어 위치에 출현하게 됨으로써 동결식은 이후로 더 확대되기에 이른다.

---

## 7.3  ≪百喩經≫ 각 술보구조의 특징

≪百喩經≫은 남북조 시기의 문헌이기 때문에 중국어 술보구조의 탄생 초기에 해당한다. 여기에 출현하는 보어 종류는 動結式, 動趨式(동사+방향보어), 시량보어, 동량보어 네 가지 유형이며 전체적으로 볼 때 주로 동결식 위주로 출현하고 있고 기타 형식은 아직 많은 예가 등장하지는 않았다. 특히 得자보어구는 이 시기 아직 등장하지 않은 상태라 1예도 출현하지 않았다.[8]

---

8) ≪百喩經≫에는 아래와 같은 시량보어와 동량보어가 출현한다.
   (1) 我欲入此室中寄臥一宿. (64. 人謂故屋中有惡鬼喩) (나는 이 집 안에 들어가 하룻밤 자고 싶다.) (시량보어)
   (2) 如是五人各打十下. (51. 五人買婢共使作喩) (이처럼 다섯 명이 각각 10대를 때렸다.) (동량보어) 다만 그 수가 각각 1예와 2예씩만 출현하고 있어 전체적인 중고시기의 윤곽을 살펴보기에 너무 적은데다가 시량, 동량보어는 주요 술보구조가 아니기 때문에 본서에서는 다루지 않는다.

## 7.3.1 動結式

동결식은 그것의 보어의 성격에 따라 일반동사가 보어로 오는 경우, 형용사가 오는 경우 그리고 의미가 어느 정도 허화한 動相補語인 경우 셋으로 구분할 수 있다.

### 1) V+일반동사

보어로 쓰이는 동사로는 '成', '動', '壞', '爛', '滅', '破', '死', '得', '去', '却', '殺', '長', '折', '爲', '作'이 있다.

### 成 (총2예)

#### ① Vt+C+O

(1) 五陰亦爾. 煩惱因緣**合成**此身, 而此五陰, 恒以生、老、病、死、無量苦惱搒笞衆生. (51. 五人買婢共使作喻) (오음 또한 이러하다. 번뇌와 인연이 합쳐져서 이 몸을 만드나 이 오음이 항상 생, 로, 병, 사, 무량고뇌로 중생을 때려 괴롭힌다.) (※ 五陰: 인간의 구성요소인 '色', '受', '想', '行', '識'을 말한다. / 搒笞: 매질하다.)

#### ② Vi+C+O

(2) 傍邊愚人見其毒蛇**變成**眞寶, 謂爲恒爾, 復取毒蛇內著懷裏, 即爲毒蛇之所蜇螫, 喪身殞命. (89. 得金鼠狼喻) (옆에 있던 우매한 자가 그 독사가 보물로 바뀐 것을 보고는 항상 그럴 것이라 생각하여 다시 독사를 취해 안으로 품안에 넣었다. 그런데 바로 독사에게 물려서 죽고 말았다.)

함께 결합하는 동사는 타동사 '合', 자동사 '變'이 있다. 즉, "~이 동작 결과 ~으로 바뀌다"를 나타내는데, 2예 모두 목적어를 취하고 있다. 보어 '成'은 여기서 피동작주(受事)를 지향하나 ≪水滸傳≫에 보면 아래와 같이 동사를 지향하는 '成'도 출현하고 있다.

(3) 若好時, 你與我說成了, 我自謝你. (24회) (만약 괜찮아서 자네가 나를 위해 잘 말해서 성사시켜준다면 사례를 하도록 하지.)

## 動 (총1예)

### ① Vt+C

(1) 遂相**驚動**, 一切伴侶悉皆逃奔. (63. 伎兒著戲羅刹服共相驚怖喩) (이에 서로 깨우게 되었고, 이어서 모든 동료들이 다 도망갔다.)

함께 결합하는 동사는 타동사인 '驚'으로 이 문장에서는 목적어가 생략된 형태이다. 여기서 보어인 '動'은 '술어 동사의 동작으로 인해 어떤 대상이 움직이게 됨'을 나타내며, 피동작주(受事)를 지향하고 있다.

## 壞 (총2예)

### ① Vi+C

(1) 其後天雨, 二人頑癡, 盡以好氎覆此皮上, 氎盡**爛壞**. (42. 估客駝死喩) (그 다음에 비가 왔는데 두 사람은 멍청하여 좋은 모포 모두를 가지고 이 가죽위를 덮었더니 모포가 모두 문드러져 버렸다.)

### ② Vt+C+O

(2) 爲少名譽, 及以利養, 便故妄言, **毀壞**淨戒, 身死命終, 墮三惡道. (96. 詐稱眼盲喩) (작은 명예와 공양을 위해서 고의로 망언을 하고 淨戒를 훼손하면 몸이 죽어서는 삼악도에 떨어지고 만다.)

함께 결합하는 동사는 '爛'이란 자동사와 '毀'라고 하는 타동사가 있다. '壞'는 앞에서 언급했듯이 先秦시기에 사동용법이 있다가 자동사화한 대표적인 보어이다. 이것은 '술어 동사로 인해 어떤 대상이 망가짐'을 나타낸다. 의미상 이 두 예 모두 피동작주를 지향한다. 현대중국어에서 '壞'는 일반 결과보어 용법 외에 정도가 높음을 나타내는 정도보어의 용법도 존재한다.

## 爛 (총2예)

### ① Vt+C

(1) 好看駝皮, 莫使**濕爛**. (42. 估客駝死喩) (낙타 가죽을 잘 살펴라, 젖지 않게 하거라.)

(2) 其不殺者喻於白㲣, 其駝皮者卽喻財貨, 天雨**濕爛**喻於放逸、敗壞善行. (42. 估客駝死喻) (그 죽이지 말라는 戒는 흰 모포에 비유할 수 있고, 그 낙타 가죽은 재물에 비유할 수 있다. 비가 와서 젖어 버린 것은 방일과 선행을 망친 것에 비유할 수 있다.)

함께 결합하는 동사는 타동사인 '濕'으로 '적시다'의 의미이다. '爛'은 '술어동사의 동작으로 인해 어떤 대상이 썩거나 물러짐'을 나타낸다. 2예 모두 피동작주를 지향한다.

## 滅 (총1예)

### ① Vt+C+O

(1) 由是之故, **燒滅**外典, 不行於世. (32. 估客偸金喻) (이러한 까닭에 외전을 불태워 없애 세상에 전해지지 않는다.)

함께 결합하는 동사는 타동사로 '燒(불사르다)'이다. '滅'은 '술어동사의 동작으로 인해 어떤 대상이 소멸함'을 나타낸다. 여기서 '滅'은 피동작주를 지향하고 있다. 역시 사동용법이 사라짐으로써 자동사화하여 보어로 쓰인 대표적인 예이다.

## 破 (총5예)

### ① Vt+C+O

(1) 猶如愚人, **毀破**禁戒, 多取錢財, 以用修福, 望得生天. (18. 就樓磨刀喻) (마치 우매한 사람과 같이 금계를 훼손하여 깨고 재물을 많이 취하여 이것으로 선행을 하여 복을 구하고 생천하기를 바라는 것과 같다.)
(2) 卽便以刀**決破**其口, 米從口出, 其事彰露. (72. 唵米決口喻) (바로 칼로 그 입을 찢어 열자 쌀이 입에서 나왔고 그 일이 밝혀졌다.)

### ② Vt+O+C

(3) 以梨**打頭破** (3. 以梨打頭破喻) (배로 머리를 때려 부수다.)

함께 결합하는 동사는 타동사인 '毀'와 '決', '打'이며 모두 뒤에 목적어를 취하고 있다. '破'는 '술어동사의 동작으로 인해 어떤 대상이 부서짐'을 나타낸다. 여기서는 5예 모두 피동작주를 지향하고 있다. 이것 역시 사동용법이 사라지면서 자동사화하여 보어로 쓰인 대표적인 예이다.

'破'는 특이하게도 (3)과 같이 'Vt+O+Vi'의 구조를 구성하고 있다. 현재까지 이 구조가 술보구조인가에 대해 많은 학자들의 논의가 있어왔다. 그중에 梅祖麟이나 蔣紹愚 등은 이것이 일종의 VOC 隔開式(또는 分用式) 술보구조라고 주장하고 있고 宋紹年, 梁銀峰 등은 일종의 新兼語式으로 보고 있다. 그러나 필자는 이것을 술보구조라고 본다. 이에 대해 蔣紹愚(2003)의 아래의 설명을 참고할 수 있다.

위진남북조 시기 크게 두 가지 'V₁+O+V₂'형식이 출현하는데 다음과 같다.

ⅰ) Vt+O+Vi : 打頭破 (百喩經)
ⅱ) Vt+O+Vt : 啄雌鴿殺 (百喩經)

전자는 자동사가 두 번째 동사로 오는 경우이고, 후자는 타동사가 오는 경우이다. 이것이 신겸어식이라 주장하는 이들은 이 형식들이 상고시기 "助之長(그것을 도와 자라게 하다)"(孟子)와 같은 형식, 또는 漢代의 "楚擊漢軍, 大破之"(史記)와 같은 형식에서 기원했고 그 성격이 다르지 않다고 본다. 특히 전자는 두 동사 사이에 목적어가 들어 있는 겸어식의 형식을 취하고 있다. 그러나 겸어식을 주장하는 이들은 몇 가지 사실을 간과하고 있다. 먼저, 이른바 'V+O+C' 형식(위의 '打頭破' 등)에서 두 번째 동사로 쓰이는 동사들은 모두 의미상 '상태'를 나타내고 있다. 예컨대, '打頭破'에서 '破'는 '打'라는 동작이 발생함과 동시에 이루어지기 때문에 시간적인 간격이 없고 아울러 그 동작의 결과 상태를 표시하는 기능을 한다. 만약 겸어식이라면 이것은 상태가 아닌 '동작'을 나타내야 한다. 이렇게 볼 때, '助之長'은 '助'라는 동작과 '長'이라는 동작이 동시에 발생하는 것도 아니며 '長'은 상태가 아닌 동작을 나타낼 뿐이다. 둘째, 漢代의 상기 예에 쓰인 '破'는 여전히 '사동용법'으로 쓰이고 있기 때문에 완전한 자동사의 자격이 아니다. 그래서 근본적으로 '打頭破'와는 다르다. 여기서의 '破'는 확실히 사동용법이 소멸된 이후의 것이다. 신겸어식을 주장하는 이들은 '打頭破'의 성질이 기존에 있던 형식들과 큰 차이가 없음을 강조하지만 분명 위진남북조 시기 사동용법이 소멸되고 출현한 이 형식의 성격은 '동작'을 나타내는 겸어식 보다는 '상태'를 나타내는 술보구조로 봐야 옳을 것이다. 한마디로 말해 형태는 유사해 보이나 그 내부 성질은 완전히 다르다고 할 수 있다.

이러한 VOC 분용식 술보구조는 위진남북조 시기에 매우 많이 등장하고 있으며 元代 정도 가야 서서히 소멸되기 시작하는데, 아래와 같이 ≪水滸傳≫에도 극히 일부이긴 하나 출현하고 있다.

(4) 我怨你時, 當初你在清河縣裏, 要便**吃酒醉**了, 和人相打, 如常吃官司, 敎我要便隨衙聽候. (24回) ((무대가 무송에게 하는 말) 네가 원망스러웠던 때는, 네가 청하현에서 술에 취해 사람들과 싸워 항상 관아에 끌려가 나로 하여금 관아에서 항상 기다리게 했던 일이었다.)

(5) 旣然是宅內小官人, 若愛學時, 小人**點撥他端正**如何? (2回) ((왕진이 하는 말) 기왕 댁 자제분이 창술 배우기를 좋아한다면 소인이 한번 가르쳐 봄이 어떨지요?)

상기의 근대중국어의 예를 통해서도 'VOC'분용식 술보구조는 분명 존재했던 것이고 비교적 오랜 동안 출현하여 'VCO'형식과 평행하게 사용되고 있었음을 확인할 수 있다.

그렇다면 고한어 시기 내내 'VC(O)'라고 하는 합용식과 'VOC'라고 하는 분용식이 그렇게 오랜 동안 공존해왔던 이유는 무엇인가? 石毓智(2001)는 위진남북조시기부터 元代까지 근 천년 동안 VOC가 존재했다가 사라짐으로써 진정한 'VC'술보구조가 완성되었다고 평가하고 있다. 그런데 필자가 보기에 이것은 술보구조의 완성이냐 아니냐의 문제로 볼 수는 없다. 물론 술보구조 중 술어동사와 보어가 간격 없이 긴밀히 결합하는 것은 상대적으로 그것의 문법화 정도가 높음을 의미할 수도 있다. 그러나 완성, 미완성을 논한다는 것은 곧 VOC의 상태가 불완전, 불규칙함을 의미하고 있는 것인데 근 1,000년 간 불완전한 과도의 상태로 있는 문법구조가 과연 있을까? 상식적으로 생각했을 때 이건 좀 오버인 것 같다. 다시 말해 VOC는 VCO로 가기 위한 과도적 존재는 아니라는 것이다. 이것은 이것 나름대로 중국어 속에서 그 기능을 해 왔다고 봐야 한다.

사실 중국어의 술보구조에서 술어동사와 보어가 긴밀하게 들러붙어 있는 것은 동결식에 불과하다. 동추식이나 得자보어, 또는 시량, 동량 보어들도 모두 술어동사와 보어 사이에 기타 성분들이 얼마든지 삽입될 수 있다. 그렇다고 본다면 술어동사와 보어가 반드시 꼭 붙어 있어야 하는 것만이 정상적인 상황이 아닐 수 있다. VOC라고 하는 형식은 술보구조가 탄생하던 초기 자동사가 주로 구성하던 'V$_1$+O+V$_2$'구조로부터 기원하고 있다. 즉, VCO와는 또 다른 기원을 갖고 있는 것이며 그 자체의 출발과 존재의 이유가 따로 있기 때문에 이후에 꼭 VCO로 변해야 하는 것은 아니었던 것이다. 이처럼 VOC와 VCO는 모종의 공시적인 차이가 존재했을 것으로 추측되는데, 그 공시적인 차이는 어떤 기능상의 차이로 보인다. 언어는 형식적으로 약간의 차이가 존재해도 그 차이에 의한 의미적 차이가 발생하며 적어도 화용, 기능적인 차이는 존재하기 마련이다. 이 둘의 관계도 그러한데, 중국어에 '보어'라고 하는 것이 등장하면서 사실상 "중국인들의 인지 구조 상 자신들이 말하고자 하는 내용을 문장의 맨 뒷부분에 놓으려고 하는 속성"이 확립되었다고 할 수 있다. 이렇게 보어와 더불어 인지구조 상의 변화가 발생하면서 술보구조 자체가 중국어에서 하나의 문제를

야기한다. 이 경우 문제가 되는 것은 바로 '보어'와 '목적어' 간의 자리싸움이다. 중국어는 항시 술어동사를 중심으로 그 뒤 자리가 목적어를 위주로 되어 왔다(물론 개사 보어 등 여러 가지 성분이 또 올 수도 있다). 그런데 난데없이 보어란 녀석이 탄생하여 목적어의 자리를 위협한 것이다. 그로인해 목적어와 보어의 자리를 정해줘야 하는 문제가 생겨났고, 이렇게 하여 두 가지 상황이 발생했다. 하나는 목적어가 동사와 보어 뒤에 오는 VCO, 다른 하나는 목적어가 동사 바로 뒤에 오는 VOC이다. 그런데 목적어가 이렇게 보어 뒤에 오느냐, 앞에 오느냐의 문제는 단순한 자리싸움의 문제가 아니다. 그것은 초점을 누가 받느냐의 문제이고, 한 문장에서 누가 부각되는가의 문제이다. 일반적으로 중국어에서 문장의 맨 뒤 성분이 초점을 받아 부각되기 때문에, VCO는 목적어가, VOC는 보어가 부각된다. 화자가 자신의 의도에 따라 목적어를 부각시키고 싶으면 VCO를, 보어를 보다 더 부각시키고자 한다면 VOC를 썼을 것으로 보인다. VCO는 VOC에 비해 상대적으로 술어동사와 보어의 관계가 긴밀하여 거의 하나의 어휘처럼 인식되는 경향이 있다. 하나의 어휘로 인식될수록 술어동사가 중심이 되고 보어는 의미상 점차 희미해지게 된다. 바로 VCO에 출현하는 보어가 그렇게 변할 가능성 있고 보어의 원래 성격이 모호해질 수 있다. 그와 반면, VOC는 술어동사와 보어가 떨어져서 출현하고 있다. 이 경우 한 마디로 보어가 술어동사에게 먹힐 가능성이 줄어든다. 즉, 자신의 독립성이 확보되는 것이다. 이를 다시 정리하면, VOC구조를 사용함으로써 한편으로 목적어의 위치를 처리하게 되고 아울러 보어의 의미를 상대적으로 부각시키게 된 것이다. 바로 이렇게 VCO와 VOC 두 구조가 동시에 공존했던 이유는 그들 나름의 기능적인 역할이 있었기 때문이다.

한편, '得'자보어구도 VOC와 유사한 현상이 존재했는데 그것은 바로 'V得OC'구조이다. 아래는 ≪水滸傳≫에 나오는 예이다.

(6)  兩箇三回五次勸得他住. (3회) (두 사람은 네다섯 차례 권하고 나서야 그를 진정시킬 수 있었다.)
(7)  我和你出得城去, 只要還我無三不過望. (29회) (내 자네와 성을 나가면 나에게 "무 삼불과망"하게 해줘야 하네.)

위의 '勸得他住'는 곧 '勸他住'이고, '出得城去'는 '出城去'로 모두 일반 동결식, 동추식에 상당한 것들이다. 단지 '得'로 연결되어 있을 뿐, VOC와 사실상 같은 구조나 다름없다. 이러한 구조는 宋元시기까지 매우 유행했던 형식인데 현재는 모두 사라지고 없다. 그렇다면 VOC와 'V得OC' 모두 왜 사라졌을까? 이것은 처치식의 발전과 관련이 깊다. 이들

구조와 처치식은 물론 그 기능적 측면이 본질적으로 다르긴 하지만 모두 '목적어'처리 및 보어 부각이라고 하는 공통분모를 갖고 있다. 한 마디로 처치식이 본격적으로 술보구조와 연계되면서, 목적어를 처리하여 보어를 부각시키는 새로운 구조로 처치식이 보다 선호되었고 기존의 두 가지 구조는 상대적으로 소멸되어 간 것이다.[9]

VOC구조는 분명 한어사에서 근 1,000년간을 지속해왔던 통사구조이다. 이것이 상용된 구조로 활약을 했던 데에는 위와 같은 공시선상의 이유가 존재했던 것이고, 그가 사라진 이유 역시 당시의 기능적 측면과 무관하지 않음을 알 수 있다.

## 死 (총2예)

### ① Vi+C

(1) 如彼商賈將入大海, 殺其導者, 迷失津濟, 終致**困死**. (14. 殺商主祀天喩) (마치 저 상인들이 대해에 들어가고자 하면서도 안내자를 죽여 뱃길을 잃어 마침내 곤궁해 죽음에 이르게 된 것과 같다.)

(2) 後還欲竪, 樹已**枯死**, 都無生理. (33. 斫樹取果喩) (나중에 다시 나무를 세우려고 했으나 나무는 이미 말라 죽었고 벌써 생리도 없어졌다.)

함께 결합하는 동사는 모두 자동사로 '困'과 '枯'이다. '死'는 '술어동사의 동작으로 인해 목숨을 잃다'를 나타낸다. 여기서 '死'는 의미상 모두 행위자(施事)를 지향한다.

吳福祥은 상고시기 문헌에 보이는 이렇게 목적어가 출현하지 않는 'V+死' 형식은 여전히 연동구조라고 주장한다. 그것은 당시에 여전히 '縊而死'와 같은 형식이 존재했기 때문에 ≪史記≫에 등장하는 '斬死' 등도 연동문의 성격일 것이라는 것이다. 그런데 그는 심지어 위진남북조의 상기 형식도 연동구조라고 보고 있으며 唐이후 가서야 '死'가 보어로 쓰이게 된다고 한다. 그러나 필자 생각에 비록 연동문의 혐의가 있긴 하지만 위진남북조 시기는 한창 동결식이 출현하여 확장되어 가던 때이기 때문에 그것에 의한 유추현상이 충분히 발동하여 'V+死' 역시 동결식으로 유도했을 가능성이 있다고 본다. 이것은 형용사가 보어로 쓰이는 경우에도 마찬가지이다.

---

9) 처치식과 VOC 등의 구조가 기능상으로 완전히 같지는 않으며 특히 처치식은 그 특유의 기능이 있기 때문에 처치식이 전문적으로 이들을 대체했다고 볼 수는 없지만 기능상 일정정도 공유하는 부분에 있어서 대체 관계가 발생했을 가능성은 있다.

## 得1 (총7예)

### ① Vt+C

(1) 以不解故, 定知汝衣必是**偷得**, 非汝舊物. (8. 山羌偷官庫衣喩) (할 줄 모르기 때문이니, 분명 네 옷은 훔친 것임이며 너의 옛 물건이 아님을 알겠다.)

(2) 守者**捉得**, 將詣王所, 而於中道復更和聲作鴛鴦鳴. (47. 貧人能作鴛鴦鳴喩) (지키던 자가 그를 잡아서 왕이 있는 곳으로 데려 가는데 (그가) 도중에 재차 소리를 맞추어 원앙 울음소리를 냈다.)

### ② Vt+C+O

(3) 昔有賊人, 入富家舍, **偷得**錦綉, 卽持用裹故弊氀褐種種財物, 爲智人所笑. (23. 賊偷錦綉用裹氀褐喩) (옛날에 도둑이 있었는데 부자집에 들어가 화려하게 수놓은 비단을 훔쳐서 그것을 갖고 자신의 낡고 허름한 여러 가지 옷가지와 재물을 싸고 다녀 총명한 사람들의 웃음거리가 되었다.)

(4) 若能修行善行, 及以布施、持戒、禪定, 便得離苦, **獲得**道果. (41. 毗舍闍鬼喩) (만약 선행 및 포시, 지계, 선정을 수행할 수 있다면 고난에서 벗어날 수 있고 도과(열반)를 얻을 수 있다.)

≪百喩經≫에 출현하는 'V得(O)'형식은 '得'의 성질에 따라 일반 결과보어와 동상보어 두 가지로 구분할 수 있다. 상기의 '得1'은 함께 결합하는 동사가 '偷', '獲', '捉', '市', '求' 등 타동사이고, 이때 '得'은 이들과 유사한 의미의 '획득'의미를 유지하고 있다. 그래서 의미지향도 '피동작주(受事)'가 되고 허화정도는 낮다. 반면, '得2'는 그 앞에 출현하는 동사가 이러한 '획득'류가 아니기 때문에 '得'의 의미는 '획득'의미가 유지되지 않고 더 허화하여 '완성(完結)'이나 보다 더 허화된 개념을 나타내게 된다. 이러한 보어가 바로 動相보어이다. 동상보어는 楊平(1989)에 따르면, 아래와 같이 이미 東漢의 ≪論衡≫에서 출현하였다.

(5) 謂妊娠之時, **遭得**惡也. (論衡, 第六) (임신했을 때에 악한 것을 만나는 것을 말한다./ 현대 중국어: 怀孕的时候, 碰到不祥之物)

이미 이 시기에 비획득류 동사인 '遭'와 결합하고 있고 이로써 '得'은 실의보다는 '완성'이나 '완료상' 또는 '실현'의 의미를 나타내게 된 것이다. 그러나 동상보어 역할의 '得'이 있는 동시에 여전히 '획득'의미를 함께 표현하는 실의의 '得'도 존재하였고 이것은 이후 근대중국어시기까지 지속된다.


## 去 (총2예)

### ① Vt+C+O

(1) 世人亦爾. 聞有人言, 修不淨**觀**, 即得**除去**五陰身瘡. (27. 治鞭瘡喩) (세상 사람들 또한 그러하다. 어떤 이가 부정관을 닦으면 바로 오음으로 이루어진 더러움을 제거할 수 있다는 말을 들었다.)

### ② Vt+C

(2) 若長者唾出落地, 左右諂者已得蹋**去**; 我雖欲蹋, 每常不及. (57. 蹋長者口喩) (만약 어르신께서 침을 뱉어 나와 땅에 떨어지면 좌우에 아첨하는 자들이 이미 밟아 버리게 됩니다. 저는 비록 밟으려 해도 매번 항상 미치지 못했습니다. )

함께 결합하는 동사는 타동사인 '除'와 '蹋'이다. 이때 '去'는 '가다'의미의 '去'와는 다른 어휘로 '제거(去掉)'의 의미를 갖고 있다. 이것은 방향보어로 쓰이는 '去'와는 다른 방향의 발전을 겪은 별도의 어휘로 보는 것이 옳다. ≪水滸傳≫에도 아래와 같은 예가 출현한다.

(3) 高太尉被大衆人苦告, 饒了兩箇性命, 削去本身職事, 發回東京泰乙宮聽罪. (79회) (고태위는 사람들이 간곡히 청하는 바람에 둘의 목숨을 살려 파직을 시키고 동경 태을궁에 보내 대기토록 했다.)


## 却 (총3예)

### ① Vt+C

(1) 有人見之言: "汝大愚癡, 無有智慧. 汝何以不去, 語言莫來." 即爲**挽却**, 牽餘處去. (38. 飲木桶水喩) (어떤 사람이 보고는 말했다. "당신은 정말 멍청하고 지혜가 없다. 당신은 어째서 가지 아니하고 오지 말라고만 말하는가!" 그리고서는 바로 그를 끌고 다른 곳으로 가버렸다.)

(2) 長者唾時, 左右侍人, 以脚蹋**却**. (57. 蹋長者口喩) (어르신이 침을 뱉으면, 좌우 모시는 이들이 발로 밟아버리곤 했다.)

(3) 若唾地者, 諸人蹋**却**. 欲唾之時, 我當先蹋. (57. 蹋長者口喩) (만약 땅에 뱉으면 여러 사람들이 밟아버릴 것이다. 뱉으려고 할 때 내가 반드시 먼저 밟아야지.)

'却'은 원래 '退'의 의미로 상고중국어에서 동사로 사용되었는데 이로부터 '離去(또는 開)'의 의미가 파생되어 방향보어로 쓰이기도 하였다. 그러나 위진남북조 시기에 와서는 여기서 다시 '除去'의 의미가 파생되어 결과보어로 쓰이게 되었다. 曹廣順(1995)에 따르면 위진남북조 시기 각종 문헌에 '却'이 '殺', '擊', '了' 등의 '소멸, 제거'류 동사와 결합하는 예가 자주 등장하고 있는데 이들은 아직 唐代이후 나올 '완성', '완료상', '실현' 등 의미의 동상보어가 아니라고 한다. 梁銀峰(2008) 역시 위진남북조 시기 '却'의 예가 다수 출현하고 심지어 뒤에 목적어까지 취하는 '洗却其字', '截却頭尾', '割却少許' 등의 예도 등장하지만 여전히 이때의 '却'이 '除去'의 실의가 살아 있어 완벽한 형태의 동상보어로 보기는 힘들다고 하였다. 상기의 ≪百喩經≫의 예에서는 앞의 동사가 '挽(잡아당기다)'와 '蹋(밟다)'이다. 전자는 확실히 '소실, 제거'류와 가까워 이때의 '却'은 결과보어로 볼 수 있다. 그런데 '蹋'이 약간 문제이다. 이 자체는 '소실, 제거'류라고 볼 수는 없다. 그러나 이 문장은 '침을 뱉으려고 할 때 그 침을 밟는 동작'인데 즉, "밟아서 그 침을 제거한다"라는 의미를 나타낸다. 이것은 바로 위의 보어 '去'에서 소개된 '蹋去'와 사실상 동일한 의미를 나타내고 있다. 이 '却'과 '去'는 둘 다 '57. 蹋長者口喩'라는 동일 스토리에서 출현한 예로 이것을 통해 '却'이 허화했다기 보다 여전히 결과보어의 상태에 있음을 확인할 수 있다. 그렇기 때문에 이것은 피동작주를 지향한다. 이처럼 이 시기의 '却'은 상기의 결과보어 '去'와 사실상 같은 의미를 갖는 평행한 기능을 한다고 볼 수 있다.

'却'은 위진남북조 시기엔 아직 허화 초기단계이지만 唐代이후 큰 발전을 이뤄 심지어 동태조사까지 발전하게 된다. 이것은 이후에 '了'에 의해 대체된다.

**殺** (총2예)

① Vt+C

(1) 寧爲毒蛇螫**殺**, 要當懷去. (89. 得金鼠狼喩) (차라리 독사에게 물려 죽을 지언정 꼭 그것을 품고 가겠다.)

② Vt+O+C

(2) 雄鴿不信, 瞋恚而言: "非汝獨食, 何由減少?" 卽便以嘴啄雌鴿**殺**. (95. 二鴿喩)

(수컷 비둘기는 믿지 낳고 화를 내더니 말했다. "네가 혼자 먹은 게 아니라면 어째서 줄어들었냐?" 하면서 즉시 부리로 암컷 비둘기를 쪼아 죽였다.)

이것은 원래 타동사였으나 이 시기엔 자동사화하여 '죽다'의 의미로 쓰이고 있다. 함께 결합하는 동사는 '螫(벌레 등이 쏘다, 물다)', '啄(쪼다)' 등 타동사이다. (1)의 예는 피동문으로 되어 있고, (2)는 'VOC' 분용식의 형태로 되어 있으며, 모두 피동작주를 지향하고 있다.

이 시기엔 아직 '죽다'의 의미의 보어로 '死'보다는 '殺'이 더 먼저 많이 쓰이는 편이었으나 唐이후 '死'가 늘어나기 시작했고 급기야 ≪水滸傳≫에서는 '殺'이 38예 출현하는 반면, '死'가 260여 예 출현하고 있다. 아래는 ≪水滸傳≫에 출현하는 보어 '殺'의 예이다.

(3) 張淸刺殺了唐昌, 縛了田虎, 簇擁入城. (100회) (장청은 당창을 찔러 죽이고, 전호를 묶어 떼지어 둘러싸서 성으로 들어 왔다.)

이 외에 '殺'은 또 정도가 높음을 나타내는 정도보어로도 발전해 나갔다. 현대중국어에서는 '死'를 사용하지만('气死我' 등) 고한어에서는 '殺'도 함께 썼으며 오히려 '殺'이 '死'보다도 더 많이 사용된 바 있다. ≪水滸傳≫에서도 아래와 같이 '殺'이 30예, '死'가 5예 출현하고 있다.

(4) 我兒, 端的渴殺我也, 救我一救! (43회) (애야, 정말 목말라 죽겠구나. 좀 도와주거라!)


長 (총1예)

① Vt+C

(1) 於佛法王欲得親近, 求其善法, 以自增長. (26. 人效王眼瞤喩) (불법왕(즉, 부처)에 대해 친근함을 얻고자 하고 그의 선법을 구하고 이로써 스스로 자신의 도행을 증가시킨다.)

함께 결합하는 동사는 '增'으로 여기서는 타동사로 쓰인다. '술어동사의 동작으로 인해 어떤 대상이 늘어남'을 나타내어 피동작주를 지향한다.

## 折 (총3예)

### ① Vt+C

(1) 一弟子行, 其一弟子捉其所當按摩之脚, 以石**打折**. (53. 師患脚付二弟子喩) (한 제자가 자리를 비우자 그 다른 제자는 그(또 다른 제자)가 안마하기로 담당했던 스승의 다리를 잡고 돌로 쳐서 부러뜨렸다.)

### ② Vt+O+C

(2) 譬如野干, 在於樹上, 風**吹枝折**, 墮其脊上. (48. 野干爲折樹枝所打喩) (비유하자면, 여우가 나무 위에 있는데 바람이 불어 나뭇가지를 부러뜨렸고 그것이 그의 등위에 떨어졌다.)

이것은 사동용법이 소멸되면서 자동사화하여 결과보어로 쓰인 예로, 함께 결합하는 동사는 '打', '吹' 등의 타동사이다. 이것은 '술어동사의 동작으로 인해 어떤 대상이 부러짐'을 나타내어 모두 피동작주를 지향하고 있다. (1)과 같이 'VC' 형식도 구성하고, (2)와 같이 'VOC' 분용식도 구성한다.

## 爲 (총4예)

### ① Vt+C+O

(1) 胡以水竇**名爲**"摩尼", 欲令其人從水竇出. (94. 摩尼水竇喩) (서역에서는 수로(水竇)를 '摩尼'라고 부른다. 그 사람을 이 수로로 내보려고 한 것이다.)

(2) 卽**燒爲**炭, 詣市賣之, 不得半車炭之價值. (22. 入海取沉水喩) (태워서 숯으로 만들어 시장에 가서 팔았더니 숯 반 수레의 값도 못 얻었다.)

### ② Vi+C+O

(3) 至水欲渡, 脫衣置地, 尋時金鼠**變爲**毒蛇. (89. 得金鼠狼喩) (물에 이르러 건너려고 옷을 벗어 땅에 놓았는데 얼마 안 되어 금족제비가 독사로 변했다.)

(4) 心至冥感, 還**化爲**金. (89. 得金鼠狼喩) (마음이 지극하여 신령을 감화시켜 그 독사는 다시 금으로 변하였다.)

'爲'는 원래 'V+O1+爲+O2'의 겸어식 형식에서 술보구조로 문법화되면서 나온 보어이다. 蕭紅(2008)에 따르면, 중고시기 이전에 주로 위의 겸어식 형태로 많이 존재했던 것이 위진이후 '동사+爲'의 형식으로 정형화하였고 이때 '爲'는 앞의 성분이 표시한 결과를 나타낸다는 것이다. 즉, 겸어구조에서는 '동사'와 '爲'가 서로 떨어져 있지만 목적어가 앞으로 이동하면서 동사와 '爲'가 긴밀해지고 이로써 그것의 동사성이 약화되고 의미가 허화되었다고 한다. ≪百喩經≫의 '爲'를 조사한 결과 '동사+爲'는 위의 4예가 발견된 반면, 'V+O1+爲+O2'의 겸어식은 아래의 1예만이 발견되었다.

(5) 汝是愚人, 云何須財**名他爲兄**; 及其債時, 復言非兄? (7. 認人爲兄喩) (당신은 우매한 사람이다. 어째서 돈이 필요할 때는 그를 형이라 하고, 그가 빚을 독촉할 때에 와서는 다시 형이 아니라고 말하는가?)

여기에 사용되는 동사들은 '名', '燒'의 타동사와 '變', '化'의 자동사가 있으며 (1)(2)에서는 '爲'가 피동작주를 지향하는 반면, (3)(4)에서는 행위자를 지향하고 있다.


## 作 (총6예)

### ① Vt+C+O

(1) 二子隨敎, 於其死後, **分作**二分. (58. 二子分財喩) (두 아들은 가르침을 따라 그가 죽은 후에 재산을 둘로 나누었다.)
(2) 所謂衣裳中**割作**二分, 盌、瓶亦復中**破作**二分, 所有瓮、瓨亦**破作**二分, 錢亦**破作**二分. (58. 二子分財喩) (이른바 옷은 가운데를 갈라 둘로 나누고, 접시와 병 역시 가운데를 깨서 나누고, 갖고 있는 옹기와 항아리 역시 깨서 둘로 나누고, 돈 역시 둘로 쪼개야 한다.)

'作'도 '爲'와 동일한 기능을 하고 있으며 '술어동사의 동작으로 인해 어떤 대상이 어떤 상태가 됨'을 나타낸다. 여기서는 6예 모두 피동작주를 지향하고 있다.


## 2) V+형용사

형용사가 보어로 쓰이는 경우는 대부분이 목적어를 취하지 않고 있으며 행위자(施事)를 의미지향하는 경우가 많다.

## 大 (총2예)

### ① Vi+C

(1) 昔有國王, 産生一女, 喚醫語言: "爲我與藥, 立使**長大**." (15. 醫與王女藥令卒長大喩) (옛날에 왕이 있었는데 딸 하나를 낳았다. 의사를 불러 말했다. "나를 위해 그녀에게 약을 주어 바로 자랄 수 있게 하라.")

(2) 時諸人等笑王無智, 不曉籌量生來年月, 見其**長大**, 謂是藥力. (15. 醫與王女藥令卒長大喩) (그때 여러 사람들은 왕이 무지하고 태어난 후 연월도 계산할 줄 몰라 그가 자란 것을 보고는 약의 힘이라고 생각한다고 비웃었다.)

함께 결합하는 동사는 자동사인 '長'이며 '大'는 '술어동사의 동작으로 인해 어떤 대상이 커지다'를 나타낸다. 여기서는 모두 행위자를 지향한다.


## 多 (총1예)

### ① Vi+C

(1) 昔有一人, 巧於牧羊, 其羊**滋多**, 乃有千萬. (30. 牧羊人喩) (옛날에 어떤 이가 있었는데 양치기를 잘했다. 그래서 그 양이 불어나 천만이나 되었다.)

함께 결합하는 동사는 자동사인 '滋(불어나다)'이며 '多'는 '술어동사의 동작으로 인해 어떤 대상이 많아지다'를 나타낸다. 위의 예는 행위자를 지향한다.


## 盡 (총3예)

### ① Vt+C

(1) 若可**飮盡**, 我當飮之. (5. 渴見水喩) (만약 마셔서 다할 수 있다면 나는 당연히 그것을 마셨다.)

(2) 未得一豆, 先所捨者雞鴨**食盡**. (88. 獼猴把豆喩) (아직 그 콩 하나를 줍지도 않았는데 먼저 놓아 버린 콩들을 닭과 오리가 다 먹어버렸다.)

### ② Vi+C

(3) 祀天已竟, 迷失道路, 不知所趣, 窮困**死盡**. (14. 殺商主祀天喩) (하늘에 제사를

다 지내고 나서 길을 잃어 나아갈 바를 몰라 처지가 매우 곤궁해져서 죽어 없어지고
말았다.)

함께 출현하는 동사는 타동사로 '飮', '食'이 있고, 자동사로 '死'가 있다. '盡'은 '술어
동사의 동작으로 인해 어떤 대상이나 주체가 없어지는 것'을 나타낸다. 위의 (1)(2)에서
'盡'은 피동작주를 지향하지만 (3)에서는 행위자를 지향하여 주체 자체가 죽어 없어짐을
나타낸다.

## 足 (총2예)

### ① Vt+C

(1) 旣爲五欲之所疲厭, 如彼**飮足**, 便作是言. (38. 飮木桶水喩) (이미 오욕에 의해 질
리고 마치 저 사람처럼 물을 충분히 다 마신 다음에야 이와 같이 말을 한다.)

### ② Vi+C

(2) 我今**飽足**, 由此半餠. (44. 欲食半餠喩) (나는 지금 배가 부른데 이 반쪽 전병 때문
이다.)

함께 결합하는 동사는 타동사인 '飮'과 자동사인 '飽'이며 '足'은 '술어동사의 동작으로
인해 어떤 대상이 충족되다'를 나타낸다. 두 예 모두 행위자를 의미지향한다.

## 滿 (총1예)

### ① Vi+C

(1) 譬如有人, 因其飢故, 食七枚煎餠. 食六枚半已, 便得**飽滿**. (44. 欲食半餠喩) (비
유하자면, 어떤 사람이 그가 배고픈 까닭에 일곱 개의 전병을 먹었다. 그리고 여섯
개 반을 다 먹었을 무렵 배가 불렀다.)

함께 결합하는 동사는 자동사인 '飽'이며 '滿'은 '술어동사의 동작으로 인해 어떤 대상
이 충족되다'를 나타낸다. 위의 예는 행위자를 의미지향한다.

# 少 (총3예)

## ① Vt+C

(1) 昔有雌雄二鴿共同一巢, 秋果熟時, 取果滿巢. 於其後時, 果乾**減少**, 唯半巢在. (95. 二鴿喩) (옛날에 암수 두 마리 비둘기 함께 한 둥지 안에 있는데 가을 과일이 익어갈 무렵 과일을 가져다가 둥지를 다 채웠다. 그 뒤에 과일이 말라 적어지면서 단지 둥지의 반만이 찼다.)

(2) 雌鴿答言: "我不獨食, 果自**減少**." (95. 二鴿喩) (암컷이 답하여 말했다. "내가 혼자 먹은 게 아니오. 과일이 스스로 줄어든 것이오.")

함께 결합하는 동사는 타동사인 '減'이며 '少'는 '술어동사의 동작으로 인해 어떤 대상이 적어지다, 줄어들다'를 나타낸다. 3예 모두 행위자를 의미지향한다.

## 3) 動相보어

동상보어를 보기 전에 먼저 고한어에서 등장하는 각종 허화된 동사, 허사들의 '相'개념에 대해 살펴보도록 하자. 현대중국어의 '相'개념에는 여러 가지가 존재하며 이것은 고한어에서도 유사하게 나타나고 있다. 그런데 고한어의 각종 '相'표지 성분들의 界定과 개념 규정이 복잡하여 이에 대해 분명히 할 필요가 있다. 고한어 '相' 개념과 관련하여 楊永龍(2001)은 아래의 《朱子語類》 예를 들면서 宋代 당시 '了'의 세 가지 기능에 대해 설명하고 있다.

(1) 忽聞溪邊林中響甚, 往看之, 乃無, 止蜥蝪在林中, 各把一物如水晶. 看<u>了</u>, 去未數里, 下雹. (시냇가의 숲에서 갑자기 소리가 심하게 났는데 가서 봤더니 별거 없었고 단지 도마뱀이 숲속에서 각각 수정 같은 물건을 들고 있었다. 다 보고나서 몇 리 못 갔는데 우박이 내렸다.)

(2) 這箇自是周公死<u>了</u>, 成王賜伯禽, 不干周公事. (이것은 주공이 죽은 후 성왕이 伯禽에게 하사한 것이지 주공과는 관련이 없다.)

(3) 到得旱<u>了</u>賑濟, 委無良策. (가뭄에 이르러 구제하는 것은 분명 양책이 아니다.)

위의 예에서 '看了'의 '了'는 '동작의 종결'을 의미하는 것이다. 이에 비해 '死了'의 '了'는 동작의 종결이 아니라 '死'라는 순간동작이 하나의 '整體'로 관찰되고 있음을 나타내고 있다. 그리고 세 번째 '旱了'의 '了'는 '旱'이란 상태의 출현을 의미한다. 첫 번째는 우리가 보통 '완성(完結, completed)'라고 칭하고, 두 번째는 '완료상(完整體, perfective)'이라고 칭하며 세 번째는 '實現'이라고 칭한다. 그런데 대개 중국의 논저들을 보면 중국어의 '了'나 고한어에 출현하는 完成동사들, 또는 '得', '却', '取' 등의 동상보어들이 나타내는 개념에 대해 '完成 或 實現'이라고 말하고 있다. 필자가 그들의 '完成', '實現'개념을 여러 자료를 통해 도대체 무엇을 말하는지 살펴본 결과 일각에서는 '完成'을 '完結'의 개념으로 사용하고 있고, 일부에서는 또 '완료상'의 개념으로도 사용하고 있었다. 학자들마다 정의하고 사용하는 의미가 달라 많은 혼란이 발생하고 있기에 본서에서는 楊永龍(2001)의 위의 설명을 참고하여 고한어에서 허화된 동사 및 허사들이 나타내는 주요한 '相' 개념을 세 가지 정도로 요약하고자 한다.10) 그것은 먼저 '동작의 종결'을 의미하는 '완성(完結, completed)', 그리고 상태의 출현을 나타내는 '實現', 그리고 사건을 하나의 整體로 보는 '완료상(完整體, perfective)'이다. 楊永龍(2001)은 이 세 가지에 대해 '完結'이 가장 허화 정도가 낮고, 그 다음 과도적인 것이 '實現', 그리고 '完整體'가 가장 허화된 것이라 설명한다.

이렇게 고한어 연구에서 언급되고 있는 대표적인 '相'개념을 살펴보았는데 고한어에 출현하는 보어나 허사들이 과연 어느 정도까지 문법화가 진행되어 완벽한 상태의 '相' 개념을 나타내는지는 정확히 알 수는 없지만 대체로 전체 고한어 시기에 걸쳐 '相'을 나타내는 동사나 각종 허사들은 이 정도의 개념으로 설명하고자 한다. 그럼 아래에서 이와 관련한 동상보어에 대해 알아보자.

동상보어란 바로 동사의 '相'을 나타내는 보어로 보어 가운데서 의미가 비교적 '虛'한 것을 말한다. 이것은 현대중국어의 '到, 見, 好, 完, 着' 등과 유사하며 '완성(完結)', '實現' 등의 의미를 나타내고 있다. 중고, 근대중국어의 동상보어에는 여러 유형이 있는데 '已', '竟', '訖', '畢', '了' 등 이른바 '完成동사' 계열이 있고, '却', '將', '取', '得' 등의 '획득, 소실' 계열이 있다. 漢語史에서는 대체로 전자가 먼저 등장하여 활약을 했는데 특히 위진남북조 시기엔 '已'가 먼저 동상보어로 문법화 한 이후 점차 기타 完成동사로 확대되었고, 唐이후 '了'로 통합되어 갔다. '획득, 소실' 계열은 주로 唐宋의 근대중국어 시기에 활약했으며 이로부터 각종 구조조사 등이 문법화하기도 하였다. ≪百喩經≫에는 完成동사 계열로 '已'가 등장하고, '획득, 소실'계열로는 '得'이 등장하고 있다. ≪百喩經≫에는 '完成동사'로 '已'이외에도 '竟', '訖', '畢'이 등장하고 있다. 그러나 본서에서는 동상보어로 '已'만을 인정한다. 그에 대한 내용을 보기 전에 먼저 ≪百喩經≫에 출현하는 각종 完成동사의 상황을 살펴보자.

---

10) 물론 이 외에도 '지속상'이나 '잠시상', '경험상' 등 더 다양한 것이 존재하지만 본서에서는 주로 '完成', '實現'이란 개념에 맞추어 규정한다.

## 【'完成동사'로 구성된 문형】

### 已 (총43예)

#### ① Vt+完動

(1) 衆人聞已, 便大歡喜. (34. 送美水喩) (여러 사람들이 듣고 나서 크게 기뻐했다.)

(2) 傍人見已, 而語之言…… (6. 子死欲停置家中喩) (옆에 있던 사람이 다 보고는 그에게 말했다.……)

(3) 食已口爽, 返爲其患. (1. 愚人食鹽喩) (다 먹고 나서 입이 상하여 도리어 그것에 의해 고통스러웠다.)

(4) 貧人得已, 卽便剝皮, 嫌刀鈍故, 求石欲磨. (18. 就樓磨刀喩) (가난한 사람은 이를 얻고서 바로 껍질을 벗기려 했다. 그런데 칼의 날이 무딘 것을 싫어해서 돌을 구해 갈려고 했다.)

#### ② Vt+O+完動

(5) 作是念已, 便捉牸牛母子, 各繫異處. (2. 愚人集牛乳喩) (이 생각을 다 하고 나서 바로 암소와 송아지를 잡아서 각각 다른 곳에다 맸다.)

(6) 食六枚半已, 便得飽滿. (44. 欲食半餠喩) (여섯 개 반을 다 먹었을 무렵 배가 불렀다.)

(7) 修諸苦行, 投巖赴火, 捨是身已, 當生梵天, 長受快樂. (29. 貧人燒粗褐衣喩) (제 고행을 닦고 높은 바위 위에서 뛰어 내리거나 불로 뛰어 들어야 하고 이 몸을 다 버리면, 분명 梵天에 태어나 영원히 쾌락을 즐길 것이다.)

(8) 旣到舍已, 有人問言…… (73. 詐言馬死喩) (이미 집에 도착하자 어떤 이가 물었다.……)

#### ③ Vi+完動

(9) 駝旣死已, 卽剝其皮. (42. 估客駝死喩) (낙타가 죽자 그 가죽을 벗겼다.)

(10) 彼旣來已, 忿其如是, 復捉其人所按之脚, 尋復打折. (53. 師患脚付二弟子喩) (그가 와서는 그가 이와 같이 한 것에 화가 나서 다시 그 다른 제자가 맡아 안마했던 다리를 잡고 바로 분질렀다.)

### 竟 (총4예)

#### ① Vt+完動

(11) 我已飮竟, 水莫復來. (38. 飮木桶水喩) (내가 이미 물을 다 마셨으니 물은 더 안

와도 된다.)

(12) 我已飮竟, 語汝莫來, 何以故來? (38. 飮木桶水喩) (내가 이미 물을 다 마셔서 너에게 그만 오라고 했는데 어째서 계속 오느냐?)

② **Vt+O+X+完動**

(13) 祀天已竟, 迷失道路, 不知所趣, 窮困死盡. (14. 殺商主祀天喩) (하늘에 제사를 다 지내고 나서 길을 잃어 나아갈 바를 몰라 처지가 매우 곤궁해져서 죽어 없어지고 말았다.)

**訖** (총1예)

① **Vt+完動**

(14) 一人觀瓶, 而作是言: "待我看訖." (59. 觀作瓶喩) (다른 한 사람은 병을 보면서 이러한 말을 했다. "내가 다 볼 때까지 기다려줘.")

完成동사 '已', '竟', '訖', '畢'은 특히 위진남북조 시기에 자주 등장하는데 이것과 관련한 대표적인 연구로 蔣紹愚의 "≪世說新語≫, ≪齊民要術≫, ≪洛陽伽藍記≫, ≪賢愚經≫, ≪百喩經≫中的'已', '竟', '訖', '畢'"이란 논문이 있다. 지금부터 이것을 통해 당시의 完成동사 상황을 살펴보도록 하자.

위진남북조의 상기 문헌에서 完成동사 '已', '竟', '訖', '畢'가 사용되는 예를 분석한 결과 몇 가지 특이한 현상이 발견되었다. 아래는 각 문헌에 등장하는 完成동사의 수량이다.

표 7-1 위진남북조 시기 完成동사의 출현 상황

|  | 已 | 竟 | 訖 | 畢 |
|---|---|---|---|---|
| 世說新語 | 0 | 15 | 5 | 21 |
| 齊民要術 | 0 | 3 | 102 | 13 |
| 洛陽伽藍記 | 0 | 0 | 3 | 0 |
| 賢愚經 | 296 | 70 | 90 | 4 |
| 百喩經 | 43 | 4 | 1 | 0 |

이를 바탕으로 '已'와 '竟', '訖', '畢'의 차이점을 소개하면 아래와 같다.

ⅰ) 출현비율이 다르다. 주로 불경역경 문헌에서는 '已'가 많이 출현하고 있고 中土문
헌에서는 '已'가 거의 출현하지 않는다.

ⅱ) '竟', '訖', '畢' 바로 앞에는 시간부사가 출현할 수 있으나 '已' 앞에는 부사가 출현
하지 않는다. 출현할 경우, '已'앞의 동사 앞에 출현한다. '竟', '訖', '畢' 은 그 바로
앞에 부사가 출현하기 때문에 일반 동사의 성격이 강하다.

ⅲ) '竟', '訖', '畢'은 문장의 종료에 쓰이고 뒤에 다른 문장이 출현하지 않을 수 있으나
'已'는 뒤에 반드시 다른 문장이 뒤이어 출현한다.

ⅳ) '竟', '訖', '畢' 앞에는 반드시 지속동사가 나와야 하나 '已' 앞에는 지속동사, 비지
속동사 모두 출현하고 있다. 즉, '竟', '訖', '畢'은 현대중국어의 '完'에 해당하지만
'已'는 '死已', '覺已', '成已' 등 비지속동사와 결합하는 예가 많아 양자 간의 성질
이 분명 다르다.

　바로 이러한 차이점을 바탕으로 '已'의 성격을 논할 수 있는데 '已'는 당시 梵文의 絶
代分詞를 번역하는 과정에서 출현한 것으로 볼 수 있다. '절대분사'란 梵文에 있는 문법
표지로 '동일 행위자의 두 가지 행위 중 첫 번째 행위'를 나타내며 이것은 대체로 번역과정
에서 "~을 하고 난 후"로 된다. 그렇다면 왜 하필 '已'를 가지고 이것을 번역한 것인가?
사실 先秦시기에 이미 "攻齊已,~" 등의 'V(O)已' 형식이 존재했었고 특히 東漢위진남
북조 시기에는 完成동사로 '已'를 이미 많이 사용하고 있었다. 그래서 번역자는 당시 '已'
가 유사한 의미를 나타내기 때문에 가장 많이 사용하던 이것을 가지고 梵文의 절대분사를
번역하였던 것이다. 다만, 원래 中土문헌에서 쓰일 때는 지속동사 뒤에서만 출현하였으나
梵文을 번역하면서 비지속동사와도 결합하게 되었다. 바로 이러한 이유로 위의 특징 중
비지속동사와 결합하는 현상이 많다는 점, 그리고 주로 불경역경에서 '已'가 많이 사용되
고 있다는 점이 설명될 수 있다. 그리고 梵文의 절대분사를 번역했기 때문에 문장이 종료
가 되면 안 되는 것이다.

　그런데 '已'와 '竟', '訖', '畢'은 그 문법적인 성격이 다르다. 먼저 후자들은 지속동사들
과만 결합하는데 그렇기 때문에 이들은 동사의 相 중에서 '완성(完結, completed)'이란 상
을 나타내게 된다. 이것은 보다 허화된 '實現'이나 '완료상'과는 다른 것으로 후자들이 보
다 더 문법화가 진행된 허화 정도가 높은 것이다. 처음에는 이렇게 차이가 있었지만 梵文
의 번역 과정에서 자주 사용한 '已'는 단순히 번역 차원에서 끝나는 것이 아니고 이후 기

타 完成동사에게도 중요한 영향을 주게 된다. 그래서 '漢語'에 없던 '실현' 또는 '완료상'의 개념이 이식되게 되었고 '竟', '訖', '畢' 등도 이러한 개념을 표현하기 시작하여 비지속동사와도 결합하게 되었다.[11]

이상이 蔣紹愚가 설명한 위진남북조 주요 자료 중 출현한 完成동사들의 성격이다. 完成동사로 구성되는 'V+(O)+完動'형식이 과연 술보구조인가에 대해서는 현재까지 의론이 분분한 상황이다. 梅祖麟(1981), 柳士鎭(1992), 馮春田(1992), 吳福祥(1999) 등은 이것이 술보구조이고 이때의 完成동사들이 보어라고 한다. 그러나 앞에서 방금 언급한 蔣紹愚는 모든 'V+(O)+完動'형식이 다 술보구조는 아니라고 한다. 사실 위의 그의 설명에 그 이유가 거의 다 제시되어 있는데 먼저 '已'와 '竟', '訖', '畢'의 성격차이가 중요하다. 이 시기에 '竟', '訖', '畢'은 모두 지속동사 뒤에만 출현한다. 물론 '相'의 개념으로 보면 '완성(完結)'의 의미를 나타낼 수 있다. 그러나 이보다 더 의미가 허화된 '완료상, 실현'의 의미를 나타내는 '已'에 비교했을 때 그 문법화정도가 일단 떨어지고 있다. 그리고 무엇보다 중요한 것은 이들 '竟', '訖', '畢'은 하나같이 그 앞에 부사가 출현할 수가 있다. 위의 (13) '祀天已竟'에서 바로 '已'라는 부사가 출현하고 있다. 그러나 完成동사 '已'는 이 시기 절대 이러한 모습을 보여주지 않고 있다. 이렇게 허화정도와 통사상 결합의 특징으로 보건대 '已'는 이미 일반적인 술어동사의 성격을 넘어 보어로 문법화가 되었을 것으로 충분히 볼 수 있고, '竟', '訖', '畢'은 아직 술어동사의 성격을 벗어나지 못해 그것이 구성하는 'V+(O)+完動'은 일종의 주술구조로 봐야 한다. 이와 관련하여 吳茂剛은 <魏晉六朝完成貌句式語法屬性硏究述評>에서 그 이유를 자세히 설명하고 있다. 이에 본서에서도 당시 유사한 성격의 完成동사 및 그로 구성된 'V+(O)+完動'형식이 다수 발견되고 있지만 술보구조로서는 단지 동상보어 '已'로 구성된 것만을 인정하고자 한다.[12]

필자가 ≪百喩經≫을 분석했을 때에도 이와 유사한 결과가 나왔는데, 위의 예문에서 보듯이 '已'는 '作', '食' 등의 지속동사와도 결합하지만 '得', '捨(떠나다)', '死', '來' 등

---

11) 공교롭게도 ≪百喩經≫에 나오는 예(9)의 '駝旣死已'가 앞의 설명에서 나왔던 ≪朱子語類≫의 '死了'와 동일하게 출현하고 있어 이때의 '已'를 적어도 '실현'이상의 의미를 나타내는 것으로 충분히 볼 수 있으며 楊永龍의 논리대로라면 더 나아가 '완료상'까지 나타낼 수 있는 것으로 볼 수 있다.

12) 만약 'V+(O)+完動'구조를 주술구조로 본다면 여기에 출현하는 完成동사를 의미가 다소 허화한 상표지로 보기 어려울 수도 있다. 그러나 사실상 이 구조는 그것이 통사상 주술구조이든 술보구조이든 의미기능상으로 볼 때 여기서의 完成동사가 어느 정도 허화한 完結 혹은 實現의 '相'을 나타내고 있기 때문에 통사상의 성격은 크게 중요하지 않을 수도 있다. 그렇기 때문에 학자들마다 의견이 분분할 수도 있는 것이다. 다만 본서에서 주술구조와 술보구조를 구분하고자 하는 것은 중국어의 문법화 및 발전과정에서 주술구조보다는 술보구조가 훨씬 더 문법화가 진행된 형식인데다가 술보구조의 일부 기원이 주술구조이기 때문에 그러한 언어 발전의 기원 관계를 분명히 밝히는 차원에서 구분하는 것이다.

비지속동사와도 결합하고 있는 반면, '竟'과 '訖'은 비록 소수이긴 하나 모두 지속동사와만 결합하고 있었다. 이로 볼 때, 위진남북조 시기에 상기의 과정을 거쳐 특히 불경역경에서는 일차적으로 '已'하나만이 동상보어로 문법화가 된 것으로 볼 수 있으며 그 외의 완성동사들은 이후 차차 문법화가 더 진행되어 주술구조로부터 술보구조로 변화해 간 것으로 보인다.

위의 蔣紹愚의 견해대로 당시 '已'가 확실히 기타 완성동사들과는 다른 차별화된 의미를 나타내고 있는 것은 사실이다. 그 의미는 바로 '완료상, 실현'의 개념인데 그렇다고 蔣紹愚 말대로 이 시기 漢語에 과연 '완료상, 실현'의 개념이 완전히 없었는지는 더 연구해 봐야 할 문제이다. 왜냐하면 이미 東漢시기 등장한 '遭得' 등의 동결식에서 '得'은 상당히 허화된 의미를 나타내기 때문이다. 특히 여기서 '遭'는 비지속동사이다. 그런 면에서 볼 때, 完成동사 전체에 보다 허화된 '相' 개념이 전파되는 데는 '已'가 일익을 했을지 몰라도 漢語 전체에 과연 '완료상, 실현'의 개념을 새롭게 도입시켰는지에 대해서는 보다 진일보한 연구가 필요하다.


## 【획득, 소실 계열 동상보어】

### 得2

#### ① Vt+C

(1)  世間愚人, 修習少福, 謂爲具足, 便謂菩提已可**證得**. (76. 田夫思王女喩) (세상의 우매한 자들은 작은 복을 닦으면서 만족스럽다고 여기고, 菩提를 증명해 낼 수 있다고 여긴다.)

여기서의 '得'은 앞의 '得1'과 허화 정도가 달라 '실현 또는 완료상'을 나타낸다. 앞에 출현하는 동사는 '證'으로 비획득류 동사이고 이때 '得'은 자연히 획득 의미와는 관계없는 비교적 허화된 의미이다. 이렇게 허화한 '得'은 이미 東漢무렵부터 출현하기 시작했기 때문에 이 시기에 완료상이나 실현의 의미로 쓰이는 '得'의 존재는 이미 일반화 되었다고 볼 수 있다.

≪百喩經≫에서는 '획득, 소실 계열'의 동상보어로 단지 '得' 하나만 출현하고 있다. 그리고 동일한 '획득, 소실 계열'의 동사 중, 이 시기엔 '却' 정도만이 결과보어로 문법화한 상태이고, '將', '取'는 아직 보어로 쓰이지 않았다. 이들 모두는 전체적으로 唐代에 가야 결과보어 및 동사보어로 발전하게 된다.

## 7.3.2 動趨式

방향보어는 결과보어가 탄생하면서 동시기에 출현하기 시작했다. 이 역시 동결식과 마찬가지로 'V₁+V₂'라고 하는 연동구문으로부터 문법화하였다. 방향보어의 문법화와 관련하여 『중국어와 문법화』(박원기, 2012, p.128-131)에 자세히 소개되어 있다. 위진남북조 시기는 사동용법이 사라지는 시점이 되기 때문에 아래의 예는 기존 漢代까지와는 차별화된 술보구조로 볼 수 있는 것이다.

(1) 獄中鬼神, 拔出其舌. (法苑珠林, 卷第七十) (옥중의 귀신이 그의 혀를 뽑아냈다.)

≪百喩經≫에서는 소수의 방향보어만이 출현한다. 여기에는 '來', '去', '入', '下'만이 출현하고 있다.

來 총10예

① V+來(6예)

(1) 其婦出來, 卽割其鼻, 尋以他鼻著婦面上. (28. 爲婦貿鼻喩) (그 아낙이 나오자 (그는) 바로 그녀의 코를 베고는 다른 코를 아내의 얼굴에 붙였다.)

(2) 昔有一人, 行來渴乏, 見木桶中有淸淨流水, 就而飮之. (38. 飮木桶水喩) (옛날에 한 사람이 있었는데 걸어오느라 목이 말랐는데 마침 나무 통 안에 맑은 물이 흐르고 있는 것을 보고는 가서 마셨다.)

(3) 有一愚臣, 輒便往至, 挑仙人雙眼, 持來白王. (36. 破五通仙眼喩) (한 우매한 신하가 있었는데 바로 가서 그 선인의 두 눈을 파내고는 데리고 와서 왕에게 말했다.)

(4) 便强將來, 於其家中, 種種供養. (36. 破五通仙眼喩) (이를 억지로 데려와 집에 두고 여러 공양을 하였다.)

② V+O+來(4예)

(5) 迎置賓客, 方牽牛來, 欲搆取乳, 而此牛乳卽乾無有. (2. 愚人集牛乳喩) (빈객을 맞이할 때 바야흐로 소를 끌고 오게 하였고 젖을 짜려고 했는데 이 소젖이 말라 없었다.)

(6) 我馬已死, 遂持尾來. (73. 詐言馬死喩) (내 말은 이미 죽었소. 이에 그 꼬리를 가지고 왔소.)

### ③ V+來+O(1예)

(7) 須臾之間, 驢盡破之. **還來家中**, 啼哭懊惱. (31. 雇傭瓦師喩) (잠깐 사이에 그 나귀가 도기들을 모두 깼다. 그는 집에 돌아와 울면서 괴로워했다.)

방향보어 '來'는 立足點 방향으로 이동함을 나타낸다. 함께 결합하는 동사는 10예 중 7예가 타동사로 '將', '持', '牽' 등으로 주로 피동작주 대상에 영향을 미치는 것들이다. 자동사로는 '還', '出', '行' 등의 이동동사가 출현한다. 목적어를 취하지 않는 형식이 많으나 목적어를 취할 때는 위와 같이 'V+O+來'의 형식으로 취하며 모두 4예 출현한다. 이것은 전형적인 방향보어의 목적어 취하는 방식으로 현대중국어까지 지속되고 있다. 다만, 'V+來+O'의 형식이 출현하는 것이 특이하다. 일반적으로 현대중국어에서는 출현하지 않는 형식이다. '還來家中'에서 동사는 '還'으로 사실 이 자체만으로도 이동의 의미는 충분하기 때문에 여기서의 '來'는 "화자로 가까워지다"라는 입족점을 설명해주는 기능만을 할 뿐이다. 그렇기 때문에 실의의 동사 역할보다는 방향보어의 역할로 보는 것이 맞다.

### 去 총15예

### ① V+去(14예)

(1) 奴去之後, 舍中財物, 賊盡**持去**. (45. 奴守門喩) (노예가 간 다음에 집안의 재물을 도둑이 들어 다 가지고 갔다.)

(2) 獄卒**將去**付閻羅王, 雖欲修善, 亦無所及已. (47. 貧人能作鴛鴦鳴喩) (그러나 옥졸이 데리고 가서 염라왕에게 넘기면 비록 선을 닦고자 해도 이를 수 없게 될 것이다.)

(3) 一人**捨去**, 往至大會. (59. 觀作瓶喩) (한 사람은 거기를 떠나 대회에 갔다.) (捨 = 離開)

(4) 龜得水已, 即便**走去**. (98. 小兒得大龜喩) (거북이는 물을 만나서 바로 가버렸다.)

(5) 時此愚人見子旣死, 便欲停置於其家中, 自欲**棄去**. (6. 子死欲停置家中喩) (그때 이 우매한 자는 아들이 이미 죽은 것을 보고는 그의 집 안에 아들을 놓고 스스로 집을 떠나가려고 했다.) (棄 = 離開)

### ② V+O+去(1예)

(6) 爾若能得優鉢羅花來用與我, 爲爾作妻; 若不能得, 我**捨爾去**. (47. 貧人能作鴛鴦鳴喩) (당신이 만약 우발라화를 얻어 와서 그것으로 나에게 선물한다면 그대를 위해 아내가 되겠다. 만약 얻지 못한다면 나는 그대를 버리고 떠나겠다.) (捨 = 離開)

방향보어 '去'는 입족점으로부터 멀어지는 방향을 나타낸다. 함께 결합하는 동사는 '將', '持' 등의 타동사가 있고, '棄(떠나가다)', '捨(떠나가다)', '走' 등의 자동사가 있다. 거의 절대다수가 목적어를 취하지 않는 'V+去'의 형식이고 목적어를 취할 경우는 'V+O+去'의 형식을 취한다. '捨爾去'는 '너를 떠나가다'로 기타 동사들과 마찬가지로 여기서의 '捨' 자체가 이동의 의미를 갖고 있고 '去'는 그 이동의 방향, 즉 "화자로부터 멀어지다"라고 하는 입족점만을 나타낸다.


## 入 총1예

### ① V+入+O

(1)  一人被一領氈, 中路爲賊所剝, 一人逃避, **走入**草中. (97. 爲惡賊所劫失氈喩) (한 사람이 모직옷을 한 벌 입고 있었는데 길에서 도적에게 빼앗겼고, 다른 한 사람은 도망가 풀숲으로 들어갔다.)


## 下 총1예

### ① V+下

(1)  卽便以餘藥服之, 方得**吐下**, 爾乃得瘥. (80. 倒灌喩) (바로 다른 약을 복용시켜 드디어 토해내고 이렇게 하여 비로소 나았다.)

이 둘은 입족점을 나타내는 '來', '去'와는 다르게 구체적인 방향을 나타낸다. '入'은 '안으로', '下'는 '아래로'라는 방향이며, 동사는 각각 자동사인 '走'와 타동사인 '吐'가 출현한다.

위진남북조 시기는 방향보어가 막 출현하기 시작한 때이기 때문에 기본적으로 간단방향보어만이 출현한다. 입족점을 나타내는 '來'와 '去'는 가장 기본적인 방향보어로 제일 먼저 문법화가 되고, 그 이후 '上', '下', '入', '出', '過', '起', '回' 등이 출현하게 된다. 동시기의 ≪世說新語≫에서는 ≪百喻經≫에 없는 '起', '過', '出', '還' 등이 등장하고, ≪洛陽伽藍記≫에서도 '過', '出', '還', '上', '起', '歸' 등이 등장한다. 역시 이들 문헌에서도 모두 간단방향보어만이 출현하고 있으며 '出去', '下來' 등의 복합방향보어는 출현하지 않고 있다.

　방향보어는 시간이 지남에 따라 의미의 허화가 진행이 되어 원래의 방향의미 외에도 '결과의', '상태의'를 나타내게 된다. 그러나 이 역시 唐宋시대에 가서야 가능하고 ≪百喩經≫을 포함한 위진남북조 문헌에서는 거의 발견되지 않고 있다.

---

## 7.4　'V₁+(NP)+令+V₂' 사역구문

≪百喩經≫에는 또 'V₁+(NP)+令+V₂'라는 특이한 형식도 등장하고 있다. 예컨대 아래와 같다.

(1)　下種於地, 畏其自脚踏地**令**堅, 其麥不生. (82. 比種田喩) (땅에 씨를 뿌리는데 그 자신의 발이 <u>땅을 밟아 땅을 딱딱하게 해서</u> 보리가 자라지 못할까 걱정되었다.)

(2)　乃於樓上得一磨石, <u>磨刀**令**利</u>, 來下而剝. (18. 就樓磨刀喩) (그래서 건물에서 숫돌을 하나 얻어서는 <u>칼을 날카롭게 갈고</u> 아래로 내려와서 껍질을 벗겼다.)

(3)　主人答言: "用稻穀麩<u>水浸**令**熟</u>, 和泥塗壁, 故得如是." (39. 見他人塗舍喩) (주인이 답하여 말했다. "벼와 곡식의 껍질을 이용하여 <u>물에 담가 숙성시켜</u> 진흙과 함께 섞어 벽에 칠하면 이와 같이 얻을 수 있다.")

이것은 동사가 나오고 그 뒤에 목적어가 나올 수가 있고 그 다음 '令'이란 사역동사가 온 후, 다시 다른 동사가 이어서 나오는 형식이다. 그리하여 V₁이라는 원인이 있고 이것이 사역동사인 '令'에 의해 연결되어 결과적으로 V₂가 되는 것을 나타낸다. 그렇기 때문에 漢語史를 연구하는 많은 학자들이 이를 일종의 술보구조로 처리하기도 하였다. 이 구조는 漢代에 흥기하여 위진남북조 시대에 번성하였고, 이후 宋代에 이르러 가장 극성으로 발전을 하였으며 그 이후 점차 쇠퇴하였다. 아래는 宋代 ≪朱子語類≫에 출현한 예들이다.

(4)　如人要起屋, 須是先築**敎**基址堅牢, 上面方可架屋. (朱子語類卷第八 學二) (만약 사람이 집을 지으려고 한다면 모름지기 먼저 <u>그 땅을 견고하게 한</u> 후에야 위에 집을 이을 수가 있다.)

(5) 某論語集注已改, 公**讀令**大學十分熟了, 卻取去看. (朱子語類卷第十九 論語一)
　　(내가 논어집주를 이미 수정하였으니 공이 <u><대학>을 읽어 익숙해졌다면</u> 가져가서 보
　　시게나.)

(6) 聖人只說既生之後, 未死之前, 須是與他精細理會道理**教**是. (朱子語類卷第一百
　　二十六 釋氏) (성인은 단지 이미 태어난 후부터 죽기 전까지의 일만을 말하니, 그와
　　더불어 자세히 <u>도리를 이해해서 옳게 만들어야</u> 한다.)

　학계에서는 현재까지도 그것의 성격에 대해 의론이 분분한 상황이다. 그래서 劉承慧, 趙長才 등은 이것을 술보구조의 기원으로 보았고, 劉堅, 江藍生, 袁賓 등은 宋代의 형식을 아예 술보구조로 보고 있으며 여기 출현하는 '敎'를 일종의 구조조사로 처리하였다. 아마도 이들이 이 형식을 술보구조로 보고자 하는 이유는 V₁과 V₂ 간의 인과관계가 형성되고 심지어 어떤 경우는 중간의 사역동사만 제거하면 사실상 VC술보구조와 거의 같기 때문이다. 그러나 洪波, 劉子瑜 등은 이를 술보구조로 보지 않고 일종의 사역구문으로 본다. 본서에서는 이들을 술보구조로 보는데 대해 약간의 의구심을 갖고 있으며 이와 관련하여 劉子瑜(2008)의 견해를 중심으로 이 구조가 사역구문인 이유를 살펴보고자 한다. 그에 따르면, 이것은 아래와 같은 형식적, 의미적 특징을 갖는다고 한다.

### ⅰ) 형식적 특징

　이 구조 가운데 어떤 것은 'V₁+敎V₂, 敎+A'의 형식을 띄기도 한다. 그런데 이때, '敎'가 만약 술보구조를 구성하는 구조조사라고 한다면 이와 같은 반복 출현의 구조를 만들 수 없다. '敎'가 두 번 연이어 반복 출현한다는 것은 그것의 동사로서의 성격이 살아 있다는 증거이다.
　예) 每事理會**敎**盡, **敎**恰好…

### ⅱ) 의미적 특징

　일단 '令/敎'가 '致使'의 실의가 살아 있다. 즉, 사역의미를 나타내는 사역동사인 것이다.
　그리고 이러한 구조는 주로 '미발생상황(未然)'의 문맥에 출현한다.

　이 두 가지 특징에 비추어 볼 때, 이 구조는 술보구조와 분명 다른 것임을 알 수 있다. 사실상 이 구조와 술보구조는 모두 因果關係를 나타낸다는 점에서 유사할 수 있다. 그러나 이 두 因果關係는 다른 점이 있다. 술보구조에서는 일종의 '동작'과 그로 인한 '결과'의

의미 관계가 기본이 된다. 즉, 동작이 있고 난 후, 그 동작이 일으킨 결과 혹은 상태라는 것이다. 그러나 이 구조에서는 그보다는 원인과 목적, 방식수단과 목적의 관계가 형성된다. 다시 말해, 술보구조에서의 술어와 보어 간의 인과관계가 '實現관계'라 할 수 있으나 이 구조와 같은 사역식은 非實現관계라 할 수 있다. 실현관계이기 때문에 주로 '기발생상황(已然)'의 문맥과 어울리게 되고, 비실현관계이기 때문에 '미발생상황(未然)'의 문맥과 어울리게 되는 것이다. 사실 劉子瑜(2008)가 찾아낸 대부분의 'V$_1$+(NP)+令+V$_2$'구조가 '미발생상황(未然)'의 문맥에 출현하고 있었고 ≪百喩經≫의 상기 3예 중 2예가 '미발생상황(未然)'의 문맥에 출현하고 있다.

바로 이러한 이유로 본서에서도 술보구조보다는 일종의 사역식으로 보고자 한다. 한편, 劉子瑜(2008)에 따르면, 이 구조가 주로 위진남북조 시기에 발달하였으나 그때와 宋代 사이 근 1000년 간 큰 차이 없이 지속되어 왔다고 한다. 그래서 형식상으로도 'V$_1$+사역동사+V$_2$/A'와 'V$_1$+사역동사+NP+V$_2$/A', 'V$_1$+NP+사역동사+V$_2$/A' 세 가지 형식이 기본적으로 유지되어 왔고 다만 여기에 출현하는 사역동사만이 '使/令' → '令/教' → '教/交'로 교체되어 왔다고 한다.

술보구조 역시 모종의 '사역'의미를 함축하고 있기 때문에 중국어에 존재하는 각종 致使性 구조들과 헷갈리는 현상이 자주 나타나고 있다. 그런 면에서 'VOC'술보구조 역시 일각에서는 사역식이라 주장하기도 한다. 그러나 'VOC'구조가 나타내는 의미상의 특징은 또 'V$_1$+(NP)+令+V$_2$'형식과 분명히 다르다. 전자는 분명한 동작과 결과의 실현관계인 반면, 후자는 비실현의 관계이다. 두 형식이 공교롭게도 위진남북조 시기부터 元明시기까지 천여 년 간 함께 지속되었으나 이 둘은 분명히 다른 성격임을 밝혀둔다.

## 7.5   完成동사 및 술보구조 소결

≪百喩經≫에 출현하는 동결식, 동추식을 정리하면 아래와 같다.

**표 7-2 ≪百喻經≫ 술보구조 정리**

| 대분류 | 소분류 | | 실례 및 출현횟수 |
|---|---|---|---|
| 動結式 | V+일반동사 | | 成(2), 動(1), 壞(2), 爛(2), 滅(1), 破(5), 死(2), 得1(7), 去(2), 却(3), 殺(2), 長(1), 折(3), 爲(4), 作(6) |
| | V+형용사 | | 大(2), 多(1), 盡(3), 足(2), 滿(1), 少(3) |
| | 동상보어 | 完成동사 | 已(43) |
| | | 획득, 소실 | 得2(1) |
| 動趨式 | 입족점보어 | | 來(10), 去(15) |
| | 비입족점보어 | | 入(1), 下(1) |

## 1) 동결식

일반동사가 보어로 쓰이는 경우, 일차적으로 피동작주(受事)를 지향하는 指受보어가 대표적이다. 그리고 指施보어보다 이것이 더 먼저 출현한 것으로 알려져 있다. 漢代이후 사동용법이 사라지면서 자동사화한 동사들인 '壞', '滅', '破', '折' 등이 대거 보어로 출현하고 있고, '殺' 등은 타동사에서 자동사로 변화하여 보어로 쓰인 것이다. 형용사가 보어로 쓰이는 경우는 대부분 목적어를 취하지 않는 공통점이 있으며 대부분이 행위자(施事)를 지향하고 있다. 동결식에는 동사를 지향하는 指動보어가 출현하기도 했는데 이들은 모두 동사의 相을 나타내는 動相補語로서 여기에는 完成동사 계열 '已'와 획득, 소실 계열의 '得'이 있다. 이중 '已'는 梵文을 번역하는 과정에서 나온 것으로 '완료상 또는 실현'의 개념을 표시하였으며 이로부터 영향을 받아 당시 기타 完成동사들이 모두 유사 의미를 갖게 되었다. '得'을 제외한 획득, 소실류는 아직 결과보어로 등장하지 않았거나 허화정도가 낮았다.

한편, 이 시기 'VC'라는 合用式의 술보구조가 주류이지만 'VOC'라고 하는 分用式도 출현하여 일종의 술보구조로서 활약을 했다. 동일한 보어가 합용식과 분용식 둘을 모두 구성하는 현상도 보여주고 있으며 분용식은 분명한 중고시기 대표적인 동결식 형식으로 인정할 수 있다.

## 2) 동추식

방향보어는 이 시기에 아직 간단방향보어만이 출현하고 있고 여기서는 그 중 '來', '去', '下', '入'의 네 가지만 등장하고 있다. 형식적으로 목적어를 취할 때 'V+O+C'의 형식을 취하는 면은 이후 현대중국어까지 지속되는 특징이다. 자동사, 타동사 구분 없이 다양한 동사들과 결합하고 있다. 의미상으로 아직은 방향의미만을 나타내며 보다 허화한 결과의 미나 상태의미는 아직 나타나지 않았다.

술보구조는 전반적으로 초기단계의 모습을 그대로 보여주고 있다. 그래서 가장 기본적인 동결식과 동추식 중심으로 등장하고 있고, 일부 극소수의 시량, 동량보어가 출현하기는 하나 거의 맹아 단계의 수준이다. 이 시기에 등장한 보어 '得'과 完成동사류는 이후 중국어 형태, 통사 부문에서 매우 중요한 영향을 끼치게 된다. '得'은 이 시기에 이미 허화한 모습을 보여주고 있는데 이것은 唐宋시기에 매우 상용되었던 'V得(O)' 결과 및 가능보어 구조로 발전해 나가 급기야 동태조사로까지 발전한다. 그와 더불어 唐代에는 이로부터 구조조사 '得'이 출현하여 'V得C' 결과, 방향보어 및 가능보어가 문법화하게 된다. 完成동사류는 지속적으로 사용되다가 唐代부터 서서히 또 다른 完成동사인 '了'로 이어지고, 이 '了'는 그 유명한 'V了(O)'를 구성하는 동태조사로 발전한다. 이렇게 위진남북조 시기의 술보구조 형식은 향후 근대중국어에서 생성되는 각종의 술보구조 및 형태 방면에 지대한 영향을 끼치게 되었다.

제 **8** 장

# 부사

8.1 범위부사

8.2 시간부사

8.3 추가부사

8.4 관련부사

8.5 정도부사

8.6 어기부사

8.7 부정부사

8.8 대명사성(指代性) 부사

8.9 방식/상태부사

8.10 부사 소결

중국어에서 부사는 그 종류도 다양하고 그 수도 가장 많은 허사로 꼽히고 있다. 이것은 부사가 명사, 동사, 형용사 등의 실사류와 조사, 전치사 등의 완전 허사 사이에 위치한 중간 성격의 허사로서 어느 정도는 개방범주의 성격을 띠고 있기 때문이다. 이런 이유로 어떤 학자는 부사를 아예 허사의 목록에서 배제시키기도 한다. 부사의 이러한 성격 때문에 그들 중 허화 정도가 높은 부정부사나 관련부사 등은 상대적으로 문법적인 의미가 강하고 그 수도 적지만, 허화 정도가 낮은 방식부사나 상태부사 등은 문법적 의미보다 어휘적 의미가 강하고 그 수도 매우 많다. 한편, 고한어에서는 한 문헌에 출현하는 부사의 수가 매우 많은 것을 볼 수 있다. 이것은 단순히 개방범주에 가까운 성격도 그 원인 중 하나이지만 기존에 있던 부사들이 누적되어 신흥의 부사와 병존하는 원인도 한 몫 하고 있다. 이렇게 그 자체도 수가 많지만 각 개별 부사들이 끊임없는 문법화 과정을 거쳐 새로운 의미를 지속적으로 파생시켜 그 종류도 다양하게 변화하였다.

고한어에서의 부사는 일종의 허사로서 역시 실사로부터 문법화하였다. 주로 형용사로부터 문법화하는 경우가 많으며 일부는 명사, 동사 등에서 변화하기도 하는 등 초기에는 기존의 실사로부터 모종의 문법화 기제에 의거하여 새롭게 부사로 탈바꿈하게 된다. 한편, 부사는 여러 가지 의미기능이 있어서 새롭게 문법화한 부사는 또 다양한 문법화 기제에 의해 보다 허화된 의미기능으로 발전해 나가기도 하였다. 그리하여 단순히 하나의 의미기능만이 있는 부사도 다수이지만 상당수의 부사들이 두세 개 많게는 대여섯 개의 의미기능을 갖는 경우도 발생하였다. 우리가 고한어 연구에서 발견한 대부분의 부사들은 이와 같이 복수의 의미기능을 갖고 있었으며 이것은 상고, 중고, 근대 시기에 각기 따로 문법화하는 등 매우 복잡하고 다양한 의미분화의 모습을 보여주기도 한다. 따라서 고한어 부사의 연구에 일차적으로 신경 써야 하는 것은 바로 각 부사들의 의미분화 문제이다.

이러한 의미분화 문제와 더불어 신경 써야 할 또 하나의 문제는 바로 쌍음절 부사의 界定 문제이다. 중고중국어 시기는 상고중국어에서 근대중국어로 넘어가는 중간 단계로서 특히 일음절 위주의 상고중국어에서 쌍음절 위주의 근대중국어로 가는 과도적 상태이기 때문에 이러한 쌍음절화 현상을 그대로 반영해내고 있다. 이러한 현상은 부사도 마찬가지이다. 따라서 상고중국어에 있던 전형적인 일음절 부사도 존재하지만 모종의 복합 방식에 의해 새롭게 탄생한 쌍음절 부사들이 대거 등장하게 된다. ≪百喩經≫ 부사의 상황 또한 이러하다. 다만 고한어 문헌에 등장하는 쌍음절 부사의 界定이 쉽지가 않아 먼저 이와 관련한 내용을 분명히 할 필요가 있다. 현대중국어와는 다르게 상고 및 중고, 근대 시기의 고한어는 쌍음절 어휘인지에 대해 분명한 판단 기준이 있어야 한다. 이에 많은 학자들이 그 기준을 제시해왔는데 본서에서는 기본적으로 馬眞(1981)의 견해를 중심으로 하고자 한다. 그는 쌍음절 어휘의 界定 기준을 아래와 같이 제시한 바 있다.

   i ) 두 개의 성분이 결합된 후 새로운 의미를 구성할 때, 각 성분의 원의미는 새로운
       전체 의미 속에 융합되어야 하나의 단어(詞)가 된다.
   ii) 두 개의 同義 혹은 近義 어근이 결합되어 의미가 서로 보완이 이루어져서 하나의
       더 개괄적인 의미가 될 때 이것은 하나의 단어(詞)가 된다.
   iii) 두 개의 성분이 결합된 후 그중의 한 의미가 소실되고 단지 한 성분의 의미만이 남
       게 되면 역시 하나의 단어(詞)가 된다.
   iv) 중첩된 이후 원의미의 단순한 중복이 아니라 원의미의 기초상 의미가 추가가 되었
       다면 이는 하나의 단어(詞)이다.

이상의 기준은 쌍음절 부사 界定에도 적용할 수 있어 기본적으로는 이것을 기준으로
쌍음절 부사를 界定할 수 있다. 그러나 부사에서는 특히 同義병렬형식이 다수 출현한다.
이들은 단지 위의 조건만으로는 확실히 界定해 내기 어려운 면이 있는데, 이와 관련하여
趙克勤(2005)의 다음과 같은 언급을 살펴볼 필요가 있다.

> "同義 複音詞는 절대다수가 단일의미이다. 게다가 이들을 조성한 단음절 어휘들은
> 절대다수가 다의어들이다. 그리고 단음사들은 대개 단지 서로 같은 의미를 중심으로
> 조합하여 同義의 複音詞가 되는데, 본의와 본의가 결합하거나, 본의와 파생의, 파생
> 의와 파생의가 결합하기도 한다. 의미가 복잡한 단음사들이 같은 의미로 조합된 후,
> 의미가 단일하게 변화하거나 더 명확해졌다면 이것은 사실상 단음사의 여러 의미 가
> 운데 선택작용을 한 셈이기 때문에 모호한 것을 명확히 하는 기능을 한 것이며 이러
> 한 관점에서 볼 때, 이러한 同義 조합은 하나의 복음사로 처리해도 된다."

   그에 따르면 단음절 어휘들은 대개 여러 개의 의미를 갖고 있고, 동의 병렬 형식의 경우
이 중 한 가지씩만 선택되어 결합한 후 그 단일한 의미로 조합이 된 것이기 때문에 충분히
하나의 어휘 기능을 할 수 있다는 것이다. 그는 특히 先秦 전적에 출현하는 복음사들에
대해 비교적 '광의'의 태도를 취해 보기 때문에 문헌에 출현하는 빈도수가 높은 조합들을
하나의 쌍음절 어휘로 본다. ≪百喩經≫은 중고시기의 문헌이나 기본적인 문법적 내용들
이 상고중국어와 많이 공유되고 있기 때문에 이러한 내용은 중고시기 문헌에도 여전히 적
용될 수 있다. 따라서 본서에서는 기본적으로 馬眞의 주장을 중심으로 界定하지만 특히
同義병렬조합의 경우 趙克勤의 주장을 기준으로 하여 조합이후의 의미 상황을 살펴 界定
하고자 한다.[1]

본 장에서는 위에서 제시한 '의미분화'의 문제를 일차적인 부사 연구의 과제로 다루어 ≪百喻經≫에 출현하는 각종 부사의 의미 구분을 최대한 정밀하게 살펴볼 것이며 단음절은 물론 쌍음절 부사들에 이르기까지 이들 부사들이 향후 어떻게 발전하고 있는지 알아보고자 한다. 상기의 의미분화 문제를 반영하여 ≪百喻經≫에 출현하는 부사의 종류 및 그 하위범주를 분류할 수 있는데 이는 아래와 같다.[2]

표 8-1 ≪百喻經≫ 부사 총괄 표

| 구분 | 종류 | 예 |
|---|---|---|
| 범위<br>부사 | 총괄류 | 皆, 盡, 俱, 悉, 咸, 幷, 備, 兼, 頓1, 都1, 都盡<br>悉皆, 皆悉, 盡皆, 皆盡, 咸皆, 盡畢 |
| | 한정류 | 唯, 但, 徒1, 專, 獨1, 止, 空1, 偏 |
| | 동일류 | 亦1, 亦復 |
| 시간<br>부사 | 과거/이미류 | 旣1, 已, 向, 初1, 始1, 曾, 頃來 |
| | 미래류 | 將, 當, 方1, 欲 |
| | 선후류 | 先, 預 |
| | 시초류 | 本, 先來, 方2, 始2, 乃1 |
| | 최종류 | 終1, 竟1, 遂1, 卒(zu), 定1 |
| | 즉시류 | 卽1, 立, 頓2, 尋, 時, 卽便1, 卽時, 尋卽, 尋復, 時卽,<br>卒(cu), 卒爾, 忽, 忽然, 忽爾, 一時, 一旦 |
| | 지속불변류 | 終2, 故1, 方3, 尙, 猶, 遂2, 直, 猶故, 還復, 永, 長, 久, 常1 |
| | 점차류 | 漸 |
| | 항시류 | 常2(常3), 恒, 素, 每, 每常 |
| | 잠시류 | 暫 |
| | 부정시류 | 隨時, 或1, 偶 |
| | 반복류 | 復1, 又1, 更1, 重(chong), 還, 頻, 數, 數數, 又復, 復更1 |

---

1) 일부 쌍음절 부사의 경우 ≪百喻經≫에서의 출현비율이 매우 저조한 경우도 있다. 그러나 이들의 경우 여러 문헌들에서 등장하고 있기 때문에 쌍음절 어휘 기준을 적용한다. 대부분의 경우 단일한 의미만을 나타내나 '卽便' 등 일부는 두 가지 의미를 나타내기도 한다. 그러나 이 경우는 이들이 쌍음절로 조합되기 이전 두 형태소의 가장 대표적인 의미가 그대로 평행하게 나타나고 있는 것으로 보아 충분히 하나의 어휘로 처리할 수 있다고 본다.

2) 부사의 하위범주와 관련하여 학계에서 의론이 분분한 상황이다. 본서에서는 기본적으로 楊榮祥의 ≪近代漢語副詞硏究≫를 기준으로 하여 분류하지만 논쟁의 여지가 있는 것에 대해서는 吳福祥(2004(a))과 劉光明(2006)의 견해를 근거하기로 한다.

| 추가부사 | | 復2, 更2, 又2, 復更2 |
|---|---|---|
| 관련부사 | 병렬류 | 亦2, 旣2, 旣復, 而復 |
| | 승접류 | 則, 卽2, 乃2, 遂3, 便1, 卽便2, 遂便 |
| | 역접/전환류 | 乃3, 可1, 便2 |
| | 양보류 | 猶尙 |
| 정도부사 | 절대류 | 大1, 極, 甚, 深, 好1, 太, 過, 旣3, 極大, 甚大, 甚爲 |
| | 상대류 | 最, 更3, 倍, 轉, 逾, 彌, 小 |
| 어기부사 | 긍정/강조류 | 必, 實, 卽3, 眞, 乃4, 定2, 都2, 要, 終3, 竟2, 果, 正1, 初2, 便3, 正2, 反(返), 返更, 倒, 竟3, 可2 |
| | 추측류 | 或2, 或復 |
| | 의원류 | 寧, 寧可 |
| 부정부사 | 일반성부정 | 不1, 無, 未1, 莫1 |
| | 기발생(已然性)부정 | 未2, 未及, 不2 |
| | 판단성부정 | 非 |
| | 금지성 부정 | 莫2, 勿 |
| 지대성부사 | | 見 |
| 방식/상태부사 | 방식류 | 共, 同, 相將, 一處, 各, 各各, 分別, 獨2, 一一, 相, 互相, 共相, 種種 |
| | 상태류 | 空2, 空自, 虛, 虛自, 徒2, 徒自, 唐, 唐自, 妄, 妄自, 橫, 强, 枉, 錯, 默然, 密, 私, 多, 少, 大2, 故2, 固, 純, 苦, 痛, 詳, 諦, 速, 急, 急速, 重(zhong), 喜, 善, 好2 |

## 8.1　범위부사

　　중고중국어 시기의 범위부사는 다수가 상고중국어에서 전해져 내려 온 것이며 그 중 일부는 이 시기에 새롭게 탄생한 것들도 있다. ≪百喩經≫의 범위부사는 '총괄류', '한정류', '동일(類同)류'의 세 가지로 구분할 수 있다.

## 8.1.1 총괄류

총괄류 범위부사는 대개 '모두류(窮盡性)'과 '대부분류(非窮盡性)'의 둘로 나눌 수 있다. 전자는 "총괄의 대상 모두가 그러한 행위, 상태, 속성을 지닌다"는 의미로 대표적으로 '都' 등이 있고, 후자는 "총괄의 대상 중 대부분이 그런 행위, 상태, 속성을 지닌다"라는 의미로 이 시기 대표적으로 '多'가 있다.3) ≪百喻經≫의 총괄류 범위부사도 이렇게 구분이 가능한데 다만 여기서는 '대부분류(非窮盡性)' 부사는 출현하지 않고 있고 모두가 '모두류(窮盡性)' 범위부사이다. 아래에서 이들을 하나씩 살펴보자.

### 皆

범위부사 '皆'는 상고중국어에서 전해져 온 것으로 총9예 출현하고 있다.

(1) 爾時衆人聞其此語, 皆大嗤笑. (5. 渴見水喻) (이때 여러 사람들이 그의 이 말을 듣고는 모두 크게 비웃었다.) [주어지향]

(2) 而此仙人不答他問, 人皆知之. (49. 小兒爭分別毛喻) (그런데 이 신선은 그들의 문제에 대답은 안했으나 사람들은 모두 알 수 있었다.) [주어지향]

(3) 買果者言: "我今當一一嘗之, 然後當取. 若但嘗一, 何以可知?" 尋卽取果一一皆嘗. (70. 嘗庵婆羅果喻) (과일 사는 사람이 말했다. "내가 지금 마땅히 하나하나씩 다 맛을 본 연후에야 살 수 있다. 만약 단지 하나만 맛보면 어떻게 알 수 있겠는가?" 그러고는 바로 하나하나씩 들고 다 맛을 봤다.) [피동작주지향]

(4) 三界無安, 皆是大苦; 凡夫倒惑, 橫生樂想. (44. 欲食半餠喻) (삼계는 편안치가 못하다. 모두 큰 고통이다. 세속 사람들은 미혹되어 억지로 즐거운 생각을 하게 되는 것이다.) [주어지향] (※ 三界: 중생들이 거처하고 있는 欲界, 色界, 無色界를 말한다.)

9예 모두 VP를 수식하고 있고 AP나 NP 등을 수식하는 예는 발견되지 않는다. 특히 예 (4)와 같이 술어 '是'를 수식하는 예도 일부 발견되고 있다. 그리고 모두 앞부분 성분을 의미지향하고 있고 대부분 주어를 지향하고 있다. 그러나 그중 1예는 위의 예(3)처럼 주어가 아니라 피동작주를 지향하고 있는데 여기서 '皆'는 피동작주인 '果'를 지향한다.

≪顔氏家訓≫에서는 '皆'가 무려 131예나 출현할 정도로 그 문헌에서는 상용되고 있

---

3) 吳福祥(2004:104)에서 인용.

다. 이 가운데 124예가 주어 지향이고 단지 7예만이 목적어를 지향한다고 한다. 그리고 VP뿐 아니라 AP, NP도 수식하고 있다. ≪百喩經≫보다는 출현횟수가 많기 때문에 확실히 수식 측면에서 보다 다양한 면모를 보여준다.

부사 '皆'는 상고중국어 시기부터 활약을 해 오던 부사이다. 이미 상고시기에 다양한 성분을 수식해왔으며, 주어는 물론 피동작주 주어, 목적어, 서술어까지 의미지향했다. 상고중국어 시기에 아직 판단사 '是'가 등장하기 전에는 판단문에서 명사술어를 수식하였으나 위진남북조 시기에 와서 판단사 '是'가 이미 등장하였기 때문에 '皆'가 이것을 수식하는 예가 발견되고 있다. ≪百喩經≫에서도 예(4)와 같이 '是' 앞에 출현하는 예가 2예 출현한다. 이러한 모습은 바로 중고중국어 시기에 발생한 변화된 상황에서도 '皆'가 여전히 큰 활약을 하고 있음을 증명하는 것이다.

吳福祥(2004)에 따르면, ≪朱子語類≫에서 '皆'와 '都'가 서로 유사 부사로 활약하지만 둘 간에 전자는 다소 문언적 어투에, 후자는 구어적 어투에 출현하고 있어 모종의 차이를 보이고 있다고 한다. 위진남북조 시기에 사실상 '모두'의 의미를 나타내는 총괄류 범위부사가 매우 많이 존재한다. 게다가 '都'처럼 새롭게 등장한 것도 일부 존재한다. ≪百喩經≫에서는 '皆'가 ≪顏氏家訓≫만큼 높은 출현비율을 보여주고 있지는 않지만 이 시기에 여전히 주요한 총괄류 범위부사로 활약하고 있음은 부인할 수 없는 사실이다. ≪朱子語類≫ 시대에 가서는 이미 '都'가 상용화되었기에 위와 같은 현상이 나타났으나 위진남북조 시기에는 '皆'가 판단사 '是'와 함께 출현하는 등 여전히 주요한 총괄부사로서 활약하고 있었다.

## 盡

범위부사 '盡'은 상고중국어에서 전해져 온 것으로 총11예 출현한다.

(1) 我等伴黨, 盡是親屬, 如何可殺? (14. 殺商主祀天喩) (우리들 동료들은 모두가 다 친척들인데 어떻게 죽일 수 있는가?) [앞부분 주어지향]

(2) 我此篋者, 能出一切衣服、飲食、床褥、臥具資生之物, 盡從中出. (41. 毗舍闍鬼喩) (나의 이 상자는 모든 옷, 음식, 침대, 이불 및 생활에 도움을 주는 물건들이 모두 다 여기로부터 나올 수 있소.) [앞부분 주어지향]

(3) 奴去之後, 舍中財物, 賊盡持去. (45. 奴守門喩) (노예가 간 다음에 집안의 재물을 도둑이 들어 다 가지고 갔다.) [앞부분 피동작주지향]

(4) 如彼愚人, 盡殺群牛, 無一在者. (37. 殺群牛喩) (저 우매한 이와 같이 여러 소들을 다 죽이고 하나도 남기지 않는 것과 같다.) **[뒷부분 피동작주(목적어) 지향]**

이것은 '전부, 모두'의 의미로 현대중국어에서도 사용되고 있다. 11예 모두 VP를 수식하고 있으며 다른 성분을 수식하는 예는 발견되지 않고 있다. 의미지향은 앞부분 주어 지향이 4예, 앞부분 피동작주 지향이 2예, 뒷부분 피동작주, 즉 목적어 지향이 5예이다.

≪顔氏家訓≫에서는 단지 2예만 출현하고 모두 VP를 수식하며, 앞부분의 주어와 뒷부분의 목적어를 지향하고 있다.

범위부사 '盡'은 상고중국어에서 전해져 내려 온 것으로 상고시기에도 역시 범위부사로 활약하여 VP나 AP를 수식하였다. 이때 주어, 목적어를 의미지향함은 물론 아래와 같이 '완전히'의 의미로 동사를 지향하기도 했다.4)

(5) 晉侯圍聚, 盡殺群公子. (左傳, 莊公二十五年) **[목적어 지향]**5) (진후가 취읍을 공격하여 여러 공자들을 <u>모두 다</u> 죽였다.)

(6) 盡信書, 則不如無書. (孟子, 盡心下) **[동사 지향]** (<서경>을 <u>완전히</u> 믿는 것은 <서경>이 없는 것만 못하다.)

≪百喩經≫의 상황은 사실상 상고중국어와 큰 차이가 없다(동사지향은 제외). 다만 예 (1)과 같이 역시 판단사 '是'의 등장으로 이것을 수식하는 예도 발견되고 있어 '皆'와 마찬가지의 변화 적응을 하고 있었다. 특히 의미지향에 있어서 매우 다양한 모습을 보여주고 있는데 동사의 피동작주(受事)가 부사 뒤에 있건 앞에 있건 모두 다 지향하고 있다. 동시기의 ≪顔氏家訓≫에서는 단지 2예만이 출현하고 있지만 이것은 '皆'가 압도적으로 많이 나오기 때문이고 ≪百喩經≫의 상황을 보면 위진남북조 시기에 실제 구어에서도 여전히 적잖게 활약을 하고 있었을 것으로 예상할 수 있다. 鄧慧愛(2010)에 따르면, VP를 수식할 때 대부분 위의 예에서 보듯이 '盡' 뒤에 바로 동사가 출현하는 예가 대부분이나 이것은

---

4) 이처럼 동사를 지향하는 경우에 대해서는 총괄류 범위부사라기 보다 다른 부사의 용법으로 보는 것이 옳다.

5) 이것은 何樂士의 ≪古代漢語虛詞詞典≫의 예문들이다. 앞으로 본장에서 소개하는 대부분의 상고중국어 예문은 ≪古代漢語虛詞詞典≫, 또는 向熹의 ≪簡明漢語史≫, 楊伯峻·何樂士의 ≪古漢語語法及其發展≫, 王海棻등 ≪古漢語虛詞詞典≫ 등에서 인용한 것임을 밝히며 별도의 인용 표시를 하지 않는다. 다만 이 외에 특별히 다른 서적에서 인용한 경우는 그 출처를 밝힌다. 한편, ≪祖堂集≫이나 ≪朱子語類≫에서 인용한 예문들은 曹廣順등의 ≪<祖堂集>語法研究≫, 吳福祥의 ≪<朱子語類輯略>語法研究≫, 唐賢清의 ≪<朱子語類>副詞研究≫에서 인용한 것임을 밝혀두며 특별한 인용 표시를 하지 않는다.

이미 상고중국어 시기부터 있어왔고, 예(2)의 "盡從中出"처럼 부사와 동사 사이에 '從中'이라는 전치사구가 삽입되어 있는 것이 더 발견되고 있는데 이것은 이 시기에 와서 출현한 형태라고 한다. 바로 이러한 현상을 보더라도 이 시기에 범위부사 '盡'이 매우 발달하고 있었던 것으로 볼 수 있다.

한편, ≪祖堂集≫에서는 "동작행위의 철저성"을 표시하여 '完全'과 의미가 비슷하며 부정문에만 주로 출현하는 아래와 같은 예가 등장한다고 한다.

(7)  若向兩頭會, 盡不見趙州意. (趙州和尙) (만약 양쪽으로 향하여 가서 만난다면 조주의 뜻을 완전히 볼 수가 없다.)

이때 '盡'은 범위부사의 용법과는 약간 다르게 나타나고 있다. 부정문에 쓰여 어기를 강조하는 기능을 하기 때문에 어기부사에 준하는 기능이다. 이것은 앞의 예(6)과 같이 동사를 지향하는 先秦시기의 용법이 발전하여 이루어진 것이 아닌가 추측할 수 있다. 이렇게 동사를 지향하는 경우는 총괄류 범위부사와는 좀 다른 유형으로 볼 수 있으며 이것은 부사 '都'의 상황과 매우 유사하다.

## 俱

범위부사 '俱'는 상고중국어에서 전해져 온 것으로 총10예 출현한다.

(1)  藥毒氣盛, 五百群賊一時俱死. (65. 五百歡喜丸喩) (독약의 기가 성하여 오백의 도적떼가 한순간에 다 죽어버렸다.) [앞부분 주어지향]
(2)  爾時牛主卽作念言: "已失一牛, 俱不全足, 用是牛爲!" (37. 殺群牛喩) (그때 소 주인이 이러한 생각을 하고 말했다. "이미 소 한 마리를 잃었으니 전부 온전하게 충족되지 못하니 이 소들을 뭐하겠는가!") [앞부분 주어지향]
(3)  情事旣露, 二事俱失. (32. 估客偸金喩) (사실이 이미 드러났고 두 일 모두 잃고 말았다.) [앞부분 피동작주지향]
(4)  若可飮盡, 我當飮之. 此水極多, 俱不可盡, 是故不飮. (5. 渴見水喩) (만약 마셔서 다할 수 있다면 나는 당연히 그것을 마셨다. (그런데) 이 물은 매우 많아 모두(한꺼번에) 다 마실 수가 없다. 이런 까닭으로 마시지 않는다.) [앞부분 피동작주지향]

이것은 '전부, 모두'의 의미로 현대중국어에서도 사용되고는 있으나 주로 문어에서 사용된다. 10예 중 VP 수식이 9예 출현하고 1예가 예(2)처럼 AP를 수식하고 있다. 모두가 앞부분 성분을 지향하고 있는데 주어지향이 3예고, 피동작주 지향이 7예나 출현하고 있다.

≪顔氏家訓≫에서는 단지 3예만 출현하고 있고 모두 VP를 수식하며 앞부분 주어지향이다.

이것은 상고중국어에서도 이미 활약을 하였고 아래처럼 주로 앞부분 지향을 하고 있다.

(5)  父子俱在軍中, 父歸. 兄弟俱在軍中, 兄歸. (史記, 魏公子列傳) (아비와 자식이
     모두 군중에 있으면 아비가 돌아오고, 형제가 모두 군중에 있으면 형이 돌아온다.)

이렇게 '俱'가 앞부분 지향위주로 사용되고 있는데 이것과 비슷한 자형인 또 다른 부사 '具'는 상고중국어 시기에 이미 뒷부분 지향(동사나 목적어) 위주로 사용되고 있어 상고중국어 시기에 이 둘 간에 상보적 분포가 시작되었다. 그리고 이것은 아래와 같이 唐五代의 ≪祖堂集≫에 까지 이어지고 있다.

(6)  師云: "三人俱錯!"(巖頭和尙) (스승이 말했다. "세 사람 모두 틀렸다.")
(7)  其僧却歸洞山, 具陳前事. (香嚴和尙) (그 승려는 동산으로 돌아가 앞의 일을 상세
     히 다 말했다.)

여기서 전자는 '세 사람'을 지향하고, 후자는 '陳'이란 동사를 지향하여 동사를 자세히 보충하고 있다. 그리고 이러한 현상은 위진남북조 시기에도 비슷하게 나타나고 있어 ≪顔氏家訓≫을 보면, '俱'와 '具' 간의 분포차이가 나타나고 있다. 다만 이 시기엔 '俱'가 앞부분 성분을 지향하는데 반해 '具'가 주로 뒷부분의 목적어를 지향하고 있다.

(8)  劉芳具有注釋. (顔氏家訓, 書證) (류방은 주석을 다 갖추고 있다.)

여기서 '具'는 '注釋'을 가리키고 있다.

우리는 ≪百喩經≫을 통해서 상고중국어 시기부터 전해져 온 범위부사 '俱'가 위진남북조 시기에도 저조하지 않은 출현비율을 보이며 여전히 활약하고 있음을 확인할 수 있다.

悉

범위부사 '悉'은 상고중국어에서 전해져 온 것으로 총4예 출현한다.

(1)  咸皆嘆言: "眞是智者, 所言不錯!" 心生信服, 悉來致敬. (11. 婆羅門殺子喩) (모두 감탄하며 말했다. "정말로 지혜로운 자다. 말한 것이 틀림이 없네!" 하고는 맘속으로 믿음이 생겨 <u>모두</u> 와서 그를 존경했다.) **[앞부분 주어지향]**

(2)  入海方法, 我悉知之. (66. 口誦乘船法而不解用喩) (바다에 들어가는 방법을 내가 다 알고 있다.) **[목적어 지향]**

이것은 '전부, 모두'의 의미로 현대중국어에서 서면어에서만 사용되고 있다. 총4예 출현하고 있는데 전체 범위부사에서 출현비율은 비교적 낮은 편이다. 4예 모두 VP를 수식하고 있고 다른 성분 수식의 예는 발견되지 않고 있다. 의미지향은 앞부분 주어지향이 3예 발견되고 있고, 뒷부분지향으로는 목적어 지향이 1예 발견되고 있는데, 예(2)와 같이 목적어로 '之'가 나오긴 하나 그것은 사실상 바로 앞의 '入海方法'을 재지시하고 있는 것이다.

≪顔氏家訓≫에서는 16예 출현하고 있어 다른 범위부사에 비하면 비교적 출현비율이 높다. VP, NP 등을 수식하며 15예가 주어지향, 나머지 1예는 뒤의 목적어를 지향하고 있다.

이것은 상고중국어 시기에도 상용되던 부사로 이 시기에 이미 앞부분 주어나 뒷부분 목적어를 지향하고 있었다.

(3)  晉師悉起, 將至矣. (左傳, 宣公十五年) (진의 군대가 <u>모두</u> 일어나 장차 여기에 도착할 것이다.)

(4)  趙王悉召群臣議. (史記, 廉頗藺相如列傳) (조나라 왕은 군신들을 <u>모두</u> 모아 논의했다.)

여기서 (3)의 '悉'은 앞의 '진의 군대'를, (4)에선 '群臣'을 각각 지향한다.

범위부사 '悉'은 주로 상고중국어 시기에 활약했던 부사로 이처럼 중고중국어 시기에 오면서 벌써 그 출현비율이 저조해졌고, 唐五代의 ≪祖堂集≫에서는 19예로 역시 '總', '皆', '都' 등에 비해 상대적으로 출현비율이 낮아졌다. 그리고 宋代 ≪朱子語類≫[6]에서는 겨우 48예 출현하는데 '都'가 2,000여 예, '皆'가 4,800여 예 출현하는 것에 비하면 매우 저조한 편이다. 이렇게 중고중국어 시기 이후로 가면서 '悉'은 구어에서 점차 소멸되어 갔다.

---

6) 이하 ≪祖堂集≫부사와 관련한 통계는 주로 曹廣順등의 ≪<祖堂集>語法硏究≫에서, ≪朱子語類≫부사와 관련된 통계는 唐賢淸의 ≪<朱子語類>副詞硏究≫에 의거한 것이다.

## 咸

범위부사 '咸'은 상고중국어에서 전해져 온 것으로 총2예 출현한다.

    (1)  時人聞已, 便生怪笑, 咸作此言. (10. 三重樓喩) (그때 사람들이 듣고는 비웃음이
        나와 모두가 이러한 말을 했다.)

    (2)  彼王舊臣, 咸生嫉妬, 而白王言. (65. 五百歡喜丸喩) (저 왕의 노신하가 모두 질투
        가 나서 왕에게 말했다.)

이것은 '모두, 전부'의 의미로 현대중국어에서는 서면어에서만 사용된다. 총2예로 출현
비율이 매우 낮다. 2예 모두 VP만을 수식하며, 모두 앞부분 주어를 의미지향하고 있다.
≪顔氏家訓≫에서 총3예 출현하며 VP, NP를 수식하고 있다. 그리고 의미지향은 모두
앞부분의 주어이다.

상고중국어 시대부터 이것은 단지 앞부분에 있는 주어만을 의미지향하고 있었다. ≪祖
堂集≫에서는 6예, ≪朱子語類≫에서는 51예 출현하여 역시 상고중국어 이후 중고중국
어 시기는 물론 근대중국어 시기에서도 지속적으로 저조한 출현비율을 보여주고 있다.


## 幷

범위부사 '幷'은 상고중국어에서 전해져 온 것으로 총1예 출현한다.

    (1)  醫以酥塗, 上下著板, 用力痛壓, 不覺雙目一時幷出. (50. 醫治脊僂喩) (의사가 연
        유로 바르고 나서 환자의 등의 위아래를 상자로 대고 힘을 써서 매우 세게 눌렀더니
        생각지도 못하게 두 눈이 일시에 다 나와 버렸다.)

이것은 '모두, 함께'의 의미로 현대중국어에서는 사실상 거의 쓰이지 않고 있다. 총1예
출현하여 출현횟수가 매우 저조하며, 이 1예는 VP를 수식한다. 의미지향은 앞부분의 주어
를 지향하고 있다.

≪顔氏家訓≫에서는 무려 38예나 출현하고 있어 다른 것들에 비해 비교적 출현비율이
높으며 VP, NP를 수식하고 있다. 그리고 모두 의미지향이 앞부분의 주어이다.

상고중국어에서는 앞부분의 주어도 지향하고 있고 또 아래처럼 목적어를 지향하기도 한
다.

(2)　兩者不肯相捨, 漁者得而幷擒之. (戰國策, 燕策二) (둘이 서로 떨어지려고 하지
　　　않자 어부가 이때를 틈타 그들 모두를 잡았다.)

　여기서 '幷'은 목적어인 '之'를 가리키고 있다. ≪百喩經≫에서는 1예밖에 나오지 않아
출현비율이 저조한 편이나 동시기 ≪顔氏家訓≫에서는 비교적 높은 출현비율을 보여주고
있기 때문에 적어도 중고중국어 시기까지는 빈번히 출현했던 것으로 보인다. 다만 唐五代
의 ≪祖堂集≫에서는 총36예의 부사 '幷'이 출현하고 있는데, 이 가운데 범위부사의 용법
이 8예 출현하고 있고 나머지는 모두 부정사 앞에 출현하는 '完全'의 의미이다. 이것은
바로 어기부사의 기능에 해당하는 것이다. 이후 宋代의 ≪朱子語類≫에서도 60여 예 정
도 사용되고 있는데 사실상 위진남북조 시기 이후로 가게 되면서 점차 범위부사로서의 사
용이 줄어들고 어기부사로서의 기능이 늘어나기 시작했다고 볼 수 있다.


## 備

　범위부사 '備'는 상고중국어에서 전해져 온 것으로 총1예가 출현한다.

(1)　身死之後, 墮於地獄, 備受諸苦. (29. 貧人燒粗褐衣喩) (몸이 죽은 후에는 지옥에
　　　떨어지고 여러 고통을 다 받았다.)

　이것은 '다, 모두'의 의미로 현대중국어에서도 '备受欢迎', '农事备收'처럼 고정된 격
식을 이루어 출현하고 있다. 이것은 VP를 수식하고 있고, 뒷부분의 피동작주를 지향하고
있다.
　≪顔氏家訓≫에는 3예가 출현하고 있으며 모두 VP를 수식하고, 아래와 같이 앞부분의
주어를 의미지향하고 있다.

(2)　也是語已及助句之辭, 文籍備有之矣. (書證) ('也'는 말이 끝났거나 구절을 돕는
　　　말로, 문적마다 모두 이것이 존재한다.)

　범위부사 '備'는 상고중국어에서 이미 출현하였으며 이때 주로 피동작주(목적어)를 의미
지향했다. 상고중국어 시기부터 주로 피동작주 지향이었기에 ≪百喩經≫에서도 그렇게
쓰이고 있으나 특이하게도 ≪顔氏家訓≫은 앞부분 주어를 지향하고 있다. 비록 출현비율
이 얼마 되지는 않으나 이 역시 일종의 용법상의 발전이라 할 수 있다.

이것은 ≪祖堂集≫에서는 발견되지 않으나 ≪朱子語類≫에서 아래와 같이 9예가 발견되고 있다.

(3) 待得施以治人, 如是而當賞, 如是而當罰, 莫不備見, 如何於政不達. (朱子語類 卷第四十三論語二十五) (나중에 이를 베풀어 사람들을 다스릴 때, 이와 같이 하면 상을 줘야 하고, 이와 같이 하면 벌을 줘야 한다는 것들이 <u>모두</u> 나타나 있지 않는 것이 없으니 어찌 정치에 있어 통달하지 않겠는가!)

대체적으로 범위부사 '備'는 상고중국어에서 상용되던 것이고 중고중국어 시기부터 사실상 점차 그 쓰임이 줄어들어 근대중국어 시기엔 구어에서 점차 소멸되어 갔다.

## 兼

범위부사 '兼'은 상고중국어에서 전해져 온 것으로 총1예 출현한다.

(1) 方等學者, 非斥小乘; 小乘學者, 復非方等. 故使大聖法典二途兼亡. (53. 師患脚 付二弟子喩) (대승의 학자들은 소승을 비방 배척하고, 소승학자들은 또 대승을 비방한다. 그래서 대성 법전의 두 길이 <u>같이</u> 망하게 만든다.)

이것은 '함께, 모두'의 의미로 현대중국어에서는 거의 쓰이지 않고 있다. 위의 예는 VP를 수식하고 있고 앞부분의 주어를 의미지향하고 있다. ≪顔氏家訓≫에서도 3예 출현하며 VP, AP를 수식하고 있다. 그리고 뒷부분 피동작주 등을 의미지향하고 있다.

범위부사 '兼'은 이미 상고중국어에서 출현하여 앞부분 주어나 뒷부분 목적어 등을 의미지향할 수 있었다. 이것 역시 주로 상고중국어에서 활약하던 것이고 위진남북조 시기에 오면서 이미 많이 도태된 상태였다.

## 頓1

범위부사 '頓1'은 중고중국어 시기 새롭게 탄생한 것으로 총2예가 출현한다.

(1) 不如卽就牛腹盛之, 待臨會時, 當頓搆取. (2. 愚人集牛乳喩) (바로 소의 배속에 담았다가 모임에 이르러서 <u>한꺼번에</u> 짜내는 것만 못하다.)

(2) 欲修布施, 方言待我大有之時, 然後頓施. (2. 愚人集牛乳喩) (보시를 닦고자 해도 여전히 내가 크게 가진 것을 기다린 후에야 <u>한꺼번에</u> 베풀겠다고 말한다.)

이것은 '한꺼번에, 모두'라는 뜻으로 2예 모두 VP를 수식하고 있고, 모두 앞부분의 피동작주를 의미지향하고 있다. 이것은 ≪顔氏家訓≫에서는 출현하지 않고 있으며 다른 문헌에서도 발견하기 힘든 극히 드물게 출현하는 부사이다. 상고중국어에서는 '頓'이 '시간부사'의 용법으로 '갑자기, 즉시' 등의 의미로만 쓰였고 아직 범위부사의 용법이 탄생하지 않았다. 董志翹·蔡鏡浩(1994)에서는 중고중국어 시기 '頓'의 허사 용법으로 두 가지를 언급하고 있다. 그중 하나는 "突然, 立即, 一下子" 등으로 번역될 수 있는 것이고, 다른 하나는 "范围的周遍性(범위의 보편성)"이라 소개하고 있으며 "全部"로 번역되는 것이라고 했는데, 후자가 바로 범위부사 기능이다. 그들에 따르면 아래와 같은 예가 있다.

(3) 高祖曰: "先賢後哲, 頓在一門." (魏書, 列傳第五十二 郭祚傳) (고조가 말했다. "선현과 후철이 <u>모두</u> 한 집안에 있구만.")
(4) 大率麥䴷一升, 水九升, 粟飯九升, 一時頓下, 亦向滿爲限. (齊民要術, 作酢法) (대략 누룩 한 되, 물 아홉 되, 밥 아홉 되를 동시에 <u>모두</u> 넣는데 가득 찰 때까지 한다.)

이때의 '頓'은 분명 기존의 '갑자기, 일시에'라는 의미와는 다르다. 이와 같이 위진남북조 시기에 시간부사의 의미 외에 범위부사의 의미가 더 추가되어 운용되었고 그 이후에 기타 주요 문헌에서는 자취를 감추어버렸다.

## 都1

범위부사 '都1'은 중고중국어 시기에 와서 새롭게 등장한 것으로 총 11예가 출현하고 있다.

(1) 於是墮落, 失諸功德, 禪定道品、無漏諸善、三乘道果一切<u>都</u>失. (35. 寶篋鏡喩) (이에 타락을 하여 제 공덕을 잃고, 선정의 도품과 번뇌에 빠지지 않는 제선, 삼승의 도과 등 <u>모두</u>를 잃고 말았다.) (※ 道品: 열반에 이르는 道法과 品類/ 漏: 煩惱의 별칭)
(2) 持來歸家, 長者見已, 惡而不食, 便一切<u>都</u>棄. (70. 嘗庵婆羅果喩) (가지고 집으로

돌아왔더니 부옹이 그것을 보고는 구토가 나서 먹지 않았고 바로 <u>모두</u>를 다 버렸다.)

(3) 不別時節春、秋、冬、夏, 便於冬時擲種土中, 望得果實, 徒喪其功, 空無所獲, 芽、莖、枝、葉一切<u>都</u>失. (76. 田夫思王女喻) (계절의 춘하추동을 구별하지 아니하고 겨울에 땅에 씨를 뿌려 과실을 기대하니 다만 그 공력만 잃을 뿐 아무 수확이 없고, 싹, 줄기, 가지, 잎사귀 <u>모두</u> 잃게 된다.)

고한어의 범위부사 '都'와 관련하여 지금까지 많은 연구가 있어왔다. 그것은 고한어의 '都'가 현대중국어의 것과 완전히 일치하지가 않기 때문이다. 劉月華등(2001)은 현대중국어의 '都'에 대해서 다음과 같이 그 기능을 묘사한다.

> 주로 범위를 표시하는데 이로써 앞에 제기되었던 인물, 사물을 총괄하며 통사구조에서 부사어로 쓰여 그 뒤의 동사 혹은 형용사를 수식한다. 즉, '都'가 한정한 사물이 예외 없이 동사가 표현하는 동작행위가 발생함을 표시하거나 형용사가 나타내는 상태를 구비하고 있음을 표시한다.7)

이 외에도 '連' 등의 전치사와 연결되어 '심지어 ~조차도'라는 의미를 나타내기도 하지만 현대중국어의 주요 기능은 바로 '범위의 표시'이다. 그러나 중고중국어 시기엔 상황이 달라 범위부사의 기능도 있었지만 주로 어기부사의 기능을 해왔다. 이와 관련하여 본서에서는 楊榮祥(2005)의 견해를 중심으로 설명하고자 한다. '都'는 원래 '聚集'의미의 동사였고 이것이 점차 부사어 위치에 놓이기 시작하면서 부사로 문법화하였다. 부사로 되었을 때 그 의미초점은 지금과 같은 그런 '어떤 대상의 총괄'이 아니라 '동작행위 혹은 성질상태가 도달한 정도에 대한 긍정강조 표시'였다. 그리고 이러한 기능은 이미 東漢시기의 ≪論衡≫에 아래와 같은 예로 출현하고 있었다.

(4) 儒不能<u>都</u>曉古今, 欲各別說其經. (謝短) (유생이 고금의 일에 대해 <u>완전히</u> 다 알 수는 없다. 단지 자신들이 잘하는 경서에 대해 각자 말하고자 할 뿐이다.)

여기서의 '都'는 '유생 모두'가 아니라 '曉古今'을 지향하여 "고금의 일을 완전하게 다 알 수는 없다"란 뜻으로 '강조'의 기능을 하고 있다. 이렇게 '都'가 '完全'의 의미를 나타낼 때 그것은 용언성 성분을 의미지향하게 되고 일반적인 총괄부사와는 다르다(총괄부사

---

7) 主要表示范围, 用来总括它前面提到的人或事物, 在句法结构上是状语, 修饰它后面的动词或形容词, 表示"都"所限定的事物没有例外地发生动词所表达的行为动作或具有形容词所标示的形状。

일 경우는 주어나 목적어를 지향한다).

楊榮祥(2005)은 이처럼 중고중국어 시기 대부분의 '都'를 어기부사로 보고 있어 심지어 "就六朝时期的中土文献看, '都'可能都只用于表示强调语气(육조시기의 중토문헌에 있는 '都'는 사실상 모두 어기강조를 위해 쓰이고 있다.)"라고까지 얘기하고 있다. 그렇기 때문에 위진남북조 시기 대표적 중토문헌인 ≪世說新語≫에 출현하는 37예의 '都' 중 1예는 통계부사이고 나머지 36예 모두 정도의 강조를 표시하는 어기부사이다. 한편, 그에 따르면, 중토문헌보다 불경역경들이 주로 구어적 성격이 더 강하기 때문에 부사로서의 '都'는 이미 東漢시기에 출현했지만 그로부터 위진남북조 시기 내내 中土문헌에서는 거의가 다 어기부사이고 불경역경 속에서만 범위부사의 예들을 발견할 수 있다고 한다. 中土문헌의 범위부사는 사실상 唐代가서야 출현하기 시작한다는 것이다.

그리고 '都'의 범위부사적 의미와 어기부사적 의미는 확실히 구분하기가 매우 어렵다. 이 두 의미가 근원적으로 서로 관련이 되어 있는데다가 실제 문헌에서도 둘의 의미 차이가 분명하게 나타나지 않기 때문이다. 그리고 이 두 의미 중 도대체 어떤 것이 먼저인가에 대해서도 논란이 있었는데 楊榮祥(2005)은 위와 같이 어기부사의 기능이 이미 東漢시기에 먼저 문법화하였고 그 이후 서서히 범위부사 의미가 문법화하였다고 보고 있는 것이다. 따라서 그에 따르면 ≪世說新語≫ 등의 위진남북조 시기 모든 中土문헌의 '都'는 다 어기부사라는 것인데 이렇게 모호한 것보다는 보다 확실한 界定 기준이 필요하다. 이에 대해 본서는 李素英(2010) 등의 주장을 참고하여 아래와 같은 형식적 구분 기준을 제시한다.

ⅰ) 주어가 복수형식일 경우, 즉, 여러 개가 나열되거나 다수의 실체가 등장할 경우, 특히 '一切' 등 관련 어휘가 등장할 경우, '都'는 범위부사이다.

ⅱ) 앞에 지속/습관 관련 의미의 시간부사 등이 올 경우, '都'는 범위부사이다.

ⅲ) '都不……'나, '都無……'처럼 부정사와 연이어 출현할 경우는 어기부사이다.

이러한 기준을 중심으로 ≪百喩經≫의 '都'를 界定했을 때, 총29예의 '都'중 11예만이 범위부사이고 나머지 18예는 어기부사임을 확인할 수 있었다. 범위부사 '都1'은 총괄류 부사로 '모두'의 의미를 갖고 있다. ≪百喩經≫에서는 11예 모두 VP를 수식하고 있으며 모두 앞부분의 피동작주를 지향하고 있다.

한편, 중고중국어 시기에는 아래와 같이 同義 부사로 구성된 쌍음절 범위부사들이 다수 출현하고 있다.

## 都盡

범위부사 '都盡'은 중고시기에 등장한 것으로 총1예 출현한다.

(1) 小兒得已, 貪其美味, 不顧身物, 此人卽時解其鉗鎖、瓔珞、衣物都盡持去. (92. 小兒得歡喜丸喻) [앞부분 피동작주지향] (아이가 약을 다 받고는 그 맛을 탐하여 자기 몸의 물건을 신경 쓰지 않았는데 이 사람은 즉시 그의 머리 장식, 목걸이, 옷가지 등을 모두 가지고 가버렸다.)

이것은 '모두'란 의미로 당시 同義의 총괄류 부사인 '都'와 '盡'의 결합으로 구성된 同義병렬부사이다. 여기서는 VP를 수식하고 있다.


## 悉皆

(1) 爾時衆人悉皆嗤笑. (12. 煮黑石蜜漿喻) (이때 사람들이 모두 비웃었다.) [앞부분 주어지향]

(2) 遂相驚動, 一切伴侶悉皆逃奔. (63. 伎兒著戲羅刹服共相驚怖喻) (드디어 다른 이를 깨워서 모든 동료들이 다 도망갔다.) [앞부분 주어지향]

(3) 我此樹果, 悉皆美好, 無一惡者. (70. 嘗庵婆羅果喻) (나의 이 나무 열매는 모두가 좋고 나쁜 것이 하나 없다.) [앞부분 주어지향] AP수식

(4) 半國之治, 大臣輔相, 悉皆可得, 乃求賤業. (55. 願爲王剃鬚喻) (나라 반을 다스리는 일이나 대신 혹은 재상 정도는 다 얻을 수 있는 것이다. 그러나 이런 천한 일을 요구했다.) [앞부분 피동작주지향]

범위부사 '悉皆'는 총6예 출현한다. 이것은 同義의 범위부사 '悉'과 '皆'가 결합하여 이루어진 쌍음절 부사로 현대중국어에서는 더 이상 출현하지 않는다. 6예 중 5예가 VP를 수식하고 있고, 예(3)처럼 1예가 AP를 수식하고 있다. 의미지향은 5예가 앞부분의 주어를 지향하고 1예가 앞부분의 피동작주를 지향한다.


## 皆悉

(1) 昔有故屋, 人謂此室常有惡鬼, 皆悉怖畏, 不敢寢息. (64. 人謂故屋中有惡鬼喻)

(옛날에 한 고택이 있었는데 사람들은 이 집에 항상 악귀가 있다고 여겼고 <u>모두</u> 두려워했으며 감히 거기서 잠을 자려하지 않았다.)

범위부사 '皆悉'은 총1예 출현한다. 이것은 '皆'와 '悉'의 결합으로 이루어진 것이며, 앞의 '悉皆'와는 동일 성분이나 어순이 다르게 결합된 것이다. 현대중국어에서는 더 이상 출현하지 않는다. 이 1예는 VP를 수식하고 있고, 앞부분의 주어를 의미지향하고 있다.

## 盡皆

(1) 由其逃突, <u>盡皆</u>飢渴, 於其樹下, 見歡喜丸, 諸賊取已, 各食一丸. (65. 五百歡喜丸喩) (그들이 급히 도망하느라고 <u>모두</u>가 배고프고 목말라 있었기 때문에 나무 아래에 와서 환희환을 보고 모든 도둑들이 그것을 취하고는 각자 한 환 씩 먹었다.) **[앞부분 주어지향]** AP수식

(2) 卽便驅至深坑高岸, 排著坑底, <u>盡皆</u>殺之. (37. 殺群牛喩) (바로 깊은 구덩이가 있는 높은 언덕으로 몰고 가서 구덩이로 밀어 <u>모두</u> 죽여 버렸다.) **[뒷부분 피동작주 지향]**

(3) 如是一切所有財物<u>盡皆</u>破之, 而作二分. (58. 二子分財喩) (이처럼 모든 갖고 있는 재물을 다 깨서 둘로 나누어야 한다.) **[뒷부분 피동작주 지향, 재지시]**

범위부사 '盡皆'는 총3예 출현하며 현대중국어에서는 더 이상 출현하지 않는다. 이것은 동의의 범위부사 '盡'과 '皆'의 결합으로 구성되었다. 2예가 VP를 수식하고 있고, 1예는 예(1)처럼 AP를 수식한다. 의미지향은 앞부분 주어지향이 1예, 뒷부분 피동작주지향이 2예인데, 예(3)은 목적어로 '之'가 나왔지만 그 바로 앞에 '之'와 동일물인 '一切所有財物'이 출현하고 있다.

## 皆盡

(1) 昔有大富長者, 左右之人, 欲取其意, <u>皆盡</u>恭敬. (57. 蹋長者口喩) (옛날에 대부옹이 있었는데 주변 사람들은 그의 뜻을 얻으려고 <u>모두</u> 공경하였다.)

범위부사 '皆盡'은 총1예 출현하며 현대중국어에서는 더 이상 출현하지 않는다. 이것역시 '皆'와 '盡'의 결합이며 앞의 것과는 어순이 반대로 결합되어 있다. 이 예는 AP를 수식하고 있으며 앞부분 주어를 지향하고 있다.

## 咸皆

(1) 時諸世人, 卻後七日, 聞其子死, <u>咸皆</u>嘆言. (11. 婆羅門殺子喩) **[앞부분 주어지향]** (그 당시 여러 세상 사람들은 칠일 뒤에 그의 아들이 죽었다는 말을 듣고는 <u>모두</u> 감탄하며 말했다.)

(2) 時彼國人卒爾敬服, <u>咸皆</u>贊嘆. **[앞부분 주어지향]** (65. 五百歡喜丸喩) (이때 그 나라 사람들은 갑자기 경복하게 되었고 <u>모두가</u> 찬탄했다.)

범위부사 '咸皆'는 총2예 출현하며 현대중국어에서는 더 이상 출현하지 않는다. 이것은 동의부사 '咸'과 '皆'로 구성된 것이다. 2예 모두 VP를 수식하고 있고, 앞부분 주어를 의미 지향하고 있다.


## 盡畢

(1) 須臾有賊, 入家偸盜, 取其財物; 一切所有<u>盡畢</u>賊手. (67. 夫婦食餠共爲要喩) **[앞부분 주어지향]** (잠시 후 도둑이 집에 들어와 물건을 훔치는데 그들의 재물을 취했다. 모든 있는 것들은 <u>다</u> 도둑의 손에 떨어졌다.)

범위부사 '盡畢'은 총1예 출현하며 현대중국어에서는 더 이상 출현하지 않는다. 두 동의 부사 '盡'과 '畢'의 결합으로 구성되었다. 이1것은 예와 같이 NP를 수식하고 있으며, 앞부분 주어를 의미지향하고 있다.

이상이 ≪百喩經≫에 출현하는 同義 복합 총괄류 부사들이다. 대체로 여기에 사용된 부사는 '悉', '皆', '盡', '咸', '畢' 등으로 '畢'을 제외하고는 모두가 ≪百喩經≫에 등장 하는 부사들이다. 특이한 것은 '悉皆'와 '皆悉'처럼 동일한 성분으로 구성되나 어순이 다르게 되는 경우가 자주 발견되고 있다는 점이다. 바로 이 시기에 이렇게 同義 부사로 구성된 병렬 복합 부사가 대거 등장하게 되어 매우 다양한 형식들이 활약을 하게 된다. 총괄류 범위 부사의 경우, ≪宋書≫에서는 다음과 같이 다양한 형태들이 등장한다.8)

---

8) 李淑賢(2010)에서 인용.

悉皆, 皆悉, 幷全, 幷同, 幷皆, 率皆, 悉同, 咸共, 一皆, 幷悉, 皆共, 悉共, 咸皆, 咸悉 등

　이들은 대개 東漢시기부터 서서히 모습을 드러내기 시작하여 위진남북조 시기에 이르면 그 종류도 다양해지고 수량도 증가하여 큰 활약을 하게 된다. ≪百喩經≫에서는 전체적으로 그 출현비율이 낮은 편이지만 출현빈도가 다소 높은 부사들이 대개 10예 안팎인 것을 감안할 때, 6예가 출현하는 '悉皆'는 비교적 상용되던 부사라 볼 수 있다. 이 시기에 위에 언급된 부사들 외에도 더 다양한 형태의 것들이 존재했었지만 이들이 모두 다 비슷하게 지속적으로 운용된 것은 아니다. 이 가운데 특히 '悉皆'의 경우는 ≪百喩經≫에서도 가장 높은 출현횟수를 보이지만 ≪宋書≫에서도 18예로 비교적 자주 출현하고 있다.9) 한편, 동시기의 ≪齊民要術≫에서도 5예의 '悉皆'가 출현하고 있다. 아래는 그 예들이다.

　(1)　其疵惡顯著者, 悉皆罷遣. (宋書, 列傳第四十二 周朗傳) (그 죄악이 현저한 자들은 모두 쫓아내야 한다.)
　(2)　其一株上有七八根生者, 悉皆斫去, 唯留一根粗直好者. (齊民要術, 種楡、白楊) (그 한 그루에 일고여덟 개의 난 것들 중 모두 쳐버리고 단지 거칠고 곧고 좋은 놈 하나만 남겨 놓는다.)

　이 '悉皆'는 ≪祖堂集≫에서도 15예나 출현하고 있을 정도로 이미 중고중국어 시기부터 활약을 해왔던 것으로 보인다.
　한편, ≪百喩經≫의 위 부사들 중 특이하게도 '盡皆'의 경우 근대중국어의 ≪水滸傳≫에서 매우 높은 출현비율을 보이고 있다. 무려 71예나 출현하고 있어 이 시기 대표적인 쌍음절 총괄류 부사로 쓰이고 있다. ≪水滸傳≫에는 이 외에도 '都皆', '盡都' 등이 출현하나 전자는 겨우 4예정도, 후자는 28예 출현하고 있다. 현재까지 아직 중고, 근대중국어 각 문헌에서 이들 쌍음절 총괄류 부사들의 존재와 활약을 전체적으로 확인하지는 못한 상태이나 '盡皆'의 경우는 의외로 높은 빈도수를 자랑하고 있다.10)
　위진남북조 시기에 들어서서 이와 같이 다양한 쌍음절 同義 부사들이 탄생하게 된 원인은 역시 당시의 대세인 '쌍음절화 현상'에 기인한다. 쌍음절화 현상에 부응하여 기존에 일

---

9) 위의 예에서 '幷皆'가 20예, '一皆'가 17예, '皆悉'이 10예 출현하는데 그 외의 것들은 대체로 1~4회 정도에 그친다.
10) '盡皆'는 상대적으로 구어성이 강한 '盡都'와 분포적인 차이를 나타내며 사용되고 있다고 한다. (香坂順一≪水滸詞彙硏究≫)

음절이었던 동일한 의미 기능의 부사들이 접사를 첨가하거나 중첩 등의 방식으로 쌍음절화하는데, 여기 소개된 '悉皆'류 부사들은 그 가운데 특히 '병렬 동의 복합'의 방식을 취하고 있다. 물론 이러한 방식은 부사에서만 나타나는 것이 아니고 기타 허사는 물론 동사, 명사 등 실사들에서도 자주 발견되는 방식이다.

## 8.1.2 한정류

한정류 부사는 바로 범위를 한정하는 기능을 한다. 그 한정의 대상은 동작행위와 관련된 사물일 수 있고, 또 사물의 수량일 수도 있으며 동작 자체일 수도 있다. 아래에서 ≪百喻經≫의 각 한정류 부사들을 살펴보자.

### 唯

범위부사 '唯'는 상고중국어에서 전해져 온 것으로 총14예 출현한다.

(1) 我今不用餘下三果, 唯求得彼阿羅漢果. (10. 三重樓喻) (나는 지금 다른 아래 삼과는 필요 없고, 단지 저 아라한과만을 얻길 구한다.)

(2) 我等伴黨, 盡是親屬, 如何可殺? 唯此導師, 中用祀天. (14. 殺商主祀天喻) (우리들 동료들은 모두가 다 친척들인데 어떻게 죽일 수 있는가? 단지 이 안내자만이 갖다가 제사 지내기에 딱 좋다.)

(3) 外道等執於常見, 便謂過去、未來、現在唯是一識, 無有遷謝. (62. 病人食雉肉喻) (외도 등은 항상 보이는 것만 집착하여 과거, 미래, 현재 만이 오직 하나의 '識'이라고 여기고 시간상의 변화가 없다고 본다.)

(4) 顚倒在懷, 妄取欲樂, 不觀無常, 犯於重禁, 悔之於後, 竟何所及. 後唯悲嘆, 如彼愚鴿. (95. 二鴿喻) (거꾸로 하여 맘속에 품고는 함부로 오욕의 즐거움을 취하고, 무상을 보지 못해 중죄를 범했으니 그것을 뒤에서야 후회하니 대체 어찌 따라갈 수 있겠는가. 후에는 다만 비탄할 뿐이니 마치 저 우매한 비둘기 같다.)

이것은 '단지'의 의미로 동작의 대상 및 동작 자체를 한정하는 기능을 한다. 현대중국어에서도 계속 사용되고 있다. 14예 중 VP를 수식하는 것이 11예, NP를 수식하는 것이 3예이다. 위의 (2)에서 "唯此導師"의 경우가 바로 전형적인 NP 수식의 예이다. 이렇게 NP를 수식할 때 특히 문두에 출현하기도 한다. 수식의 대상은 대부분이 동작 행위와 관련이 있는 대상, 사물로 (1)의 경우 '彼阿羅漢果'가 한정의 대상이 된다. 그런데 (4)처럼 '悲嘆'이란 동작 행위 자체가 한정의 대상이 되기도 한다. 그리고 이 시기 이미 판단사가 등장하였기 때문에 (3)처럼 '是'자를 수식하는 경우도 출현하고 있다.

≪顔氏家訓≫에서는 총29예가 출현하여 출현비율이 상당히 높은 편이다. 여기서도 VP와 NP를 수식한다.

'唯'는 이미 상고중국어에서부터 주어나 술어의 범위를 한정하는 등 중고중국어와 크게 다를 바 없는 기능을 하고 있었다. 위진남북조 시기 여러 문헌에서도 여전히 높은 비율로 활약을 하였고 唐五代 ≪祖堂集≫에서도 98예로 높은 출현비율을 보여주고 있으며 그 기능도 큰 차이 없이 유지되고 있었다.

## 但

범위부사 '但'은 상고중국어에서 전해져 온 것으로 총6예 출현한다.

(1) 比丘亦爾, 不能具修信戒聞慧, 但整威儀, 以招利養. (3. 以梨打頭破喩) (승려들 또한 이러하다. 믿음으로 계를 지키거나 聞慧함을 具修하지 못하고 다만 威儀(겉모양)만 가지런히 하여 이로써 공양만을 불러 모으고자 한다.) (※ 聞慧: '三慧'의 하나. 경전을 읽고 배우거나 선각자로부터 들어서 얻은 지혜)

(2) 我今當一一嘗之, 然後當取. 若但嘗一, 何以可知? (70. 嘗庵婆羅果喩) (내가 지금 마땅히 하나하나씩 다 맛을 본 연후에야 살 수 있다. 만약 단지 하나만 맛보면 어떻게 알 수 있겠는가?)

(3) 願但敎我. 雖當自害, 要望傷彼. (68. 共相怨害喩) (저에게 그저 가르쳐주길 바랍니다. 비록 스스로 해를 입겠지만 그에게 피해를 입힐 수 있을 것으로 기대됩니다.)

이것은 '단지'의 의미로 기본적으로 동작의 범위를 한정하고 배타성과 유일성을 강조하는 기능을 한다. 현대중국어에서도 여전히 사용되고 있다. 6예 모두 VP를 수식하고 있다. 曹廣順등(2011)에 따르면 ≪祖堂集≫의 '但'이 총66개 출현하며 그 기능을 아래의 두 가지로 크게 구분할 수 있다고 한다.

ⅰ) 동사구 앞에 쓰여 동작의 범위를 한정하고 배타성, 유일성을 강조하며, '只'와 유사하다.

ⅱ) 동사구 앞에 쓰여 동작 행위가 어떤 조건이나 범위제한도 받지 않음을 표시한다.

이 경우 '只管'에 해당하며 일정한 주관적 情態의 성격을 띠고 있고, 명령문에 많이 쓰인다.

예) 和尙曰: "你有什摩事? 顏容瘦惡, 恰似肚裏有事. 有事但說." (화상이 말했다. "자네 무슨 일 있는가? 얼굴이 안 좋아 마치 맘속에 뭔 일이 있는 듯 하니 무슨 일이든 그저 말해 보게나.")

그들에 따르면 사실상 '한정류 부사'로서는 ⅰ)만이 해당할 수 있다. 그러나 ⅱ)의 경우도 모종의 한정성으로부터 파생되어 온 것이기 때문에 일단 한정류 부사에 넣어 설명하고자 한다. 이러한 ⅱ)의 경우는 즉, '그저 ~하기만 하라'의 의미를 갖고 있으며 위의 (3)이 바로 여기에 해당한다. "願但敎我"은 곧 "원컨대 그저 저에게 가르쳐주기 바랍니다."라는 것으로 조건에 제한을 받지 않음을 나타내고 있다. 사실 이러한 용법은 이미 漢代부터 있어왔다고 하는데 이것이 위진남북조 시기 뿐 아니라 唐代까지도 전승된 것이다. 이것은 아래와 같이 ≪世說新語≫에서도 출현하고 있다.

(4) 汝但出外留客! 吾自爲計. (賢媛) (자네는 그저 밖에 나가 손님을 잡게. 내가 곧 손님을 대접할 방법을 생각하겠네.)

≪顏氏家訓≫에서는 35예로 가장 많이 출현하고 있으며 VP, AP 등을 수식하고 있다. 범위부사 중 한정류로서 '但'은 위진남북조 시기에 매우 상용되었고 이후에도 지속적으로 사용되어 현대중국어에서도 대표적인 한정류 부사로 계속 활약하고 있다.

## 徒1

범위부사 '徒1'은 상고중국어에서 전해져 온 것으로 총2예 출현한다.

(1) 少作苦行, 臥荊棘上, 五熱炙身, 而望淸涼寂靜之道, 終無是處, 徒爲智者之所怪笑. (12. 煮黑石蜜漿喩) (약간의 고행만 행하며 단지 가시 위에서 자고, '五熱炙身'을 행하면서 맑고 조용한 도를 바라고 있으니 결국은 이러한 것을 얻지 못하고 만다. 다만 지자들의 웃음거리만 되었다.) (※ 五熱炙身: 고대 인도 외교도의 일종의 고행으로 뜨거운 햇볕아래에서 불로 자신의 신체를 지지는 것이다.)

(2) 不別時節春、秋、冬、夏, 便於冬時擲種土中, 望得果實, 徒喪其功, 空無所獲. (76. 田夫思王女喩) (계절의 춘하추동을 구별하지 아니하고 겨울에 땅에 씨를 뿌려 과실을 기대하니 다만 그 공력만 잃을 뿐 아무 수확이 없다.)

이것은 '단지'의 의미로 동작행위의 범위를 한정하며 현대중국어에서도 사용되고 있다. 2예 모두 VP를 수식하며 주로 그 행위 자체를 한정한다. ≪顔氏家訓≫에서는 단지 2예만 출현하며 VP, AP를 수식하고 있다.

이것은 상고중국어에서 이미 출현한 것으로 이때에도 주로 동작행위의 범위 한정 기능을 하였다.

(3) 助之長者, 揠苗者也. 非徒無益, 而又害之. (孟子, 公孫丑上) (그것을 자라게 도운
자는 싹을 뽑은 자이니 비단 무익할 뿐 아니라 오히려 해를 끼쳤다.)

중고중국어의 기능 또한 대부분 상고중국어의 것을 그대로 답습한 것이며 심지어 ≪顔氏家訓≫에서는 상고중국어의 관용적 형식인 '豈徒~'의 반어형식이 아래와 같이 계속 출현하기도 했다.

(4) 豈徒七經, 百氏之博哉? (歸心) (어찌 단지 유가의 칠경이나 제자백가만을 광박하다
고 할 것인가?)

중고중국어에서 전체적으로 출현율이 저조한 편이나 宋代 ≪朱子語類≫에서는 129예나 출현할 정도로 상용되기도 하였다.


専

범위부사 '専'은 상고중국어에서 전해져 온 것으로 총1예 출현한다.

(1) 欲求善福, 恃己豪貴, 專形挾勢, 迫脅下民, 陵奪財物, 以用作福. (16. 灌甘蔗喩)
(선한 일을 해 복을 받기를 원하면서 자신의 지위와 높은 권세를 믿고 오로지 권세에
의지하는 모습만 모여주고 백성들을 위협하여 재물을 빼앗고 다시 이로써 복리사업을
하려고 한다.)

이것은 '단지, 오로지'의 의미로 주로 동작 행위나 대상의 범위를 제한한다. 이 예는 VP를 수식하고 있다. ≪顔氏家訓≫에서도 단지 1예만이 출현하고 있고 VP를 수식하고 있다.

상고중국어에서 이것은 두 가지 의미를 갖는다. 하나는 총괄류 부사로 '全(전부)'의 의

미이고, 다른 하나는 바로 한정류 부사로 '只(단지)'의 의미이다. 이것이 겉으로는 모순이 되어 보이나 사실 '전체, 모두'는 따지고 보면 또 단순히 하나로 볼 수 있기 때문에 이 두 의미는 통하게 된다. 아래는 상고중국어 시기의 한정류 부사의 예이다.

(2) 毋專信一人而失其都國焉. (韓非子, 揚權) (오로지 한 사람만을 믿다가 국가를 망하게 해서는 안 된다.)

이러한 한정류의 '專'은 현대중국어에서도 계속 사용되고 있다.

## 獨1

범위부사 '獨1'은 상고중국어에서 전해져 온 것으로 총1예 출현한다.

(1) 我與前人同買於汝, 云何獨爾? (51. 五人買婢共使作喩) (내 앞 사람과 같이 너를 샀는데 어째서 단지 그렇게만(그 사람을 위해서만) 하느냐?)

이것은 '단지, 오직'의 의미로 동작행위 및 대상의 범위를 한정한다. 위의 예에서는 '爾'라고 하는 용언성(謂詞性) 지시대명사를 수식하고 있다. ≪顔氏家訓≫에서는 4예가 출현하는데 VP와 NP를 수식한다. 아래는 NP를 수식하는 예이다.

(2) 權而量之, 獨金陵與洛下耳. (音辭) (이를 깎고 재어보면, 오직 금릉음과 낙하음일 뿐이다.)

'獨1'은 상고중국어 시기에 이미 매우 상용되는 형식이었고 중고중국어 시기에도 비교적 출현비율이 높은 부사였다. ≪百喩經≫에서는 출현비율이 저조한 편이나 ≪顔氏家訓≫에서도 적잖게 나오는 편이며 특히 ≪世說新語≫에서도 24예로 다른 한정류 부사에 비해 비교적 높은 출현비율을 보여주고 있다. 이것은 宋代 ≪朱子語類≫에서도 200여회나 출현하고 있어 근대중국어에서도 지속적으로 활약했음을 확인할 수 있으며, 현대중국어에서도 아직도 사용되고 있다.

## 止

범위부사 '止'는 상고중국어에서 전해져 온 것으로 총1예 출현한다.

(1) 汝今云何止食一雉, 望得愈病? (62. 病人食雉肉喩) (당신은 지금 어찌하여 꿩을
    단지 한 마리만 먹고 병을 고치기를 바란단 말인가?)

이것은 '단지'의 의미로 동작 행위나 대상을 한정한다. 여기서는 VP를 수식하고 있다.
≪顔氏家訓≫에서는 4예가 출현하는데 VP도 수식하고 NP도 수식한다. 특히 '豈止~'의
형태로 반어의문에 자주 쓰인다. ≪世說新語≫에도 4예가 출현하며 아래와 같은 예가 있다.

(2) 韓康伯年數歲, 家酷貧, 至大寒, 止得襦. (夙慧5) (한강백이 겨우 몇 살일 때, 집이
    매우 가난하였고 몹시 추운 날 단지 짧은 저고리만 있었다.)

비록 ≪百喩經≫에서는 출현비율이 낮은 편이나 위진남북조 시기 전반적으로 상용되던
한정류 부사로 보인다. 이것은 이미 상고중국어에서 출현한 부사로 아래와 같은 예가 있다.

(3) 仁義, 先王之蘧廬也, 止可以一宿, 而不可以久處. (莊子, 天運) (인의는 왕들이
    잠시 묵었던 거처이니 단지 하룻밤은 괜찮으나 오래도록 거처할 수는 없다.)

일찍이 상고중국어 시기에 탄생하여 중고중국어 시기에도 지속적으로 쓰였고 宋代 ≪
朱子語類≫에서는 240여 예나 출현하고 있을 정도로 근대중국어 시기에도 계속 상용되었
던 것으로 보인다. 물론 현대중국어에서도 여전히 사용되고 있다.

## 空1

범위부사 '空1'은 중고중국어 시기에 새롭게 등장한 것으로 총3예 출현한다.

(1) 愚人無智, 便空食鹽. (1. 愚人食鹽喩) (우매한 자는 무지하여 단지 맨입에 소금만
    먹었다.)
(2) 汝向作樂, 空樂我耳; 我與汝錢, 亦樂汝耳. (52. 伎兒作樂喩) (네가 방금 연주를
    하여 단지 나의 귀만을 즐겁게 해서 나도 너에게 돈을 준다고 말하여 역시 너의 귀를
    즐겁게 한 것이다.)

이것은 '단지'의 의미로 범위를 한정하는데 동작이 미친 대상(주로 목적어)의 종류가 단순함을 강조하고 있다. 현대중국어에서는 더 이상 사용되지 않고 있다. 3예 모두 VP를 수식하고 있으며 모두가 한정의 대상이 동사의 목적어이다. 예컨대, (1)에서는 먹은 것이 '소금'뿐 이라는 것, (2)에서는 즐겁게 한 것이 겨우 '나의 귀'라는 것이다.

≪顔氏家訓≫에서는 출현하지 않고 있는데 아래와 같이 위진남북조 기타 문헌에서 출현하고 있다.[11]

(3) 祥嘗在別床眠, 母自往暗斫之. 値祥私起, 空斫得被. (世說新語, 德行14) (王祥이 다른 침대에서 자고 있는데 계모가 직접 가서 몰래 그를 베었다. 마침 왕상이 소변이 마려워 일어났기에 단지 이불만 베고 말았다.)

(4) 若無髓, 空用脂亦得也. (齊民要術, 種紅藍花梔子) (만약 소골수가 없으면 단지 우지만 써도 된다.)

상고중국어에서는 단지 '공연히'라는 상태부사 용법만이 있고 범위부사의 용법이 없었다. 漢代까지도 주로 '공연히', '아무 이유 없이' 등의 의미만이 있었기 때문에 이 용법은 대체로 위진남북조 시기 와서 출현한 것으로 보인다. ≪祖堂集≫, ≪朱子語類≫ 등에서는 출현하지 않고 있으나 아래와 같이 ≪太平廣記≫에 출현하고 있다.

(5) 何以言之? 前畵空得趙郎狀貌, 後畵兼移其神思情性言笑之姿. (卷23 周昉) ("어째서 그렇게 말하시오?"라고 하니, 앞 그림은 단지 조랑의 모습만을 그렸다면, 뒷 그림은 그의 표정과 성품, 말하고 웃는 자태까지 옮겨놓았기 때문이라고 했다.)

한편, 董志翹・蔡鏡浩(1994)는 '空'이 이러한 '단지'의 의미를 갖는 것이 그것의 '無'의 미와 관련이 있다고 한다. 즉, "無混雜"의 의미로 발전하여 '단지 한 가지만이 있다'는 것을 나타내었고 결국 '只'의 의미가 되었다는 것이다.

## 偏

범위부사 '偏'은 중고중국어에서 새롭게 탄생한 것으로 총1예 출현한다.

---

11) 이하 '空'의 예문은 모두 董志翹・蔡鏡浩(1994)에서 인용한 것임.

(1) 如諸外道, 偏修分別論. (58. 二子分財喩) (마치 뭇 외도와 같이 단지 분별론만을
    수행하는 것과 같다.)

이것은 '단지'의 의미로 동작 행위나 대상을 한정하고 있으며 VP를 수식하고 있다. 위진
남북조 시기의 기타 문헌에서 쉽게 발견할 수 없는 부사로 전체적으로 그 출현비율이 낮은
편이다. 아래는 董志翹·蔡鏡浩(1994)이 소개한 이 시기의 예이다.

(2) 中庭雜樹多, 偏爲梅咨嗟. (劉宋 鮑照, 梅花落) (뜰에 잡수가 많으나 단지 매화 때
    문에 찬탄한다.)

한편, 董志翹·蔡鏡浩(1994)는 '偏'의 '단지'의미의 문법화에 대해 그것의 형용사인
'偏頗(치우치다)'의 의미로부터 파생되었다고 주장한다. 즉, '가장자리'는 '孤獨無隣'이기
때문에 점차 '홀로, 단지'의 의미로 발전했다는 것이다. 중고중국어에서 활약을 해오던 한
정류 부사 '偏'은 그 이후 크게 활약하는 모습은 잘 발견할 수가 없고 현대중국어에서도
그러한 용법으로는 더 이상 쓰이지 않고 있다.


## 8.1.3 동일류

동일(類同)류 부사는 쉽게 말해 '~도'라고 해석되는 것으로 이 부사는 의미상으로 볼
때 그것의 의미지향이 총괄류와 비슷하다. 그래서 대체로 술어부(謂語)의 중심어와 관련된
논항들을 의미지향하게 된다. 이 말은 곧 행위자(施事)나 피동작주가 이들 부사의 의미지
향 대상이 된다는 것이다. 그런데 총괄류 부사와 다른 점은 바로 술어부(謂語)의 중심어인
술어동사 자체를 의미지향할 수도 있다는 것이다. 일반적으로 전자일 경우, "갑을 두 개가
동일(類同)임"을 나타내게 되고, 후자일 경우는 "가설 성립 여부를 떠나 결과가 모두 동일
하다"는 것을 나타내게 된다. 여기서는 전자를 [의미기능1], 후자를 [의미기능2]로 부르고
자 한다.

현대중국어의 대표적인 동일류 부사는 바로 '也'이다. 그러나 이것은 위진남북조 시기에
아직 출현하지 않았다. ≪百喩經≫에서는 동일류 부사로 '亦1'과 '亦復' 둘 만이 출현하
고 있다.

## 亦1

범위부사 '亦1'은 상고중국어에서 전해져 온 것으로 총35예 출현한다.

### 1) 앞부분 주어지향

(1) 時彼醫師, 亦復頭禿, 卽便脫帽示之, 而語之言: "我亦患之, 以爲痛苦." (40. 治禿喩) (그때 그 의사 역시 머리가 대머리였고 바로 모자를 벗으면서 그에게 보여주면서 말했다. "나 역시 그 병을 앓고 있어서 고통스럽게 여기고 있다.) [VP수식]

(2) 有弟子言: "我亦能造萬物." (61. 梵天弟子造物因喩) (제자가 한 명 있어 말했다. "나도 만물을 만들 수 있습니다.") [VP수식]

(3) 如彼愚者, 意好嘆父, 言成過失, 此亦如是. (9. 嘆父德行喩) (저 우매한 자와 같아, 그의 뜻은 아비를 찬양하기를 좋아한 것이나 말은 과실이 되었으니, 이 또한 이러하다.) [VP수식]

(4) 世人亦爾, 要少名利, 致毀大行. (17. 債半錢喩) (세상 사람들 또한 이러하다. 작은 명리를 구하다가 이로써 고상한 덕행을 잃게 됨에 이르고 만다.) [용언성 대명사 수식]

### 2) 술어동사 지향

(5) 我今寧可截取其鼻, 著我婦面上, 不亦好乎! (28. 爲婦貿鼻喩) (내가 차라리 그의 코를 베어 내 아내 얼굴에 붙이면 또한 예쁘지 않겠는가!) [AP수식]

(6) 獄卒將去付閻羅王, 雖欲修善, 亦無所及已. (47. 貧人能作鴛鴦鳴喩) (옥졸이 데리고 가서 염라왕에게 넘기면 비록 선을 닦고자 해도 역시 이를 수 없게 될 것이다.) [VP수식]

이것은 '~도 또한'이란 의미로 '동일'을 나타내며 현대중국어에서는 구어에서 거의 사용하지 않는다. 수식 상황을 보면, VP수식이 18예로 가장 많고 그 외에도 예(4)처럼 용언성 지시대명사를 수식하는 예도 15예나 된다. 그리고 (5)처럼 AP를 수식하는 것이 2예 있다. 형식상으로 볼 때, '亦1'은 ≪百喩經≫에서 대체로 습관적으로 어떤 형식에 자주 등장하고 있는데 예를 들어, 예(4)의 "世人亦爾"와 같이 용언성 지시대명사를 수식하는 경우가 대표적이다. 이것 말고도 '愚人亦爾', '凡夫亦爾', '比丘亦爾' 등이 출현하고 있다. 그리고 '此亦如是', '佛亦如是'같이 '如是'와 자주 결합한다.

의미상으로 볼 때, '갑을이 동일임'을 나타내는 것인 [의미기능1]이 29예, '동일한 결과'를 나타내는 것인 [의미기능2]가 6예이다. 즉, 전자는 의미지향상 앞부분의 주어를 지향하고, 후자는 술어동사를 지향한다. 전자일 경우, 예컨대, (1)에서 "我亦患之"를 보면, "당신 뿐 아니라 나도 대머리를 앓고 있다"란 의미로 갑을이 동일 상태임을 나타낸다. 특히 ≪百喩經≫에 자주 등장하는 '愚人亦爾', '世人亦爾'같은 경우는 다음과 같다. ≪百喩經≫의 각 이야기 전개 특징상 앞부분에서는 비유적인 우화를 들고 뒤에서는 그것을 실제에 적용하여 설명하고 있기 때문에 주로 앞부분 이야기의 주인공(갑)과 뒷부분의 사람(주로 불제자나 세상사람(을))이 동일함을 말할 때 위와 같은 관용적 표현을 사용한다. 이것은 바로 '갑과 을이 동일임'을 나타내는 전형적인 표현인 것이다. 한편, 후자의 경우로 예(5)를 보면, "남의 코를 베어다가 내 아내 코에 붙인다"라는 가정을 하고, 그랬을 때 그 결과로 "역시 예쁘다"라는 상황을 얘기하고 있다. 바로 이러한 식으로 '어떤 가정 하에 취한 결과가 같다'는 또 다른 의미를 전달하고 있는 것이다.

≪顏氏家訓≫에서도 '亦1'은 무려 89예나 출현하고 있고 주로 VP를 수식하나 AP 및 용언성 대명사를 수식하고 있어 ≪百喩經≫의 상황과 매우 흡사하다. 당연히 여기서도 의미상 두 가지 의미기능이 모두 출현하고 있다.

상고중국어에서도 '亦1'은 이미 상기의 기능을 해오고 있었다. 그래서 [의미기능1]과 [의미기능2] 모두 이 시기에 등장하고 있다.

(7)  魚我所欲也; 熊掌亦我所欲也. (孟子, 告子上) (물고기는 내가 원하는 것이고 곰발바닥도 또한 내가 원하는 것이다.)

(8)  寡人雖死, 亦無悔焉. (左傳, 隱公三年) (과인이 비록 죽어도 또한 후회가 없다.)

예(7)은 [의미기능1]에 해당하고, 예(8)은 [의미기능2]에 해당한다.

한편, 이러한 '亦1'은 唐代 이후 점차 동일 기능의 부사 '也'에게 자리를 내어주기 시작한다. 일단 ≪百喩經≫에서는 동일 기능의 부사 '也'가 출현하지 않는다. 그러나 아래와 같이 아주 극소수의 예가 위진남북조 문헌에 등장하고 있다.

(9)  眞成箇鏡特相宜, 不能片時藏匣裏, 暫出園中也自隨. (北周庾信, 鏡賦) (진정 이 거울이 특히나 내 맘에 잘 맞는다면 잠시라도 경대 안에 넣어 두면 안 되고 잠시 뜰에 나갈 때라도 또한 휴대해야 한다.)

'也'의 기원에 대해 현재까지 확실한 설이 없다고 할 정도로 오리무중이다. 학자들마다 의견이 분분해 상고중국어의 어기사 '也'로부터 기원했다는 설도 존재한다. 그러나 楊榮祥(2005)은 이것에 반대하고 동일 기능의 동일부사 '亦1'에서 그 기원을 찾고 있다. 지금부터 그의 설을 소개한다. 그는 부사 '也'가 '亦'의 음변형식이라고 한다. 일찍이 裴學海가 ≪古書虛字集釋≫에서 '也'와 '亦'이 "一聲之轉"이라고 하였다. 즉, 둘 간의 모종의 어음상 관련성을 엿볼 수 있다는 말이다. ≪廣韻≫에서 '也'는 '馬'韻, '亦'은 '昔'韻으로 둘의 발음은 완전히 다르다. 그리고 상고음 뿐 아니라 근대음을 봐도 성모가 같은 것을 제외하고는 운모가 다르다. 그런데 여기서 흥미로운 것이 하나 있는데 바로 '夜'가 이 둘의 매개체 역할을 하고 있다는 사실이다. '亦'을 성부로 하고 있는 '夜'자는 ≪廣韻≫에서 '禡'韻에 속하여 '也'와 운모가 비슷하다. 그리고 '夜'를 성부로 하고 있는 '掖' 등은 상고음에서 '亦'자와 동부인 '鐸'部 소속이다. 이렇게 볼 때, '也'와 '亦'은 분명 어음상 관련이 있고 상고음의 鐸部자 중 일부는 중고음에서 '也'와 같은 운이 된 것임을 알 수 있다. 상고음에서 '亦'과 '夜'는 같이 鐸部에 속하며 開口四等字이다. 그런데 六朝시기에 오면서 '夜'가 歌部開口三等字로 변하여 '也'자와 동일한 소속이 된 것이다. 음변의 규칙으로 볼 때, '亦'자도 '夜'와 동일한 변화를 거쳐야 하는데 약간 복잡한 상황이 발생했다. 그것은 바로 '亦'이 사용 빈도가 높아 보수성을 띠고 있기 때문에 서면어에서는 古音을 여전히 보존하려는 습성을 보여서 구어에서만 변화된 음으로 읽혔던 것이다. 그래서 문인들 저작에서는 여전히 '亦'으로 썼지만 詩歌 등의 구어 기록물에서는 이것이 '也'로 읽혔고 심지어 어떤 경우는 '也'로 쓰기까지 했다. 그래서 초기엔 부사 '也'가 주로 시가에서 등장하고 있다. 쉽게 말하면, '亦'과 '也'가 동일한 한 어휘에 대응하는 글자로 쓰였다는 것이다. 나중에 '亦'자를 버리고 아예 '也'자로 표기하게 된 것은 상고중국어의 어기사 '也'의 기능이 쇠퇴했기 때문이다.

이상이 바로 楊榮祥(2005)이 주장한 '也'의 탄생과정이다. 이렇게 본다면 부사 '也'는 없던 것이 갑자기 새롭게 등장한 것이라기보다 기존에 있던 것이 옷만 갈아입은 격이다. '亦'과 '也'가 비록 표면상으로 볼 때 음운 상 관련이 없어 보이지만 위와 같이 그 내막을 더 자세히 살펴보면 사실 유사한 발음이었음을 확인할 수가 있고 '也'의 기원이 '亦'임을, 즉 '亦'이 곧 '也'였음을 확실히 알 수 있다.

'也'는 이렇게 탄생하여 한동안 '亦'과 공존을 한다. 唐代에는 당연히 '亦'이 우세했다. 그러나 晚唐五代시기부터 '也'가 많아지기 시작해 ≪祖堂集≫에서는 '也'가 80예까지 출현한다('亦'은 320예 출현). 宋代 ≪朱子語類≫에서도 '也'가 2,800여 예나 출현하지만 '亦'이 4,700여예나 등장하기 때문에 역시 宋代에도 '亦'이 우세했다. 이러한 상황은 元代부터 서서히 역전이 발생하기 시작했고, 明代 ≪金瓶梅≫에서는 '也'가 약 1,600예, '亦'이 50예 출현하여 드디어 '也'가 압도적인 우세를 점하게 된다. 그렇다면 이렇게 '亦'

이 쇠퇴하고 '也'가 흥성하게 되는 원인은 무엇인가? 여기에 대해 蔣紹愚등(2005)은 언어 변화의 적응성의 관점으로 설명한다. 예컨대 새롭게 등장한 "連……也……", "一…… 也……" 구문 등에서는 '也'가 주로 사용되고 있고, 특히 판단사 '是'가 등장하여 '是'자 판단문이 출현한 이후에 체언성 술어부(謂語)를 사용하는 판단문에서는 '也'가 쓰이지 않고 여전히 '亦'만이 쓰이고 있었다. 바로 이러한 상황은 새롭게 탄생하거나 변화된 문형에서는 주로 '也'가 쓰이고 있기 때문에 결국 '也'가 언어 변화에 잘 적응했음을 말해주는 것이다. 이처럼 서로 同源 관계 또는 선후배 관계인 부사 '也'와 '亦'은 피차간의 경쟁에서 결국 '也'하나만이 살아남게 되었다(또는 동일한 어휘에 대한 표기에서 '亦'자에 대해 '也'자가 선택된 것이라고 말할 수 있다).

## 亦復

범위부사 '亦復'은 중고중국어 시기에 등장한 것으로 총84예 출현한다.

### 1) 앞부분 주어지향

(1) 世間愚人, 亦復如是. (24. 種熬胡麻子喻) (세상의 우매한 사람들은 또한 이와 같다.) [VP수식]

(2) 所謂衣裳中割作二分, 盘、瓶亦復中破作二分. (58. 二子分財喻) (이른바 옷은 가운데를 갈라 둘로 나누고, 접시와 병 역시 가운데를 깨서 나누어야 한다.) [VP수식]

(3) 如彼愚人, 以鹽美故, 而空食之, 至令口爽, 此亦復爾. (1. 愚人食鹽喻) (저 우매한 사람처럼 소금이 맛있다는 이유로 공연히 그것만을 먹으면 입이 상하는 지경에 이를 것이니 이 또한 이러하다.) [용언성 대명사 수식]

### 2) 술어동사 지향

(4) 須臾水淸, 又現金色, 復更入裏, 撓泥更求, 亦復不得. (60. 見水底金影喻) (잠시 후 물이 맑아지자 다시 금색이 보였다. 그래서 다시 안으로 들어가서 진흙을 헤치고 다시 찾았으나 역시 얻지 못했다.) [VP수식]

(5) 賊見不語, 卽其夫前, 侵略其婦, 其夫眼見, 亦復不語. (67. 夫婦食餅共爲要喻) (도둑은 그들이 말을 안 하는 것을 보고는 바로 그 남편 앞에서 그의 부인을 겁탈하였다. 그 남편은 보고도 역시 말을 안했다.) [VP수식]

이것은 '또한, 역시'의 의미로 기본적으로는 '亦1'과 기능이 비슷하다. 84예 중 83예가 VP를 수식하고 1예만이 용언성 대명사를 수식한다. 앞의 '亦1'도 모종의 고정 형식을 이루는 경향이 있는데 이것 역시 그런 경향이 강해 "世間愚人, 亦復如是", "凡夫之人, 亦復如是", "世間之人, 亦復如是" 등의 형식이 무려 70예에 이른다. 그리고 그것이 수식하는 VP가 고정적으로 '如是'인 경우가 78예나 된다. '亦1'보다 이것이 쌍음절이기 때문에 '如是'와 더불어 4자구를 구성하기가 더 쉬워 각 스토리마다 한 번 정도씩은 고정된 형식으로 등장하고 있다. 의미상으로 위의 고정형식은 모두 [의미기능1]인 '갑을이 동일임'을 나타낸다. 그래서 [의미기능1]이 총82예에 이른다.

그런데 ≪百喻經≫에서 필자는 예(4), (5)와 같은 특이한 경우를 발견하였다. 이 두 문장의 '亦復'은 의미상으로 술어동사를 지향하고 있다. 예를 들어 "撓泥更求, 亦復不得"의 경우는 "진흙 속에서 다시 찾는 행위"를 이미 했고 그 결과 "얻지 못함"이라는 결과를 또 얻은 것이다. 이것은 분명 갑과 을이 동일(類同)임을 나타내는 것은 아니다. 그렇다고 [의미기능2]처럼 어떤 가설을 했을 경우 그 결과 동일한 결과가 나온다는 것도 아니다. 그보다는 어떤 상황, 즉 동작의 결과가 반복됨을 나타낸다. 그래서 [의미기능2]와 유사한 것 같으면서도 다른 면모를 보여준다. 이러한 예에 대해 아직 별도의 기능으로 보고된 것이 없기 때문에 일단 본서에서는 '동일(類同)'의 일종으로 본다.

'亦復'은 ≪顔氏家訓≫에서 1예 출현하며 [의미기능1]을 나타내고 있다. 필자의 통계에 따르면 ≪世說新語≫에서도 아래와 같이 10예정도가 출현하고 있다.

(6) 劉孝綽當時既有重名, 無所與讓, 唯服謝朓; 常以謝詩置几案間, 動靜輒諷味. 簡文愛陶淵明文, 亦復如此. (顔氏家訓, 文章) (유효작은 당시 이미 이름이 높아 누구에게도 양보할 수 없는 명성에, 오직 謝朓만을 숭상하여 謝朓의 시집은 항상 그의 책상머리에 두고 움직일 때마다 그의 시를 읊으며 완미하였다. 간문제가 도연명의 시를 아끼는 것도 역시 이와 같았다.) (※ 간문제와 유효작이 동일임을 나타냄)

(7) 石謂潘曰: "安仁, 卿亦復爾邪?" (世說新語, 仇隙1) (石崇이 潘岳에게 말했다. "安仁, 당신도 또한 이러한가?")

이처럼 위진남북조 시기에 비교적 상용되던 부사였으며 이후 唐宋시기에 가서도 일정 정도 계속 쓰여 ≪祖堂集≫에서는 7예, ≪朱子語類≫에서는 8예가 출현한다. 다만, 唐宋시기 및 그 이후로 가면서 점차 사용이 저조해져서 현대중국어에서는 사라졌다.

시간부사

시간부사란 사건 혹은 상태의 시간정보나 시간 관련 개념을 나타내는 부사를 가리킨다. 현대중국어의 剛, 剛剛, 已經, 早, 就, 正在, 將, 馬上, 一直, 忽然 등이 바로 여기에 해당한다. 시간부사는 의미 유형에 따라 다양한 하위범주의 분류가 가능한데 본서에서는 ≪百喩經≫에 출현하는 시간부사들의 상황을 고려하여 '과거/이미류', '미래류', '선후류', '시초류', '최종류', '즉시류', '지속불변류', '점차류', '항시류', '잠시류', '不定時류', '반복류' 등의 총12류로 세분화한다. 아래에서 각 시간부사 하위범주의 상황을 살펴보자.

### 8.2.1 과거/이미류

과거/이미류란 과거에 발생한 사건이나 상태를 나타내는 시간부사로 ≪百喩經≫에는 '旣1', '已', '向', '初1', '始1', '曾', '頃來'가 출현한다.

### 旣1

시간부사 旣1은 상고중국어에서 전해져 온 것으로 총37예 출현한다.

1) VP수식

   (1) 時此愚人見子旣死, 便欲停置於其家中, 自欲棄去. (6. 子死欲停置家中喩) (그때 이 우매한 자는 아들이 <u>이미</u> 죽은 것을 보고는 그의 집 안에 아들을 놓고 스스로 집을 떠나가려고 했다.)

   (2) 旣燒之後, 於此火處求覓欽服, 都無所得. (29. 貧人燒粗褐衣喩) (<u>이미</u> 태운 다음에 이 불 자리에서 흠복을 찾았지만 아무 것도 얻지 못했다.)

   (3) 旣還國已, 厚加爵賞, 大賜珍寶, 封以聚落. (65. 五百歡喜丸喩) (<u>이미</u> 나라에 돌아오니, 그에게 작위와 상을 후하게 내리고 크게 보물을 하사했으며 봉지를 내렸다.)

   (4) 彼旣來已, 忿其如是, 復捉其人所按之脚, 尋復打折. (53. 師患脚付二弟子喩) (그가 <u>이미</u> 와서는 그가 이와 같이 한 것에 화가 나서 다시 그 다른 제자가 맡아 안마했던

다리를 잡고 바로 분질렀다.)

## 2) AP수식

   (5)  住止旣久, 卽聘其女共爲夫婦. (69. 效其祖先急速食喩) (거기서 머물기를 <u>이미</u> 오
래하여 그곳 여자를 맞아 함께 부부가 되었다.)

   이것은 '이미'의 의미로 "동작행위 혹은 상태가 이미 출현했거나 완결되었음"을 나타낸
다. 현대중국어의 '已經'에 해당한다. 총37예 중, VP를 수식하는 것이 35예 출현하고 AP
수식이 2예 출현한다. 대개의 경우 동사구를 수식하는데 (5)와 같이 형용사구를 수식하는
경우도 등장한다. 기본적인 의미와 기능에서는 상고중국어와 큰 차이를 나타내지 않고 있
다.

   한편, ≪百喩經≫에서는 위의 (3), (4)와 같이 '旣~已'로 구성된 관용적 형식이 15예나
출현한다. 이것은 '旣還國已'와 같은 '旣+V+O+已'의 형식과 '彼旣來已'와 같은 'S+旣
+V+已'의 형식 두 가지가 있으며 전자가 12예로 더 많다. 여기서 '已'는 일종의 완성동사
로 이 당시 매우 유행했던 동사의 相표지이다(앞의 '술보구조'편 참조). 즉, 이때의 '已'는
완전 허사는 아니고 의미가 상당히 허화된 동사의 신분으로 일종의 動相補語 역할을 한
다. 그렇다면 이 구조에서 '已'와 앞의 부사 '旣'는 일정 정도 기능이 중복되고 있다. 그럼
에도 불구하고 이렇게 '旣'와 '已'가 습관적으로 동시에 출현하고 있는 것은 역시 4자구
형식과 맥을 같이 한다고 본다. 위의 '旣還國已' 등은 공교롭게도 14예 모두 4글자로 되어
있다. 여기서 '旣'가 빠져도 'V+O+已'나 'S+V+已'가 되기 때문에 의미전달에 큰 지장은
없으나 낭송의 리듬을 위해 다른 성분을 하나 더 집어넣을 필요가 있었고 이때 '已(완성)'
와 유사한 의미의 '旣(완결)'가 선택된 것이다. 물론 이렇게 의미가 중복이 될 때엔 그만큼
강조의 어감도 갖게 된다.

   ≪顏氏家訓≫에서는 '旣'가 총15예 출현하며 여기서도 VP와 AP를 수식한다. 이것은
또 ≪世說新語≫에서도 143예가 출현하고 있다. 이렇게 ≪百喩經≫ 뿐 아니라 위진남북
조 시기에 기타 여러 문헌에서 출현빈도가 매우 높은 시간부사로 활약을 하였고 이후 唐
五代의 ≪祖堂集≫에서는 33예, 宋代 ≪朱子語類≫에서는 1,500여 예가 출현할 정도로
근대중국어 시기에도 매우 상용화된다.

   '旣'는 원래 동사로 '終了, 盡(끝내다, 다하다)'의 의미를 갖고 있었다. 이러한 동사의
의미로부터 '이미'라고 하는 부사로 문법화하였을 가능성이 있는데 이미 先秦시기에 시간
부사로서 이것 말고도 '不久(얼마 안 되어)'라는 의미도 나타내기도 했다. 이후 이것이 더

문법화하여 '太'의 의미 즉, 정도부사의 의미로도 발전하게 된다. 이 외에도 병렬 부사로도 발전하여 "旣……復(又)……" 등의 고정격식을 구성하기도 한다. 이렇듯 '旣'는 이미 상고중국어 시기에 다양한 문법화 과정을 겪어 여러 가지 어법 형식을 번식시켰다.

## 已

시간부사 '已'는 상고중국어에서 전해져 온 것으로 총23예가 출현한다.

### 1) VP수식

(1) 汝婦今日已生一子. (30. 牧羊人喩) (당신의 아내가 오늘 벌써 아들을 하나 낳았소.)

(2) 我馬已死, 遂持尾來. (73. 詐言馬死喩) (내 말은 이미 죽었소. 이에 그 꼬리를 가지고 왔소.)

(3) 我夫已覺, 更無出處, 唯有摩尼可以得出. (94. 摩尼水竇喩) (내 남편이 이미 알아버렸다. 또 밖으로 나갈 곳이 없고 단지 수로를 통해서만 나갈 수 있다.)

(4) 後還欲豎, 樹已枯死, 都無生理. (33. 斫樹取果喩) (나중에 다시 나무를 세우려고 했으나 나무는 이미 말라 죽었고 벌써 생리도 없어졌다.)

### 2) AP수식

(5) 飮水已足, 卽便擧手語木桶言: "我已飮竟, 水莫復來." (38. 飮木桶水喩) (물을 이미 충분히 다 마시자 이에 손을 들어 나무통에 대고 말을 했다. "내가 이미 물을 다 마셨으니 물은 더 안 와도 된다.")

이것은 '이미'의 의미로 "동작행위 혹은 상태가 이미 출현했거나 완결되었음"을 나타낸다. 여기서는 VP와 AP를 수식하고 있다. '已'도 '旣'와 마찬가지로 완성동사와 동시 출현하는 예가 등장한다. 예(5)의 '我已飮竟'의 경우가 그러한데 모두 2예가 출현하며 두 예 모두 동일한 형태로 'S+已+V+竟'의 형식이다. '已'와 '竟'이 함께 쓰이는 이유도 '旣'와 동일하다고 볼 수 있다.

≪顔氏家訓≫에서 '已'는 27예로 상당히 높은 출현비율을 보이며 모두 VP를 수식한다. 시간부사 '已'는 상고중국어에서 이미 상기의 의미기능으로 문법화하여 쓰여 왔고 위진남북조 시기에도 매우 왕성하게 활약을 하였다. ≪祖堂集≫에서는 100예, ≪朱子語類≫에서는 1,500여 예가 출현하여 근대중국어에서도 매우 상용되었다.

현대중국어에서 '已'도 쓰이긴 하지만 구어에서는 이보다 '已經'을 더 자주 사용한다. 어찌 보면 현대중국어의 구어에서 '已經' 때문에 '已'는 이미 사라진 셈이나 마찬가지이 다. 그렇다면 '已經'은 언제, 어떻게 탄생한 것인가? 이와 관련하여 楊永龍(2001)는 '已 經'이 宋代에 탄생했다고 주장한다. 그에 따르면, 위진남북조 시기에도 다음과 같이 '已' 와 '經'이 함께 나란히 나오는 예가 출현한다고 한다.

(6)  太子不食, 已經六日. (撰集百緣經) (태자가 밥을 먹지 않은지 이미 6일이 지났다.)

비록 형태상 이 시기에 비슷한 것이 등장했지만 이때 '經' 뒤에는 여전히 체언성 성 분이 출현하고 있기 때문에 이때의 '經'은 아직 동사이다. '已經' 뒤에 동사가 나오고 그것도 지속 불가능한 종결성의 동사가 출현해야만 '已經'과 동사 사이에 행위자(施 事)가 삽입되지 못하게 된다. 그랬을 때 '已經'이 재분석이 발생하게 되고 드디어 부사 '已經'이 완성된다고 한다. 이렇게 부사 '已經'이 출현한 이후에는 어휘교체가 촉진되 어 결국 기존의 '已'를 '已經'이 전면적으로 대체하게 된다.


## 向

시간부사 '向'은 상고중국어에서 전해져 온 것으로 총2예 출현한다.

(1)  猶向愚人, 爲得財故, 言是我兄; 及其債時, 復言非兄. (7. 認人爲兄喩) (방금 전 우매한 사람과 같으니 재물을 얻기 위한 까닭으로 나의 형이라 하고는 그가 빚독촉을 함에 이르러서는 다시 형이 아니라고 한다.)
(2)  汝向作樂, 空樂我耳; 我與汝錢, 亦樂汝耳. (52. 伎兒作樂喩) (네가 방금 연주를 하여 단지 나의 귀를 즐겁게 해서 나도 너에게 돈을 준다고 말하여 역시 너의 귀를 즐겁게 한 것이다.)

이것은 '방금 전'의 의미로 동작행위가 과거에 발생했음을 나타낸다. 여기서 말하는 '과거' 란 '오래전'일 수도 있고 '방금 전'일 수도 있는데 《百喩經》에서는 '방금 전'의 의미로 쓰인다. 2예 중 예(1)은 NP를 수식하고 있고(방금 전의 우매한 사람), (2)는 VP를 수식한다. 《顏氏家訓》에서도 2예가 출현하는데 여기서도 NP를 수식하거나 절을 수식하고 있다.
'向'은 상고중국어에서 이미 시간부사로 기능을 했던 것이다. 이것은 '嚮'으로도 표기하 며 심지어 '鄕'으로 쓰기도 한다. 아래는 상고중국어 시기의 예이다.

(3) 鄕爲身死而不受, 今爲宮室之美爲之. (孟子, 告子上) (지난번에는 내 몸이 죽게
되어도 받지 않다가 지금은 집을 아름답게 짓기 위해 그렇게 한다.)

한편, 위진남북조 시기 이후에 '向'은 상기의 의미 외에도 '줄곧'의 의미를 더 갖게 된다.

(4) 臣向蒙國恩, 刻思圖報. (三國演義) (내 지금까지 쭉 나라의 은혜를 입어 시시각각
은혜 갚을 생각만 했다.)

그러나 '向'은 전반적으로 출현횟수가 저조하고 현대중국어에서는 주로 문어투에서만
사용되는데 '방금 전', '지난번', '줄곧'이란 의미 모두 강력한 라이벌 부사들이 줄곧 존재
해 와서 이들과의 경쟁에서 도태되어 간 것으로 보인다.

## 初1

시간부사 '初1'은 상고중국어에서 전해져 온 것으로 총1예가 출현한다.

(1) 答言: "初入海失." (19. 乘船失釪喩) (답하여 말했다. "방금 전 막 바다에 들어가서
잃어버렸다.")

이것은 "방금 전, 막(剛剛)"의 의미로 동작행위가 과거 또는 바로 전에 발생했음을 나타
내며 위의 예는 VP를 수식하고 있다.
王海棻등의 《古漢語虛詞詞典》에 따르면 고한어에서 '初'는 부사로서 아래의 3가지
의미가 있다고 한다.

① 当初, 先前(당초에, 애초에, 지난 일에 대해 거슬러 올라감)
② 开始, 最初(동작 혹은 상태가 시행, 출현하기 시작함)
③ 一点也, 从来(주로 부정사와 함께 쓰여, 조금도, 전혀, 지금까지 쭉 등의 강조의미)

이들은 '初'의 부사 의미를 위의 세 가지로 규정하고 있으나 이 외에 본서에서 소개한
'剛剛'의 의미도 더 존재한다. 그런데 위의 의미 중에서 '① 当初, 先前'은 사실상 부사
로 보기 힘든 면이 발견되고 있다. 이에 대해 曹廣順등은 《<祖堂集>語法硏究》에서
이런 유형의 시간의미를 나타내는 어휘들이 부사가 아니라 명사임을 증명하고 있다. 아무

튼 그들에 따르면 이것 뿐 아니라 '先'에서의 '이전에'의미, '始'에서의 '당초'의미 등은 모두 시간부사가 아니라 시간명사로 처리해야 한다. 본서에서도 이에 준하여 상기 어휘들을 시간명사로 보고자 한다. 그렇게 볼 때, ≪百喩經≫에 나오는 아래의 예는 마땅히 시간명사로 봐야 한다.

(2) 初毀一戒, 而不能悔. 以不悔故, 放逸滋蔓, 一切都捨. (88. 獼猴把豆喻) (처음엔 한 계를 범하고는 후회하지 않는다. 그러다가 후회하지 않았기 때문에 방일하고 만연하게 자라게 되어 모두를 다 버리게 된다.)

이것은 1예 출현하며 현대중국어에서도 이런 의미의 '初'는 명사로 규정한다. 그리고 위의 ③번 의미는 뒤의 어기부사에서 자세히 소개할 것이다.
한편, '初1'의 의미는 先秦시기 문헌에서는 찾아보기 힘들며 漢代에 와서 다음과 같이 출현하기도 한다.

(3) 孝文帝初卽位, 謙讓未遑也. (史記, 屈原賈生列傳)[12] (효문제가 막 즉위했을 때 겸양하여 미처 실행하지 못했다.)

이것이 확실히 언제 문법화했는지에 대해서는 좀 더 진일보한 연구가 필요하나 일단 漢代나 그 이후에 상용된 것으로 보인다. 그리고 唐五代에 가서도 지속적으로 상용되어 ≪祖堂集≫에서는 '初1'의 용법이 29예나 출현한다.

(4) 初生之時, 有六道白氣應於上像. (祖堂集, 懷讓和尙) (막 태어났을 때, 여섯 가닥의 기운이 하늘로 뻗쳤다.)

## 始1

시간부사 '始1'은 상고중국어에서 전해져 온 것으로 총1예 출현한다.

(1) 我夫始來, 卒得口腫, 都不能語. (72. 唵米決口喻) (내 남편이 막 왔는데, 갑자기 입이 붓는 병이 나 조금도 말을 하지 못하네요.)

---

12) ≪漢語大詞典≫

이것은 "지금 막, 방금 전(剛剛)"의 의미로 동작행위가 과거 또는 바로 전에 발생했음을 나타내며 위의 예는 VP를 수식하고 있다. 즉, 위의 예에서 "남편이 지금 막 왔기 때문에 갑자기 입이 붓는 게 이해가 되지 않는다."란 뜻이다. 그렇기 때문에 여기서의 '始'는 방금 전을 나타낸다.

'始'는 부사로서 상고중국어 시기부터 이미 여러 가지 의미를 갖고 있었다. 아래는 王海 棻등이 ≪古漢語虛詞詞典≫에서 언급한 '始'의 부사의 용법이다.

① 开始(동작의 시작을 표시함) :
　　예) 凡有四端於我者, 知皆擴而充之矣, 若火之始然, 泉之始達. (孟子, 公孫丑上)
　　　　(무릇 사단이 나에게 있어서 이를 넓혀 채울 줄 안다면 이는 마치 불이 <u>처음</u> 타오르는
　　　　것과 같고, 또 샘물이 <u>처음</u> 흐르는 것과 같다.)

② 当初, 刚开始时(처음 또는 지난 시기에 대해 거슬러 올라감)
　　예) 始吾於人也, 聽其言而信其行. (論語, 公冶長) (<u>전</u>에 나는 사람에 대해서 그 사람
　　　　의 말만 듣고 그 행실을 믿었다.)

③ 刚刚(동작이 막 완성됨)
　　예) 今上始得天下, 獨以己之私怨求一人. (史記, 季布列傳) (지금의 황제가 <u>막</u> 천하를
　　　　얻었을 때 자신의 사사로운 원한을 위해 이 사람을 잡으려고 했다.)

④ 才(동작행위 혹은 상황이 어떤 조건을 갖추거나 혹은 어떤 시점에 이르러 비로소 시
　　행, 출현하는 것을 나타냄)
　　예) 吾聞良驥老始成, 此馬數年人更驚. (杜甫, 驄馬行) (내가 듣기에 천리마는 늙어서
　　　　야 <u>비로소</u> 이루어진다고 하니, 이 말 여러 해 있으면 사람이 더욱 놀라겠네.)

이 가운데 ①의 의미는 ≪百喩經≫에서 출현하지 않으며 ②, ③, ④의 의미들이 출현하고 있다. 여기서 '② 当初, 刚开始时'는 앞의 '初'의 경우에서 봤듯이 시간명사로 처리한다. 그리고 ④번 '才'는 '시초류'에서 다룰 것이다.

한편, 이러한 '始1'의 의미는 唐五代의 ≪祖堂集≫에서도 아래와 같이 출현하며 총9예가 나오고 있다.

(2) 僧云: "某甲始禮, 爲什摩却打?"(德山和尙) (승려가 말했다. "제가 <u>방금</u> 예를 했는
　　데 어째서 때리십니까?")

## 曾

시간부사 '曾'은 상고중국어에서 전해져 온 것으로 총3예 출현한다.

(1) 我曾何時喜瞋、倉卒? (13. 說人喜瞋喻) (내가 <u>일찍이</u> 언제 쉽게 화를 내고 급했는가?)

(2) 時人見之, 深生嗤笑, 怪未曾有. (6. 子死欲停置家中喻) (그때 사람이 보고는 심히 비웃음이 생겼고 <u>일찍이</u> 없었던 일이라 괴이하게 여겼다.)

이것은 "이전에 어떤 행위나 상황이 이미 있었음"을 나타내는 것으로 VP를 수식하고 있다. ≪顔氏家訓≫에서는 2예 출현하며 역시 VP를 수식한다. '曾'은 특히 부정부사 '未'와 자주 결합하여 이후에는 아예 '未曾' 자체를 하나의 부정부사로 보기도 하는데 여기서도 2예가 '未'와 결합하여 출현한다. 부정부사 '未'는 참조시점 이전에 어떤 동작 혹은 상태가 아직 발생하지 않음을 나타내기 때문에 시간부사 '曾'과 자연스럽게 잘 어울리게 되어 이와 같이 관용적인 결합을 구성하게 되는 것이다.

시간부사 '曾'은 이미 상고중국어에서부터 아래와 같이 시간부사로 활약해왔고 이 시기의 의미기능이 중고중국어에도 지속되고 있다.

(3) 孟嘗君曾待客夜食, 有一人蔽火光. (史記, 孟嘗君列傳) (맹상군이 <u>일찍이</u> 빈객들에게 야식을 대접하고 있었는데 그때 한 사람이 불빛을 가렸다.)

상고중국어 시기엔 시간부사 외에도 아래와 같이 '竟, 竟然'의미의 어기부사 용법도 있었다.

(4) 吾以子爲異之問, 曾由與求之問. (論語, 先進) (나는 네가 다른 것을 묻는 줄 알았는데 <u>놀랍게도</u> 중유와 염구의 얘기였구나.)

상고중국어 시기에 시간부사로 활약은 했으나 이 시기에 동일한 성격의 시간부사 '嘗'이 훨씬 더 자주 사용되었고 '曾'은 그렇게 많이 발견되지는 않는다고 한다.[13] 그리고 이러한 현상은 위진남북조 시기에도 여전히 이어져서 ≪世說新語≫에서는 '嘗'이 115예나 출현해 '曾'보다 더 많이 사용되고 있었다. 그러나 근대중국어로 가면서 상황이 많이 달라

---

13) 伍和忠(2008)

지게 되어, 唐五代의 ≪祖堂集≫에서는 '曾'이 100예, '嘗'이 8예로 드디어 '曾'이 압도적인 우세를 보여주게 된다.

## 頃來

시간부사 '頃來'는 중고중국어 시기부터 쓰여 온 것으로 총1예가 출현한다.

(1) 我有錢財, 不減於彼, 云何頃來而不造作如是之樓? (10. 三重樓喩) (나에겐 돈이 있고 그보다 적지 않은데, 어째서 전에 이러한 집을 짓지 못했는가?)

이것은 중고중국어 시기에 '과거에, 이전에'의 의미를 가지며 여기서는 VP를 수식하고 있다. 이 부사는 또 '근래에'라는 뜻도 갖고 있는데 ≪百喩經≫에서는 '과거에, 이전에'라는 의미만이 나타난다. 후자 의미는 아래처럼 ≪世說新語≫에 출현하고 있다.

(2) 頃來始乃有稱者, 言常人正自患知之使過, 不知使負實. (賞譽46) (근자에 처음 왕 서를 칭찬하는 자가 있는 것이다. 보통 사람을 평가할 때 단지 불만족스러운 것은, 아는 것에 대해서는 과하게 하고, 모르는 것에 대해서는 사실을 왜곡한다는 점이다.)

'과거에, 이전에'의 의미는 東漢시기의 아래와 같은 예도 출현하고 있어 중고중국어 초창기 출현하기 시작한 것으로 보인다.

(3) 巴土長遠, 江山脩隔, 頃來未悉輯睦. (蔡邕, 巴郡太守謝版)[14] (巴郡은 너무 멀어 강산이 막혀 있고 전에 화목했던 적이 없었습니다.)

이것은 물론 동일 의미의 시간부사 '頃'이 방위명사인 '來'와 결합하여 이루어진 것으로 보인다. 이 시기에 '頃' 역시 아래와 같이 "동작이 최근에 발생했음"을 나타내는 시간부사로 쓰이고 있었다.

(4) 鞭作官刑, 所以糾慢怠也; 而頃多以無辜死. (三國志, 魏書, 明帝記) (채찍형을 국가 형법으로 만드는 것은 이로써 태만함을 바로잡기 위한 것이나 근래에 이로써 무고하게 죽는 자가 많아졌다.)[15]

---

14) ≪漢語大詞典≫

## 8.2.2 미래류

미래류 시간부사는 장차 미래에 어떤 행위나 상태가 발생할 것임을 나타내는 것으로 ≪百喩經≫에서는 '將', '當', '方1', '欲'이 출현하고 있다.

### 將

시간부사 '將'은 상고중국어에서 전해져 온 것으로 총6예가 출현한다.

(1) 如彼商賈將入大海, 殺其導者, 迷失津濟, 終致困死. (14. 殺商主祀天喩) (마치 저 상인들이 장차 대해에 들어가고자 하면서도 안내자를 죽여 뱃길을 잃어 마침내 곤궁해 죽음에 이르게 된 것과 같다.)

(2) 譬如有人, 將欲遠行, 敕其奴言. (45. 奴守門喩) (비유하자면, 어떤 사람이 있는데 장차 멀리 가고자 하여 그의 노예에게 명령하여 말했다.)

(3) 此之樹上, 將生美果, 汝能食不? (33. 斫樹取果喩) (이 나무 위에는 곧 맛있는 과일이 열릴 것이네, 너는 먹고 싶은가?)

(4) 既修戒田, 善芽將生, 應當師諮, 受行教誡, 令法芽生. (82. 比種田喩) (이미 계의 밭을 가꾸어 좋은 싹이 곧 자라므로 마땅히 선생님께 자문을 하여 그의 가르침을 받아 법의 싹을 자라게 해야 한다.)

이것은 "어떤 동작행위 혹은 상태변화가 곧 머지않아 발생할 것임"을 표시한다. 6예 모두 VP를 수식하며 의미상 두 가지로 구분이 가능하다. 何樂士(2006)에 의하면, 상고중국어에서의 시간부사 '將'은 다음과 같이 둘로 나눌 수 있다고 한다.

ⅰ) 어떤 동작 행위가 곧 발생하거나 어떤 상황이 곧 출현함을 표시, '即将', '快要'에 해당하는 것.
　예) 其爲人也, 發憤忘食, 樂以忘憂, 不知老之將至云爾. (論語, 述而) (그는 사람됨이 배움을 좋아하여 분발하면 끼니를 먹는 것도 잊고, 즐겨서 근심을 잊으며 늙음이 곧 오는 것도 아지 못하는 사람이다.)

ⅱ) 주관상 어떤 행동을 취하려고 함을 표시, '将要', '想要'에 해당하는 것.

---

15) 王海棻등(1996)

예) 季氏將伐顓臾. (論語, 季氏) (계씨가 장차 顓臾를 정벌하려고 한다.)

두 가지 모두 미래에 발생할 일에 대한 것이지만 ⅰ)은 의지에 관계없이 발생하는 것이고, ⅱ)는 의지가 관여되어 발생하는 것이다. 위의 ≪百喩經≫의 예에서도 (1), (2)는 ⅱ)에 해당하고, (3), (4)는 ⅰ)에 해당한다. 이처럼 의지가 개입되면 주로 주어가 사람이 된다. 그러나 의지가 없으면 주어가 인간이 아닌 자연현상이 된다.

≪顏氏家訓≫에서는 단지 1예만이 출현하나 ≪世說新語≫에서는 48예나 출현하고 있다. 이후 ≪祖堂集≫에서는 15예, ≪朱子語類≫에서는 580여 예나 출현하여 근대중국어 시기에 비교적 상용되었다. 그리고 근대중국어에서도 위의 두 가지 의미는 여전히 지속되고 있었다.

(5) 亦未都盡得. 但是大概已得, 久則將自到耳. (朱子語類, 卷第二十七) (또한 아직 다 얻지는 못했다. 그러나 대체로 이미 얻었으니 오래 지나면 곧 스스로 이르게 될 것이다.)

(6) 陳易和叔將赴試, 韓魏公戒之曰… (朱子語類, 卷第一百三十八) (진역, 화숙이 장차 시험을 보러 가려는데 한위공이 경고하며 말했다.…)

예(5)는 ⅰ)의 의미이고, 예(6)은 ⅱ)의 의미이다. 현대중국어에서도 이것은 여전히 사용되고 있다.

## 當

시간부사 '當'은 상고중국어에서 전해져 내려 온 것으로 총7예 출현한다.

(1) 今此小兒, 七日當死, 愍其夭殤, 是以哭耳! (11. 婆羅門殺子喩) (지금 이 아이는 칠일 있으면 곧 죽습니다. 그가 어려서 죽는 것이 안스러워 이런 이유로 울고 있습니다!)

(2) 明當共汝至彼聚落, 有所取索. (78. 與兒期早行喩) (내일 장차 너와 함께 저 마을에 가서 받아 낼 것이 있다.)

(3) 汝等莫去, 我當爲汝白王, 改五由旬作三由旬, 使汝得近, 往來不疲. (34. 送美水喩) (당신들은 가지 마시오. 내가 당신들을 위해 곧 왕께 말을 해서 오유순을 삼유순으로 바꾸어 당신들이 더 가깝게 해줄 것이오. 그러면 오고가기가 힘들지 않을 것이오.)

이것은 "어떤 동작이 곧 발생하거나 상황이 곧 출현함"을 나타내며 모두 VP를 수식한다. ≪顔氏家訓≫에는 출현하지 않으나 위진남북조의 다음과 같은 문헌에는 출현하고 있다.16)

(4) 明府與袁氏無怨隙, 今爲本朝郡將之故, 自致殘困, 吏民何忍當捨明府去也. (三國志, 魏志, 臧洪傳) (명부 당신과 원씨는 본래 원한이 없다. 지금 본조의 군수 때문에 스스로 잔패와 곤궁에 빠지게 되었는데, 관리와 백성들이 어찌 차마 장차 명부 당신을 버리고 가겠습니까?)

이러한 시간부사 '當'은 아래와 같이 이미 상고중국어 시기에 탄생하였다.17)

(5) 知伯曰: "兵著晉陽三年矣, 旦暮當拔之而飧其利." (戰國策, 趙策一) (지백이 말했다. "군사들이 진양으로 쳐들어온 지 삼년이 되었소. 조만간에 곧 성을 함락시키고 그 이익을 나눠 갖게 될 것이오.")

그렇게 상용되던 부사는 아니나 이것이 중고중국어 시기까지 내려왔고 이어서 唐宋시기에는 '當'과 '來'가 결합한 '當來', 同義 병렬복합사인 '行當' 등이 아래와 같이 출현하여 쓰이기도 했다.18)

(6) 如花貌, 當來便約, 永結同心偕老. (宋代 柳永, 八六子) (꽃과 같이 아름다운 미모라, 머지않아 약속을 하여 함께 해로하기로 영원히 맺었다.)
(7) 朔方徒歲行當滿, 欲爲君刊第二碑. (唐代 劉禹錫, 感呂衡州) (삭방군에 폄적되어 온 세월이 곧 끝나 가는데 그대를 위해 다시 비석을 새기고자 한다.)

부사 '當'은 중고, 근대중국어 시기에 이 외에도 '일찍이(曾经)'와 같은 과거/이미류, '곧바로(立即)'와 같은 즉시류 등의 시간부사 용법이 출현하였으나 ≪百喩經≫에서는 발견되지 않고 있다.

---

16) 董志翹・蔡鏡浩(1994)
17) 解惠全등(2008)
18) 董志翹・蔡鏡浩(1994)

**方1**

시간부사 '方1'은 상고중국어에서 전해져 온 것으로 총1예가 출현한다.

(1) 我與良藥, 能使卽大. 但今卒無, 方須求索. (15. 醫與王女藥令卒長大喩) (제가 약을 드리면 능히 바로 크게 할 수 있습니다. 그러나 지금 갑자기 없으니 <u>장차</u> 찾아야 합니다.)

이것은 "동작행위가 장차 진행되거나 어떤 상태가 출현함"을 나타낸다. 여기서는 VP를 수식하고 있다. ≪顔氏家訓≫에서는 출현하지 않으며 이후 唐宋의 문헌에서도 드물게 나타나는 부사이다. 이것은 일찍이 아래와 같이 ≪詩經≫에서 최초 등장하기도 한다.

(2) 方何爲期, 胡然我念之. (秦風, 小戎) (<u>장차</u> 언제나 돌아오려나, 어찌하여 나는 이렇게 그리울까요.)

그리고 아래와 같이 ≪史記≫에서도 등장하고 있다.

(3) 信方斬, 曰: "吾悔不用蒯通之計, 乃爲兒女子所詐, 豈非天哉!" (淮陰侯列傳) (한신이 <u>장차</u> 참수되려고 할 때 말했다. "내가 蒯通의 계책을 쓰지 않은 것을 후회한다. 그리고는 아녀자와 애한테 속고 말았으니 이 어찌 하늘의 뜻이 아니겠는가!")

이처럼 상고중국어에서 일찍이 출현하여 미래류 시간부사로 쓰여 오긴 했으나 중고중국어나 그 이후 근대중국어에서의 사용은 다소 저조한 편이다.

**欲**

시간부사 '欲'은 중고중국어 시기에 새롭게 출현한 것으로 총4예 출현한다.

(1) 我雖欲蹋, 每常不及. 以此之故, 唾<u>欲</u>出口, 擧脚先蹋, 望得汝意. (57. 蹋長者口喩) (저는 비록 밟으려 해도 매번 항상 미치지 못했습니다. 이런 이유로 침이 입에서 <u>나오려고 할 때</u> 발을 들어 먼저 밟아 당신의 뜻을 얻고자 했습니다.)

(2) 旣至彼已, 身體疲極, 空無所獲, 又不得食, 餓渴<u>欲</u>死, 尋復回還, 求見其父. (78. 與兒期早行喩) (이미 거기 이르러서는 몸이 매우 피곤하였고 아무 수확이 없었으며 또 먹지도 못했다. 배고프고 목말라 <u>곧 죽을 것 같기</u>에 곧바로 다시 돌아와 아버지를 뵈려고 했다.)

이것은 "동작행위나 상태가 곧 진행되거나 출현함"을 나타내며 4예 모두 VP를 수식한다. '欲'은 원래 상고중국어 시기부터 '~을 하고자 하다'라는 뜻으로 "주관상 어떤 일을 하고 자함"을 나타내어 양상동사로 쓰였다. 그리고 시간부사 '欲'은 이로부터 문법화한 것으로 보인다. 이것은 상고중국어에서는 발견되지 않고 위진남북조 시기에 와서야 등장한 신흥의 부사이다. 위의 예(1)의 '唾欲出口'는 "침이 입에서 나오려고 하는 것"이고, '餓渴欲死'는 "배고프고 목말라 곧 죽을 것 같다"는 것으로 모두 '即将', '快要'의 의미를 나타낸다. ≪百喻經≫에 등장하는 나머지 2예도 모두 '欲死(곧 죽을 것 같다)'인데, 이처럼 동사 '死' 와 함께 쓰이면 비록 앞의 주어가 사람일지라도 그 의지에 의한 행동이 아니기 때문에 이 처럼 '即将', '快要'를 나타낼 수가 있게 된다.[19]

≪顔氏家訓≫에서도 4예가 출현하며 아래와 같이 모두 VP를 수식하고 있다.


(3) 吾嘗患齒, 搖動欲落. (養生) (나는 일찍이 이가 아팠는데 흔들려서 곧 빠질 것 같다.)


≪顔氏家訓≫에서는 또 '將'과 '欲'이 결합한 병렬 동의 복합어인 '將欲'도 출현하고 있다.


(4) 所見漸廣, 更知通變, 救前之執, 將欲半焉. (書證) (눈에 띄는 것이 점점 많아지자 다시 통변을 알게 되었고, 종전의 고집을 해결하기 위해 장차 이를 둘로 나누려고 했다.)


위진남북조는 물론 唐五代 ≪祖堂集≫에서도 3예가 아래와 같이 출현하여 쓰이고 있다.


(5) 師欲順世時, 向第一座云. (南泉和尚) (선사가 곧 세상을 떠나려 할 때, 제일좌에게 말했다.)


여기서 '順世'는 '죽는 것'을 의미하며 주어가 사람이라 할지라도 주어의 의지와는 상관 없는 행위이다. 이렇게 몇 예가 출현하기는 하지만 당시 '장차'의 의미를 나타내는 시간부

---

19) '欲'과 '將' 둘 다 사람이 주어가 될 수 있다. 그러나 그럴 경우 '欲'은 양상동사가 되고 '將'은 여전히 미래류 부사가 된다. 이것은 '欲'과 '將'이 애초부터 나타내던 의미가 달랐기 때문인데, '欲'은 처음부터 주어의 의지, 욕심을 나타내는 역할을 하였기에 양상동사로 먼저 문법화가 된 것이다. 그래서 그 앞에 사람이 주어로 오면 여지없이 의지를 나타내는 양상동사가 된다. 이것은 '欲'의 초점이 기본적으로 '의지'에 있기 때문이다. 반면, '將'은 주어가 사람이 오더라도 그 초점이 여전히 '미래'라고 하는 시간성에 있기 때문에 미래류 부사로 볼 수 있는 것이다.

사에 특히 '將' 등이 활약을 하고 있었기에 중고중국어 이후에는 '欲'이 크게 활약하지는 못한다.

## 8.2.3 선후류

선후류 시간부사란 시간 의미 가운데서 전문적으로 시간상의 앞과 뒤를 나타나내는 부사를 가리킨다. ≪百喩經≫에서는 '先', '預'가 출현하고 있다.

### 先

시간부사 '先'은 상고중국어에서 전해져 온 것으로 총14예 출현한다.

(1) 又有一人復語浣衣. 婢語此者: "先與其浣." (51. 五人買婢共使作喩) (또 한 사람이 다시 (그녀에게) 옷을 빨라고 말했다. (그러자) 여노비는 이 사람에게 말했다. "먼저 그를 위해 빨아야 합니다.") [우선]

(2) 若唾地者, 諸人蹋却. 欲唾之時, 我當先蹋. (57. 蹋長者口喩) (만약 땅에 뱉으면 여러 사람들이 밟아버릴 것이다. 뱉으려고 할 때 내가 반드시 먼저 밟아야지.) [우선]

(3) 値天大雨, 屋舍淋漏, 水土俱下, 墮其眼中. 以先有要, 不敢起避, 遂令二目俱失其明. (71. 爲二婦故喪其兩目喩) (마침 하늘에 큰 비가 내려 집이 다 젖었고, 물과 흙이 함께 아래로 떨어졌는데 그의 눈 속에 떨어졌다. 미리 약속한 것이 있어서 감히 일어나 피하질 못하고 결국 두 눈이 모두 실명하고 말았다.) [미리]

고한어에 출현하는 부사어로 쓰이는 '先'은 아래의 세 가지 의미가 있다.

① 우선, 먼저: 어떤 것보다도 이 일을 가장 일순위로
② 이전에: 막연히 과거 어느 한 시점에
③ 미리: 사전에 예상을 하고

그런데 이 의미들 중 ②번의 '이전에'는 역시 시간명사로 처리한다. 그렇게 볼 때 ≪百喩經≫에서 부사로 출현하는 '先'은 위의 (1),(2)와 같은 '우선, 먼저'라는 의미와 (3)과 같은 '미리'의 의미 두 가지가 있다. 전자는 12예가 출현하고 후자는 2예 출현한다. 위의 '先與其浣', '先蹋'를 보면, 단순히 막연하게 시간이 앞서는 것이 아니라 '누구 보다 먼저'의

의미를 담고 있다. 그리고 '以先有要'는 어떤 행위를 하기 전 사전에 약속을 한 것이므로 '미리'라는 의미를 나타낸다. 한편, 형식상으로 볼 때, '先'은 14예 모두 VP를 수식한다.

'先'은 ≪顔氏家訓≫에서도 상용되어 총13회 출현하고 모두 VP를 수식한다. 이렇게 위진남북조 시기에도 자주 사용되었지만 ≪祖堂集≫에서도 36예나 출현하고 있는데 여기서도 '우선, 먼저'의 의미와 '미리'의 의미가 그대로 계승되고 있다.

### 預

시간부사 '預'는 상고중국어에서 전해져 온 것으로 총2예 출현한다.

(1) 我今若預於日日中羧取牛乳, 牛乳漸多, 卒無安處, 或復酢敗. (2. 愚人集牛乳喩)
(내가 지금 만약 미리 며칠 안으로 우유를 짜면 우유가 점차 많아질 거고 그러면 결국 보관할 곳이 없어서 혹여 술이 시어서 썩을 것이다.)

(2) 人命難知, 計算喜錯. 設七日頭或能不死, 何爲預哭? (11. 婆羅門殺子喩) (사람의 목숨은 알기가 어려워 점을 쳐도 쉽게 틀린다. 만약 칠일이 지났는데도 혹 죽지 않을 수 있는데 어째서 미리 우는가?)

이것은 "사전에 미리 어떤 동작을 실행함"을 의미한다. 2예 모두 VP를 수식한다. ≪顔氏家訓≫에서도 2예 출현하며 모두 VP를 수식한다. ≪顔氏家訓≫에서는 또 '豫'라는 형식도 등장하는데 이것도 2예 출현한다. 이 '豫'가 '預先'의 의미로 사용된 것은 상고중국어시기부터이다. 현대중국어에서는 지금도 '預'와 '豫' 둘 모두 '미리'의 의미로 사용되고 있는데 일반적으로 구어에서는 쌍음절 부사인 '預先'이 더 선호되는 편이다.

## 8.2.4 始初류

시초류 시간부사란 '기원', '시작' 등을 나타내는 부사이다. 그래서 주로 '원래, 본래', '드디어, 비로소' 등을 나타내며 ≪百喩經≫에서는 '本', '先來', '方2', '始2', '乃1' 등이 출현한다. 이들은 모두가 어떤 사건의 최초 발생을 의미하지만 크게 두 가지 유형으로 나눌 수 있다. 그것은 '本', '先來'의 '본래, 당초' 등의 의미와 '方2', '始2', '乃1'의 '비로소' 의미이다. 전자는 어떤 것의 기원, 최초를 나타내지만 후자는 어떤 일이 이제 시작하게 됨을 나타낸다.

## 8.2.4.1 본래류

**本**

시간부사 '本'은 상고중국어에서 전해져 온 것으로 총3예 출현한다.

### 1) VP수식

(1) <u>本</u>期善果, 不知將來反獲其殃. 如壓甘蔗, 彼此都失. (16. 灌甘蔗喩) (<u>본래</u> 선과를 기대했으나 장래에 도리어 그 재앙을 얻게 됨을 모르니, 이는 마치 사탕수수를 눌러 저것과 이것 모두 잃는 것과 같다.)

### 2) AP수식

(2) 旁人語言: "汝馬<u>本</u>黑, 尾何以白?" (73. 詐言馬死喩) (옆 사람이 말했다. "당신 말은 <u>본래</u> 검은색인데 꼬리는 어째서 흰색이오?")

이것은 '본래'란 의미로 상고중국어 시기부터 계속 출현한 시간부사이다. 위와 같이 VP를 수식하는 것이 2예, AP수식이 1예 등장한다. ≪顔氏家訓≫에서도 7예가 출현하는데 VP도 수식하지만 아래와 같이 NP를 수식하기도 한다.

(3) 齊有宦者內參田鵬鸞, <u>本</u>蠻人也. (勉學) (제나라 때 환관 벼슬의 내참이란 자리에 전붕란이란 자가 있었는데 본래 오랑캐출신이다.)

한편, ≪百喩經≫에서는 아래와 같은 형용사 용법의 '本'이 또 출현하고 있다.

(4) 有人語言: "此故是<u>本</u>五由旬, 更無有異." (34. 送美水喩) (어떤 이가 말했다. "이는 여전히 <u>원래의</u> 오유순이며 다를 것이 더 없다.")

여기서 '本'은 뒤의 '五由旬'을 수식하고 있는데 이 문장과 앞의 예(3)이 마치 동일한 판단문으로 보일 수 있다. 그러나 앞의 것은 분명 명사술어문의 판단문으로 그 앞에 부사인 '本'이 출현하고 있는 것이고, 예(4)는 판단동사'是' 뒤에 명사를 수식하기 위해 형용사로 '本'이 나오고 있는 것이라 이 둘은 분명 성격이 다르다. 현대중국어의 경우 대개 '本是……'의 형태로 동사'是'를 수식하는 식으로 되어 있지만 이 시기엔 아직도 기존 상고중국어의 명사술어문식의 판단문이 남아 있는데다가 ≪顔氏家訓≫자체가 문어투를 많이 포함하고 있기 때문에 이와 같이 '本'이 바로 명사를 수식하는 것이 출현하고 있다.

## 先來

시간부사 '先來'는 중고중국어 시기에 와서 탄생한 것으로 총1예가 출현한다.

(1) 其夫先來常善作鴛鴦之鳴, 卽入王池, 作鴛鴦鳴, 偸優鉢羅花. (47. 貧人能作鴛
鴦鳴喩) (그 남자는 <u>본래</u> 평소에 원앙의 울음소리를 잘 냈다. 그래서 바로 왕의 연못
에 들어가서 원앙 울음소리를 내서 우발라화를 훔쳤다.)

이것은 '본래, 원래'의 의미로 여기서는 VP를 수식하고 있다. 이 시기에 그렇게 빈번하게
사용된 것이 아니라 ≪世說新語≫, ≪顏氏家訓≫, ≪賢愚經≫ 등 기타 문헌에서도 1예도
발견되지 않고 있다. 張相의 ≪詩詞曲語辭彙釋≫에서는 이것이 '本來'와 같은 것이라고
풀이하고 있다. 이것은 '先'이라는 부사와 '來'라고 하는 방위명사(시간을 나타냄)의 결합에
의해 만들어진 것으로 이후 ≪祖堂集≫이나 ≪朱子語類≫에서는 이렇게 해서 탄생한 '本
來', '元來' 등이 등장하고 있다. ≪祖堂集≫에서는 특히 '本來'가 31예 등장하고, ≪朱子語
類≫에서는 '元來'가 32예 등장하는 등 이후엔 이들이 주로 활약을 하게 된다.

## 8.2.4.2 비로소류

## 方2

시간부사 '方2'는 상고중국어에서 전해져 온 것으로 총11예 출현한다.

(1) 旣相覩已, 方知非鬼. (64. 人謂故屋中有惡鬼喩) (이미 서로 보고 나서는 <u>그제야</u>
귀신이 아님을 알았다.) [실현문]
(2) 昔有長者子, 入海取沉水, 積有年載, 方得一車. (22. 入海取沉水喩) (옛날에 '장
자'의 아들이 있었는데 바다에 들어가 물속의 향목을 취하며 수 년 동안 지내다가
<u>그제야</u> 겨우 한 수레만큼 얻게 되었다.) [실현문]
(3) 雄鴿見已, 方生悔恨: "彼實不食, 我妄殺他." (95. 二鴿喩) (수컷 비둘기가 보더니
<u>그제야</u> 후회가 나서 말했다. "그가 사실 먹지 않았는데 내가 함부로 그를 죽였구나.")
[실현문]

(4) 復於後時遇惡知識, 惱亂不已, 方還師所. (48. 野干爲折樹枝所打喩) (나중에 다시 나쁜 사람을 만나 끊임없이 괴롭히면 <u>그제</u>야 스승한테 돌아온다.) **[비실현문]** (※ 惡知識: 사람을 악하게 가르쳐 좋지 못한 곳으로 이끌어 가는 사람)

　이것은 "비로소, 드디어"라는 의미로 "어떤 사건의 발생이나 종결이 늦게 이루어져서 그 필요한 시간이 다소 길다고 하는 화자의 주관적 느낌"을 함축하고 있다. 한편, 이것은 일반적으로 이미 발생한 사건에 대해 서술하는 실현문에서 자주 등장한다. 즉, (1), (2), (3)은 이미 벌어진 사건에 대해 서술하고 있어서 "그렇게 하고 나서야 비로소 ~하게 되었다."고 말하고 있다. 그러나 (4)의 경우는 "가설적이거나 아직 벌어지지 않은 사건"에 대해 서술하는 비실현문이다. 비실현문의 경우는 1예가 출현하고 있다. 그리고 형식적으로 11예 모두 VP를 수식하고 있다. ≪顔氏家訓≫에서도 7예가 출현하고 있고 모두 VP를 수식하고 있는데 위진남북조 시기에 비교적 상용되었던 부사로 보인다.
　'方'은 고한어에서 아래의 4가지 부사 기능이 존재한다.

① 동작행위가 지금 진행하고 있는 것을 표시(正, 正在)
② 동작행위가 바로 직전에 발생함을 표시(剛剛)
③ 동작행위가 곧 발생할 것임을 표시(將要)
④ 동작행위가 일정 시간이 지나 겨우 발생함을 표시(才)

　이 가운데 '方1'은 곧 ③번에 해당하고 '方2'가 ④번에 해당한다. 기타 ①, ②의미들도 모두 고한어에서 자주 발견되는 것들이나 ≪百喩經≫에서는 출현하지 않고 있다. 아래는 상고중국어의 '方2'의 예이다.

(5) 明日, 早, 令人求故人, 故人來, 方與之食. (韓, 外儲說左上) (이튿날 아침 사람을 보내어 친구를 청하니 친구가 왔고 <u>비로소</u> 함께 식사를 했다.)

　이러한 '方2'의 예는 ≪祖堂集≫에서도 32예나 출현하고 있어 근대중국어 시기에도 매우 상용되고 있었다.

(6) 鬼使七日後方來, 覓僧不得. (洞山和尙) (귀사가 칠일 후 <u>비로소</u> 왔는데 승려를 찾지 못했다.)

시간부사 '始2'는 상고중국어에서 전해져 온 것으로 총1예 출현한다.

(1) 我爲方便, 勤苦積年, 始得成器. (31. 雇倩瓦師喩) (저는 여러 방법을 다 동원해 여러 해 동안 열심히 일해서 <u>비로소</u> 좋은 그릇을 얻을 수 있었다.)

이것은 "비로소, 드디어"의 의미로 역시 위의 '方2'와 같은 의미를 나타낸다. 여기서는 VP를 수식하고 있다. ≪顔氏家訓≫에서는 총14예 출현하며 보통 VP를 수식한다.

(2) 朱雲亦四十, 始學易論語. (勉學) (주운 또한 마흔 살에 <u>비로소</u> 주역, 논어를 배우기 시작했다.)

한편, 이것은 상고중국어에서도 등장했던 것으로 아래와 같이 ≪論語≫에서 그 예가 보인다.

(3) 子曰: "賜也始可與言詩已矣." (學而) (공자가 말했다. "사야, <u>비로소</u> 너와 같이 시를 말할 만하구나.")

또한 이것은 아래처럼 ≪祖堂集≫에서도 출현하는데 모두 28예가 쓰이고 있다.

(4) 在母胎中六年始生. (第三祖商那和修尊者) (어머니 뱃속에서 육년은 있어야 <u>비로</u>소 나온다.)

시간부사 '乃1'은 상고중국어에서 전해져 온 것으로 총1예 출현한다.

(1) 良久乃答: "我祖父已來, 法常速食. 我今效之, 是故疾耳." (69. 效其祖先急速食喩) (한참 후에야 <u>비로소</u> 답했다. "내 조부와 부친 이래 법은 항상 빨리 먹는 것이었다. 나도 지금 그들을 본받아 하는 것이므로 빠르게 먹었을 뿐이다.")

이것은 "비로소, 드디어"의 의미로 '처음시작'의 개념을 갖고 있다. '方2', '始2'와 같은 의미이며 VP를 수식하고 있다. ≪顔氏家訓≫에서도 2예가 출현하며 VP를 수식한다.

    (2)  曾子七十乃學, 名聞天下. (勉學) (증자는 나이 칠십에 <u>비로소</u> 학문을 했으며 그 명성이 천하에 알려졌다.)

'비로소'의미의 '乃1'은 아래와 같이 상고중국어에서도 출현하고 있다.

    (3)  侯生視公子色終不變, 乃謝客就車. (史記, 魏公子列傳) (후생은 공자의 낯빛이 변함없음을 보고는 <u>비로소</u> 친구에게 작별인사를 하고 수레에 올랐다.)

'乃'는 상고중국어에서 이미 아래와 같은 다양한 부사의 의미가 존재했다.[20]

① 주어에 대한 판단(바로, 就是, 便是)
② 한정류 범위부사(단지, 仅, 只)
③ 뒤의 상황이 앞의 것에 바로 이어서 출현함(便, 就, 于是)
④ 비로소(才)
⑤ 동작발생 혹은 상황 출현의 시간이 바로 얼마 전임(막, 방금전, 刚刚)
⑥ 의외의 표시(의외로, 놀랍게도, 竟, 居然)
⑦ 반어어기부사(설마, 难道, 빌)

이 가운데 ≪百喩經≫에서는 ①, ③, ④ 등이 출현하고 있다.
≪祖堂集≫에서는 이와 같은 시간부사의 용법은 출현하지 않으며 주로 ③의 承接부사로 출현하고 있었다. '비로소'의미의 시간부사로서 이 시기엔 주로 '方'과 '始'를 사용하면서 상대적으로 문어성이 강한 '乃'의 출현비율이 현저히 낮아진 것으로 보인다.


## 8.2.5 최종류

최종류 시간부사는 어떤 동작이나 상태가 최종적으로 발생하거나 결과가 최종적으로 출현하는 것을 나타낸다. ≪百喩經≫에서는 '終1', '竟1', '遂1', '卒(zu)', '定1'이 출현한다.

---

20) 王海棻등(1996)

시간부사 '終1'은 상고중국어에서 전해져 온 것으로 총5예가 출현한다.

(1) 其猶外道, 不滅煩惱熾燃之火, 少作苦行, 臥荊棘上, 五熱炙身, 而望淸涼寂靜之道, 終無是處, 徒爲智者之所怪笑. (12. 煮黑石蜜漿喩) (그는 외도와 같아, 번뇌의 맹렬하게 타는 불을 제거하지 않고, 약간의 고행만 행하며 단지 가시 위에서 자고, '五熱炙身'을 행하면서 맑고 조용한 도를 바라고 있으니 결국은 이러한 것을 얻지 못하고 만다. 다만 지자들의 웃음거리만 되었다.)

(2) 如彼商賈將入大海, 殺其導者, 迷失津濟, 終致困死. (14. 殺商主祀天喩) (마치 저 상인들이 대해에 들어가고자 하면서도 안내자를 죽여 뱃길을 잃어 마침내 곤궁해 죽음에 이르게 된 것과 같다.)

이것은 '결국, 마침내(最終)'의 의미로 어떤 행위가 최종적인 결과를 나타내는 것을 의미한다. 그리고 위의 5예 모두 VP를 수식하며 기타 수식의 예는 발견되지 않는다. ≪顏氏家訓≫에서도 13예가 출현하고 있고 모두 VP를 수식한다. 두 문헌에서 발견되는 출현횟수가 적지 않아 위진남북조 시기에 매우 상용되었던 시간부사로 보인다. '終'은 시간부사로 상고시기에 아래의 두 가지의 의미가 있었다.

(3) 爲蛇足者, 終亡其酒. (戰國策, 齊策二) (뱀의 발을 그린 자는 결국 그의 술을 잃었다.)

(4) 試旣勇兮又以武, 終剛強兮不可凌. (戰國策, 屈原(國殤)) (확실히 용감하구나. 그리고 또 용맹스럽도다. 줄곧 굳세니 능멸할 수 없도다.)

예(3)은 '결국'의 의미이고, (4)는 '줄곧'의 의미이다. ≪百喩經≫에서도 후자의 부사 '終2'가 출현하고 있다. 이러한 두 의미는 唐五代 ≪祖堂集≫에 까지 이어져 전자의 예가 23예, 후자는 29예나 출현하고 있다. 한편, 이 두 의미는 宋代 및 그 이후까지도 계속 사용되었다.

## 竟1

시간부사 '竟1'은 상고중국어에서 전해져 온 것으로 총6예 출현한다.

(1) 二鬼愕然, 竟無所得. (41. 毗舍闍鬼喩) (두 귀신이 멍하니 놀랐고, 결국 아무 소득이 없었다.)

(2) 爲瞋恚故, 欲求《毘陀羅咒》用惱於彼, 竟未害他, 先爲瞋恚, 反自惱害. (68. 共相怨害喩) (화가 났기 때문에 《毘陀罗咒》를 구해 그를 괴롭히려고 하는데 결국 그에게 해를 미치진 못하고 먼저 화로 인해 도리어 스스로 분노하고 싫어하게 되었다.)

(3) 作諸異論, 旣不善好, 文辭繁重, 多有諸病, 竟不成訖, 便捨終亡. (93. 老母捉熊喩) (여러 다른 이론을 만들 때 내용이 좋지도 않고 문체도 번잡하여 많은 병폐가 있는데도 결국 완성을 이루지 못하고 버려두고 생을 마감할 수 있다.)

이것은 "마침내, 결국"의 의미로 어떤 행위가 최종적인 결과가 나타남을 표시한다. 6예 모두 VP를 수식한다. 《顔氏家訓》에서도 10예가 출현하며 모두 VP를 수식한다.

부사 '竟'은 고한어에서 다양한 의미기능을 갖고 있다. 이것을 정리하면 다음과 같다.21)

① 최종결과의 표시(最终, 终于, 결국, 마침내)
② 결과가 예상과 부합함을 표시(果然, 과연)
③ 결과가 예상외임을 표시(竟然, 놀랍게도, 뜻밖에도)
④ 진상에 대해 따져 묻기, 주로 의문문에 쓰임(到底, 究竟, 도대체)

그런데 이 의미들이 모두 다 한 시기에 출현한 것은 아니다. 吳慶峰의 《<史記>虛詞通釋》과 《<論衡>虛詞通釋》을 보면, 위의 의미 가운데 ①,③번은 《史記》에 출현하고 있으나 ②,④번은 《史記》에는 없고 《論衡》에는 보인다. 기타 저서들을 참고해 봐도 비슷한 상황인데 이를 통해 '과연'의 의미와 '도대체'의 의미는 東漢 시기 정도에 출현한 것으로 볼 수 있을 것이다. 아래는 《論衡》에 출현하는 각각의 예들이다.

(4) 聖主之民如彼, 惡主之民如此, 竟在化不在性也.(率性) [① 마침내] (성명한 군주의 백성은 저와 같고, 포악한 군주의 백성은 이와 같으니, 결국 교화에 있지 본성에 있지 않은 것이다.)

(5) 故野鳥來巢, 師己處之, 禍竟如占. (異虛) [② 과연] (들새가 노나라로 돌아와 둥지를 만들자 사기는 화가 과연 점친 것과 같다고 판단하였다.)

(6) 自孟子以下至劉子政, 鴻儒博生, 聞見多矣. 然而論情性, 竟無定是. (本性) [③ 뜻

---

21) 王海棻등(1996)

밖에도] (맹자로부터 유자정에 이르기까지 모두 학식이 넓은 대유라 견문이 넓다. 그러나 성정을 논함에 있어서는 <u>뜻밖에도</u> 옳은 것을 정하지 못하였다.)

(7)  言隨命則無遭命, 言遭命則無隨命, 儒者三命之說, <u>竟</u>何所定?(命義) [④ 도대체]
    (隨命을 말하면 遭命이 없고, 遭命을 말하면 隨命이 없으니 이러한 유자의 三命 설법은 <u>도대체</u> 어디서 나온 것인가?)

물론 이 의미들은 대부분이 위진남북조 시기에도 계승이 되고 있다. ≪百喩經≫에서는 이 가운데 ①③④번이 출현하며 '마침내'의미는 시간부사, '도대체'의미의 '竟2'와 '뜻밖에도'의미의 '竟3'은 어기부사에 속한다. ≪世說新語≫에서도 아래와 같이 ①③④번이 출현하고 있다.

(8)  太傅欲慰其失官, 安南輒引以它端. 遂信宿中途, <u>竟</u>不言及此事. (雅量33) (謝安이 그가 관직을 잃은 것을 위로하려고 했고, 謝安南은 줄곧 다른 일로 그것을 회피하려고 했다. 두 사람이 길에서 함께 묵기도 했으나 <u>결국</u> 이 일에 대해 말을 하지 않았다.) [결국]

(9)  經三日三夜, 鄕里皆謂已死, 更相慶, <u>竟</u>殺蛟而出. (自新1) (사흘 밤낮이 지나 마을 사람들은 그가 이미 죽었다고 여기고 서로 기뻐했는데 <u>뜻밖에도</u> 그가 교룡을 죽이고 물 밖으로 나왔다.) [뜻밖에도]

(10) 汝<u>竟</u>識袁彦道不? (任誕34) (당신은 <u>도대체</u> 원언도를 아시오?) [도대체]

先秦 및 兩漢 시기에 걸쳐 이루어진 이러한 의미들은 중고시기는 물론 근대시기까지 지속적으로 사용되었다.

## 遂1

시간부사 '遂1'은 상고중국어에서 전해져 온 것으로 총2예 출현한다.

(1)  恃已如此, 欲顯其德, <u>遂</u>至他國, 抱兒而哭! (11. 婆羅門殺子喩) ((그 바라문은) 자기를 믿음이 이와 같아 그의 덕을 드러내 보이려고 <u>드디어</u> 다른 나라로 갔고 아이를 안고는 울었다.)

(2)  値天大雨, 屋舍淋漏, 水土俱下, 墮其眼中. 以先有要, 不敢起避, <u>遂</u>令二目俱失其明. (71. 爲二婦故喪其兩目喩) (마침 하늘에 큰 비가 내려 집이 다 젖었고, 물과 흙이 함께 아래로 떨어졌는데 그의 눈 속에 떨어졌다. 미리 약속한 것이 있어서 감히

일어나 피하질 못하고 <u>결국</u> 두 눈이 모두 실명하고 말았다.)

이것은 "마침내, 결국"의 의미로 어떤 행위의 최종적인 결과가 나타남을 표시하며, 모두 VP를 수식하고 있다. ≪顔氏家訓≫에서도 3예가 출현하며 모두 VP를 수식하고 있다.

이것도 고한어에서 다양한 의미기능을 갖고 있는데 아래의 3가지 의미로 나타나며 모두 상고중국어에서 출현하였다.

① '마침내, 결국'의 의미(시간부사 = 终于)
② '줄곧, 내내'의 의미(시간부사 = 一直)
③ '이에'의 의미(관련부사 = 就, 于是)

≪百喩經≫에서도 이 세 가지 의미가 모두 출현하고 있으며 ≪顔氏家訓≫에서도 ①, ③번 의미가 출현하고 있다. 근대중국어에서는 이 의미 가운데 ②번 '줄곧, 내내'의미가 저조하게 출현하고 있었고 이 외에 '竟然(뜻밖에도)'의 의미가 또 출현하기도 한다. 어쨌든 중고중국어 시기 이후에도 '마침내, 결국'의 의미는 지속적으로 사용되긴 하나 전반적으로 '终于' 등 쌍음절 부사의 출현이나 '竟', '終', '卒' 등의 활약으로 인해 크게 활약하지는 못한다.

## 卒(zu)

시간부사 '卒(zu)'은 상고중국어에서 전해져 온 것으로 총2예 출현한다.

(1) 我今若預於日日中搆取牛乳, 牛乳漸多, <u>卒</u>無安處, 或復酢敗. (2. 愚人集牛乳喩)
(내가 지금 만약 미리 며칠 안으로 우유를 짜면 우유가 점차 많아질 거고 그러면 <u>결국</u> 보관할 곳이 없어서 혹여 술이 시어서 썩을 것이다.)
(2) 持來歸家, 詣市賣之. 以其貴故, <u>卒</u>無買者. (22. 入海取沉水喩) (갖고 집으로 돌아와 시장에 가서 그것을 팔았다. 그런데 그것이 귀한 까닭에 <u>결국</u> 사는 이가 없었다.)

이것은 "마침내, 결국"의 의미로 어떤 행위의 최종적인 결과가 나타남을 표시하며, 모두 VP를 수식하고 있다. ≪顔氏家訓≫에서도 7예가 출현하며 모두 VP를 수식하고 있다.

'卒'은 발음에 따라 'zú'일 경우엔 '마침내, 결국'의 의미이고, 'cù'일 경우엔 '갑자기'의 의미이다. 이것은 이미 상고중국어 시기부터 출현했던 것으로 중고중국어에서도 여전히 상용되고 있다. '卒(zu)'은 唐五代의 ≪祖堂集≫에서는 5예 출현하고 宋代 ≪朱子語類≫에서는 100예가 출현한다. 이렇게 두 문헌 모두에서 적잖은 예가 출현하고는 있으나 그의 경쟁자인 '終'이 더 상용되는 편이다.

定1

시간부사 '定1'은 東漢시기에 출현한 것으로 총2예가 출현한다.

(1) 其夫拍手笑言: "咄! 婢, 我定得餅, 不復與爾." (67. 夫婦食餅共爲要喩) (그 남편은 손뼉을 치며 웃으며 말했다. "체, 바보같으니, 내가 <u>마침내</u> 떡을 얻게 되었다. 다시는 너에게 주지 않겠다.")

(2) 以不解故, 定知汝衣必是偸得, 非汝舊物. (8. 山羌偸官庫衣喩) (할 줄 모르기 때문이니, <u>마침내</u> 네 옷은 훔친 것이며 너의 옛 물건이 아님을 알겠다.)

이것은 "마침내, 결국"의 의미로 어떤 행위의 최종적인 결과가 나타남을 표시하며, VP를 수식하고 있다. ≪顔氏家訓≫에서는 발견되고 있지 않다.

부사 '定'은 '확실히', '마침내', '도대체', '뜻밖에도' 등의 의미를 갖고 있으며 이중 '확실히'는 西漢시기쯤, '마침내'는 '東漢'시기쯤, 그리고 '도대체'와 '뜻밖에도' 의미는 위진 남북조 시기에 각각 문법화하게 된다. 이들 의미기능의 문법화와 관련하여 졸고 <중고한어 어기부사 '定'의 의미 분화와 문법화 과정>(≪중국어문논총≫제64집, 2014년)을 참고하기 바란다.

## 8.2.6 즉시류

'즉시류' 시간부사는 ≪百喩經≫에서 가장 많은 수가 출현하고 있으며 "卽1, 立, 頓2, 尋, 時, 卽便1, 卽時, 尋卽, 尋復, 時卽, 卒(cu), 卒爾, 忽, 忽然, 忽爾, 一時, 一旦" 등이 출현하고 있다. 이것은 의미상 크게 '즉시'를 나타내는 것과 '갑자기'를 나타내는 것으로 양분할 수 있으나 이들을 확연히 구분하기는 어렵다. 다만 설명의 편의를 위해 임시로 위와 같이 구분하여 설명하고자 한다.

### 8.2.6.1 즉시류

**卽1**

시간부사 '卽1'은 상고중국어에서 전해져 온 것으로 총1예 출현한다.

(1) 我與良藥, 能使卽大. 但今卒無, 方須求索. (15. 醫與王女藥令卒長大喩) (제가 약을 드리면 능히 <u>바로</u> 크게 할 수 있습니다. 그러나 지금 갑자기 없으니 장차 찾아야 합니다.)

이것은 "곧 바로, 즉시"의 의미로 AP를 수식하고 있다. ≪顔氏家訓≫에서는 2예 출현하며 VP를 수식한다.

시간부사 '卽1'은 상고중국어 시기부터 매우 빈번히 출현한 것으로 이 시기에 이미 '시간부사'로서 '즉시'의 의미도 있었고 '관련부사'로 현대중국어의 '就'에 해당하는 기능도 있었다. 중고중국어 시기에도 여전히 상용되는 것이나 ≪百喩經≫에서는 시간부사로는 단지 위의 1예만이 출현하고 절대다수가 관련부사로 출현하고 있다. 다시 말해서 시간적인 '短時, 卽時'의 의미로는 이 시기 주로 '卽便' 등 쌍음절 형식을 사용하였고 '卽' 자체는 보다 문법화한 관련부사로 활약하고 있다.

**立**

시간부사 '立'은 상고중국어에서 전해져 온 것으로 총2예 출현한다.

(1) 昔有國王, 産生一女, 喚醫語言: "爲我與藥, 立使長大." (15. 醫與王女藥令卒長大喩) (옛날에 왕이 있었는데 딸 하나를 낳았다. 의사를 불러 말했다. "나를 위해 그녀에게 약을 주어 <u>바로</u> 자랄 수 있게 하라.")

(2) 我欲求導, 願見敎授, 使我立得. (15. 醫與王女藥令卒長大喩) (저는 이끌어주기를 청합니다. 원컨대 가르침 받기를 원하니 저로 하여금 <u>바로</u> 득도할 수 있게 해주십시오.)

이것은 "즉시, 바로"의 의미로 모두 VP를 수식하고 있다. ≪顔氏家訓≫에서는 출현하지 않는다. 이것은 상고중국어에서 이미 출현하여 상용되던 것으로 아래와 같은 예가 있다.

(3) 沛公至軍, 立誅殺曹無傷. (史記, 項羽本紀) (패공이 군중에 돌아와 바로 조무상을 죽였다.)

한편, '立'은 중고시기 이후 ≪朱子語類≫에서 여전히 상용되고 있어 129예나 출현하고 있었다.

(4) 某一番歸鄉里, 有所謂五通廟, 最靈怪. 衆人捧擁, 謂禍福立見. (朱子語類卷第三 鬼神) (내가 한 번은 향리에 갔더니 이른바 '오통묘'란 것이 있었고, 매우 신기했다. 많은 사람들이 우러러 받들며 화와 복이 즉시 나타난다고 말했다.)

## 頓2

시간부사 '頓2'는 상고중국어에서 전해져 온 것으로 총2예가 출현한다.

(1) 犯戒者言: "苟須懺者, 更就犯之, 然後當出." 遂便破戒, 多作不善, 爾乃頓出. (6. 子死欲停置家中喩) (계율을 범한 자가 말했다. "만약 참회가 필요하다면 다시(又) 이를 범하고 난 후에야 마땅히 出罪해야 한다." 이에 파계를 하고 여러 차례 불선을 저지르니 이렇게 하고 나서야 바로 出罪하겠다고 말한다.) (※ 出(出罪): 죄를 참회하게 하는 것)

(2) 修行正法, 度於五道, 向涅槃城, 心生厭倦, 便欲捨離, 頓駕生死, 不能復進. (34. 送美水喩) (정법을 수행하여 오도를 건너 열반성으로 향할 때 맘속에는 지루함과 피곤함이 생겨서 떠나고 싶어 한다. 순간 생사의 대법을 초월하는 것에 대해서는 더 이상 나아가지 못한다.) (※ 五道: 天, 人, 畜生, 餓鬼, 地獄)

이것은 "즉시, 순간"의 의미로 어떤 행위가 앞의 행위에 이어 바로 출현하거나 짧은 시간에 어떤 행위가 이루어짐을 나타낸다. 즉, 이것은 '즉시'라는 의미도 가능하고 '갑자기, 짧은 시간에'라는 의미도 가능하다. 2예 모두 VP를 수식한다. ≪顔氏家訓≫에서는 3예가 출현하며 VP와 AP를 수식한다.

부사 '頓'은 ≪百喩經≫에서는 '한꺼번에'라는 의미와 '즉시, 갑자기'라는 의미 두 가지가 출현하고 있다. 이 둘은 서로 의미상 연관 관계가 있는데, 먼저 '즉시, 갑자기'의미가 부사로 문법화 한 후 이로부터 '한꺼번에'라는 뜻이 다시 문법화했을 가능성이 있다. '頓'이 '즉시, 갑자기'라는 의미로 쓰이는 것은 대략 漢代쯤으로 보인다. 아래는 漢代의 예이다.22)

(3) 夫天子之所嘗敬, 衆遮之所嘗寵, 死而死耳! 賤人安宜得如此而頓辱之哉! (漢
書, 賈誼傳) (무릇 천자가 일찍이 존경했었고, 뭇 사람들이 존숭했었으니 그를 죽이
려고 한다면 죽일 수도 있다. 그러나 비천한 자가 어찌 이와 같이 하여 그를 <u>갑자기</u>
모욕을 줄 수 있겠는가!)

한편, 아래와 같이 ≪世說新語≫에서도 등장하고 있는데 여기서도 3예가 출현하고 있
다.

(4) 庾風姿神貌, 陶一見便改觀, 談宴竟日, 愛重頓至. (容止23) (庾亮의 풍도와 자태,
표정은 陶侃으로 하여금 한 번 보고 견해를 바꾸게 만들었다. 이렇게 하루 종일 이야
기하고 나자 陶侃의 그에 대한 좋아함과 중시함이 <u>순간(즉시)</u> 생겨났다.)

시간부사 '頓2'는 이처럼 출현시기가 다소 늦다보니 주로 위진남북조 시기에 상용되었
고 그 이후 唐宋시기에 가서도 빈번하게 출현한다. ≪祖堂集≫에서도 아래와 같이 무려
38예나 출현하고 있어 '단시/즉시'류 부사로 비중 있게 쓰이고 있다. 그리고 ≪朱子語類
≫에서도 150여 예나 출현하는 등 근대중국어 시기에 매우 활약을 하던 시간부사였다.

(5) 師欲擬近前, 雪峯以杖拄之. 師頓契玄要, 更無遊心, 凡有機緣. (保福和尙) (선사
가 앞으로 가까이 가려는데, 설봉이 지팡이로 밀자, 선사가 <u>갑자기</u> 현묘한 이치에 계
합하여, 다시는 딴 곳으로 갈 생각을 않고, 모든 기연에 은밀히 계합하였다.)

## 尋

시간부사 '尋'은 漢代쯤 출현한 것으로 보이며 총6예가 출현한다.

(1) 時彼伴中著羅刹衣者, 亦復尋逐, 奔馳絶走. (63. 伎兒著戲羅刹服共相驚怖喩)
(이때 저 동료 중 악귀 옷을 입은 자 역시 <u>바로</u> 쫓아갔고 엄청 빠르게 달려 나갔다.)
(2) 師子張口、仰頭向樹. 其人怖急, 失所捉刀, 値師子口. 師子尋死. (65. 五百還喜

---

22) 이것은 董志翹·蔡鏡浩(1994)에서 인용한 것임. 그에 따르면 '갑자기'의미의 용례가 漢代에 이미 출현
했다고 하면서 위의 예를 들고 있다. 아마도 漢代의 예가 최초의 예로 보인다. 王力 ≪王力古漢語字典
≫에 따르면 先秦시기의 문헌인 ≪列子≫에 "凡一氣頓進, 一形不頓虧." (天瑞) 란 구절이 등장한다.
여기서의 '頓'이 곧 '갑자기'의 의미일 수 있으나 ≪列子≫자체가 漢代에 정리된 문헌인 만큼 그 신빙성
에 의문이 있어 일단 출현 시기를 漢代로 보고자 한다.

丸喩) (사자가 입을 벌리고 머리를 들어 나무를 향했다. 그 사람은 두렵고 다급하여 갖고 있던 칼을 놓쳐서 사자의 입에 맞았는데 사자가 곧 죽고 말았다.)

이것은 "곧바로, 즉시"의 의미로 동작행위가 바로 앞의 행위에 이어서 발생함을 나타낸다. 6예 모두 VP를 수식한다. ≪顔氏家訓≫에서 5예가 출현하며 모두 VP를 수식하고 있다. 이것은 先秦시기엔 보이지 않던 것으로 대체로 西漢 무렵 출현한 것으로 보인다. 아래는 ≪史記≫의 예이다.

(3) 諸侯入秦, 嬰降, 爲項羽所殺. 尋誅羽, 天下屬漢. (六國年表) (제후들이 진국에 들어와 嬰이 투항하고는 항우에 의해 살해되었다. 곧이어 항우를 주살하고 천하가 한에 귀속되었다.)

위진남북조 시기엔 자주 사용된 것으로 보이나 그 이후엔 출현비율이 다소 낮다. '尋'은 위진남북조 시기에 이 외에도 '항상'의 의미가 문법화하여 쓰이게 되었고 이후엔 '尋'과 '常'이 결합한 '尋常'이 상용화되어 ≪祖堂集≫에서는 이것이 18예나 출현한다. 사실 ≪百喩經≫에서도 '尋'은 그 자체 말고도 '尋卽', '尋復', '尋時' 등 쌍음절 부사로 '곧이어'라는 의미로 쓰이고 있다. '尋'의 '곧이어' 의미가 漢代에 출현하여 위진남북조 시기만 하더라도 주로 이 의미로 쓰였지만 '항상'의 의미는 이 시기에 막 출현한 것이기 때문에 아직은 그렇게 자주 보이지는 않고 주로 唐代 및 그 이후에 가서 활약하게 된다. 다시 말해 '尋'은 근대중국어 시기부터는 '곧바로'보다 '항상'의 의미가 더 우위를 점하게 되는 것으로 보인다.

## 時

시간부사 '時'는 중고중국어 시기에 새롭게 등장한 것으로 총1예 출현한다.

(1) 其兒耳中有眞金璫, 其父見賊卒發, 畏失耳璫, 卽便以手挽之, 耳不時決. 爲耳璫故, 便斬兒頭. (86. 父取兒耳璫喩) (그 아들의 귀에는 금으로 된 귀고리가 있었는데 그 애비는 도둑이 갑자기 나오는 것을 보고는 혹시나 귀고리를 잃을까봐 바고 손으로 그것을 당겼는데 귀에서 (귀고리가) 바로 떨어지지 않았다. 그래서 그는 귀고리 때문에 바로 아들의 목을 잘랐다.)

이것은 "즉시, 바로"의 의미로 VP를 수식하고 있다. ≪顏氏家訓≫에서는 출현하지 않으나 아래와 같은 위진남북조 시기 문헌에서 빈번하게 출현하고 있다. 아래는 董志翹·蔡鏡浩(1994)가 제시한 예들이다.

> (2) 惟陛下留神澄省, 時見理出, 以厭人鬼喁喁之心. (後漢書, 竇武傳) (바라옵건대, 폐하께서 유심히 명찰하셔서 즉시 이 사안을 잘 처리해내시어, 사람과 귀신이 기대하는 그 마음을 만족시켜 주시기 바랍니다.)
>
> (3) 使者白言: "大家時起, 洗手辦具飲食供養." (賢愚經, 摩訶斯那優婆夷品第五十四) (종이 말했다. "주인께선 지금 바로 일어나십시오. 손을 씻으시고 음식을 준비하셔서 공양하십시오.")

한편, 董志翹·蔡鏡浩(1994)에 따르면, 이 시기엔 또 '不'자와 연용하여 아래처럼 쓰이는 경우가 매우 잦았다고 한다.

> (4) 太祖不時立太子, 太子自疑. (三國志, 魏志, 文帝紀) (태조가 바로 태자를 세우지 않자 태자는 의심하였다.)

위진남북조 시기엔 어느 정도 생산성이 있는 부사였으나 그 이후 근대중국어 시기로 가면서 ≪祖堂集≫이나 ≪朱子語類≫ 등에서는 거의 찾아보기가 힘들다. 다만 중고시기부터 '時'가 또 '우연히'라는 의미의 부사로도 쓰이고 있었는데 ≪朱子語類≫에서는 단지 이것만이 출현하고 있다.


## 卽便1

시간부사 '卽便1'은 중고시기에 와서 새롭게 등장한 것으로 총16예 출현한다.

> (1) 譬如野干, 在於樹上, 風吹枝折, 墮其脊上, 卽便閉目, 不欲看樹. (48. 野干爲折樹枝所打喩) (비유하자면, 여우가 나무 위에 있는데 바람이 불어 나뭇가지를 부러뜨렸고 그것이 그의 등위에 떨어졌다. 그때 바로 눈을 감아 나무를 보려고 하지 않았다.)
>
> (2) 於是長者正欲咳唾, 時此愚人卽便擧脚蹋長者口, 破脣折齒. (57. 蹋長者口喩) (이에 부옹이 막 침을 뱉으려고 할 때 그때 이 우매한 자가 바로 발을 들어 부옹의 입을 밟아버려 그의 입술을 깨뜨리고 이빨을 부러뜨렸다.)
>
> (3) 師子見之, 奮激鳴吼, 騰躍而前. 遠人驚怖, 卽便上樹. (65. 五百歡喜丸喩) (사자

가 그를 보고는 매우 흥분하여 울부짖으며 뛰어오르며 나아갔다. 이방인은 이때 놀라
서 <u>바로</u> 나무 위로 올라갔다.)

(4) 爾時小兒信其語故, 卽擲水中. 龜得水已, <u>卽便</u>走去. (98. 小兒得大龜喩) (그때
아이는 그 말을 믿었던 까닭에 바로 물속에 던졌다. 거북이는 물을 만나서 <u>바로</u> 가버
렸다.)


이것은 "즉시, 바로"의 의미로 모두 VP를 수식하고 있다. 위의 예들을 보면 확실히 긴급
히 어떤 행위가 연이어 발생하고 있음을 볼 수 있다. ≪顔氏家訓≫에서는 1예만이 출현하
는데 아래와 같이 AP를 수식하고 있다.


(5) 行之數日, <u>卽便</u>平愈, 今恒持之. (養生) (이를 며칠 실행해 보니, <u>바로</u> 편안해졌으며
지금도 늘 이러한 방법을 계속하고 있다.)


부사 '卽便'은 同義 부사인 '卽'과 '便'의 결합에 의해 구성된 병렬복합사이다. 韓棟
(2009)에 따르면, 위진남북조 시기부터 이 두 부사가 이렇게 連用되어 사용되었으며 이후
점차 하나의 어휘로 어휘화가 이루어졌다고 한다. 그에 따르면 '卽'과 '便' 자체가 몇 가지
의미를 갖고 있었기 때문에 '卽便'도 역시 이러한 의미들을 모두 갖고 있었고 그로 인해서
문장 내의 문맥에 의거 이들을 구분할 수밖에 없다고 한다.


ⅰ) 단시간 내에 발생함을 표시(= 马上, 立即)
ⅱ) 논리 관계로서 어떤 조건 혹은 가설의 전제하에 어떤 사건이 자연스럽게 발생함을
표시(= 于是就)


여기서 ⅰ)은 시간부사의 용법이고, ⅱ)는 관련부사의 용법이다. 예컨대 위의 (1)에선
'나뭇가지가 떨어져 바로 눈을 감는 것'이고, (2)는 '침을 뱉으려 할 때 재빠르게 밟으려
한 것'이다. 그리고 (3)은 '사자가 뛰어 오기 때문에 재빠르게 나무 위로 올라 간 것'이고,
(4)는 '거북이가 물을 만나 빠르게 물속으로 도망친 것'이다. 이렇게 이들은 모두 '马上,
立即'의 의미를 갖고 있다. 그러나 관련부사의 의미는 이와는 좀 다르다.


(6) 往有商人, 貸他半錢, 久不得償, <u>卽便</u>往債. (17. 債半錢喩) (옛날에 장사꾼이 있었
는데 남에게 반전의 돈을 꾸어줬다. 오래도록 빚을 못 받았기에 <u>이에</u> 가서 독촉을
했다.)

여기서 '往债'는 가서 빚 독촉을 하는 것인데 '久不得償'라는 이유가 있기 때문에 이로써 이러한 행위를 한 것이다. 즉, '卽便'이 일종의 논리적 관계를 나타내고 있는 것이다.

위진남북조 시기에는 이 두 가지 의미 중 하나로 해석되는 것도 있었고 또 두 가지 모두로 해석되는 예도 존재했으나, 宋代와서 '卽便'이 시간의미 혹은 긴박의미를 표시하는 어휘들과 함께 출현하는 경우가 많아져 전체적으로 '短時義'가 강화되었다고 한다.

(7) 一劄眼間卽便不見, 才覺便又在面前, 不是難收拾. 公自去提撕, 便見得. (朱子語類卷第一百一十五 朱子十二) (눈 깜짝할 사이에 곧 사라지면 그제야 느끼게 되고, 그러면 또 다시 앞에 나타나게 되는데 이는 수습이 어려운 것은 아니다. 스스로 깨달으면 보일 수 있다.)

그리고 明代중기 이후로 가서야 '卽便'의 短時義로서의 시간부사 용법이 안정화되었다고 한다.

(8) 賈璉却也喜歡, 忙去稟知王夫人, 卽便回明賈母. (紅樓夢 95회) (賈璉이 기뻐서 급히 가서 왕부인에게 고하고, 곧바로 賈母에게 알렸다.)

위의 의미가 民國시기까지도 이어졌다고 하는데 현대중국어에서 '卽便'은 더 이상 시간부사로 쓰이지는 않고 '即使'의 의미로 쓰이고 있다. 韓棟(2009)에 따르면 근대중국어 시기에 가서야 '卽便'이 '즉시류'부사로 안정화되었다고 하나 ≪百喩經≫ 자체의 상황으로 봤을 때, 이미 위진남북조 시기에도 관련부사와 시간부사의 두 가지 용법이 비교적 안정적으로 구분되어 쓰이고 있음을 확인할 수 있다.

## 卽時

시간부사 '卽時'는 중고중국어 시기에 탄생한 것으로 총6예가 출현한다.

(1) 鬼聞其語, 尋卽遠避. 此人卽時抱篋捉杖踶屧而飛. (41. 毗舍闍鬼喩) (귀신들은 그의 말을 듣고 바로 멀리 피했다. 이 사람은 즉시 상자를 안고 지팡이를 짚고 나막신을 신고는 날아가 버렸다.)

(2) 有人語言: "汝但擲置水中, 卽時可殺." (98. 小兒得大龜喩) (어떤 이가 말했다. "당신은 다만 물속에 그것을 던져 놓기만 하면 즉시 죽일 수 있소.")

이것은 "즉시, 바로"의 의미로 모두 VP를 수식한다. ≪顏氏家訓≫에서는 출현하지 않지만 아래와 같이 ≪三國志≫에 출현하고 있다.

(3) 郃渡兵攻盛, 盛不能拒, 卽時却退. (吳書, 朱然傳) (張郃이 군대를 이끌고 孫盛을 공격했고, 孫盛은 당해낼 수가 없어 즉시 퇴각하였다.)

한 가지 흥미로운 점은 이 시기 '卽時'의 의미가 크게 두 가지라는 것인데, 위와 같은 '즉시, 바로'의 의미 외에 '현재, 지금(現在)'의 의미도 존재한다.

(4) 使我有身後名, 不如卽時一杯酒! (世說新語, 任誕20) (나로 하여금 사후의 명성이 있게 하는데 이보다는 차라리 지금의 술 한 잔이 더 낫다.)

여기서의 '卽時'는 '즉시'가 아니라 '지금(眼前)'의 의미이다. 위진남북조 시기엔 '현재'를 나타내는 시간부사가 많지 않았는데 ≪百喩經≫에서는 비록 '현재류' 시간부사가 출현하고 있지 않지만 '卽時'라는 부사는 이렇게 당시에 현재류 부사로도 활약을 하고 있었다.[23] 唐宋 시기에 오면서 '卽時'는 지속적으로 출현하고 있으나 전체적으로 그렇게 빈번하게 사용되지는 않았다. 아래는 ≪敦煌變文≫의 예이다.

(5) 太子忽從睡覺, 報言空中: "如此喚呼, 是何人也?" 卽時空中報曰… (八相變) (태자가 갑자기 잠에서 깨더니 공중에 일러 말했다. "이처럼 불러 대니 누구시오?" 그러자 즉시 공중에서 말했다.…)

≪朱子語類≫에서는 총9예가 사용되고 있다. 당시에 유사의미의 부사들이 많기 때문에 '卽時'의 출현비율이 그다지 높은 편이 아니다. 이후 현대중국어에서는 비교적 상용적인 시간부사로 발전하였다.

(6) 某當時若便得這省吏在前, 卽時便與刺兩行字配將去! (朱子語類卷第一百六 朱子三) (당시에 만약 이 성리가 내 앞에 있었다면 나는 즉시 그에게 두 줄의 글자를 자묵하여 유배 보냈을 것이다!)

---

23) 高育花(2007)

## 尋卽　尋復

시간부사 '尋卽', '尋復'은 모두 중고중국어 시기에 탄생한 것들로 각각 4예, 2예 출현한다.

(1) 而彼仙人尋卽取米及胡麻子, 口中含嚼, 吐著掌中, 語小兒言. (49. 小兒爭分別毛喩) (그런데 그 신선이 <u>곧이어</u> 쌀과 호마자를 쥐고 입에 넣어 씹더니 손에 토하고는 아이들에게 말했다.)

(2) 買果者言: "我今當一一嘗之, 然後當取. 若但嘗一, 何以可知?" 尋卽取果一一皆嘗. (70. 嘗庵婆羅果喩) (과일 사는 사람이 말했다. "내가 지금 마땅히 하나하나씩 다 맛을 본 연후에야 살 수 있다. 만약 단지 하나만 맛보면 어떻게 알 수 있겠는가?" 그러고는 <u>바로</u> 하나하나씩 들고 다 맛을 봤다.)

(3) 彼旣來已, 忿其如是, 復捉其人所按之脚, 尋復打折. (53. 師患脚付二弟子喩) (그가 와서는 그가 이와 같이 한 것에 화가 나서 다시 그 다른 제자가 맡아 안마했던 다리를 잡고 <u>바로</u> 분질렀다.)

(4) 旣至彼已, 身體疲極, 空無所獲, 又不得食, 餓渴欲死, 尋復回還, 求見其父. (78. 與兒期早行喩) (이미 거기 이르러서는 몸이 매우 피곤하였고 아무 수확이 없었으며 또 먹지도 못했다. 배고프고 목말라 곧 죽을 것 같기에 <u>곧바로</u> 다시 돌아와 아버지를 뵈려고 했다.)

이들 모두 '즉시, 바로'의 의미이다. 모두 VP를 수식하며 ≪顔氏家訓≫에서는 둘 다 출현하지 않고 있다.

이들은 모두 중고시기에 형성된 쌍음절 부사로, 모두가 '즉시, 바로'의미의 시간부사 '尋'을 공통분모로 하고 있다. 이 중 '尋卽'은 同義의 부사가 결합된 병렬복합사이며, '尋復'은 '尋'이란 시간부사가 '復'이란 당시의 부사 접미사와 결합하여 쌍음절화한 것이다. 이들은 당시의 전형적인 부사 쌍음절화의 원칙에 의해 형성된 것들이다. 이들 모두 주로 위진남북조 시기에 출현하고 있다.24) 아래는 ≪齊民要術≫에 출현한 '尋卽'의 예이다.

---

24) ≪百喩經≫에는 또 '尋時(머지않아, 곧)'가 출현한다. 그런데 이것은 아래와 같이 주어 앞에 출현하고 있다. 曹廣順 등(2011)은 이처럼 주어 앞이나 뒤에 모두 출현 가능하면서 의미의 변화가 없을 경우 이를 시간명사로 처리한다. 이 예 외에도 唐詩 등에서 이것이 주어 다음에 위치하는 것도 출현하고 있는데 의미는 모두 동일하다. 이에 본서에서도 이를 시간명사로 처리한다.

(1) 至水欲渡, 脫衣置地, 尋時金鼠變爲毒蛇. (89. 得金鼠狼喩) (물에 이르러 건너려고 옷을 벗 어 땅에 놓았는데 얼마 안 되어 금족제비가 독사로 변했다.)

한편, ≪百喩經≫에는 '少時'라는 것도 출현한다. 이것 역시 '잠시', '순간'의 의미로 아래와 같은 예가 있다.

(5) 生時尋卽收取, 別著一暖處. (卷六, 養鵝, 鴨) (알을 낳으면 <u>바로</u> 거두어 따로 따뜻한 곳에 둔다.)


## 時卽

시간부사 '時卽'은 중고시기에 탄생한 것으로 총1예 출현한다.


(1) 王時卽遣親信往看, 果如其言. (65. 五百歡喜丸喩) (왕은 <u>바로</u> 신임하는 자로 하여금 가서 보게 했더니 과연 그의 말과 같았다.)


이것은 同義의 시간부사인 '時'와 '卽'의 결합에 의해 형성된 쌍음절 부사로 '즉시, 바로'의 의미를 나타낸다. VP를 수식하고 있으며 ≪顔氏家訓≫에서는 출현하지 않고 있다. 이 시기에 '時'는 이 외에도 다양한 어휘와 결합하여 쌍음절 부사를 이루는 경향이 있다. '時'와 '嘗', '復', '常' 등이 결합하여 '時嘗', '時復', '時常' 등의 쌍음절 부사를 구성하고 있는데 이들은 모두 '항상'의 의미를 나타낸다. 앞에서 또 '時'와 '卽'이 결합한 '卽時'도 출현하는데 이때의 '時'도 '즉시'의 의미를 갖는 것인지는 좀 더 연구가 필요하다.


## 8.2.6.2 갑자기류

## 卒(cu)    卒爾

시간부사 '卒(cu)'는 상고중국어에서 전해져 온 것으로 총10예 출현하고, '卒爾'는 중고시기에 탄생한 것으로 총2예 출현한다.


(1) 昔有父子二人緣事共行, 路賊卒起, 欲來剝之. (86. 父取兒耳璫喩) (옛날에 부자 둘이 일 때문에 함께 가다가 길에서 도둑이 <u>갑자기</u> 나와 그들의 물건을 빼앗으려 했다.)

---

(2) 此驢勝於瓦師. 瓦師久時所作瓦器, <u>少時</u>能破. (31. 雇倩瓦師喩) (이 나귀는 도공보다 낫습니 다. 도공이 오랜 시간에 만든 도기를 이 나귀가 <u>단 시간에</u> 깨뜨릴 수 있습니다.)
이를 보면 마치 '짧은 시간'을 나타내는 시간부사 같지만 이 역시 아래와 같이 ≪世說新語≫에서 일종의 시간보어처럼 쓰이고 있고 의미 역시 큰 차이가 없다. 따라서 '少時'도 시간명사로 처리한다.
(3) <u>坐少時</u>, 王便入門內. (簡傲12) (<u>잠시</u> 앉아 있는데 王恬이 안으로 들어왔다.)

(2) 我夫始來, 卒得口腫, 都不能語. (72. 淹米決口喩) (내 남편이 이제 막 왔는데, <u>갑자기</u> 입이 붓는 병이 나 조금도 말을 하지 못하네요.)

(3) 頭語尾言: "我恒在前, 何以<u>卒</u>爾?" (54. 蛇頭尾共爭在前喩) (머리가 꼬리에게 말했다. "내가 항시 앞에 있는데 어째서 <u>갑자기</u> 그렇게 하는가?")

(4) 時彼國人<u>卒</u>爾敬服, 咸皆贊嘆. (65. 五百歡喜丸喩) (그때 저 나라 사람들은 <u>갑자기</u> 경복하게 되었고 모두가 찬탄하였다.)

이 둘은 모두 '갑자기'라는 뜻으로 "어떤 사건이 생각지 못하게 신속히 발생함"을 나타낸다. '卒'의 경우, 9예가 VP를 수식하는데 예(3)처럼 용언성 대명사인 '爾(그렇다)'를 수식하는 예가 1예 출현한다. ≪顏氏家訓≫에서는 1예만이 출현하고 VP를 수식한다. 그리고 '卒爾'는 모두 VP를 수식하는데 ≪顏氏家訓≫에서는 이것이 출현하지 않는다.

'卒'은 상고중국어에서 이미 상용되던 부사로 위진남북조 시기에도 계속 사용되었으나 당시 다른 문헌에서는 그다지 출현율이 높은 편은 아니다. 상기 ≪顏氏家訓≫에서도 1예만 출현하지만 ≪世說新語≫에서도 3예만이 출현하고 ≪搜神記≫에서도 1예만이 출현한다. 아래는 ≪世說新語≫의 예이다.

(5) 時夏月, 暴雨<u>卒</u>至, 舫至狹小, 而又大漏, 殆無復坐處. (德行27) (당시 바로 여름이라 폭우가 <u>갑자기</u> 왔다. 배가 너무 좁고 또 구멍도 나서 거의 앉을 곳이 없었다.)

이처럼 위진남북조에서 출현비율이 매우 저조하나 ≪朱子語類≫에서는 69예나 출현하고 있다.

(6) 惟<u>卒</u>遇君臣大變, 利害之際只爭些子, 這誠是難. (朱子語類卷第四十 論語二十二) (다만 <u>갑자기</u> 군신의 대변이나 이해관계를 맞닥뜨리게 된다면 이는 자칫 위험할 수 있으니 이것이 진정 어렵다.)

'卒'은 일찍이 상고중국어 시기부터 활약을 해온 부사이기 때문에 중고시기 이후로 가면서 서서히 기타 同義 부사들에 의해 밀려나게 된 것으로 보인다. 비록 ≪朱子語類≫에서 출현비율이 높은 편이지만 同義의 기타 부사들인 '忽', '忽然' 등에 비하면 여전히 낮은 편이다.

한편, '卒爾'는 시간부사 '卒'이 부사 접미사인 '爾'와 결합한 형식이다. 楊榮祥(2005)에 따르면, '爾'는 원래 상고중국어에서 형용사의 접미사였다. 그 후로 'X爾'형식이 부사어 위치에 항시 출현하면서 '爾'가 점차 형용사 접미사에서 부사 접미사로 변화하였다고 한다.

이렇게 'X爾'의 형태를 한 부사에는 '忽爾', '輒爾', '偶爾' 등이 있다.

상고중국어에서는 이것보다 '卒然'의 형태가 더 상용되었는데 위진남북조 시기엔 두 형식 모두 출현하고 있다. ≪顔氏家訓≫에서는 '卒爾'는 없어도 '卒然'은 1예 출현하고 있다. 특이하게도 唐宋의 ≪祖堂集≫, ≪朱子語類≫, ≪敦煌變文≫ 등의 큰 편폭의 문헌들에서는 하나같이 '卒爾'가 1예도 출현하지 않고 있다. 오히려 ≪朱子語類≫에서는 이보다 '卒然'이 9예나 출현하고 있어 뒤늦게 탄생한 부사임에도 그 이용횟수는 매우 낮은 편이다.

### 忽　忽然　忽爾

시간부사 '忽'은 상고중국어에서 전해져 온 것으로 총1예 출현한다. '忽然' 역시 상고중국어에서 전해져 온 것으로 2예 출현하고 있다. '忽爾'는 중고시기에 탄생한 것으로 총1예 출현한다.

(1) 數未能周, 金主忽至, 盡還奪錢. (90. 地得金錢喩) (돈 세는 것이 다 끝날 수도 없었는데 돈주인이 <u>갑자기</u> 와서 모두 다시 돈을 <u>빼앗았다.</u>)

(2) 旣至海中, 未經幾時, 船師遇病, 忽然便死. (66. 口誦乘船法而不解用喩) (이미 바다 가운데로 갔을 때 얼마 지나지 않았는데 사공이 병이 나서 돌연 죽었다.)

(3) 凡夫錯解, 便求世界有邊、無邊, 及以衆生有我、無我, 竟不能觀中道之理, 忽然命終, 爲於無常之所殺害, 墮三惡道. (94. 摩尼水竇喩) (범부는 이를 오해하여, 세계에 경계가 있고 없는 것, 중생에 我가 있고 없는 것을 구하려고 하며, 결국 중도의 이치를 볼 수 없어 <u>갑자기</u> 죽었을 때 무상에 의해 해를 당해 삼악도에 떨어지고 만다.)

(4) 雖得値遇三寶福田, 不勤方便, 修行善業, 忽爾命終, 墮三惡道. (90. 地得金錢喩) (비록 삼보 복전을 만난다 해도 方便에 열심히 하지 않고 선업을 수행하지 않으면 <u>갑자기</u> 죽어 삼악도에 떨어지게 된다.) (※ 方便: 불교에서 중생을 교화시켜 불도에 들게 하는 방법)

이들 모두 '갑자기'의 의미로 "어떤 사건이 생각지 못하게 신속히 발생함"을 나타낸다. 모두 VP를 수식하고 있다. ≪顔氏家訓≫에서는 '忽'만 3예 출현하고 VP를 수식하고 있다. 기본적으로 가장 일찍 출현한 '忽'을 중심으로 여기에 상고중국어의 부사 접미사 '然'이 붙어 '忽然'이 탄생하였고, 이어서 다시 중고중국어 부사 접미사 '爾'가 붙어 '忽爾'가 탄생하였다.

먼저, '忽'은 전형적인 상고중국어 시간부사로서 상고중국어에선 '빠르게'라고 하는 상태부사와 '갑자기'라고 하는 시간부사의 의미가 있었다. ≪世說新語≫에서는 아래와 같이 17예 정도 출현하고 ≪搜神記≫에서는 80여 예나 출현한다.

(5)  王、庾諸公共就祖, 忽見裳袍重疊, 珍飾盈列. (任誕23) (王導와 庾亮 등이 祖逖에게 갔더니 갑자기 옷가지들이 겹겹이 쌓였고 진귀한 장식들이 가득한 것이 보였다.)

이렇게 위진남북조 시기에도 상용되었던 '忽'은 ≪祖堂集≫에서도 69예나 출현하고 있고 ≪朱子語類≫에서는 170여 예나 출현하고 있을 정도로 唐宋의 근대중국어에서도 큰 활약을 하고 있었다.

'忽然'은 상고중국어에서도 상용되었던 것으로 ≪世說新語≫에서는 보이지 않지만 ≪搜神記≫에서 14예 출현하고 있었다. 대체로 '忽'보다는 출현횟수가 적으나 ≪祖堂集≫에서 37예, ≪朱子語類≫에서는 121예가 출현할 정도로 꾸준히 상용되던 부사이다. 이에 비해 '忽爾'는 탄생한 시점도 늦지만 ≪顔氏家訓≫, ≪世說新語≫, ≪搜神記≫ 등 위진남북조 문헌에서 거의 출현하지 않는 등 상당히 저조하다. 그 외에 ≪朱子語類≫에서도 역시 출현하지 않으나 ≪祖堂集≫에서 겨우 1예 출하고 있어 세 가지 '忽'류 부사 중 가장 사용률이 낮다. 현대 중국어에서는 이중 '忽然'만이 구어에서 상용되고 있다. 한편, 唐宋을 거쳐 明清에 가면 이들 외에 특히 접미사 '地(的)'가 붙은 '忽地', '忽的'의 형식이 자주 출현하는데 아래와 같이 ≪水滸傳≫에 상용되고 있었다.

(6)  武松奮勇直赶殺去. 忽地城門裏突出一員猛將. (115회) (무송이 용감히 곧바로 공격해 가고 있던 차에 갑자기 성문 안에서 한 맹장이 나타났다.)
(7)  只見北軍寨後五龍山凹裏, 忽的一片黑雲飛起, 雲中現出一條黑龍. (96회) (북군 진채 뒤 오룡산 움푹한 곳에서 갑자기 구름 한 조각이 날아오르더니 구름 속에서 흑룡 한 마리가 나타났다.)

**一時**

시간부사 '一時'는 중고중국어에서 탄생한 것으로 총3예 출현한다.

(1)  醫以酥塗, 上下著板, 用力痛壓, 不覺雙目一時幷出. (50. 醫治脊僂喻) (의사가 연유로 바르고 나서 환자의 등의 위아래를 상자로 대고 힘을 써서 매우 세게 눌렀더니

생각지도 못하게 두 눈이 <u>일시</u>에 다 나와 버렸다.)

(2) 藥毒氣盛, 五百群賊<u>一時</u>俱死. (65. 五百歡喜丸喩) (독약의 기가 성하여 오백의 도적떼가 <u>한 순간</u>에 다 죽어버렸다.)

이것은 '일시에, 동시에'라는 의미로 어떤 동작이 짧은 순간에 발생함을 나타낸다. 3예 모두 VP를 수식하고 있고 ≪顔氏家訓≫에서는 출현하지 않는다.

'一時'는 시간상으로 보면 '짧은 한 순간'이라고 말 할 수 있으나 여러 주체의 행동임에 착안을 할 경우는 '일제히, 함께'라는 의미도 내포하게 된다. 그래서 심지어 '일제히'라는 뜻으로도 쓰이고 있다. 위의 2예도 행위자(施事)가 다수로 되어 있어 얼핏 보기엔 '일제히'로 볼 수도 있을 것이다. 그러나 이것이 '일제히'의 의미를 갖게 되는 것은 이것 뒤에 있는 총괄류 범위 부사인 '幷', '俱', '都'의 탓이 크다. 즉, 범위부사의 영향으로 앞의 시간부사 '一時'가 '시간의 短時性'보다는 '행위의 동시성'으로 이해되고 있는 것이다. 따라서 위의 문장들에서 '동시성'은 뒤에 있는 범위부사들에게 넘기고, '短時性'만을 '一時'의 의미로 봐야 한다.

≪世說新語≫에서는 '일시에'라는 의미와 '일제히'라는 의미가 모두 출현한다.

(3) 或欲求<u>一時</u>搜索, 謝公不許… (政事23) (혹자가 이 숨은 자들을 <u>일제히</u> 수색해내자고 건의했으나 사공은 허락하지 않았다.…)

(4) 乃策杖將一小兒, 始入門, 諸客望其神姿, <u>一時</u>退匿. (容止38) (지팡이를 들고 아이를 하나 데리고는 막 문에 들어섰을 때, 여러 객인들은 그 신기한 자태를 보더니 <u>일시</u>에 물러갔다.)

이렇게 위진남북조 시기에도 종종 쓰여 왔고, 唐五代의 ≪祖堂集≫에서는 아래와 같이 무려 40예나 출현하고 있어 근대중국어에도 상용되던 부사임을 알 수 있다.

(5) 山間泉池, 激石涌砂, <u>一時</u>塡滿. (牛頭和尚) (산간 계곡엔 물이 바위와 모래에 흘러 들어 <u>순식간</u>에 가득 찼다.)

## 一旦

시간부사 '一旦'은 중고시기에 탄생한 것으로 총1예가 출현한다.

(1) 一旦命終, 財物喪失, 如彼嘗果, 一切都棄. (70. 嘗庵婆羅果喩) (갑작스레 명이 다하면 재물을 잃게 될 뿐이니, 이는 마치 저 사람이 과일을 맛보다가 모두 버리는 것과 같다.)

이것은 '갑자기'의 의미로 현대중국어의 '突然'에 해당한다. 위처럼 VP를 수식하며 ≪顔氏家訓≫는 출현하지 않으나 아래와 같이 ≪世說新語≫에 1예 출현하고 있다.

(2) 自我爲汝家婦, 少見貧賤, 一旦富貴, 不祥. (賢媛1) (내가 당신 집에 시집온 이래 젊어서는 집안이 가난한 꼴을 봤는데 지금은 갑자기 부귀해졌으니 이는 길한 징조가 아니다.)

이처럼 위진남북조 시기에도 그렇게 자주 사용된 것은 아니었다. '一旦'은 원래 상고중국어에서 '一天之間' 즉, '하루 사이'란 뜻이었다.[25]

(3) 伯樂乃還而視之, 去而顧之, 一旦而馬價十倍. (戰國策, 燕策二) (백락이 오면서 한 번 봐주고, 가면서 둘러봐 주니 하루아침에 말값이 열배나 뛰었다.)

(4) 一旦殺三卿, 寡人不忍益也. (史記, 晉世家) (하루 사이에 세 명의 대신을 죽이는 일은 과인은 차마 더 하지 못 하겠소.)

위에서 '一旦'은 모두 '하루 사이'라는 의미를 갖고 있어 '즉시류' 시간부사는 아니다. 아마도 이때의 '一旦'은 시간명사의 상태였을 것이다. 그러나 '하루 사이'란 개념이 실제의 시간 개념에서 좀 더 과장적 개념으로 의미의 변화가 발생하면서 '짧은 시간, 순식간'의 개념이 출현하게 되었고 아울러 품사 자체도 아예 부사로 변화하였다. 이렇게 하여 시간부사인 '一旦'이 문법화하게 된 것이다.

한편, 상고 시기엔 위의 뜻 외에도 아래와 같이 '有朝一日(언젠가, 어느 날)'의 의미도 존재했다. 이것은 앞의 '하루 사이'와 또 다른 의미로 '막연한 시간'을 의미한다.

(5) 今媼尊長安君之位……而不及今令有功於國, 一旦山陵崩, 長安君何以自託於趙? (戰國策, 趙策四) (지금 태후께서는 높은 지위를 내리시면서도…… 지금 그에게 나라를 위해 공을 세우지 못하게 하고 계십니다. 어느 날 태후께서 돌아가시면 장안군께서 무엇을 믿고 조나라에 의탁하겠습니까?)

---

25) 아래의 先秦시기 '一旦'의 예는 ≪漢語大詞典≫참조.

그리고 이것은 아래와 같이 ≪世說新語≫에서도 등장하고 있으며 '하루 사이'의미와 마찬가지로 모두 시간명사이다.

(6) 裴令公有俊容姿, 一旦有疾至困, 惠帝使王夷甫往看. (容止10) (裴楷는 빼어난 자태가 있었는데 어느 날 병이 들어 병이 심해지자 惠帝는 王衍을 시켜 가서 보라고 했다.)

위진남북조 시기에 간간히 출현한 시간부사 '一旦'은 ≪朱子語類≫에서 아래와 같이 40여 예가 출현하고 있었다.

(7) 却全不去做寡欲底功夫, 則是廢了克己之功也. 但恐一旦發作, 又却無理會. (朱子語類卷第十二 學六) (온전히 과욕의 수양을 하지 못한다면 극기의 공을 폐하게 될 것이다. 다만 (이렇게 될 경우) 갑자기 발작하여 이해됨이 없을까 우려된다.)

## 8.2.7 지속불변류

'지속불변류' 시간부사란 시간이 지속됨을 나타내는 것으로 "그 상태 그대로 지속불변함"을 나타내는 '지속류'와 "영원히 오랜 시간 동안"을 나타내는 '장시간류'로 크게 나눠볼 수 있다. 전자는 즉, '아직도, 여전히'의 의미로 '还', '一直'에 해당하며, 후자는 '영원히, 오랜 동안'의 의미로 '永远' 등에 해당한다. 전자에는 '終2', '故1', '方3', '尙', '猶', '遂2', '直', '猶故', '還復'이 있고 후자엔 '永', '長', '久', '常1' 이 있다.

### 8.2.7.1 지속류

終2

시간부사 '終2'는 상고중국어에서 전해져 온 것으로 총5예 출현한다.

(1) 雖千百年, 受人供養, 都無報償, 常爲損害, 終不爲益. (31. 雇倩瓦師喩) (비록 천 백년 동안 남의 공양을 받아도 아무런 보답이 없고 오히려 항상 해를 입히고 시종(줄곧) 이익이 되지 않는다.)
(2) 不達正理, 不知善惡, 作諸邪行, 不以爲恥, 而云我祖父已來, 作如是法, 至死受行, 終不捨離. (69. 效其祖先急速食喩) (정리에 이르지 못하고 선악을 알지 못하며

여러 악행을 저질러도 부끄러운 줄 모르고는 그저 내 조부이래로 이와 같은 법을 해왔
다고만 말하니, 죽음에 이르러도 수행을 하여 <u>줄곧</u> 거기를 떠나지 못하게 된다.)

이것은 '줄곧'의 의미로 지금까지 시종일관 쭉 그래왔음을 강조한다. 특히 위의 '終不爲
益', '終不捨離'와 같이 부정사와 연용되어 '終不～'의 형식을 취하는 경우가 많다. 5예
모두 VP를 수식한다. 위에서도 언급했듯이 '결국'의미의 '終1'과 함께 시간부사로 활약을
했으며 근대중국어 시기에도 계속 이어졌다.


## 故1

시간부사 '故1'은 상고중국어에서 전해져 온 것으로 총4예 출현한다.

(1)  此<u>故</u>是本五由旬, 更無有異. (34. 送美水喩) (이는 <u>여전히</u> 원래의 오유순이며 다를
     것이 더 없다.)
(2)  我已飮竟, 語汝莫來, 何以<u>故</u>來? (38. 飮木桶水喩) (내가 이미 물을 다 마셔서 너에
     게 그만 오라고 했는데 어째서 <u>계속</u> 오느냐?)

이것은 '여전히, 아직도, 계속'이란 의미로 어떤 행위나 상황이 지속되고 기존과 동일함
을 나타낸다. 모두 VP를 수식하는데 특히 (1)과 같이 판단사 '是'를 수식하는 것이 2예
출현한다. ≪顔氏家訓≫에선 출현하지 않으며, ≪世說新語≫에 아래와 같은 예가 출현
하고 있다.

(3)  孔融被收, 中外惶怖, 時融兒大者九勢, 小者八歲, 二兒<u>故</u>琢釘戲, 了無遽容. (言
     語5) (공융이 체포되자 조정 내외가 공포에 떨었다. 이때 공융의 아들은 큰 애가 아홉
     살, 작은 애가 여덟 살이었는데 두 아이는 <u>여전히</u> 琢釘 놀이를 하고 있었고 조금의
     공포스러운 얼굴도 하지 않았다.)

부사 '故'는 중고중국어에서 아래와 같은 몇 가지 용법이 있다.

① 긍정, 혹은 부정의 어기를 강조한다. 이것은 중고시기에 등장한 것으로 '当然', '确
   实'에 해당한다.
② 동작행위 혹은 사실에 대한 긍정적 추측, 판단을 표시한다. '一定', '必定'에 해당하
   며 상고시기에 이미 출현한 것으로 중고시기에 와서 많아졌다.

③ 완곡의 추측어기를 나타낸다. 특히 ≪世說新語≫에서 많이 출현한다.

④ 동작행위 혹은 상황이 본래 이러함을 표시한다. '本来'에 해당하며 상고시기에 이미 탄생한 것이다.

⑤ 동작행위 혹은 상황이 의식적으로 진행됨을 표시한다. '故意', '特地'에 해당하는데 상고시기에 탄생하여 중고시기에 많이 사용되었다.

⑥ 동작행위 혹은 상황이 어떠한 변화도 없고 원래 상태를 유지함을 표시한다. '仍然', '依旧'에 해당하며 상고시기에 탄생했으나 극소수였고 중고시기에 많아졌다.

이것은 高育花(2007)의 견해인데 그는 부사 '故'의 각종 용법을 소개함과 동시에 이들의 문법화와 발전과정을 상세히 연구 소개한바 있다. 이에 아래에서 그의 견해를 중심으로 살펴보자.

'故'는 원래 '原因, 根由'의 의미를 지닌 명사였다. 바로 이로부터 허화가 진행되어 각종의 의미들이 탄생한 것인데 특히 주목할 만한 것은 그것의 '논리관계'성이다. 일반적으로 '原因, 根由'는 어떤 논리관계에 대한 분석을 통해 추측을 하여 얻어낸 결과물이다. 따라서 이러한 의미를 지닌 '故'란 명사는 이러한 논리관계적 추론과 허화를 통해 긍정추측 어기를 나타내는 어기부사('一定', '必定')로 문법화한 것이고, 이러한 상황을 유발한 원인이 자연적, 또는 인위적, 고의적일 수 있기 때문에 이로부터 또 '故意', '特地'의 의미가 문법화한 것이다. 한편, 명사의미의 '原因, 根由'로부터 '원래의, 옛날의'라는 형용사의미가 파생되었는데, 바로 이로부터 또 문법화가 진행되어 동작행위 혹은 상황이 과거에 발생했음을 나타내는 시간부사('本来')가 탄생하게 되었고, 다시 과거의 동작행위 또는 상황이 계속 지속이 되어 올 수 있기 때문에 '仍然', '依旧'의미가 탄생하게 된 것이다.

그런데 부사 '故'는 중고시기에 전반적으로 그 출현율이 비교적 저조한 편이다. 그나마 '故意'의미가 가장 많고, 그 다음이 강조어기의 '当然', '确实'와 지속의미의 '仍然'이며 가장 적은 것이 긍정적 추측을 표시하는 '一定'의 의미이다. 이처럼 의미는 다양한데 그 출현비율이 다른 부사들에 비해 상대적으로 저조한 이유에 대해 다음과 같이 정리할 수 있다.

i) '故'자의 다른 기능이 너무 많다. 즉, 명사, 형용사, 접속사의 기능이 여전히 살아 있고 특히 접속사 기능은 매우 발달해 있었다. 바로 이러한 이유로 부사 자체로 발전해 나갈 가능성을 제약한 것이다.

ii) 언어 변화에 적응을 못한다. 통사의 발전상 '是'판단문이 출현한 이후 긍정판단을 강조하는 어기부사가 발달하기 시작했는데 이것이 바로 '便' 등이다. 그런데 '故'는 주로 비'是'판단문에 출현하고 있어 당시 추세에 맞지가 않았다.

iii) 쌍음화 추세에 어울리지 못했다.

지금까지 高育花가 제시한 부사'故'의 문법화 과정과 그 발달상황을 살펴보았다. 그것의 문법화는 전형적인 의미 파생의 과정을 보여주고 있는데, 명사나 형용사 등의 실사로부터 허사로 문법화하는 대표적인 루트라고 할 수 있다. 이 과정에는 은유, 환유 등의 인지언어학적 기제가 작용하였고 또한 화자와 청자 간 진행된 담화 상의 해석행위가 작용하였다.

한편, 부사 '故'가 탄생 이후 맥을 못 추는 현상에 대해 상기의 원인이 제기되고 있는데 이것은 비단 '故'에만 적용되는 원인이 아니라 당시 우후죽순격으로 다양한 부사들이 탄생하고 또 소멸되는 과정에서 나타나는 공통된 원인이 될 수도 있다. 다시 말해 그 어휘 자체의 기능이 너무 포화상태라는 점, 새로운 언어변화에 적응하지 못한다는 점은 거의 모든 문법소들이 소멸되는 과정에서 드러내는 공통적인 특징이라 할 수 있다.

그런데 高育花는 이들 기능 중 특히 '仍然'의미가 중고시기에 다른 기능에 비해 많이 발달한 것으로 보고 그 이유에 대해 다음과 같이 설명한다.

> 중고시기에 이러한 어법의미를 가진 기타 부사의 수량이 비교적 적었고 대부분이 맹아단계였다. 그리고 이 용법의 '故'자는 특히 조합능력이 뛰어나 동사술어는 물론 체언성술어, 형용사성술어, 주술구조술어 등에도 다 출현하고 있다.

바로 이러한 이유로 그나마 저조한 출현비율 속에서도 '仍然'의미의 '故1'은 중고시기에 비교적 큰 활약을 할 수 있었던 것이다. ≪百喩經≫에서는 이것이 4예로 다른 同義 부사들에 비해 출현횟수가 많은 편이나 그 이후 唐宋의 주요 문헌들에서는 거의 출현하지 않고 있다. 아마도 역시 '故'자체의 의미기능이 너무 포화상태에 이르렀고 접속사 기능의 활약에 의해 '仍'이나 '猶' 등 同義의 부사들에게 밀려났던 것으로 보인다.

## 方3

시간부사 '方3'은 상고중국어에서 전해져 온 것으로 총4예 출현한다.

(1) 欲修布施, 方言待我大有之時, 然後頓施. (2. 愚人集牛乳喩) (보시를 닦고자 해도 여전히 내가 크게 가진 것을 기다린 후에야 한꺼번에 베풀겠다고 말한다.)

(2) 求出世道, 方於五欲, 耽著嬉戲, 雖遭大苦, 不以爲患. (67. 夫婦食餅共爲要喩) (인간 세상에서 나오기를 바라면서 여전히 오욕에 대해서는 놀이에 탐닉을 하고 있으니 비록 큰 고통을 만나도 근심이라 여기지 않는다.)

(3) 不知推一以求因果, 方懷不信, 須己自經. (70. 嘗庵婆羅果喩) (한 가지를 미루어 짐작하여 이로써 인과의 이치를 깨달을 수 있는데 그건 모르고 여전히 불신을 품고 반드시 스스로 경험해야 한다고 한다.)

이것은 '여전히, 아직도'란 의미로 어떤 행위나 상황이 지속되고 기존과 동일함을 나타낸다. 모두 VP를 수식하고 있다. 예컨대, (1)에서 '欲修布施'하려면 지금 당장 해야 하거늘 여전히 자신이 많이 가지기를 기다린 후 하겠다고 한다. (2)에선 '求出世道'하기 위해선 '五欲'에 대해 집착하지 말아야 하거늘 여전히 집착하고 있음을 나타내고 있다. 그리고 (3)에서는 '推一以求因果'해야 하는데 여전히 그것에 대해 불신을 품고 있음을 나타낸다. 이러한 '方3'은 앞에서 출현한 '方1', '方2'와 확실히 다른 의미를 나타내고 있다. 한편, ≪顔氏家訓≫에서는 출현하지 않고 있다.

상고중국어에서도 이러한 '方3'이 등장하고 있으며 아래는 ≪史記≫의 예이다.26)

(4) 天下方未定, 故可因遂就宮室. (高祖本紀) (천하가 아직(여전히) 정해지지 않았기 때문에 이때를 틈타 궁성을 지어야 합니다.)

위진남북조 기타 문헌에서 그리 흔하게 등장하는 것은 아니지만 아래의 예가 보인다.

(5) 後黃祖在蒙衝船上, 大會賓客, 而衡言不遜順, 祖慚, 乃訶之, 衡更熟視曰: "死公! 云等道!"祖大怒, 令五百將出, 欲加棰, 衡方大罵, 祖恚, 遂令殺之. (後漢書. 文苑傳, 禰衡) (나중에 황조가 '蒙衝'이라고 불리는 배 위에서 대규모로 손님을 모았는데 미형의 말이 불손했다. 이에 황조가 부끄러워 그를 나무랐더니 미형은 더 그를 노려보며 "못된 놈! 뭐라고?"라고 했고 황조는 더 화가 나서 형을 집행하는 사람을 시켜 그를 끌고 가 집행하려 했는데 이때 미형이 여전히 크게 욕을 했다. 그래서 황조가 화가 나서 결국 그를 죽이라 했다.)27)

---

26) 吳慶峰(2006)

27) 高育花(2007)

여기서 '方'은 '아직도, 여전히'로 해석되고 있다. 그런데 ≪二十四史全譯≫에서는 이 것을 '反而'로 번역하고 있다. 즉, '오히려, 도리어'의 역접의 의미로 보는 것이다. 사실, '方'의 여러 가지 부사 용법 중 '역접'의 의미도 존재한다. 그리고 위에서 제시한 ≪百喻經≫의 예들 역시 이렇게 역접으로 풀이해도 충분히 의미가 통할 수 있다. 그런데 일단 위(5)의 예에서는 禰衡이 앞에서 黃祖에게 한 번 욕을 했고, 화가 난 黃祖가 그에게 형을 가하려고 하자 다시 욕을 하는 장면이기 때문에 '오히려'는 그다지 적절치가 않다. 그보다 는 앞에 했던 동작의 반복, 지속의 의미가 있으므로 '여전히'가 더 정확하다. 그리고 위의 (1),(2),(3)의 경우 상황은 "마땅히 불교도로서 기존의 잘못된 것을 고치고 이렇게 해야 하 는데 이것을 하지 않는 상황"이다. 그렇기 때문에 한편으로 '오히려'도 적용될 수 있다. 그 러나 역시 기존 병태, 습관이 고쳐지지 않고 지속되는 측면이 강하므로 '지속'으로 보는 것이 옳다.

'方'은 부사로서 여러 가지 의미를 갖고 있는데 여기에는 또 시간부사로서 '正在'의 의 미에 해당하는 것도 있다. 그런데 이것과 '方3'의 의미는 분명히 구분된다. 전자는 동작행 위가 발화 시에 발생하고 있는 것이고, 후자는 동작 혹은 상태가 계속 지속되거나 반복되 는 것이다.

위진남북조 시기엔 이렇게 간간히 지속의미의 '方'이 쓰였지만 그 이후 문헌들에서는 발견하기가 쉽지 않다.


## 尙　猶　遂2　直

시간부사 '尙', '猶', '遂2'는 상고중국어에서 등장한 것이나 '直'은 중고중국어에서 등 장한 것으로 각각 1예씩 출현한다.

(1) 少有尙爾, 況復多也? (1. 愚人食鹽喻) (적게 넣어도 <u>여전히</u> 이러하니 하물며 많으 면 어떠하겠는가?)

(2) 愚人見其疊墼作舍, 猶懷疑惑, 不能了知. (10. 三重樓喻) (우매한 자가 그가 벽돌 을 쌓아 집을 짓는 것을 보고는 <u>여전히</u> 의혹을 품고 이해할 수가 없었다.)

(3) 在後來者復謂有鬼. 二人鬪爭, 遂至天明. (64. 人謂故屋中有惡鬼喻) (뒤에 온 자 는 또 귀신이 있다고 여겼으니 이 두 사람은 서로 싸웠고 날이 밝을 때까지 <u>줄곧 계속되었다</u>.)

(4) 我父仁慈, 不害不盜, 直作實語, 兼行布施. (9. 嘆父德行喻) (내 아버지는 인자하

고 다른 사람을 해하거나 남의 물건을 훔치지 않았으며 <u>줄곧</u> 참말만을 해 왔고 그 외에도 은혜를 베풀어왔다.)

이들은 모두 "여전히, 줄곧"의미로 어떤 행위나 상태가 지속이 되거나 변화가 없음을 나타낸다. '尙'은 '爾'라고 하는 용언성 대명사를 수식하고 있고 '猶', '直', '遂2'는 모두 VP를 수식한다. 이 중 '猶'는 ≪顏氏家訓≫에서 27예나 출현해 매우 높은 출현율을 보이고 있고, VP와 AP를 수식한다. '尙'은 1예 출현하고 VP를 수식한다. '直'과 '遂2'는 출현하지 않는다.

이들 중 '尙'과 '猶'는 상고중국어에서 상용되던 부사였고 중고시기에 와서도 계속 사용되고 있었다. 이들은 唐宋의 근대중국어에서도 계속 상용되는데, ≪祖堂集≫에서는 '尙'이 7예, '猶'가 107예나 출현한다. 그리고 ≪朱子語類≫에서는 무려 '尙'이 470예, '猶'가 976예 출현한다. ≪朱子語類≫가 다소 문어투의 표현이 많은 것은 사실이나 그렇다 하더라도 이 정도의 출현비율은 분명 당시의 기타 구어성 저작의 상황도 충분히 반영한다고 볼 수 있다.

한편, '遂2'는 先秦시기에는 거의 보이지 않고 漢代에 가서야 아래와 같은 예가 등장한다.

(5)  及高祖貴, <u>遂</u>不知老父處. (高祖本紀) (고조가 귀하게 되었는데도 <u>여전히</u> 그 노인이 어디 있는지 모른다.)

이것은 王海棻 등(1996)이 '遂'의 의미 중 하나로 "원래의 상황의 지속"이란 의미를 제시하면서 든 예이다. 그런데 吳慶峰의 ≪<史記>虛詞通釋≫에는 '遂'의 조항에 '于是'와 '終于' 두 가지 의미만을 제시하고 있고 '지속'의 의미는 없다. 현재까지 이 '遂2'가 정확히 언제 등장한 것인지에 대해서는 아직도 확실한 연구가 없는 상황이나 이러한 상황을 본다면 대체로 漢代쯤 맹아가 나타나 위진남북조 시기에 주로 사용된 것으로 보인다. '遂2'에 대해 王海棻 등(1996)은 또 아래의 ≪世說新語≫의 예를 들고 있다.

(6)  丞相自起解帳帶麈尾, 語殷曰: "身今日當與君共談析理." 旣共淸言, <u>遂</u>達三更. (文學22) (승상이 직접 일어나 장대에 있던 麈尾를 풀어 은호에게 말했다. "나는 오늘 그대와 함께 현리에 대해 이야기 하고 싶소." 그렇게 함께 청담을 나누었는데 <u>줄곧</u> 삼경까지 했다.)

여기서의 '遂'를 '줄곧'으로 본 것이다. 그런데 張振德 등(1995)과 張明(2005)은 이것을 '드디어, 마침내' 정도로 보고 있다. 사실 두 가지 해석이 모두 가능하다. 어찌됐든 비록 漢代에 등장했고 위진남북조 시기에 두각을 나타냈다 해도 이처럼 출현하는 문헌이 그다지 많지 않다는 점이 '遂2'의 특징이다. 위의 경우를 통해 보건대, 아마도 '드디어, 마침내'라는 기존 의미로부터 '줄곧'의미가 파생되었을 가능성도 생각해볼 수 있다.

'直'의 상황도 '遂2'와 비슷한데 그것의 시간부사로서의 의미는 先秦 시기의 예를 역시 찾아볼 수 없고 吳慶峰의 ≪<史記>虛詞通釋≫에서도 등장하지 않고 있다. 아마도 위진남북조 시기에 출현한 것으로 보인다. 아래는 위진남북조 시기의 또 다른 예이다.

(7) 若無茇而種瓜者, 地雖美好, 正是長苗直引, 無多盤歧, 故瓜少子. (齊民要術, 卷二) (만약에 그루터기가 없이 심은 과는 땅이 비록 좋아도, 단지(正) 줄기가 길고 <u>계속</u> 늘어나 곡절이 있는 가지가 많지 않아 瓜가 많이 맺지 못한다.)

'遂2'는 사실 전체적으로 출현비율이 매우 낮아 근대중국어 시기에도 여전히 찾아보기 힘든데, '直'은 宋代 ≪朱子語類≫에서 상용부사로 자주 출현하고 있었다.

(8) 如謾人底議論, 某少年亦會說, 只是終不安, 直到尋箇愨實處方已. (朱子語類卷第一百四 朱子一) (예컨대 사람을 속이는 의론의 경우 내가 젊은 나이에도 말할 수는 있으나 줄곧 불안하니 쭉 박실한 것을 찾을 때까지 가서야 끝나게 되었다.)

이것이 비교적 상용되었지만 이 시기에 또 쌍음절 부사 '一直'가 아래와 같이 출현하고 있었다. 이렇듯 '直'은 현대중국어에까지 그 명맥이 이어오고 있다.

(9) 只是是底便做, 不是底莫做, 一直做將去. (朱子語類卷第一百一十九 朱子十六) (다만 옳은 것이면 하고, 옳지 않은 것이면 하지 말아야 하니 그렇게 <u>계속</u> 해나가면 된다.)

## 猶故

시간부사 '猶故'는 중고시기에 등장한 것으로 총1예 출현한다.

(1) 夫答之言: "我婦已死, 汝是阿誰? 妄言我婦." 乃至二三, 猶故不信. (4. 婦詐稱死喩) (남편이 대답하여 말했다. "나의 아내는 이미 죽었다. 당신은 누구요? 함부로 내

아내라고 하는 것이오.”이렇게 두세 번에 걸쳐 했으나 <u>여전히</u> 믿지 않았다.)

이것은 ‘여전히, 아직도’라는 의미로 어떤 행위나 상태가 지속이 되거나 변화가 없음을 나타낸다. 여기서 VP를 수식하며 ≪顔氏家訓≫에는 출현하지 않는다.

‘猶故’는 ‘아직도, 여전히’라는 의미를 나타내는 시간부사 ‘猶’와 ‘故’ 둘의 결합에 의해 형성된 同義병렬복합부사이다. 필자의 조사에 의하면, 위진남북조 시기의 문헌들 중 아래와 같이 ≪搜神記≫, ≪賢愚經≫ 등에서 몇 예가 발견되고 있었고 ≪賢愚經≫에서는 5예 정도 출현하고 있었다.

(2) 若有行人經過其旁, 皆以長繩相引, <u>猶故</u>不免. (搜神記卷12) (만약 그녀 옆을 지나가는 사람이 있다면 모두 긴 줄로 끌어 당길텐데 <u>여전히</u> 끌려가는 것을 면하지 못하고 있다.)

(3) 阿難問佛: “何時當得脫此魚身?” 佛告阿難: “此賢劫中, 千佛過去, <u>猶故</u>不脫.” (賢愚經 迦毗梨百頭品第四十四) (아난이 부처에게 물었다. “언제쯤 이 물고기 몸을 벗어납니까?” 부처가 아난에게 말했다. “이는 현겁중의 천불이 나온 후에도 <u>여전히</u> 벗어나기 힘들다.”)

唐宋시기에도 필자의 조사에 의하면, 아래와 같이 ≪敦煌變文≫에서 1예 출현하고 있고, ≪祖堂集≫, ≪朱子語類≫에서는 출현하지 않고 있었다. 중고시기 이후엔 출현율이 매우 저조한 부사이다.

(4) 聞虎(虢)君太子患, 死已經八日, 扁鵲遂請入見之, 還出語人曰: “太子須(雖)死, <u>猶故</u>可活之.” (搜神記一卷) (호군태자가 아프다가 죽은 지 팔일이 되었다는 말을 듣고 편작을 드디어 청해 들어가 봤고 그나 다시 나오면서 말했다. “태자가 비록 죽지만 <u>아직은</u> 살 수가 있소.”)

## 還復

시간부사 ‘還復’은 중고시기에 등장한 것으로 총1예 출현한다.

(1) 既得出家, <u>還復</u>念其妻子眷屬世間之事, 五欲之樂. (25. 水火喻) (이미 출가를 했는데도 <u>아직도</u> 자신의 처자와 가족, 세속의 일, 오욕의 즐거움을 그리워한다.)

이것은 "아직도, 여전히"라는 의미로 어떤 행위나 상태가 지속이 되거나 변화가 없음을 나타낸다. VP를 수식하며 ≪顔氏家訓≫에서는 출현하지 않는다.

이것은 중고시기에 새롭게 등장한 쌍음절 부사로 '지속'을 나타내고 있다. 중고시기에 '還'은 시간부사로서 '반복(다시)'의 의미와 '지속(아직도)'의 의미가 있었다. '還復'은 바로 그 가운데 '지속'을 나타내는 부사 '還'에 접미사 '復'이 결합한 것으로 볼 수 있다. 이러한 '지속'의미의 '還復'은 아래와 같이 동시기의 ≪宋書≫에도 등장하고 있다.

> (2) 先是, 義慶在任, 值巴蜀難擾, 師旅應接, 府庫空虛, 義季躬行節儉, 畜財省用, 數年間, <u>還復</u>充實. (武三王, 衡陽文王義季傳) (전에 의경이 재임시에 파촉일대에 난이 일어나 군대가 진압을 했고 이에 창고가 비게 되었다. 그 후 의계가 자리를 이어 검소하게 생활하여 재물을 쌓고 절약을 하여 수년 동안 <u>줄곧</u> 곡간이 찼다.)

한편, 위진남북조 시기엔 '반복'의미를 나타내는 '還復'도 존재하였다. ≪百喩經≫에서는 출현하고 있지 않으나 동시기 ≪顔氏家訓≫에 다음과 같은 예가 출현하고 있다.

> (3) 機杼旣薄, 無以測量, <u>還復</u>採訪訟人, 窺望長短. (省事) (그의 지식은 미치지 못하여 혼자서는 측량해 낼 수가 없다. 이에 <u>다시</u> 쟁송의 당사자들을 찾아다니며 그들의 장단점을 엿보았다.)

'지속'의미의 '還復'은 ≪祖堂集≫이나 ≪朱子語類≫ 등에서 거의 발견되고 있지 않은데 위진남북조 이후 唐宋 시기엔 그다지 자주 사용되고 있지는 않은 편이다.

## 8.2.7.2 장시간류

永

시간부사 '永'은 상고중국어에서 전해져 온 것으로 총4예 출현한다.

> (1) 如彼外道, 聞他邪說, 心生惑著, 謂是眞實, <u>永</u>不可改. (4. 婦詐稱死喩) (마치 저 외도처럼 다른 사설을 듣고는 맘으로 미혹이 생겨나 이를 진실이라 여겨 <u>영원히</u> 바꾸지 못하는 것 같다.)
> (2) 由是之故, 於佛法中<u>永</u>失其善, 墮於三惡. (26. 人效王眼瞤喩) (이러한 이유로 불법 속에서 <u>영원히</u> 그 선을 잃고 삼악의 나락으로 떨어지게 된다.)

이것은 '영원히'란 뜻으로 동작행위 혹은 상태의 장시간 지속을 나타낸다. 4예 모두 VP를 수식하며 ≪顔氏家訓≫에서는 출현하지 않는다. 이것은 이미 ≪詩經≫에서도 아래처럼 쓰일 정도로 아주 오래전부터 시간부사로 활약을 해 온 것이다.

(3) 投我以木李, 報之以瓊琚. 匪報也, 永以爲好也. (詩經, 衛風, 木瓜) (나에게 오얏을 선물하니 나는 아름다운 옥으로 보답한다. 그에게 보답하기 위해서가 아니라 영원히 사랑하기 위함이다.)


長

시간부사 '長'은 상고중국어에서 전해져 온 것으로 총3예 출현한다.

(1) 汝今當信我語, 修諸苦行, 投巖赴火, 捨是身已, 當生梵天, 長受快樂. (29. 貧人燒粗褐衣喩) (너는 지금 마땅히 나의 말을 믿어야 한다. 제 고행을 닦고 높은 바위 위에서 뛰어 내리거나 불로 뛰어 들어야 하고 이 몸을 다 버리면, 분명 梵天에 태어나 영원히 쾌락을 즐길 것이다.)

(2) 傍人語言: "眼若在者, 或痛不痛. 眼若無者, 終身長痛." (85. 婦女患眼痛喩) (옆사람이 말했다. "눈이 만약 있다면 어떤 때는 아프기도 하고 안 아프기도 하지만, 눈이 없다면 종신토록 길게 아플 것이다.")

이것은 "오래도록, 영원히"의 의미로 동작행위 혹은 상태가 장시간 존재함을 나타낸다. VP수식이 2예 출현하고, AP수식이 예(2)처럼 1예 출현한다. ≪顔氏家訓≫에서는 1예 출현하며 VP를 수식하고 있다.

이것 역시 상고중국어에서 이미 시간부사로 자주 출현하던 것으로 아래와 같은 예가 있다.

(3) 不仁者不可以久處約, 不可以長處樂. (論語, 里仁) (仁하지 못한 자는 곤궁함에 오래 처하지 못하고, 즐거움에도 오래 처하지 못한다.)

여기서 보듯이 유사의미의 부사 '久'와 대구로 출현하고 있다.

# 久

시간부사 '久'는 상고중국어에서 전해져 온 것으로 총2예 출현한다.

(1) 往有商人, 貸他半錢, 久不得償, 卽便往債. (17. 債半錢喩) (옛날에 장사꾼이 있었는데 남에게 반전의 돈을 꾸어줬다. 오래도록 빚을 못 받았기에 이에 가서 독촉을 했다.)

(2) 無常敗滅, 不得久住, 如彼空樂. (52. 伎兒作樂喩) (무상하여 없어지는 것이며 오래 머물 수 없으니 마치 저 공허한 쾌락과 같다.)

이것은 "오랜 동안"이란 뜻으로 어떤 행위나 상태가 장시간에 걸쳐 진행됨을 나타낸다. 모두 VP를 수식하고 ≪顔氏家訓≫에서는 출현하지 않는다. 이것 역시 상고중국어에서 상용되던 시간부사로 위의 (3)과 같은 예가 있다.

상기 '永', '長', '久'는 ≪朱子語類≫에서 '永'이 17예, '長'이 62예 출현하고, '久'는 출현하지 않고 있다. 대신 이 시기엔 '久久'가 38예 쓰이고 있었다.

(1) 學者初看文字, 只見得箇渾淪物事. 久久看作三兩片, 以至於十數片, 方是長進. (朱子語類卷第十 學四) (배우는 자가 처음에 글을 볼 때 단지 하나의 통째의 사물로 보일 뿐이다. 오래도록 두세 조각으로 보기 시작하여 십여 조각으로 나누어질 때까지 보면 바야흐로 장족의 발전이 이루어진다.)

# 常1

시간부사 '常1'은 상고중국어에서 전해져 온 것으로 총2예 출현한다.

(1) 臣以挑眼, 更不得去, 常住是國. (36. 破五通仙眼喩) (신이 눈을 파냈으니까 다시는 갈 수 없고 영원히 이 나라에만 있을 것입니다.)

(2) 唯願爲我除此無常生死之患, 常處安樂, 長存不變. (40. 治禿喩) (그저 저를 위해 이 무상생사의 근심을 제거해주시고 영원히 편안한 곳에 거하고 오래 살며 변함이 없게 해주십시오.

이것은 "영원히"란 뜻으로 동작행위 혹은 상태의 장시간 지속을 나타낸다. 모두 VP를 수식하며 ≪顔氏家訓≫에서는 출현하지 않는다.

이것은 상고중국어에서 이미 출현하였는데, '항상'을 의미하는 '常2'로부터 파생된 것으로 '항상'은 습관성, 빈번함에 주안을 두지만 이것은 이보다 '영원한 지속성'에 초점을 두는 것이라 양자가 분명 다르다. ≪祖堂集≫에 아래와 같이 6예 출현하고 있다.

(3)  問: "保任底人失一念時如何?" 師云: "始得當在." (大光和尙) (물었다. "보임하는 사람이 한 생각을 잃을 때 어떠합니까?" 선사가 말했다. "비로소 영원히 머무르게 되느니라.")

## 8.2.8 점차류

점차류 시간부사는 동작행위의 시행 또는 상태의 진행이 점진적으로 이루어지는 것을 나타낸다. 이 시기 ≪顔氏家訓≫에서는 '稍', '少復', '漸' 등이 출현하나 ≪百喩經≫에서는 '漸'하나만 출현한다.

시간부사 '漸'은 상고중국어에서 전해져 온 것으로 총2예 출현한다.

(1)  我今若預於日日中𣪊取牛乳, 牛乳漸多, 卒無安處, 或復酢敗. (2. 愚人集牛乳喩) (내가 지금 만약 미리 며칠 안으로 우유를 짜면 우유가 점차 많아질 거고 그러면 결국 보관할 곳이 없어서 혹여 술이 시어서 썩을 것이다.)
(2)  善知識師以方便故, 敎令坐禪, 觀十二緣起, 漸積衆德, 獲阿羅漢. (15. 醫與王女藥令卒長大喩) (덕과 지식이 있는 선사는 방편을 위해서 좌선을 명령했고 십이연기를 관찰하게 했다. 그리하여 점차 중덕을 쌓아 아라한이 되었다.)

이것은 "점차로"의 의미로 어떤 행위, 상태가 점진적으로 진행됨을 나타내며 현대중국어의 '漸漸', '逐漸'에 해당한다. 1예는 AP를 수식하고, 1예는 VP를 수식한다. ≪顔氏家訓≫에는 3예가 출현하며 AP와 VP를 수식하고 있다. 아래는 ≪世說新語≫의 예이다.

(3)  顧長康啖甘蔗, 先食尾. 問所以, 云: "漸至佳境." (排調59) (顧愷之가 고구마를 먹는데 먼저 끝부터 먹자 어떤 이가 까닭을 물었다. 그러자 말했다. "점차 맛있는

경지로 나아가는 것이다.")

이것은 위진남북조 시기에도 상용되지만 唐宋에 가서도 그러한데 ≪朱子語類≫는 '漸'이 무려 353예나 출현하고 있다. 즉, 근대중국어 시기에도 지속적으로 출현하고 있었던 것이다.

(4) 上面氣漸淸, 風漸緊, 雖微有霧氣, 都吹散了, 所以不結. (朱子語類卷第二 理氣下) (위의 기는 점차 맑아지고, 바람이 점차 세져서 비록 약간의 안개가 있어도 모두 불어 흩어버려 응결이 안 된다.)

한편, ≪百喩經≫에서는 나오지 않지만 '漸漸' 역시 시간부사로 위진남북조 시기에 출현하여 그 이후에도 계속 사용되어 왔다.

(5) 經少時間, 其卵便剖, 出一鳥雛, 毛羽光潤. 長者愛之, 與子使弄. 漸漸長大, 互相懷念. (賢愚經, 婆世躓品第五十九) (시간이 지나자 그 알이 부화하여 새끼 새가 나왔는데 깃털이 윤기가 났다. 부옹이 이를 아껴 아들에게 갖고 놀라고 줬다. 새와 아들이 점차 자라서 서로 그리워하게 되었다.)

육조시기부터 쓰여 왔던 '漸漸'은 그 이후 근대중국어에서 매우 상용화되어 ≪朱子語類≫에서는 185예나 출현하고 있다.

## 8.2.9 항시류

항시류 시간부사는 동작행위가 지속되고 經常的임을 나타내는 것으로 ≪百喩經≫에서는 '常2/常3', '恒', '素', '每', '每常'이 출현하고 있다.

### 常2/常3

시간부사 '常2/常3'은 상고중국어에서 전해져 온 것으로 총15예 출현한다('常2'는 14예, '常3'은 1예).

(1) 昔有國王, 有一好樹, 高廣極大, 常有好果, 香而甜美. (33. 斫樹取果喩) (옛날에

한 국왕에게 좋은 나무가 하나 있었다. 나무가 높고 넓으며 매우 컸다. <u>항상</u> 좋은 과실이 열렸는데 향이 좋고 맛이 좋았다.)

(2) 其二弟子, <u>常</u>相憎嫉. (53. 師患脚付二弟子喻) (그 두 제자는 <u>항상</u> 서로 시기 질투했다.)

(3) 聞持戒施得大富樂, 身<u>常</u>安穩, 無有諸患. (70. 嘗庵婆羅果喻) (계를 지키고 보시를 하면 큰 부와 즐거움을 얻게 되고, 몸이 <u>항상</u> 편안하고 아무 걱정이 없다고 듣는다.)

(4) 其夫先來<u>常</u>善作鴛鴦之鳴, 卽入王池, 作鴛鴦鳴, 偸優鉢羅花. (47. 貧人能作鴛鴦鳴喻) (그 남자는 본래 <u>평소에</u> 원앙의 울음소리를 잘 냈다. 그래서 바로 왕의 연못에 들어가서 원앙 울음소리를 내서 우발라화를 훔쳤다.) **[常3]**

'常2/常3'은 '항상/평소에'의 의미로 동작행위가 지속적이고 경상적임을 나타낸다. 12예가 VP를 수식하고 위의 예(4)처럼 AP를 수식하는 것도 3예 출현한다. ≪顔氏家訓≫에서는 32예가 출현하며 역시 VP와 AP를 수식하고 있다. 한편, '常'은 상고중국어 시기부터 여러 가지 의미가 있었는데 그중 하나가 위의 '항상', 그리고 '常1'에 해당하는 '영원히'가 이에 해당한다. 그리고 세 번째 '평소에(素來)'라는 의미도 있는데 상고시기의 예가 아래와 같이 발견된다.

(5) 嬴聞晉鄙之兵符<u>常</u>在王臥內. (史記, 魏公子列傳) (내가 듣기에 진비의 병부를 <u>평소에</u> 魏王의 침실 내에 둔다고 들었다.)

이것을 여기서는 '常3'이라 명한다. 따라서 위의 예(4)의 '<u>常</u>善作鴛鴦之鳴'은 '항상 원앙의 울음소리를 잘 내다'가 아니라 '평소에 원앙 울음소리를 잘 내다'로 봐야 한다. 그렇게 해야 이 글의 전체적인 문맥과도 상통하게 된다. 이 '평소에'라는 뜻은 사실 '항상'과는 분명 다르나 이 역시 '항시류'의미의 일종이기 때문에 본 절에서 함께 다룬다.

시간부사 '常2'는 이렇게 위진남북조 시기 뿐 아니라 唐宋의 문헌에서도 자주 발견되어 ≪祖堂集≫에서 61예, ≪朱子語類≫에서 1,061예가 출현하고 있다. 한편, '常'이 중첩되어 이루어진 '常常'의 경우 상고시기의 ≪孟子≫에서 다음과 같은 예가 출현하기는 한다.

(6) 雖然, 欲<u>常常</u>而見之, 故源源而來. (萬章上) (비록 그렇지만 그는 <u>항상</u> 그를 보고 싶었기에 멀고 먼 곳에서 찾아오게 했던 것이다.)

그런데 특이한 것은 刁玉娟(2011)의 연구에 따르면 상고중국어에서 '常常'이 부사적으로 출현하는 것은 이를 포함한 겨우 몇 예에 불과하고 위진남북조 시기엔 아예 찾아보기조차 어려울 정도로 쓰이질 않고 있다고 한다. 唐代의 문헌들에서도 거의 찾기 힘들고 宋代가서야 대량으로 등장한다고 한다. 그래서 ≪朱子語類≫에서 무려 133예나 출현하고 있다.

(7) 蓋自家能常常存得此心, 莫敎走作, 則理自然在其中. (朱子語類卷第十一 學五)
(대개 스스로 항상 이 마음을 갖고 있고 딴 곳으로 정신을 돌리지 말아야 곧 이치가 자연히 그 안에 있게 된다.)

'常常'은 현대중국어에서 매우 중요하고 사용빈도가 높은 시간부사인데 그것의 문법화 과정과 출현과정은 좀 더 깊이 있는 연구가 필요하다.


## 恒

시간부사 '恒'은 상고중국어에서 전해져 온 것으로 총8예 출현한다.

(1) 我曾何時喜瞋、倉卒? 而此人者, 道我恒喜瞋恚, 作事倉卒, 是故打之." (13. 說人喜瞋喩) (내가 일찍이 언제 쉽게 화를 내고 급했는가? 그런데 이 사람이 내가 항시 잘 화내고 일도 급하게 한다고 떠드니 이 때문에 그를 때린 것이다.)
(2) 昔有一人, 病患委篤. 良醫占之曰: "須恒食一種雉肉, 可得愈病." (62. 病人食雉肉喩) (옛날에 한 사람이 있었는데 병환이 위독하였다. 의사가 그에게 말했다. "반드시 항시 꿩고기를 먹어야 병이 나을 수 있다.")
(3) 傍邊愚人見其毒蛇變成眞寶, 謂爲恒爾, 復取毒蛇內著懷裏, 卽爲毒蛇之所蜇螫, 喪身殞命. (89. 得金鼠狼喩) (옆에 있던 우매한 자가 그 독사가 보물로 바뀐 것을 보고는 항상 그럴 것이라 생각하여 다시 독사를 취해 안으로 품안에 넣었다. 그런데 바로 독사에게 물려서 죽고 말았다.)

이것은 "항시, 항상"의 의미로 동작 혹은 상태가 지속되고 항상됨을 나타낸다. 7예가 VP를 수식하며 예(3)과 같이 1예가 용언성 대명사를 수식한다. ≪顔氏家訓≫에서는 출현하지 않고 있다.
시간부사 '恒'은 상고중국어에서 일찍이 시간부사로 활약을 해 왔고 위진남북조 시기에도 상용되었다. 아래는 ≪世說新語≫의 예인데 여기서도 적잖은 수가 출현하고 있다.

(4) 王丞相語云: "卿何爲恒飮酒? 不見酒家覆瓿布, 日月糜爛?" (任誕24) (왕승상이 그에게 말했다. "그대는 어찌하여 항시 술을 마시는가? 설마 술장사가 술독을 닫는

덮개를 보지 못하면 조금 있으면 썩기라도 한단 말인가?")

이렇게 위진남북조 시기엔 비교적 상용되었는데 무슨 이유에서인지 唐宋의 ≪祖堂集≫, ≪朱子語類≫에서는 거의 찾아보기가 힘들다. 뿐만 아니라 明代의 ≪水滸傳≫에서 조차 찾기 힘든데 아마도 근대중국어에선 동일 의미의 기타 부사가 더 우세하여 출현비율이 저조해진 것으로 보인다.

## 素

시간부사 '素'는 상고중국어에서 전해져 온 것으로 총2예 출현한다.

(1) 經婆羅新山, 而此山中, 素饒惡鬼、食人羅刹. (63. 伎兒著戲羅刹服共相驚怖喻)
(파라신산을 지나는데 이 산속에는 평소 악귀, 식인 나찰이 많았다.)
(2) 見他宿舊有德之人, 素有多聞, 多衆供養, 意欲等之. (91. 貧人欲與富者等財物喻) (다른 옛 친구나 덕이 있는 이를 봤을 때 그가 평소 多聞(불경을 외워 아는 것이 많음)이 있고, 많은 이들이 공양을 하여 그와 같아지고자 한다.)

이것은 "평소에(素来)"라는 뜻으로 동작 혹은 상태의 일관성을 나타내며 모두 VP를 수식한다. ≪顔氏家訓≫에서는 7예 출현하며 VP와 AP를 수식하고 있다.

시간부사 '素'는 상고시기에 이미 상기 의미가 출현하여 상용되었고 그 외에도 부정사인 '不'과 연용되어 "素不~" 즉, "지금까지 한번도 ~않다"의 의미로 쓰이기도 한다. 그리고 '공연히(白白)'의 의미도 출현하고 있는데 ≪百喩經≫에서는 단지 위의 한 가지 의미만이 출현한다.

이것은 위진남북조 시기에 비교적 상용되던 시간부사였고, ≪朱子語類≫에도 27예나 출현하고 있었다. 그런데 ≪朱子語類≫에는 '素來'가 1예 출현하고 있어 서서히 '素'와 '素來'간의 교체의 기미를 보이기 시작한다. 이 '素來'는 唐代에 출현한 것이지만 그 활약은 다소 늦은 편이다.

## 每

시간부사 '每'는 상고중국어에서 전해져 온 것으로 총1예 출현한다.

(1) 昔有一婦, 荒淫無度, 欲情旣盛, 嫉惡其夫; 每思方策, 頻欲殘害. (65. 五百歡喜丸喩) (옛날에 한 아낙이 있었는데 황음무도하고 욕정이 너무 성해 그 지아비를 싫어했다. 매번 방책을 생각하여 여러 차례 그를 해하려 했다.)

이것은 "매번, 항상"의 의미로 동작행위가 항상 출현함을 표시하며 여기서는 VP를 수식한다. ≪顏氏家訓≫에서는 18예로 다소 많이 출현하는데 모두 VP를 수식한다. ≪世說新語≫에서도 아래와 같이 다수가 출현하고 있다.

(2) 遺作郡主簿, 恒裝一囊, 每煮食, 輒佇錄焦飯, 歸以遺母. (德行45) (陳遺가 군의 主簿를 맡고서는 항상 주머니를 갖고 다니며 매번 밥을 하여 바로 밥을 저장해 돌아와 어머니께 드렸다.)

'每'는 또 위진남북조 시기는 물론 唐宋시기에도 상용되어 ≪祖堂集≫에서는 14예, ≪朱子語類≫에서는 76예 출현하고 있다.

## 每常

시간부사 '每常'은 중고중국어에서 새롭게 등장한 것으로 2예 출현한다.

(1) 若長者唾出落地, 左右諂者已得蹋去; 我雖欲蹋, 每常不及. (57. 蹋長者口喩) (만약 어르신께서 침을 뱉어 나와 땅에 떨어지면 좌우에 아첨하는 자들이 이미 밟아버리게 됩니다. 저는 비록 밟으려 해도 매번 항상 미치지 못했습니다.)
(2) 旣斷煩惱, 又伏惡魔, 便得無著道果封賞; 每常怖怯者, 喩能以弱而制於强. (65. 五百歡喜丸喩) (번뇌를 끊고 악마를 복속시킨 것은 無著道果를 상으로 얻음을 비유하고, 항시 두려워하는 것은 약한 것으로 강한 것을 제압하는 것을 비유한다.) (※ 無著道果: 어떤 것에도 구애되거나 집착되지 않는 도과)

이것은 "항상, 항시"의 의미로 동작행위가 항상 출현함을 나타낸다. 2예 모두 VP를 수식한다. ≪顏氏家訓≫에는 아래와 같이 1예 출현하며 VP를 수식하고 있다.

(3) 二十已後, 大過稀焉, 每常心共口敵, 性與情竟, 夜覺曉非, 今悔昨失. (序致) (스무 살 이후에는 큰 허물은 적어졌으나 매번 마음과 입이 서로 적이 되고, 성과 정이 다투어 밤에 가서야 낮의 잘못을 깨닫고, 오늘에서야 어제의 과실을 후회하곤 하였다.)

'每常'은 同義 부사인 '每'와 '常'의 결합으로 이루어진 병렬복합 부사이다. 위진남북조 기타 문헌에서 쉽게 발견하기 힘든데 唐宋문헌에서는 ≪祖堂集≫에서 '每常'이 1예 출현하고 있고, ≪朱子語類≫에서는 27예 출현하고 있다.

(4) 七百里是禮記如此說, 封周公曲阜之地七百里. 如左傳也有一同之說, 某每常疑此處. (朱子語類卷第四十六 論語二十八) (칠백리는 예기에서 이렇게 말한 것이니 주공을 곡부의 칠백리 땅에 봉한 것이다. 좌전도 역시 같은 말을 하고 있는데 나는 항상 이것이 의문이다.)

'每常'은 동시대는 물론 이후에도 등장하며 특히 ≪朱子語類≫에서는 이처럼 자주 등장하는 것으로 보아 중고, 근대 시기를 통틀어 '항시류' 同義병렬 시간부사 중 가장 발달한 것으로 볼 수 있다.


## 8.2.10 잠시류

잠시류 시간부사는 어떤 동작행위나 상태가 잠깐 동안 발생하는 것을 나타내는 것으로 ≪百喻經≫에서는 '暫' 하나만 출현한다. 동시기 ≪顔氏家訓≫에서는 '聊'와 '且'가 출현하고 있다.


暫

시간부사 '暫'은 漢代에 등장하기 시작한 것으로 총1예 출현한다.

(1) 因緣暫會, 無有宰主, 一一推析, 誰是我者? (64. 人謂故屋中有惡鬼喩) (인연으로 잠시 모였을 뿐이요, 주재자는 없다. 하나하나 미루어 분석해야 하니 누가 도대체 나라는 것인가?)

이것은 '잠시'의 의미로 동작행위 혹은 상태가 잠깐 동안의 짧은 시간 내에 발생하는 것을 나타낸다. 여기서는 VP를 수식하며 ≪顔氏家訓≫에서는 출현하지 않는다.
'暫'은 부사로서 고한어에서 두 가지 의미가 있다. 첫째는 '갑자기', '돌연'이란 의미인데 아래와 같이 이미 상고중국어에서 출현하였다.

(2)  廣暫騰而上胡兒馬, 因推墮兒, 取其弓. (史記, 李將軍列傳) (이광리가 <u>갑자기</u> 뛰
　　　어서 소년의 말에 오르더니 그를 아래로 밀쳐내고 그의 활을 빼앗았다.)

　　이것은 吳慶峰이 ≪<史記>虛詞通釋≫에서 든 예이다. 대부분의 辭書나 유사 저작에
서 '갑자기'의 예로 ≪史記≫의 상기 예를 들고 있으며 그 이전의 예는 거의 찾아보기 힘
들다. 아마도 이 시기쯤 등장한 것으로 추측된다. 한편, '暫'의 두 번째 의미는 바로 '잠시'
로 吳慶峰은 ≪<論衡>虛詞通釋≫에서 다음과 같은 예를 든다.

(3)  或時希出而<u>暫</u>爲害, 或常有而爲灾, 等類衆多, 應何官吏? (卷16, 商虫) (어떤 벌
　　　레는 드물게 나와 <u>잠시</u>만 해가 되고 어떤 것은 항시 출현해 재해가 된다. 동류가 이렇
　　　게도 많으니 어떤 관리에 맞는가?)

　　옆에 같이 출현하는 '常'과 대구를 이루고 있어 이것이 '잠시'임을 더 확실히 알 수 있
다. 현재로서는 이와 같은 東漢시기 이전의 예를 찾기가 힘들다. 아마도 이 시기쯤 '暫'의
기존 의미로부터 허화하여 생겼을 것으로 보인다. 물론 아래처럼 위진남북조 시기의 예도
많이 출현한다.

(4)  王子猷嘗<u>暫</u>寄人空宅住, 便令種竹. 或問: "<u>暫</u>住何煩爾?" (世說新語, 任誕46)
　　　(王徽之가 일찍이 <u>잠시</u> 남의 빈 집에 기거하고 있었는데 사람들에게 대나무를 심으
　　　라고 했다. 그러자 누가 물었다. "<u>잠깐</u> 있으면서 무어 그리 귀찮게 하는지?")

　　이것은 또 唐宋 시기에도 상용되었는데 ≪敦煌變文≫에도 아래와 같이 다수가 출현하
고 있다.

(5)  今見天衣, 不知大小, <u>暫</u>借看之, 死將甘美. (搜神記一卷) (지금 천의를 보니 크기
　　　가 어떤지 궁금합니다. <u>잠시</u> 빌려 본다면 죽어도 좋을 것이오.)

아래와 같이 ≪朱子語類≫에서도 14예가 출현하고 있다.

(6)  是時復又<u>暫</u>出外去, 便覺不是自家屋, 便歸來. (朱子語類卷第三十一 論語十三)
　　　(이때 다시 <u>잠시</u> 밖으로 나갔다가 자기 집이 아님을 깨닫고 돌아온다.)

　　이처럼 '잠시류' 시간부사로서 '暫'은 중고, 근대 시기에 자주 사용되긴 했지만 이 시기에

가장 상용되었던 것은 바로 '且'이다. 이것은 ≪百喩經≫에서는 출현하지 않지만 ≪顔氏家訓≫에서는 1예 출현하며 ≪祖堂集≫에서는 114예, ≪朱子語類≫에서는 무려 2,019예가 출현한다.

(7) 其數甚多, 不能悉錄耳, 且示數條於末. (顔氏家訓, 歸心) (그러한 예가 심히 많아 모두 다 기록할 수가 없으니 잠시 몇 가지 예를 아래에 보여 주겠다.)

(8) 得七日後, 雪峰便喚: "師兄且起." (祖堂集, 巖頭和尙) (칠일 후 설봉이 말했다. "사형 잠시 좀 일어나시지요.")

(9) 小處曉不得, 也終不見大處. 若說窒礙, 到臨時十分不得已, 只得且放下. (朱子語類卷第一百二十 朱子十七) (작은 곳을 이해하지 못 하면 결국 큰 곳도 볼 수 없다. 만약 방해되는 것을 말한다면, 그 당시에 매우 부득이 할 경우 그저 잠시 놓아둔다.)

이 외에도 ≪顔氏家訓≫에는 '聊'가 잠시류 부사로 3예 등장하고 있다.

(10) 聊擧近世切要, 以啓寤汝耳. (勉學) (잠시 근세의 절요를 들어 너희를 깨우치고자 할 뿐이다.)


## 8.2.11 不定時류

부정시류는 특별히 규칙적이거나 정해진 시간에 발생하지 않고 임의의 또는 우연한 시간에 발생함을 나타내는데 여기에는 '아무 때'의 개념 또는 '우연히'의 개념이 포함된다. ≪百喩經≫에서는 전자의 의미로 '隨時', '或1'이 출현하고, 후자의 의미로 '偶'가 출현한다.


### 隨時

시간부사 '隨時'는 중고시기에 등장한 것으로 총2예가 출현한다.

(1) 昔有一人, 有二百五十頭牛, 常驅逐水草, 隨時餧食. (37. 殺群牛喩) (옛날에 한 사람이 있었는데 이백오십 마리의 소가 있었고 항상 물과 풀이 풍족한 곳으로 몰고 가서 수시로 그것들을 먹였다.)

(2) 其師患脚, 遣二弟子, 人當一脚, <u>隨時</u>按摩. (53. 師患脚付二弟子喩) (그 스승은
　　다리가 아파서 두 제자로 하여금 각각 다리 하나씩 <u>수시로</u> 안마를 하라고 했다.)

　　이것은 '아무 때나, 수시로'의 의미로 정해지지 않은 불특정 시간에 이루어지는 행위에
쓰인다. 모두 VP를 수식하며 ≪顔氏家訓≫에서는 출현하지 않는다.

　　'隨時'는 동사 '隨(順應, 遵循, ~에 따르다)'와 시간명사 '時(時宜, 시의, 적절한 때)'
로 구성된 것이다. 李向梅의 ≪<三國志>裴注副詞研究≫에 따르면, 위진남북조 시기에
는 동일한 '隨時'의 형태라 해도 동목구조의 구(詞組)와 쌍음절 부사 두 가지 형식이 모
두 공존하고 있었다고 한다. 즉, 위의 동사 '隨'와 명사 '時'로 단순히 결합되면 이는 "정
해진, 적절한 타이밍에 맞추다"라는 일종의 구가 되는 것이지 그 자체가 바로 시간부사가
되지는 않는다는 것이다. 이 말은 곧 시간부사로서의 '隨時'는 구로서의 '隨時'와 의미가
분명 다르다는 것인데, 부사로 허화가 되려면 위와 같은 '정해진 시간에 맞추다'의 의미
가 아니라 '언제든지, 아무 때나'라고 하는 부정시의 개념이 등장해야 한다는 것이다. 그
래서 그는 다음과 같은 ≪魏書≫의 예를 들고 있다.

(3) 皆當以爵歸第, <u>隨時</u>朝請, 飱宴朕前, 論道陳謨而已. (世祖紀下) (모두가 마땅히
　　작위를 받고 저택에 돌아가 있다가 <u>때에 맞춰</u> 조견을 청하여 짐 앞에서 향연을 하고는
　　도를 논하고 모략을 진술할 따름이다.)

　　여기서 '隨時'가 등장하고 있고 게다가 술어동사 앞에 출현하고 있어 언뜻 보기엔 마치
부사 같으나 이때의 '隨時'는 "특정한 시간에 맞추다"라는 의미가 된다. 왜냐하면 고대에
'朝請'은 대개 신하가 반드시 규정된 시간에 하는 것이기 때문이다. 따라서 위의 '隨時'는
여전히 구의 상태로 봐야 한다. 이 외에도 문장에서 '朝貢', '법령제정', '俸祿의 수령' 등
과 관련되어 출현할 경우 역시 하나의 구로 봐야 한다고 한다.

　　그렇다면 ≪百喩經≫의 상기 2예는 어떠한가? 먼저 (1)의 "隨時餧食"은 소를 몰고 다
니면서 소를 먹이는 것인데 물론 정해진 시간에 할 수도 있으나 위 문장의 문맥상황으로
볼 때, 그러한 규정된 시간, 시의에 맞추는 것이라기보다 "물과 풀이 있는 곳은 어디든 가
서 소를 먹이는 것"이 중요하기 때문에 시간에 맞추는 것은 여기서 중요하지 않다. 따라서
"아무 때나, 수시로"라고 해석할 수 있다. 두 번째 문장의 "隨時按摩"는 스승이 제자 둘에
게 다리 한 쪽씩 맡겨 그들이 시간 될 때마다 언제든 와서 안마하라는 것이지 둘이 시간을
정해서 하라는 것도 아니다. 그렇기 때문에 여기서의 '隨時' 역시 시간부사로 볼 수 있다.
그래서 李向梅은 아래의 ≪三國志≫裴注의 예를 부사로 허화되어 가는 과도기 심지어

이미 부사가 된 형태로 본다.

(4) 我委身事中國, 不愛珍貨重寶, <u>隨時</u>貢獻, 不敢失臣禮也. (魏志, 劉曄傳注) (저는 몸을 바쳐 중원을 섬겨 값진 보물도 마다않고 <u>수시로</u> 바치니 감히 신하의 예를 잃은 적이 없습니다.)

'隨時'는 唐宋시대로 가면서 서서히 늘어나기 시작하는데 아래와 같이 ≪祖堂集≫에서는 3예 출현하나 ≪朱子語類≫에서는 25예 출현하고 있다.

(5) 汝可<u>隨時</u>言說, 卽事卽理, 都無所碍. (祖堂集卷第十四 江西馬祖) (그대는 <u>수시로</u> 말해도 된다. 일에 대해서건 이치에 대해서건 모두 구애됨이 없이 말하라.)

(6) 所因之禮, 是天做底, 萬世不可易; 所損益之禮, 是人做底, 故<u>隨時</u>更變. (朱子語類卷第二十四 論語六) (그들이 따른 예는 하늘이 만든 것이라 만세에도 바꿀 수 없는 것이고, 예 중에 가감을 한 것은 사람이 만든 것이기 때문에 수시로 바꿀 수 있다.)

## 或1

시간부사 '或1'은 상고중국어에서 전해져 온 것으로 총3예 출현한다.

(1) 眼若在者, <u>或</u>痛不痛. 眼若無者, 終身長痛. (85. 婦女患眼痛喩) (눈이 만약 있다면 <u>어떤 때는</u> 아프기도 하고 안 아프기도 하지만, 눈이 없다면 종신토록 길게 아플 것이다.)

(2) 汝若施者, <u>或</u>苦<u>或</u>樂; 若不施者, 貧窮大苦. (85. 婦女患眼痛喩) (당신이 만약 보시를 하면 <u>어떤 땐</u> 고통스러울 수도 있고 즐거울 수도 있다. 그러나 만약 보시하지 않으면 가난하고 큰 고통이 따른다.)

이것은 '어떤 경우엔'이란 의미로 현대중국어의 '有时'에 해당한다. 상고중국어에서 이미 사용되어 왔고 ≪顔氏家訓≫에서는 출현하지 않는다. 唐宋시대엔 특히 '或1'이 어근이 되어 구성된 '或時', '間或' 등의 시간부사가 등장하여 아래와 같이 쓰이기도 한다.

(3) <u>或時</u>見僧入門來云: "患顚那作摩?" (祖堂集, 禾山和尙) (어느 땐 중이 문으로 들어오는 것을 보더니 말했다. "간질병 걸린 이가 무엇을 하겠는가?")

(4) 大抵孟子說話, 也間或有些子不睹是處. 只被他才高, 當時無人抵得他. (朱子語類卷第四 性理一) (대저 맹자의 말도 간혹 약간은 이 점을 못 보기도 했는데, 다만 그의 재주가 높아 당시 그를 상대할 사람이 없었던 것이다.)

## 偶

시간부사 '偶'는 漢代에 출현한 것으로 총1예 출현한다.

(1) 昔有貧人在路而行, 道中偶得一囊金錢, 心中大喜躍, 卽便數之. (90. 地得金錢喻) (옛날 한 가난한 자가 길을 가던 중 길에서 돈이 든 주머니를 우연히 발견하고 맘속으로 매우 기뻐서 바로 그것을 세었다.)

이것은 "우연히"의 의미로 동작 혹은 상황이 경상적으로 발생하는 것이 아닌 우연적으로 이루어지는 것을 나타낸다. 여기서는 VP를 수식하고 있다. ≪顔氏家訓≫에서는 3예 출현하며 VP를 수식한다.

'偶'는 원래 상고중국어에서 '配合'이란 동사로 쓰였는데 부사로도 '對', '互相'이라는 의미가 있었다. '우연히'라는 의미는 대체로 先秦시기의 예는 잘 발견되지 않으며 아래와 같이 ≪論衡≫의 예가 보인다.

(2) 文王當興, 赤雀適來, 魚躍鳥飛, 武王偶見. (初稟) (문왕이 흥기했을 때 붉은 참새가 마침 날아올랐고, 물고기가 뛰고 새가 비상할 때 무왕이 우연히 보게 되었다.)

이러한 의미는 아마도 동사인 '配合'으로부터 허화되어 나왔을 것으로 보인다.

이것은 근대중국어에서도 자주 상용되었는데 宋代 ≪朱子語類≫에서는 71예가 출현하고 있다.

(3) 聖人萬善皆備, 有一毫之失, 此不足爲聖人. 常人終日爲不善, 偶有一毫之善, 此善心生也. (朱子語類卷第十三 學七) (성인은 만 가지 선이 다 갖추어져 있어서 아주 작은 실수라도 있으면 이는 성인이 되기에 부족하다. 보통 사람은 종일 불선을 하다가도 우연히 아주 작은 선을 한 것이 있다면 이로써 선한 마음이 생기게 된다.)

## 8.2.12 반복류

반복류 시간부사는 동일한 동작 혹은 상태의 반복을 나타내는 것으로 ≪百喩經≫에서는 '復1', '又1', '更1', '重', '還', '頻', '數'의 단음절 부사와 '數數', '又復', '復更1'의 쌍음절 부사가 출현한다. 반복류 부사와 유사한 것으로 '추가부사'가 있다. 이들은 '復2', '又2', '更2' 등으로 반복류 부사와 형태가 동일한 경우가 많은데 이 두 가지 유형의 부사는 비슷해 보이나 완전히 다르다. '반복'은 동일 동작 또는 상태가 중복되는 것을 말하고, '추가'는 다른 동작 혹은 상태가 중복되는 것을 말한다. 그리고 같은 동작이라 하더라도 동일 대상에 대해 여러 차례 하는 것은 '반복'이고, 다른 대상에 이루어지면 '추가'이다.

### 復1

시간부사 '復1'은 상고중국어에서 전해져 온 것으로 총21예 출현한다.

(1) 其人復言: "汝婦今日已生一子." (30. 牧羊人喩) (그 사람은 또 말했다. "당신의 아내가 오늘 벌써 아들을 하나 낳았소.")

(2) 五百梵志心開意解, 求受五戒, 悟須陀洹果, 復坐如故. (0. 引言) (오백의 파라문들은 마음이 열리고 의미가 이해되어 五戒 받기를 청했고 須陀洹果를 깨닫고는 다시 아까처럼 돌아가 자리에 앉았다.) (※ 五戒: 不殺, 不盜, 不邪淫, 不妄語, 不飮酒 / 須陀洹果: 聲聞四果인 수다원과, 사다함과, 아나함과, 아라한과 중 하나이다.)

(3) 傍邊愚人見其毒蛇變成眞寶, 謂爲恒爾, 復取毒蛇內著懷裏, 卽爲毒蛇之所蜇螫, 喪身殞命. (89. 得金鼠狼喩) (옆에 있던 우매한 자가 그 독사가 보물로 바뀐 것을 보고는 항상 그럴 것이라 생각하여 다시 독사를 취해 안으로 품안에 넣었다. 그런데 바로 독사에게 물려서 죽고 말았다.) (※ 다른 사람이 품은 것을 보고 자신도 독사를 품다. '반복'이다)

(4) 後欲取火, 而火都滅; 欲取冷水, 而水復熱. (25. 水火喩) (나중에 불을 취하려 했으나 불은 완전히 다 꺼졌고, 냉수를 취하려 했으나 물은 다시 더워졌다.) (※ 물이 더워지는 것이 반복)

이것은 '다시, 또'의 의미로 동일한 사건 혹은 상태가 중복 출현하는 것을 나타낸다. 21예 중 VP수식이 19예이고 예(4)처럼 AP수식이 2예 출현한다. 일반적으로 예(1), (2)의 경우는 완전히 동일한 사건의 반복이다. 즉, 동일한 사람이 동일한 일(말하기, 앉기 등)을 한 것이기 때문에 전형적인 반복인데, 예(3)의 경우는 약간 특이하다. 여기서 이 행위의 주체는 독사를 품안에 품었는데 그 행위가 반복적 행위라는 것이다. 그런데 '復'을 쓴 이유는 앞 사람이 독사를 품는 행위를 다시 반복하여 이 사람도 동일하게 독사를 품은 것이다. 동작은 '품다'이고, 대상은 '독사'로 앞 사람과 이 사람이 같으나 다만 주체가 다를 뿐인데 이 경우도 역시 '復'은 반복이다. 이것을 '더, 다시'라는 개념의 추가로 보기는 어렵다. 아래의 '추가'의 예와 비교해 보자.

(5) 而此病者, 市得一雉, 食之已盡, 更不復食. (62. 病人食雉肉喩) (그런데 이 환자는 꿩 한 마리를 사서 그것을 이미 다 먹자 <u>다시 더</u> 먹지 않았다.)

여기서 이 환자는 꿩 한 마리를 먹은 다음 다른 것을 더 먹지 않은 것인데 이때 '復'은 이미 먹은 꿩을 또 먹는 것이 아니고 다른 대상을 먹는 것이기 때문에 이때 '復'은 반복이 아니라 추가가 되는 것이다.

≪顔氏家訓≫에서도 '復1'은 4예 출현하고 있으며 모두 VP를 수식한다. 이러한 반복부사 '復1'은 이미 상고중국어에서도 쓰이고 있었다.

(6) 秦王…… 遂拔以擊荊軻, 斷其左股. 荊軻廢, 乃引其匕首提秦王, 不中, 中柱. 秦王<u>復</u>擊軻, 被八創. (戰國策, 燕策) (진왕이……검을 뽑아 형가를 쳤고 그의 왼쪽 다리를 베었다. 형가는 다치고는 그의 비수를 들고 진왕에게 던졌는데 맞지 않고 기둥에 맞고 말았다. 진왕은 이에 <u>다시</u> 형가를 공격하여 형가가 여덟 군데나 찔렸다.)

이 문장에서도 역시 '형가를 공격함'이라고 하는 동작이 반복되고 있는 것이다.

사실 '復'은 중고중국어 시기에 와서 여러 가지 다양한 기능을 맡게 되었다. 위와 같은 부사도 있지만 '且, 又'와 같이 병렬 기능을 하는 접속사, 또 시가 중에서 리듬과 감탄 표시 작용을 하는 조사, 그리고 특히 각종 부사, 접속사 심지어 동사나 형용사 뒤에 붙어 쌍음절화를 돕는 접미사 역할도 있다. ≪百喩經≫에서도 이 가운데 접미사로서의 기능은 일부가 출현하고 있다. 이러한 반복의 '復1'은 唐宋시대에도 지속되는데 ≪祖堂集≫에서는 아래와 같은 예가 12예 출현하고 있다.

(7) 師<u>復</u>返黃蘗, 啓聞和尙: "此迴再返, 不是空歸." (臨濟和尙) (선사가 <u>다시</u> 황얼에게 돌아와 승려에게 아뢰었다. "이번에 다시 돌아왔으나 헛되이 오지는 않았습니다.")

다음은 ≪朱子語類≫의 예이다.

(8) 據知止, 已是思慮了, 何故靜、安下復有箇『慮』字？ 旣靜、安了, 復何所慮? (朱子語類卷第十四 大學一) ('知止'에 따라 이미 사려를 한 것인데 어째서 靜, 安 아래에 <u>다시</u> '慮'자가 있는 것입니까? 이미 靜, 安 했다면 <u>다시</u> 무슨 사려를 해야 합니까?)


## 又1

시간부사 '又1'은 상고중국어에서 전해져 온 것으로 총5예에 출현한다.

(1) 又問: "爾村中有池, 在此池邊共食牛不?" (46. 偸犛牛喩) (<u>다시</u> 물었다. "당신 마을엔 연못이 있다. 이 연못가에서 함께 소를 먹지 않았소?")
(2) 又問: "當爾偸牛, 非日中時耶?" (46. 偸犛牛喩) (<u>다시</u> 물었다. "당신이 소를 훔칠 때 정오 때가 아니었나요?")

이것은 '또, 다시'의 의미로 어떤 동작이 중복해서 발생하는 것을 나타낸다. 모두 VP를 수식한다. ≪顔氏家訓≫에서는 출현하지 않고 있다.

'又' 역시 고한어에서 여러 가지 기능을 갖고 있는 부사인데 이미 상고중국어 시기에 '반복'의 의미와 '추가'의 의미가 등장하였다.

(3) 孟武伯問: "子路仁乎?" 子曰: "不知也." 又問…… (論語, 公冶長) (맹무백이 물었다. "자로는 인합니까?" 공자가 말했다. "모릅니다." (그가) <u>다시</u> 물었다.)
(4) 當是時也, 高祖子幼, 昆弟少, <u>又</u>不賢, 欲王同姓以鎭天下. (荊燕世家)[28] (이때에 고조 아들의 나이가 아직 어리고 형제도 어린데다가 <u>또한</u> 현명하지를 못해 동성제후로 왕을 세워 천하를 어루만지고자 했다.)

(3)은 반복이고, (4)는 추가이다. 물론 상기의 의미 외에도 관련부사로서의 기능이나 '却' 등의 '역접, 전환'의미의 기능도 등장하기는 한다.

≪百喩經≫에서도 '반복'의 의미 외에 '추가'의미인 '又2'가 등장하는데 '又2'는 아래와 같이 확실히 앞의 동작과는 별도로 추가적인 동작을 나타내고 있다.

(5) 如彼愚人, 一子旣死, <u>又</u>殺一子. 今此比丘亦復如是. (6. 子死欲停置家中喩) (저 우매한 자와 같아 아들 하나가 이미 죽자 <u>다시</u> 하나를 <u>더</u> 죽였다. 지금 이 승려도

---

28) 吳慶峰(2006)

역시 이와 같다.)

예(1),(2)의 '又問'은 동일한 사람이 '묻는 행위'를 계속 반복하고 있는 반면, 위의 예(5)는 "한 아들이 죽자 추가로 다른 아들을 더 죽인 것"이다.

이러한 '반복'의 '又1'은 六朝이후 唐宋시기에도 매우 상용되었는데 ≪祖堂集≫에서 아래와 같이 378예나 출현하고 있고 ≪朱子語類≫는 더 많은 수가 사용되고 있었다.

(6) 年十五, 求出家, 父母不許. 年至十七, 又再求去, 父母猶悋. (仰山和尙) (나이 열다섯에 출가를 요구했으나 부모가 허락하지 않았다. 나이 열일곱이 되어 <u>다시</u> 요구했으나 부모는 여전히 인색했다.)

## 更1

시간부사 '更1'은 상고중국어에서 전해져 온 것으로 총2예 출현한다.

(1) 還出復坐. 須臾水淸, 又現金色, 復更入裏, 撓泥更求, 亦復不得. (60. 見水底金影喩) (다시 나와 다시 앉았다. 잠시 후 물이 맑아지자 다시 금색이 보였다. 그래서 다시 안으로 들어가서 진흙을 헤치고 <u>다시</u> 찾았으나 역시 얻지 못했다.)

이것은 "다시, 또"의 의미로 어떤 동작이 중복해서 발생하는 것을 나타낸다. 모두 VP를 수식하며 ≪顔氏家訓≫에서는 출현하지 않는다. 아래는 ≪世說新語≫의 예이다.

(2) 宏後看莊、老, 更與王語, 便足相抗衡. (政事13) (諸葛玄은 <장자>, <노자>를 보고나서 <u>다시</u> 王衍과 대화를 하자 이에 족히 서로 균형이 맞았다.)

시간부사 '更' 역시 '반복'과 '추가' 두 가지 의미 기능이 존재하며 모두 상고중국어 시기부터 쓰여 왔다. 아래는 吳慶峰(2006)이 제시한 ≪史記≫에서의 예이다.

(3) 元元黎民得免於戰國, 逢明天子, 人人自以爲更生. (平津侯主父列傳) (선량한 백성들은 전쟁의 화를 면하였고 성명하신 천자를 만나 사람들마다 모두 <u>다시</u> 태어났다고 여긴다.)

이때 '更生'은 '또 다시 태어남'이란 반복의 의미가 강하다. 그런데 부사 '更'은 대부분 단순한 중복보다는 '추가'적인 경우에 더 많이 쓰이고 있다. 아래는 추가의미의 '更2'의 예이다.

(4) 舜父瞽叟盲, 而舜母死, 瞽叟更娶妻而生象, 象傲. (五帝本紀) (순의 아비 고수는 장님이고 순의 모친이 죽었다. 그러자 고수는 <u>다시</u> 처를 취하여 상을 낳았는데 상이 오만했다.)

이때 '更'은 단순한 반복이 아니다. 동일한 '娶'의 행위라 해도 '다른 여자를 취하는 행위'이기 때문에 '추가'의 의미가 된다.

단순 반복의미의 '更1'은 위진남북조 이후의 근대중국어 시기에도 계속 쓰였는데 ≪朱子語類輯略≫의 경우를 보면, '반복'류가 15예, '추가'류가 128예에 이른다. 아래는 이들의 예이다.[29]

(5) 今日看此一段, 明日且更看此一段, 看來看去, 直待無可看, 方換一段看. (朱子語類卷第一百四 朱子一) (오늘 이 한 단락을 보고 내일 또 <u>다시</u> 이 단락을 보면, 이렇게 보고 또 봐서 더 이상 볼 게 없을 때까지 봐야 다른 단락으로 바꿔 본다.)

(6) 理會文字, 須令一件融釋了後, 方更理會一件. (朱子語類卷第一百四 朱子一) (글을 이해할 때는 모름지기 한 가지를 융석한 후에 비로소 다른 하나를 <u>더</u> 이해해야 한다.)

위의 (5)와 (6)은 모두 글을 읽는 방법을 설명한 부분인데, (5)는 한 단락을 반복해서 읽는 것을 말하고 있고, (6)은 한 단락을 다 완벽히 소화한 후 다른 단락을 이해하는 것을 말하고 있다. 따라서 동일한 '更'이라도 전자는 '반복' 의미이고, 후자는 '추가'의미이다.

≪百喩經≫에서도 ≪朱子語類≫와 유사한 현상이 발견되고 있어, '반복'류는 2예에 불과하나 '추가'류는 14예에 이르고 있다. 이처럼 시간부사 '更'은 고한어 시기 내내 주로 '추가'의미 위주로 발달하고 있었다.

## 重(chong)

시간부사 '重'은 상고중국어에서 전해져 온 것으로 총1예 출현한다.

---

29) 吳福祥(2004)

(1)  問餘婦女: “誰有能使我重有子?” (21. 婦女欲更求子喩) (다른 여인에게 물었다. “누가 저로 하여금 또 다시(거듭) 아들을 낳게 해줄 수 있나요?”)

이것은 “다시, 또”의 의미로 어떤 동작이 중복해서 발생하는 것을 나타내며 VP를 수식한다. ≪顔氏家訓≫에서는 2예 출현하며 VP를 수식한다. 위의 예는 얼핏 보면 “또 다른 아들을 낳다”이기 때문에 '추가'로 볼 수도 있으나 여기서 강조하는 것은 '추가'의 의미라기보다 “아들 낳는 것” 자체의 반복이다. 즉, '또 다른 아들'보다는 '아들 낳기' 자체에 초점이 있기 때문에 똑같은 '아들 낳기'의 반복적 행위가 된다.

'重'은 '반복'의 의미로 이미 상고시기부터 사용되어 왔고 그 이후 중고, 근대시기에도 여전히 '반복'의미 위주로 사용된다. 아래는 상고중국어 시기의 예와 ≪顔氏家訓≫의 예이다.

(2)  君子不重傷, 不擒二毛. (左傳 僖公二十二年) (군자는 이미 상처 입은 자를 거듭 상처주지 않으며 머리가 하얀 이를 잡지 아니한다.)

(3)  但懼汝曹猶未牢固, 略重勸誘爾. (歸心) (다만 너희들이 아직 믿음이 굳건하지 못할까 두려워 이에 대략 거듭하여 권유할 따름이다.)

이것은 唐宋시기에도 상용되어 아래와 같이 ≪祖堂集≫에서 13예, ≪朱子語類≫에서는 67예가 등장한다.

(4)  大師直造寶所, 不棲化城, 於元和皇帝御宇三年, 兩度詔請, 師辭病不赴. 至穆宗即位, 重降旨. (汾州和尙) (선사는 곧장 보배 있는 곳으로 나아가서 화성에는 머무르지 않았고, 원화 황제가 제위 3년 동안 두 차례나 조칙을 내려 선사를 청했건만 선사는 병을 핑계로 나아가지 않았다. 목종이 즉위하자 다시(거듭) 조칙을 내렸다.)

(5)  '學'是未理會得時, 便去學; '習'是已學了, 又去重學. (朱子語類卷第二十 論語二) ('學'은 아직 이해되지 않았을 때 배우는 것이고, '習'은 이미 배운 다음 다시 배운 것이다.)

還

시간부사 '還'은 중고시기에 등장한 것으로 총9예 출현한다.

(1)  甘蔗極甜, 若壓取汁, 還灌甘蔗樹, 甘美必甚, 得勝於彼. (16. 灌甘蔗喩) (사탕수

수는 매우 단데, 만약 눌러 즙을 취하여 <u>다시</u> 사탕수수 나무에 주면 달기가 분명 심할 것이요, 저 사람에게서 승리를 쟁취할 것이다.)

(2) 須臾之間, 賊便棄去, <u>還</u>以兒頭著於身上, 不可平復. (86. 父取兒耳瑠喩) (잠깐 사이에 도둑은 버리고 갔고 (아비는) <u>다시</u> 아들의 머리를 그의 몸에 얹었지만 다시 원상태로 되지는 않았다.)

(3) 此人深思: "寧爲毒蛇螫殺, 要當懷去." 心至冥感, <u>還</u>化爲金. (89. 得金鼠狼喩) (이 사람은 깊이 생각했다. "차라리 독사에게 물려 죽을 지언정 꼭 그것을 품고 가겠다." 마음이 지극하여 신령을 감화시켜 그 독사는 <u>다시</u> 금으로 변하였다.)

이것은 "다시"란 의미로 동작행위가 반복 진행되거나 반복적으로 교체 진행됨을 나타낸다. 9예 모두 VP를 수식한다. ≪顔氏家訓≫에서는 출현하지 않으나 ≪世說新語≫에는 아래와 같이 일부가 출현하고 있다.

(4) 桓玄敗後, 殷仲文<u>還</u>爲大司馬咨議, 意似二三, 非復往日. (黜免8) (桓玄이 실패한 후 은중문이 <u>다시</u> 대사마咨議가 되었으나 마음이 우유부단하여 예전만 못했다.)

高育花(2007)에 따르면, '還'은 부사로서 아래의 3가지 용법이 있다.

① 어기부사로서 '转折(역접)'을 나타냄(=却, 오히려)
② 시간부사로 동작행위의 반복진행 혹은 반복교체 진행을 나타냄 (=又, 다시)
③ 시간부사로 동작행위 혹은 상황이 계속 지속되며 시간상의 간격이 없음을 나타냄(=仍然, 여전히)

(5) 兄弟<u>還</u>相攻擊, 是敗亡之道也. (三國志, 魏書, 王修傳) (형제가 <u>오히려</u> 서로 공격하면 이는 패망의 도이다.)

(6) 王肩興徑造竹下, 諷咏良久, 主已失望, 猶冀<u>還</u>當通. (簡傲16) (王徽之는 가마에 타고 바로 죽림 아래에 이르러 한참을 읊조렸다. 주인이 실망했으나 그가 <u>아직도</u> 마땅히 통보해주리라 여전히 기대했다.)

위의 (5)는 '오히려'의 의미이고, (6)은 '아직, 여전히'의 의미이다.

高育花(2007)에 따르면, 이 세 가지 의미는 기본적으로 '還'의 동사의미로부터 출발한다. '還'은 동사로 '往返(돌아오다)'의 의미가 있다. '돌아오다'라는 동작의미로부터 동작행위나 상황이 반복됨을 나타내는 의미가 파생되어 '다시'의미의 부사가 문법화하였고, 여기서 다시 반복교체가 진행되는 과정에서 시간상의 간격이 없어지면서 '지속'의 의미를 나타내게 되어 '여전히' 의미의 부사 용법이 문법화된 것이다. 한편, '돌아오다'라는 동작의 미로부터 '역접'의미의 부사용법이 바로 문법화되었다. 高育花(2007)는 또 이 세 가지 의미들이 위진남북조 시기에서 보여준 모종의 부침상황을 소개하였는데, 당시의 여러 문헌을 조사했을 때, ≪論衡≫, ≪中本起經≫ 등의 초창기 문헌에서는 '어기부사(오히려)' 용법이 강하다가 남북조 시기로 가면서 이 의미가 서서히 사라지고 ≪世說新語≫, ≪百喩經≫, ≪搜神記≫, ≪洛陽伽藍記≫ 등의 문헌에서는 거의 대부분 '시간부사' 용법만이 출현했다고 한다. 이러한 현상과 관련해 그는 그 이유를 다음과 같이 설명한다.

첫째, 어기부사 '還'은 그 조합능력이 다른 부사용법에 비해 다소 떨어지는 경향이 있다.
둘째, '역접'을 나타내는 어기부사로서 '還'의 감정색채는 다른 同義의 부사들 '倒, 反, 翻, 竟' 등에 비해 약했다.
셋째, 상고시기부터 탄생해왔던 반복류 부사들 '重, 復, 更' 등이 그 수가 많지 않았고 게다가 그들 대부분이 다항부사이기 때문에 이 틈을 타고 시간부사 '還'이 발달할 수 있었다.

바로 이러한 이유로 어기부사의 기능은 매우 저조하고 지금까지도 주로 두 가지 의미기능 위주로 남게 된 것이다. 그리고 이 가운데서도 ≪百喩經≫에는 '반복'의미만이 출현하고 있다.

'반복'의미의 '還'은 唐宋시기에도 계속 발전하여, ≪祖堂集≫에서는 33예의 '반복' 의미가 출현하고 있다. 그런데 ≪朱子語類≫에서는 '반복'의미는 거의 없고, 일부 '추가(再)'의미가 나타나며 주로 '지속'의미가 출현하고 있었다. 현대중국어에서 부사 '還'은 '아직'의 의미 외에 '더, 더욱(정도의 심화)'의 의미, '또, 더(항목·수량이 증가하거나 범위가 확대되는 것)'라는 의미로 사용되고 있는데 후자의 두 가지 의미는 사실상 '추가'의미가 발전하여 된 것들이라 볼 수 있어서 ≪朱子語類≫의 상황은 곧 현대중국어의 상황과 잘 부합한다고 볼 수 있다.


## 頻

시간부사 '頻'은 중고시기에 등장한 것으로 총1예 출현한다.

(1) 昔有一婦, 荒淫無度, 欲情旣盛, 嫉惡其夫; 每思方策, 頻欲殘害. (65. 五百歡喜 丸喩) (옛날에 한 아낙이 있었는데 황음무도하고 욕정이 너무 성해 그 지아비를 싫어 했다. 매번 방책을 생각하여 <u>여러 차례</u> 그를 해하려 했다.)

이것은 "자주, 빈번히"의 의미로 동작이나 상황이 여러 차례 실행, 출현함을 나타낸다. VP를 수식하고 있고 ≪顔氏家訓≫에서는 출현하지 않는다. ≪世說新語≫에서는 아래의 예 1예가 출현한다.

(2) 桓爲設酒, 不能冷飮, 頻語左右: "令溫酒來!" (任誕50) (桓玄은 王忱을 위해 술을 차렸는데 그가 차게 해서 마시지 않는다는 것을 알고 좌우에 <u>여러 차례</u> 일러 "술을 데워 와라!"고 하였다.

'頻'은 전반적으로 출현비율이 낮은 편인데 唐宋시기에도 마찬가지였다. ≪祖堂集≫에 서는 4예 출현하며 ≪朱子語類≫에서도 겨우 6예 출현하고 있었다. 한편, 唐宋 시기엔 '頻'의 중첩으로 이루어진 '頻頻'이 아래와 같이 극소수 출현하기 시작하였다.

(3) 師在北地, 有一禪師唯善塞竈, 頻頻感得竈神現身, 彼地敬重剧於佛像. (祖堂集, 破竈墮和尙) (선사가 북방에 있을 때, 어떤 한 선사가 조왕신을 잘 섬기어, 조왕신이 나타나는 감응을 <u>자주</u> 얻었으니, 그 지방에서 부처님보다 더 공경하고 소중히 여겼 다.)

## 數(shuo)　　數數(shuoshuo)

시간부사 '數'는 상고중국어에서 전해져 온 것으로 총1예 출현하며, '數數'는 漢代에 등장한 것으로 역시 1예 출현한다.

(1) 如是<u>數數</u>往來磨刀, 後轉勞苦, 憚不能<u>數</u>上, 懸駝上樓, 就石磨刀. (18. 就樓磨刀 喩) (이와 같이 <u>여러 차례</u> 왔다 갔다 하면서 칼을 갈았더니 더욱 힘이 들었다. 그래서 <u>여러 번</u> 올라갈 수 없다고 싫어하여 낙타를 메고 위층으로 올라가 숫돌에 칼을 갈았 다.)

이 둘은 모두 "여러 차례, 자주"의 의미로 동작 행위가 빈번함을 나타낸다. 둘 다 VP를 수식하고 있다. ≪顔氏家訓≫에서는 '數'만 1예 출현하며 VP를 수식하고 있다.

'數'는 이미 상고중국어에서 아래와 같이 시간부사로 활약을 하고 있었다.

  (2)  丞相弘數稱其美. (史記, 酷吏列傳)[30] (승상 공손홍은 <u>여러 차례</u> 張湯의 덕을 칭찬
       했다.)

'數'는 또 위진남북조 시기 ≪世說新語≫에서도 아래와 같이 출현하고 있다.

  (3)  王緒數讒殷荊州於王國寶, 殷甚患之, 求術於王東亭. (讒險4) (王緒는 <u>여러 차</u>
       <u>례</u> 왕국보에게 은형주에 대해 험담을 하였기에 은형주는 이를 걱정하여 왕동정에게
       가서 방법을 청했다.)

그러나 그 이후 ≪祖堂集≫이나 ≪朱子語類≫ 등 큰 편폭의 문헌에서는 찾아보기 힘
들 정도로 그렇게 상용되지는 않았다.
한편, '數數'는 아래와 같이 漢代에서 처음 등장하였다. 아래는 ≪漢書≫의 예이다.[31]

  (4)  立政等見陵, 未得私語, 卽目視陵, 而數數自循其刀環, 握其足, 陰諭之, 言可還
       歸漢也. (漢書, 李陵傳) (任立政 등이 이릉을 보더니 사적으로 말할 기회를 잡지
       못했다. 단지 이릉을 주시하면서 <u>여러 차례</u> 그의 칼 고리를 어루만지고 그의 발을
       잡으며 한에 다시 돌아갈 수 있음을 넌지시 비추었다.)

이렇게 시작하여 위진남북조 시기에 점차 많아졌는데 아래는 ≪三國志≫의 예이다.

  (5)  曹公使夏侯淵, 張郃屯漢中, <u>數數</u>犯暴巴界. (蜀志, 先主傳) (조조가 夏侯淵, 張
       郃을 한중에 주둔시키고는 <u>여러 차례</u> 파촉의 경계를 침범하였다.)

唐宋시기에도 지속적으로 사용되었는데 ≪祖堂集≫에는 출현하지 않으나 ≪敦煌變
文≫에 아래의 1예가 출현한다.

  (6)  天龍<u>數數</u>垂加護, 賢聖頻頻又贊揚. (妙法蓮華經講經文) (천룡이 <u>수차례</u> 보우를
       내리고, 현성이 여러 차례 찬양을 한다.)

---

30) 吳慶峰(2006)
31) 董志翹·蔡鏡浩(1994)

그리고 ≪朱子語類≫에서는 총8예가 출현한다.

(7) 大抵濂溪說得的當, 通書中<u>數數</u>拈出‘幾’字. (朱子語類卷第一百二十 朱子十七)
(대저 염계가 타당하게 말을 한 것이니 전체 글에서 <u>여러 차례</u> ‘幾’자를 지적하였다.)

전체적으로 ‘數’ 뿐 아니라 ‘數數’도 중고, 근대중국어 시기 내내 그 출현비율이 그렇게 높은 편은 아니었다.


### 又復    復更1

‘又復’과 ‘復更1’은 상고중국어에서부터 출현하기 시작했고, 각각 3예와 2예 출현하고 있다.

(1) <u>又復</u>問言: “失經幾時?” (19. 乘船失釪喩) (<u>다시</u> 물어 말했다. “잃어버린 지 얼마나 지났습니까?”)
(2) <u>又復</u>語言: “與我‘無物’.” (56. 索無物喩) (<u>다시</u> 말했다. “그럼, 우리에게 ‘無物’을 가져오시오.”)
(3) 守者捉得, 將詣王所, 而於中道<u>復更</u>和聲作鴛鴦鳴. (47. 貧人能作鴛鴦鳴喩) (지키던 자가 그를 잡아서 왕이 있는 곳으로 데려 가는데 (그가) 도중에 <u>재차</u> 소리를 맞추어 원앙 울음소리를 냈다.)
(4) 還出復坐. 須臾水淸, 又現金色, <u>復更</u>入裏, 撓泥更求, 亦復不得. (60. 見水底金影喩) (다시 나와 다시 앉았다. 잠시 후 물이 맑아지자 다시 금색이 보였다. 그래서 <u>다시</u> 안으로 들어가서 진흙을 헤치고 다시 찾았으나 역시 얻지 못했다.)

이들은 모두 “다시, 또”의 의미로 동작행위가 반복적으로 발생함을 나타내고 있다. 모두 VP를 수식하고 있다. ≪顔氏家訓≫에서는 이들이 출현하지 않는다.

이들 모두 ‘復’을 포함하고 있으며 모두가 ‘又’, ‘更’, ‘還’ 등 동일한 의미를 갖는 부사들이 연용되어 이루어진 同義 병렬복합 부사이다. ‘又復’과 ‘復更1’은 상고시기에 이미 아래와 같이 등장하고 있다.

(5) 齊景公問晏子曰: “孔子爲人何如?” 晏子不對. 公<u>又復</u>問, 不對. (墨子, 非儒下) (제공공이 안자에게 물었다. “공자는 사람됨이 어떠하오?” 그러자 안자는 대답을 안 했다. 경공이 <u>또</u> 물었으나 역시 대답을 안했다.)

(6) 廣出獵, 見草中石, 以爲虎而射之, 中石沒鏃, 視之石也. 因復更射之, 終不能復入石矣. (李將軍列傳) (이광이 사냥을 나가 풀속에 돌이 있는 것을 보고는 호랑이라 여겨 활을 쐈는데 화살이 맞지를 않아 가까이 가서 보니 돌이었다. 그래서 또 쐈는데 결국은 돌을 뚫지를 못했다.)[32]

대부분의 쌍음절 부사들은 위진남북조 시기에 등장하게 되는데 일부의 경우 위와 같이 상고시기부터 빈번히 출현한 예가 발견되고 있다. 현재까지 상고중국어 시기에 존재했던 위와 같은 동일 부사의 병렬로 구성된 것이 과연 하나의 어휘로 처리할 수 있느냐에 대해 논쟁의 여지가 있을 수 있다. 특히 위진시기 이후 들어 쌍음절화 현상이 본격화, 대량화되면서 쌍음절화 시점을 위진시기로 보기도 하는데 문제는 그렇다고 위와 같은 상고시기의 예를 하나의 어휘가 아니라고 주장할 근거도 부족하다. 특히 '又復', '復更' 등은 중고시기의 것과 그 의미상의 차이도 발견할 수 없다. 이에 비록 상고시기에 등장하였더라도 동일한 쌍음절 어휘의 형식이라고 보고자 한다.

한편, '又復'과 '復更1'은 중고시기의 ≪賢愚經≫에서도 아래와 같이 발견이 되고 있다.

(7) 問其父母: "世尊在不?" 答曰: "故在." 復更問曰: "尊者舍利弗阿難等, 悉爲在不?" (波羅奈人身貿供養緣品第四) (그 부모에게 물었다. "세존이 계십니까?" 그가 대답했다. "아직 계십니다." 다시 물었다. "존자 사리불, 아난 등 모두 있습니까?")

(8) 爾時阿難, 目見此事, 嘆未曾有, 贊說如來若干德行, 又復諮嗟. (摩訶薩埵以身施虎緣品第二) (당시 아난이 직접 이 일을 보고서 전에 없던 일이라 감탄을 하였는데 여래의 갖가지 덕행을 칭찬하면서 또 물었다.)

이 가운데 '又復'은 이미 상고중국어 시기에 아래와 같이 '추가'의 의미도 등장하였다.

(9) 鄭縣人有得車軛者, 而不知其名, 問人曰: "此何種也?" 對曰: "此車軛也." 俄又復得一. (韓非子, 外儲說左上) (정현에 어떤 사람이 수레의 멍에를 얻었는데, 그 이름을 몰라 물었다. "이것은 무엇이오?" 그러자 대답했다. "이것은 수레의 멍에요." 얼마 지나지 않아 하나를 더 얻었다.)

이 의미는 아래와 같이 중고중국어에 등장하는 '게다가, 또'라는 의미로 발전하였다.

---

32) 吳慶峰(2006)

(10) 時彼村中, 有大池水, <u>又復</u>饒魚. (增一阿含經) (그때 그 마을엔 큰 연못이 있었고,
또 많은 물고기도 있었다.)

이때의 의미는 '반복'과는 다르고 모종의 '추가'적 의미가 될 수 있다. 그러나 ≪百喻經≫에서는 출현하고 있지 않다.

李淑賢(2010)에 따르면, ≪宋書≫에는 또 '復更'과 함께 유사 부사 '更復'이 출현하고 있다고 한다. 여기서 그는 '復更'이 보다 더 '중복성'에 초점을 맞추고 있다고 설명한다. 즉, '更復'과 동일 형태소로 구성된, 순서만 바뀐 것이지만 그 의미는 분명한 차이가 있다는 것이다. 아래는 ≪宋書≫의 예이다.[33]

(11) 二十九年, <u>復更</u>北伐, 慶之固諫不從, 以立議不同, 不使北出. (沈慶之傳) (29년에
다시(又) 북벌을 하려고 하자 慶之가 극력 간언을 하였으나 듣지 않았고 그의 견해가
다르다는 이유로 그에게 북벌에 참가하지 못하게 했다.)

## 8.3  추가부사

추가부사란 앞절에서 소개했듯이 별개의 사건이 추가로 발생하는 것을 말하는데, 이 경우 동작 자체가 다른 것일 수 있고 그 동작의 대상이 별개의 것일 수도 있다. 이렇게 하여 '반복'류와는 분명한 차별화를 이룬다. 그런데 대부분의 '추가류'부사는 반복류 부사와 동일 형태로 되어 있어서 이들 간에는 모종의 의미적, 기원적 연관 관계가 존재한다. ≪百喻經≫에서는 '復2', '更2', '又2', '復更2'가 출현하고 있다.

### 復2

추가부사 '復2'는 상고중국어에서 전해져 온 것으로 총19예가 출현한다.

---

33) 李淑賢(2010)은 ≪宋書≫에 출현하는 '更復'의 경우 '여전히, 아직도(仍然)'의 의미로 쓰인다고 본다.

(1) 其夫拍手笑言: "咄! 婢, 我定得餠, 不<u>復</u>與爾." (67. 夫婦食餠共爲要喩) (그 남편은 손뼉을 치며 웃으며 말했다. "체, 바보같으니, 내가 마침내 떡을 얻게 되었다. <u>더는</u> 너에게 주지 않겠다.")

(2) 飮水已足, 卽便擧手語木桶言: "我已飮竟, 水莫<u>復</u>來." (38. 飮木桶水喩) (물을 이미 충분히 다 마시자 이에 손을 들어 나무통에 대고 말을 했다. "내가 이미 물을 다 마셨으니 물은 <u>더</u> 안 와도 된다.")

(3) 彼遠人者, 自謂勇健, 無能敵者, 今<u>復</u>若能殺彼師子, 爲國除害, 眞爲奇特. (65. 五百歡喜丸喩) (저 이방인이란 자는 스스로 용감하고 건장하며 자신을 대적할 자가 없다고 말한다. 지금 <u>다시</u> 만약 저 사자를 죽여 나라를 위해 해를 제거할 수 있다면 정말로 특별할 것이다.)

(4) 如是愚人氀與金錢一切都失. 自失其利, <u>復</u>使彼失氀喩) (97. 爲惡賊所劫失氀喩) (이와 같은 우매한 자는 모직옷과 금화 등 모두를 잃게 되었다. 스스로 그 이익을 잃을 뿐 아니라 <u>또</u> 남으로 하여금 잃게까지 하였다.)

(5) 其中有捉頭者, 有捉耳者, 有捉尾者, 有捉脚者, <u>復</u>有捉器者, 各欲先得, 於前飮之. (77. 搆驢乳喩) (그중 머리를 잡은 자, 귀를 잡은 자, 꼬리를 잡은 자, 발을 잡은 자, <u>또</u> 다른 기관을 잡은 자 등이 있었고, 각자 먼저 얻어서 사전에 마시길 원했다.)

이것은 "더, 다시"의 의미로 추가로 다른 행위가 더 발생함을 나타내며 모두 VP를 수식하고 있다. 위의 (1)은 너에게 더 이상 추가로 떡을 주지 않겠다라는 것이고, (2)는 물이 자꾸 흘러오니까 더 이상 오지 말라는 것이다. (3)은 앞에서 사람들은 죽여서 대단한 것으로 보였는데 이번엔 추가로 사자를 죽여서 능력을 더 보이라는 것이다. 한편, (4)와 (5)의 경우는 '추가'적인 의미도 있지만 '병렬'의 의미가 약간씩 나타나고 있다. 사실 '병렬'이라 함은 결국 여러 개가 누적되어 나열되는 것이기 때문에 그 근저에는 '추가'의 의미를 기초로 하고 있다. 쉽게 말해 추가적으로 나열되는 것인 셈이다. 다만, '추가'는 앞의 나열한 것을 전제로 '+α'의 개념을 내포하는 반면 '병렬'은 앞의 것을 전제로 하지 않고, 또 그 위에 '더'라고 하는 '+α'의 개념도 내포하지 않는다. 그렇기 때문에 명확한 구분이 가능하기도 하지만 어쨌든 둘 사이가 애매한 경우가 많다. 이러한 이유로 '병렬'을 나타내는 부사 '旣'가 추가부사인 '復'이나 '又' 등과 함께 병렬구조를 구성하게 된다.

위의 '復1'에서도 설명했듯이, 고한어에서 '復'은 여러 가지 기능을 갖고 있었다. 이러한 다양한 기능들은 대부분 동일 기원에서 문법화를 통해 이루어진 것으로 '반복'과 '추가'부사 기능, 그리고 접속사의 기능, 심지어 접미사의 기능도 그러하다. 이렇게 의미적인 연관 관계가 있기 때문에 이들 간에는 의미적으로 매우 유사하여 위와 같이 구분이 애매한 경우가 자주 발생한다. 사실, 일부에서는 '旣'와 호응하는 '復2'를 아예 병렬부사로 처리하기도 한다. 그러나 본서에서는 명확히 병렬로 보기엔 여전히 애매한 면이 있어 비교적 보수적인 시각으로 추가부사로 본 것뿐이다. 한편, '復'은 이러한 부사 기능 외에도 아래와 같이 아예 접속사가 되어 詩歌에서 자주 출현하기도 했다.[34]

(6) 河漢縱且橫, 北斗橫復直. (梁沈約, 夜夜曲) (은하수는 종과 횡으로 흐르고, 북두칠성은 가로와 세로로 이동한다.)

(7) 霜黃碧梧白鶴棲, 城上擊柝復烏啼. (唐杜甫, 暮歸) (차가운 서릿발에 누렇게 물든 푸른 오동잎에 흰 두루미가 깃들고, 성위에는 야경꾼의 소리와 까마귀 소리가 울린다.)

(8) 三昧花無相, 何壞復何成? (祖堂集) (삼매의 꽃은 형상이 없으니 어찌 무너지고 또 어찌 이루어지겠는가?)

(9) 寓宿湍與瀨, 行歌秋復春. (唐李頎, 漁父歌) (빠른 물살과 여울에서 잠시 묵다보니, 콧노래 흥얼거리자 가을이 가고 또 봄이 찾아오리라.)

이것은 병렬접속사로서 심지어 '且'나 '與'와 대구로 출현하기도 한다. 이러한 접속사의 용법은 '추가'의미의 부사용법과 밀접한 관계가 있으며 아마도 추가부사 의미에서 문법화하였을 가능성도 있다.

≪顔氏家訓≫에서도 아래와 같이 '추가'의미의 '復'이 출현하는데 모두 4예이고 VP를 수식한다.

(10) 蕭賁, 劉孝先, 劉靈, 幷文學已外, 復佳此法. (雜藝) (소분, 유효선, 유령은 모두 문학 이외에 또 이와 같은 화법에 뛰어났다.)

이러한 '추가'의미의 '復2'는 이미 상고중국어에서 아래와 같이 출현하고 있다.

(11) 項王曰: "壯士, 能復飮乎?" 樊噲曰: "臣死且不避, 卮酒安足辭!……" (史記, 項羽本紀) (항왕이 말했다. "장사는 더 마실 수 있소?" 번쾌가 말했다. "저는 죽음도 피하지 않습니다. 술 한 잔을 어찌 피한단 말입니까?")

여기서의 '復'은 추가로 한 잔 더 마시는 것을 의미한다. 唐五代의 ≪祖堂集≫에서도 '復2'가 31예 발견되고 있다.

---

34) 董志翹·蔡鏡浩(1994)

(12) 達摩大師同學兄名佛大先, 此佛大先是佛馱跋陁羅三藏之弟子. 佛馱跋陁羅復有弟子名那連耶舍. (第二十八祖菩提達摩和尙) (達摩大師의 동학 이름은 佛大先이며 이 佛大先은 佛馱跋陁羅三藏의 제자이다. 佛馱跋陁羅에게는 제자가 더 있는데 이름이 那連耶舍이다.)

≪朱子語類≫에는 '반복'과 '추가'의 부사 '復'이 970여 개 출현하며 아래는 '추가'의 예이다.[35)]

(13) 旣切而復磋之, 旣琢而復磨之, 方止於至善. (朱子語類卷第十六 大學三) (이미 잘랐으면 더 갈아야 하고, 이미 쪼갰으면 더 갈아야 하니 그래야만 비로소 지극한 선에 이르게 된다.)

## 更2

추가부사 '更2'는 상고중국어에서 전해져 온 것으로 총15예 출현한다.

(1) 若不得留, 要當葬者, 須更殺一子, 停擔兩頭, 乃可勝致. (6. 子死欲停置家中喩) (만약 남겨놓을 수 없고 반드시 장례를 치러야 한다면 (한 구의 시체를 어찌 들고 갈 수 있는가?) 아들 하나를 더 죽여 멜대 양쪽에 메고 가면 더 잘 들 수 있을 것이다.)

(2) 往昔世時, 有婦女人, 始有一子, 更欲求子. (21. 婦女欲更求子喩) (옛날에 한 여자가 있었는데 이미 아들이 하나 있었으나 아들을 더 원했다.)

(3) 若前雉已盡, 何不更食? (62. 病人食雉肉喩) (만약 앞의 꿩을 다 먹었다면 어찌하여 더 먹지 않는 것인가?)

(4) 人語鬼言: "爾等所諍, 我已得去. 今使爾等更無所諍." (41. 毗舍闍鬼喩) (사람은 귀신들에게 말했다. "너희들이 다투는 그것은 내가 이미 얻어서 간다. 지금 너희들로 하여금 더 이상 다툴 것이 없게 만들었다.")

이것은 "다시, 더"의 의미로 추가로 다른 행위가 더 발생함을 나타낸다. 위의 예(1)의 경우, 이미 아들이 하나 죽었는데 여기서 더 하나를 죽이는 것을 나타내고 있고, (2)는 지금 있는 아들 말고 다른 하나를 더 원하는 것을 나타낸다. (3)은 의사가 꿩을 계속 먹으라고 했는데 더 먹지 않기 때문에 한 말이다. 한편, (4)와 같이 '更+부정사(혹은 부정의미의

---

35) 吳福祥(2004)에 따르면, ≪朱子語類輯略≫에서 '추가'류 '復2'가 6예 발견된다고 하므로 전체 ≪朱子語類≫에서의 수량도 비교적 다수 출현할 것으로 보인다.

동사)'의 형태를 취해 "더 이상 ~하지 않다. ~이 없다."의 의미를 관용적으로 나타내기도 한다. 이러한 '更2'는 역시 '更1'의 '반복'의미와는 달리 동일한 행위가 중복되는 것이 아니라 이미 발생한 것과는 다른 별도의 행위 또는 별도의 대상에 대한 행위가 이루어지고 있는 것이다.

15예 모두 VP를 수식하고 있는데, 만약 AP를 수식한다면 이때는 '추가'의 의미보다는 아래와 같이 '정도성'을 나타내게 되어 성질이 달라진다.

(5)  吾嘗爲鮑叔謀事而更窮困, 鮑叔不以我爲愚, 知時有利不利也. (史記, 管晏列傳)
     (내 일찍이 포숙을 위해 일을 도모했지만 더 빈궁해졌다. 그런데 포숙은 나를 우매하
     다 여기지 않았고, 시세의 불리와 유리함이 있음을 알아주었다.)

≪百喩經≫에서는 이와 같은 정도성의 '更'은 정도부사로 출현하는데 이것이 바로 '更3'이다. ≪顔氏家訓≫에서는 '추가'류의 '更'이 출현하지 않으나 ≪世說新語≫에서는 아래와 같이 '추가'류와 정도성의 '更'이 모두 출현한다.

(6)  袁彦道有二妹: 一適殷淵源, 一適謝仁祖. 語桓宣武云: "恨不更有一人配卿!"
     (任誕37) (袁耽은 두 누이가 있는데 하나는 殷浩에게 시집보냈고, 하나는 謝尚에게
     시집보냈다. 이에 桓溫에게 말했다. "다른 누이가 하나 더 있어 그대에게 짝지어주지
     못한 게 한이군!") **[추가]**
(7)  王之學華, 皆是形骸之外, 去之所以更遠. (德行12) (王朗이 華歆을 배움에 모두
     표면적인 것들뿐이라 그와의 거리가 이로써 더 멀어졌다.) **[정도]**

추가의 '更2'는 매우 발달하여 위진남북조 시기에도 자주 등장하였지만 그 이후 唐宋시기에도 자주 출현하였는데 ≪祖堂集≫에선 무려 100예가 출현하고 있다.

(8)  上座又問: "上來密語密意, 只有這箇, 爲當更有意旨?" (第三十二祖弘忍和尚)
     (상좌가 또 물었다. "밀어와 밀의는 단지 그것뿐입니까? 아니면 그 밖에 다시 또 다른
     뜻이 있습니까?")

## 又2

추가부사 '又2'는 상고중국어에서 전해져 온 것으로 총6예 출현한다.

(1) 如彼愚人, 一子既死, 又殺一子. (6. 子死欲停置家中喩) (저 우매한 자와 같아 아들 하나가 이미 죽자 다시 하나를 더 죽였다.)

(2) 又有一人復語浣衣. 婢語此者: "先與其浣." (51. 五人買婢共使作喩) (또 한 사람이 다시 (그녀에게) 옷을 빨라고 말했다. (그러자) 여노비는 이 사람에게 말했다. "먼저 그를 위해 빨아야 합니다.")

(3) 一人捨去, 往至大會, 極得美膳, 又獲珍寶. (59. 觀作瓶喩) (한 사람은 거기를 떠나 대회에 갔고 맛있는 음식을 많이 얻었으며 또 보물도 얻었다.)

이것은 "다시, 더"의 의미로 추가로 다른 행위가 더 발생함을 나타내며 이들 모두 VP를 수식하고 있다. 위의 (1)의 경우, '更2'의 예 "須更殺一子, 停擔兩頭"와 같은 스토리에 출현한 것으로 '아들 하나를 더 죽이다'란 표현에 '更'도 썼다가 또 '又'도 쓰고 있었다. (2)의 경우는 두 사람 중 한 사람이 빨래를 하라고 시켰고, 이번에 두 번째 사람이 시킨 것이다. 한편, (3)의 "極得美膳, 又獲珍寶"는 거의 같은 구조로 되어 있어, 앞 절은 동사가 '得'이고, 뒷절은 '獲'이다. 모두가 '~을 얻다'란 의미이기 때문에 "진귀한 보물을 더 얻다"라고도 볼 수 있으나 "~도 하고, 또 ~도 하고"의 의미로 일종의 대등 사건의 나열, 병렬로 볼 수도 있다. 역시 '復2'와 마찬가지로 '又2'도 이러한 이유로 병렬부사 '既'와 함께 병렬구조를 구성하고 있다.

≪顔氏家訓≫에서도 아래와 같이 41예의 '又2'가 출현하고 있으며 모두 VP를 수식한다.

(4) 洛陽亦聞崔浩, 張偉, 劉芳, 鄴下又見邢子才. (勉學) (낙양에는 최호, 장위, 유방이 유명하고 업하에는 또 형자재가 나타났다.)

'又2'는 상고중국어에서 이미 출현하여 이렇게 위진남북조 시기에도 상용되었고 唐宋 시기에도 상용되었는데, ≪朱子語類輯略≫에서만도 무려 518예가 출현하고 있었다.[36]

(5) 今須要知得他有心處, 又要見得他無心處, 只恁定說不得. (朱子語類卷第一 理氣上) (지금은 그것이 마음 둔 곳도 알아야 하고 또 그것이 마음을 두지 않은 곳도 봐야 한다. 단지 그렇게 정하면 말을 할 수가 없다.)

---

36) 吳福祥(2004)

## 復更2

추가부사 '復更2'는 총2예 출현한다.

(1) 旣爲五欲之所疲厭, 如彼飮足, 便作是言: "汝色聲香味, 莫復更來使我見也." (38. 飮木桶水喩) (이미 오욕에 의해 질리고 마치 저 사람처럼 물을 충분히 다 마신 다음에야 이와 같이 말을 한다. "너희 색, 성, 향, 미 <u>더 이상</u> 나로 하여금 보게 하지 말아라.")

(2) 語汝速滅, 莫復更生. 何以故來, 使我見之? (38. 飮木桶水喩) (너에게 속히 없어지고 <u>다시</u> 나오지 말라고 했는데, 어찌하여 여전히 와서 나로 하여금 다시 보게 하는가!)

이것은 "다시, 더"의 의미로 추가적인 행위를 나타내고 있으며 모두 VP를 수식한다. 위의 예에서 '復更'은 모두 금지부사 '莫'과 함께 쓰여 "더 이상 ~하지 마라"라는 의미를 나타내고 있다. 그리고 ≪顔氏家訓≫에서는 출현하지 않고 있다.

'반복'의미로서의 '復更'은 이미 상고중국어에서 출현했는데 '추가'의미는 정확히 언제 출현했는지 알 수가 없다. 다만 '반복'의미와 '추가'의미가 대체로 동시기에 공존하는 현상이 많기 때문에 상고시기 '반복'의미가 출현했을 당시에 함께 출현했을 가능성이 있다.

중고시기엔 여러 문헌에서 '復更'의 형태가 등장하고는 있는데 필자의 조사에 의하면 아래와 같이 ≪賢愚經≫에 다수가 출현하고 있었다.

(3) 前後與汝六十萬錢, 汝不知足, <u>復更</u>來求. 今<u>復更</u>與汝十萬錢, 能有能無更勿來索. (賢愚經, 波婆梨緣品第六十七) (전후로 내가 너에게 육십만전을 주었는데 너는 만족할 줄 모르고 <u>또</u> 와서 달라고 한다. 오늘 너에게 십만 전을 <u>더</u> 주는데 나중에는 돈이 있든 없든 다시 와서 달라고 하지 마라.)

흥미로운 것은 여기서 두 개의 '復更'이 등장하는데 전자는 '반복'의미이고 후자는 '추가'의 의미이다. 즉, 앞의 것은 "돈 달라고 찾아오는 행위의 반복"인 것이고, 뒤의 것은 "이미 돈을 주었고 추가로 더 주는 행위"인 것이다. 아래는 '추가'의 의미가 더 분명하게 드러나는 예이다.

(4) 須陀素彌, 爲說本偈, <u>復更</u>方便廣爲說法. (賢愚經, 無惱指鬘品第四十五) (須陀素彌는 그에게 원래의 게송을 말해줬고, <u>더 나아가</u> 여러 방법을 동원하여 각종 正法을 설명하였다.)

이처럼 위진남북조 시기에 일정 정도 상용되었으나 그 후 唐宋의 문헌들에서는 잘 발견되지 않고 있다.

---

<table>
<tr><td>8.4</td><td>관련부사</td></tr>
</table>

'관련부사'란 문장 중 관련 작용을 하는 부사 유형을 말한다. 이것은 주로 두 개의 구 또는 두 개의 용언성 성분을 연결하여 더 큰 단위로 만드는 역할을 한다.[37] 연결되는 두 항 간의 논리적 관계에 따라 아래와 같이 몇 가지 하위범주로 분류할 수 있다.

**표 8-2** 관련부사

| 분류 | 예 |
|---|---|
| 병렬류 | 亦2, 旣2, 旣復, 而復 |
| 승접류 | 則, 卽2, 乃2, 遂3, 便1, 卽便2, 遂便 |
| 역접/전환류 | 乃3, 可1, 便2 |
| 양보류 | 猶尙 |

### 8.4.1 병렬류

병렬류 관련부사는 구 또는 용언성 성분 간에 主從의 관계가 없이 대등하게 연결하는 것을 말하며 여기엔 '亦2', '旣2', '旣復', '而復'이 있다.

#### 亦2

관련부사 '亦2'는 상고중국어에서 전해져 온 것으로 총4예 출현한다.

---

37) 吳福祥(2004)

(1) 答曰: "亦有亦無." (0. 引言) (답하여 말했다. "있는 것이기도 하고 없는 것이기도 하다.")

(2) 盤、瓶亦復中破作二分, 所有瓮、瓨亦破作二分, 錢亦破作二分. (58. 二子分財 喻) (접시와 병 역시 가운데를 깨서 나누고, 갖고 있는 옹기와 항아리 역시 깨서 둘로 나누고, 돈 역시 둘로 쪼개야 한다.)

(3) 諸佛說法, 不著二邊, 亦不著斷, 亦不著常, 如似八正道說法. (61. 梵天弟子造物 因喻) (여러 부처들의 설법은 두 편견에 집착하지 않고, 또한 斷에 집착하지 않으며 또 常에 집착하지도 않아 마치 팔정도설법과 같다.)

(4) 我不病眼, 亦不著風, 欲得王意. (26. 人效王眼瞤喻) (저는 눈에 병이 있는 게 아니고 또 바람을 맞아서 그런 것도 아닙니다. 왕의 뜻을 얻고자함입니다.)

이것은 두 개의 병렬로 나열된 구 사이에 쓰여 '亦……亦……'의 형식을 구성하거나 '……亦……'의 형식을 구성하여 양자 간의 병렬 관계를 나타낸다. 일반적으로는 '亦'이 두 번 출현하여 (1), (2), (3)과 같이 쓰이기도 하지만 (4)처럼 두 구 사이에 한 번만 등장하여 쓰이기도 한다. 한 번 출현하더라도 역시 '병렬'의 의미는 동일하다. 모두 VP앞에 출현한다.

한편, 형식상 동일 주어의 다른 술어가 결합되는 경우도 있고, 다른 주어의 동일 술어가 결합되는 경우도 있는데, 상기 예 중 (1), (3), (4)는 모두 전자의 예이고, (2)는 후자의 예이다. 그래서 (1)은 '天下'란 주체가 '有'와 '無'란 두 개의 술어에 연결되어 있고, (3)은 '부처의 설법'이 '不著斷'과 '不著常'의 두 술어에 연결되어 있다. 그리고 (4)는 '我'라는 주어가 '不病眼'과 '不著風'이란 두 술어에 연결되어 있다. 반면, (2)는 서로 다른 주어 '瓮, 瓨'과 '錢'이 각각 '破作二分(둘로 나뉘다)'되는 술어를 공유하고 있다.

병렬류 부사 '亦2'는 이미 상고중국어에서도 아래와 같이 나타나고 있었다.

(5) 是其爲人也, 有糧者亦食, 無糧者亦食; 有衣者亦衣, 無衣者亦衣. (戰國策, 齊策 四) (그의 사람됨은 양식이 있는 자에게도 먹이고, 양식이 없는 자에게도 먹인다. 그리고 옷이 있는 이에게도 옷을 입게 하고, 옷이 없는 이에게도 옷을 입게 한다.)

그리고 위진남북조 시기에도 ≪百喻經≫에서 만큼 상용되었다.

(6) 昨夜聽殷、王淸言, 甚佳, 仁祖亦不寂寞, 我亦時復造心. (世說新語, 文學22) (어제밤 殷浩와 王導의 청담을 들으니 너무나도 아름다워 謝尙도 적막하지 않았고, 나도 마음에 깨달은 바가 있었다.)

(7) 女亦無所思, 女亦無所憶. (木蘭詩) (제가 또 무슨 고민이 있겠어요, 제가 또 무슨
생각이 있겠어요.)

앞에서 동일부사 '亦'의 상황에서 봤듯이, 이 '亦'과 '也'는 특히 唐이후 상호간의 경쟁
을 벌여 결국 서서히 '也'의 승리로 흘러가게 된다. ≪朱子語類≫에서 '也'가 2,800여 예,
'亦'이 4,700여 예로 여전히 '亦'의 우세가 있지만, ≪大宋宣和遺事≫, ≪元曲選≫ 등의
宋元시기 기타 문헌에서는 '也'가 서서히 많아지고 있다. 병렬부사의 상황도 이러한 신구
부사 교체 현상의 영향을 받는 것으로 보이는데 이에 대해서는 좀 더 연구가 필요하다.


## 旣2

관련부사 '旣2'는 상고중국어에서 전해져 온 것으로 총3예 출현한다.

(1) 旣不相著, 復失其鼻, 唐使其婦受大苦痛. (28. 爲婦貿鼻喩) (이미 붙지도 않았고
또 그 코도 잃었기 때문에 공연히 그 아내로 하여금 큰 고통을 당하게 하고 말았다.)
(2) 虛自假稱, 妄言有德, 旣失其利, 復傷其行. (28. 爲婦貿鼻喩) (헛되이 거짓으로 칭
하고 함부로 덕이 있다고 말하니 이미 그 이익도 잃게 되고 또 그의 행동도 해치게
된다.)
(3) 旣斷煩惱, 又伏惡魔, 便得無著道果封賞; 每常怖怯者, 喩能以弱而制於强. (65.
五百歡喜丸喩) (번뇌를 끊고 악마를 복속시킨 것은 無著道果를 상으로 얻음을 비유
하고, 평상시에 두려워하는 것은 약한 것으로 강한 것을 제압하는 것을 비유한다.)

이것은 두 개의 병렬로 나열된 구나 동사구를 연결하여 '旣……復……'의 형식을 구성
하거나 '旣……又……'의 형식을 구성하여 양자 간의 병렬 관계를 나타낸다. 모두 VP를
수식하고 있다. 위의 (1)의 경우 남편이 아내의 코를 예쁘게 하려다가 해를 끼치는 과정에
서 결과적으로 "不相著(코가 붙지 않음)"과 "失其鼻(원래의 코를 잃음)"이란 두 가지 결
과를 초래하고 말았기에 이렇게 두 결과를 나열하고 있다. 다른 예들도 이와 비슷하게 병
렬이 되고 있는데 이때 호응하는 성분으로 추가부사인 '復'이나 '又'를 사용하고 있다.[38]

---

[38] 이와 같이 '復' 등이 병렬부사 '旣' 등과 호응하여 출현하기 때문에 이때의 '復' 등을 아예 병렬부사로
분류할 수도 있다. 그러나 사실상 '추가'와 '병렬'의 구분이 모호한데다가 양자 간의 기원 관계가 얽혀
있어서 따로 '병렬'로 분류하지는 않는다. 즉, '亦'이나 '旣'는 전문적으로 병렬을 나타내는 병렬의 부사
이기 때문에 추가부사의 도움 없이도 출현할 수 있다. 그러나 위와 같이 병렬과 추가가 구분이 모호하여

병렬부사로서의 '旣'는 이미 상고중국어에서 출현하였으며 아래와 같은 ≪左傳≫의 예가 있다.

    (4)  政以治民, 刑以正邪, 旣無德政, 又無威刑, 是以及邪. (隱公十一年) (정치로 백성을 다스리고 법으로 사악함을 바로잡는다. 덕정도 없고 위엄 있는 법도 없으니 이로써 사악함이 발생하게 된다.)

≪顔氏家訓≫에서도 아래와 같이 5예 출현하며 VP나 AP를 수식한다. 역시 여기서도 '又' 또는 '亦'과 호응하고 있다.

    (5)  旣有寒木, 又發春花, 何如也? (文章) (추위에도 늠름한 나무인데 다시 봄꽃까지 피울 수 있다면 어떠하겠습니까?)

唐宋시기에도 매우 발전하여 아래와 같은 ≪朱子語類≫의 예도 있으며 이후 현대중국어에까지 지속적으로 사용되고 있다.[39]

    (6)  若旣要爲大官, 又要避禍, 無此理. (朱子語類卷第一百二十二 呂伯恭) (만약 큰 관리가 되기도 하면서 또 화도 피하고자 하니 이러한 이치는 없다.)


## 旣復 과 而復

≪百喩經≫에서는 매우 특이한 형태의 병렬 부사 쌍을 발견하였다. 이는 병렬의 기능을 하는 부사 '旣'와 이것과 호응하여 출현하는 접속사 '而'에 부사 접미사 '復'이 각각 결합하여 쌍음절의 형태를 구성한 '旣復'과 '而復'이다.

    (1)  卽用其語, 以刀斬頭. 旣復殺駝, 而復破瓮. (75. 駝瓮俱失喩) (바로 그의 말을 따라

---

경우에 따라 추가부사가 병렬에 가깝게 나타날 때가 있어 '復' 등이 애매한 면모를 보일 때가 있는데 그렇다 하더라도 이들은 전문적으로 병렬을 나타내는 부사들과는 다르게 봐야 한다. '復' 등은 기본적으로 추가와 병렬의 의미가 다 갖추어져 있고 화자의 의도에 따라 추가성이 강조되거나 병렬성이 강조되어 각각의 의도에 맞게 그 의미로 전환이 되어 나타난다고 보는 것이 옳으며 그렇기 때문에 굳이 병렬의 의미를 따로 분류하지 않는다는 것이다.
39) 吳福祥(2004)에 따르면, ≪朱子語類輯略≫에만 이미 24예가 출현한다고 하므로 당시 출현율이 비교적 높음을 알 수 있다.

칼로 낙타 머리를 베었다. 이미 낙타도 죽였고 또 옹기도 깼다.)

위의 문장에서 이 두 부사에 의해 '殺駝(낙타를 죽이다)'라는 동작과 '破甕(옹기를 깨다)'이라는 동작이 대등하게 연결되고 있다. 즉, 두 용언성 성분이 두 개의 부사에 의해 병렬로 연결되고 있는 것이다. 여기서 '旣復'은 '旣'라는 부사에 접미사 '復'이 붙은 것으로, 그리고 '而復' 역시 접속사 '而'에 부사 접미사 '復'이 붙은 것으로 볼 수 있다. 현재 이러한 형태를 사용하는 것은 동시기 기타 문헌에서 거의 발견되고 있지 않다. 본서에서는 매우 이례적인 예로서 이것을 일단 쌍음절의 병렬부사로 처리한다.

## 8.4.2 승접류

'승접(承接)'이라함은 연접된 두 항 중 뒤의 항이 시간순서 혹은 논리 관계(인과, 조건 등)에 있어서 앞의 항에 이어 발생되는 것을 말하며[40], 승접류 부사는 바로 앞 항과 뒤 항 사이에 출현하여 이러한 관계를 나타낸다. 여기에는 '則', '卽2', '乃2', '遂3', '便1', '卽便2', '遂便'이 있으며 이들은 공통적으로 현대중국어의 '就'나 '才'에 대응된다.

### 則

관련부사 '則'은 상고중국어에서 전해져 온 것으로 총5예에 출현한다.

(1) 我以欲得彼之錢財, 認之爲兄, 實非是兄. 若其債時, 則稱非兄. (7. 認人爲兄喩) (나는 그의 재물을 얻기를 원했기 때문에 그를 형으로 인정한 것이나 사실은 형이 아니다. 만약 그가 빚독촉을 한다면 그가 형이 아니라고 하는 것이다.)

(2) 昔有一人, 頭上無毛, 冬則大寒, 夏則患熱, 兼爲蚊虻之所唼食. (40. 治禿喩) (옛날에 한 사람이 있었는데 머리 위에 털이 없어, 겨울엔 매우 춥고, 여름엔 더위에 시달렸으며 또 모기, 등에의 먹이가 되기도 했다.)

(3) 所以爾者, 彼有錢財, 須者則用之, 是故爲兄. (7. 認人爲兄喩) (이렇게 하는 까닭은 그가 돈이 있어 필요한 자는 그것을 쓸 수 있기 때문에 형이라고 하는 것이다.)

(4) 水則不別. 汝昔失時, 乃在於彼; 今在此覓, 何由可得? (19. 乘船失釪喩) (물은 비

---

40) 학자들에 따라 어떤 경우는 이 가운데 '조건'을 따로 분리시켜 논하기도 한다. 그러나 여기서는 '조건'도 승접에 넣어 보다 넓은 의미의 개념으로 쓰고자 한다.

록 다르지 않으나 네가 전에 잃어버렸을 때는 곧 저쪽에 있었고 지금은 여기서 찾고 있으니 어떻게 얻을 수 있겠는가?)

'則'은 승접부사로서 가정을 나타낸다. 즉, 'A+則+B'라고 한다면, A는 가정, B는 그에 대한 결과를 나타낸다. 이러한 '則'의 용법은 이미 상고중국어 시기부터 사용되어 오던 것으로 A의 위치에는 (1)과 같이 동사구나 절이 올 수도 있지만 (2)(3)(4)와 같이 명사 하나가 나올 수도 있다. 위의 (1)은 전형적인 '가정-결과'의 의미 관계를 보여주고 있다. 이에 비해 (2)(3)(4)는 A위치에 명사가 출현하고 있는데 이들 모두 기본적으로 "A라면 B이다."라고 하는 논리 관계로 구성되어 있다. 예를 들어, '冬則大寒'은 '겨울이면 크게 추울 것이다'이고, '須者則用之'는 '필요한 자라면 그것을 사용할 것이다.'로 해석할 수 있다. (4)의 '水則不別'의 경우, 이들과 약간 다를 수 있지만 이것 역시 '다른 그 어떤 것도 아닌 물이라면 다르지 않다'의 논리 관계가 깔려 있다. 이렇게 '則' 앞에 명사가 출현하고 있으나 이 자체가 논리상 가정의 의미를 함축하고 있다고 볼 수 있다.[41]

≪顔氏家訓≫에서는 이러한 승접의 '則'이 139예 출현하고 있는데 의미관계상 시간순서나 논리적 인과관계 등을 나타내고 있다. 원래 시간순서 관계가 가장 기본적 의미 관계인데 ≪百喩經≫에서는 이것이 출현하지 않고 있다. 이러한 승접의 관련부사 '則'은 또 그 이후의 唐宋의 문헌에서도 적지 않은 양이 지속적으로 사용되고 있다. ≪祖堂集≫에서는 548예나 출현하고 있는데 여기서도 가정이나 조건 등의 논리관계를 나타내고 있다.

(5) 如未透得, 但學佛祖, 則萬劫無有得期. (龍牙和尙) (만일 초월하지 못하고 부처와 조사를 배우기만 하면 만 겁 동안에 벗어날 수 없을 것이다.)
(6) 諸方一切句道盡一句. 老師則不然, 一句道盡一切句. (投子和尙) (제방에서는 일체의 구절로 한 구절을 다 말하는데 노승은 그렇지 않아서 한 구절로써 일체 구절을

---

41) 何樂士(2006)에 따르면 고한어에서의 '則'은 접속사와 부사의 기능이 있다고 한다. 그는 여기서 제시한 예들에 대해 특히 (1)과 같은 경우를 일종의 승접 접속사로 보고, 그 외 특히 명사가 앞에 나오는 경우를 부사로 본다. 그의 이러한 주장은 매우 타당하며 사실상 접속사와 부사가 많은 경우에 있어서 혼동되는 것도 사실이다. 그런데 이때의 '則'은 그 뒤에 나오고 있는 '卽'이나 '便' 그리고 현대중국어의 '就'와 기능이 매우 유사하다. 그래서 曹廣順등(2011)은 이를 부사로 처리한다. 그렇기 때문에 본서에서는 이를 접속사보다는 부사로 본다. 그리고 부사 중에서도 '水則不別'의 경우와 같이 논리적인 관계보다는 '就'의 강조용법과 비슷하게 나타나는 경우가 있다. 그렇기 때문에 何樂士(2006)는 이를 강조용법의 부사로 처리하였다. 그러나 이 역시 필자가 본문에서 제시하고 있는 논리대로 그 내부에 일종의 가정의 논리를 함축하고 있는 것으로 볼 수 있으므로 넓은 의미에서 가정관계를 나타내는 승접부사 역할이라고 할 수 있다. 이러한 '則'이 강조의 부사라고 하는 또 다른 범주로 문법화가 되었을 수도 있으나 일단 본서에서는 분리시키지 않고 승접부사의 일종으로 보고자 한다.

다 말한다.)

여기서도 ≪百喩經≫의 상황과 동일하게 '則'앞의 형식이 하나의 절인 경우도 있지만 (6)처럼 하나의 단어인 경우도 있다.


## 卽2

관련부사 '卽2'는 상고중국어에서 전해져 온 것으로 총57예 출현한다.

### 1) 시간순서

(1) 爾時國王遣人四出推尋, 捕得將至王邊, 王卽責其所得衣處. (8. 山羌偸官庫衣喩) (이때 국왕이 사람을 시켜 사방으로 나가 찾게 했고, (이를) 잡아 데리고 왕의 곁으로 왔다. 왕은 곧 그가 어디서 옷을 얻었는지 따져 물었다.)

(2) 其婦出來, 卽割其鼻, 尋以他鼻著婦面上. (28. 爲婦貿鼻喩) (그 아낙이 나오자 (그는) 바로 그녀의 코를 베고는 다른 코를 아내의 얼굴에 붙였다.)

(3) 此人聞已, 卽語鬼言…… (41. 毗舍闍鬼喩) (이 사람은 듣고 나서 바로 귀신들에게 말했다. …)

### 2) 원인

(4) 爾時小兒信其語故, 卽擲水中. 龜得水已, 卽便走去. (98. 小兒得大龜喩) (그때 아이는 그 말을 믿었던 까닭에 바로 물속에 던졌다. 거북이는 물을 만나서 바로 가버렸다.)

### 3) 가정

(5) 設得出家, 卽剃鬚髮, 服三法衣. (78. 與兒期早行喩) (만약 출가를 한다면 바로 머리를 깎고 삼법의를 입어야 한다.)

이것은 뒷절에 출현하여 앞절을 이어 그 결과를 나타내는 작용을 한다. 이것도 역시 앞절이 뒷절에 대해 '시간순서', '원인', '가정/조건'의 세 가지 의미를 제시한다. 위의 (1)은 범인을 잡아 왕 앞에 데려 왔고 이어서 왕이 그를 심문하는 시간순서에 의한 결과를 보여준다. (2)도 아내가 나오자 코를 베는 시간의 순서이고, (3) 역시 먼저 듣고 나중에 귀신에게 말하는 시간의 순서가 나타나고 있다. 한편, (4)는 '小兒信其語(아이가 그 말을 믿다)'

라는 원인이 있고 그 결과로 '擲水中(거북을 물에 놓아주다)'라는 결과가 발생하고 있다. 이때 특히 원인을 더 분명히 나타내주는 명사 '故'가 등장한다. (5)는 '出家'라고 하는 가정이 전제되어 있고 그에 대한 결과로 '剃鬚髮, 服三法衣(머리를 깎고, 삼법의를 입다)'라고 하는 내용이 제시되어 있다.

57예 모두 VP를 수식한다. ≪顔氏家訓≫에는 4예 출현하며 모두 VP를 수식한다. 아래 <표 8-3>에서 볼 수 있듯이 東漢시대만 하더라도 '卽'이 '便'보다는 다소 높게 출현하고 있는데(≪六度集經≫에서 238:16), 바로 위진남북조 시기로 가면서 서서히 '便'의 수량이 증가하고 있는 것을 확인할 수 있다. ≪百喻經≫에서도 93:57이고, ≪顔氏家訓≫에서도 27:4로 역시 '便'이 월등히 우세함을 다시 한 번 확인하고 있다. 비록 그렇지만 이 시기엔 아직도 관련부사 '卽'이 빈번히 출현하고 있으며 唐五代에 가서도 여전히 높은 출현비율을 보여준다. 아래는 ≪祖堂集≫에서의 예이다.

(6) 若有心入定者, 卽一切有情悉皆有心, 亦合得定. (知策和尙) (만약 心이 있어야 入定한다면 모든 情이 있는 것은 다 心이 있어 또한 定에 합치한다.)

'便'과 '卽'의 경쟁은 결국 宋代이후 '便'의 승리로 끝나지만 그러한 '便'도 곧장 새로운 부사인 '就'의 도전을 받게 된다. 이렇게 승접부사의 계승관계는 '卽－便－就'로 이어지지만 이것은 어디까지나 구어에서 나타나는 현상이고 문어에서는 기존의 승접부사들이 여전히 활약을 하게 된다.

## 乃2

관련부사 '乃2'는 상고중국어에서 전해져 온 것으로 총12예 출현한다.

### 1) 시간순서

(1) 一人觀瓶, 而作是言: "待我看訖." 如是漸冉, 乃至日没, 觀瓶不已, 失於衣食. (59. 觀作瓶喩) (다른 한 사람은 병을 보면서 이러한 말을 했다. "내가 다 볼 때까지 기다려줘." 이처럼 점점 지나가자 이에 일몰에 이르렀고 병을 구경하는 것은 그치지 않았다. 그리고는 먹을 기회를 잃어버렸다.)

(2) 昔有一人, 巧於牧羊, 其羊滋多, 乃有千萬. (30. 牧羊人喩) (옛날에 어떤 이가 있었는데 양치기를 잘했다. 그래서 그 양이 불어나 천만이나 되었다.)

## 2) 원인

(3) 如欽婆羅後得大價, 乃生歡喜, 施亦如是. (87. 劫盜分財喻) (마치 흠파라의로 인해 나중에 더 큰 값을 얻게 되어 결국 기뻐하게 되는 것과 같으니 보시 또한 이러하다.)

(4) 見我頭上無有髮毛, 謂爲是石, 以梨打我, 頭破乃爾! (3. 以梨打頭破喻) (내 머리에 머리카락이 없는 것을 보고는 돌이라고 생각하여 배로 나를 때려서 머리가 깨져 이렇게 된 것이오.)

## 3) 가정/조건

(5) 爾若出國至他境界, 飢困之時, 乃可取食. (65. 五百歡喜丸喻) (당신이 만약 출국하여 다른 나라 경계에 이르러 배고프다면 그때 먹을 수 있을 겁니다.)

(6) 昔有一人患下部病, 醫言: "當須倒灌, 乃可瘥耳." (80. 倒灌喻) (옛날에 한 사람이 있었는데, 몸의 아랫부분이 아파서 의사가 말했다. "마땅히 장을 씻어내야 합니다. 그래야만 병이 나을 수 있습니다.")

관련부사 '乃2' 역시 뒷절에 출현하여 앞절을 이어 그 결과를 나타내는 작용을 한다. 마찬가지로 앞절은 '시간순서', '원인', '가정/조건'을 제시한다. 위의 (1)의 경우, '漸冉(시간이 점차 흘러)' 그 결과로 '至日没(일몰이 되다)'에 이르렀다. (2)는 '其羊滋多(양수가 불어나)' 결국 '有千萬(천만이 되다)'의 결과가 되었다. (3),(4)는 원인으로 '以梨打我(배로 머리를 때리다)'라는 원인, '欽婆羅後得大價(흠파라의가 큰 값을 얻다)'라는 원인이 제시되었다. 한편, 가정/조건에서 (5)는 가정으로 '出國至他境界, 飢困(출국해서 경계에 이르러 배고프다)'라는 것이 제시되어 있고, (6)은 '倒灌(관장하다)'라는 조건이 제시되어 있다. 어찌되었든 여기서의 '乃'는 모두 앞절에 대한 결과로 뒷절을 리드해주는 역할을 한다.[42]

12예 중 대부분이 VP를 수식하나 (4)와 같이 용언성 대명사 '爾'를 수식하는 예가 1예 출현하고 있다. ≪顔氏家訓≫에서도 18예가 출현하며 모두 VP를 수식한다.

'乃2'는 이미 상고중국어에서 출현하여 활약을 했는데 아래와 같은 예가 있다.

(7) 知彼知己, 勝乃不殆, 知天知地, 勝乃可全. (孫子兵法, 地形) (적을 알고 나를 알면 승리를 함에 있어 절대 위태롭지 않고, 하늘(기상)을 알고 땅(지리적 이점)을 알면

---

42) '조건'을 나타내는 '乃'의 경우 '비로소'의미의 시간부사 '乃1'과 혼동될 수도 있다. 그러나 '乃1'은 주로 기발생(已然)의 상황에 출현하고, 조건의 '乃'는 위와 같이 미발생(未然) 상황에 출현하므로 모종의 차이가 있다.

승리를 함에 있어 온전하게 승리할 수 있다.)

(8) 子産患之, 於是殺鄧析而戮之, 民心乃服, 是非乃定, 法律乃行. (呂氏春秋, 離謂)
(자산이 이를 골치 아파하여 이에 등석을 죽였다. 그러자 민심이 이에 승복했고 시비
가 이에 정해졌으며 법률이 행해졌다.)

이것은 唐宋시기에도 매우 상용되었으며 ≪祖堂集≫에서는 무려 230여 예나 출현하고
있다.

(9) 師召大衆, 衆僧乃迴顧. (九峯和尙) (대사가 모두를 부르자, 여러 중들이 이에 쳐다
봤다.)
(10) 汝但無事於心, 無心於事, 乃虛而妙矣. (德山和尙) (너는 그저 마음에 일이 없고,
일에 마음이 없어야만 비워지고 오묘해진다.)

전자는 '시간순서'라면, 후자는 '조건'이다.

## 遂3

관련부사 '遂3'은 상고중국어에서 전해져 온 것으로 총2예 출현한다.

(1) 時行伴中從睡寤者, 卒見火邊有一羅刹, 竟不諦觀, 捨之而走. 遂相驚動, 一切
伴侶悉皆逃奔. (63. 伎兒著戲羅刹服共相驚怖喩) (그때 일행 중 잠으로부터 깬 자
가 갑자기 불 옆에 나찰 악귀가 있는 것을 보고는 결국 자세히 보지도 않고 거기를
떠나 도망갔고, 이에 옆의 사람을 깨워서 모든 동료들이 다 도망갔다.)
(2) 我馬已死, 遂持尾來. (73. 詐言馬死喩) (내 말은 이미 죽었소. 이에 그 꼬리를 가지
고 왔소.)

이것은 뒤절에 출현하여 앞절을 이어 그 결과를 나타내는 작용을 한다. 현대중국어의
'就'와 동일하다. 이 역시 앞절이 뒷절에 대해 '시간순서', '원인' 등을 제시하고 있는데,
예(1)은 앞의 내용과 뒤의 내용이 순차적으로 연결되어 시간순서에 의해 진행되고 있다.
(2)에서는 '말이 죽은 일' 때문에 꼬리만 가지고 왔기 때문에 일종의 인과관계가 된다. 2예
모두 VP를 수식한다.
앞에서 '遂1'의 경우는 시간부사로 어떤 일이 최종적인 결과가 도출됨을 나타내고 있다
('마침내' 등). 어떻게 보면 이것과 '遂3'이 유사할 수가 있는데 그것은 곧 A라는 일과 B라

는 일이 순차적으로 연결이 되기 때문이다. 이때 '遂1'은 두 사건 사이의 연결에서 결과성을 강조하고 있지만 '遂3'은 그러한 의미는 없고 단지 앞절과 뒤절 간의 연결 기능만 하고 있어서 분명히 구별되고 있다. 이러한 '遂' 외에도 다수의 부사들이 '최종류' 또는 '시초류'와 승접부사 역할이 혼동될 수 있는 여지가 있으므로 잘 구분해야 한다('乃' 등 포함). ≪顔氏家訓≫에서도 무려 27예나 출현하고 있으며 모두 VP를 수식한다.

(3) 方復說之, 遂作羊鳴而死. (歸心) (그가 말을 하려고 하자 양 울음소리를 내며 죽고 말았다.)

이것은 상고중국어에서 이미 출현하였으며 ≪左傳≫에 아래와 같은 예가 있다.

(4) 公將鼓之. 劌曰; "未可." 齊人三鼓, 劌曰: "可矣." 齊師敗績. 公將馳之. 劌曰: "未可." 下, 視其轍, 登, 軾而望之, 曰: "可矣." 遂逐齊師. (莊公十年) (장공이 북을 울려 진군시키려 했으나 曹劌가 말했다. "아직 안됩니다." 제나라사람들이 세 번 북을 치자 이에 曹劌가 말했다. "이제 됩니다." 제군이 패주하자 장공이 쫓으려 했다. 이에 曹劌가 말했다. "아직 안됩니다." 아래로 수레바퀴자국을 보고 위로 수레 횡목에 올라 제군을 바라보고는 말했다. "이제 됩니다." 이에 제군을 추격했다.)

한편, 이것은 唐宋시기에도 꾸준히 출현하였는데 ≪祖堂集≫ 및 ≪朱子語類≫에서도 상당수가 등장하고 있다.[43]

(5) 王良久思惟, 爲自設誓已不違願故, 遂判四子擯於他方. (第七釋迦牟尼佛) (왕은 한참을 생각하다가 자신이 맹세한 것을 어길 수 없어서 네 아들을 먼 곳으로 내쫓기로 결정하였다.)
(6) 天地以此心普及萬物, 人得之遂爲人之心, 物得之遂爲物之心, 草木禽獸接著遂爲草木禽獸之心, 只是一箇天地之心爾. (朱子語類卷第一 理氣上) (천지는 이 마음을 만물에 보급하는데, 사람이 이를 얻으면 사람의 마음이 되고, 사물이 이를 얻으면 사물의 마음이 되며, 초목금수가 받으면 초목금수의 마음이 된다. 그러나 그저 하나의 천지의 마음일 뿐이다.)

---

43) 曹廣順 등(2011)에서는 이러한 '遂3'이 120여 예 출현한다고 한다. 그리고 吳福祥(2004)에 따르면 ≪朱子語類輯略≫에서는 또 무려 93예가 출현한다고 한다.

便1

관련부사 '便1'은 중고시기에 등장한 것으로 총93예 출현한다.

## 1) 시간순서

(1) 此人卽便往至王所, 見王眼瞤, 便效王瞤. (26. 人效王眼瞤喩) (이 사람은 바로 왕이 있는 곳에 가서 왕이 눈을 깜빡거리는 것을 보고는 왕의 눈깜빡거림을 흉내냈다.)

(2) 醫於後時, 見便問之: "汝病愈未?" (62. 病人食雉肉喩) (의사가 나중에 그를 만나 물었다. "당신 병이 나았습니까?")

(3) 作是議已, 便白於王. (65. 五百歡喜丸喩) (이 의논을 다 하고 곧 왕에게 말했다.)

(4) 昔有一人, 至婦家舍, 見其擣米, 便往其所, 偸米唵之. (72. 唵米決口喩) (옛날에 한 사람이 있었는데 그의 아내 집에 갔다가 쌀을 찧는 걸 보고는 그곳으로 가서 쌀을 훔쳐 그것을 입에 넣었다.)

## 2) 원인

(5) 雖作是語, 水流如故, 便瞋恚言. (38. 飮木桶水喩) (비록 이 말을 했으나 물은 여전히 계속 흘렀다. 이에 화가 나서 말했다.)

(6) 若近其一, 爲一所瞋. 不能裁斷, 便在二婦中間, 正身仰臥. (71. 爲二婦故喪其兩目喩) (만약 그중 하나에 가까이 하면 다른 하나에 의해 질시 받았다. 결정을 할 수 없어서 두 아내 사이에 몸을 바로 하고 누웠다.)

(7) 如是愚人, 爲小名利, 便故妄語, 喪沙門道果, 身壞命終, 墮三惡道. (86. 父取兒耳璫喩) (이 우매한 자처럼 작은 명리 때문에 고의로 함부로 말을 하고 사문의 도과를 잃고 몸이 망가져 죽을 때 삼악도에 빠지는 것이나 다름없다.)

## 3) 가정/조건

(8) 汝欲得離者, 當攝汝六情, 閉其心意, 妄想不生, 便得解脫. (38. 飮木桶水喩) (당신이 떠나려고 한다면 마땅히 당신의 육정을 다잡고 그 마음을 닫아 헛생각이 생기지 않게 해야 해탈할 수 있다.)

(9) 若能修行善行, 及以布施、持戒、禪定, 便得離苦, 获得道果. (41. 毗舍闍鬼喩) (만약 선행 및 포시, 지계, 선정을 수행할 수 있다면 고난에서 벗어날 수 있고 도과(열반)를 얻을 수 있다.)

이것은 앞뒤 두 절로 이루어진 문장에서, 뒤 절에 출현해 앞 절을 이어 결론을 표시하는 것으로 현대중국어의 '就'에 해당한다. 모두가 VP를 수식하고 있다. '便'은 기본적으로 뒤절의 상황이 앞절 상황에 이어 출현하고 있음을 나타내는데, 앞절과 뒷절의 관계는 의미상 위와 같이 세 가지로 구분이 가능하다. 그것은 곧 앞 절이 '시간적 순서'를 표시하는가, '원인'을 표시하는가, '가정/조건'을 표시하는가에 따라 달라진다. 예컨대, 위의 (1)은 '왕이 눈을 깜빡이는 것을 보고, 흉내 내는 것'이기 때문에 앞뒤 절 간에 단순히 시간적인 순서만이 존재한다. 한편, (5)의 경우는 '자기가 오지 말라고 말을 했는데도 여전히 물이 흐르기 때문에' 화가 난 것이다. 앞뒤 절 간에 일종의 인과관계가 성립되어 있다. 특히 (7)의 경우 "爲小名利(작은 명리 때문에)"라는 이유가 '爲'를 통해 명확히 제시되어 있고, 그 뒤에 "故妄語(고의로 함부로 말하다)"라는 결과가 나오고 있다. 그리고 '조건'의 경우는 앞절이 뒷절에 대한 조건을 나타내는 것으로, (8)의 경우 '得解脫'의 조건으로 '當攝汝六情, 閉其心意, 妄想不生'이라고 하는 세 가지가 제시되어 있는 것이다. (9) 역시 어떠한 가정을 통해 '得離苦'라는 결과를 얻을 수 있다고 되어 있는데 아예 '若'이라는 가정 접속사가 쓰이고 있어 더 명확한 의미 관계가 나타나고 있다.

≪百喩經≫에는 이렇게 중고중국어 시기 순접부사 '便'이 갖는 전형적인 의미가 모두 출현하고 있다. ≪顔氏家訓≫에서도 이러한 '便'이 27예 출현하며 모두 VP를 수식한다.

고한어에서 '便'은 매우 다양한 의미를 갖고 있었다. 순접부사의 '便'도 그 중 하나인데 이에 대해 아래에서 '高育花의 견해를 중심으로 살펴보자.

'便'은 먼저 시간부사로서 '西漢'시대에 출현하였다. 아래는 漢代의 예이다.

(10) 少年欲立嬰便爲王! (史記, 項羽本紀) (젊은이는 陳嬰을 세워 <u>즉시</u> 왕으로 삼고자 했다.)

그런데 이 시기엔 출현비율이 매우 낮았고 위진남북조 시대에 가야 점차 늘어났다. 그래서 '便'의 주요한 의미 기능들이 모두 위진남북조 시기에 등장하게 된다. 여기엔 아래와 같은 것들이 있다.

① 두 사건이 바로 이어서 발생하여 시간 간격이 짧음을 표시하며 '隨卽'에 해당한다.

예1) 顧至曉回轉, 不得快孰. 許上床便咍台大鼾. (世說新語, 雅量16) (顧和가 이리 저리 뒤척이며 빨리 잠을 이루지 못했고, 許璪는 잠자리에 들어 <u>바로</u> 쿨쿨 코를 골면서 잤다.)

② 동작 혹은 상황이 이미 발생 혹은 존재함을 나타낸다.

예2) 王長豫幼便和令, 丞相愛恣甚篤. (世說新語, 排調) (왕장예는 어렸을 때 벌써 온

순하고 영리하여 승상인 그의 아버지가 그를 매우 아끼고 마음대로 하게 했다.)

③ 판단문에 쓰여 긍정의 사실을 강조한다. 현대중국어 '就是'에 해당한다.

예3) 後有一田父耕於野, 得周時玉尺, <u>便</u>是天下正尺. (世說新語, 術解1) (나중에 한 농부가 밭에서 밭을 갈다가 周代의 玉尺을 얻었는데 <u>바로</u> 천하의 표준 尺이었다.)

④ 서술문에 쓰여 사실을 확인함을 표시한다. '确实'에 해당한다.

예4) 孝伯謂東亭曰: "卿<u>便</u>不可復測!" (世說新語, 仇隙) (孝伯이 东亭에게 말했다. "그대는 <u>정말로</u> 예측하기가 어렵군!")

⑤ 두 개의 동일한 동사 사이에 출현하여 주관적인 희망의 실현 혹은 객관적인 상황의 발생에 맡김을 나타낸다.

예5) 飛怒, 令左右牽去斫頭, 顏色不變, 曰: "斫頭<u>便</u>斫頭, 何爲怒邪!" (三國志, 蜀書, 張飛傳) (장비가 화가 나서 좌우에게 끌고 가 참수하라고 했으나 嚴顏은 안색이 변하지도 않고 말했다. "목을 치려면 쳐라. 무슨 화를 내는가!")

⑥ 주어가 단지 술어부(謂語) 부분이 묘사하는 상황이나 결과에 부합함을 표시한다. '只'에 해당한다.

예6) 磐石方且厚, 可以卒千年, 蒲葦一時紉, <u>便</u>作旦夕間. (樂府古詩) (반석은 반듯하고 두꺼워 천년을 가지만 창포와 갈대는 금방 이을 수 있으나 그저 단시간뿐이다.)

⑦ 역접을 표시한다. '却'에 해당한다.

예7) 友進, 坐良久, 辭出, 宣武曰卿向欲咨事, 何以<u>便</u>去? (世說新語, 任誕44) (羅友가 한참 앉아 있다가 인사하고 나가자 桓溫이 물었다. "그대는 전에 공사를 보고하려고 했다고 하면서 어찌하여 오히려 가는가?")

이러한 의미 기능과 더불어 '便1'의 의미인 '승접'의 부사 기능도 이 시기에 탄생하였는데 가장 이른 시기의 예는 ≪論衡≫의 아래의 예이다.

(11) 人冀延年, 欲比於銅器, 宜有若爐炭之化乃易形, 形易壽亦可增. 人何由變易其形, <u>便</u>如火爍銅器乎? (無形篇) (사람은 수명을 연장하기를 바라는데 이를 동기에 비유할 수 있다. 마땅히 화로의 숯과 같이 변화를 해야 쉽게 형태가 변한다. 쉽게 형태가 변해야 또한 늘어날 수 있다. 사람들은 무엇을 통해 그 형태를 변화시켜야

이에 화로 속 불이 동기를 녹이듯 할 수 있는가?)

바로 이렇게 시작되어 위진남북조 시기에 각종의 다양한 의미를 내포한 승접 부사로 발전해나가게 되었다.

이상이 바로 高育花가 제시한 '便'의 중고시기 의미 분화와 발달 상황이다. '便'의 이러한 다양한 의미들은 당연히 '便'의 기본 의미 특히, 시간부사 의미인 '즉시, 바로'로부터 서서히 파생되어 나왔을 것으로 추측할 수 있다. 그리고 위의 의미들 중 ≪百喩經≫내에는 '역접'부사인 '便2'와 '긍정/강조어기부사'인 '便3'도 일부 출현하고 있다.

한편, 이 '便'은 또 상고중국어의 '卽'을 계승한 것으로 중고중국어 시기엔 <표 8-3>과 같이 각 문헌에서 서로 간 경쟁을 하다가 서서히 '便'의 우위가 공고해지게 된다.

이것은 高育花가 제시한 표를 일부 발췌한 것으로 南北朝 시기로 갈수록 서서히 '便'이 많아지고 있음을 알 수 있다. 그런데 '卽'을 '便'이 완전히 대체하게 되는 시점은 宋代 정도는 가야 이루어진다고 한다.[44] 결국 근대중국어로 오면서 '便'이 '卽'을 완전 대체하게 되는 셈인데 이렇게 '卽'이 쇠퇴하게 된 원인에 대해 高育花는 다음과 같이 소개한다.

**표 8-3 '卽'과 '便'의 분포**

|  | 卽 | 便 |
|---|---|---|
| 史記 | 429 | 4 |
| 論衡 | 45 | 3 |
| 中本起經 | 47 | 52 |
| 六度集經 | 238 | 16 |
| 搜神記 | 97 | 82 |
| 世說新語 | 55 | 172 |

ⅰ) '卽'이 부사 이외에 동사나 접속사로서의 기능이 있어 그 자체의 의미적 부담이 많았다.

ⅱ) '卽'과 '便'은 사실 일부 어법의미와 분포가 거의 완전 일치하는 형국이기 때문에 언어의 경제적 원칙에 위배된다.

이러한 승접 부사 '便'은 또한 唐宋시기에 매우 상용되었는데 ≪朱子語類輯略≫의 경

---

44) 李宗江(1997)

우 승접의미 부사 중 '便'이 587예, '卽'이 35예라고 한다.45) 아래는 '便'의 예이다.

> (12) 後世有箇新生底神道, 緣眾人心都向它, 它便盛. (朱子語類卷第三 鬼神) (후세
> 에 새로 생겨난 신도가 있다면 여러 사람들이 모두 그것을 향하기 때문에 그것이 성하
> 게 되는 것이다.)

이처럼 宋代에도 여전히 '卽'이 다수 출현하였다. 그런데 이렇게 '便'이 순접부사로 활약하는 도중에 또 다른 새로운 승접 부사가 탄생하였으니 그것이 바로 '就'이다. 이것은 대체로 宋代에 등장하였다고 보고되고 있으나 아직 그렇게 많이 사용되지는 않고 있었다. 蔣紹愚 등(2005)에 의하면, 송대 여러 자료에서 겨우 몇 예씩 등장하지만 ≪夷堅志≫(12C 경)에서는 20~30예가 등장한다고 한다. 그래서 이들은 대체로 南宋末年 쯤에 '便'이 '就'에 의해 대체되었을 것으로 본다. 이것은 물론 구어의 상황이고 문어에서는 여전히 현대중국어까지도 '便'이 활약을 하고 있다.


### 卽便2

관련부사 '卽便2'는 중고시기에 와서 등장한 것으로 총30예 출현한다.

## 1) 시간순서

> (1) 貧人得已, 卽便剝皮, 嫌刀鈍故, 求石欲磨. (18. 就樓磨刀喩) (가난한 사람은 이를
> 얻고서 이에 껍질을 벗기려 했다. 그런데 칼의 날이 무딘 것을 싫어해서 돌을 구해
> 갈려고 했다.)
> (2) 飮水已足, 卽便擧手語木桶言: "我已飮竟, 水莫復來." (38. 飮木桶水喩) (물을 이
> 미 충분히 다 마시자 이에 손을 들어 나무통에 대고 말을 했다. "내가 이미 물을 다
> 마셨으니 물은 더 안 와도 된다.")
> (3) 雄鴿不信, 瞋恚而言: "非汝獨食, 何由減少?" 卽便以嘴啄雌鴿殺. (95. 二鴿喩)
> (수컷 비둘기는 믿지 않고 화를 내더니 말했다. "네가 혼자 먹은 게 아니라면 어째서
> 줄어들었냐?" 하면서 부리로 암컷 비둘기를 쪼아 죽였다.)

---

45) 吳福祥(2004)

## 2) 원인

(4) 往有商人, 貸他半錢, 久不得償, 卽便往債. (17. 債半錢喩) (옛날에 장사꾼이 있었는데 남에게 반전의 돈을 꾸어줬다. 오래도록 빚을 못 받았기에 이에 가서 독촉을 했다.)

(5) 昔有一人, 貧窮困乏, 多負人債, 無以可償, 卽便逃避. (35. 寶篋鏡喩) (옛날에 한 사람이 있었는데 가난하고 궁핍하여 다른 이의 빚을 많이 졌으나 갚을 길이 없어 이에 도망을 쳤다.)

이것은 뒷절에 출현하여 앞절을 이어 그 결과를 나타내는 작용을 한다. ≪百喩經≫에서는 위와 같이 '시간순서'에 의한 것과 '인과관계'에 의한 것 두 가지가 출현하고 있다. 예컨대, 예(1)의 경우, '貧人得已'가 앞절에 나온다. 여기서 특히 완성동사 '已'가 쓰이고 있어 범어의 절대분사를 번역한 것이라 '得'이란 행위가 끝나고 나서 그 다음에 이어서 다음 동작인 '剝皮'가 자연스럽게 이어지고 있음을 나타낸다. 예(3)에서는 수컷 비둘기가 화가 나서 뭐라고 지껄인 다음 이어 쪼아 죽이는 행위가 출현하고 있다. 한편, 인과관계에선 '往債(빚독촉하러 가다)'의 원인으로 '久不得償(오래도록 빚을 못 받다)'가 제시되고 있고, 또 '逃避(도망가다)'의 원인으로 '無以可償(갚을 길이 없다)'라는 것이 제시되고 있다. 앞에서 '즉시류'의미로 '卽便1'이 출현하고 있는데 그들과 비교했을 때 분명한 의미상의 구분이 이루어지고 있다. 30예 모두 VP를 수식하며 ≪顔氏家訓≫에서는 출현하지 않고 있다.

'승접'류 부사 '卽便2'는 분명 '卽'과 '便' 두 同義 부사의 결합에 의해 이루어졌을 것임에 틀림없다. 다만 애초부터 '승접'류로 문법화한 '卽'과 '便'이 결합한 것인지, 아니면 즉시류가 먼저 결합하여 '卽便'을 만든 후 이것이 승접류로 문법화한 것인지는 정확히 확인할 수 없다. 그러나 지금까지 살펴본 '卽', '便' 두 가지의 경우는 분명 먼저 '즉시'류 개념이 있었고 이것이 더 발전하여 '승접'류로 문법화했음은 확실하다. 그리고 전체적인 과정은 아래와 같은 과정을 거쳤을 것으로 보인다.

---

즉시류 > 시간순서 승접 > 원인 승접 > 가정/조건 승접

---

먼저, '즉시'의 개념은 앞 사건과 뒤 사건의 연결을 전제로 하기 때문에 이 자체가 시간 순서를 내포하고 있고 또 '즉시'의 개념이 일반화하면서 시간 순서로 발전해 나가게 된다.

그리고 일반적으로 시간적 순서에 의한 발생은 그 내부에 '인과관계'의 논리적 구조를 내포하기 마련이다. 그러므로 '원인'에 의한 승접 개념이 발생할 수 있으며, 또 이러한 '이미 발생한(已然)' 사건은 '앞으로 발생할 가능성(未然)'을 내포하고 있기 때문에 이로부터 다시 '가정/조건'의 승접이 파생될 수 있는 것이다.

한편, 위진남북조 시기의 기타 문헌에서도 '卽便'은 자주 출현하고 있었는데 아래의 ≪賢愚經≫에 매우 자주 사용되고 있었다.

(6) 當於是時, 父見其子, 面色改常, 卽便問之: "何由乃爾?" 於時大臣, 便向其父, 委曲自說. (二梵志受齋品第三) (이때에 집에 돌아와 아버지가 그의 아들을 보더니 얼굴색이 다시 안정되었고 이에 물었다. "무슨 일로 그러느냐?" 그때 대신은 그 아비에게 자초지종을 다 얘기했다.)

위의 문장에는 공교롭게도 유사의미의 '卽便'과 '便'이 동시에 출현하고 있다. 즉, '卽便問之'와 '便向其父' 두 구절에서 사용된 '卽便'과 '便'은 모두 같은 의미이다. 그런데 앞에서는 '卽便'을 쓰고 뒤에서는 '便'을 썼는데 전체적으로 4자구 틀을 맞추기 위한 방편으로 보인다. 바로 이러한 이유 때문에 특히 불경 역경에서 자주 쓰이고 있어 ≪百喩經≫에서는 무려 30예나 출현하나 동시기 일반 中土문헌인 ≪世說新語≫에서는 '즉시류'의 '卽便'만 겨우 2예 출현하고 있었다. ≪顔氏家訓≫ 역시 동일한 상황이다. 이러한 것을 봤을 때, 위진남북조 당시 쌍음절 부사인 '卽便'의 용도를 어느 정도 가늠해볼 수 있다.

唐宋시기 ≪祖堂集≫이나 ≪朱子語類≫에서는 그렇게 자주 출현하지는 않고 있다.46) 다만 필자의 조사에 의하면, 아래와 같이 ≪敦煌變文≫에서 상용되고 있었다.

(7) 大王遣宮人抱其太子, 度與仙人. 仙人抱得太子, 悲泣流泪. 大王見仙人雨泪, 卽便問之仙人曰…… (太子成道經一卷) (대왕이 궁인을 보내 그 태자를 안아 선인에게 넘겼다. 선인은 태자를 안고 슬피 눈물을 흘렸다. 대왕은 선인이 눈물 흘리는 것을 보더니 선인에게 물었다.)

---

46) 필자가 조사했을 때, ≪祖堂集≫에서는 겨우 1~2예 출현하고 있었고, 吳福祥(2004)의 ≪朱子語類輯略≫에서는 승접류 부사로 1예도 출현하고 있지 않았다. 唐賢淸(2004)의 연구에서는 총27예가 출현하고 있었으나 여기엔 '즉시류'까지 섞여있기 때문에 전체적으로 '승접류'의 양은 매우 적은 편이다.

## 遂便

관련부사 '遂便'은 중고시기에 등장하였으며 총2예 출현한다.

(1) 犯戒者言: "苟須懺者, 更就犯之, 然後當出." 遂便破戒, 多作不善, 爾乃頓出. (6. 子死欲停置家中喩) (계율을 범한 자가 말했다. "만약 참회가 필요하다면 다시(또) 이를 범하고 난 후에야 마땅히 出罪해야 한다." 이에 파계를 하고 여러 차례 불선을 저지르니 이렇게 하고 나서야 바로 出罪하겠다고 말한다.)

(2) 譬如外道, 僻取於理, 以己不能具持佛戒, 遂便不受, 致使將來無得道分, 流轉生死. (5. 渴見水喩) (비유하자면 외도와 같은데, 사리에 대해 삐뚤게 취하고, 자신이 불교의 계를 모두 지키지 못한다는 것을 이유로 이에 받아들이지 않고, (심지어) 미래에 득도할 수 있는 희망도 없게 하고 생사의 고해에서 계속 떠돌게 하는 것 같다.)

이것은 뒷절에 출현하여 앞절을 이어 그 결과를 나타내는 작용을 한다. 위의 (1)은 말을 하고 난 후 '破戒'의 행위가 이어지고 있기 때문에 시간순서에 의한 것이고, (2)는 '以己 不能具持佛戒'을 이유로 하여 '不受'하기 때문에 인과관계에 의한 것이다. 두 예 모두 VP를 수식하고 있다. '遂便' 역시 '遂'와 '便' 두 개의 同義 부사가 결합하여 이루어진 同義병렬부사이다. ≪顔氏家訓≫에서는 나오지 않으나 필자의 조사에 의하면 ≪賢愚經≫에 아래와 같은 예가 5예정도 출현한다.

(3) 有一長者, 財富無數, 無有子息, 更取小婦. 雖小家女, 端正少雙, 夫甚愛念, 遂便有身, 十月已滿, 生一男兒. (微妙比丘尼緣品第二十五) (한 부호가 있었는데 재산은 많았으나 자식이 없었다. 이에 첩을 하나 들였는데 비록 평범한 집 여자였으나 단정하고 드문 여자라 남편은 매우 그녀를 사랑하였다. 이에 임신을 했고, 10개월 만에 아들을 하나 낳았다.)

위의 예를 보면, '夫甚愛念'이 원인이 되고 그 결과로 '有身(임신)'이 이어지고 있다. 唐宋에 가서 ≪祖堂集≫에선 출현하지 않으나 ≪敦煌變文≫에서 아래와 같이 겨우 6예 출현하고 있었다. 그리고 ≪朱子語類≫에서는 1예도 출현하지 않고 있었다.

(4) 凡夫愛色, 亦復如是. 見他年少, 便生愛慕之心, 歲月年深, 遂便有男有女. (廬山遠公話) (범부가 색을 밝힘도 이와 같다. 그녀가 나이 어린 것을 보더니 연모의 마음이 생겼고 그렇게 세월이 흘러 아들, 딸이 생겼다.)

## 8.4.3 역접/전환류

역접/전환의 부사는 뒤절에 출현하여 앞절에 대해 뒷절이 의미상 상반되거나 상대됨을 나타낸다. 현대중국어에서는 대표적으로 '却', '倒' 등의 부사가 역접/전환의 의미를 나타내고 있으며 상고중국어에서는 '乃' 등이 대표적이다. ≪百喩經≫에서는 乃3, 可1, 便2 등의 역접/전환류 부사가 등장하고 있다.

**乃3**

관련부사 '乃3'은 상고중국어에서 전해져 온 것으로 총3예에 출현한다.

(1) 從過去身修諸善法, 得此人身, 應當保護, 進德修業. 乃爲外道邪惡妖女之所欺誑: "汝今當信我語, 修諸苦行, 投巖赴火, 捨是身已, 當生梵天, 長受快樂." (29. 貧人燒粗褐衣喩) (과거로부터 몸으로 여러 선법을 닦아 이 사람의 몸을 얻었으니 **마땅히 보호해야 하며, 덕으로 나아가고 업을 닦아야 한다.** 그런데 외도의 사악한 요녀의 속임을 당하여 다음과 같은 말을 듣게 된다. "너는 지금 마땅히 나의 말을 믿어야 한다. **제고행을 닦고 높은 바위 위에서 뛰어 내리거나 불로 뛰어 들어야 하고 이 몸을 다 버리면**, 분명 梵天에 태어나 영원히 쾌락을 즐길 것이다.")

(2) 先所瞋人, 代謝不停, 滅在過去. 乃於相續後生之法, 謂是前者, 妄生瞋忿, 毒恚彌深. (83. 獼猴喩) (전에 화를 냈던 사람은 서로 교체됨이 끊임없어 이미 과거에 없어졌다. 그런데 연속되는 후생의 法에 대해 이를 전의 사람인 것으로 보고 함부로 그에게 화를 내고 원한이 더욱 심해졌다.)

이것은 뒷절에 출현하여 앞절에 대해 뒷절의 내용이 상반된 내용임을 나타낸다. 예(1)의 경우, 앞절의 내용은 이 몸에 대해 '應當保護, 進德修業'해야 하는데 뒷절에서는 그에 상반되는 '修諸苦行, 投巖赴火, 捨是身已'가 나오고 있다. (2) 역시 앞절은 전에 있던 사람이 없어졌는데 뒷절에서는 後人을 여전히 前人이라고 여기고 있는 것이다. 3예 모두 VP를 수식하고 있다. ≪顏氏家訓≫에서도 아래와 같이 13예가 출현하며 모두 VP를 수식한다.

(3) 虔旣是漢人, 其'敍'乃引蘇林張揖. (書證) (복건은 한나라 사람이다. 그 서에는 오히려 소림, 장읍의 말을 인용하고 있다.)

이러한 역접의 '乃'는 이미 상고중국어 시기에도 존재했던 것으로 ≪史記≫에도 아래와 같은 예가 출현한다.

(4)　發書, 漢王大怒, 罵曰: "吾困於此, 旦暮望若來佐我, 乃欲自立爲王!" (淮陰侯列傳) (한왕이 편지를 열어보더니 크게 노하고는 욕하며 말했다. "내가 지금 여기서 곤궁에 처해있어 아침저녁으로 네가 와서 나를 돕기를 기다리고 있다. 그런데 스스로 왕이 될 생각만 하다니!")

위진남북조 시기엔 비교적 상용되던 것이지만 ≪祖堂集≫에서 겨우 1예 출현하고, ≪朱子語類≫에서는 거의 발견되지 않는 등 唐宋시대 가서는 구어에서 이미 도태되어 가고 있었다.[47]


## 可1

관련부사 '可1'은 중고시기에 등장한 것으로 총1예 출현한다.

(1)　傍人語言: "此物雖尠, 可得延君性命數日, 何故捨棄擲著水中?" (91. 貧人欲與富者等財物喩) (옆 사람이 말했다. "이 물건은 비록 적지만 당신의 목숨을 며칠이나 연장시킬 수 있소. 어째서 물속에 그것을 버릴 수 있소?")

이것은 뒷절에 출현하여 앞절에 대해 뒷절의 내용이 상반된 내용임을 나타내고 여기서는 VP를 수식하고 있다. ≪顔氏家訓≫에서는 출현하지 않는다.

'역접'을 나타내는 관련부사 '可1'과 관련하여 張雪平(2005)의 ≪副詞'可'的功能及其來源和演變≫을 참고할 수 있다. 그는 부사 '可'의 각종 기능과 이들의 문법화 과정을 연구하였는데 이들 기능 중 특히 '역접'의미의 '可'의 문법화와 발전에 대해 다음과 같이 소개한다.

'역접'을 표시하는 '可'는 의문을 표시하거나 의문을 강조하는 '可'가 의문이라고 하는 화용환경으로부터 발전해 온 것이다. 예를 들면 다음과 같다.

(2)　專思君兮不可化, 君不知兮可奈何! (楚辭, 九章) (오직 임금만을 그리워하며 마음

---

47) 唐賢清의 ≪<朱子語類>副詞研究≫와 吳福祥의 ≪<朱子語類輯略>語法研究≫ 모두 시간부사, 순접, 조건 등 관련부사, 어기부사만 출현하고 '역접'부사는 없다.

변함이 없건만, 임금님 알아주지 않으니 어찌할거나!)

(3) 力拔山兮氣蓋世, 時不利兮騅不逝, 騅不逝兮可奈何, 虞兮虞兮奈若何! (史記, 項羽本紀) (힘은 산을 뽑고 기개는 세상을 덮을 만한데, 때가 불리함이여 추도 달리지 않는구나. 추마저 달리지 않으니 어찌할거나, 우여, 우여, 너를 어찌해야 할꼬!)

이때 '可'는 의문을 강조하는 용법인데 한편으로 반어의 어기를 나타내고 있다. 즉, '可奈何'는 "어쩔 수 없다"란 뜻이다. 바로 이렇게 '可'가 반어어기의 문맥에 노출되면서 점차 '부정'의 의미가 나타나게 되고 이것이 '역접'으로 발전해 갔다. 이러한 '可'의 변화 현상은 이처럼 戰國시대부터 시작되었고 아래의 위진남북조 예가 바로 어느 정도 역접의 부사로 완성된 모습이라 할 수 있다.

(4) 公、王相去, 一階而已, 班列大同, **安**有天子三公可輒拜人者! (三國志 裴注, 魏書四) (공과 왕의 거리는 단지 일계에 불과하며 반열이 같은데 어찌 천자의 삼공이면서 쉽게 다른 이에게 절을 할 수 있겠소!)

여기서 반어어기를 나타내는 것은 이제 '安'이 하고 있고 '可'는 이와 구분되며 역접을 나타내고 있다.

이상 張雪平(2005)의 연구를 중심으로 살펴보았는데, 정리하자면 戰國시대부터 맹아가 시작되어 위진남북조 시대에 이르면 사실상 완성된다고 볼 수 있는 것이다. 그런데 위진남북조 시대에도 아직 그렇게 상용화될 정도는 아니었고 이후 唐代에 가서 더욱 발전하게 된다. 아래는 張相이 《詩詞曲語辭彙釋》에서 언급한 내용과 예이다.

"可, 猶却也. 於語氣轉折時, 或語氣加緊時用之."('可'는 '却'과 같으며, 어기의 전환 시 혹은 어기를 강화할 때 쓴다.)

(5) 相見情已深, 未語可知心. (李白, 相逢行) (서로 만나 정이 이미 깊었으니 말을 안 해도 마음을 안다.)

이러한 역접의 '可'는 현대중국어에서도 아래처럼 활발히 쓰이고 있다.

(6) 他心里虽然这么想, 嘴里可不好意思说出来.(그는 맘속으로는 비록 이렇게 생각해도 입으로는 부끄러워 말을 못 한다.)

便2

관련부사 '便2'는 중고시기에 등장한 것으로 총1예 출현한다.

(1) 見他頭陀苦行, 山林曠野, 冢間樹下, 修四意止及不淨觀, 便强將來, 於其家中,
種種供養. (36. 破五通仙眼喩) (저 두타의 고행을 보니 산림과 광야, 무덤 및 나무
아래에서 '사의지'와 '부정관'을 수행하고 있었는데 이를 억지로 데려와 집에 두고
여러 공양을 하게 하는 것이다.) (※ 頭陀: 원래 "번뇌의 티끌을 떨어 없애고, 의·
식·주에 탐착하지 않으며, 청정하게 불도를 수행하는 것"을 말하기도 하고, '행각승'
을 일컫기도 한다. 여기서는 행각승의 의미이다. / 四意止: 불교에서 깨달음을 얻고
지혜를 얻기 위한 37科道品 중 첫 번째로 일명 四念處라고도 한다. / 不淨觀: 내
몸뚱이가 맑지 않고 청정하지 않다고 보는 것으로, 나의 것을 볼 때는 9가지 더러운
모습을 생각할 수 있는데 이를 九想觀라 한다. 또 남의 몸이 부정하다고 보는 五不淨
觀도 있다.)

이것은 뒷절에 출현하여 앞절에 대해 뒷절의 내용이 상반된 내용임을 나타내고 여기서
는 VP를 수식하고 있다. ≪顔氏家訓≫에서는 출현하지 않고 있다.

'便2'의 역접의미에 대해서는 이미 '便1'부분에서 소개한 바 있다. 한편, 이것의 문법화
와 관련하여 董志翹·蔡鏡浩(1994)는 '시간, 순접의미' 부사로부터 이루어졌다고 본다.
즉, 뒤에 이어지는 동작과 앞에서 소개하는 상황이 서로 상반되어 '便'이 점차 역접의미를
나타내게 되었다는 것이다. 어찌되었든 일단 승접의 기능으로 앞절과 뒷절을 이어주는 역
할이 일종의 형식적인 틀을 제공해주고 있고 거기다가 두 절 간의 의미적 상반성이 '便'의
환유적 변화를 유발시켰다고 볼 수 있다.

이러한 역접의 '便'은 唐宋시기 여러 문헌에서 그렇게 자주 출현하는 것은 아니었고 현
대중국어에서는 이미 사라졌다.


## 8.4.4 양보류

'양보'란 '뒤로 한 걸음 물러나 생각하는 것'을 말하는데 우리말로 '~할지라도'로 번역
되며 현대중국어에서는 접속사로서 '雖然~', '卽使~', '尙且~' 등, 부사로서는 '猶'
등이 전문적으로 이러한 의미를 나타내는데 사용된다. 상고중국어에서도 '猶'와 '尙' 등이
이러한 의미를 전달하는 부사로 활약을 하였다. 중고중국어에서도 기존의 것을 계승하거

나 새롭게 출현한 형식들이 양보류 부사로 활약을 하였다. ≪百喩經≫에서는 단지 '猶尙' 하나만이 출현한다.

## 猶尙

관련부사 '猶尙'은 상고중국어에서 전해져 온 것으로 총1예 출현한다.

(1) 不淨之施, 猶尙如此, 況復善心歡喜布施. (65. 五百歡喜丸喩) (맑지 않은 베풂도 오히려 이러할진대, 하물며 선심과 기쁨으로 보시한 것은 어떠하겠는가?)

이것은 '오히려'의 의미로 '점층식 복문'의 앞절에 출현하여 뒷절의 내용이 더 두드러지게 하는 기능을 하며, 특히 뒷절의 내용이 한층 더 나아감을 표시한다. 대체로 뒤에 '況', '況復' 등이 호응되어 사용된다. 위의 예는 VP를 수식하고 있다.

이러한 양보류 관련부사는 상고중국어에서 '猶', '尙' 등에 의해 수행되었는데 아래와 같다.

(2) 困獸猶鬪, 況人乎? (左傳, 定公四年) (곤궁에 처한 짐승도 싸우는데 하물며 사람은 어떠한가?)

(3) 臣以爲布衣之交尙不相欺, 況大國乎? (史記, 廉頗藺相如列傳) (신이 생각하기에 일반 백성들의 사귐도 오히려 서로 속이지 않는데 하물며 대국끼리는 어떠하겠습니까?)

그리고 상고시기에 이미 이 두 부사가 결합하여 쓰이는 '猶尙'이 출현하였다.

(4) 親以寵偪, 猶尙害之, 況以國乎? (左傳, 僖公五年) (친근한 이도 寵勢로 핍박하여 오히려 죽이는데 하물며 나라로 서로 핍박하는 것에 있어서랴?)

부사 '猶'는 이 외에도 '猶且' 등의 형식으로 유사한 의미를 나타내기도 하였다. 이처럼 '猶'와 '尙'은 그 자체는 물론 둘이 병렬로 구성된 형식도 양보류 부사로 활약을 했으며 이것이 중고시기까지 사용된 것이다. '猶'는 또 중고시기에 대표적인 접미사 '自'와 결합하여 '猶自'라고 하는 쌍음절 형식을 구성하여 양보류 부사로 쓰이기도 했다.

(5) 富有四海, 貴爲天子, 不知紀極, <u>猶自</u>敗累, 況士庶乎? (顔氏家訓, 止足) (부유함
으로 따지면 사해를 가질 수 있고 귀함으로는 천자가 되어도 그 한계를 몰라 오히려
타락하게 되는데 하물며 일반 백성들은 오죽하겠는가?)

## 8.5  정도부사

정도부사란 성질 혹은 상태의 정도를 나타내는 부사이다. 정도부사는 크게 명확한 비교
대상 혹은 비교 범위를 갖는 '상대정도부사'와 명확한 비교 대상이 없이 일반적 차원에서
정도를 표시하는 '절대정도부사'로 구분할 수 있다. 정도부사는 상고중국어에서도 다양한
형식이 존재했었는데 여기엔 '甚, 孔, 殊, 極, 絶, 最, 至, 深, 頗, 太, 已, 尤, 彌, 愈, 益,
更' 등이 있다.[48] 중고시기엔 역시 이들 중 일부가 지속 사용되기도 하였고, 새롭게 등장한
것도 존재하는데 ≪百喩經≫에는 <표 8-4>와 같은 두 유형의 정도부사들이 출현하고 있다.

**표 8-4** 정도부사의 유형

| 절대류 | 大1, 極, 甚, 深, 好1, 太, 過, 旣3, 極大, 甚大, 甚爲 |
|---|---|
| 상대류 | 最, 更3, 倍, 轉, 逾, 彌, 小 |

### 8.5.1 절대류 정도부사

大1

정도부사 '大1'은 상고중국어에서 전해져 온 것으로 총14예 출현한다.

(1) 王聞是語, 卽<u>大</u>瞋恚. (20. 人說王縱暴喩) (왕이 이 말을 듣고는 바로 <u>매우</u> 진노하였

---

48) 向熹(2010)

다.) [VP수식]

(2) 衆人聞已, 便大歡喜. (34. 送美水喩) (여러 사람들이 듣고 나서 매우 기뻐했다.)
[AP수식]

(3) 汝大愚癡, 無有智慧. 汝何以不去, 語言莫來. (38. 飮木桶水喩) (당신은 너무 멍청
하고 지혜가 없다. 당신은 어째서 가지 아니하고 오지 말라고만 말하는가!) [AP수식]

(4) 昔有一人, 頭上無毛, 冬則大寒, 夏則患熱, 兼爲蚊虻之所唼食. (40. 治禿喩) (옛
날에 한 사람이 있었는데 머리 위에 털이 없어, 겨울엔 매우 춥고, 여름엔 더위에
시달렸으며 또 모기, 등에의 먹이가 되기도 했다.) [AP수식]

이것은 "매우"라는 의미로 '정도가 높음'을 나타내고 있다. 3예가 VP를 수식하고 있고,
11예가 AP를 수식하고 있다. VP를 수식할 때는 모두 '瞋恚', '喜跃' 등과 같은 심리활동
류 동사가 출현한다.

≪顔氏家訓≫에는 7예 출현하며 역시 VP와 AP를 수식하고 있다. 이렇게 '大'가 정도
부사로 사용된 것은 이미 상고중국어 시기부터이며 아래와 같은 예들이 보인다.

(5) 楚兵懼, 自秦歸. 而齊竟怒不救楚, 楚大困. (史記, 屈原賈生列傳第二十四) (초군
이 두려워 스스로 진으로부터 돌아갔는데 제는 의외로 분노하여 초를 구하지 않아
초가 매우 위태로웠다.)

이러한 용법은 唐五代에도 이어져 ≪祖堂集≫에서도 아래와 같이 수십 예에 이르는
'大1'이 출현하고 있다.

(6) 僖宗皇帝詔入內, 大敷玄敎, 帝情大悅, 賜紫法號廣照大師. (翠微和尙) (희종 황
제의 조칙으로 大內에 들어가서 깊은 가르침을 크게 펼치니 황제께서 몹시 기뻐하면
서 紫衣와 廣照라는 법호를 내리셨다.)

## 極

정도부사 '極'은 상고중국어에서 전해져 온 것으로 총11예 출현한다.

(1) 昔有一女人, 極患眼痛. (85. 婦女患眼痛喩) (옛날에 한 여인이 있었는데, 눈의 통
증을 심하게 앓았다.)

(2) 此水極多, 俱不可盡, 是故不飮. (5. 渴見水喩) (이 물은 매우 많아 모두(한꺼번에)

다 마실 수가 없다. 이런 까닭으로 마시지 않는다.)

(3) 汝作頭太大, 作項極小; 作手太大, 作臂極小; 作脚極小, 作踵極大. (61. 梵天弟子造物因喩) (넌 머리를 너무 크게 만들었고, 목은 너무 작고, 손은 너무 크고, 팔은 너무 작다. 발은 너무 작은데 뒤꿈치는 너무 크다.)

이것은 '매우, 지극히'의 의미로 형용사나 동사 앞에 출현하여 정도가 매우 심함을 나타낸다. VP앞에 출현하는 것은 3예, 나머지 8예는 모두 AP앞에 출현한다. 대부분 위와 같이 '好, 多, 大, 小, 甛, 渴, 重' 등의 형용사를 수식하지만 '患, 得, 成'과 같은 일반동사를 수식하기도 한다. 현대중국어에서 주로 심리동사를 수식하는 것과는 약간 다르다. 謝換玲의 ≪魏晉南北朝漢譯佛經程度副詞硏究≫에 따르면, 이 시기 불경에서는 아래와 같이 '極'자가 동사를 수식하는 예가 다수 발견되고 있다고 한다.

(4) 懷妊九子, 各滿十月而産. 唯先一子, 故在胎中, 不得出外, 其母極患, 設諸湯藥, 以自療治. (撰集百緣經, 九二 長老比丘在母胎中六十年緣) (이렇게 차례로 아홉 명을 회임하여(뱃속에 계속 두고 있다가) 각각 10개월만에 낳았다. 다만 가장 첫째 아기는 오래도록 태중에 있었던 터라 밖으로 못 나와 그 어미가 매우 아팠다. 그래서 여러 탕약으로 치료하였다.)

≪顔氏家訓≫에도 1예 출현하며 AP를 수식한다. 정도부사 '極'은 이미 상고중국어 시기부터 상용되어 오던 것으로 이후 唐宋 시기에도 매우 상용되었다. ≪祖堂集≫에서는 4예, ≪朱子語類≫에서는 무려 1,034예가 출현한다.

(5) 師開平二年戊辰歲十一月二十七日, 身體極熱. (玄沙和尙) (선사는 開平 2년 무진 11월27일에 몸이 심히 아팠다.)

(6) 今登高而望, 群山皆爲波浪之狀, 便是水泛如此. 只不知因甚麼時凝了. 初間極軟, 後來方凝得硬. (朱子語類卷第一 理氣上) (지금 높은 곳에 올라 바라보니 여러 산들이 모두 파랑의 형세인데 마치 물이 이처럼 범람을 한 것 같다. 다만 언제 응결된지 모를 뿐이다. 처음에는 매우 연하나 나중에는 곧 딱딱하게 응결되었다.)

## 甚

정도부사 '甚'은 상고중국어에서 전해져 온 것으로 총12예가 출현한다.

(1) 晝夜受惱, <u>甚</u>以爲苦. (40. 治禿喩) (그래서 주야로 고민거리가 되어 <u>매우</u> 괴롭게 여겼다.)

(2) 如懸駝上樓磨刀, 用功<u>甚</u>多, 所得<u>甚</u>少. (18. 就樓磨刀喩) (마치 낙타를 메고 윗층으로 올라가 칼을 가는 것처럼 힘쓰는 것이 <u>너무</u> 많고 소득이 <u>너무</u> 적다.)

(3) 王<u>甚</u>暴虐, 治政無理. (20. 人說王縱暴喩) (왕은 <u>매우</u> 포학하고 다스림 또한 법도가 없습니다.)

(4) 經歷多日, 不能得售, 心<u>甚</u>疲厭, 以爲苦惱. (22. 入海取沉水喩) (며칠이 지났는데도 팔수가 없어 마음이 <u>심히</u> 피곤하고, 괴롭다고 여겨졌다.)

이것은 '매우, 심히'의 의미로 형용사나 동사 앞에 출현하여 정도가 심함을 나타낸다. VP앞에 출현하는 것은 1예이고, 나머지는 모두 AP앞에 출현한다. 이것은 '多, 少, 好, 美, 輕, 苦' 등의 단음절 형용사도 수식하지만 위의 (3),(4)의 '暴虐', '疲厭'과 같은 쌍음절 형용사도 수식한다. 謝換玲(2010)에 따르면 대부분 형용사들을 수식하는데, 아래와 같이 동사를 수식하는 예도 발견된다고 한다.

(5) 有一婆羅門, 號尼拘樓陀, 聰明博達, 天才殊邈. 王<u>甚</u>**宗戴**, 師而事之. (賢愚經 四○ 大施抒海品第三十五) (한 파라문이 있는데 호가 尼拘樓陀인데 총명하고 박학했으며 천재적 자질이 탁월했다. 왕이 그를 <u>매우</u> 중시하고 존경하여 그를 국사로 삼고 우대했다.) (여기서 '宗戴'란 '중시하고 존경하다'란 뜻이다.)

대개의 경우 '悅, 愁, 喜, 妬' 등의 심리동사가 많지만 위와 같은 소수의 일반동사를 수식하는 경우도 있다고 한다. 위의 (1)에서도 '甚'이 일반동사인 '以爲'를 수식하고 있다.[49] 이 역시 상고중국어에서 상용되던 것이며 《顏氏家訓》에서는 27예로 매우 많이 출현한다. 역시 VP와 AP를 수식한다. 唐宋시대에서도 상용되어 《祖堂集》에서는 37예, 《朱子語類》에서는 무려 1,876예가 출현한다.

(6) 雷聲<u>甚</u>大, 雨點全無. (荷玉和尙) (천둥소리는 <u>심히</u> 요란해도 빗방울은 떨어지지 않는다.)

(7) 此說得<u>甚</u>分明. 其他曆書都不如此說. (朱子語類卷第二 理氣下) (이것이 <u>매우</u> 분명히 말을 했으며 기타 역서는 이것만 못하다.)

---

49) 《百喩經》에 출현하는 정도부사 중 일부는 그 뒤에 비록 일반동사가 오고 있으나, 대부분이 완전한 심리동사라고는 할 수 없지만 활동성이 강한 동사를 취하지는 않는 편이다.

# 深

정도부사 '深'은 상고중국어에서 전해져 온 것으로 총8예 출현한다.

(1) 時人見之, 深生嗤笑, 怪未曾有. (6. 子死欲停置家中喩) (그때 사람이 보고는 <u>심히</u> 비웃음이 생겼고 일찍이 없었던 일이라 괴이하게 여겼다.) [VP수식]

(2) 衆人聞已, 深信其語. (66. 口誦乘船法而不解用喩) (많은 사람들이 그 말을 다 듣고는 그의 말을 <u>심히</u> 믿었다.) [VP수식]

(3) 衆人語言: "若斷淫欲, 云何生汝?" 深爲時人之所怪笑. (9. 嘆父德行喩) (여러 사람이 말했다. "만약 음욕을 끊었다면 어떻게 너를 낳았냐?" 당시 사람들에게 <u>심히</u> 비웃음을 당하고 말았다.) ['爲~所~' 피동문]

(4) 父執弓箭, 往到林間, 見一仙人, 毛髮深長, 便欲射之. (81. 爲熊所嚙喩) (아비가 활을 들고 숲으로 가서 한 선인을 봤는데 털이 <u>심히</u> 길어 그를 쏘려고 했다.) [AP수식]

이것은 '심히, 매우'의 의미로 형용사나 동사 앞에 출현하여 정도가 심함을 나타낸다. 1예만이 AP를 수식하고 나머지는 모두 VP를 수식한다. 동사구를 수식할 때는 '生', '信', '責' 등의 일반동사들이 출현하고(일반동사라 하더라도 대부분이 심리활동과 관련이 있다), 특히 (3)과 같이 '爲~所~'피동문 앞에 출현하는 예가 3예나 된다. 謝换玲(2010)에 따르면, 불경역경들 중에 '深'이 동사를 수식하는 경우, '生'자가 제일 많이 출현한다고 한다. 총100예 중 68예가 '生'과 결합한다고 하는데, ≪百喩經≫에서도 예(1)처럼 '심히 ~ 한 것이 생기다'의 형태로 쓰이고 있다(이때 '生'의 목적어는 대부분 심리적 내용이라 사실상 심리활동의 동사인 셈이다).

이것 역시 상고중국어에서 상용되었고 아래와 같은 예가 있다.

(5) 君薨, 聽於冢宰, 歠粥面深墨, 卽位而哭, 百官有司, 莫敢不哀, 先之也. (孟子, 滕文公上) (군주가 죽거든 (모든 정치는) 총재(나라의 총책임자)에게 들어서 행하게 하고, (군주는) 죽을 마시고 얼굴을 가꾸지 않아 <u>매우</u> 검게 한 뒤에 자리에 나가 곡을 하게 되면 백관이나 유사가 감히 슬퍼하지 않을 수 없는 것은 앞서 하기 때문이다.)

≪顔氏家訓≫에서도 5예 출현하며 모두 VP를 수식한다. 이후 唐五代 ≪祖堂集≫에서는 아래와 같이 30예가 출현하고 있으나 宋代 ≪朱子語類≫에서는 출현하지 않고 있다.

(6) 深奇其言, 不得更問. (第三十三祖惠能和尙) (그 말을 <u>심히</u> 이상하게 여겼으나 더는 물을 수 없었다.)

특이하게도 ≪朱子語類≫에는 출현하지 않고 있으나 ≪水滸傳≫에서는 아래와 같이 47예나 출현하고 있다.

(7) 端王大喜道: "深謝厚意. 想那笔架必是更妙." (2회) (단왕이 매우 기뻐 말했다. "후의에 매우 감사드리오. 아마도 저것은 더 오묘할 것 같소.")

(8) 將軍休要去赶, 恐防暗器. 此人深好弓箭. (50회) (장군께선 쫓지 마십시오. 암기를 조심하셔야 합니다. 이 사람은 활을 아주 잘 쏩니다.)

## 好1

정도부사 '好1'은 중고시기에 등장한 것으로 총2예 출현한다.

(1) 村中有好美水, 王敕村人, 常使日日送其美水. (34. 送美水喻) (마을에 매우 좋은 물이 있어 왕은 마을 사람들에게 명령하여 항시 매일 그 좋은 물을 보내라고 했다.)

(2) 好甜美者, 汝當買來. (70. 嘗庵婆羅果喻) (그 향과 맛이 아주 좋은 놈으로 너는 마땅히 사서 와야 한다.)

이것은 '매우'의 의미로 정도가 심함을 나타내는 것으로 모두 AP를 수식한다. ≪顔氏家訓≫에서는 출현하지 않고 있다.

이것은 상고중국어에서는 보이지 않으며 위진남북조 시기에 와서 탄생한 것인데 형용사인 '好'로부터 문법화한 것이다. 이에 대해 溫振興(2009)의 견해를 중심으로 살펴보자.

'好'는 漢代에 이르러 동의, 혹은 유의 형용사들과 함께 출현하여 쌍음절 구조를 이루는 예가 많았다.

(3) 今新書既在論譬, 說俗爲戾, 又不美好, 於觀不快. (論衡, 自紀篇) (지금 당신의 신서는 비유로 논하고 있고 세속의 것이 어그러지다고 말하고 있으니 또한 글이 그렇게 아름답지가 않으며 보기에 불쾌하기도 하다.)

(4) 有一木杖, 植其門側, 好善異於衆. (論衡, 吉驗篇) (한 나무 지팡이가 문 옆에 꽂혀 있는데 질이 좋고 보기 좋아 다른 것들과는 달랐다.)

이 시기엔 이렇게 'A+好'와 '好+A' 두 가지 형식이 있었는데 이 중 漢代엔 주로 형용사가 먼저 나오는 전자 형식이 더 발달했다. 이렇게 상대적으로 활력이 떨어지는 후자 형식은 晉代에 가서 특히 불경번역서들에서 쌍음절로부터 다음절 형식으로 변화하였으며 이 시기 매우 중요한 변화가 발생하게 된다.

> (5)  其珠青琉璃色, 八方滑澤, <u>好清潔</u>, 有光明照燿. (西晉法立共法炬譯, 大樓炭經)
>     (그 구슬은 맑고 유리색이었으며 팔방이 윤기가 났고, <u>예쁘고 깨끗하여</u> 빛을 발하였다.)

바로 이렇게 六朝시대에는 '好+A'식이 확장발전을 하게 되는데 화자가 단지 '好'라고 하는 형용사 하나만으로 각종 사물을 형용하는 것이 불만족스럽다고 여겨 다른 어휘('淸潔' 등)를 더 선택하여 구체적인 의미를 더 추가하는 습관이 발생하였다. 이러한 현상은 바로 형용사 '好'가 상기의 구조 속에서 점차 의미가 일반화되어 가고 있음을 반영한다.
한편, 이와 동시에 형용사 '好'는 그것이 표현하는 '긍정적 정도'의 추상의미가 계속 강화된다.

> (6)  世所稀有, <u>極好奇特</u>. (西晉, 正法華經) (세상에는 희귀하여 <u>지극히 좋고</u> 특이했다.)

위와 같이 당시에 '好'가 불경의 4자구의 앞부분에 출현하면서 '極'과 쌍음절 형식을 자주 구성하게 된다. 이렇게 함으로써 '奇特' 등의 형용사와 구조적으로 점차 분리되고 오히려 앞에 있는 '極' 등과 결합되기에 이르러 이것에 의해 일종의 同化유추가 발생하게 된다. 이 과정에서 '好' 자체에 있던 정도의미가 더 부각되고 이로써 정도부사로 점점 더 발전해 나가게 된다. 아래는 사실상 '好'가 거의 정도부사로 쓰이고 있는 예이다.

> (7)  此是何聲, 如是極妙, 爲甚奇特, 實可愛樂, <u>好可觀聽</u>, 令心歡悅. (中阿含經) (이는 무슨 소리인가? 이다지도 매우 오묘하고, 또 심히 기이하니, 실로 즐길 만 하고, <u>매우</u> 보고 들을 만 하여 마음을 기쁘게 하는구나.)

이 문장에서 '好可觀聽'에 있는 '好'는 그 앞의 '實可愛樂', '爲甚奇特' 등과 대구를 이루는데, 여기에 출현하는 '實', '甚' 모두 정도의 의미를 갖고 있어서 '好' 역시 동일한 의미로 해석될 수 있다.
이상 溫振興(2009)이 소개한 정도부사 '好'의 문법화 과정이다. 즉, '好'가 문법화 하기 위해서는 일차적으로 형식상 '好+형용사'라고 하는 형식이 등장해야 한다. 그런데 이것이 이미 漢代부터 등장하였고, 단순히 유사의미의 형용사에서 더 나아가 다양한 형용사와도 결합하는 등 '好'가 문법화할 수 있는 형식적 조건이 성숙된 것이다. 그 이후 의미상에서 '好'가 먼저 일반화하여 다른 의미로 변화할 수 있는 의미적 조건이 갖추어지게 된다. 그러면서 특히 '極' 등의 정도부사들과 함께 병렬로 출현하면서 '好' 내부에 내포되어 있던 잠재적인 정도의미가 부각되기에 이른다. 이것은 전형적인 환유의 과정이다. 이러한 과정은 漢代를 지나 晉代쯤에 출현하기 시작하고 南北朝시기 가서야 최종적으로 완성이 된다.

위의 (1),(2)의 경우 '好'와 '美' 등의 유사 형용사가 병렬되어 있다. 그러나 이 시기엔 위와 같이 정도의미의 '好'가 이미 탄생을 한 시기인데다가 스토리 전체적으로 볼 때, 단순히 '맛좋은 물'이상으로 '매우 맛있는 물'로 해석해야 더 부합한다. (1)의 경우 그 밑에 '日日送其美水'라고 한 것을 보면 확실히 '好'가 별도의 의미를 더 갖고 있을 것임을 알 수가 있다.

한편, 董志翹・蔡鏡浩(1994)에 따르면 이 시기엔 아래와 같은 다른 예도 등장한다고 한다.

(8)  秋種者, 五月子熟, 拔去, 急耕, 十餘日又一轉, 入六月又一轉, 令好調熟, 調熟如麻地. (齊民要術, 種胡荽) (가을에 심은 것은 5월에 먼저 심은 종자가 익으면 뽑아 버리고 급히 밭을 간다. 십여 일 후 또 갈아엎고, 6월에 들어 다시 갈아 밭이 <u>매우</u> 잘 익게 만든다. 그 익음이 마치 麻밭처럼 한다.)

이렇게 위진남북조 시기에 탄생한 정도부사 '好1'은 현대중국어에까지 이르고 있다.


## 太

정도부사 '太'는 상고중국어에서 전해져 온 것으로 총2예 출현한다.

(1)  汝作頭太大, 作項極小; 作手太大, 作臂極小; 作脚極小, 作踵極大. (61. 梵天弟子造物因喩) (넌 머리를 <u>너무</u> 크게 만들었고, 목은 너무 작고, 손은 <u>너무</u> 크고, 팔은 너무 작다. 발은 너무 작은데 뒤꿈치는 너무 크다.)

이것은 형용사나 동사 앞에 출현하여 '너무, 매우'의 의미로 정도가 심함을 나타낸다. 2예 모두 AP를 수식한다. ≪顔氏家訓≫에서는 1예 출현하며 AP를 수식한다. 공교롭게도 위의 예에서 '太'는 동일한 기능의 정도부사 '極'과 함께 같은 스토리 내에서 출현하고 있다.

曹廣順 등의 ≪＜祖堂集＞語法研究≫에서는 ≪祖堂集≫에 출현하는 정도부사 '太'의 용법에 대해 아래의 두 가지로 설명한다.

ⅰ) 어떤 상황의 정도가 정상적인 기준을 벗어나 정도의 '過量'을 나타낸다. '过分'과 유사하며 그다지 만족스럽지 못한 상황에 주로 쓰인다.

  예) 石頭甚奇之, 乃爲略說法要, 師便掩耳云: "太多也." (丹霞和尙) (석두가 심히 이상히 여겨 이에 법요를 대략 말해줬으나 선사는 귀를 막고 말했다. "너무 많다.")

ⅱ) 화자의 불만 태도가 들어있지 않고, 단지 정도가 높음만을 표현한다.

  예) 師云: "太香生." 女云: "無氣息." (大慈和尙) (선사가 말했다. "매우 향기롭네요." 여자가 말했다. "아무 냄새가 안 나는데요.")

≪百喩經≫에서 이중 첫 번째 의미인 '过分'의 의미만이 출현하고 있다. ≪百喩經≫에서는 이렇게 극소수만이 출현하고 있는데 謝換玲(2010)에 따르면, 동시기의 다른 불경 역경에서도 '太'는 잘 발견되지 않고 있다고 한다. 다만 위와 같이 唐五代 ≪祖堂集≫에서는 ⅰ)의 용법이 29예, ⅱ)의 용법이 17예로 매우 다수가 출현하고 있다.


## 過

정도부사 '過'는 상고중국어에서 전해져 온 것으로 총1예 출현한다.

  (1) 彼是遠人, 未可服信. 如何卒爾寵遇過厚? 至於爵賞, 逾越舊臣. (65. 五百歡喜丸喩) (그는 이방인이라 믿을 수 없습니다. 어째서 갑자기 당신의 총애가 <u>과히</u> 후하게 됐습니까? 작록과 상도 노신을 넘습니다.)

이것은 "너무, 과히(过于)"라는 의미로 형용사, 동사 앞에 출현해 동작행위나 상태의 정도가 일반적인 상황을 넘어서는 것을 나타낸다. AP를 수식하고 있다. ≪顔氏家訓≫에서도 아래와 같이 3예 출현하며 AP를 수식한다. ≪世說新語≫에서도 아래처럼 출현한다.

  (2) 然而此藝不須過精. (顏氏家訓, 雜藝) (그러나 이 예술에 <u>지나치게</u> 정성을 들이지 말라.)
  (3) 謝公諫曰: "聖體宜令有常. 陛下晝過冷, 夜過熱, 恐非攝養之術." (世說新語, 夙慧6) (사공이 간하여 말했다. "옥체는 마땅히 규칙적으로 보양해야 합니다. 폐하께서는 낮에 <u>너무</u> 춥게 하고 밤에는 <u>너무</u> 덥게 하는데 이는 조리하고 보양하는 기술이 아닌 듯합니다.")

그런데 여기서 한 가지 유의할 사항은 정도부사로서의 '過'가 두 가지 의미가 있다는 점이다. 위에서 소개한 것은 '정도가 지나침'을 나타내어 '过分'의 의미가 있는데 이 시기에 이것 외에도 아래와 같이 현대중국어의 '很, 非常'과 같은 용법도 있다.

(4) 園中茅積下得一白魚, 質狀殊常, 以作鮓, 過美, 故以相獻. (晉書, 張華傳) (정원의 띠풀 쌓아놓은 곳 아래에서 방어를 하나 얻었는데, 모양이 이상했고 이것으로 절인 생선을 만들었더니 매우 맛이 좋아 이를 진상하였다.)

이에 대해 董志翹·蔡鏡浩(1994)는 "'極, 非常'으로 번역되며 부정적 의미가 들어있지 않다. 이것은 '过分'의미와 미세하게 구별된다."라고 하였다. 이러한 상황은 위의 '太'의 경우와 평행하게 나타나고 있다. 다만, 이 용법은 ≪百喩經≫에서는 출현하지 않고 있다.

이렇게 '很, 非常'으로 해석되는 용법은 중고시기에 탄생했지만 '過'가 정도부사로서 부정적, 불만적 의미를 표현하는 용법은 상고시기에 탄생하였다. 한편, 唐宋 시기엔 ≪祖堂集≫에서는 보이지 않으나 ≪朱子語類≫에서는 아래와 같이 89예가 출현하고 있다.

(5) 伊川猶不無難明處, 然愈看亦愈好. 上蔡過高, 多說人行不得底說話. (이천은 여전히 난명한 곳이 없지 않으나 보면 볼수록 더 좋다. 상채는 너무 높아 사람들이 행하지 못하는 말을 많이 한다.)

## 既3

정도부사 '既3'은 상고중국어에서 전해져 온 것으로 총2예 출현한다.

(1) 用功既重, 所期甚輕. (43. 磨大石喩) (공력을 매우 많이 들였는데 얻은 것은 매우 경미했다.)
(2) 昔有一婦, 荒淫無度, 欲情既盛, 嫉惡其夫; 每思方策, 頻欲殘害. (65. 五百歡喜丸喩) (옛날에 한 아낙이 있었는데 황음무도하고 욕정이 너무 성해 그 지아비를 싫어했다. 매번 방책을 생각하여 여러 차례 그를 해하려 했다.)

이것은 "매우, 심히" 등의 의미로 정도가 심함을 나타낸다. 모두 AP를 수식하고 있다. 이것은 아래와 같이 상고중국어에서 이미 등장하여 쓰였다.

(3) 今汝衣服既盛, 顔色充盈, 天下且孰肯諫女矣. (荀子, 子道) (지금 그대의 의복이

너무 성하고, 얼굴색이 자만스러우니 천하에 또 누가 그대에게 간하리오.)

상기 예문은 解惠全 등의 ≪古書虛詞通解≫에 출현한 것인데 여기서 필자는 상기의 예문이 ≪說苑, 雜言≫에서 "衣服甚盛"으로 되어 있다고 하면서 '旣'가 확실히 정도가 심함을 나타내고 있다고 주장한다. 아울러 그는 또 이것이 '旣'의 '已經'의미로부터 허화되어 왔다고 본다. '旣'는 시간부사로서 '이미'의 의미로 쓰이고 있었고, 이러한 시간적인 경과의 의미가 '지나침, 과함'과도 상통하여 바로 이러한 의미가 점차 '정도'의 개념으로 문법화한 것으로 보인다. 게다가 '旣'가 갖고 있는 시간의 경과 의미는 또 한편으로 '過'와도 상통하며 이 둘 모두 공교롭게도 '지나치다, 과하다'의 정도부사로 문법화하였다. ≪百喩經≫에서의 예도 역시 '지나침, 과함'에 가까운 의미를 보여주고 있다.

≪顏氏家訓≫에서는 보이지 않으며 필자가 조사한 바에 따르면 아래와 같이 ≪世說新語≫에서 일부 출현하고 있었다.

(4) 夷甫時總角, 姿才秀異, 敍致旣快, 事加有理, 濤甚奇之. (識鑒5) (왕이보가 그 당시엔 아직 소년이었고 자태와 재주가 출중했으며 사실의 진술(敍致)이 매우 빨랐고 또 조리가 있었다. 이에 山濤가 매우 기특하게 여겼다.)

## 極大　甚大　甚爲

이들 셋 쌍음절 정도부사들은 모두 중고시기에 등장한 것으로 각각 1예씩 출현한다.

(1) 極大慳貪, 不肯外用. (30. 牧羊人喩) (매우 인색하였고 밖에서 쓰기를 싫어했다.)
(2) 夜中呻喚, 甚大苦惱. (20. 人說王縱暴喩) ((그 현신은) 밤중에 신음을 하며 매우 괴로워했다.)
(3) 其人當時悔不急去, 懊惱之情, 甚爲極苦. (90. 地得金錢喩) (그 사람은 당시 어서 거기를 뜨지 않은 것을 후회했는데 후회의 감정이 매우 심했다.)

이 셋은 모두 "매우, 심히"의 의미로 정도가 심함을 나타낸다. 모두 쌍음절의 형용사를 수식하고 있다. '慳貪'은 '인색하고 탐욕적이다', '苦惱'는 '괴롭다', '極苦'는 '극단적으로 괴롭다'란 뜻이다. '極大'와 '甚大'는 同義의 정도부사가 결합하여 이루어진 同義 병렬복합 부사이며, '甚爲'는 부사 '甚'에 부사접미사 '爲'가 붙어 이루어진 것이다. 모두 전형적인 중고중국어 부사 구성방식이다.

위의 셋 중 '極大'는 찾기 힘드나 '甚大'와 '甚爲'는 다른 문헌에서 자주 발견되고 있는
데 필자의 조사에 따르면 ≪賢愚經≫에서 '甚大'가 '甚大慚愧', '甚大懊惱', '甚大憂
愁', '甚大歡喜' 등으로 출현하고 있었고, '甚爲'는 '甚爲難得', '甚爲妙好', '甚爲不少',
'甚爲奇特', '甚爲難遇', '甚爲端正' 등으로 출현하고 있었다. 역시 여기서도 쌍음절 형
용사들과 결합하고 있어 대체로 4자구를 잘 활용하는 불경역경 문헌에서 상용되고 있는
형식임을 알 수 있다.


## 8.5.2 상대류 정도부사

最

정도부사 '最'는 상고중국어에서 전해져 온 것으로 총8예 출현한다.

(1) 有問人爲最勝不? …… 若問三惡道, 人實爲最勝. (58. 二子分財喩) (사람이 가장
우월합니까라는 질문이 있다.…… 만약 삼악도와 비교함을 묻는 것이라면 사람이 가
장 우월하다.)

(2) 我今不用下二重屋, 必可爲我作最上者. (10. 三重樓喩) (나는 지금 아래 두층 집
은 필요 없다. 반드시 나를 위해 가장 위의 것을 만들거라.)

(3) 此病最重, 以刀決之, 可得差耳! (72. 醃米決口喩) (이 병은 매우 중합니다. 칼로
찢으면 나을 수 있습니다!)

이것은 '가장'의 의미로 어떤 범위 내의 어떤 성원의 量級이 가장 높음을 나타낸다. 대
개의 경우 그 성원은 둘 이상이다. 8예 모두 AP를 수식하며 '上, 下, 妙, 勝, 重, 劣' 등의
단음절 형용사를 수식하고 있다. ≪顔氏家訓≫에서는 2예 출현하며 모두 AP를 수식한다.
이것은 역시 상고중국어에서 이미 상용되던 것이며 이후 현대중국어에 이르기까지 계속
쓰여 왔다. 그것의 형식, 의미 모든 면에서 현대중국어와 별 차이를 보이지 않고 있으나
≪百喩經≫에서 특이한 예를 하나 발견하였다. 그것은 바로 위의 (3)으로 여기서 "此病最
重"은 "이 병은 매우 중하다"로 해석되며, 이때 '最'는 '가장'보다 '매우(非常, 很)'의 의미
로 해석해야 통한다. 물론 '다른 어떤 병보다도 이것이 가장 중하다'라고도 볼 수 있으나
문맥상 상대성보다 절대성으로 해석함이 더 자연스럽다. 周紹良의 ≪百喩經譯注≫에서
도 이 부분을 "这个病很重"으로 번역하고 있다. 그렇다면 '最'가 상대정도에서 절대정도
를 표현하는 용법이 문법화했을 가능성도 있는 것이다. 현재 대부분의 연구서들에서는 단

지 상대정도 용법만을 언급하고 있는데다가 ≪百喻經≫의 예도 단지 1예만이 출현하고 있어서 단정은 못하는 상황이다. 그러나 이와 관련하여 보다 심도 있는 연구가 필요하다.

## 更3

정도부사 '更3'은 상고중국어에서 전해져 온 것으로 총2예가 출현한다.

(1) 爾時此人過在門外, 聞作是語, <u>更</u>生瞋恚, 卽入其屋, 擒彼道己過惡之人, 以手打璞. (13. 說人喜瞋喻) (그때 이 사람이 문 밖에 지나가고 있다가 이 말을 듣고는 <u>더</u> 화가 나서 바로 그 집에 들어와 저 자기의 잘못을 말한 사람을 잡아 손으로 때렸다.)

(2) 猶如世人, 不知布施有報無報, 而行少施, 得生天上, 受無量樂. 方<u>更</u>悔恨, 悔不廣施. (87. 劫盜分財喻) (마치 세상 사람들처럼 보시에 보응이 있는지 없는지 모르고 그저 작은 보시만을 한 후 天上에 태어나서 무한한 즐거움을 누릴 수도 있다. 그제야 비로소 <u>더욱더</u> 후회하게 되니 일찍이 널리 베풀지 못한 것을 후회하게 된다.)

이것은 "더욱(更加)"의 의미로 정도가 더욱더 심화됨을 나타낸다. (1)처럼 일반동사를 수식하기도 하고(역시 일반동사이지만 내용상 심리동사에 상당하다), (2)처럼 심리동사를 수식하기도 한다. ≪顔氏家訓≫에서도 8예가 출현하며 VP와 AP를 수식한다.

이것은 아래와 같이 상고중국어에서도 출현하고 있다.

(3) 吾嘗爲鮑叔謨事而<u>更</u>窮困, 鮑叔不以我爲愚, 知時有利不利也. (史記, 管晏列傳) (내 일찍이 포숙을 위해 일을 도모했지만 <u>더</u> 빈궁해졌다. 그런데 포숙은 나를 우매하다 여기지 않았고, 시세의 불리와 유리함이 있음을 알아주었다.)

이러한 '更3'은 曹廣順 등(2011)에 따르면, 추가부사 '更2'에서 파생되었다고 한다. '추가'가 만약 "어떤 情狀이 정도 상 증가 즉 '累進'하는 것"으로 나타난다면 이때 '更'이 정도성을 나타내게 된다는 것이다. 다시 말해, 수치상의 증가·추가가 아닌 성질, 정도 상의 증가로 나타날 경우 이것이 바로 정도성이 되는 것이다. 앞의 '更2'에서도 뒤에 AP가 출현할 경우 '정도성'을 나타낸다고 하였는데 이것이 바로 '更3'의 허화과정과 일맥상통한다. 위의 (1)에서 비록 '生'이란 일반동사가 출현하고는 있으나 '生瞋恚' 전체는 '화가 나다'로 심리활동을 묘사하는 동사이기 때문에 '정도성'이 충분히 나타나고 있다. 아래는 ≪世說新語≫의 예이다.

(4)  王之學華, 皆是形骸之外, 去之所以更遠. (德行12) (王朗이 華歆을 배움에 모두
     표면적인 것들뿐이라 그와의 거리가 이로써 더 멀어졌다.)

唐宋시대로 가서 ≪祖堂集≫에서는 3예가 출현하고 있고, ≪朱子語類≫에서는 760여
예나 출현한다.

(5)  若是下人出來著衣, 更勝阿郎, 奈何緣被人識得伊. (祖堂集, 曹山和尙) (만약 아
     래 사람이 나와서 옷을 입었는데 주인보다도 더 훌륭하여 사람들이 그를 알아보게
     되는 것을 또 어찌하겠는가?)
(6)  歐公文字敷腴溫潤. 曾南豐文字又更峻潔, 雖議論有淺近處, 然卻平正好. (朱子
     語類卷第一百三十九 論文上) (歐陽脩의 글은 기쁨이 있고 부드럽다. 曾鞏의 글은
     또한 더욱 강하고 간결하니, 비록 의론이 심오하지 못하긴 해도 바르고 평이하다.)


## 倍

정도부사 '倍'는 중고시기에 등장한 것으로 총3예 출현한다.

(1)  諸同行者見其在後, 謂欲加害, 倍增惶怖, 越度山河, 投赴沟壑. (63. 伎兒著戲羅
     刹服共相驚怖喩) (모든 동행자들이 그가 뒤에 따라 오는 것을 보고는 자기들을 죽이
     려고 하는 줄 알고 더욱 공포스러워서 산과 강을 건너 계곡으로 들어갔다.)
(2)  爾時遠人歡喜踊躍, 來白於王. 王倍寵遇. (65. 五百歡喜丸喩) (그때 이방인은 기
     뻐서 뛰었고 와서 왕에게 말했다. 왕은 그를 더욱 총애했다.)

이것은 "더욱(更加)"의 의미로 정도가 더욱더 심함을 나타낸다. 3예 모두 VP를 수식한
다. 뒤에 VP이긴 하나 역시 '增惶怖(공포가 증가하다)', '寵遇'와 같은 심리활동 묘사의
내용이 나오고 있어서 '정도성'이 충분히 표현되고 있다. ≪顔氏家訓≫에서도 1예 출현하
며 아래와 같이 VP를 수식한다.

(3)  及至冠婚, 體性稍定, 因此天機, 倍須訓誘. (勉學) (관례와 혼례의 나이쯤에 이르
     러 체성이 조금씩 안정되면 이러한 자연의 기회를 이용해 더욱더 훈육하고 일깨워줘
     야 한다.)

동시기 다른 자료에서는 아래와 같이 ≪賢愚經≫에서 다수의 '倍'가 출현하고 있었다.

(4) 作誓已訖, 身便平復, 倍勝於前, 天及世人, 嘆未曾有. (賢愚經, 雜譬喻品第一)
(맹서를 마치자 몸이 곧 회복되었고 전보다 <u>훨씬</u> 나아졌다. 천인과 세인들이 모두
전에 없던 일이라 감탄했다.)

(5) 王見忍證, <u>倍</u>懷恐怖. (賢愚經, 提波羅因緣品第十一) (왕이 그가 참은 증거를 보더
니 맘속으로 <u>더욱</u> 공포스러웠다.)

이것은 '倍'의 '배가 되다. 배로 증가하다'라는 동사로부터 문법화했을 가능성이 있다.
상고중국어 문헌에서는 보이지 않으며 이와 같이 위진남북조 시기 문헌에서야 찾아볼 수
있다. 그리고 중고시기에는 자주 보이는 편이나 이후 ≪祖堂集≫, ≪朱子語類≫ 등에서
는 찾아보기 힘들다.


## 轉

정도부사 '轉'은 중고시기에 등장한 것으로 총1예 출현한다.

(1) 如是數數往來磨刀, 後<u>轉</u>勞苦, 憚不能數上, 懸駝上樓, 就石磨刀. (18. 就樓磨刀
喻) (이와 같이 여러 차례 왔다갔다 하면서 칼을 갈았더니 <u>더욱</u> 힘이 들었다. 그래서
여러 번 올라갈 수 없다고 싫어하여 낙타를 메고 위층으로 올라가 숫돌에 칼을 갈았
다.)

이것은 "더욱(更加)"의 의미로 정도가 더욱 심함을 나타낸다. 뒤에 '勞苦'라고 하는 형
용사가 출현하여 AP를 수식한다. ≪顏氏家訓≫에서는 출현하지 않으나 아래와 같이 ≪
世說新語≫에 등장한다.

(2) 桓公伏甲設饌, 廣延朝士, 因此欲誅謝安、王坦之. 王甚遽, 問謝曰: "當作何
計?" 謝神意不變, 謂文度曰: "晉祚存亡, 在此一行." 相與俱前. 王之恐狀, <u>轉</u>見
於色. 謝之寬容愈表於貌. (雅量29) (桓溫이 병사들을 매복하여 잔치를 연 다음 널
리 조정의 관리를 초청하여 謝安과 王坦之를 죽이고자 했다. 왕탄지는 매우 두려워
사안에게 물었다. "마땅히 어찌해야 합니까?" 사안은 얼굴색도 안변하며 그에게 말했
다. "晉朝의 존망이 모두 이번에 달려 있다." 그리고는 서로 앞으로 나아갔다. 왕탄지
는 두려운 모습은 얼굴색에 <u>더욱더</u> 나타났고, 사안의 조용한 모습도 용모에 <u>더욱더</u>
잘 드러났다.)

이 글에서 '轉'이 동일 정도부사인 '愈'와 대구를 이루며 출현하고 있다. '轉'은 위진남북조 시기에 출현하여 사용된 정도부사로 이것의 허화에 대해 曹廣順 등(2011)은 '轉'의 '還, 復'의미가 발전하여 '정도가 더욱 깊어짐'을 나타내게 되었다고 한다.

위진남북조 시기에도 사용량이 많지 않았지만 唐宋 시기에도 저조하였다. 그런데 曹煒 등(2009)에 따르면, 의외로 明代 ≪水滸傳≫에 10예가 쓰이고 있다고 한다.

(3) 看看天色晚了, 又走得人困馬乏. 巴得到那山下時, 正欲下寨造飯, 只見山上火把亂起, 鑼鼓亂鳴. 秦明轉怒. 引領五十馬軍, 跑上山來. (34회) (날이 어두워졌고, 또 가다보니 사람이고 말이고 다 피곤해졌다. 산 아래로 내려가 막 산채를 내리고 밥을 지으려고 하는데 산 위에 불이 치솟고 징, 북소리가 요란하게 들렸다. 진명은 더욱더 노하여 오십의 마군을 이끌고 산으로 올라갔다.)

정도부사 '轉'은 이미 이 시기에도 많은 양이 출현하는 것은 아니었고 그 이후엔 점점 사라져갔다.


## 逾　彌

정도부사 '逾'와 '彌'는 모두 상고중국어에서 전해져 온 것으로 각각 1예씩 출현한다.

(1) 卽使四人, 人擎一脚, 至田散種, 地堅逾甚, 爲人嗤笑. (82. 比種田喩) (바로 네 사람을 시켜 각 사람당 다리 하나씩 들게 하여 밭에 가서 파종을 했는데 땅의 굳기가 더욱더 심해졌고, 사람들의 웃음거리가 되었다.)
(2) 先所瞋人, 代謝不停, 滅在過去. 乃於相續後生之法, 謂是前者, 妄生瞋忿, 毒恚彌深. (83. 彌猴喩) (전에 화를 냈던 사람은 서로 교체됨이 끊임없어 이미 과거에 없어졌다. 그런데 연속되는 후생의 法에 대해 이를 전의 사람인 것으로 보고 함부로 그에게 화를 내고 원한이 더욱 심해졌다.)

이 둘 모두 "더욱(更加)"의 의미로 정도가 더욱더 심함을 나타낸다. 각각 형용사인 '甚', '深'을 수식하고 있다. ≪顔氏家訓≫에서 '逾'는 2예 출현하고 AP를 수식한다. '彌'는 5예 출현하며 AP와 VP를 수식한다.

이 둘은 모두 아래와 같이 상고중국어에서 상용되던 정도부사이다.

(3) 侯生攝敝衣冠, 直上載公子上坐, 不讓, 欲以觀公子. 公子執轡愈恭. (史記, 魏公子列傳) (후생이 남루한 의관을 정돈하고 곧장 공자의 수레에 올라타더니 공자에게 양보하지 않으면서 속으로 이로써 공자의 태도를 살피려했다. 이에 공자는 고삐만 움켜쥐고 더욱 공손하였다.)

(4) 亡十九年, 守志彌篤. (史記, 楚世家) (유망한지 십구 년인데 의지는 더욱 굳어졌다.)

한편, 이 중 '逾'는 宋代 《朱子語類》에서도 252예나 사용되는 등 지속적으로 사용되고 있었다.

(5) 格物所以致知. 於這一物上窮得一分之理, 卽我之知亦知得一分; 於物之理窮二分, 卽我之知亦知得二分; 於物之理窮得愈多, 則我之知愈廣. (朱子語類卷第十八 大學五或問下) (격물은 치지를 하는 바이다. 이 한 物에 一分의 이치를 궁하면 나의 앎은 또한 一分만큼 알게 된다. 物의 이치에 대해 二分을 궁하면 나의 앎은 또한 二分을 알게 된다. 物의 이치에 대해 더욱더 많이 궁하면 나의 앎은 더욱더 넓어진다.)

그리고 위처럼 '愈……愈……'의 형식이 사용되기도 하였다.

## 小

정도부사 '小'는 상고중국어에서 전해져 온 것이며 3예 출현한다.

(1) 汝等小遠, 我當爲爾平等分之. (41. 毗舍闍鬼喩) (당신들 조금 멀리 계시오. 내가 곧 당신들을 위해 공평하게 나누겠소.)

(2) 已得出家, 得近師長, 以小呵責, 卽便逃走. (48. 野干爲折樹枝所打喩) (이미 출가를 했고 사부와 선배에게 가까이 했는데 작게나마 질책을 했다고 바로 떠나버리곤 한다.)

(3) 如彼愚人, 以小羞故, 不肯吐米, 以刀決口, 乃顯其過. (72. 唵米決口喩) (마치 저 우매한 사람처럼 약간의 부끄러움으로 인해 쌀을 토하려 하지 않다가 칼로 입을 째서야 이에 그 죄가 밝혀지는 것과 같다.)

'小'는 상대정도부사 가운데 성질 혹은 상태의 정도를 나타내면서 그것의 정도가 매우 적음을 나타낸다. 이것은 공히 현대중국어의 '有些'에 해당한다. 일반 상태부사일 경우는 정도보다는 양에 치중을 하게 되나 상기의 예에서는 양보다는 정도성이 높게 나타나고 있다. (1)은 AP를 수식하고 있으나 (2)(3)은 VP를 수식한다. 특히 (3)은 심리동사인 '羞(부끄러워하다)'가 출현하고 있다. 이것은 ≪顔氏家訓≫에서는 출현하지 않으나 ≪世說新語≫에 아래와 같은 예가 출현한다.

(4)  喬當及卿, 髦<u>小</u>減也. (品藻7) (楊喬가 당신에게는 견줄 만하나 楊髦는 <u>약간</u> 떨어진다.)

---

## 8.6  어기부사

어기부사란 말하는 사람의 '語氣' 즉 주관적인 태도를 표현하는 부사를 지칭한다. 다시 말하면 관련 명제에 대해 주관적인 평가를 하는 것이 어기부사의 주요 기능이다. 이런 기능이 있기 때문에 어기부사는 다른 부사들과는 다른 몇 가지 특징이 있는데 이를 살펴보면, 먼저 분포상의 '융통성(灵活性)'을 들 수 있다. 어기부사는 문장에서의 분포가 비교적 자유롭기 때문에 대부분의 쌍음절 어기부사는 문장의 내부에 위치하기도 하지만 문두에 위치하기도 한다. 이렇게 위치가 자유롭기 때문에 이에 따른 관할 범위가 달라질 수 있는데 만약 문두에 위치하면 그 관할 범위가 전체 문장 또는 명제가 되기 때문에 전체 명제에 대한 표술(表述)이 가능하다. 반면, 문중에 위치하면 그것의 관할 범위는 '설명(述題, Comment)'에 제한된다. 둘째 어기부사는 또 문장 내부 성분과의 결합상에서 이른바 '동태성(动态性)'을 갖고 있다. 동태성이란 어기부사가 피수식성분과 결합할 때 동태적인 문장 층위에서만 결합할 수 있다는 것이다. 다시 말하면 어기부사가 포함된 용언성 구조는 단지 표술성(表述性)성분인 술어와 보어로만 충당되지, 수식성 성분인 관형어나 부사어로는 될 수 없다는 것이다. 세 번째 특징은 어기부사의 출현순서이다. 하나의 문장 내에 시간부사, 범위부사, 정도부사 등 다양한 부사들이 동시 출현할 수 있는데 이때 어기부사는 대개 이들보다 우선적으로 출현하게 된다.[50]

---

50) 張誼生(2002)

이러한 특징을 근거로 하여 ≪百喩經≫에서 아래와 같은 어기부사들을 界定하였으며 이들은 다시 그 의미적인 특징에 근거하여 몇 가지 하위범주로 분류할 수 있다.

**표 8-5** 어기부사의 하위범주

| 유형 | 예 |
|---|---|
| 긍정/강조류 | 必, 實, 卽3, 眞, 乃4, 定2, 都2, 要, 終3, 竟2, 果, 正1, 初2, 便3, 正2, 反(返), 返更, 倒, 竟3, 可2 |
| 추측류 | 或2, 或復 |
| 의원류 | 寧, 寧可 |

이들 하위범주는 학자들마다 약간씩 다르나 그들의 공통적 의견과 ≪百喩經≫자체의 상황 등을 고려하여 위와 같이 3가지 유형으로 구분하였다.

## 8.6.1 긍정/강조류

‘긍정/강조류’는 어떤 사건 혹은 성질, 상태에 대한 확인, 강조를 나타내는 것으로 어기부사 가운데 가장 큰 하위범주이다.

必

어기부사 ‘必’은 상고중국어에서 전해져 온 것으로 총15예 출현한다.

### 1) 가설에 대한 긍정

    (1) 殺汝之子, 取血祀天, 必得多子. (21. 婦女欲更求子喩) (너의 아들을 죽여 그 피를 취해 하늘에 제사지내면 반드시 많은 아들을 얻을 것이다.) [VP수식]

    (2) 甘蔗極甜, 若壓取汁, 還灌甘蔗樹, 甘美必甚, 得勝於彼. (16. 灌甘蔗喩) (사탕수수는 매우 단데, 만약 눌러 즙을 취하여 다시 사탕수수 나무에 주면 달기가 분명 심할 것이요, 저 사람에게서 승리를 쟁취할 것이다.) [AP수식]

### 2) 과거사실에 대한 긍정

    (3) 以不解故, 定知汝衣必是偸得, 非汝舊物. (8. 山羌偸官庫衣喩) (할 줄 모르기 때

문이니, 분명 네 옷은 확실히 훔친 것이며 너의 옛 물건이 아님을 알겠다.) [VP수식]

(4) 其父言曰: "必飛鳥銜金, 著於樹上." (60. 見水底金影喩) (그의 아비가 말했다. "분명 날아가는 새가 금을 물어 나무 위에 놓은 모양이다.") [절 수식]

### 3) 필요성 강조

(5) 我今不用下二重屋, 必可爲我作最上者. (10. 三重樓喩) (나는 지금 아래 두층 집은 필요 없다. 반드시 나를 위해 가장 위의 것을 만들거라.) [VP수식]

이것은 '반드시, 분명' 등의 의미로 동작행위, 성질상태, 혹은 사리에 대한 긍정적인 판단을 나타낸다. 의미상으로 3가지로 구분된다. 먼저, 어떤 가설에 대해 긍정, 확신을 하는 것으로 (1)의 '殺汝之子, 取血祀天'는 가설이 되고, '得多子'는 그에 대한 결과가 된다. 두 번째는 이미 발생한 일에 대한 긍정, 확신을 하는 것으로 (3)의 '汝衣必是偸得'는 '너의 옷이 이미 훔친 것'이란 과거 사실에 대해 긍정, 확신하는 것이다. (4)의 경우는 '飛鳥銜金, 著於樹上(새가 금을 물어다가 나무 위에 놓음)'이란 사실 전체를 긍정, 확신한다. 세 번째는 '반드시 ~해야 한다'라고 하는 필요성의 강조로 (5)의 '爲我作最上者(나를 위해 가장 윗층을 짓다)'는 반드시 해야 하는 일이다. 이 세 가지 모두 상고중국어에서 존재했던 것들이다.

형식상으로 볼 때, '必'은 대부분 VP를 수식하여 12예에 이르고, AP수식이 2예, 그리고 절을 수식하는 것이 1예 출현한다. 위의 (4)의 경우, '飛鳥銜金, 著於樹上'은 하나의 완벽한 문장인데 '必'은 이 전체를 관할하고 있다. 이것이 바로 명제 전체에 대한 표술(表述)이다.

≪顔氏家訓≫에서도 36예 출현하며 역시 VP, AP 및 절을 수식한다. 唐宋시대에도 꾸준히 상용되어 ≪祖堂集≫에서 26예, ≪朱子語類≫에서는 무려 2,300여 예가 출현하고 있다.

## 實

어기부사 '實'은 상고중국어에서 전해져 온 것으로 총13예 출현한다.

(1) 我以欲得彼之錢財, 認之爲兄, 實非是兄. (7. 認人爲兄喩) (나는 그의 재물을 얻기를 원했기 때문에 그를 형으로 인정한 것이나 사실은 형이 아니다.)

(2) 實是愚癡, 自謂有智, 語梵天言: "我欲造萬物." (61. 梵天弟子造物因喩) (사실은 우매한데 스스로 지혜가 있다고 여겨 대범천왕에게 말했다. "제가 만물을 만들고 싶습니다.")

(3) 彼實不食, 我妄殺他. (95. 二鴿喩) (그가 사실 먹지 않았는데 내가 함부로 그를 죽였구나.)

(4) 王遣著衣, 實非山羌本所有故, 不知著之, 應在手者著於脚上, 應在腰者返著頭上. (8. 山羌偸官庫衣喩) (왕이 (그에게) 옷을 입어 보라고 시켰으나 사실 산민 본래 소유가 아닌 까닭에 입을 줄 몰랐다. 손에 있어야 할 것을 발에 입고, 허리에 있어야 할 것을 거꾸로 머리에 입었다.)

(5) 實是良醫, 與我女藥, 能令卒長. (15. 醫與王女藥令卒長大喩) (확실히 좋은 의사구나. 나의 딸에게 약을 주어 갑자기 자라게 할 수 있었다니.)

이것은 '확실히, 사실상(确实, 实在, 实际上)' 등의 의미로 실질 또는 실제 사실의 존재 및 사실 자체에 대한 확실을 강조한다. 의미상 사실 둘로 구분이 가능한데 (1)(2)(3)(4)는 '사실상(实际上)'의 의미로 사실임을 확인시키는 것이고, (5)는 '정말로, 확실히(确实, 实在)'로 화자의 주관적 판단의 색채를 나타낸다. 여기서는 대부분이 VP를 수식하고 있다. 그런데 이중 (4)의 경우 '實'뒤에 '非山羌本所有'가 출현하는데 이것은 일종의 체언성술어이다. 앞에 부정사인 '非'는 전형적인 체언성술어 부정사이다. 그렇기 때문에 이때 '實'은 NP를 수식하고 있다. 이것과 구분되는 것으로 (1)의 '實非是兄'은 판단동사인 '是'가 출현하기 때문에 동일한 '非'로 부정되는 것이라도 성질이 다르다. 그리고 '實是愚癡'와 '實是良醫'의 경우 겉으로는 비슷한 구조로 보이나 전자는 '是' 뒤가 '愚癡(우둔하고 명청하다)'라는 형용사이고, 후자는 '良醫(좋은 의사)'라고 하는 명사이다. 그렇기 때문에 여기에 출현하는 '是'의 성격이 다른데, 후자는 판단사이지만 형용사 앞에 출현하는 전자는 강조를 나타낸다. 이후 '實'과 '是'가 결합하여 쌍음절 부사가 되기도 한다.

≪顔氏家訓≫에서도 10예 출현하며 VP와 AP를 수식하기도 하고 아래처럼 NP를 수식하기도 한다. 이 점은 ≪百喩經≫과도 유사하다.

(6) 必有盛才重譽, 改革體裁者, 實吾所希. (文章) (반드시 재능과 명성이 있는 자가 나타나 이러한 체재를 개혁해 주기를 진실로 바란다.)

어기부사 '實'은 이미 상고중국어에서부터 위와 같이 쓰여 왔고 唐宋시기에도 여전히 상용되어 ≪祖堂集≫에서는 51예, ≪朱子語類≫에서는 762예가 출현하고 있다.

**卽3**

어기부사 '卽3'은 상고중국어에서 전해져 온 것으로 총2예 출현한다.

(1)  不殺戒者, 卽佛法身最上妙因. (42. 估客駝死喩) (죽이지 말라는 계는 곧 부처의
     법신에서 최상의 妙因이다.) (※ 法身: 부처의 진리의 신체 /妙因: 불가사의하고 오
     묘한 원인)

(2)  第二人言"無物"者, 卽是無相、無願、無作. (56. 索無物喩) (두 번째 사람이 말한
     '無物'이란 것은 곧 무상, 무원, 무작을 말한다.)

이것은 판단문에 출현하여 판단에 대한 긍정을 나타낸다. 위의 두 문장 중 (1)은 체언성
술어부를 갖는 판단문으로 전통적인 판단문이다. 반면, (2)는 '是'판단문이다. 즉, (1)은
'佛法身最上妙因'이라고 하는 NP를 수식하고 있고 (2)는 VP를 수식한다. ≪顏氏家訓≫
에서는 15예 출현하며 역시 NP와 VP를 수식한다.

曹廣順 등(2011)에 의하면, 이러한 '卽3'은 관련부사로서 앞뒤절 간의 논리적 관계를
나타내는 '卽2'에서 문법화된 것이라고 한다. 일반적으로 '卽'이 논리관계를 나타내는데
쓰일 때 이것의 중점은 어떤 조건 하에서 어떤 결론을 추론함에 있다. 그런데 이때 이 추론
자체가 판단문이 될 수도 있는 것이다. 예컨대,

(3)  若以四大有主, 主卽是我. (祖堂集, 司空山本爭和尙) (만약 四大(四塵)에 주가 있
     다면 그 主는 바로 나이다.)

여기서 앞의 조건에 대한 결론으로 '主卽是我'가 제시되고 있는데 이런 식으로 '卽'이
관련부사 역할을 하면서 동시에 화자의 주관적 태도를 나태내기도 하게 되고 이렇게 서서
히 어기부사로 변화하게 된다. 특히 이러한 문장에서 만약 조건이 자명하여 말할 필요가
없을 시 뒤에 나오는 결론만 출현할 것이고 이렇게 하여 '卽'은 완전한 어기부사가 된다는
것이다.

어기부사 '卽3'은 이미 漢代에 출현하였는데 이 시기엔 아래와 같이 체언성 술어부가
판단문으로 쓰이고 있었다. 그 후 '是'자 판단문이 출현하면서 '卽'은 전통적인 판단문 뿐
아니라 신형의 '是'판단문에도 쓰였고 이러한 상황은 그 후로도 지속되었다.

(4)  梁父卽楚將項燕. (史記, 項羽本紀) (項梁의 아버지는 바로 초의 장군 項燕이다.)

이것은 唐宋시기에도 매우 상용되어 ≪祖堂集≫에서는 177예, ≪朱子語類≫에서는 415예가 출현하고 있다.

## 眞

어기부사 '眞'은 상고중국어에서 전해져 온 것으로 총2예 출현한다.

(1) 咸皆嘆言: "眞是智者, 所言不錯!" 心生信服, 悉來致敬. (11. 婆羅門殺子喩) (그 당시 여러 세상 사람들은 감탄하며 말했다. "정말로 지혜로운 자다. 말한 것이 틀림이 없네!" 하고는 맘속으로 믿음이 생겨 모두 와서 그를 존경했다.)

이것은 "정말로"의 의미로 어떤 사실, 혹은 상황의 진실성에 대한 긍정을 나타낸다. 모두 VP를 수식하며 ≪顔氏家訓≫에서는 출현하지 않는다. '眞'은 상고중국어에서 이미 상용되던 어기부사이며 중고시기에도 동일한 용법으로 지속되고 있다.

## 乃4

어기부사 '乃4'는 상고중국어에서 전해져 온 것으로 총3예 출현한다.

(1) 山羌答言: "我衣乃是祖父之物." (8. 山羌偸官庫衣喩) (산민이 답하여 말했다. "내 옷은 곧 조부의 물건이다.")
(2) 此驢乃是佳物! 久時所作, 須臾能破. 我今當買此驢. (31. 雇倩瓦師喩) (이 나귀 야 말로 곧 좋은 물건이다! 오랜 동안의 만든 것을 잠깐 사이에 깰 수 있다니. 내 지금 이 나귀를 반드시 사야겠다.)

이것은 "곧, 바로"의 의미로 어떤 사실에 대한 확인 또는 강조를 나타낸다. 모두 VP를 수식하는데 주로 예(1)과 같이 판단문에 출현한다. ≪顔氏家訓≫에서는 총24예 출현하며 VP와 NP를 수식한다. 이것은 주로 판단문에 출현하는데 이것이 '是'자판단문일 수도 있고 체언성 술어부의 판단문일 수도 있다. 이는 '乃'가 아래와 같이 상고중국어에서부터 이미 체언성 술어부 판단문에 쓰여 왔기 때문이다.

(3) 天下乃天下人之天下, 非一人之天下也. (漢書, 谷永傳) (천하는 곧 모든 사람들의 천하이지 어떤 한 사람의 천하는 아니다.)

한편, 이것은 그 수는 적지만 唐宋시기에도 계속 사용되었다.

(4) 師曰: "新州乃獵獠, 寧有佛性耶?" (祖堂集, 第三十三祖惠能和尙) (선사가 말했다. "신주는 곧 獵獠이거늘 어찌 불성이 있겠는가?")


## 定2

이것은 상고중국어에서 전해져 온 것으로 총1예 출현한다.

(1) 昔摩羅國有一刹利, 得病極重, 必知定死, 誠敕二子: "我死之後, 善分財物." (58. 二子分財喩) (옛날 摩羅國에 한 대신이 있었는데 병이 매우 중하여 분명 죽을 것임을 알기에 두 아들에게 명하였다. "내가 죽은 뒤에 재물을 잘 나누거라.") (※ 刹利: 고대 인도어. 고대 인도의 四大種姓 중 하나. 대개 왕족이나 대신을 가리킨다.)

이것은 "확실히(确实)"의 의미로 객관사실에 대한 긍정판단을 나타낸다. 즉, 위의 (1)은 "확실히 죽을 것"이라는 객관 사실에 대한 판단을 하고 있다. 여기서는 뒤에 VP를 수식하고 있으며, 동시기의 ≪顔氏家訓≫에서는 아래와 같이 1예가 출현하고 있다.

(2) 明公定是陶朱公大兒耳! (風操) (명공께서는 정말로 도주공의 큰 아들과 같구료!)

이러한 '定2'의 의미는 이미 西漢시대에 문법화된 것으로 아래와 같은 예가 있다.

(3) 項梁聞陳王定死, 召諸別將會薛計事. (史記, 卷七項羽本紀第七) (항량은 진왕이 확실히 죽었다는 것을 듣고서는 각 장군들을 薛에 모아 일을 상의했다.)

이것은 이후 "상황에 대한 주관적인 긍정판단"의 의미로 발전하게 되는데 이때 의미는 '반드시(一定)'이다. 이는 아래와 같이 東漢시대에 등장한다.

(4) 論人之性, 定有善有惡. (論衡, 率性) (사람의 본성을 논함에는 반드시 선과 악이 있다.)

그리고 東漢시기에는 이어서 '마침내'라고 하는 '定1'의 의미도 탄생하게 된다. 한편, '定2'는 唐宋시기에도 여전히 상용되어 ≪朱子語類≫에서는 270여 예나 출현하고 있다.

(5) 氣運從來一盛了又一衰, 一衰了又一盛, 只管恁地循環去, 無有衰而不盛者. 所以降非常之禍於世, **定**是生出非常之人. (朱子語類卷一理氣上) (기의 움직임은 지금껏 한 번 성하고 나서 한 번 쇠하고, 다시 한 번 쇠하고 나서 한 번 성한다. 이렇게 순환해 가되 쇠하기만 하고 성하지 않는 것은 없다. 그래서 범상치 않은 화를 세상에 내려주면 <u>분명</u> 범상치 않은 사람이 태어나는 것이다.)


## 都2

어기부사 '都2'는 東漢시기에 등장한 것으로 총18예가 출현한다.

(1) 後欲取火, 而火<u>都</u>滅; 欲取冷水, 而水復熱. (25. 水火喩) (나중에 불을 취하려 했으나 불은 <u>완전히</u> 다 꺼졌고, 냉수를 취하려 했으나 물은 다시 더워졌다.)
(2) 時金熱故, 燒綿<u>都</u>盡. (32. 估客偸金喩) (이때 금이 뜨거웠기 때문에 천을 태워 <u>완전히</u> 다 없어졌다.)
(3) 昔邊國人不識於驢, 聞他說言驢乳甚美, <u>都</u>無識者. (77. 搆驢乳喩) (옛날에 어떤 외국 사람이 당나귀를 몰랐다. 다른 사람이 당나귀 젖이 매우 맛있다고 말하는 것을 들었으나 <u>조금도</u> 아는 이가 없었다.)
(4) 旣燒之後, 於此火處求覓欽服, <u>都</u>無所得. (29. 貧人燒粗褐衣喩) (이미 태운 다음에 이 불 자리에서 흠복을 찾았지만 <u>아무 것도</u> 얻지 못했다.)
(5) 婦來見夫, 欲共其語, 満口中米, <u>都</u>不應和. (72. 唵米決口喩) (아내는 와서 남편을 보고는 그와 말을 하고 싶었는데 남편은 입 안 가득 쌀이라 <u>전혀</u> 대구를 하지 못했다.)

이것은 '전혀, 완전히'란 뜻으로 李素英(2010)에 따르면 다음과 같은 두 가지 의미로 쓰인다.

ⅰ) 긍정문에 쓰여, 동작행위 혹은 성질상태가 표현하는 정도가 100%임을 나타낸다. 이 때는 '완전히(完全, 全然)'의 의미이다.
ⅱ) 부정문에 쓰여 부정의 어기를 강조한다. '조금도, 전혀'의 의미이다.

앞의 [都1]에서도 언급했듯이 '都'는 먼저 이렇게 어기부사로 쓰이고 있었고 이후에 범위부사가 문법화하여 독립하게 되었다. ⅰ)의 의미로 쓰이는 것은 위의 (1)(2)인데 이 경우 술어동사로 주로 消失류 동사가 출현한다. 李素英의 ≪中古漢語語氣副詞硏究≫에 따르면, 위진남북조 시기 많은 문헌에서 어기부사로 '都'가 긍정문에 출현할 경우 '忘', '廢', '除' 등의 消失류 동사가 출현한다고 한다. ≪百喩經≫에서도 역시 '滅', '盡', '坼裂' 등 消失류 동사가 출현하고 있다. 한편, ⅱ)의 의미로 쓰이는 경우는 위의 (3)(4)(5)인데 모두 뒤에 '無'나 '不'가 출현하여 부정문을 구성한다. 앞의 '都1'은 그 앞에 출현하는 행위자나 피동작주를 의미지향했지만 '都2'는 그 뒤에 출현하는 서술어를 의미지향한다.

≪顔氏家訓≫에서는 출현하지 않지만 아래와 같이 ≪世說新語≫, ≪賢愚經≫ 등 동시기 문헌에서 자주 출현하고 있다.[51]

(6) 大將軍嘗先出, 右軍猶未起, 須臾錢鳳入, 屛人論事, 都忘右軍在帳中, 便言逆節之謀. (世說新語, 假譎) (대장군 王敦이 먼저 일어났으나 우군장군 왕희지는 아직 일어나지 않았는데 잠시 후 錢鳳이 들어와 사람들을 물리고 일을 논의했다. 이때 우군장인 왕희지가 아직도 군장 내에 있음을 완전히 잊어버리고 반역의 일을 말하였다.)

(7) 汝何以都不復進? (世說新語, 賢媛) (너는 어찌하여 앞으로 나아감이 전혀 없는 것이냐?)

(8) 陶公疾篤, 都無獻替之言, 朝士以爲恨。 (世說新語, 言語) (陶公은 병이 중하여 임금에게 건의하는 말을 전혀 못 했는데, 조정 사대부들은 이를 유감스럽게 생각했다.)

(9) 估客驚言: "我都不憶何時負君. 若相負者, 明人是誰" (賢愚經, 長者無耳目舌品) (상인이 놀라는 척 하며 말했다. "내가 언제 당신께 빚을 졌는지 전혀 기억이 나질 않는다. 만약 내가 빚을 졌다면 증인은 누구인가?")

이후 唐宋 시대에도 상용되었는데 ≪朱子語類≫에서는 아직도 아래와 같이 159예나 출현하고 있었다.

(10) 聖賢之學, 非老氏之比. 老氏說"通於一, 萬事畢", 其他都不說. (朱子語類卷第一百一十七 朱子十四) (성현의 학문은 노자의 부류가 아니다. 노자는 "通於一, 萬事畢"이라 했고 그 나머지는 전혀 말하지 않았다.)

그 이후 元明시대로 갈수록 범위부사의 '都1'은 늘어나는데 비해 어기부사의 '都2'는

---

51) 李素英(2010)

점차 소멸되어 갔다.


# 要

어기부사 '要'는 중고시기에 등장한 것으로 총2예 출현한다.

(1) 比得藥頃, 王要莫看. 待與藥已, 然後示王. (15. 醫與王女藥令卒長大喩) (약을 구할 때에 이르러 왕께선 딸을 절대 보지 마십시오. 약을 다 주고 나서 왕을 보이십시오.)

(2) 若有語者, 要不與餠. (67. 夫婦食餠共爲要喩) (만약 말하는 자가 있으면 반드시 그가 떡을 먹지 못하게 한다.)

이것은 "어찌됐든, 반드시(无论如何, 一定, 终究)" 등의 의미로 긍정 또는 부정의 의미를 강조한다. 이것은 조동사 '要'와는 다른데, 조동사일 경우 '~해야 한다(应当, 应该)'의 의미를 갖는다. 그러나 상기 예들에서 '王要莫看'은 '왕께선 (어찌되었든) 반드시 보면 안됩니다.'의 의미이고, '要不與餠'은 만약 말하는 자가 있으면 '반드시 떡을 주지 않는다.'이다. 여기서 '要'는 '无论如何, 一定(어찌됐든 간에, 반드시)'이라는 강조의 의미만 있지 '~해야 한다'의 의미는 없다. 이러한 '要'의 의미는 이 시기 이미 존재하고 있던 '要'의 조동사 용법인 '~해야 한다(应当, 应该)'로부터 파생되어 나온 것으로 보인다.

한편, 李素英(2010)은 '要'의 이러한 용법으로 아래와 같은 동시기 문헌의 예를 들고 있다.

(3) 謂其黨孔萇曰: "吾行天下多矣, 未嘗見如此人, 當可活不?" 萇曰: "彼晉之三公, 必不爲我盡力, 又何足貴乎!" 勒曰: "要不可加以鋒刃也." 使人夜排墻塡殺之. (晉書, 王戎傳) (그는 그의 같은 당인 孔萇에게 말했다. "내가 천하를 많이 다녀봤는데 이와 같은 자를 본 적이 없습니다. 살려둘까요?" 그러나 孔萇이 말했다. "저자는 진의 삼공으로 분명 우리를 위해 힘을 다하지 않을 것인데 어째서 귀히 여길만하겠는가!" 石勒이 말했다. "반드시 칼로 죽여서는 안됩니다." 하고는 사람을 시켜 밤에 벽을 밀어 그를 눌러 죽였다.)

(4) 太祖笑答曰: "誠如舅言, 要不忘也." (魏書, 外戚傳上, 賀訥傳) (태조가 웃으며 답했다. "진실로 외숙께서 말한 것 같으니 절대로 잊을 수가 없다.")

(5) 切膾人, 雖訖亦不得洗手, 洗手則膾濕; 要待食罷, 然後洗也. (齊民要術, 八和齏) (회를 썬 사람은 비록 다 썰었어도 손을 씻으면 안 된다. 손을 씻으면 회가 축축해지기 때문에 반드시 다 먹은 후에 손을 씻어야 한다.)

## 終3

어기부사 '終3'은 중고시기에 등장한 것으로 총2예 출현한다.

  (1)  婆羅問言: "日月可闇, 星宿可落, 我之所記, 終無違失." (11. 婆羅門殺子喩) (파라문이 말했다. "해와 달은 어두울 수 있고, 별은 떨어질 수 있다. 내가 예언한 것은 반드시(절대) 실수가 없다.")
  (2)  我今教汝, 當使汝得上妙衣服. 當隨我語, 終不欺汝. (29. 貧人燒粗褐衣喩) (내 지금 그대를 가르쳐서 반드시 그대로 하여금 고급 옷을 입게 할 것이다. 반드시 나의 말을 따라야 한다. 절대 그대를 속이지 않을 것이다.)

이것은 "반드시(一定)"의 의미로 동작행위에 대한 긍정, 확신을 나타낸다. 모두 VP를 수식한다. 이것은 대개 부정사 '不'과 함께 출현하여 "어찌됐든, 반드시, 절대로 ~안 한다."의 의미를 나타낸다. 이러한 '終不~'의 형식은 특히 아래와 같이 ≪賢愚經≫에서 다수가 발견되고 있다.

  (3)  尸毗王言: "吾本誓願, 當度一切, 此來依我, 終不與汝." (梵天請法六事品第一) (尸毗王이 말했다. "내 본디 맹세하기를 모든 중생을 度化하겠다고 했고 이제 나에게 와서 의지하니 결코 너에게 줄 수 없다.")
  (4)  如是我聞, 一時佛在安陀國, 爾時世尊, 殷勤讚嘆持戒之人: "護持禁戒, 寧捨身命, 終不毀犯, 何以故?" (沙彌守戒自殺品第二十三) (내가 듣기에 언젠가 부처가 안타국에 있을 때, 그때 세존이 정성스럽게 지계를 하는 사람을 칭찬하며 말했다. "금계를 지키는 일은 목숨을 바치더라도 절대 어겨서는 안 된다. 어째서인가?")

현재까지 이러한 어기부사로서의 '終3'에 대한 연구가 거의 이루어지지 않고 있고 辭書에서도 잘 언급이 되어 있지 않은데 雷文治의 ≪近代漢語虛詞詞典≫의 '終'에 대한 설명에 "表示肯定的副词, 意为'一定'(긍정을 나타내는 부사, 뜻은 '반드시'이다)"라고만 되어 있다. 그리고 그 예로 다음과 같은 ≪劉知遠諸宮調≫의 한 구절을 들고 있다.

  (5)  知遠臨行, 怒叫: "夫妻四口, 異日得志, 終不捨汝輩." (지원이 떠나기 전에 화를 내며 말했다. "우리 네 부부가 다른 날 뜻을 얻었지만 반드시 당신들을 버리지 않을 것이다.")

여기서도 역시 '終不'의 형태로 등장한다. 사실, 이러한 '終'의 용법은 상기의 '要'와 상통한다. 위의 '要' 역시 '一定', '无论如何', '终究'의 의미를 갖듯이 이것도 거의 비슷한 의미를 가지며 그것이 출현하는 문맥 자체도 유사하다. 대체로 "절대로 ~하지 않을 것이다" 또는 "반드시 ~일 것이다", "어찌됐든 ~할 것이다"와 같은 화자의 의지나 확신이 담긴 문장이 대부분이다. 특히, 董志翹·蔡鏡浩(1994)는 '要'의 상기 용법을 설명하는 부분에서 '要'가 '要終'의 同義 병렬복합사로도 쓰인다고 언급하였다. 그렇다면 이때 '要'와 '終'이 결국 동일한 기능을 하는 어기부사임을 알 수 있다. 아래는 그가 든 ≪過去現在因果經≫의 예이다.

> (6)  自發願言: "坐彼樹下, 我道不成, 要終不起." (스스로 맹세하며 말했다. "이 나무 아래 앉아서 내 도가 이루어지지 않는다면 결코 일어나지 않을 것이다.")

이를 통해 위진남북조 시기에 분명 어기부사로서의 '終3'이 존재했음을 어느 정도는 확인할 수 있는데 이와 관련하여 좀 더 깊이 있는 연구가 필요하다.

## 竟2

어기부사 '竟2'는 東漢시기에 등장한 것으로 총2예 출현한다.

> (1)  愚癡無智, 乃至如此! 未生子者, 竟可得不? 而殺現子. (21. 婦女欲更求子喩) (우매하고 무지함이 이 정도라니! 아직 낳지도 않은 아들을 도대체 얻을 수 있을지도 모르는데 지금 아들을 죽이다니!)
> (2)  顚倒在懷, 妄取欲樂, 不觀無常, 犯於重禁, 悔之於後, 竟何所及! (95. 二鴿喩) (거꾸로 하여 맘속에 품고는 함부로 오욕의 즐거움을 취하고, 무상을 보지 못해 중죄를 범했으니 그것을 뒤에서야 후회하니 대체 어찌 따라갈 수 있겠는가!)

이것은 "도대체"의 의미로 의문문에 주로 출현해 의문문 술어에 대한 강조를 나타내고 아울러 사실의 진상 혹은 사태의 결과에 대한 추궁을 표시한다. 현대중국어의 '究竟', '到底'에 해당한다. 위의 예에서 '竟可得不'은 아들을 얻을 수 있는지에 대해 추궁하며 강조하고 있고, '竟何所及'은 이미 하지 못하고 후회만 하니 따라갈 수 있는지에 대해 추궁하며 강조하고 있다. 2예 모두 VP를 수식하고 있다. ≪顔氏家訓≫에서는 출현하지 않으며 아래의 ≪論衡≫의 예가 비교적 이른 예이다.

(3) 前歸之天, 今則歸之王, 孟子論稱<u>竟</u>何定哉? (刺孟) (과거는 하늘에 귀결되고, 현재는 왕에게 귀결되니 맹자가 사리를 논술하는 것은 <u>도대체</u> 어떤 기준에 의한 것인가?)

아래는 李素英(2010)이 제시한 위진남북조 시기의 몇 가지 예이다.

(4) 述乃大會群臣, 問曰: "白帝倉<u>竟</u>出穀乎?" (後漢書卷十三, 隗囂公孫述列傳第三) (公孫術이 여러 신하들을 모아 놓고 물었다. "白帝倉은 <u>도대체</u> 곡식을 생산해 냈습니까?")
(5) 耽投馬絶叫, 探布帽擲地, 曰: "<u>竟</u>識袁彦道不" (晉書, 袁瑰傳) (袁耽이 패를 던지며 소리를 지르고는 옷 속에서 모자를 꺼내 땅바닥에 던지며 말했다. "<u>도대체</u> 袁彦道를 알긴 아오?")

앞의 [竟1]에서도 봤듯이 이 당시 '竟'은 여러 가지 의미를 갖고 있었으며 이 가운데 '도대체'의미는 東漢무렵에 출현한 것으로 보인다. 일반적으로 '도대체'의 의미는 '마침내, 결국'의미로부터 문법화하는 경향이 있다. 필자가 연구한 '定'의 경우도 그러했으며, '마침내, 결국'의 의미가 '의문'의 문맥에 노출되면서 그 문맥에 맞는 변체가 발생하였고 나중에는 아예 의문문을 강조하는 의미로 독립하게 된 것이다.


## 果

어기부사 '果'는 상고중국어에서 전해져 온 것으로 총3예 출현한다.

(1) 所債甚少, 所失極多. <u>果</u>被衆人之所怪笑. (17. 債半錢喻) (빚내준 것은 매우 적은데 잃은 것은 너무 많다. <u>과연</u> 여러 사람들의 웃음거리가 되었다.)
(2) 王時卽遣親信往看, <u>果</u>如其言. (65. 五百歡喜丸喻) (왕은 바로 신임하는 자로 하여금 가서 보게 했더니 <u>과연</u> 그의 말과 같았다.)

이것은 "과연(果然)"의 의미로 사실의 결과와 예상했던 것이 부합함을 강조한다. (1)과 같이 뒤에 '被'자 피동문이 출현하기도 하고 (2)처럼 VP가 오기도 한다. ≪顏氏家訓≫에서도 1예 출현한다.
'果'의 이러한 용법은 이미 상고중국어에서도 상용되고 있으며 위와 같이 평서문에 쓰여 '과연'이란 의미를 나타내는 것 외에도 의문문에 쓰여 '究竟'의 의미로 쓰이기도 한다.

≪百喩經≫에서는 이것이 출현하지 않고 있으나 李素英(2010)에 따르면 아래와 같이 중고시기에도 계속 출현하고 있었다.

> (3)  天師謂浩曰: "是行也, 如之何, 果可克乎" (魏書, 崔浩傳) (천사가 최호에게 말했다. "이번에 가는 것은 어떠한가, 과연 이길 수 있을까?")

한편, 이 시기에는 '果'와 부사접미사 '然'이 결합한 '果然'의 형태도 쓰이고 있다. 아래는 李素英(2010)이 제시한 위진남북조 시기의 예이다.

> (4)  舊名此郡有風俗, 果然小吏亦知如此. (晉書, 蔡謨傳) (옛날부터 이 군은 풍속이 있다고 들었는데 과연 작은 관리도 이와 같이 잘 알고 있구나.)

이렇게 이 시기에 '果然'이 이미 등장했지만 이후 唐宋시기에도 '果'는 여전히 높은 출현율을 보이고 있다. 그래서 ≪朱子語類≫에서는 '果然'이 9예 출현하지만 '果'는 230여 예가 출현하고 있다.


### 正1

어기부사 '正1'은 중고시기에 등장한 것으로 총1예 출현한다.

> (1)  留爾守門, 正爲財物. 財物旣失, 用於門爲? (45. 奴守門喩) (너에게 남겨 문을 지키라고 한 것은 바로 재물 때문이다. 재물을 다 잃었으니 문을 뭐하겠는가?)

이것은 "바로"의 의미로 "사실을 확인하거나 더욱더 강조하는 어기"를 나타낸다. 이것은 현대중국어의 '正是', '就是'에 해당한다. 위의 '正爲財物'는 '바로 재물을 위해서'로 '正'뒤에 '爲財物'이라는 전치사구를 수식하고 있다.

고한어에서 '正'은 여러 가지 의미를 갖고 있다. 高育花(2007)에 따르면, 아래와 같은 의미가 보고되고 있다.

① 시간부사 : 동작행위의 진행 혹은 상태의 지속을 나타냄. (=正在)
② 방식부사 : 공정함을 표시 (=公正地) / 동작행위 혹은 상황의 巧合 (=恰巧)
③ 어기부사 : 동작행위, 사실에 대한 긍정 판단/ 사실에 대한 확인 및 강조

④ 정도부사: 정도가 높음을 표시함 (=很, 非常)

⑤ 범위부사: '단지', '겨우'의 의미 (=只, 仅)

위의 의미들 중 ②의 용법은 특히 상고중국어에서 상용되던 것이었고 기타 의미들은 대체로 그 이후 점차 등장하게 된다. ≪百喻經≫에서는 이 가운데 '② 동작행위 혹은 상황의 巧合'와 '③어기부사' 용법이 출현하고 있다.52) 한편, 이것의 문법화 과정에 대해 高育花(2007)는 '正'의 가장 기본적 의미로부터 시작되었다고 본다. 즉, '正, 是也'라고 하는 ≪說文解字≫의 설명으로부터 '正'의 가장 기본적인 의미인 '동작행위에 대한 긍정'의미를 찾을 수 있는데 이것이 語氣로 발전하여 어기상의 긍정, 강조로 문법화하였다는 것이다. 그래서 먼저 "동작행위, 사실에 대한 긍정 판단"을 나타내는 어기('确实'의미)가 문법화하였고 이후 이것이 더 발전하여 "사실에 대한 확인 및 강조(正是)"의 의미가 되었다고 한다.

≪顔氏家訓≫에서도 5예가 발견되고 있으며 ≪世說新語≫에서도 아래와 같은 예가 발견되고 있다.

(2)  桓曰: "第一流復是誰?" 劉曰: "正是我輩耳!" (世說新語, 品藻) (桓溫이 말했다. "제1류는 또 누구입니까?" 그러자 劉惔이 말했다. "바로 우리들이다.")

이것은 唐宋시기에도 여전히 발전하여 ≪祖堂集≫에서도 15예 출현하고 있다.

## 初2

어기부사 '初2'는 중고시기에 등장한 것으로 총1예 출현한다.

(1)  愚人答曰: "我父小來, 斷絶淫欲, 初無染汚." (9. 嘆父德行喻) (우매한 자가 대답하여 말했다. "내 아비는 어려서부터 음욕을 끊어서 애초부터 남녀간 관계가 없었다.)

이것은 "애초에, 처음부터"의 의미로 주로 위와 같이 '無', '不' 등의 부정사와 결합하여 그 부정의 의미를 강조한다. 현대중국어의 '从来'에 해당한다. 여기서는 VP를 수식하고 있고 ≪顔氏家訓≫에서는 출현하지 않고 있다.

---

52) 高育花는 ②의 의미 '마침, 공교롭게도'를 방식부사로 보았으나 본서에서는 어기부사로 본다.

董志翹·蔡鏡浩(1994)는 이러한 '初'에 대해 두 가지로 의미를 나누어 설명한다.

ⅰ) 시간의 전과정을 표시함, '不', '無', '未' 등 부정사와 연용하여 '从来', '始终'의 의미
　를 나타낸다.(지금까지)

　　예1) 虞嘗父爲孝武侍中, 帝從容問曰: "卿在門下, 初不聞有所獻替." (世說新語, 紕
　　　　漏7) (虞嘗父가 효무제의 시중이 되었는데 어느 날 황제가 조용히 물었다. "그대가
　　　　문하성에 있을 때, 지금까지 한 번도 그대가 獻替하는 것을 들어보지 못했소.")
　　예2) 每當出師, 朝受詔, 夕卽引道, 初無辦嚴之日. (後漢書, 吳漢傳) (매번 군대를 출
　　　　병시킬 때 마다 아침에 조서를 받고 저녁이면 바로 길에 나섰으니 지금까지 한 번도
　　　　행장을 꾸린 날이 없다.)

ⅱ) 부정문에 쓰여 철저한 부정을 나타낸다. '全', '毫'에 해당한다.(전혀)

　　예3) 約乃出懷中詔書幷諸選置, 高祖初無所改. (梁書, 沈約傳) (심약은 품속에서 이
　　　　미 준비해온 조서와 각 방면의 인선 명단을 꺼내자 고조는 일절 고치지 않았다.)

　여기서 전자와 후자는 언뜻 구별하기 어려운 면이 있지만 전자는 '시간의 길이'가 더
가미되어 있는 것이고 후자는 그런 의미가 많이 배제되어 있는 상태이다. 굳이 얘기하자면
전자가 더 발전하여 후자의 의미가 된 셈이다. 그렇게 볼 때, 위(1)의 '初無染汚'은 특히
지금 전혀 없다는 것 보다는 애초부터, 처음부터 그런 것이 없었음을 더 강조하므로 ⅰ)의
의미에 더 가깝다.

　한편, 董志翹·蔡鏡浩(1994)는 이들의 문법화와 관련하여 다음과 같이 설명한다. 먼저
'初'의 '初始'의미로부터 '始終'이란 의미가 나왔는데 이는 원래의 한 '時點'이 전체의
'時段'으로 변화한 것이다. 이것이 부정문에 쓰이게 되면서 전체 時段에 대한 부정으로
의미가 발전하게 되었고, 여기서 더 나아가 전체 時段이 아닌 지금의 한 時點만을 초점
맞추어 그 한 시점에 대한 철저한 부정으로 또 발전함으로써 '全'의 의미가 만들어졌다고
한다. 즉, 이들에 따르면, 먼저 일차적으로 다음과 같은 변화가 발생한 것이다.

```
初始(처음) → 전체 時段(처음부터 지금까지)
```

　이것은 전형적인 '환유'의 과정이다. 즉, '부분 → 전체'의 환유로 부분이 부각되어 전체
를 나타내게 되는 것이다. 그렇다면 두 번째 단계는 어떠한가? 이들은 전체 부분 중 현재

상황에 초점을 맞추면서 다시 時點화 하였다고 하나 그보다는 '처음부터 지금까지'라고 하는 시간 개념이 하나의 '一體' 혹은 '全體'라는 개념으로 은유적 변화를 한 것으로 봐야 한다. 그리고 그와 동시에 '一體, 全體' 내부에 동시에 '부정에 대한 강조'의 개념이 초점을 받아 더 부각되는데 대개 이런 경우 '강조'라는 개념이 생성될 때는 문법화의 원리 중 '주관화'의 개념이 작용하게 된다. 아무튼 '初'는 이러한 과정을 거쳐 시간개념의 어휘였다가 점차 화자의 주관적인 평가를 표현해낼 수 있는 어기부사로 문법화하여 갔다.

## 便3

어기부사 '便3'은 중고시기에 등장한 것으로 총1예 출현한다.

(1) 聞他宿舊沙門、婆羅門有大名德, 而爲世人之所恭敬, 得大利養, 便作是念言: "我今與彼便爲不異." (28. 爲婦貿鼻喻) (다른 나이 많은 사문과 파라문은 큰 명덕이란 '虛名' 있고 세상 사람들의 공경을 받고 풍부한 공양을 받아 이러한 생각을 하고 말을 한다고 들었다. "나는 지금 <u>바로</u> 그들과 다르지가 않다.")

이것은 "바로(就)"의 의미로 판단문에서 긍정의 사실을 강조한다. 앞의 [便1]에서 ③번 의미로 소개되었던 것이다. 위의 '我今與彼便爲不異'에서 '爲'는 판단사와 유사한 기능을 하고 있고 여기서의 '便'은 VP를 수식하고 있다. ≪顔氏家訓≫에서 6예가 출현하고 있으며 아래와 같이 모두 VP를 수식한다.

(2) 有諱桐者, 呼梧桐樹爲白鐵樹, 便似戲笑爾. (風操) ('桐'을 피휘하는 자는 오동나무를 일러 '백철수'라 하는데 이는 <u>바로</u> 우스개 놀이와 같을 뿐이다.)

위진남북조 시기 기타 문헌에서도 아래와 같이 긍정 강조의 '便'이 출현한다.

(3) 鬼神, 古今聖賢所共傳, 君何得獨言無? 卽仆便是鬼. (搜神記, 卷十六) (귀신은 고금의 성현들이 모두 전해 말하던 것인데 그대는 어찌하여 유독 없다고 말하는가? 내가 <u>바로</u> 귀신이다.)

(4) 後有一田父耕於野, 得周時玉尺, 便是天下正尺. (世說新語, 術解1) (나중에 한 농부가 밭에서 밭을 갈다가 周代의 玉尺을 얻었는데 <u>바로</u> 천하의 표준 尺이었다.)

董志翹·蔡鏡浩(1994)는 '便'이 이렇게 '바로(就)'의 의미를 갖는 것이 '卽'의 영향 때문이라고 한다. 사실 '便'이 나와서 크게 활약하기 전 그 역할을 '卽'이 맡아 왔었기 때문에, '卽'이 판단문에 쓰여 긍정강조의 역할을 하는 것을 '便'이 그대로 영향 받은 것이다. 이러한 현상은 대부분의 언어에서 흔히 볼 수 있는 현상이기 때문에 이러한 설명도 충분히 일리가 있다.

한편, 이러한 '便3'은 唐宋시기에도 많이 사용되었는데, ≪祖堂集≫에서는 주로 '便+是'의 형식으로 판단문에 나타나고 있고 37예가 출현한다. 曹廣順 등(2011)에 따르면, 이 경우 '便是' 뒤에는 체언성 성분이 오는 것이 가장 일반적이지만 용언성 성분도 올 수 있고 절이 오기도 하는데, 이 가운데 특히 용언성 성분이 올 경우 '便'과 '是'가 함께 강조의 기능을 한다고 한다.

(5) 老僧不如潙山, 汝便是潙山弟子也. (東寺和尙) (노승은 潙山만 못하다. 그대는 바로 潙山이 제자이다.)

(6) 這裏便是不辯緇素, 不識淸濁. (曹山和尙) (이 경지에서는 바로 僧과 俗을 가리지 않으며, 淸과 濁을 나누지도 않는다.)

## 正2

어기부사 '正2'는 상고중국어에서 전해져 온 것으로 총1예 출현한다.

(1) 於是長者正欲咳唾, 時此愚人卽便擧脚蹋長者口, 破脣折齒. (57. 蹋長者口喩) (이에 부옹이 막(마침) 침을 뱉으려고 할 때 그때 이 우매한 자가 바로 발을 들어 부옹의 입을 밟아버려 그의 입술을 깨뜨리고 이빨을 부러뜨렸다.)

이것은 "마침(恰好)"의 의미로 어떤 사실이 어떤 가설 혹은 상태와 합치함을 나타낸다. 위의 예에서 부옹이 침을 뱉으려고 하는 그 순간이 마침 벌어지려고 하는데 그때가 바로 화자가 기다리던 순간이기 때문에 그 순간을 '正(마침)'으로 강조한 것이다. VP를 수식하고 있으며 ≪顏氏家訓≫에서는 출현하지 않고 있다.

이러한 '正2'는 이미 상고중국어의 다음의 예에서 출현하고 있다.[53]

---

53) 何樂士의 ≪古代漢語虛詞詞典≫, 高育花(2007) 모두 이 예문을 '恰好'의 의미로 보고 있다.

(2) 子曰: "若聖與仁, 則吾豈敢, 抑爲之不厭, 誨人不倦, 則可謂云爾已矣." 公西華曰: "正唯弟子不能學也." (論語, 述而) (공자가 말했다. "만약 聖이나 仁이라면 내감히 감당치 못할 것이다. 그러나 공부를 하는데 싫증을 안 낸다든지, 남을 가르칠때 게으르지 않다든지 하는 것은 가히 말할 만하다." 공서화가 말했다. "(이것이) 마침공교롭게도 제가 배울 수 없는 것입니다.")

그러나 이상하게도 '正'은 부사로서 先秦시기에는 그다지 많이 쓰이지 않았고 앞의 [正1]부분에서 소개했던 대부분의 의미들이 중고시기에 가서야 많이 활약하기 시작한다. 이 '正2'의 의미도 역시 先秦시기에서는 위의 예 이외에는 거의 보고된 것이 없다. 漢代의 ≪論衡≫에서는 아래와 같은 예가 출현한다.

(3) 管仲射之, 正中其鉤中, 矢觸因落, 不跌中旁肉. (論衡, 吉驗) (관중이 활을 쐈고, 그 허리띠 고리에 딱 맞았는데, 화살이 고리에 맞자 (그는) 땅으로 떨어졌고 그 허리띠 고리 옆의 살에 잘못 맞지는 않았다.)

아래는 중고시기 ≪世說新語≫의 예이다.

(4) 本所以疑, 正爲此耳. 旣已納其自托, 寧可以急相棄邪? (德行13) (내가 당초에 주저했던 것은 마침 이러한 것 때문이다. 기왕에 그의 청을 받아들였는데 설마 급하다고 그를 버릴 수 있겠는가?)

高育花(2007)에 따르면, '正'은 '正中'의 형용사 의미로부터 동사인 '當', '當着'의 의미가 파생되었는데 이를 테면, "其猶正牆面而立也與 (그것은 마치 담벼락을 마주하고 있는 것과 같다.)"란 문장처럼 쓰인다고 한다. 바로 이 의미로부터 "두 종류의 동작행위 혹은 상황이 서로 들어맞는다."라는 의미가 파생되어 나왔다는 것이다. 이것은 일종의 은유 현상으로 실제 물리적인 개념상 A가 B를 마주하거나 서로 임하고 있는 것이 두 개의 사건이 서로 합치한다는 추상적 개념으로 사상되어 '딱 들어맞는다'라는 '마침, 공교롭게'의 의미로 변화하게 된 것이다.

'正2'는 이후 唐宋시대에도 꾸준히 등장하는데 ≪祖堂集≫에서는 아래와 같이 3예 출현하고 있다.

(5) 正滿七日, 至拘尸城茶毗所. (第七釋迦牟尼佛) (딱 7일을 채워서야 구시성 다비소에 이르렀다.)

## 反(返)　返更

어기부사 '反(返)'은 상고중국어에서 전해져 온 것으로 총10예 출현한다. '返更'은 중고 시기에 등장한 것으로 총1예 출현한다.

(1) 如彼愚人, 被他打頭, 不知避去, 乃至傷破, 反謂他癡. (3. 以梨打頭破喩) (이는 저 우매한 이와 같다. 다른 이에게 머리를 맞아도 피할 줄 모르고 결국 머리가 깨지게 되는데도 도리어 다른 이가 우둔하다고 여긴다.)

(2) 如彼癡猴爲大人所打, 反瞋小兒. (83. 獼猴喩) (마치 저 우둔한 원숭이가 어른한테 얻어맞고 도리어 아이에게 화를 내는 것과 같다.)

(3) 後人捉之, 欲爲解釋, 不達其意, 反爲其困. 如彼愚人代他捉熊, 反自被害. (93. 老母捉熊喩) (후세사람들이 그것을 얻어 해석을 하려고 해도 그 의미에 이르지 못하고 도리어 그것에 의해 곤혹을 당한다. 마치 저 우매한 자가 다른 사람을 대신하여 곰을 잡고 있다가 도리어 스스로 해를 입는 것과 같다.)

(4) 卽壓甘蔗, 取汁用溉, 冀望滋味, 返敗種子, 所有甘蔗, 一切都失. (16. 灌甘蔗喩) (바로 사탕수수를 눌러 즙을 취해 뿌리고는 맛을 기대했다. 그러나 도리어 씨앗을 망가트려 사탕수수 모두를 잃고 말았다.)

(5) 不解方便, 返毀其禁. (33. 斫樹取果喩) (그 방법을 잘 모르기 때문에 도리어 그 금계를 망치게 된다.)

(6) 望得平正, 返更高下, 壁都坼裂. (39. 見他人塗舍喩) (평평하고 바르게 되기를 바랐는데 오히려 평평치 않았으며 벽도 모두 갈라지고 말았다.)

'反(返)'과 '返更' 모두 "도리어, 오히려(反而, 反倒)"의 의미로 동작 혹은 상황이 事理나 常情과 상반됨을 나타낸다. '反(返)'은 모두 VP를 수식하는데 (3)의 경우는 뒤에 '爲其困'이라고 하는 피동의 형식이 출현한다. '返更'은 '高下'라고 하는 형용사를 수식하고 있다. ≪顏氏家訓≫에서는 출현하지 않는다.

먼저, '反(返)'의 경우, ≪三國志≫에서 다음과 같은 예가 출현한다.[54]

(7) 阜怒, 杖吏一百, 數之曰: "國家不與九卿爲密, 反與小吏爲密乎?" (魏志, 楊阜傳) (양탁이 화가 나서 그 관리를 곤장 일백 대를 치면서 책하며 말했다. "국가의 중대사를 九卿과 더불어 비밀로 하지 아니하고 도리어 작은 관리와 비밀로 하란 말이냐?")

---

54) 李素英(2010)

'反(返)'은 이미 상고중국어 시기부터 상용되어 오던 것으로 아래와 같은 상고시기의 예들이 존재한다.

(8) 荃不察余之中情兮, 反信讒而齌怒. (屈原, 離騷) (당신은 내 충심을 헤아리지 아니하고 도리어 참언을 믿고 진노하십니다.)

(9) 將軍將數萬衆, 歲餘乃下趙五十餘, 爲將數歲, 反不如一豎儒之功乎？ (史記, 淮陰侯列傳) (장군께선 수만의 군대를 동원하여 일 년여 만에야 조나라 오십여 성을 함락시켰습니다. 장군으로 있은 지 수년이 되었는데도 도리어 일개 서생의 공만도 못하단 말입니까?)

'反(返)'은 중고이후 지속적으로 출현하여 ≪朱子語類≫에서는 300여 예가 출현하고 있다.

한편, '返更'은 두 개의 同義부사인 '返'과 '更'이 결합한 同義병렬복합 부사이다. 사실, '更'자체도 이 시기엔 '反而'의미의 어기부사 기능이 있었다. '更'의 이러한 어기부사 기능은 이미 상고중국어에서 출현하였으며 아래는 위진시기의 예이다.

(10) 陛下天資聰睿, 超邁唐虞, 而更不欲聞忠臣之言, 豈夏癸、商辛之君邪? (晉書, 石勒(下)) (폐하께서는 자질이 총명하시어 唐虞를 능가하시는데, 도리어 충신의 말을 들으려 하지 않으시니, 어찌 桀紂같은 임금이 되지 않겠습니까?)

'返更'은 위진남북조 시기에 등장한 것으로 아래와 같은 예들이 있다.

(11) 王重答言: "何有是事, 勸人修善, 反更受苦?" (賢愚經, 降六師緣品第十三) (국왕이 다시 답하여 말했다. "어찌 남한테 수선을 권하는데 도리어 고통을 당하는 이런 일이 있는가?")

(12) 我見王治政, 匡化不周, 表貢忠誠, 望相扶輔, 反更怒盛, 不從我言. (賢愚經, 快目王眼施緣品第三十五) (내가 국왕의 정사와 교화가 고르지 못함을 보고 나의 충성을 보여 왕을 보좌하기를 바랐는데 도리어 화를 내고는 내 말을 따르지 않았다.)

## 倒

어기부사 '倒'는 중고시기에 등장한 것으로 총1예 출현한다.

(1) 喩如彼人, 畏其二足, 倒加其八. (82. 比種田喩) (비유컨대 저 사람이 자신의 두

발을 걱정하여 <u>도리어</u> 발 여덟 개를 더 들이는 것과 같다.)

이것은 "도리어, 오히려"라는 의미로 사실이나 상황이 의외임을 나타낸다. 위의 예에서 '畏其二足, <u>倒</u>加其八'은 발이 두 개인 것조차도 걱정을 했는데 오히려 더 늘어난 것이기 때문에 생각지 못한 의외의 어기를 나타내고 있다. 여기서는 VP를 수식하고 있다. ≪顏氏家訓≫에서는 출현하지 않으나 아래와 같이 동시기 다른 문헌에 등장하고 있다.[55]

(2) 浮雲翻似蓋, 流水<u>倒</u>成雷. (陳王瑳, 洛陽道) (뜬 구름은 <u>도리어</u> 덮개와 같고 유수는 <u>오히려</u> 우레와 같다.)

(3) 澗寒泉<u>反</u>縮, 山晴雲<u>倒</u>回. (北周庾信, 和宇文京兆游田) (계곡의 차가운 샘물은 <u>도리어</u> 오그라들고, 산위의 맑은 구름은 <u>오히려</u> 산을 감돌고 있다.)

위의 예에서 '倒'가 同義의 부사인 '翻', '反'과 대구를 이루며 등장하고 있다.

이러한 부사 '倒'는 동사 '倒'로부터 문법화한 것이다. 동사 '倒'는 '거꾸로 되다'라는 의미를 갖고 있고 이것이 허화하여 '역접'의미로 발전하여 어기부사 '倒'가 탄생한 것이다.

한편, 唐宋시대에도 자주 등장하게 되었는데 ≪朱子語類≫에서는 이것이 아래와 같이 45예 출현하고 있다. 그러나 이 시기 아직 同義 부사인 '反'이나 '却'이 각각 300여 예와 3,200여 예 출현하여 '倒'는 상대적으로 적은 출현율을 보여준다.

(4) 義理人心之所同然, 人去講求, <u>却</u>易爲力. 舉業乃分外事, <u>倒</u>是難做. 可惜舉業壞了多少人! (朱子語類卷第十三 學七) (의리는 사람의 마음이 같은 바라 사람이 닦고 연구하면 <u>오히려</u> 쉽게 힘이 될 수 있다. 거업은 또 다른 일로 <u>오히려</u> 하기가 어렵다. 아깝도다, 거업이 얼마나 많은 이들을 해쳤는가!)

## 竟3

어기부사 '竟3'은 상고중국어에서 전해져 온 것으로 총 2예 출현한다.

(1) 兒聞語已, 至明淸旦, <u>竟</u>不問父, 獨往詣彼. (78. 與兒期早行喩) (아들은 말을 듣고 나서 다음날 아침에 <u>뜻밖에도</u> 아버지에게 묻지도 않고 혼자 거기에 갔다.)

(2) 王聞是語, 卽大瞋恚, <u>竟</u>不究悉誰作此語, 信傍佞人, 捉一賢臣, 仰使剝脊, 取百

---

55) 董志翹·蔡鏡浩(1994)

兩肉.(20. 人說王縱暴喩) (왕이 이 말을 듣고는 바로 크게 진노하여 <u>뜻밖에도</u> 누가 이 말을 했는지 명백히 밝히지 않고, 옆에 아첨하는 이만 믿고 현신 한 명을 잡아 그의 등을 벗겨 살 이백 첨을 취하라고 명령했다.)

이것은 "뜻밖에도, 놀랍게도"의 의미로 사태의 결과가 의외임을 강조한다. 현대중국어의 '竟然'에 해당한다. 위의 (1)에서 원래 아비가 아들에게 다음날 함께 가자고 한 것이었는데 뜻하지 않게 아들이 혼자 간 상황이고, (2)는 왕이 화가 났는데 뜻하지 않게 옆의 현신에게 가혹행위를 하는 상황이다. 여기서는 2예 모두 VP를 수식하고 있다. 그리고 ≪顏氏家訓≫에서는 출현하지 않는다.

이것은 이미 상고중국어 시기에 등장한 것으로 아래와 같은 ≪史記≫의 예가 있다.

(3) 今者將軍令臣等反背水陳, 曰: "破趙會食", 臣等不服. 然<u>竟</u>以勝, 此何術也? (淮陰侯列傳) (이번에 장군께서는 신등에게 명하여 배수진을 치고서 "조군을 격퇴하고 밥을 먹자"라고 했을 때 신등이 믿지 않았는데, <u>놀랍게도</u> 승리를 하였습니다. 이것이 무슨 전술입니까?)

## 可2

어기부사 '可2'는 중고시기에 등장한 것으로 총6예 출현한다.

(1) 我去之後, 汝<u>可</u>賣一死婦女尸, 安著屋中. (4. 婦詐稱死喩) (내가 간 다음에, 당신은 여자의 시신 한 구를 가져다가 집에 놓으시오.)
(2) 今<u>可</u>爲我造樓如彼. (10. 三重樓喩) (지금 나를 위해 저와 같은 집을 만들어 주게.)
(3) 今<u>可</u>脫汝粗褐衣著於火中, 於此燒處, 當使汝得上妙欽服. (29. 貧人燒粗褐衣喩) (지금 그대의 거친 갈옷을 벗어 불 속에 넣어라. 이 탄 자리에서 분명 그대는 좋은 '흠파라의'를 얻게 할 것이다.)
(4) 我須瓦器, 以供會用. 汝<u>可</u>爲我雇倩瓦師. 詣市覓之. (31. 雇倩瓦師喩) (내가 도기가 필요하여 이로써 법회에 제공하여 쓰고자 한다. 너는 나를 위해 도공을 한 명 고용하거라. 저자에 가서 그를 구해오기 바란다.)

이것은 명령의 어기를 강조하는 것으로 반드시 이렇게 해야 함을 강조하거나 명령 내용의 간절함을 나타낸다. 예(1)은 시신을 하나 갖다가 집안에 놓는 것을 시키는 말이다. (2)는 집을 지어 달라고 명령하고 있고, (3)에서는 거친 옷들을 벗어 태우라고 명령하고 있다.

그리고 (4)에서는 도공을 구해오라고 명령하고 있다. 모두가 명령문으로 되어 있으며 이때 '可'는 공히 그 명령의 내용을 강조하고 있다.

이러한 '可'의 용법은 현재 각종 辭書나 연구저작에서 아직까지는 보고되지 않은 것으로 보인다. 다만, ≪漢語大詞典≫에서는 "副词. 表示强调.(부사이고 강조를 나타낸다)"라고만 되어 있고 아래와 같은 고한어의 예를 들고 있다.

(5) 官家已醉, 可一路小心照管. (宋周密, 武林舊事, 德壽宮起居注) (황제께서 이미 취하셨으니 가시는 길에 잘 돌봐주시오.)

이때 '可' 역시 위에서 언급한 것들과 동일하게 명령문에 쓰여 명령의 어기를 강조하는 역할을 한다. 한편, 이러한 '可'는 현대중국어에서도 존재하는데 呂叔湘의 ≪現代漢語八百詞≫에서는 '可'의 부사 용법으로 역시 강조의 어기를 나타낸다고 언급하고 있다. 이것은 진술문, 반어의문, 명령문, 감탄문 등에 다 쓰이며, 명령문에서는 "반드시 이와 같이 해야 함을 강조한다. 어떤 경우는 간절하게 설득하는 의미도 있다."라고 그 기능을 소개하고 있다. 이를 테면,

(6) 你可不能粗心大意啊！(너 절대 대충대충 해서는 안 된다!)

위의 宋代의 예와 현대중국어의 예 모두 ≪百喩經≫의 것과 큰 차이를 보이지 않는다. 그렇다면 이러한 명령문의 강조어기부사 용법이 위진남북조 시기에 이미 등장한 것으로 볼 수 있는데 당시 기타 문헌에서는 어떠한가? 이와 관련하여 필자가 조사한 결과 ≪賢愚經≫에서 유사한 예를 아래와 같이 몇 개 찾을 수 있었다.

(7) 龍還入水, 以多美果, 著金盤上, 用與此人, 因告之言: "可持此果以奉汝王, 幷騰吾意, 云吾及王……" (二梵志受齋緣品第三) (용이 다시 물속으로 들어가 많은 맛 있는 과일을 금쟁반에 놓고 이것을 이 사람에게 주면서 그에게 말했다. "이 과일을 가지고 너의 왕에게 바쳐라. 아울러 나의 뜻을 전하거라. 너의 왕에게 이렇게 말하거라……)

(8) 又復有言: "此山澤中, 毒虫惡獸, 亦甚衆多, 遠行求覓, 必不能得, 交當喪身, 困死林野, 且私募一人, 令行求之." 衆人言善, 更相簡練, 曉勸一人: "汝可盡力廣行求覓. 若汝吉還, 我曹合物, 當重賞汝. 設令山澤遇害不還, 亦當以物與汝妻子." (鋸陀身施緣品第十四) (또 어떤 이가 말했다. "이 들판에는 독충과 사나운 짐승들 천지인데 멀리 가서 구하다보면 필시 구하지도 못하고 하나씩 숲에서 고립되어

죽고 말 것이오. 차라리 따로 다른 이를 구해서 그에게 가서 구하게 합시다." 이에 사람들은 모두 좋다고 말하고 사람 하나를 구해 그에게 간단히 훈련을 시킨 후 다음과 같이 일러 말했다. "너는 힘을 다해 멀리 가서 구해 와라. 만약 네가 운이 좋아 돌아오 면 우리는 재물을 모아 마땅히 너에게 상을 내릴 것이고, 설령 네가 산속에서 해를 당해 못 돌아와도 역시 재물을 너의 처자식에게 줄 것이다.")

이 두 예 역시 명령문이며 화자가 명령하는 내용이 반드시 이루어져야함을 강조하고 있다. 여기서 출현하는 '可'를 일부 백화 번역에서는 조동사인 '可以'로 번역하기도 한다. 그러 나 그랬을 때 의미가 통하지 않고 약간 잉여적인 느낌이 든다. 아마도 이러한 강조의 '可'는 조동사 의미의 '可(~할 수 있다. ~일 수 있다.)'로부터 발전해 왔을 가능성이 있다. 그렇 지만 조동사로서의 '可'와 어기부사의 '可'는 확실히 다른 의미를 전달하므로 상기의 예들의 '可'를 독립적인 하나의 어기부사로 처리하는 것이 옳다고 본다. 어찌됐든 이러한 어기부사 '可'의 존재에 대해 일단 본서에서는 위진남북조 시기에 등장한 것으로 처리하고자 하나 이것의 문법화 과정 및 발달 과정과 관련하여 보다 심도 있는 연구가 필요하다.


## 8.6.2 추측류

추측류란 어떤 사건, 상황 등에 대해 확실한 긍정을 하지 아니하고 대체적인 판단 혹은 추측을 하는 것을 말한다. 이러한 추측류 부사는 화자의 관련 명제에 대한 주관적인 태도 를 보여주는데 그 태도는 바로 불확정성이다.


### 或2　或復

어기부사 '或2'는 상고중국어에서 전해져 온 것으로 총2예 출현한다. '或復'은 東漢시 기에 등장한 것으로 총1예 출현한다.

(1) 或有智者卽語之言…… (6. 子死欲停置家中喩) (혹 어떤 지자가 있어 그에게 말했 다.……)

(2) 人命難知, 計算喜錯. 設七日頭或能不死, 何爲預哭? (11. 婆羅門殺子喩) (사람의 목숨은 알기가 어려워 점을 쳐도 쉽게 틀린다. 만약 칠일이 지났는데도 혹 죽지 않을 수 있는데 어째서 미리 우는가?)

(3) 我今若預於日日中穀取牛乳, 牛乳漸多, 卒無安處, <u>或復</u>酢敗. (2. 愚人集牛乳喩)
(내가 지금 만약 미리 며칠 안으로 우유를 짜면 우유가 점차 많아질 거고 그러면 결국 보관할 곳이 없어서 <u>혹여</u> 술이 시어서 썩을 것이다.)

이 둘 모두 "아마도, 혹"의 의미로 어떤 사실이나 상황에 대한 추측을 나타낸다. 현대중국어의 '大概', '也许'에 해당한다. 3예 모두 VP를 수식하고 있다. ≪顔氏家訓≫에서는 '或'이 아래와 같이 7예 출현하고 있으며 VP나 절을 수식하고 있다. 그러나 '或復'은 출현하지 않는다.

(4) 校其長短, 核其精粗, <u>或</u>彼不能如此矣. (慕賢) (그 길고 짧음을 따져보고 그 정밀함과 엉성함을 살펴보면 <u>아마도</u> 그런 자들이 이와 같지 못할 수가 있다.)

'或復'은 어기부사 '或'과 부사접미사 '復'의 결합으로 이루어진 쌍음절 부사로 동시기에 아래와 같은 예가 있다.[56]

(5) 諸病比丘, 由無湯藥好飮食故, 其病難差, <u>或復</u>没命. (賢愚經, 梨耆彌七子品) (여러 병든 비구들은 탕약과 좋은 음식이 없다면 그 병이 낫기 어려워 <u>아마도</u> 죽을 것이다.)
(6) 但季世慕榮, 幽棲者寡, <u>或復</u>才爲時求, 弗獲從志. (宋書, 王弘之傳) (다만 시대가 말세라 영화를 흠모하여 진정으로 은일하는 자들은 드물다. <u>혹은</u> (어떤 이들은) 재주가 당시 조정에 쓰여져서 은일의 뜻을 따르지 못하고 만다.)

'或'은 원래 '어떤 사람'이란 뜻의 無定대명사였다. 불특정의 어떤 사람을 지칭할 수 있기 때문에 이러한 의미가 발전하여 '추측'의미의 어기부사가 된 것으로 보인다. ≪百喩經≫에도 無定대명사 '或'이 출현하고 있다. '2.2.4 無定대명사'부분을 참고하기 바란다.

### 8.6.3 意願류

**寧** 와 **寧可**

어기부사 '寧'은 상고시기부터 출현하여 전해져 온 것이며, '寧可'는 중고시기에 출현한

---

56) 李素英(2010)

것으로 각각 1예씩 출현한다.

(1) 此人深思: "寧爲毒蛇螫殺, 要當懷去." (89. 得金鼠狼喩) (이 사람은 깊이 생각했
다. "차라리 독사에게 물려 죽을 지언정 꼭 그것을 품고 가겠다.")

(2) 我今寧可截取其鼻, 著我婦面上, 不亦好乎! (28. 爲婦貿鼻喩) (내가 차라리 그의
코를 베어 내 아내 얼굴에 붙이면 또한 예쁘지 않겠는가!)

'寧'은 取捨句의 앞절에 출현하여 두 방면의 이해득실을 비교한 후 그 중 한 쪽을 선택함
을 나타낸다. 이때 '寧'은 또 화자의 태도가 결연함을 나타낸다. '寧'은 이미 先秦시기부터
아래와 같이 사용되어 왔다.

(3) 與其失善, 寧其利淫. (左傳, 襄公二十六年) (좋은 사람을 잃는 것보다는 차라리
나쁜 이를 이용하는 것이 낫다.)

先秦시대에는 의원류 부사로 '寧'이 주로 사용되었고, 쌍음절 형식인 '寧可'는 南北朝
시기부터 등장하기 시작한다. 아래는 ≪賢愚經≫의 한 예인데 필자가 조사했을 때 이 외에
도 다수가 출현하고 있었다.

(4) 吾等今者, 雖名出家, 未服法藥, 消淫怒癡. 寧可共詣, 偸蘭難陀, 比丘尼所, 咨受
經法, 冀獲所曉. (賢愚經, 微妙比丘尼緣品第二十五) (우리가 오늘 비록 명의상
출가를 했지만 아직 법약을 복용하여 '淫怒癡'를 제거하지 않았다. 따라서 차라리
함께 偸蘭難陀 比丘尼있는 곳에 가서 경법을 물어보고 깨달음을 얻기를 바라는 게
나을 것 같다.)

王天佑(2011)에 따르면, 상고중국어에서는 주로 '寧'이 사용되다가 중고시기부터 '寧
可'의 형태가 등장하고 이후 지속적인 과정을 거쳐 문법화가 완성이 된다고 하는데, 필자
가 보기에 이미 남북조 시기의 '寧可'는 의원류 부사로 충분히 문법화가 된 것으로 보인
다. 특히 '寧可'는 (2)와 (4)에서 보듯이 4자구 운율을 유지하기 위해 의도적으로 사용되고
있음을 볼 수 있다.

≪顏氏家訓≫에서는 출현하지 않으나 이처럼 동시기 기타 자료에서 출현하고 있고 이
후 唐宋의 문헌에서도 지속적으로 출현하고 있다. 아래는 ≪祖堂集≫의 예이다.

(5) 寧可永劫沉淪, 終不求諸聖出離. (石頭和尙) (차라리 영원히 지옥에 빠질지언정,
결코 성현에게서 벗어나는 것을 구하지는 않겠습니다.)

## 8.7　부정부사

부정부사는 기능상 '일반성 부정', '기발생(已然性) 부정', '판단성 부정', '금지성 부정'의 4가지로 분류할 수 있다. 첫째, 일반성 부정부사는 부정의 의미 외에 기타 의미를 포함하고 있지 않은 것을 말하며 현대중국어의 '不'이 대표적이다. 둘째, 기발생(已然性) 부정부사는 부정의 의미와 함께 '기발생 상황(已然)'의 의미를 포함하여 사실과 함께 변화를 부정한다. 현대중국어의 '沒'이 대표적이다. 셋째, 판단성 부정부사는 부정을 표시함과 동시에 판단의 의미기능을 포함하고 있다. 고대중국어의 '非'가 대표적이다. 넷째, 금지성 부정부사는 부정을 표시함과 동시에 명령, 금지 등의 의미기능을 포함하고 있다. 현대중국어의 '別'이 대표적이다.[57]

본 절에서는 상기의 부정부사 분류를 바탕으로 ≪百喩經≫에 출현하는 부정부사 '不1', '不2', '無', '未1', '未2', '未及', '非', '莫1', '莫2', '勿'에 대해 상세히 논의하고자 한다.

### 8.7.1 일반성 부정

≪百喩經≫에는 일반성 부정부사로 '不1'과 '無', '未1', '莫1'이 출현한다.

### 不1

부정부사 '不1'은 상고중국어에서 전해져 온 것으로 총257예 출현한다.

1) **意願의 부정**

   (1)　人聞此語, 無不笑之. (7. 認人爲兄喩) (사람들이 이 말을 듣고는 웃지 않는 이가 없다.)
   (2)　自言善好, 修行慈心, 不食酒肉, 然殺害衆生. (73. 詐言馬死喩) (스스로 선하다고

---

57) 吳福祥(2004) 및 張誼生(2002)

말하고 자비심을 닦고, 술과 고기도 안 먹으나 중생을 살해한다.)

(3) 若見女人一髮在地, 自言持戒, 不肯捉之. (79. 爲王負機喩) (여인의 터럭 하나가 땅에 떨어져 있는 것을 봤다면, 스스로 계를 지킨다고 하며 그것을 주우려 하지 않는다.)

### 2) 情狀부정

(4) 猶如世間無智之徒, 欲贊人德, 不識其實, 反致毀呰. (9. 嘆父德行喩) (마치 세상의 무지한 무리와도 같으니, 다른 사람의 덕을 찬양하고 싶어 하나 그 실체를 잘 몰라 도리어 헐뜯음에 이르고 만다.) [인지동사부정]

(5) 少習禪法, 安般數息, 及不淨觀, 雖誦其文, 不解其義. (66. 口誦乘船法而不解用喩) (선법을 적게 익혀 '數息'과 '不淨觀'을 安般하여 비록 그 글을 외우기는 하지만 그 뜻을 알지 못하는 것이다.) [인지동사부정] (※ 數息: 내쉬는 숨, 들이쉬는 숨을 세어 마음의 산란을 방지하는 선법 /安般: '安那般那'의 준말. '안나'는 내쉬는 숨, '반나'는 들이쉬는 숨. 내쉬고 들이쉬는 숨을 헤아려 마음의 흔들림을 막는 것.)

(6) 虛棄稻穀, 都無利益, 不如惠施, 可得功德. (39. 見他人塗舍喩) (공연히 곡식만 버렸고 아무 이익이 없었다. 차라리 보시를 하여 공덕을 얻을 수 있는 것만 못하다.) [관계동사부정]

(7) 時諸世人, 卻後七日, 聞其子死, 咸皆嘆言: "眞是智者, 所言不錯!" (11. 婆羅門殺子喩) (그 당시 여러 세상 사람들은 칠일 뒤에 그의 아들이 죽었다는 말을 듣고는 모두 감탄하며 말했다. "정말로 지혜로운 자다. 말한 것이 틀림이 없네!") [형용사부정]

(8) 作諸異論, 既不善好, 文辭繁重, 多有諸病, 竟不成訖, 便捨終亡. (93. 老母捉熊喩) (여러 다른 이론을 만들 때 내용이 좋지도 않고 문체도 번잡하여 많은 병폐가 있는데도 결국 완성을 이루지 못하고 버려두고 생을 마감할 수 있다.) [형용사부정]

(9) 此驢今者適可能破, 假使百年, 不能成一. (31. 雇倩瓦師喩) (이 나귀는 지금에야 깨뜨릴 수 있겠으나 설사 백년이 지난다 해도 그는 하나도 이루어내지(만들어내지) 못할 것이다.) [가능성의 부정]

(10) 須臾之間, 賊便棄去, 還以兒頭著於身上, 不可平復. (86. 父取兒耳璫喩) (잠깐 사이에 도둑은 버리고 갔고 (아비는) 다시 아들의 머리를 그의 몸에 얹었지만 다시 원상태로 되지는 않았다.) [가능성의 부정]

고한어에서의 부정부사 '不'은 현대중국어와 완전히 같지 않기 때문에 일반성부정과 기발생(已然性) 부정 두 기능을 모두 겸하고 있다. 이중 '不1'은 일반성부정으로 ≪百喩經≫내 출현율이 가장 높다. 이것은 또한 부정의 내용에 따라 意願부정과 情狀부정으로 구분된다. 전자는 행위자가 스스로 제어 가능하거나 지배 가능한 동작에 대한 부정을 말하는데 위의 (1)(2)처럼 일반 동사들을 부정하기도 하고 (3)처럼 '肯'과 같은 양상동사와 결합된 것을 부정하기도 한다. 한편, 意願부정은 또 일반 평서문에서도 출현하지만 아래와 같은 반어의문이나 가정문에서도 출현하고 있다.

(11) 汝患渴逐水, 今至水所, 何故<u>不</u>飲? (5. 渴見水喩) (당신은 목이 몹시 말라서 물을 쫓아갔는데, 물 있는 곳에 가서는 어째서 마시지 않는 것이오?)

(12) 汝所乘馬今爲所在? 何以<u>不</u>乘? (73. 詐言馬死喩) (당신이 타던 말은 지금 어디 있소? 왜 안타요?)

(13) 汝若施者, 或苦或樂; 若<u>不</u>施者, 貧窮大苦. (85. 婦女患眼痛喩) (당신이 만약 보시를 하면 고통스러울 수도 있고 즐거울 수도 있다. 그러나 만약 보시하지 않으면 가난하고 큰 고통이 따른다.)

이에 반해 情狀부정은 주로 '상태'에 대한 부정인데 이것은 항상성 상태일 수도 있고 습관성 동작일 수도 있다. 그렇기 때문에 주로 부정하는 술어는 (4)(5)의 '識', '解' 또는 '知', '曉' 등의 인지동사, (6)의 '如'와 같은 관계동사, (7)(8)의 '錯', '善好' 또는 '足', '別', '痛', '美', '樂', '正', '常' 등의 형용사가 있다. 그리고 (9)(10)처럼 '能', '可', '得' 등의 양상동사가 있는 경우도 있다.

일반성 부정부사 '不1'의 이러한 특징은 현대중국어와 큰 차이를 보이지 않으며 《顔氏家訓》에서도 604예가 출현하고 있다. 《顔氏家訓》에서 '不1'이 수식하는 대상은 《百喩經》과 같으나 아래와 같이 용언성 지시대명사를 수식하는 것도 출현한다.

(14) 何爲<u>不</u>爾? 上先標問, 下方列德以折之耳. (音辭) (어찌 그렇지 않겠습니까? 위에서 먼저 물음을 표시하고 아래에 비로소 여러 가지 덕목을 내세워 말을 끊은 것입니다.)

한편, 《百喩經》에는 '不'을 이용한 반복의문문이 출현한다. 일반성 부정으로는 총7예가 출현하며 아래의 (15)(16)처럼 일반 동사만으로 구성된 술어부(謂語)도 있고 (17)(18)과 같이 양상동사인 '解', '能'으로 구성된 술어부(謂語)도 있다.

(15) 問其由狀, 而語之言: "在爾此村<u>不</u>?" (46. 偸犛牛喩) (그 원인과 상황을 물어 그에게 말했다. "당신들 이 마을에 있죠?")

(16) 又問: "池傍有樹<u>不</u>?" (46. 偸犛牛喩) (다시 물었다. "연못 옆에 나무 있죠?")

(17) 卽喚木匠而問言曰: "**解**作彼家端正舍<u>不</u>?" (10. 三重樓喩) (바로 목수를 불러 물었다. "저 집같이 예쁜 집을 지을 수 있는가?")

(18) 王與之言: "此之樹上, 將生美果, 汝**能**食**不**?" (33. 斫樹取果喩) (왕이 그에게 말했다. "이 나무 위에는 곧 맛있는 과일이 열릴 것이네, 너는 먹고 싶은가?")

상기의 의문문들은 모두 일반의문문이고 '不'은 부정부사의 신분이다. 이 '不'을 의문어기조사로 볼 수도 있으나 이들 의문문에 대한 대답이 모두 '예', '아니오'로 답하고 있지 않기 때문에 '不'이 조사로 문법화했다고는 볼 수 없다.

## 無

부정부사 '無'는 상고중국어에서 전해져 온 것으로 총23예 출현한다.

(1) 此故是本五由旬, 更**無**有異. (34. 送美水喩) (이는 여전히 원래의 오유순이며 다를 것이 더 없다.)

(2) 人中天上雖受少樂; 亦**無**有實. (52. 伎兒作樂喩) (인간 세상이든 천상이든 비록 약간의 쾌락을 향유한다 해도 또한 그 실체가 없는 것이다.)

(3) 汝大愚癡, **無**有智慧. 汝何以不去, 語言莫來. (38. 飮木桶水喩) (당신은 정말 멍청하고 지혜가 없다. 당신은 어째서 가지 아니하고 오지 말라고만 말하는가!)

(4) 因緣暫會, **無**有宰主, 一一推析, 誰是我者? (64. 人謂故屋中有惡鬼喩) (인연으로 잠시 모였을 뿐이요, 주재자는 없다. 하나하나 미루어 분석해야 하니 누가 도대체 나라는 것인가?)

(5) **無**有是事! 何有不作最下重屋, 而得造彼第二之屋? (10. 三重樓喩) (이러한 일은 없습니다! 어찌 가장 아래층 집을 짓지 않고 제2층 집을 지을 수 있겠습니까?)

(6) 却後一月, 爾乃設會, 迎置賓客, 方牽牛來, 欲搆取乳, 而此牛乳卽乾**無**有. (2. 愚人集牛乳喩) (다시 한 달이 지난 후 그가 연회를 베풀어 빈객을 맞이할 때 바야흐로 소를 끌고 오게 하였고 젖을 짜려고 했는데 이 소젖이 말라 없었다.)

중고중국어에서 '無'는 세 가지 용법이 있다. 먼저, '~이 없다'라는 의미의 동사로서 그 뒤에 명사, 형용사, 동사가 목적어로 온다.[58] 그 다음 無定대명사가 있는데 이것은 '~하는 자(것)가 아무도 없다'의 의미로 그 자체가 '대명사+동사'이다. 그리고 부정부사로서의 '無'는 단지 동사 '有'에 대한 부정만을 한다. 그렇기 때문에 부정부사인 '無'는 뒤에 항시 '有'가 출현하여 '無有~'의 형식을 가지며 이것은 현대중국어의 '沒有'에 해당한다. 한

---

58) 이때 형용사, 동사는 사실상 명사화된 것이다.

편, 동사 '有' 뒤에는 (1)(2)와 같이 일음절 명사가 출현하기도 하고, (3)(4)와 같이 쌍음절 명사가 오기도 한다. 그리고 (5)의 '是事'처럼 수식구조의 구가 오기도 하며 (6)처럼 아예 목적어가 없을 수도 있다.

상고중국어에서는 '無'가 기발생(已然性) 부정사로서 다음과 같이 쓰이기도 하였다.

(7) 王曰: "吾無與犀首言也, 其犀首何哉?" (韓非子, 外儲說右上) (秦왕이 말했다. "나는 犀首와 더불어 말해보지 않았다. 왜 犀首라고 말하는가?")

그리고 아래와 같이 일반성부정으로 쓰이기도 하였다.

(8) 寧信度, 無自信也. (韓非子, 外儲說左上) (차라리 자를 믿지 나 자신을 믿지는 않는다.)

이 외에 또 금지를 나타내는 금지성 부사로도 쓰였다. 그러나 ≪百喩經≫에서는 단지 '有'의 부정으로만 쓰이고 있다. ≪顔氏家訓≫에서도 '有'에 대한 부정으로 다수가 쓰이고 있고 이외에 금지부사로 쓰이기도 한다.

(9) 人生難得, 無虛過也. (歸心) (인생은 얻기 어려우니 허투루 보내서는 안 된다.)

이처럼 '無'가 중고시기로 오면서 상고중국어와는 약간씩 다른 상황을 보여주는데 唐五代의 ≪祖堂集≫에서도 ≪百喩經≫과 유사한 면모를 보여주어 주로 '有'에 대한 부정으로 쓰이지만 아래처럼 일부 단독으로 쓰여 '不'과 비슷하게 쓰이기도 한다.

(10) 師曰: "莫是湖南去不?" 對曰: "無." 師曰: "莫是歸鄕去不?" 對曰: "也無." (云畐和尙) (선사가 말했다. "혹시 호남에 가느냐?" 대답해 말했다. "아닙니다." 선사가 말했다. "그럼 혹시 고향에 가느냐?" 대답해 말했다. "그것도 아닙니다.")

이러한 현상은 宋代 ≪朱子語類≫에서도 나타난다. 李焱 등(2012)이 ≪朱子語類≫에 출현한 6,733개의 '無'에 대해 조사한 결과, 부정부사로 사용된 것은 단지 65예였고 이 가운데 59예가 일반성 부정으로 사용되었는데, 그 중에는 아래처럼 '不'과 유사하게 쓰인 것이 여전히 있었다고 한다.

(11) 人只一心. 識得此心, 使無走作, 雖不加防閑, 此心常在. (朱子語類卷第十二 學

六) (사람은 단지 하나의 心일 뿐이다. 이 마음을 잘 알아 그것이 방일하지 않게 한다면 비록 더 방비를 하지 않아도 이 마음이 항상 존재할 수 있을 것이다.)

## 未1

부정부사 '未1'은 상고중국어에서 전해져 온 것으로 총2예 출현한다.

(1) 彼是遠人, 未可服信. (65. 五百歡喜丸喩) (그는 이방인이라 아직은 믿을 수 없습니다.)

(2) 數未能周, 金主忽至, 盡還奪錢. (90. 地得金錢喩) (돈 세는 것이 다 끝날 수도 없었는데 돈 주인이 갑자기 와서 모두 다시 돈을 빼앗았다.)

부정부사 '未'는 원래 기발생성(已然性)부정으로 쓰였으나 위와 같이 양상동사와 결합하는 경우 일반성의 '不'과 같아진다. ≪顔氏家訓≫에서도 주로 '未能', '未得', '未可' 등의 구조를 구성하면서 일반성 부정으로 쓰이고 있으며 이것이 21예나 출현하고 있다. 아래는 ≪顔氏家訓≫과 ≪世說新語≫의 예이다.

(3) 神仙之事, 未可全誣; 但性命在天, 或難鐘値. (養生) (신선의 일이라고 해서 모두 속임수라고 할 수는 없다. 다만 생명은 하늘에 달린 것으로 혹 누구나 이러한 기회를 만나 거기에 몰두기란 어려울 뿐이다.)

(4) 別日, 溫勸庾見陶, 庾猶豫未能往. (容止23) (다른 날, 溫嶠가 庾亮에게 가서 陶侃을 만나라고 권했으나 庾亮은 주저하며 아직 갈 수 없었다.)

이러한 '未1'은 일찍이 아래와 같이 상고시기에 출현하였다. 여기서도 주로 양상동사들과 결합하는 형식을 취하고 있다.

(5) 什一, 去關市之征, 今玆未能. (孟子, 騰文公下) (10분의 1로 징수하는 세법을 시행하고, 관문과 시장에서 세금 거두는 것을 없애 버리는 일을 올해는 할 수가 없다.)[59]

---

59) 崔立斌(2004)

## 莫1

부정부사 '莫1'은 상고중국어에서 전해져 온 것으로 총1예 출현한다.

(1) 不殺戒者, 即佛法身最上妙因, 然不能修, 但以財貨造諸塔廟, 供養諸僧, 捨根取末, 漂浪五道, 莫能自出. (42. 估客駝死喩) (죽이지 말라는 계는 곧 부처의 법신에서 최상의 妙因이다. 그러나 그것을 닦을 수 없고 단지 재화로 여러 탑과 묘만을 만들어 여러 승려들을 공양하기만 하니, 이는 근본을 버리고 지엽을 취하는 것이요, 오도의 사이에서 떠돌며 스스로 나오지 못하는 것이다.)

'莫'은 상고중국어에서 일반성부사와 금지성 부사 모두로 쓰여 왔다. 아래는 상고시기 일반성 부사 용법의 예이다.

(2) 令其裨將傳飧, 曰: "今日破趙會食!" 諸將皆莫信, 詳應曰: "諾." (史記, 淮陰侯列傳) (그의 부장에게 명하여 부대에게 먼저 약간의 음식을 먹게 전하고는 말했다. "금일 조군을 격퇴시키고 다시 먹을 것이다!" 제장들은 모두 믿지 않았고 거짓으로 "네"라고 대답했다.)

## 8.7.2 기발생(已然性) 부정

≪百喩經≫에 출현하는 기발생(已然性) 부정부사에는 '未2'와 '未及', '不2'가 있다.

## 未2

부정부사 '未2'는 상고중국어에서 전해져 온 것으로 총16예 출현한다.

### 1) 상태 혹은 사건 발생에 대한 부정

(1) 牧羊之人, 未見於婦, 聞其已生, 心大歡喜, 重與彼物. (30. 牧羊人喩) (양치는 사람은 아직 부인을 본 적이 없는데 이미 아이를 낳았다고 듣고는 마음으로 매우 기뻐서 다른 물건을 더 많이 주었다.)

(2) 未經幾日, 天降大雨, 果得濕潤, 還復如故. (95. 二鴿喩) (며칠이 채 지나지 않아 하늘에서 큰 비가 내렸고 과일은 습기를 머금어 회복되어 이전과 같아졌다.)

(3) 若未泥洹, 云何得知泥洹常樂? (0. 引言) (만약 열반하지 않았다면 열반이 항상 즐거운지 어떻게 알 수 있습니까?)

(4) 時人見之, 深生嗤笑, 怪未曾有. (6. 子死欲停置家中喻) (그때 사람이 보고는 심히 비웃음이 생겼고 일찍이 없었던 일이라 괴이하게 여겼다.)

## 2) 반복의문문

(5) 醫於後時, 見便問之: "汝病愈未?" (62. 病人食雉肉喻) (의사가 나중에 그를 만나 물었다. "당신 병이 나았습니까?")

(6) 問曰: "佛泥洹未?" (0. 引言) (물어 말했다. "부처께서는 열반하셨습니까?")

부정부사 '未'는 旣成 사실에 대한 부정을 나타낸다. 즉, 어떤 참조 시간 이전에 어떤 동작이나 상태가 아직 발생하지 않았음을 나타낸다. 이것은 상태 혹은 사건 발생에 대해 부정을 할 수 있는데, 뒤에 일반 동사로 구성된 술어부(謂語)가 출현하고 있다. (1)(2)처럼 일반 평서문에 출현하기도 하고 (3)처럼 가정문에 출현하기도 한다. 즉, '未泥洹'은 아직 열반하지 않았다고 가정하는 것이다. 그리고 (4)와 같이 '未' 뒤에 시간부사인 '曾'이 함께 출현하는 예도 2예 등장한다. ≪百喻經≫에는 나오지 않지만 '未嘗'의 형태도 이 시기에 자주 등장한다. '未曾'이나 '未嘗'은 이미 상고시기부터 함께 써오던 것이기 때문에 어떤 이들은 아예 이것을 하나의 단어로 처리하기도 한다.

이것은 또한 (5)(6)과 같이 반복의문문을 구성하기도 한다. 이때 문말의 '未'는 아직 부정부사의 신분이다. 일부에서는 이것을 의문어기조사로 보기도 하는데 위의 (6)의 문장에 대한 대답으로 그 바로 밑에 "我未泥洹."(나는 아직 열반하지 않았다.)란 말이 나온다. 만약 이것이 어기조사가 된다면 그 의문문은 是非의문문이 될 것이고 그럴 경우 대답은 '예', '아니오'로 할 것이기 때문에 이 시기의 문말에 등장하는 '未'는 기존 신분을 계속 유지하는 것으로 봐야 한다. 이런 형식의 반복의문문은 아래와 같이 ≪世說新語≫에서도 출현하고 있다.

(7) 武帝每見濟, 輒以湛調之, 曰: "卿家癡叔死未?" (賞譽17) (晉무제가 매번 王濟를 볼 때마다 항시 王湛에 대해 농담을 하며 말했다. "자네 집의 그 멍청한 숙부는 죽었는가?")

蕭紅의 ≪<洛陽伽藍記>句法研究≫에 따르면, 'VPNeg(즉, 부정부사가 문말에 오는 반복의문문)'식 반복의문문 형식은 이미 先秦시기에 등장하였다고 한다. 이때는 주로 '否'나 '不'이었다. 아래의 (11)은 심지어 뒤에 어기조사까지 붙어 나오고 있다.

(8) 如此則動心否乎? (孟子, 公孫丑上) (이러하다면 마음이 움직이십니까?)

(9) 秦王以十五城請易寡人之璧, 可予不? (史記, 廉頗藺相如列傳) (진왕이 열다섯 개의 성으로 과인의 구슬과 바꾸자고 하는데 바꿔도 되겠는가?)

그리고 漢代부터 '未'가 'VPNeg'에 등장하기 시작했다고 한다.

(10) 上乃曰: "君除吏已盡未? 吾亦欲除吏." (史記, 魏其武安侯列傳) (황제가 이에 말했다. "그대가 제수코자 하는 관리는 이미 다 되었소? 내 또 관리를 제수하고자 하오.")

한편, 남북조 시대로 가면서 '非', '無' 등 더 다양한 부정부사들이 반복의문문을 구성하기 위해 문말에 쓰이기 시작했다고 한다. ≪百喩經≫에서는 '不'과 '未'만이 'VPNeg'를 구성하며 전형적인 남북조 시대의 모습을 반영하고 있다.

## 未及

부정부사 '未及'은 중고시기에 등장한 것으로 총4예 출현한다.

(1) 未及聚頃, 或爲縣官、水火、盜賊之所侵奪, 或卒命終, 不及時施. (2. 愚人集牛乳喩) (아직 돈이 모이지 않았을 때에는 어떤 이는 관리들, 물불의 재난이나 도적에 의해 빼앗기게 되고 어떤 이는 갑자기 목숨이 다하게 되니 제때에 베풀지 못하게 된다.)

(2) 凡物須時, 時未及到, 強設功力, 返得苦惱. (57. 蹋長者口喩) (모든 만물은 때가 필요하다. 시간이 아직 이르지 않았는데 강제로 공력을 들이면 오히려 괴롭게 된다.)

(3) 夫用其言, 至他界已, 未及食之, 於夜暗中, 止宿林間, 畏懼惡獸, 上樹避之. (65. 五百歡喜丸喩) (그의 남편은 그의 말을 듣고 다른 나라 경계에 다 갔으나 미처 먹기를 못했다. 밤에 깜깜할 때 숲속에서 자는데 짐승들이 두려워 나무 위로 올라가 피했다.)

(4) 有人語言: "唯有《毘陀羅咒》可以害彼. 但有一患, 未及害彼, 返自害己." (68. 共相怨害喩) (어떤 이가 말을 했다. "단지 《毘陀羅咒》만이 그에게 해를 줄 수 있다. 다만 한 가지 걱정이 있는데, 그에게 해를 주기 전에 오히려 스스로 자기에게 해를 줄 수 있소.")

부정부사 '未及'은 기발생(已然性) 부정부사 '未'와 동사 '及'이 결합되어 이루어진 쌍음절 부사로 '아직~하지 않다'의 의미를 나타낸다. 여기서 '及'은 원래 동사로 '~에 이르다'의 의미이다. 그러나 상기 예들을 보면 '及'의 동사 의미가 거의 사라지고 잘 드러나지 않음을 알 수 있다. 예컨대, '時未及到'는 '때가 아직 이르지 않았다'이다. 그런데 공교롭게도 '及'과 '到'가 동일한 의미를 나타내고 있어 둘 중 하나는 잉여적 성분이 된다. 한마디로 '未及到'는 곧 '未到'이다. '未及害彼'의 경우도 '아직 그에게 해를 주기도 전에'인데, 역시 '未害彼'와 별 차이가 나지 않는다. 따라서 상기 4개의 예에 출현하는 '未及'은 모두 '未'와 동일한 것으로 볼 수 있으며 하나의 쌍음절 부정부사로 볼 수 있다. 이러한 예는 아래와 같이 동시기의 다른 문헌에서도 등장한다.

(5) 王答之言: "其罪深重, 未及檢挍, 云何當出." (賢愚經, 善事太子入海品第三十三) (국왕이 대답했다. "그의 죄는 매우 중하나 아직 그를 심문하지 않았는데 어떻게 그를 내보내겠는가?")

(6) 謨未及就, 事已發露, 王合兵衆, 欲往誅討. (賢愚經, 快目王眼施緣品第三十五) (계획이 아직 실시되기도 전에 일이 이미 탄로가 났고 왕은 병사들을 모아 가서 토벌하려고 했다.)

(7) 周鎭罷臨川郡還都, 未及上住, 泊靑溪渚. (世說新語, 德行27) (주진이 임천군 태수직에서 파면되어 건강으로 돌아와서는 아직 뭍에 올라 거주하기도 전에 배를 청계의 작은 섬에 정박했다.)

부정부사 '未及'에 대해 아직 학계에서는 크게 주목을 하지 않는 상황이다. 이와 관련하여 보다 심도 있는 연구가 필요한 상황이다.

## 不2

부정부사 '不2'는 상고중국어에서 전해져 온 것으로 총14예 출현한다.

(1) 須臾水淸, 又現金色, 復更入裏, 撓泥更求, 亦復不得. (60. 見水底金影喩) (잠시 후 물이 맑아지자 다시 금색이 보였다. 그래서 다시 안으로 들어가서 진흙을 헤치고 다시 찾았으나 역시 얻지 못했다.)

(2) 雄鴿見已, 方生悔恨: "彼實不食, 我妄殺他." (95. 二鴿喩) (수컷 비둘기가 보더니 드디어 후회가 나서 말했다. "그가 사실 먹지 않았는데 내가 함부로 그를 죽였구나.")

(3) 而此仙人不答他問, 人皆知之. (49. 小兒爭分別毛喩) (그런데 이 신선은 그들의 문제에 대답은 안했으나 사람들은 모두 알 수 있었다.)

(4) 又問: "爾村中有池, 在此池邊共食牛不?" (46. 偸犛牛喩) (다시 물었다. "당신 마

을엔 연못이 있다. 이 연못가에서 함께 소를 먹지 않았소?")

(5) 縱可無村, 及以無樹, 何有天下無東, 無時? 知爾妄語, 都不可信. 爾偸牛食不?
(46. 偸犢牛喩) (설령 마을이 없거나 또 나무가 없을 수는 있어도 어찌 천하에 동쪽이
없고 시간이 없을 수 있소? 내 당신들의 거짓말을 모두 믿을 수 없음을 알겠다. 당신들
은 소를 훔쳐서 먹었지요?)

'不2'는 '未'와 유사하게 既成 사실에 대한 부정을 나타낸다. 현대중국어의 '沒'에 해당
한다. 예(1)의 '亦復不得'은 여러 번 찾았으나 못 찾은 것이기 때문에 '没找到'의 의미이
다. (2)에서 '彼實不食'은 그가 사실 먹지 않은 것이기 때문에 '其实他没吃'의 의미가 된
다. (3)의 '不答他問'은 대답하지 않은 것이라 '没有回答他们的问题'가 된다. 또 (4)(5)는
소를 이미 먹었을 것이라 의심하여 묻는 것이다. 한편, 형식상에서 기발생(已然性)의 '不
2' 역시 (4)(5)처럼 반복의문문이 쓰이고 있었다.

이렇게 '不'이 기발생(已然性) 부정부사로 쓰이는 것은 이미 아래와 같이 상고중국어에
서도 존재하였다.

(6) 吾聞以德和民, 不聞以亂. (左傳, 隱公三年) (나는 덕으로 백성을 순하게 한다는
것은 들었어도 난정으로 백성을 순하게 한다는 것은 듣지 못했다.)

현대중국어에서 '不'는 모두 일반성 부정만으로 쓰이나 고한어에서는 이처럼 기발생(已
然性)으로 쓰이는 일이 비일비재하였다. 그래서 兪光中 · 植田均(2000)에 따르면 이러한
현상이 明淸시기까지 지속되었다고 한다. 아래는 그들이 제시한 위진남북조 시기부터 明
淸시기까지의 예들이다.

(7) 問: "楊右衛何在?" 客曰: "向來, 不坐而去." (世說新語, 方正12) (물었다. "楊右
衛장군은 어디 계시는가?" 빈객이 말했다. "방금 왔다가 앉지도 않고 갔습니다.")
(8) 這賊漢, 悔不預知. 若知, 則便打折脚. (祖堂集, 黃蘗和尙) (이 도적놈아, 애초에
몰랐던 것이 후회스럽다. 만약 알았다면, 때려서 다리를 분질러 놓았을 것이다.)
(9) 這賤人果是不好, 押司不錯殺了. (水滸傳, 21회) (이 천박한 놈 정말로 나쁜 놈인데
압사께서 잘 죽였소.)
(10) 娘子, 不聽得是老鼠叫? (水滸傳, 56회) (여보, 쥐가 우는 소리를 못 들었소?)
(11) 秋里水湧了. 田禾不收的. (老乞大諺解) (가을에 물이 넘쳐나는데 벼는 아직 수확
을 안 했다.)

이들에 따르면, 明代이후 백화 문헌 중 北系문헌에서는 이러한 '不2'가 점차 줄어들고

있는데 南系문헌에서는 여전히 사용되고 있다고 한다.

## 8.7.3 판단성 부정

非

부정부사 ‘非’는 상고중국어에서 전해져 온 것으로 총13예 출현한다.

### 1) 체언성 성분의 부정

(1) 汝是愚人, 云何須財名他爲兄; 及其債時, 復言非兄? (7. 認人爲兄喩) (당신은 우매한 사람이다. 어째서 돈이 필요할 때는 그를 형이라 하고, 그가 빚을 독촉할 때에 와서는 다시 형이 아니라고 말하는가?)

(2) 王遣著衣, 實非山羌本所有故, 不知著之. (8. 山羌偷官庫衣喩) (왕이 (그에게) 옷을 입어 보라고 시켰으나 사실 산민 본래 소유가 아닌 까닭에 입을 줄 몰랐다.)

(3) 以不解故, 定知汝衣必是偷得, 非汝舊物. (8. 山羌偷官庫衣喩) (할 줄 모르기 때문이니, 분명 네 옷은 훔친 것임이며 너의 옛 물건이 아님을 알겠다.)

### 2) 용언성 성분의 부정

(4) 如彼外道, 偷取佛法, 著己法中, 妄稱己有, 非是佛法. (32. 估客偷金喩) (저 외도처럼 불법을 훔치고는 자기의 법속에 놓고 함부로 자기가 갖고 있던 거라고 말하니 이는 불법이 아니다.)

(5) 我以欲得彼之錢財, 認之爲兄, 實非是兄. (7. 認人爲兄喩) (나는 그의 재물을 얻기를 원했기 때문에 그를 형으로 인정한 것이나 사실은 형이 아니다.)

### 3) 절의 부정

(6) 以此義當知各各自業所造, 非梵天能造. (61. 梵天弟子造物因喩) (이 의미로부터 마땅히 각각의 만물은 스스로의 업이 만들어낸 바이지 범천이 만들 수 있는 게 아님을 알아야 한다.)

(7) 雄鴿不信, 瞋恚而言: “非汝獨食, 何由減少?” 卽便以嘴啄雌鴿殺. (95. 二鴿喩) (수컷 비둘기는 믿지 낳고 화를 내더니 말했다. “네가 혼자 먹은 게 아니라면 어째서 줄어들었느냐?” 하면서 즉시 부리로 암컷 비둘기를 쪼아 죽였다.)

부정부사 ‘非’는 긍정의 판단문을 부정하는 것으로 현대중국어의 ‘不’, ‘不是’에 해당한다. 이것은 위와 같이 크게 세 가지 상황이 출현한다. 먼저, 가장 일반적인 형태로 체언성 성분을 부정하는 것인데 이때 '非' 뒤의 성분은 체언성 술어가 된다. 예를 들어, (2)처럼 조사 '所'에 의해 명사화된 성분인 '山羌本所有'가 올 수도 있고, (3)처럼 대명사와 명사로 구성된 '汝舊物'의 형식이 올 수도 있다. 둘째, 용언성 성분을 부정할 때는 (4)(5)처럼 그 뒤에 판단동사인 '是'가 출현하고 있다. 이때 '非'는 현대중국어의 '不'과 사실상 같다. 셋째, 어떤 경우는 아예 주술구조의 절이 올 수도 있는데 (6)과 (7)이 그러하다. 이 경우도 사실상 절이 하나의 술어 역할을 하고 있다. 위에 제시된 모든 예들은 다 판단문으로, 당시 새롭게 등장한 '是'판단문과 더불어 여전히 상고중국어 시기의 체언성 술어부 판단문이 존재하고 있음을 알 수 있다. 그런데 특이한 점은 ≪百喩經≫의 '是'자 판단문은 모두 부정부사 '非'로만 부정한다는 사실이다. 현대중국어에서는 '不'로 하고 있는 것과 여전히 차이가 있는데 이러한 현상은 위진남북조 시기의 일반화된 현상이다. 蕭紅(2008)에 따르면, ≪洛陽伽藍記≫에서의 '是'자 판단문도 역시 다 '非'로만 부정하고 있다고 한다. 그리고 張振德 등(1995)에 따르면, ≪世說新語≫에서도 39예의 부정판단문 중 38예가 '非'에 의한 것이고 1예가 '未'에 의한 것이라고 한다. 이에 대해 蕭紅(2008)은 대략 唐代 정도는 가야 '不是'의 형태로 판단문 부정이 등장한다고 한다.

## 8.7.4 금지성 부정

≪百喩經≫에 출현하는 금지성 부정부사에는 '莫2'와 '勿'이 있다.

### 莫2

부정부사 '莫2'는 상고중국어에서 전해져 온 것으로 총11예 출현한다.

(1) 汝等莫去, 我當爲汝白王, 改五由旬作三由旬, 使汝得近, 往來不疲. (34. 送美水喩) (당신들은 가지 마시오. 내가 당신들을 위해 곧 왕께 말을 해서 오유순을 삼유순으로 바꾸어 당신들이 더 가깝게 해줄 것이오. 그러면 오고가기가 힘들지 않을 것이오.)

(2) 飮水已足, 卽便擧手語木桶言: "我已飮竟, 水莫復來." (38. 飮木桶水喩) (물을 이미 충분히 다 마시자 이에 손을 들어 나무통에 대고 말을 했다. "내가 이미 물을 다 마셨으니 물은 더 안 와도 된다.")

(3) 商主捨行, 坐二弟子而語之言: "好看駝皮, 莫使濕爛." (42. 估客駝死喩) (상인이

버리고 가려했고, 가기 전에 두 제자를 앉혀놓고는 그들에게 말했다. "낙타 가죽을 잘 살펴라, 젖지 않게 하거라.")

(4)  有一老人來, 語之言: "汝莫愁也. 我敎汝出." (75. 駝甕俱失喩) (한 노인이 와서는 그에게 말했다. "그대는 걱정 마시오. 내가 그대로 하여금 나오게 해줄 것이오.")

부정부사 '莫2'는 전형적인 금지부사로 청자로 하여금 어떤 행위를 하지 못하게 하는 역할을 한다. (1)처럼 단순한 동사 하나를 부정할 수도 있고, (2)와 같이 '부사+동사'의 구조도 부정한다. 그리고 (3)은 사역구문을 부정하고 있고, (4)는 '愁(근심, 걱정하다)'와 같은 심리동사를 부정한다.

부정부사 '莫'은 상고중국어에서 출현한 것이다. 그런데 이 시기엔 주로 일반성부정 위주로 쓰이고 있었다고 한다. 劉敏(2010)의 《漢語否定詞來源與歷時演變硏究》에 따르면, 《莊子》에서 '莫'이 부정부사로 쓰이는 예가 총7예인데 그중 단지 1예만이 금지성부사로 쓰이고 있고, 《漢書》에서는 4예 모두 일반성부사로 쓰이고 있으며, 《世說新語》에서는 10예 출현하여 양자가 비슷하게 쓰이고 있다고 한다. 그리고 '莫'의 금지성 부사용법이 일반성부사 용법을 초과하는 것은 唐代가서 나타난다고 한다. 이렇게 본다면 '莫'이 금지성 부사로 크게 활약을 한 것은 사실상 위진남북조 시기부터라고 할 수 있는데 《百喩經》은 공교롭게도 '莫'의 금지성 부사로서의 용법이 가장 많이 확장되어 쓰인 문헌으로 볼 수 있다.

'莫2'는 唐五代의 《祖堂集》에서도 200여 예가 출현할 정도로 지속적으로 활약을 하게 된다. 宋代에도 '勿'과 더불어 각각 500여 예가 출현하고 있는데 현대중국어의 대표적인 금지부사인 '別'이 아직 생산 이전 시기이고 근대중국어의 대표적인 금지부사 '休'도 겨우 2예 밖에 출현하지 않는 등 당시에는 이들을 대체할 만한 것들이 맹아기이기 때문에 중고시기의 상황이 계속 이어지고 있었다.

## 勿

부정부사 '勿'은 상고중국어에서 전해져 온 것으로 총1예 출현한다.

(1)  諸親語言: "我當爲汝作好方便, 使汝得之, 勿得愁也." (76. 田夫思王女喩) (여러 친척들이 그에게 말했다. "내가 너를 위해 좋은 방법을 마련하여 너로 하여금 그녀를 얻게 해 줄테니 더는 상심 마라.")

부정부사 '勿'은 금지를 나타내는 부사로 청자로 하여금 어떤 행위를 하지 못하게 하는 역할을 한다. 부정부사 '勿'은 상고중국어 시기부터 상용되던 것으로 이 시기에 이미 일반성 부정과 금지성 부정 두 가지 기능이 존재했다.

 (2) 楚人來討, 能勿從乎? (左傳, 襄公八年) (초나라에서 정벌하러 오는데 그들을 따르지 않을 수 있는가?) [일반성 부정]
 (3) 己所不欲, 勿施於人. (論語, 衛靈公) (자기가 하기 싫어하는 일을 남에게 가하지 마라.) [금지성 부정]

이것은 중고시기에도 계속 이어지고 있어서 ≪百喩經≫에서는 '勿'이 금지성 부정으로만 출현하지만 ≪顔氏家訓≫에서는 이것과 더불어 일반성 부정도 출현한다. 전자는 총14예 출현하고 후자는 2예 출현한다.

 (4) 四時祭祀, 周孔所敎, 欲人勿死其親, 不忘孝道也. (終制) [일반성 부정] (사시의 제사는 주공과 공자의 가르침이다. 이는 곧 사람들로 하여금 그 죽은 어버이를 완전히 죽은 것으로 하지 않게 하여 효도를 잊지 않도록 하는 것이다.)
 (5) 三世之事, 信而有徵, 家世歸心, 勿輕慢也. (歸心) [금지성 부정] (과거, 현재, 미래 삼세의 일은 믿을 만하기도 하고 증거도 있다. 우리 집안 대대로 귀의할 마음이 있었으니 소홀히 하거나 태만히 하지 않도록 하라.)

≪百喩經≫에서 '勿'의 출현비율이 매우 낮다. 이것은 唐五代 ≪祖堂集≫에서도 유사하게 나타나고 있지만 다시 ≪朱子語類≫로 가면 그 출현비율이 '莫'과 비슷해진다. 이러한 현상에 대해 曹廣順 등(2011)이 ≪祖堂集≫에서의 '勿'이 주로 문언성분이 강한 앞부분 2卷중에 집중적으로 출현하고 있다고 한 언급을 참조할 수 있다. 즉, ≪祖堂集≫에서 출현하는 22예 중 절반가량이 문언성격이 강한 부분에서 나오고 있기 때문에 어찌 보면 당시 실제 구어에서 주로 사용하던 것은 '莫'이었을 가능성이 있다. ≪朱子語類≫의 상황은 좀 다른데 이것은 주로 철학적 이치를 논하고 先秦문헌에 대한 토론이 많기 때문에 아마도 그 내부에 문언성 성분이 다소 많이 들어 있을 수가 있다. 이른바 "文白雜湊"의 성격이 없지 않아 있기 때문에 '勿'의 출현비율이 다소 높을 수 있는 것이다. 그렇게 본다면 중고, 근대 전체적으로 볼 때, '莫'의 구어성이 '勿'보다는 높은 것으로 볼 수 있다.

## 8.8  대명사성指代性 부사

대명사성(指代性) 부사란 타동사나 전치사 앞에 쓰여 한편으로 수식의 작용도 하면서 동시에 동사나 전치사의 목적어 역할도 하는 일종의 특수한 부사를 말한다. 이 시기의 대표적인 대명사성 부사에는 '相'[60]과 '見'이 있으며 ≪百喩經≫에서는 이 가운데 '見' 하나만이 출현한다.

### 見

(1)  見鏡中人, 便生驚怖, 叉手語言: "我謂空篋, 都無所有; 不知有君在此篋中, 莫見瞋也." (35. 寶篋鏡喩) (거울 속 사람을 보고는 두려움이 생겨 손을 모으고 말했다. "저는 빈 상자고 아무 것도 안에 없을 것이라 생각했는데 당신께서 이 상자 안에 계실 줄은 몰랐습니다. (나에 대해) 노여워 마십시오.")

(2)  其人答言: "我是某国人, 而於道路值此群賊, 共相斫射. 五百群賊今皆一處死在樹下. 由是之故, 我得此馬, 及以珍寶, 來投王國. 若不見信, 可遣往看賊之瘡痍

---

60) 대명사성 부사 '相'은 高育花(2007)에 따르면, 先秦시기에 맹아가 되어 漢代에 이미 발전하였으며 위진남북조 시기에 광범위하게 사용되었다고 한다. ≪百喩經≫에서는 출현하지 않는다. 이것은 동사의 목적어로 1,2,3인칭 모두 가능하다고 한다.

(1) 我以窮苦告君, 奈何不相愍悼乎? (搜神記, 卷16) (내가 나의 고충을 그대에게 말해주겠소. 그대는 어찌하여 나를 불쌍히 여기지 않는 것인가?) (1인칭)

(2) 此不必見關, 但與君門情, 相爲惜之. (世說新語, 規箴13) (이 일은 본래 내가 물어볼 필요가 없는 것인데 다만 그대와 대대로 교분을 두는 것은 그대를 위해 애석해하기 때문이오.) (2인칭)

(3) 本所以疑, 正爲此耳. 旣已納其自托, 寧可以急相棄邪? (世說新語, 德行13) (내가 당초에 주저했던 것은 마침 이러한 것 때문이다. 기왕에 그의 청을 받아들였는데 설마 급하다고 그를 버릴 수 있겠는가?) (3인칭)

郭端平(2013)에 의하면 ≪百喩經≫의 아래의 예가 대명사성 부사 '相'의 예라고 주장한다.

(4) 時行伴中從睡寤者, 卒見火邊有一羅刹, 竟不諦觀, 捨之而走. 逐相驚動, 一切伴侶悉皆逃奔. (63. 伎兒著戲羅刹服共相驚怖喩) (그때 일행 중 잠으로부터 깬 자가 갑자기 불 옆에 나찰 악귀가 있는 것을 보고는 결국 자세히 보지도 않고 거기를 떠나 도망갔다. 이에 자고 있던 이들 서로를 놀라게 했고, 아울러 모든 동료들이 다 도망갔다.)

그러나 이 예문에서 '相'은 특정의 제3인칭의 사람을 지칭한다기 보다 문맥상으로 볼 때, 자고 있던 기예인들 모두를 지칭하며, 따라서 '서로'로 해석해야 한다.

殺害處所." (65. 五百歡喜丸喻) (그 사람은 답했다. "저는 어느 나라 사람인데, 길에서 이 도둑떼를 만나 함께 싸우다가 다 베고 쏴죽였습니다. 오백의 도적떼들은 지금 모두 나무 아래 함께 죽어 있습니다. 이런 이유로 저는 이 말과 보물을 얻었기에 귀국에 가지고 가는 길입니다. 만약 **(나를)** 못 믿으시면 사람을 보내 도적들이 상처가 나서 죽어 있는 곳을 보게 해도 좋습니다.")

대명사성 부사 '見'은 高育花(2007)에 따르면, 漢代에 맹아가 되어 위진남북조 시기에 광범위하게 운용되었으며 주로 1인칭을 지칭하는데 일부 2,3인칭도 존재한다. 아래의 (3)과 같이 ≪史記≫에 출현하는 것이 최초의 예이며 여기서도 극소수만이 출현한다.

(3)  初, 蘇秦之燕, 貸人百錢爲資, 及得富貴, 以百金償之. 遍報諸所嘗見德者. (史記, 卷六十九 蘇秦列傳第九) (당초 소진이 연에 갈 때 어떤 이에게 백전을 꾸어 노자로 삼았는데 나중에 부자가 된 다음에는 백금으로 그에게 갚았다. 이렇게 그에게 덕을 베푼 이들에게 두루 보답을 하였다.) [3인칭 지칭]

≪百喩經≫에서는 총2예 출현한다. 위의 (1)의 경우, 화자는 상자를 열었다가 그 안에 있는 거울을 보고 거울에 비친 모습에 놀라 말하는 장면인데 여기서 '莫見瞋也'는 '나에게 노여워마라'는 것으로 1인칭을 가리키고 있다. (2)는 자신이 도둑떼를 전멸시킨 이야기를 상대방에게 하면서 믿어달라고 하는 것이며 이때 '若不見信'은 '만약 나를 믿지 못한다면'으로 역시 1인칭을 가리킨다. 아래는 東漢시기 문헌에 나오는 2인칭의 경우이다.

(4)  凡論事者, 違實不引效驗, 則雖甘義繁說, 衆不見信. (論衡, 知實篇) (무릇 일을 논하는 자가 사실을 위반하고 증거를 인용하지 않으면 비록 뜻이 달콤하고 말이 번잡해도 사람들은 당신의 말을 믿지 않을 것이다.)

이러한 대명사성 부사는 이미 상고시기부터 출현하여 쓰여 왔고 '相'이 '見'보다는 먼저 출현한 것으로 보인다. 그 후로 중고시기에도 이처럼 자주 등장하고 있으나 중고시기 이후 구어에서는 찾아보기가 힘들다.

## 8.9 방식/상태부사

방식/상태부사는 부사 중에서 그 수가 가장 많고 의미 내용 또한 기타 유형의 부사보다 더 실재적이다. 시간부사, 범위부사, 어기부사, 부정부사, 관련부사 등은 부사 자체의 어휘적인 의미도 일정 정도 존재하지만 주로 그 범주에 부합하는 문법적인 의미기능이 중심이 되어 상대적으로 추상적인 의미를 나타낼 수 있다. 그러나 방식/상태부사는 문법적 의미보다 어휘적 의미에 더 치중하여 화자가 인식한 동작행위나 상태를 보다 생동감 있고 상세하게 묘사하는 기능을 한다. 이렇게 방식/상태부사는 인간의 묘사적 본능을 반영해야 하기 때문에 그것의 의미는 일반 實詞에 준할 정도로 실재적이며 그 수도 매우 많을 수밖에 없다. 그래서 虛詞類에 속하면서도 가장 개방적인 성격을 갖고 있다.

방식/상태부사는 크게 '방식류'와 '상태류'로 구분할 수 있다. 전자는 동작행위 진행의 방식, 형식, 수단 등을 나타내어 주로 '서로', '함께', '홀로' 등의 의미를 나타낸다. 후자는 '몰래', '함부로', '빨리', '잘' 등의 동작행위 진행시의 情景상태를 나타낼 수도 있고, '헛되이', '공연히' 등 동작행위 후의 結果상태를 나타낼 수도 있다.

한편, 방식/상태부사들은 의미가 실재적인 만큼 주로 술어동사 수식에 치중하기 때문에 술어동사에 바로 붙어 출현하며 대개 술어동사 자체를 의미지향한다.

≪百喩經≫에는 아래와 같이 방식류와 상태류가 등장한다.

**표 8-6** 방식/상태부사

| 하위범주 | 예 |
|---|---|
| 방식류 | 共, 同, 相將, 一處, 各, 各各, 分別, 獨2, 一一, 相, 互相, 共相, 種種 |
| 상태류 | 空2, 空自, 虛, 虛自, 徒2, 徒自, 唐, 唐自, 妄, 妄自, 橫, 强, 枉, 錯, 默然, 密, 私, 多, 少, 大2, 故2, 固, 純, 苦, 痛, 詳, 諦, 速, 急, 急速, 重(zhong), 喜, 善, 好2 |

## 8.9.1 방식류

### 共

(1) 譬如一村, 共偸氂牛, 而共食之. (46. 偸氂牛喩) (비유하자면, 한 마을에서 어떤 이들이 <u>함께</u> 얼룩소를 훔쳐서 <u>같이</u> 그것을 먹었다.)

(2) 譬如五人共買一婢, 其中一人語此婢言: "與我浣衣." (51. 五人買婢共使作喩) (비유하자면, 다섯 명이 <u>함께</u> 여노비 하나를 샀는데 그 중 한 사람이 이 노비에게 말했다. "나를 위해 옷을 빨아 주거라.")

(3) 昔有夫婦, 有三番餅, 夫婦共分, 各食一餅; 餘一番在, <u>共</u>作要言: "若有語者, 要不與餅." (67. 夫婦食餅共爲要喩) (옛날에 부부가 있었는데 세 개의 떡이 있었다. 부부는 <u>함께</u> 나누어 각각 하나 씩 먹었다. 그런데 남은 한 개가 있어 <u>함께</u> 약속하여 말했다. "만약 말하는 자가 있으면 반드시 그가 떡을 먹지 못하게 한다.")

(4) 昔有父子與伴<u>共</u>行, 其子入林, 爲熊所嚙, 爪壞身體. (81. 爲熊所嚙喩) (옛날에 부자가 동료와 <u>같이</u> 길을 가고 있었는데 그 아들이 숲으로 들어갔다가 곰에게 물리고 발톱에 의해 몸이 다쳤다.)

방식류부사 '共'은 상고중국어에서 전해져 온 것으로 총24예 출현한다. 이것은 주어로 대표되는 어떤 사람 혹은 사물이 함께 어떤 동작행위에 참여하는 것을 나타낸다. 현대중국어의 '一起'에 해당한다. 이것은 ≪顔氏家訓≫에서 11예 출현한다.

### 同

(1) 後者恚曰: "我與前人<u>同</u>買於汝, 云何獨爾?" 卽鞭十下. (51. 五人買婢共使作喩) (뒤에 말한 자는 화가 나서 말했다. "내 앞 사람과 <u>같이</u> 너를 샀는데 어째서 단지 그렇게만(그 사람을 위해서만) 하느냐?" 하고는 바로 그녀를 10대 때렸다.)

방식류부사 '同'은 상고중국어에서 전해져 온 것으로 총1예 출현한다. 이것은 서로 다른 주체가 함께 어떤 공동의 행위를 하는 것을 나타낸다. 현대중국어의 '一起'에 해당한다. 상기 [共]의 예문(2)와 동일 스토리에 등장하며 여기서 '五人共買一婢'와 같이 동일 의미의 '共'과 함께 출현하고 있어 둘의 의미를 쉽게 확인할 수 있다.

## 相將

(1) 卽得之已, <u>相將</u>發引, 至曠野中, 有一天祠, 當須人祀, 然後得過. (14. 殺商主祀天喩) (바로 얻은 다음 <u>함께</u> 출발하였고 광야에 이르렀더니 거기에 한 천신묘가 있었다. 반드시 사람으로 제사를 지내야 그런 연후 지나갈 수 있었다.)

방식류부사 '相將'은 상고중국어에서 전해져 온 것으로 총1예 출현한다. 이것은 주체가 함께 어떤 동작을 진행함을 나타내는 것으로 현대중국어의 '一起'에 해당한다. ≪漢語大詞典≫에는 비교적 이른 예로 다음과 같은 예가 등장한다.

(2) 羌獨往來, 深入多殺, 已乃陸陸, <u>相將</u>詣闕, 諧辭禮謝, 退雲狀. (漢王符, 潛夫論, 救邊) (오랑캐가 홀로 왔다가면서 깊숙이 들어와 사람들을 많이 죽이는데 자신은 이에 아무 일 없듯이 <u>함께</u> 조당으로 몰려가 농담이나 하고 겸양이나 떨면서 다시 구름처럼 물러간다.)

## 一處

(1) 我是某国人, 而於道路值此群賊, 共相斫射. 五百群賊今皆<u>一處</u>死在樹下. (65. 五百歡喜丸喩) (저는 어느 나라 사람인데, 길에서 이 도둑떼를 만나 함께 싸우다가 다 베고 쏴 죽였습니다. 오백의 도적떼들은 지금 모두 나무 아래 <u>함께</u> 죽어 있습니다.)

방식류부사 '一處'는 중고시기에 등장한 것으로 총1예 출현한다. 이것은 '함께'의 의미로 현대중국어의 '一起'에 해당한다. ≪近代漢語虛詞詞典≫에 의하면, 아래와 같이 ≪水滸傳≫의 예도 등장한다.

(2) 女使錦兒接着, 三個人<u>一處</u>歸家去了. (7회) (여종 금아가 마중나와 세 명이 <u>함께</u> 집으로 돌아갔다.)

## 各

(1) 由其逃突, 盡皆飢渴, 於其樹下, 見歡喜丸, 諸賊取已, <u>各</u>食一丸. (65. 五百歡喜丸喩) (그들이 급히 도망하느라고 모두가 배고프고 목말라 있었기 때문에 나무 아래

에 와서 환희환을 보고 모든 도둑들이 그것을 취하고는 <u>각자</u> 한 환 씩 먹었다.)

(2) 旣作要已, 爲一餠故, <u>各</u>不敢言. (67. 夫婦食餠共爲要喩) (이미 약속을 하였기에 떡 하나 때문에 <u>각자</u> 감히 말을 하지 않았다.)

방식류부사 '各'은 상고중국어에서 전해져 온 것으로 총5예 출현한다. 이것은 '각각, 각자'의 의미로 여러 주체가 공동으로 각각 어떤 동작행위를 하거나 동일 속성을 함께 공유함을 나타낸다.

## 各各

(1) 二鬼共諍, <u>各各</u>欲得. (41. 毗舍闍鬼喩) (두 귀신이 함께 싸웠는데 <u>각자가</u> 모두를 갖고자 했다.)

방식류부사 '各各'은 漢代에 등장한 것으로 총2예 출현한다. 이것은 '각각, 각자'의 의미로 '各'과 동일하며 '各'의 중첩형이다.

## 分別

(1) 如來法王有大方便, 於一乘法<u>分別</u>說三. (34. 送美水喩) (여래법왕은 큰 방편이 있어서 '일승법'에 대해 <u>각각</u> 셋으로 말을 한다.)

방식류부사 '分別'은 상고시기에 등장한 것으로 총1예 출현한다. 이것은 "따로따로, 각각"의 의미로 ≪漢語大詞典≫에서는 아래와 같은 이른 시기의 예가 등장한다.

(2) 是時郞中令石建爲上<u>分別</u>言兩人事. (史記, 魏其武安侯列傳) (이때 낭중령 石建은 황제에게 두 사람의 일을 <u>각각 따로</u> 보고하였다.)

## 獨2

(1) 兒聞語已, 至明淸旦, 竟不問父, <u>獨</u>往詣彼. (78. 與兒期早行喩) (아들은 말을 듣고 나서 다음날 아침에 뜻밖에도 아버지에게 묻지도 않고 <u>혼자</u> 거기에 갔다.)

(2) 雄瞋雌言: "取果勤苦, 汝獨食之, 唯有半在." (95. 二鴿喩) (수컷이 암컷에게 화를 내며 말했다. "과일을 따느라고 열심히 수고했는데, 너 혼자 그것을 다 먹어서 단지 반만 남았다.")

방식류부사 '獨2'는 상고중국어에서 전해져 온 것으로 총4예 출현한다. 이것은 '홀로, 혼자서'의 의미로 동작행위의 상태가 단독으로 진행됨을 강조한다.

## 一一

(1) 因緣暫會, 無有宰主, 一一推析, 誰是我者? (64. 人謂故屋中有惡鬼喩) (인연으로 잠시 모였을 뿐이요, 주재자는 없다. 하나하나 미루어 분석해야 하니 누가 도대체 나라는 것인가?)

(2) 買果者言: "我今當一一嘗之, 然後當取. 若但嘗一, 何以可知?" 尋卽取果一一皆嘗. (70. 嘗庵婆羅果喩) (과일 사는 사람이 말했다. "내가 지금 마땅히 하나하나씩 다 맛을 본 연후에야 살 수 있다. 만약 단지 하나만 맛보면 어떻게 알 수 있겠는가?" 그러고는 바로 하나하나씩 들고 다 맛을 봤다.)

방식류부사 '一一'은 상고중국어에서 전해져 온 것으로 총3예 출현한다. 이것은 "하나씩하나씩"의 의미로 동작행위 진행의 방식이 일일이 남김없이 진행됨을 나타낸다. 현대중국어의 '逐一'에 해당한다. 이것은 이미 상고중국어에 그 예가 있다.

(3) 齊宣王使人吹竽, 必三百人. …… 宣王死, 湣王立, 好一一聽之, 處士逃. (韓非子, 內儲說上) (제선왕이 사람들로 하여금 피리를 연주하게 하는데 반드시 삼백 명이 함께 해야 했다. ……선왕이 죽고 혼왕이 즉위하자 그들의 연주를 하나하나씩 듣기를 좋아했고 처사가 도망갔다.)

## 相

(1) 其二弟子, 常相憎嫉. (53. 師患脚付二弟子喩) (그 두 제자는 항상 서로 시기 질투했다.)

(2) 旣相覩已, 方知非鬼. (64. 人謂故屋中有惡鬼喩) (이미 서로 보고 나서는 그제야 귀신이 아님을 알았다.)

방식류부사 '相'은 상고중국어에서 전해져 온 것으로 총5예 출현한다. 이것은 "서로"의 의미로 둘 또는 그 이상의 주체의 동작행위가 진행될 때 나타나는 상호관계를 표시한다. '相'은 ≪顔氏家訓≫에서 총45예 출현한다.

## 互相

(1) 磨大石者, 喩於學問, 精勤勞苦; 作小牛者, 喩於名聞, <u>互相</u>是非. (43. 磨大石喩)
(큰 돌을 간 자는 비유하자면 학문을 하여 정성을 다하고 열심히 수고를 하는 것이라 할 수 있고, 작은 소를 만든 자는 비유하자면 명성을 추구하여 <u>서로 간</u> 시비하는 것이라 할 수 있다.)

방식류부사 '互相'은 상고시기에 등장한 것으로 총1예 출현한다. 이것은 "상호, 서로"의 의미로 동작행위가 여러 주체에 의해 상호, 교체적으로 진행됨을 나타낸다. 아래는 ≪洛陽伽藍記≫의 예이다.

(2) 於是帝族王侯, 外戚公主, 擅山海之富, 居川林之饒, 爭修園宅, <u>互相</u>夸竞. (이에 황제가족이나 왕후공경, 후비공주 등이 산과 바다의 이익을 독점하고 강과 산의 부를 점거하여 다투어 들에 주택을 지으니 <u>서로 간</u>에 부를 자랑하고 경합을 벌인다.)

## 共相

(1) 我是某国人, 而於道路值此群賊, <u>共相</u>斫射. 五百群賊今皆一處死在樹下. (65. 五百歡喜丸喩) (저는 어느 나라 사람인데, 길에서 이 도둑떼를 만나 <u>함께</u> 싸우다가 다 베고 쏴죽였습니다. 오백의 도적떼들은 지금 모두 나무 아래 함께 죽어 있습니다.)

방식류부사 '共相'은 중고시기에 등장한 것으로 총3예 출현한다. 이것은 "서로"의 의미로 여러 주체가 상호간 상대방을 향해 같은 행위를 하는 것을 나타낸다.

## 種種

(1) 愚人亦爾, 爲未生樂, 自投火坑, <u>種種</u>害身, 爲得生天. (21. 婦女欲更求子喩) (우

매한 사람은 또한 이러하니 아직 생기지 않은 즐거움을 위해 스스로 불구덩이로 뛰어 들어 여러 가지로 자신을 해하며 '생천'을 얻기 위해 하고 있다.)

(2) 王聞是語, 卽大瞋恚, 卽便使人種種加害, 擯令出國. (26. 人效王眼瞤喩) (왕이 이 말을 듣고는 크게 진노하여 바로 사람을 시켜 그에게 여러 가지로 해를 가했고 그를 배척하여 나라에서 쫓아냈다.)

(3) 見他頭陀苦行, 山林曠野, 冢間樹下, 修四意止及不淨觀, 便強將來, 於其家中, 種種供養. (36. 破五通仙眼喩) (저 두타의 고행을 보니 산림과 광야, 무덤 및 나무 아래에서 사의지와 부정관을 수행하고 있었는데 이를 억지로 데려와 집에 두고 여러 공양을 하게 하는 것이다.)

(4) 我亦患此無常生老病死, 種種求覓長存之處, 終不能得. (40. 治禿喩) (나 또한 이 무상의 생로병사를 앓고 있어서, 여러 가지로 장생의 곳을 찾았지만 끝내 찾을 수 없었다. )

(5) 昔有一婦, 荒淫無度, 欲情旣盛, 嫉惡其夫; 每思方策, 頻欲殘害. 種種設計, 不得 其便. (65. 五百歡喜丸喩) (옛날에 한 아낙이 있었는데 황음무도하고 욕정이 너무 성해 그 지아비를 싫어했다. 매번 방책을 생각하여 여러 차례 그를 해하려 했다. 갖가 지로 계책을 내어 시도했으나 기회를 잡지 못했다.)

방식류부사 '種種'은 중고시기에 등장한 것으로 총5예 출현한다. 이것은 "여러 가지로" 의 의미로 어떤 행위를 함에 있어 여러 가지 방법을 다 동원하는 모습을 나타내고 있다. 현대중국어의 '想方设法'에 해당한다.


## 8.9.2 상태류

空2　空自

(1) 毀他善法, 使道果不成, 喪其道眼, 已失其利, **空無所獲**. (36. 破五通仙眼喩) (다 른 이의 선법을 훼손하여 도과가 이루어지지 못하게 했고 그의 도안을 잃게 하였다. 이미 그의 이로움을 잃었으니 헛되이 아무 소득이 없을 것이다.)

(2) 衆人疲厭, 都無所得, 徒自勞苦, **空無所獲**, 爲一切世人之所嗤笑. (77. 搆驢乳喩) (여러 사람들은 피로해졌으나 아무 소득이 없었고 단지 스스로 힘만 들고 헛되이 얻는 게 없었다. 이에 모두가 세상 사람들의 웃음거리가 되었다.)

(3) 諸魔外道諍篋者, 喩於有漏中強求果報, **空無所得**. (41. 毗舍闍鬼喩) (여러 마귀 와 외도가 상자를 다투는 것은 비유컨대 번뇌 속에서 인과응보를 억지로 구하되 헛되 이 아무 소득이 없는 것을 나타낸다.)

(4) 汝大愚癡, 無有智慧. 何不待我, 空自往來? 徒受其苦. (78. 與兒期早行喩) (너는 너무나도 우둔하고 지혜가 없구나. 어찌 나를 기다리지 않고 헛되이 갔다 왔느냐? 그래서 공연히 고생만 했다.)

상태류부사 '空2'는 상고중국어에서 전해져 온 것으로 총8예 출현한다. 이것은 "헛되이, 공연히"의 의미로 동작행위가 아무 효과가 없음을 나타낸다. ≪百喩經≫에서는 위와 같이 '空無所獲'의 형식이 예 중 7예나 등장하여 하나의 관용적 형식으로 출현하고 있다.

상태류부사 '空自'는 중고시기에 등장한 것으로 총1예 출현한다. 이것도 '헛되이, 공연히'의 의미로 '空'과 동일하다. 이것은 부사 '空'과 접미사 '自'의 결합으로 구성된 쌍음절부사이다.

## 虛　虛自

(1) 虛棄稻穀, 都無利益, 不如惠施, 可得功德. (39. 見他人塗舍喩) (공연히 곡식만 버렸고 아무 이익이 없었다. 차라리 보시를 하여 공덕을 얻을 수 있는 것만 못하다.)
(2) 如彼愚人, 虛作往返, 徒自勞苦, 形似沙門, 實無所得. (78. 與兒期早行喩) (마치 저 우매한 사람처럼 헛되이 오고가기만 하여 단지 스스로 수고롭기만 하고, 겉으로는 사문같은데 사실은 얻는 것이 없는 것과 같다.)
(3) 虛自假稱, 妄言有德, 旣失其利, 復傷其行. (28. 爲婦貿鼻喩) (헛되이 거짓으로 칭하고 함부로 덕이 있다고 말하니 이미 그 이익도 잃게 되고 또 그의 행동도 해치게 된다.)

상태류부사 '虛'는 상고중국어에서 전해져 온 것으로 총3예 출현한다. 이것은 '헛되이'의 의미로 동작행위가 아무 효과가 없음을 나타낸다. '虛自'는 중고시기에 등장한 것으로 총1예 출현한다. 이것도 '헛되이, 공연히'의 의미이며, 부사 '虛'와 접미사 '自'의 결합으로 구성된 쌍음절 부사이다.

## 徒2　徒自

(1) 顚倒上下, 無有根本, 徒喪身命, 爲其所困. (80. 倒灌喩) (禪法의 위아래를 거꾸로 하여 근본이 없고 이렇게 하면 헛되이 생명만을 잃고 그것에 의해 곤혹스럽기만 하다.)
(2) 有人語言: "汝何以自毀, 徒受其苦?" (96. 詐稱眼盲喩) (어떤 사람이 말했다. "당

신은 어째서 스스로 눈을 훼손하여 <u>공연히</u> 고통을 감수하는가?")

(3) 或經七日, 或十五日, <u>徒自</u>困餓, 無益於道. (1. 愚人食鹽喩) (혹은 7일간 경과하고 혹은 15일 경과하는데, <u>공연히</u> 곤궁해지고 배만 고플 뿐이요 도에는 아무 도움이 안 된다.)

(4) 卽便斷樹, 望得其果. 旣無所獲, <u>徒自</u>勞苦. (33. 斫樹取果喩) (바로 나무를 베어 그 과실을 얻기를 바랐다. 그러나 이미 얻는 것도 없었고 <u>공연히</u> 헛수고만 했다.)

상태류부사 '徒2'는 상고중국어에서 전해져 온 것으로 총3예 출현한다. 이것은 "공연히, 헛되이"의 의미로 동작행위가 아무 효과가 없음을 나타낸다. '徒自'는 중고시기에 출현한 것으로 총7예 출현한다. 이것 역시 "헛되이, 공연히"의 의미이며, 부사 '徒'와 접미사 '自'의 결합에 의해 구성된 쌍음절 부사이다.


## 唐　唐自

(1) 旣不相著, 復失其鼻, <u>唐</u>使其婦受大苦痛. (28. 爲婦貿鼻喩) (이미 붙지도 않았고 또 그 코도 잃었기 때문에 <u>공연히</u> 그 아내로 하여금 큰 고통을 당하게 하고 말았다.)

(2) 如彼愚臣, <u>唐</u>毀他目也. (36. 破五通仙眼喩) (저 우매한 신하와 같이 <u>공연히</u> 남의 눈을 훼손한 것과 같다.)

(3) 我今飽足, 由此半餠. 然前六餠, <u>唐自</u>捐棄, 設知半餠能充足者, 應先食之. (44. 欲食半餠喩) (내가 지금 배가 부른 것은 이 반쪽 전병 때문이다. 그러나 앞의 여섯 전병은 <u>공연히</u> 버린 것에 불과하다. 만약 반쪽 전병으로 충분할 수 있음을 알았다면 마땅히 먼저 그것(반쪽)을 먹었을 텐데.)

상태류부사 '唐'은 중고시기에 등장한 것으로 총2예 출현한다. 이것은 "헛되이, 공연히"의 의미로 동작행위가 아무 효과가 없음을 나타낸다. 董志翹·蔡鏡浩(1994)은 ≪說文解字≫에 '唐, 大言也'로 되어 있고 이것이 발전하여 '大, 廣大'라는 형용사가 되었다고 하는데 바로 여기에서 '空, 虛'의 의미가 파생되어 이와 같은 부사가 되었다고 주장한다.

'唐自'는 중고시기에 출현한 것으로 총1예 출현한다. 이것 역시 '공연히, 헛되이'의 의미이며 부사 '唐'과 접미사 '自'가 결합하여 구성된 쌍음절 부사이다.


## 妄　妄自

(1) 我婦已死, 汝是阿誰? <u>妄</u>言我婦. (4. 婦詐稱死喩) (나의 아내는 이미 죽었다. 당신

은 누구요? <u>함부로</u> 내 아내라고 하는 것이오.)

(2) 如彼愚人妄求於乳. (77. 搆驢乳喩) (이는 마치 저 우매한 자가 <u>함부로</u> 젖을 구하고자 하는 것과 같다.)

(3) 雄鴿見已, 方生悔恨: "彼實不食, 我妄殺他." (95. 二鴿喩) (수컷 비둘기가 보더니 드디어 후회가 나서 말했다. "그가 사실 먹지 않았는데 내가 <u>함부로</u> 그를 죽였구나.")

(4) 自言善好, 修行慈心, 不食酒肉, 然殺害衆生, 加諸楚毒, <u>妄自</u>稱善, 無惡不作. (73. 詐言馬死喩) (스스로 선하다고 말하고 자비심을 닦고, 술과 고기도 안 먹으나 중생을 살해하고, 여러 혹형(酷刑)을 가하면서도 <u>함부로</u> 선이라 칭하고 악을 하지 않음이 없다.)

상태류부사 '妄'은 상고중국어에서 전해져 온 것으로 총11예 출현한다. 이것은 "함부로, 마구"의 의미로 동작행위가 경솔하거나 맹목적인 것을 나타낸다. '妄自'는 중고시기에 등장한 것으로 총1예 출현한다. 이것 역시 '함부로, 마구'의 의미이며 부사인 '妄'과 접미사 '自'의 결합으로 구성된 쌍음절 부사이다.

## 橫

(1) 三界無安, 皆是大苦; 凡夫倒惑, <u>橫</u>生樂想. (44. 欲食半餅喩) (삼계는 편안치가 못하다. 모두 큰 고통이다. 세속 사람들은 미혹되어 <u>어거지로</u> 즐거운 생각을 하게 되는 것이다.)

(2) 然諸衆生<u>橫</u>計是非, <u>强</u>生諍訟, 如彼二人等無差別. (64. 人謂故屋中有惡鬼喩) (그러나 제 중생은 <u>억지로</u> 시비를 따지고 <u>억지로</u> 쟁론을 일으키니 마치 저 두 사람이 차이가 없는 것과 같다.)

(3) 無智常人, 狗無罪咎, <u>橫</u>加於惡. (84. 月蝕打狗喩) (무지한 일반 사람들은 天狗가 죄가 없는데도(즉, 해와 달을 먹었다는 죄) <u>억지로</u> 죄를 천구에게 뒤집어씌운다.)

상태류부사 '橫'은 상고중국어에서 전해져 온 것으로 총9예 출현한다. 이것은 '기어이, 굳이, 어거지로'의 의미로 현대중국어의 '硬, 强'에 해당한다. 원래 상고중국어에서는 '함부로, 마음대로'의 의미로 쓰였고 이것이 더 발전하여 파생된 의미로 보인다. 예(2)에서는 同義부사인 '强'과 대구로 출현하고 있다.

## 强

(1) 見他頭陀苦行, 山林曠野, 冢間樹下, 修四意止及不淨觀, 便<u>强</u>將來, 於其家中,

種種供養. (36. 破五通仙眼喻) (저 두타의 고행을 보니 산림과 광야, 무덤 및 나무 아래에서 사의지와 부정관을 수행하고 있었는데 이를 <u>억지로</u> 데려와 집에 두고 여러 공양을 하게 하는 것이다.)

(2)  凡物須時, 時未及到, <u>强</u>設功力, 返得苦惱. (57. 蹋長者口喻) (모든 만물은 때가 필요하다. 시간이 아직 이르지 않았는데 <u>강제로</u> 공력을 들이면 오히려 괴롭게 된다.)

상태류부사 '强'은 상고중국어에서 전해져 온 것으로 총4예 출현한다. 이것은 '강제로, 억지로'의 의미로 '硬'에 해당한다. 위의 '橫'과 유사하며 앞의 (2)에서 '橫'과 대구를 이루며 출현하고 있다.

## 枉

(1)  喻如彼父, 熊傷其子而<u>枉</u>加神仙. (81. 爲熊所嚙喻) (비유하자면 저 아비처럼 곰이 자기 아들을 해했는데 <u>잘못</u> 신선에게 해를 가하는 것과 같다.)

상태류부사 '枉'은 상고시기에 등장한 것으로 총2예 출현한다. 이것은 "잘못, 억울하게"의 의미로 현대중국어의 '冤枉地', '错误地'에 해당한다.

## 錯

(1)  其人<u>錯</u>解, 謂摩尼珠, 所在求覓, 而不知處. (94. 摩尼水竇喻) (그 사람이 <u>잘못</u> 이해하여 '마니주(비는 것을 다 만족시켜주는 여의보주)'라고 여기고 모든 곳을 다 찾았으나 아는 곳이 없었다.)

상태류부사 '錯'은 상고시기에 등장한 것으로 총2예 출현한다. 이것은 '잘못'의 의미로 현대중국어의 '错误地'에 해당한다. 상고시기에 이것은 아래와 같이 '번갈아(更迭)'의 의미가 있었으며 상기의 의미와는 또 다른 부사용법이다.

(2)  辟如四時之<u>錯</u>行, 如日月之代明. (禮記, 中庸) (비유컨대 일년 사계절이 <u>번갈아</u> 운행되거나 달과 태양의 밝기가 교대로 비추는 것과 같다.)

## 默然

(1) 譬如比丘私犯一戒, 情憚改悔, 默然覆藏, 自說淸淨. (6. 子死欲停置家中喩) (비유하자면 승려가 계를 범하고 맘속으로 회개하는 것을 꺼려 조용히 숨기려고만 하고 스스로는 청정의 계를 지키고 있다고 말하는 것과 같다.)

(2) 時此愚人, 默然忍受, 不知避去. (3. 以梨打頭破喩) (그때 이 우매한 자는 묵묵히 참기만 했고 피할 줄을 몰랐다.)

상태류부사 '默然'은 상고중국어에서 전해져 온 것으로 총2예 출현한다. 이것은 '말없이, 묵묵히'의 의미로 상고중국어에 다음과 같이 출현하기도 한다.

(3) 宣王默然不說. (戰國策, 齊策四) (선왕은 묵묵히 말을 하지 않았다.)


## 密

(1) 於是密語一老母言: "我去之後, 汝可賚一死婦女尸, 安著屋中." (4. 婦詐稱死喩) (이에 비밀리에 노모에게 일러 말했다. "내가 간 다음에, 당신은 여자의 시신 한 구를 가져다가 집에 놓으시오.")

상태류부사 '密'은 상고중국어에서 전해져 온 것으로 총2예 출현한다. 이것은 "비밀리에, 몰래"의 의미이다.


## 私

(1) 譬如比丘私犯一戒, 情憚改悔, 默然覆藏, 自說淸淨. (6. 子死欲停置家中喩) (비유하자면 승려가 사사로이 계를 범하고 맘속으로 회개하는 것을 꺼려 조용히 숨기려고만 하고 스스로는 청정의 계를 지키고 있다고 말하는 것과 같다.)

상태류부사 '私'는 상고중국어에서 전해져 온 것으로 총1예 출현한다. 이것은 '사사로이'의 의미로 상고중국어에 아래와 같은 예가 있다.

(2) 有仕於此, 而子悅之, 不告於王而私與之吾子之祿爵; 夫士也, 亦無王命而私受之於子則可乎? (孟子, 公孫丑下) (여기에 벼슬사는 사람이 있다고 하십시다. 그대

가 그를 좋아한다고 해서 王에게 아뢰지도 않고, <u>사사로이</u> 마음대로 그대의 俸祿과 爵位를 그 사람에게 주고, 그 사람 역시 王命이 없는데도 <u>사사로이</u> 그대에게 그것을 받는다면 괜찮겠습니까?)

## 多

(1) 昔有婆羅門, 自謂多知, 於諸星術種種技藝無不明達. (11. 婆羅門殺子喩) (옛날에 한 파라문이 있었는데 스스로 <u>많이</u> 안다고 여겼고, 여러 성술과 각종 기예에 대해 알지 못하는 게 없었다.)

(2) 昔有一人, 貧窮困乏, 多負人債, 無以可償, 即便逃避. (35. 寶篋鏡喩) (옛날에 한 사람이 있었는데 가난하고 궁핍하여 다른 이의 빚을 <u>많이</u> 졌으나 갚을 길이 없어 이에 도망을 쳤다.)

(3) 昔有群賊, 共行劫盜, 多取財物, 即共分之, 等以爲分. (87. 劫盜分財喩) (옛날에 도둑 무리가 있었는데 함께 물건을 훔치면서 재물을 <u>많이</u> 취했는데 바로 그것을 나누되 똑같이 나누었다.)

(4) 如是年少, 不閑戒律, 多有所犯. (54. 蛇頭尾共爭在前喩) (만약 나이가 젊으면 계율에 익숙치 않아 규율에 저촉되는 바가 <u>많이</u> 있다.)

상태류부사 '多'는 상고중국어에서 전해져 온 것으로 총14예 출현한다. 이것은 '많이'의 의미로 현대중국어의 '大量地, 多多地'에 해당한다. 상고중국어에서는 아래와 같이 상태부사의 용법도 있지만 정도부사의 용법도 있다.

(5) <u>多</u>識於鳥獸草木之名. (論語, 陽貨) ((시경을 배우면) 새, 짐승, 풀, 나무 등의 이름을 <u>많이</u> 알게 된다.) **[상태부사]**

(6) 君子不欲多上人, 況敢陵天子乎? (左傳, 桓公五年) (군자는 남의 위에 <u>너무 과하게</u> 있는 것을 원하지 않는데 하물며 천자를 능욕하겠는가?) **[정도부사]**

## 少

(1) <u>少</u>作多得, 爾乃自慶, 恨不益焉. (87. 劫盜分財喩) (<u>적게</u> 하고 많이 얻어 이렇게 하여 스스로 기쁘니, 다만 애초보다 더 많이 하지 않은 것을 후회한다.)

(2) 雖復出家, <u>少</u>得利養, 心有希望, 常懷不足, 不能得與高德者等獲其利養. (91. 貧人欲與富者等財物喩) (비록 다시 출가해도 공양을 <u>약간</u> 얻게 되면 맘속으로는 바람

을 갖게 되고 항상 부족함을 느끼는데, 덕이 높은 자와 동등하게 존경과 공양을 얻을 수는 없다.)

상태류부사 '少'는 상고중국어에서 전해져 온 것으로 총4예 출현한다. 이것은 '약간, 적게'의 의미로 상기의 '多'와는 상대되는 의미이다. 이것은 정도부사의 용법으로 이미 상고중국어에서도 쓰이고 있으나 ≪百喩經≫에서는 이와 같이 단지 상태류부사 용법만이 출현한다.

## 大2

### 1) 규모, 수량이 크다

    (1) 欲修布施, 方言待我大有之時, 然後頓施. (2. 愚人集牛乳喩) (보시를 닦고자 해도 여전히 내가 <u>크게</u> 가진 것을 기다린 후에야 한꺼번에 베풀겠다고 말한다.) [VP수식]

    (2) 旣還國已, 厚加爵賞, 大賜珍寶, 封以聚落. (65. 五百歡喜丸喩) (이미 나라에 돌아오니, 그에게 작위와 상을 후하게 내리고 <u>크게</u> 보물을 하사했으며 봉지를 내렸다.) [VP수식]

### 2) 聲勢가 크다

    (3) 爾時衆人聞其此語, 皆大嗤笑. (5. 渴見水喩) (이때 여러 사람들이 그의 이 말을 듣고는 모두 <u>크게</u> 비웃었다.) [VP수식]

    (4) 牧羊之人聞此人語, 便大啼泣, 噓欷不已. (30. 牧羊人喩) (양치는 사람은 이 사람의 말을 듣고 <u>크게</u> 울었고 끊임없이 흐느꼈다.) [VP수식]

상태류부사 '大2'는 상고중국어에서 전해져 온 것으로 총10예가 출현한다. 이것은 위와 같이 '규모나 수량의 큼'을 나타내는 것과 '聲勢가 큼'을 나타내는 것 둘로 나뉜다.[61] 이것은 일찍이 아래와 같이 상고중국어에서도 출현한 바 있다.

    (5) 大爲宮室, 厚賦天下, 不愛其費. (史記, 李斯列傳第二十七) (<u>대량으로</u> 궁실을 건조하고 사람들에게 조세를 무겁게 부담하여 그 비용을 아끼지 않았다.)

---

61) 曹廣順 등(2011)은 이것을 "정도와 마찬가지로 일반적인 상황을 초과한다"라고 설명하면서 정도부사의 용법으로 보고 있다. 그러나 형용사나 심리활동류의 동사를 수식하는 정도부사의 일반적인 상황에 비추어 볼 때, 이것은 정도부사로 보기보다는 일반적인 상태를 설명하는 상태부사로 보는 것이 바람직하다. 고한어 연구자들 사이에서 이에 대해 약간의 논쟁이 있는 상황이다.

그리고 아래와 같이 唐五代 ≪祖堂集≫에서도 출현하고 있다.

(6) 行者好與速向岭南, 在後大有僧來趁行者. (第三十二祖弘忍和尚) (행자께서는 속히 남쪽을 향해 떠나시는 게 좋을 것 같습니다. 뒤에 승려들이 <u>많이</u> 따라오고 있습니다.)

(7) 臨刃之時, 大叫一聲, 四山回避之人悉聞其聲. (巖頭和尚) (마지막으로 칼에 임해서 <u>크게</u> 외치시니 사바의 산중으로 피신했던 사람들이 모두 그 소리를 들었다.)

(6)은 규모, 수량을 나타내고 (7)은 성세를 나타낸다.

### 故2

(1) 如是愚人, 爲小名利, 便故妄語, 喪沙門道果, 身壞命終, 墮三惡道. (86. 父取兒耳璫喩) (이 우매한 자처럼 작은 명리 때문에 <u>고의로</u> 함부로 말을 하고 사문의 도과를 잃고 몸이 망가져 죽을 때 삼악도에 빠지는 것이나 다름없다.)

(2) 爲少名譽, 及以利養, 便故妄言, 毀壞淨戒, 身死命終, 墮三惡道. (96. 詐稱眼盲喩) (작은 명예와 공양을 위해서 <u>고의로</u> 망언을 하고 淨戒를 훼손하면 몸이 죽어서는 삼악도에 떨어지고 만다.)

상태류부사 '故2'는 상고중국어에서 전해져 온 것으로 총2예 출현한다. 이것은 '고의로'의 의미로 상고중국어 시기 이미 여러 의미를 갖고 있었다. 아래는 상고시기의 '고의로'의 예이다.

(3) 將尉醉, 廣<u>故</u>數言欲亡, 忿恚尉, 令辱之, 以激怒其衆. (史記, 陳涉世家) (압송 군관이 취하자 오광이 <u>고의로</u> 도망가고 싶다고 여러 차례 말했고 압송관을 화나게 만들어 그로 하여금 오광을 모욕하게 했다. 이로써 여러 사람들을 분노를 일으켰다.)

### 固

(1) 愚人<u>固</u>言: "我今不用下二重屋, 必可爲我作最上者." (10. 三重樓喩) (우매한 자는 <u>결연히(고집부리며)</u> 말했다. "나는 지금 아래 두층 집은 필요 없다. 반드시 나를 위해 가장 위의 것을 만들거라.")

상태류부사 '固'는 상고중국어에서 전해져 온 것으로 총1예 출현한다. 이것은 '고집부리며, 결연히'의 의미로 현대중국어의 '堅決'에 해당한다.

### 純

(1) 若純以稻麩, 不如合稻而用作之, 壁可白淨, 泥治好平. (39. 見他人塗舍喻) (만약 순수하게 곡식 껍질만으로 한다면 이것은 곡식과 함께 써서 만드는 것보다 못할 수가 있다. (그렇게 곡식을 섞어 하면) 벽이 더 하얗게 할 수 있고 진흙으로 꾸미는 것이 평평하고 예쁠 것이다.)

상태류부사 '純'은 상고중국어에서 전해져 온 것으로 총1예 출현한다. 이것은 "순수하게, 단순히"의 의미로 관련 대상이 순수하거나 단일함을 의미한다.

### 苦

(1) 苦引證佐, 用自明白. (13. 說人喜瞋喻) (애써 증거를 끌어다가 이로써 스스로 변명한다.)

상태류부사 '苦'는 상고중국어에서 전해져 온 것으로 총1예 출현한다. 이것은 '애써'의 의미로 현대중국어의 '竭力, 刻苦'에 해당한다.

### 痛

(1) 醫以酥塗, 上下著板, 用力痛壓, 不覺雙目一時并出. (50. 醫治脊傴喻) (의사가 연유로 바르고 나서 환자의 등의 위아래를 상자로 대고 힘을 써서 매우 세게 눌렀더니 생각지도 못하게 두 눈이 일시에 다 나와 버렸다.)
상태류부사 '痛'은 상고중국어에서 전해져 온 것으로 총1예 출현한다. 이것은 '세게, 맹렬히'의 의미로 현대중국어 '彻底'에 해당한다.

### 詳

(1) 彼時舊臣詳共議之…… (65. 五百歡喜丸喻) (그때 노신들이 자세히 함께 그것에

대해 논의했다.……)

상태류부사 '詳'은 상고중국어에서 전해져 온 것으로 총1예 출현한다. 이것은 '상세히, 진지하게'의 의미로 현대중국어의 '认真地, 详尽地'에 해당한다.

## 諦

(1) 如是愚人, 不諦思維, 便用其語, 身壞命終, 墮三惡道. (98. 小兒得大龜喩) (이 우매한 자처럼 <u>자세히</u> 사유하지 아니하고 바로 그 말대로 해서 몸이 죽고 나서는 삼악도에 떨어지고 만다.)

(2) 時行伴中從睡寤者, 卒見火邊有一羅刹, 竟不諦觀, 捨之而走. (63. 伎兒著戲羅刹服共相驚怖喩) (그때 일행 중 잠으로부터 깬 자가 갑자기 불 옆에 나찰 악귀가 있는 것을 보고는 결국 <u>자세히</u> 보지도 않고 거기를 떠나 도망갔다.)

상태류부사 '諦'는 상고중국어에서 전해져 온 것으로 총2예 출현한다. 이것은 "자세히"의 의미로 현대중국어의 '仔细'에 해당한다.

## 速

(1) 汝<u>速</u>出來, 與汝好鼻. (28. 爲婦貿鼻喩) (당신 <u>빨리</u> 나오시오, 내 당신에게 예쁜 코를 주리다.)

(2) 不如發心, 求聲聞果, <u>速</u>斷生死, 作阿羅漢. (22. 入海取沉水喩) (발심하여 소승의 '성문과'를 구하고 생사윤회의 고통을 <u>신속히</u> 끊고 아라한이 되는 것만 못하다.) (※ 聲聞: 부처님의 설법을 듣고 수행하나 대승법을 깨닫지 못하고 소승의 견해에 머물러 있는 이를 '성문'이라 한다. / 阿羅漢: 부처님의 말씀을 전해 듣고 수행하여 해탈에 도달한 소승불교의 최고의 성자를 말한다.)

(3) 如彼愚人, 習其<u>速</u>食, 以爲好法. (69. 效其祖先急速食喩) (마치 저 우매한 이가 그 <u>빨리</u> 먹는 것을 습관으로 익혀 이를 좋은 방법이라고 여기는 것과 같다.)

상태류부사 '速'은 상고중국어에서 전해져 온 것으로 총11예 출현한다. 이것은 "빨리, 속히"의 의미로 현대중국어 '赶快'에 해당한다.

## 急

    (1)  卽截他婦鼻, 持來歸家, 急喚其婦… (28. 爲婦貿鼻喩) (바로 다른 아낙의 코를 베어 가지고 집으로 돌아와 <u>급히</u> 자신의 아내를 불러서 말했다.…)

    (2)  其人當時悔不急去, 懊惱之情, 甚爲極苦. (90. 地得金錢喩) (그 사람은 당시 <u>어서</u> 거기를 뜨지 않은 것을 후회했는데 후회의 감정이 매우 심했다.)

    상태류부사 '急'은 상고중국어에서 전해져 온 것으로 총3예 출현한다. 이것은 "급히"의 의미로 현대중국어 '赶紧, 急速'에 해당한다.


## 急速

    (1)  效其祖先急速食. (69. 效其祖先急速食喩) (그 조상이 <u>급히</u> 밥 먹는 것을 본받다.)

    상태류부사 '急速'은 중고시기에 등장한 것으로 총1예 출현한다. 이것은 '급히'의 의미로 두 개의 同義부사가 결합된 同義병렬부사이다.


## 重 (zhong)

    (1)  種好者賞; 其不好者, 當重罰之. (16. 灌甘蔗喩) (좋은 것을 심은 자는 상을 주고, 그 나쁜 것을 심은 자는 마땅히 <u>중하게</u> 벌을 받아야 한다.)

    (2)  聞富貴者衰患之本, 畏不布施, 恐後得報, 財物殷溢, 重受苦惱. (85. 婦女患眼痛喩) (듣건대 부귀는 쇠퇴와 환난의 근본이다. 보시하지 않으면 나중에 혹시나 빈곤의 업보를 받을 수 있고, 만약 (보시하지 않아) 재물이 풍족하다면 고뇌를 <u>더 심하게</u> 받을 수 있음을 명심해야 한다.)

    (3)  牧羊之人, 未見於婦, 聞其已生, 心大歡喜, 重與彼物. (30. 牧羊人喩) (양치는 사람은 아직 부인을 본 적이 없는데 이미 아이를 낳았다고 듣고는 마음으로 매우 기뻐서 다른 물건을 <u>더 많이</u> 주었다.)

    상태류부사 '重'은 상고중국어에서 전해져 온 것으로 총3예 출현한다. 이것은 "중하게, 심하게, 많이"의 의미로 현대중국어의 '重重地, 厚'에 해당한다.

## 喜

(1) 人命難知, 計算喜錯. 設七日頭或能不死, 何爲預哭? (11. 婆羅門殺子喩) (사람의 목숨은 알기가 어려워 점을 쳐도 쉽게 틀린다. 만약 칠일이 지났는데도 혹 죽지 않을 수 있는데 어째서 미리 우는가?)

(2) 我曾何時喜瞋、倉卒? 而此人者, 道我恒喜瞋恚, 作事倉卒, 是故打之." (13. 說人喜瞋喩) (내가 일찍이 언제 쉽게 화를 내고 급했는가? 그런데 이 사람이 내가 항시 잘 화내고 일도 급하게 한다고 떠드니 이 때문에 그를 때린 것이다.)

상태류부사 '喜'는 중고시기에 등장한 것으로 총5예 출현한다. 이것은 '쉽게'의 의미로 동작이나 상황이 매우 쉽거나 항시 발생함을 나타낸다. 董志翹·蔡鏡浩(1994)에 따르면, '喜'는 동사로 '喜歡'의 의미가 있는데 거의 대부분의 '좋아하다'의미의 행위나 상황은 대체로 '쉽게, 또는 자주' 발생하기 때문에 이것이 발전하여 '쉽게, 항상'의미의 부사가 되는 경향이 있으며 이러한 경우는 '愛'나 '善'도 유사한 상황이라고 한다.


## 善

(1) 其夫先來常善作鴛鴦之鳴, 卽入王池, 作鴛鴦鳴, 偸優鉢羅花. (47. 貧人能作鴛鴦鳴喩) (그 남자는 본래 평소에 원앙의 울음소리를 잘 냈다. 그래서 바로 왕의 연못에 들어가서 원앙 울음소리를 내서 우발라화를 훔쳤다.)

(2) 此長者子善誦入海捉船方法. (66. 口誦乘船法而不解用喩) (이 부용의 아들은 바다에 들어가 배를 모는 방법을 잘 외웠다.)

(3) 佛言: "汝等善聽, 今爲汝廣說衆喩." (0. 引言) (부처가 말했다. "너희들은 잘 들어라, 지금 너희를 위해 여러 가지 비유를 말해주겠노라.")

상태류부사 '善'은 상고중국어에서 전해져 온 것으로 총6예 출현한다. 이것은 크게 두 가지로 볼 수 있는데 하나는 어떤 행위에 소질이 있어 잘하는 것으로 '善于'에 해당하는 것이고, 다른 하나는 진지한 태도로 어떤 행위를 해내는 것으로 '很好地, 好好, 妥善地'에 해당하는 것이다. 위의 (1)(2)는 전자의 의미로 어떤 것에 소질이 있음을 말한다. (3)은 후자에 해당하는 것으로 특히 이렇게 당부, 명령 등에 자주 등장한다.

(1) 商主捨行, 坐二弟子而語之言: "好看駝皮, 莫使濕爛." (42. 估客駝死喩) (상인이 버리고 가려했고, 가기 전에 두 제자를 앉혀놓고는 그들에게 말했다. "낙타 가죽을 잘 살펴라, 젖지 않게 하거라.")

(2) 譬如有人, 將欲遠行, 勅其奴言: "爾好守門, 并看驢索." (45. 奴守門喩) (비유하자면, 어떤 사람이 있는데 장차 멀리 가고자 하여 그의 노예에게 명령하여 말했다. "너는 문을 잘 지키고 아울러 나귀 줄도 잘 보거라.")

상태류부사 '好2'는 중고시기에 등장한 것으로 총2예 출현한다. 이것은 '잘'의 의미로 진지한 태도로 어떤 행위를 해내는 것을 나타낸다. 여기서는 위와 같이 주로 명령문에 쓰이고 있다.

상태부사 '好2'의 문법화와 관련하여 필자가 일찍이 연구한 바가 있는데 아래에서 이를 기반으로 그것의 발전과정과 문법화 과정을 소개하고자 한다.

먼저, 상태부사 '好2'는 최초 魏晉南北朝시기부터 아래와 같이 출현하고 있다.

(3) 佗言: "君病腸臃, 咳之所吐, 非從肺來也. 與君散兩錢, 當吐二升餘膿血訖, 快自養, 一月可小起, 好自將愛, 一年便健." (三國志, 方技傳第二十九) (화타가 (李成에게) 말했다. "그대의 병은 내장에 혹이 생긴 것으로 기침할 때 토하는 것은 폐로부터 나오는 것이 아니오. 그대에게 가루약 2전어치를 줄 터인데, 이것을 먹으면 두 되 분의 농혈을 토해낼 것이고 그런 다음 어서 스스로 요양을 잘 하면 한 달 만에 약간 좋아질 것이오. 그리고 잘 스스로 보양한다면 일 년이면 건강하게 될 것이오.")

(4) 後丞相掾李邵、蔣琬至, 立計曰: "軍當遠出, 卿諸人好諦其事. 昔先帝不取漢中, 走與吳人爭南三郡, 卒以三郡與吳人, 徒勞役吏士, 無益而還." (三國志, 劉彭廖李劉魏楊傳第十) (나중에 승상의 하급관리인 이소와 장완이 오자, 廖立이 그들에게 계책을 내어 말했다. "군대가 먼 길 출정을 떠나야 하므로 그대들은 지금의 일들을 잘 살펴야 하오. 지난날 선제께서 한중을 취하지 않으시고 형주로 가서 오와 남방 3군을 다투셨는데, 결국 3군을 오인들에게 내주고 헛되이 병사들만 고생시키고 아무 이익 없이 돌아오고 말았습니다.")

(5) 長者問言: "此爲何等?" 比丘答曰: "眞佛弟子, 愼莫驚疑, 好養護之. 此兒後大當爲一切衆人作師. 吾等悉當從其啓受." (六度集經, 小兒聞法卽解經) (장자가 물었다. "이것은 왜 그럽니까?" 승려가 대답했다. "진정한 불제자이니 삼가 놀라거나 의아해하지 마시고 잘 기르고 보살피세요. 이 아이는 나중에 모든 중생의 스승이 될 것이고 저희는 모두 그의 계수를 따르게 될 것입니다.")

(6) 語康伯曰: "汝若爲選官, 當好料理此人." (世說新語, 德行) ((한강백의 어머니가) 강백에게 말했다. "네가 만약 선관이 된다면, 마땅히 이 사람들을 잘 돌봐야 한다.)

(7) 卽飛虛空, 告諸臣曰: "汝等合力, 欲强殺我. 賴我大幸, 復能自拔. 自今已後, 汝等好忍! 所愛妻兒, 我次當食." 語訖飛去.(賢愚經, 無惱指鬘品第四十五) (바로 허공을 날아 대신들에게 말했다. "너희들이 함께 짜고 나를 죽이려 했는데 요행히 내가 운이 좋아 곤경을 모면했다. 지금 이후로 너희들은 고통을 잘 참아 내거라. 너희가 사랑하는 처자식들을 내가 차례대로 먹어버릴 것이다." 말을 마치고는 날아가 버렸다.)

(8) 因復告曰: "波羅奈國, 當有居士字曰毱提, 此人有子, 名優波毱提. 卿好求索. 度用爲道, 卿若壽終, 以法付之." (賢愚經, 優波鞠提品第六十) (이에 그에게 또 고했다. "파라내국에 毱提라고 불리는 거사가 한 명 있는데, 이 사람에게 아들이 있다. 이름이 優波毱提라고 하는데, 그대가 잘 찾아보게. 그를 수도하게 하면 그대가 죽은 후에 불법을 그에게 맡길 수 있을 것이다.")

위진남북조 시기엔 주로 이와 같이 대화의 문맥에서도 출현하고 있으나 비교적 생산성을 갖추고 활약을 하고 있었다. 唐宋시기에 가서도 '好2'는 많이 활약하지만 아래와 같은 약간의 변화된 상황이 발생한다.

(9) 但言"好看小孩子", 共永相別淚千行. (敦煌變文, 董永變文) (그저 "아이 잘 돌 보시오"라고만 말하고는 永과 이별함에 하염없이 눈물을 흘렸다.)

(10) 子胥別姊稱: "好住! 不須啼哭淚千行." (敦煌變文, 伍子胥變文) (자서가 누이와 이별하며 말했다. "잘 계시오! 하염없이 눈물만 흘리지 마시오.")

(11) 向行者云: "你好去." 其行者迆邐取向南方矣. (祖堂集, 第三十二祖弘忍和尙) (행자에게 말했다. "그대는 잘 가거라." 그 행자는 천천히 남쪽으로 향했다.)

(12) 諸官客等數十人到使君前, 伏地, 屈身而立. 軍將唱: "好去." 一時唱諾. (入唐求法巡禮行記) (여러 손님들 수십 명이 사군 앞에 와서 땅에 엎드렸다가 몸을 굽힌 채 일어났다. 군장이 "잘들 가시오."라고 소리치자, 일시에 대답을 했다.)

(13) 旣是家貧親老, 未免應擧, 亦當好與他做擧業. (朱子語類, 卷第十三) (집이 가난하고 부모가 늙어 과거에 응시하지 않을 수 없으니 마땅히 그와 더불어 거업을 잘 준비하거라.)

(14) 南朝許大事, 你幾個使人商量了, 功績不小. 來日好去. (三朝北盟會編, 茅齋自敍) (남조의 많은 중대사들을 당신들 몇 명 사신들이 상의를 하였으니 공적이 작지 않소. 내일 잘 가시오.)

이 시기로 오면서 '好2'의 생산성에 문제가 발생하였으니 주로 '去'나 '住', '看' 등의 동사와 결합하여 하나의 쌍음절 어휘처럼 관용적인 구조를 구성하게 되었다. 그리고 이 시기에는 이것 외에도 '好'와 부사 접미사인 '生'이 결합한 '好生'이 대거 사용되고 있었다.

(15) 大衆<u>好生</u>合掌着, 經文有卽唱將來. (敦煌變文, 盂蘭盆經講經文) (모두가 <u>열심히</u> 합장을 한 채로 경문을 읽었다.)

(16) 蓋是王公大人<u>好生</u>地做, 都是識道理人言語, 故它裏面說得儘有道理, 好子細看. (≪朱子語類≫卷第八十) (대개 왕공대인이 잘 지은 것으로 모두 도리를 아는 사람의 말이다. 그래서 그 안에는 말에 도리가 있어 자세히 볼 만하다.)

이러한 '好住', '好去' 등의 관용적 구조의 사용이나 '好生'과 같은 쌍음절 同義부사의 증가는 단음절인 '好'의 생존을 위협하게 된 것이다. 이러한 현상은 그 이후 元明시기에도 여전히 나타나고 있다.

(17) "我買這行貨, 待涿州賣去, 這幾日爲請親眷筵會, 又爲病疾耽閣, 不曾去的. 我如今去也, 伴當, 恁落後<u>好坐</u>的者, 我到那裏, 賣了行貨便來." "你<u>好去</u>者, 俺賣了這人參毛施帖裏布時, 不揀幾日, 好歹等你來. 咱商量買回去的行貨, 你是必早來." (原本老乞大) ("나는 이 상품들을 축주에 가서 팔려고 했는데 요 며칠 친척을 불러 잔치도 했고 또 병으로 지체가 되어 가지를 못했네. 내가 오늘 갈 터이니 자네들은 뒤에 남아 <u>잘들 있게나</u>. 내 거기 가서 이 물건을 팔아 돌아오겠네." "자네 <u>잘 가게나</u>. 우리는 이 인삼, 모시 삼베를 팔고 며칠이 되었든 자네를 기다리지. 우리가 돌아갈 때 살 물건을 상의하고 싶으니 자네 반드시 빨리 돌아오게.")

먼저 (17)처럼 기존 唐宋시기의 관용적 형식이 주로 사용되고 있는데 본격적인 明代로 진입한 이후에는 아예 '好'자체의 출현이 거의 줄어든다. 그래서 ≪西遊記≫에서는 '好2'는 더 이상 출현하지 않고 대신 아래와 같은 현대중국어의 형식인 '好好'가 출현하기 시작했으며, 이것은 淸代에도 마찬가지이다. 아래는 ≪西遊記≫와 淸代 ≪儒林外事≫의 예이다.

(18) 只等有了袈裟, 打發得我師父<u>好好</u>的出門, 才是你們的安樂處; 若稍有些須不虞, 老孫可是好惹的主子! (西遊記, 17회) (가사를 입고 우리 스승을 잘 모셔 나와야 너희들이 편할 것이다. 만약 조금이라도 여의치 않으면 내가 쓴 맛을 보여 줄 테다!)

(19) 自己知道不好了, 那日把渾家、兒子、女兒、女婿都叫在跟前, 吩咐他們: "同心同意, <u>好好</u>過日子, 不必等我滿服, 就娶一房媳婦進來要緊." 說罷, 瞑目而逝. (儒林外事, 26회) (자신이 얼마 못갈 거라는 것을 알고는 그날 마누라, 아들, 딸, 사위

모두 앞에 불러 놓고 당부하며 말했다. "마음을 합쳐서 잘 살거라. 내 상이 끝날 때까지 기다리지 말고 어서 며느리를 들이는 게 중요하다." 말을 마치더니 숨이 끊어졌다.)

이처럼 위진남북조 시기부터 왕성하게 활약해왔던 상태류부사 '好2'는 그 이후 쌍음절화 현상에 영향을 받아 '好生', '好好' 등에 밀려 점차 소멸되어 갔다.

그렇다면 이러한 '好2'는 어떻게 탄생한 것인가? 이러한 '好好地' 의미의 '好'는 그 기원을 先秦 및 漢代의 아래와 같은 용법에서 찾을 수 있다.

> (20) 穆伯如齊, 始聘焉, 禮也. 凡君卽位, 卿出幷聘, 踐修舊好, 要結外援, 好事鄰國, 以衛社稷, 忠、信、卑讓之道也.(左傳, 文公一年) (穆伯이 齊나라에 가서 빙례를 시작했는데 이것은 예에 맞는다. 무릇 임금이 즉위하면 경들이 나가서 다른 나라를 방문하는데 목적은 옛 우호관계를 지속키 위한 것이다. 그리고 외국의 원조를 맺고 이웃 나라를 우호적으로 잘 대해서 사직을 지켜야 하는데 이것은 충, 신, 卑讓의 도에 맞는 것이다.)
>
> (21) 趙鞅言於晉侯曰, "諸侯唯宋事晉, 好逆其使, 猶懼不至; 今又執之, 是絶諸侯也."(左傳, 定公八年) (조앙이 晉定公에게 말했다. "제후들 중 유독 宋만이 晉을 섬겨서 그 사신을 호의적으로 맞이해 주고 오히려 사신이 오지 않을까 걱정합니다. 지금 이렇게 사신을 체포하면 이는 제후들을 끊는 행위입니다.")
>
> (22) 楚王怒曰: "召我, 我將好往襲辱之."(史記, 卷40 楚世家第十) (초왕이 노하며 말했다. "날더러 오라고 하다니, 내가 장차 우호적인 태도로 가서 그들을 습격해 모욕을 주리라.")

상고시기의 대표적인 역사서인 ≪左傳≫과 ≪史記≫를 보면 위와 같은 '好'의 부사용법이 발견된다. 이때의 '好'는 지금의 '잘, 好好地'의 의미가 아니라 '우호적으로, 호의적으로'라는 의미이다. 이들이 출현한 문맥을 고려해 볼 때, '잘'보다는 '우호적으로'라고 보는 것이 더 부합한다. 그리고 이 시기 및 그 이전에도 '잘, 好好地'의 의미로 사용된 '好'를 발견할 수가 없다.

당시 先秦 시기의 형용사 '好'는 '友愛(우호적이다)'의 의미 외에도 이미 '美(아름답다)', '善(양호하다)' 등의 대표 의미가 상용되고 있었다. 이들이 부사 유추작용에 의해 술어동사 앞에 출현하면서 부사로 쓰인다면 충분히 현재의 '好好地' 의미로 발전할 수 있는 가능성도 있으나 실제로 문헌에서 이들이 술어동사 앞에 쓰이는 예는 발견하지 못했고 단지 '友愛(우호적이다)'만이 발견되었다. 이것이 바로 '友愛'를 그 기원으로 봐야하는 가장 기본적인 이유이다. 기본적으로 어떤 실사가 허사로 문법화하기 위해서는 형식적, 의미적 조건이 만족되어야 하는데 고한어시기 '好'의 여러 의미 중에서 단지 '우호적으로'라는 의미만이 일차적으로 '好+동사'라고 하는 형식적 조건을 만족시키고 있다. 다음으로 의미적인 연관관계를 살펴보자. 漢代의 ≪史記≫와 ≪漢書≫에서는 위의 예와 유사하면서도 다른 아래와 같은 예를 발견하였다.

> (23) 其後粵直開道給食, 未至番禺四十里, 粵以兵擊千秋等, 滅之. 使人函封漢使节置塞上, 好爲謾辭謝罪, 發兵守要害處. (史記, 卷113南越列傳第五十三/ 漢書卷95西南夷兩粵朝鮮傳第六十五) (그 뒤로 南粵은 길을 열고 식량을 공급했고 番禺에서 40리도 채 안 되는 곳에서 南粵은 병사를 이끌고 韓千秋를 공격하여 전멸시켰다. 이에 呂嘉는 漢 사절의 부절을 상자에 봉하여 국경의 요새에 놓았다. 그러고는 속이는 말을 (우호적으로) 잘 하여 사죄를 하고 군대를 이끌고 요해지역에 주둔하고 있었다.)
>
> (24) 王變色視尊, 意欲格殺之, 卽好謂尊曰: "願觀相君佩刀."(漢書, 卷76 趙尹韓張兩王傳第四十六) (왕은 얼굴색이 약간 바뀌면서 王尊을 쳐다봤고, 속으로는 그를 매우 죽이고 싶었으나 바로 왕존에게 말을 (우호적으로) 잘 해 "나는 당신의 패도를 보고 싶소."라고 말했다.)

이 두 예에서 '好'는 부사로서 '잘, 好好地'의 의미를 나타내고 있다고 볼 수 있는데 자세히 문맥을 보면 '우호적으로'라는 의미도 가능하다. 즉, '友愛(우호적이다)'와 '好2' 사이의 과도적 예들이다. 사실 '好2'의 의미인 '잘, 好好地'의 의미는 막연히 '好'의 '좋다'라는 의미와 유사하다고만 말할 수 없는 또 다른 차원의 색깔이 있다. 그것은 바로 주체의 '의도성'이다. 앞에서 우리가 '美(아름답다)', '善(양호하다)'도 '好'의 다른 의미라고 했으나 이들은 형식적으로 문제가 있지만 의미상으로 '잘'이란 의미의 의도성을 충족시킬 수가 없다. 그보다는 '友愛(우호적이다)'가 이 의미적 조건을 충족시키기에 적합하다. 이것이 바로 두 번째로 필요한 의미적 조건이다. 위의 漢代에 출현한 과도적 예는 바로 그러한 의도성이란 측면의 공통분모로 인해 '잘'이란 의미와 '友愛(우호적이다)'의 의미가 헷갈리게 보이는 것이다.

이렇게 '好2'가 문법화되는 과정을 T&D(2002)의 '의미변화의 유도적 추론이론(IITSC)'으로 설명하면, 먼저 先秦 시대에 존재했던 '우호적으로, 호의적으로'라는 의미가 일종의 기존 '부호화된 의미(coded meaning)'가 된다. 先秦 시기에 개별적으로 유도적 추론이 이루어져 '우호적으로'라는 의미에서 점차 '마음을 쓰다, 신경을 쓰다, 열심히' 등의 새로운 의미가 출현하게 되었다. 이렇게 '우호적'이란 의미에서 '마음을 쓰다, 신경을 쓰다'의 의미로 변화하는 과정은 화자/청자 간의 유도적 추론이 발생한 것으로 '우호적'이란 의미가 환유적 변화를 일으켰기 때문이다. 즉, '우호적'이란 행위는 여러 가지 의미들을 내포할 수 있는데 그 가운데 "상대방 또는 대상을 위해 마음을 써서 보살피는 행위" 즉 '의도성'의 측면이 현저성을 받아 이를 중심으로 발달하게 되었다. 그리하여 '우호적'이라는 비교적 구체적인 의미에서 '마음을 써서 잘, 열심히'라는 보다 추상적이고 확장된 의미로 변화를 하게 되었다. 이러한 의미 변화는 화자, 청자 간의 대화에서 유도적 추론을 통해 이루어지게 된다. 즉, 화자가 '우호적으로'라고 말했으나 청자입장에서는 경우에 따라 그것의 의도성을 일반화시켜서 보다 추상적으로 이해하게 되는 것이다. 그런 다음 시간이 지나면서 보다 많은 사람들이 그러한 의미를 더 공유하게 되어 '마음을 쓰다, 신경을 쓰다, 열심히' 등이 이른바 '일반화된 유도적 추론'이 발생하였고 '발화-유형의미'로 발전하여 漢代의 위와 같은 두 가지 의미가 공존하는 상황이 발생하게 되었다. 그 이후 이 관습화된 의미가 독립하여 새로운 'Coded meaning'이 된 것인데 대략 魏晉시기로 잡을 수 있다. 이것을 그림으로 나타내면 아래와 같다.

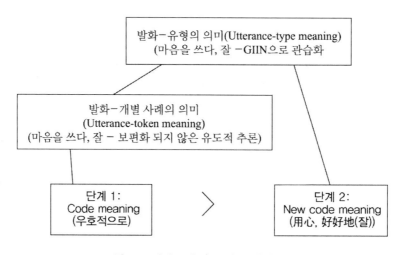

**그림 8-1** 상태부사 '好2'의 문법화 과정

한편, '우호적으로'라는 의미에서 '用心, 好好地(잘)'이란 의미로 변화하는 과정은 이른바 '일반화(Generalization)'의 기제를 통해서도 설명할 수 있다. 즉, 일반화에 의해 어휘소의 의미가 점점 특수성을 잃어 일반적인 의미를 갖게 된 것인데, '好'가 '우호적으로'란 의미를 가질 때는 그것이 출현하는 환경이 비교적 제한적이어서 '사람과 사람 또는 단체와 단체 간의 관계' 등에 한정되게 된다. 그러나 의미가 보다 일반화됨으로써 '用心, 好好地(잘)'의 의미로 변화하게 되면, 그러한 제한이 없게 된다. 예컨대, 예(1)의 '好看駝皮'나

(3)의 '好自將愛' 등을 보면, 전체적으로 '好'가 굳이 어떤 '관계'를 의식하고 사용된 것이 아니어서 '好'가 수식하는 행위가 '몸조리하는 것', '보살피는 것', '살펴보는 것', '찾는 것' 등으로 매우 다양하다. 이렇게 뒤에 수식하는 동사의 의미가 다양하다는 것이 바로 '好'의 미의 일반화를 증명한다. 한편, 애초에 '우호적으로'라는 의미로 쓰였던 부사 '好'의 의미를 가지고 상기의 魏晉南北朝 예의 '好+동사'구조를 해석하면 잘 해석되지 않는 것을 볼 수 있다(우호적으로 몸조리하다(?), 우호적으로 찾다(?), 우호적으로 살펴보다(?) 등). 반대로 '用心, 好好地(잘)'의 의미를 갖고 先秦·兩漢 예들의 '好+동사'구조를 해석해보면 특별한 거부감이 없이 잘 적용되는 것을 볼 수 있다. 이것은 바로 '우호적으로'라는 의미에서 '用心, 好好地(잘)'의 의미로 의미가 확장·일반화되었다는 것을 반증하는 것이다.

지금까지 상태류부사 '好2'의 발전과정과 그것의 문법화 과정을 살펴보았다. 이것의 문법화는 전형적인 유도적 추론의 과정으로 설명할 수 있으며 이 모두는 화자와 청자 간에 발생하는 추론에 의해 이루어지는 것이다. 그리고 그것이 새로운 부호화된 의미로 완성이 되기까지 어느 한 순간에 변화하는 것이 아니라 위와 같이 모종의 과도적 시간이 필요했음을 각종 문헌들을 통해 확인할 수 있다.

## 8.10 부사 소결

지금까지 ≪百喩經≫ 속 각종 부사들의 면면을 살펴보았다. 무려 177(단일의미기능 145개, 복수의미기능 32개)개의 부사가 출현하였고 이것을 다시 의미기능을 중심으로 분류했을 때 220(32개 복수의미기능 부사 의미기능총수 75개)개에 이르는 의미기능들이 등장하였다. 이렇게 다양하고 많은 양이 출현하는 이유는 무엇보다도 부사라는 것이 허사와 실사의 중간 상태에 놓여있다는 이유에서 기인한다고 볼 수 있다. 각 부사들은 의미기능을 기준으로 하여 분류했을 때 상고시기에 탄생한 것과 중고시기에 탄생한 것으로 양분하여 볼 수 있다. 이때 전자를 '상고형식', 후자를 '중고형식'으로 칭한다. 상고형식과 중고형식의 출현횟수 상황은 아래의 표와 같다(상고, 중고형식의 구분은 의미기능을 중심으로 한다).

각 하위범주 별 상황을 정리하면 아래와 같다.

표 8-7 상고형식의 부사

| 구분 | 종류 | 실례 및 출현횟수(총 150류) |
|---|---|---|
| 범위부사 | 총괄류 | 皆(9), 盡(11), 俱(10), 悉(4), 咸(2), 幷(1), 備(1), 兼(1) |
| | 한정류 | 唯(14), 但(6), 徒1(2), 專(1), 獨1(1), 止(1) |
| | 동일류 | 亦1(35) |
| 시간부사 | 과거/이미류 | 旣1(37), 已(23), 曾(3), 向(2), 初1(1), 始1(1) |
| | 미래류 | 將(6), 當(7), 方1(1) |
| | 선후류 | 先(14), 預(2) |
| | 시초류 | 本(3), 方2(11), 始2(1), 乃1(1) |
| | 최종류 | 終1(5), 竟1(6), 遂1(2), 卒(zu)(2) |
| | 즉시류 | 卽1(1), 尋(6), 頓2(2), 立(2), 卒(cu)(10), 忽(1), 忽然(2) |
| | 지속불변류 | 終2(5), 故1(4), 方3(4), 尙(1), 猶(1), 遂2(1), 永(4), 長(3), 久(2), 常1(2) |
| | 점차류 | 漸(2) |
| | 항시류 | 常2(14)(常3(1)), 恒(8), 素(2), 每(1) |
| | 잠시류 | 暫(1) |
| | 부정시류 | 偶(1), 或1(3) |
| | 반복류 | 復1(21), 又1(5), 重(chong)(1), 更1(2), 數數(1), 數(1), 復更1(2), 又復(3) |
| 추가부사 | | 復2(19), 更2(15), 又2(6), 復更2(2) |
| 관련부사 | 병렬류 | 亦2(4), 旣2(3) |
| | 승접류 | 則(5), 卽2(57), 乃2(12), 遂3(2) |
| | 역접/전환류 | 乃3(3) |
| | 양보류 | 猶尙(1) |
| 정도부사 | 절대류 | 大1(14), 極(11), 甚(12), 深(8), 太(2), 過(1), 旣3(2) |
| | 상대류 | 最(8), 更3(2), 逾(1), 彌(1), 小(3) |
| 어기부사 | 긍정/강조류 | 必(15), 實(13), 卽3(2), 眞(2), 乃4(3), 定2(1), 果(3), 反(返)(10), 竟3(2), 正2(1) |
| | 추측류 | 或2(2) |
| | 의원류 | 寧(1) |
| 부정부사 | 일반성부정 | 不1(257), 無(23), 未1(2), 莫1(1) |
| | 기발생(已然性)부정 | 未2(16), 不2(14) |
| | 판단성부정 | 非(13) |
| | 금지성부정 | 莫2(11), 勿(1) |
| 지대성부사 | | 見(2) |
| 방식/상태부사 · | 방식류 | 共(24), 同(1), 相將(1)各(5), 各各(2), 分別(1), 獨2(4), 一一(3), 相(5), 互相(1) |
| | 상태류 | 空2(8), 虛(3), 徒2(3), 妄(11), 橫(9), 强(4), 枉(2), 錯(2), 默然(2), 密(2), 私(1), 多(14), 少(4), 大2(10), 故2(2), 固(1), 純(1), 苦(1), 痛(1), 詳(1), 諦(2), 速(11), 急(3), 重(zhong)(3), 善(6) |

표 8-8 중고형식의 부사

| 구분 | 종류 | 실례 및 출현횟수 (총 70류) |
|---|---|---|
| 범위부사 | 총괄류 | 都1(11), 頓1(2), 都盡(1), 悉皆(6), 皆悉(1), 盡皆(3), 皆盡(1), 咸皆(2), 盡畢(1) |
| | 한정류 | 空1(3), 偏(1) |
| | 동일류 | 亦復(84) |
| 시간부사 | 과거/이미류 | 頃來(1) |
| | 미래류 | 欲(4) |
| | 선후류 | 없음 |
| | 시초류 | 先來(1) |
| | 최종류 | 定1(2) |
| | 즉시류 | 時(1), 卽便1(16), 卽時(6), 尋卽(4), 尋復(2), 時卽(1), 卒爾(2), 忽爾(1), 一時(3), 一旦(1) |
| | 지속불변류 | 直(1), 猶故(1), 還復(1) |
| | 점차류 | 없음 |
| | 항시류 | 每常(2) |
| | 잠시류 | 없음 |
| | 부정시류 | 隨時(2) |
| | 반복류 | 還(9), 頻(1) |
| 추가부사 | | 없음 |
| 관련부사 | 병렬류 | 旣復(1), 而復(1) |
| | 승접류 | 便1(93), 卽便2(30), 遂便(2) |
| | 역접/전환류 | 便2(1), 可1(1) |
| | 양보류 | 없음 |
| 정도부사 | 절대류 | 好1(2), 極大(1), 甚大(1), 甚爲(1) |
| | 상대류 | 倍(3), 轉(1) |
| 어기부사 | 긍정/강조류 | 都2(18), 要(2), 終3(2), 竟2(2), 正1(1), 初2(1), 便3(1), 返更(1), 倒(1), 可2(6) |
| | 추측류 | 或復(1) |
| | 의원류 | 寧可(1) |
| 부정부사 | 일반성부정 | 없음 |
| | 기발생(已然性) 부정 | 未及(4) |
| | 판단성부정 | 없음 |
| | 금지성부정 | 없음 |
| 지대성 부사 | | 없음 |
| 방식/상태 부사 | 방식류 | 一處(1), 共相(3), 種種(5) |
| | 상태류 | 空自(1), 虛自(1), 徒自(7), 唐(2), 唐自(1), 妄自(1), 喜(5), 好2(2) |

## 1) 범위부사

① 총괄류: 상고형식인 '盡', '俱', '皆'가 여전히 가장 상용적인 부사로 활약을 하고 있으나 중고형식인 '都1'도 출현비율이 매우 높은 편이다. 특히 중고형식에서는 각종의 쌍음절 형식이 등장하였는데 이 가운데 특히 '悉皆'의 출현비율이 높다. 같은 중고형식이라 해도 '頓1'은 아직 저조한 편이나 '都1'은 상당히 활발히 활약을 하고 있다.

② 한정류: 상고형식인 '唯'와 '但'이 가장 상용적인 부사로 활약했고 중고형식으로는 '空1', '偏'이 출현했으나 역시 출현비율은 저조하다. 상고형식이 아직도 현대중국어에서 사용되고 있는 반면, '空1'은 중간에 소멸되어 결국 상고형식이 현재까지 주류 부사로 이어지고 있다.

③ 동일류: 상고형식인 '亦1'도 다수가 출현하고, 중고형식인 쌍음절의 '亦復'도 다수가 출현한다. '亦復'의 이러한 현상은 특히 4자구를 구성해야 하는 문헌 자체의 특징과 잘 결부되고 있다. 그러나 그 이후의 발전과정으로 볼 때 결국 '亦1'이 당시 대세 동일(類同)류 부사이다.

## 2) 시간부사

① 과거/이미류: 상고형식인 '旣1'과 '已'가 주류를 이루고 있다. 이 외에도 '曾' 등이 활약하고 있으나 그 이후 발전상황으로 볼 때, 중고는 물론 근대중국어에서도 '旣1' 과 '已'는 출현비율이 매우 높다. 중고형식으로 '頃來'가 출현하나 신흥의 부사인지 라 역시 출현상황은 매우 저조하다.

② 미래류: 상고형식인 '將'과, '當'이 주류를 이루고 있다. 이 가운데 특히 '將'은 그 이후에도 꾸준한 발전을 보여준다. 중고형식에는 '欲'이란 신흥의 부사가 출현하였고 출현비율도 비교적 높은 편이다. 그러나 이 시기 뿐 아니라 그 이후에도 역시 '將'을 능가하지는 못했다.

③ 선후류: 상고형식인 '先'이 거의 독보적인 활약을 한다. 중고시기엔 새로운 형식이 탄생하지 않았다.

④ 시초류: 본래류에서는 상고형식인 '本'이, 비로소류에서는 상고형식인 '方2'가 가장 많은 활약을 했다. 특히 '方'이란 부사는 이 시기 매우 다양한 의미기능을 갖고 있었던 대표적인 부사였다. 중고형식으로는 '先來'가 존재하나 역시 신흥이라 활약이 매우 저조하다.

⑤ 최종류: 중고형식으로 '定1'이 있으나 활약이 저조하고, 상고형식들이 주로 활약을

했는데, 이 가운데 '終1'과 '竟1'의 활약이 크다. 이 두 부사는 상고는 물론 근대시기까지도 지속되었다.

⑥ 즉시류: 즉시류 부사는 특히 시간부사 중에서도 그 개수가 제일 많다. 그리고 특이하게도 여기서는 중고형식인 '卽便1'의 활약이 대단하다. 물론 상고형식인 '卒'이나 '尋'도 다수 출현하나 '卽便1'이 훨씬 더 많은 활약을 했다. 특히 '卽時', '尋卽', '尋復', '時卽', '卒爾', '忽爾' 등의 다양한 쌍음절 부사가 등장하였다.

⑦ 지속불변류: 여기서는 역시 상고형식인 '終2', '故1', '永' 등이 주류를 이루었고, 주요 부사인 '直'이 중고시기에 탄생하였다. 그러나 그 활약은 저조했다. 특히, '猶故', '還復' 등의 쌍음절 형식이 눈에 띈다.

⑧ 점차류: 상고형식인 '漸' 하나만이 유일하게 활약을 했다.

⑨ 항시류: 여기에는 역시 상고형식인 '常2'와 '恒'이 주류였고 중고형식인 쌍음절의 '每常'이 저조하나 일부 출현하고 있다.

⑩ 잠시류: 상고형식인 '暫' 하나만 출현하였다.

⑪ 부정시류: 상고형식 중 '或1'이 자주 쓰이고 있고, '隨時'라고 하는 중고형식이 탄생하고 비교적 상용되고 있었다. 이것은 현재까지도 이어지고 있다.

⑫ 반복류: 여기서는 상고형식인 '復1'이 가장 상용되던 형식이었다. 그러나 중고형식인 '還'의 활약도 돋보여 출현비율이 비교적 높은 편이다.

## 3) 추가부사

: 중고형식은 없으나 상고형식인 '復2', '更2', '又2' 등의 활약이 두드러진다. 특히 이들은 모두 동일 형식의 반복류에서 파생된 형식이다.

## 4) 관련부사

① 병렬류: 상고형식인 '亦2'와 '旣2'가 주류로 활약했고, 중고형식은 새롭게 '旣復' 같은 쌍음절 형식이 출현했으나 매우 저조하다.

② 승접류: 상고형식인 '卽2'가 많이 출현하나 그보다 중고형식인 '便1'의 출현비율이 더 높다. 이 시기 가장 대표적인 승접류부사이다. 그 외에도 상고형식인 '則'과 '乃2'도 상용되었다. 그리고 중고형식의 쌍음절 형식인 '卽便2'도 다수 출현하였다. 이 시기 이미 상고형식보다는 중고형식이 대세가 되었다.

③ 역접/전환류: 상고형식인 '乃3'과 중고형식인 '便2', '可1'이 쓰이고 있는데 모두 다

출현비율이 높지는 않다.

④ 양보류: 중고형식은 없으며, 상고형식인 '猶尙'만이 소수 출현하고 있다.

## 5) 정도부사

① 절대류: 상고형식이 중고형식보다 주류였다. 특히 '大'가 가장 많이 출현했고, 그 외에 '極', '甚', '深'도 적지 않게 출현했다. 신흥의 중고형식으로 '好1'이 막 등장하였으나 저조하고 '極大', '甚大', '甚爲' 등의 쌍음절 형식이 극소수 활약했다.

② 상대류: 상고형식인 '最', '更3'이 주류였다. 그 외에 신흥의 중고형식 '倍'와 '轉'도 소수 등장하였다.

## 6) 어기부사

① 긍정/강조: 상고형식인 '必', '實' 및 '反' 등이 가장 많이 쓰였다. 중고형식으로는 '都2'가 비교적 많이 출현하였고 '要'나 '終3' 등은 저조한 출현비율을 보여준다. 주목할 만한 사실은 신흥의 명령어기부사 '可2'의 활약이다. 비교적 높은 비율을 보여주고 있다.

② 추측류: 상고형식인 '或2' 및 중고형식인 '或復' 모두 극소수 출현했다.

③ 의원류: 상고형식으로 '寧'이, 중고형식으로는 '寧可'가 출현하나 모두 출현비율이 낮다.

## 7) 부정부사

: 부정부사는 사실상 거의 모든 하위범주에서 상고형식이 가장 우세하다. 일반성부정으로는 '不1'이 압도적으로 수 백 예가 출현하고 있고 그 외에 '無'가 다수 출현하고 있다. 기발생(已然性) 부정으로는 '未2'가 압도적으로 높지만 '不2'도 다수가 출현하고 있다. 판단성 부정은 역시 '非'가 계속해서 독보적인 지위를 차지하고 있다. 금지성 부사는 각종의 상고형식들이 많이 있었으나 그 가운데 '莫2'가 새롭게 주류를 형성하였다.

부정부사는 이처럼 여전히 상고형식이 주류를 구성하였는데 중고형식으로 쌍음절 형식인 '未及'이 다수 등장한다. 이것은 기발생(已然性) 부정이다.

### 8) 대명사성 부사

: 대명사성 부사는 '見'이 등장한다. 이것은 상고시기에 등장했으나 실질적인 활약은 중고시기에 하게 되므로 사실상 중고형식이나 다름없다. 그 이후에는 큰 활약을 하지 않는다.

### 9) 방식/상태부사

: '共', '空2', '各', '多', '速' 등 일음절형식은 거의 대부분 상고형식이 차지한다. 사실상 상고형식이 지속되고 있는 상황이나 '好2', '喜', '唐' 등의 신흥 중고형식이 활약을 하기도 하였다. 주목할 만한 것은 바로 '空自', '虛自', '徒自' 등의 접미사가 붙은 쌍음절 형식의 출현이다.

이상과 같이 각각의 하위범주별 부사 출현상황을 정리할 수 있다. 이렇게 전체적으로 볼 때 상고형식의 우세 현상이 두드러진데 부사를 상고형식과 중고형식으로 나눠봤을 때 나타나는 특징을 아래와 같이 정리해 볼 수 있다. 먼저 상고형식의 특징은 다음과 같다.

첫째, 상고형식은 대부분이 단음절 형식을 취하고 있다. 전체 중고형식 70류 중 40류가 쌍음절 형식인데 비해 상고형식은 150류 중 12류 정도만이 쌍음절이라 사실상 상고형식은 절대다수가 단음절 형식이라 해도 과언이 아니다. 위진남북조 시기가 비록 쌍음절화 현상이 일종의 유행처럼 나타나고 있긴 하였지만 실제 구어에서는 쌍음절 보다는 단음절을 즐겨 쓰는 경향이 뚜렷하여 여전히 단음절 위주의 상고형식이 지속적으로 사용되고 있었다. 특히 각 하위 범주마다 가장 많은 출현비율을 보여주는 것은 거의가 다 상고형식이다. 범위부사에서는 '盡'이나 '俱', '皆', '唯' 등이, 시간부사에서는 '旣1', '已', '將', '先', '終1', '卒', '恒', '復1' 등, 관련부사는 '卽2', 정도부사는 '大1', '極', '甚', '深', '最' 등 그리고 어기부사는 '必', '實' 등이 압도적이다. 이처럼 ≪百喩經≫에서는 상고형식이 여전히 주류 부사로 활약하고 있으며 중고형식은 일부 형식이 매우 높은 출현비율을 나타내는 것 외에 설사 출현한다 하더라도 그 출현비율이 전체적으로 저조하고 심지어 맹아단계인 경우도 있었다.

두 번째, ≪百喩經≫의 상당수 상고형식 부사들은 상고시기의 의미와 특징을 거의 그대로 보존하고 있었다. 대표적으로 관련부사 '乃2'의 경우 승접류로서 '시간순서'에 의한 관계, '원인과 결과'에 의한 관계, '조건'에 의한 관계 등이 이미 상고시기에도 존재했으며

≪百喩經≫에서도 계속 이어지고 있다.

셋째, 상고에서 중고로 변화된 언어적 상황에 적응하기 위한 형식상의 변화가 나타나기도 한다. 대표적으로 東漢, 중고시기에 판단사 '是'의 등장으로 이러한 현상이 자주 발생한다. 기존에는 체언성 술어의 판단문에서 체언성 술어 앞에 출현하던 부사들이 '是'판단문에 출현하면서 체언성 술어가 아닌 '是'자 앞에 출현하는 경우가 늘어났다.

(1) 三界無安, <u>皆是</u>大苦; 凡夫倒惑, 橫生樂想. (44. 欲食半餠喩) (삼계(욕계, 색계, 무계)는 편안치가 못하다. 모두 큰 고통이다. 세속 사람들은 미혹되어 어거지로 즐거운 생각을 하게 되는 것이다.)

(2) 我等伴黨, <u>盡是</u>親屬, 如何可殺? (14. 殺商主祀天喩) (우리들 동료들은 모두가 다 친척들인데 어떻게 죽일 수 있는가?)

(3) <u>實是</u>良醫, 與我女藥, 能令卒長. (15. 醫與王女藥令卒長大喩) (확실히 좋은 의사구나. 나의 딸에게 약을 주어 갑자기 자라게 할 수 있었다니.)

(4) 第二人言"無物"者, <u>卽是</u>無相、無願、無作. (56. 索無物喩) (두 번째 사람이 말한 '無物'이란 것은 곧 무상, 무원, 무작을 말한다.)

(5) 我衣<u>乃是</u>祖父之物. (8. 山羌偸官庫衣喩) (내 옷은 곧 조부의 물건이다.)

위의 예에서 부사 '皆', '盡', '實', '卽', '乃' 등은 모두 상고시기에 체언성 술어 판단문에 출현하던 부사들로 위와 같이 '是'자 판단문이 등장하자 이것과 결합하고 있다. 그러나 이 시기엔 여전히 아래와 같이 체언성 술어 판단문도 존재하여 기존의 형식도 함께 출현한다.

(6) 王遣著衣, <u>實非</u>山羌本所有故, 不知著之, 應在手者著於脚上, 應在腰者返著頭上. (8. 山羌偸官庫衣喩) (왕이 (그에게) 옷을 입어 보라고 시켰으나 사실 산민 본래 소유가 아닌 까닭에 입을 줄 몰랐다. 손에 있어야 할 것을 발에 입고, 허리에 있어야 할 것을 거꾸로 머리에 입었다.)

이 외에 중고시기에 새롭게 등장한 '相'표시 체계와 호응을 하는 부사도 존재한다. 대표적으로 '旣1'은 기본 용법은 상고중국어와 큰 차이가 없으나 이 시기에는 아래와 같이 완성동사 '已'와 자주 출현하기도 한다.

(7) <u>旣</u>還國<u>已</u>, 厚加爵賞, 大賜珍寶, 封以聚落. (65. 五百還喜丸喩) (이미 나라에 돌아오니, 후하게 그에게 작위와 상을 내리고 크게 보물을 하사했으며 봉지를 내렸다.)

37예 중 무려 15예나 '已'와 함께 출현하여 '旣+V+O+已'나 'S+旣+V+已'의 형식을 구성하고 있다. 한편, 이러한 현상은 부사 '已'에서도 나타나고 있다. 여기서는 완성동사 '竟'과 함께 출현한다. 사실 완성동사인 '已'나 '竟' 하나만으로도 충분히 해당 의미를 나타낼 수 있음에도 다시 유사의미 부사들과 동시 사용하는 이유는 한편으로 강조적인 의도도 있겠으나 '完結' 또는 '實現'을 나타내는 변화된 중고중국어 형식에 기존 상고의 형식이 습관적으로 반영되어 나타난 현상으로 볼 수 있다.

넷째, 본서에서 말하는 '상고'시기는 先秦시기와 漢代를 다 포함하고 있다. 그러나 일반적인 시각에서 볼 때 진정한 '상고'는 주로 先秦시기를 지칭할 수 있으며 漢代 특히 東漢시기는 상고에서 중고로 가는 과도시기로 볼 수 있다. ≪百喩經≫의 수많은 중고형식 부사들은 대다수가 위진남북조 시기에 탄생한 것들이지만 일부는 東漢시기에 등장한 것들도 있다. 이렇게 漢代에 등장한 형식들 중 일부는 심지어 그 시기보다 위진남북조 시기에 와서 더 왕성하게 활약을 하는 것들이 있는데 이들은 사실상 漢代보다 중고시기에 가까운 형식으로까지 볼 수 있다. 본서에서는 이에 이들을 중고형식으로 취급하는데 대표적으로 시간부사의 '定1', 어기부사의 '都2', '竟2' 등이 있다. 그리고 西漢시기에 탄생하였어도 兩漢시기 내내 그다지 활약하지 않다가 위진남북조 시기에 자주 등장하는 지대성부사 '見' 등도 이러한 과도적 시기의 특징을 보여준다.

중고시기는 상고에서 근대로 넘어가는 과도의 시기라고 일컬어지고 있다. 그 이유는 무엇보다 상고중국어의 유형적인 변화가 중고시기로 오면서 발생하였기 때문일 것이다. 그리고 이러한 커다란 변화는 역시 한 순간에 출현하지 않고 일정 정도의 과도시기를 거치기 마련인데 이 시기가 바로 兩漢의 시기이다. ≪百喩經≫의 부사들 중 상고형식이 다수이지만 이들 역시 그러한 과도의 시기에서 각자 적응도 하고 소멸도 하는 과정을 겪게 마련이다. 그렇기 때문에 이와 같은 현상들이 발생하게 되었고 이것이 고스란히 ≪百喩經≫속에 반영되어 나타나고 있는 것이다.

한편, 중고형식들의 특징을 아래와 같이 정리해볼 수 있다.


첫째, 상고형식과 동일한 부사이나 새로운 의미기능이 탄생한 경우가 있다. 예를 들어, '竟2(마침내)'와 '頓1(한꺼번에)'의 경우 각각 '竟1(도대체)'과 '頓2(즉시)'로부터 문법화했는데 후자들은 중고시기 이전에 등장한 의미기능들이다. 이러한 경우는 중고형식 부사들에 매우 일반화되어 있어 상당수 중고형식 부사 특히 단음절 형식 부사들의 새로운 의미기능이 기존의 동일한 상고형식으로부터 문법화되었다. 이렇게 상고형식으로부터 파생되었을 경우, 대체로 상고와 중고의 의미기능들이 중고시기에 공존하는 형국을 보여주고 있으며 많을 경우엔 하나의 동일 형식이 4~5가지 의미기능을 갖는 경우도 있다. 이러한 경우는 이것들을 다 보존하지 못하고 이후 唐宋시기를 거치면서 다시 한두 가지로 정리되는 모습도 보여준다. 아래는 ≪百喩經≫내 복수의 의미기능을 갖는 부사들이다.

**표 8-9** 의미분화가 이루어진 부사

| 부사(총32개) | 의미분화(총75류) |
|---|---|
| 便 | 便1: 관련부사(순접류: 이에) |
| | 便2: 관련부사(역접류: 그런데) |
| | 便3: 어기부사(긍정강조류: 바로) |
| 不 | 不1: 부정부사(일반성부정) |
| | 不2: 부정부사(기발생(已然性) 부정) |
| 常 | 常1: 시간부사(불변류: 영원히) |
| | 常2: 시간부사(항시류: 항상) |
| | 常3: 시간부사(항시류: 평소에) |
| 初 | 初1: 시간부사(과거/이미류: 방금전) |
| | 初2: 어기부사(긍정강조류: 애초부터) |
| 大 | 大1: 정도부사(절대류: 매우) |
| | 大2: 방식/상태부사(상태류: 크게) |
| 定 | 定1: 시간부사(최종류: 마침내) |
| | 定2: 어기부사(긍정강조류: 확실히) |
| 都 | 都1: 범위부사(총괄류: 모두) |
| | 都2: 어기부사(긍정강조류: 완전히) |
| 獨 | 獨1: 범위부사(한정류: 단지) |
| | 獨2: 방식/상태부사(방식류: 홀로) |
| 頓 | 頓1: 범위부사(총괄류: 한꺼번에, 모두) |
| | 頓2: 시간부사(즉시류: 바로) |
| 方 | 方1: 시간부사(미래류: 장차) |
| | 方2: 시간부사(시초류: 그제야) |
| | 方3: 시간부사(불변류: 여전히) |
| 復 | 復1: 시간부사(반복류: 다시) |
| | 復2: 추가부사(더) |
| 復更 | 復更1: 시간부사(반복류: 다시) |
| | 復更2: 추가부사(더) |

| | |
|---|---|
| 更 | 更1: 시간부사(반복류: 다시) |
| | 更2: 추가부사(더) |
| | 更3: 정도부사(상대류: 더욱) |
| 故 | 故1: 시간부사(불변류: 여전히) |
| | 故2: 방식/상태부사(상태류: 고의로) |
| 好 | 好1: 정도부사(절대류: 매우) |
| | 好2: 방식/상태부사(상태류: 잘) |
| 或 | 或1: 시간부사(부정시류: 어떤 경우엔) |
| | 或2: 어기부사(추측류: 아마도, 혹) |
| 卽 | 卽1: 시간부사(즉시류: 바로) |
| | 卽2: 관련부사(순접류: 이에) |
| | 卽3: 어기부사(긍정강조류: 곧) |
| 卽便 | 卽便1: 시간부사(즉시류: 바로) |
| | 卽便2: 관련부사(순접류: 이에) |
| 旣 | 旣1: 시간부사(과거/이미류: 이미) |
| | 旣2: 관련부사(병렬류: ~도) |
| | 旣3: 정도부사(절대류: 매우) |
| 竟 | 竟1: 시간부사(최종류: 마침내) |
| | 竟2: 어기부사(긍정강조류: 도대체) |
| | 竟3: 어기부사(긍정강조류: 뜻밖에도) |
| 可 | 可1: 관련부사(역접류: 그런데) |
| | 可2: 어기부사(긍정강조류: 명령강조) |
| 空 | 空1: 범위부사(한정류: 단지) |
| | 空2: 방식/상태부사(상태류: 헛되이) |
| 莫 | 莫1: 부정부사(일반성부정) |
| | 莫2: 부정부사(금지성부정) |
| 乃 | 乃1: 시간부사(시초류: 비로소) |
| | 乃2: 관련부사(순접류: 이에) |
| | 乃3: 관련부사(역접류: 그런데) |
| | 乃4: 어기부사(긍정강조류: 곧) |
| 始 | 始1: 시간부사(과거/이미류: 방금전) |
| | 始2: 시간부사(시초류: 비로소) |

| | |
|---|---|
| 遂 | 遂1: 시간부사(최종류: 마침내) |
| | 遂2: 시간부사(불변류: 여전히) |
| | 遂3: 관련부사(순접류: 이에) |
| 徒 | 徒1: 범위부사(한정류: 단지) |
| | 徒2: 방식/상태부사(상태류: 공연히) |
| 未 | 未1: 부정부사(일반성부정) |
| | 未2: 부정부사(기발생(已然性) 부정) |
| 亦 | 亦1: 범위부사(동일류: 또한) |
| | 亦2: 관련부사(병렬류: ~도) |
| 又 | 又1: 시간부사(반복류: 다시) |
| | 又2: 추가부사(더) |
| 正 | 正1: 어기부사(긍정강조류: 바로) |
| | 正2: 어기부사(긍정강조류: 마침) |
| 終 | 終1: 시간부사(최종류: 마침내) |
| | 終2: 시간부사(불변류: 줄곧) |
| | 終3: 어기부사(긍정강조류: 반드시) |

둘째, 형식적 측면에서 쌍음절 형식이 대거 등장하였다. 그리하여 중고형식 전체 70류 중 40류가 쌍음절 형식을 취할 정도로 이 시기 쌍음절 부사가 일반화되었다. 이것은 이미 기존 연구에서도 많이 지적되어 오던 것으로 위진남북조 시기 유행한 쌍음절화 현상을 그대로 반영한 것이다. 상고중국어의 굴절형태가 사라지고 특히 접두사, 접미사를 반영한 복성모, 복자음운미 등이 사라지면서 상대적으로 나타나는 음절의 간소화 현상은 그 반대급부로 쌍음절화 현상을 유발하였다. 이러한 현상 외에 특히 ≪百喩經≫을 통해 드러난 사실은 철저한 4자구 위주의 운율적 목적을 위해 쌍음절 부사들이 출현하고 있다는 사실이다. 그리하여 동일한 기능을 하는 '亦1'과 '亦復'의 경우 뒤에 출현하는 술어가 쌍음절이면 '亦復'을 사용해 4자구를 맞추려고 하고 있었다. 이렇게 4자구 격식을 맞추기 위해 쌍음절 부사를 대대적으로 활용하기도 했지만 심지어 타동사들까지도 이를 위해 전치사를 형식적으로 삽입하는 등의 모습도 나타나고 있다. 이러한 현상은 이 시기 등장한 병체문과도 부합하는데 이에 대해 일찍이 志村良治(1995)가 지적한 바가 있다.

셋째, 쌍음절 부사가 구성되는 방식은 전형적인 당시의 부사 구성방식을 취하고 있다. 여기에는 몇 가지 방식이 있는데 먼저, 두 개의 의미가 같은 부사가 대등하게 결합하여

同義 병렬복합부사를 구성하는 경우가 다수 출현한다. 예컨대, '都盡', '悉皆', '皆悉', '盡皆', '皆盡', '咸皆', '盡畢' 등의 부사의 경우, 모두가 기존에 있던 동일 의미의 부사들이 조합되어 쌍음절 부사를 구성하고 있으며 심지어 '悉皆', '皆悉', '盡皆', '皆盡' 은 순서가 바뀌어 결합되기까지 한다. 이러한 예는 위진남북조 시기 매우 유행하던 어휘조합방식이다. 두 번째는 바로 접미사가 결합하는 것으로 이 시기엔 '~復', '~自', '~爾' 등의 접미사들이 유행하였다. ≪百喩經≫에서도 이 세 가지 접미사에 의해 탄생한 쌍음절 부사들이 다수 출현하고 있다. 이 외에도 하나의 부사가 중첩되어 새로운 쌍음절 부사가 되기도 한다. 여기에는 '數數'나 '一一', '種種' 등이 있다.

이러한 세 가지 의미, 형식상의 특징이 바로 과도기 중고시기의 문헌 ≪百喩經≫에 출현한 부사들이 갖는 특징들이다. 이러한 특징들은 먼저 당시 상고라고 하는 시기로부터 지속적으로 역사적인 변화를 해야 하는 자연스러운 과정 속에서 비롯된 것이기 때문에 한편으로 상고중국어의 연장선에서 연속되고 있는 모습을 보여주고 있고, 또 한편으로 유형적인 변화를 흡수하여 반영하려는 모습도 보여주고 있는 것이다. 이로써 여전히 상고형식의 우세를 이어가고 또 거기서 새로운 의미기능이 문법화하면서도, 한편으로 쌍음절 부사가 대거 사용되고 있었다. 그런데 이러한 특징들은 자연적인 언어 자체의 변화를 반영하면서도 또한 ≪百喩經≫이라는 불경 역경의 문헌적 특성도 반영하고 있다. 그리하여 강력하게 4자구 운율을 유지하려고 하는 의지가 상기 부사들의 형식에도 강한 영향을 주고 있음을 알 수가 있다.

# 참고문헌 목록

## 1. 원전 및 사전류

- 《古代漢語虛詞詞典》, 商務印書館, 2000.
- 《古代漢語虛詞詞典》, 何樂士 編, 語文出版社, 2006.
- 《古漢語虛詞詞典》, 王海棻등編, 北京大學出版社, 1996.
- 《漢語大詞典》, 漢語大詞典出版社, 1995.
- 《近代漢語大詞典》, 許少峰 編, 中華書局, 2008.
- 《近代漢語虛詞詞典》, 雷文治 主編, 河北教育出版社, 2002.
- 《唐五代語言詞典》, 江藍生, 曹廣順 編著, 上海教育出版社, 1998.
- 《現代漢語詞典》, 商務印書館, 2005.
- 《元語言詞典》, 李崇興 等 編著, 上海教育出版社, 1998.
- 《近代漢語語法資料彙編(唐五代卷)》, 商務印書館, 1992.
- 《近代漢語語法資料彙編(宋代卷)》, 商務印書館, 1992.
- 《近代漢語語法資料彙編(元明代卷)》, 商務印書館, 1992.
- 《百喻經譯注》, 周紹良 譯註, 中華書局, 1993.
- 《大乘經 五大部外重譯經》, 華藏淨宗學會, 2005.
- 《二十四史全譯》, 許嘉璐 主編, 漢語大詞典出版社, 2004.
- 《漢書補注》, 王先謙, 書目文獻出版社, 1995.
- 《後漢書全譯》, 范曄 著, 雷國珍, 汪太理, 劉强倫 譯, 貴州人民出版社, 1995.
- 《六度集經》, 동국대학교 부설 동국역경원, 1995.
- 《妙法蓮華經》, 張碩鏡 譯註, 以會文化社, 1993.
- 《齊民要術譯註》, 繆啓愉·繆桂龍 撰, 上海古籍出版社, 2006.
- 《三國志》, [晉]陳壽 著, 栗平夫, 武彰 譯, 中華書局, 2007.
- 《史記》, [漢]司馬遷, 中華書局, 2006.
- 《世說新語譯注》, 張撝之 撰, 上海古籍出版社, 2001.
- 《四書集注》, [宋]朱熹, 世界書局, 1989.
- 《搜神記全譯》, [晉]干寶 著, 黃滌明 注譯, 貴州人民出版社, 1991.
- 《賢愚經》, 《大正新修大藏经, 第4冊》, 1934.
- 《朱子語類》, [宋] 黎靖德 編, 王星賢 點校, 中華書局, 1984,
- 《祖堂集》, [南唐] 靜·筠 禪僧 編, 張華 點校, 中州古籍出版社. 2001.

## 2. 단행본류

- 曹廣順, ≪近代漢語助詞≫, 語文出版社, 1995.
- 曹廣順 等, ≪<祖堂集>語法研究≫, 河南大學出版社, 2011.
- 曹煒 等, ≪<水滸傳>虛詞計量研究≫, 暨南大學出版社, 2009
- 程湘淸, ≪漢語史專書複音詞研究≫, 商務印書館, 2003.
- 褚俊海, ≪漢語副詞的主觀化歷程≫, 湖南師範大學出版社, 2012.
- 崔立斌, ≪<孟子>詞類研究≫, 河南大學出版社, 2004.
- 董志翹·蔡鏡浩, ≪中古虛詞語法例釋≫, 吉林敎育出版社, 1994.
- 馮勝利 著(신수영·이옥주·전기정 공역), ≪漢語的韻律, 詞法與句法(중국어의 운율과 형태, 통사)≫, 역락, 2014.
- 高育花, ≪中古漢語副詞研究≫, 黃山書社, 2007.
- 葛佳才, ≪東漢副詞系統研究≫, 岳麓書社, 2005.
- 胡裕樹·范曉 主編, ≪動詞研究≫, 河南大學出版社, 1995.
- 洪波, ≪漢語歷史語法研究≫, 商務印書館, 2010.
- 蔣紹愚, ≪近代漢語研究槪況≫, 北京大學出版社, 1994.
- _____, ≪漢語詞彙語法史論文集≫, 商務印書館, 2001.
- _____, ≪近代漢語研究槪要≫, 北京大學出版社, 2005.
- 蔣紹愚·曹廣順 主編, ≪近代漢語語法史研究綜述≫, 商務印書館, 2005.
- 解惠全·崔永琳·鄭天一 編著, ≪古書虛詞通解≫, 中華書局, 2008.
- 金理新, ≪上古漢語形態研究≫, 黃山書社, 2006.
- 梁銀峰, ≪漢語動補結構的産生與演變≫, 學林出版社, 2006.
- _____, ≪漢語趨向動詞的語法化≫, 學林出版社, 2007.
- 劉光明, ≪<顏氏家訓>語法研究≫, 合肥工業大學出版社, 2006.
- 劉月華 等, ≪實用現代漢語語法≫, 商務印書館, 2003.
- 李焱·孟繁杰, ≪<朱子語類>語法研究≫, 廈門大學出版社, 2012.
- 劉利, ≪先秦漢語助動詞研究≫, 北京師範大學出版社, 2000.
- 劉子瑜, ≪<朱子語類>述補結構研究≫, 商務印書館, 2008.
- 呂叔湘 主編, ≪現代漢語八百詞≫, 商務印書館, 2001.
- 馬貝加, ≪近代漢語介詞≫, 中華書局, 2002.
- 梅祖麟, ≪梅祖麟語言學論文集≫, 商務印書館, 2000.
- 彭利貞, ≪現代漢語情態研究≫, 中國社會科學出版社, 2007.
- 沈家煊, ≪認知與漢語語法研究≫, 商務印書館, 2006.
- 石毓智·李訥, ≪漢語語法化的歷程≫, 北京大學出版社, 2001.
- 宋文輝, ≪現代漢語動結式的認知研究≫, 北京大學出版社, 2007.
- 孫錫信, ≪近代漢語語氣詞≫, 語文出版社, 1999.

- 太田辰夫(蔣紹愚・徐昌華 譯), ≪中國語歷史文法≫, 北京大學出版社, 1987(1958).
- 太田辰夫(江藍生・白維國 譯), ≪漢語史通考≫, 重慶出版社, 1991.
- 唐賢清, ≪<朱子語類>副詞研究≫, 湖南人民出版社, 2004.
- 萬久富, ≪<宋書>複音詞研究≫, 鳳凰出版社, 2006.
- 汪維輝, ≪東漢－隋常用詞演變研究≫, 南京大學出版社, 2000.
- _____, ≪<齊民要術>詞彙語法研究≫, 上海教育出版社, 2007.
- 王鍈, ≪詩詞曲語辭例釋≫, 中華書局, 2005.
- 吳福祥, ≪敦煌變文語法研究≫, 岳麓書社, 1996.
- _____, ≪<朱子語類輯略>語法研究≫, 河南大學出版社, 2004(a).
- _____, ≪敦煌變文12種語法研究≫, 河南大學出版社, 2004(b).
- _____, ≪語法化與漢語歷史語法研究≫, 安徽敎育出版社, 2006.
- _____, 主編, ≪漢語語法化研究≫, 商務印書館, 2005.
- _____, 主編, ≪漢語主觀性與主觀化研究≫, 商務印書館, 2011.
- 吳慶峰 主編, ≪<史記>虛詞通釋≫, 齊魯書社, 2006.
- _____, 主編, ≪<論衡>虛詞通釋≫, 齊魯書社, 2011.
- 伍和忠, ≪"嘗試", "經驗"表達手段論≫, 社會科學文獻出版社, 2005.
- 向熹, ≪簡明漢語史≫, 商務印書館, 2010.
- 蕭紅, ≪<洛陽伽藍記>句法研究≫, 中國社會科學出版社, 2008.
- 楊伯峻・何樂士, ≪古漢語語法及其發展≫, 語文出版社, 2001.
- 楊小平, ≪<後漢書>語言研究≫, 巴蜀書社, 2004.
- 楊榮祥, ≪近代漢語副詞研究≫, 商務印書館, 2005.
- 楊永龍, ≪<朱子語類>完成體研究≫, 河南大學出版社, 2001.
- 兪光中・植田均, ≪近代漢語語法研究≫, 學林出版社, 2000.
- 張斌・張誼生, ≪現代漢語虛詞≫, 華東師範大學出版社, 2002.
- 張相, ≪詩詞曲語辭彙釋≫, 中華書局, 2001(1955).
- 張延俊, ≪漢語被動式歷時研究≫, 中國社會科學出版社, 2010.
- 張振德 等, ≪<世說新語>語言研究≫, 巴蜀書社, 1995.
- 張楨, ≪漢語介詞詞組詞序的歷史演變≫, 北京語言文化大學出版社, 2002.
- 趙克勤, ≪古代漢語詞彙學≫, 商務印書館, 2005.
- 志村良治(江藍生, 白維國 譯), ≪中國中世語法史研究≫, 中華書局, 1995.
- 周生亞, ≪<搜神記>語言研究≫, 中國人民大學出版社, 2007.
- 朱冠明, ≪<摩訶僧祇律>情態動詞研究≫, 中國戲劇出版社, 2008.
- Bernard Comrie(1995), 이철수・박덕유 역(1998), 『Aspect(동사 상의 이해)』, 한신문화사.
- Bernd Heine, Ulrike Claudi, Friederike Hünnemeyer, 『Grammaticalization- A Conceptual Framework』, The University of Chicago Press. 1991.
- Charles N. Li & Sandra A. Thompson 저, 박정구・박종한・백은희・오문의・최영하 역, 『표준중

국어문법(Mandarin Chinese: A Functional Reference Grammar)』, 한울아카데미, 1996.

- Chaofen, Sun, 『Word-order Change and Grammaticalization in the History of Chinese』, Stanford University Press. 1996.
- Edwin G. Pulleyblank(1995), 양세욱 역, 『고전중국어 문법강의(Outline of Classical Chinese Grammar)』, 궁리. 2005
- Elizabeth C. Traugott & Richard B. Dasher, 『Regularity in Semantic Change』, Cambridge university press, 2002.
- Joan Bybee, Revere Perkins & William Pagliuca, 박전자·김문기 역, 『문법의 진화(The Evolution of Grammar)』, 소통, 2010.
- Leonard Talmy, 『Toward a Cognitive Semantics』, The MIT Press. 2003.
- T. Givón, 김은일·박기성·채영희 역, 『기능영문법(English Grammar, a Function-Based Introduction)』, 박이정, 2002.
- Vyvyan Evans & Melanie Green, 임지룡·김동환 역, 『인지언어학의 기초(Cognitive Linguistics - An Introduction)』, 한국문화사, 2008.
- William H. Baxter & Laurent Sagart, 『Old Chinese-A new reconstruction』, Oxford university press, 2014.
- 김동환, 『인지언어학과 의미』, 태학사, 2005.
- 박원기, 『중국어와 문법화: 현대중국어의 탄생』, 학고방, 2012.
- 이성하, 『문법화의 이해』, 한국문화사, 2000.

## 3. 논문류

- 曹煒, <近代漢語竝列連詞"幷"的産生發展及其消亡>, 語文研究, 제4기, 2003.
- 陳洪·趙紀彬, <原文本≪百喩經≫成書時代以及傳譯諸況略考>, 古籍整理研究学刊, 제3기, 2012.
- 陳默, <"所以"語法化初探>, 綿陽師範學院學報>, 제7기, 2009.
- 陳前瑞·張華, <從句尾"了"到詞尾"了"―《祖堂集》, 《三朝北盟會編》中"了"用法的發展>, 語言敎學與硏究, 제3기, 2007.
- 程倩云, <＜百喩經＞中的補語>, 文學敎育, 제2기, 2013.
- 鄧慧愛, <＜百喩經＞中"盡", "悉皆"等副詞研究>, 綏化學院學報, 제2기, 2010.
- 刁玉娟, <副詞"常"和"常常"歷時演變比較研究>, 靑島大學碩士學位論文, 2011.
- 丁國欽, <漢語"自己"一詞的用法探源>, 外國語言文學, 제4기, 2007.
- 董秀芳, <古漢語中的"自"和"己">, 古漢語研究, 제1기, 2002.
- 段業輝, <中古漢語助動詞句法結構論>, 南京大學學報, 제3기, 2002.
- 范江蘭, <"於是"的語法化探析>, 民族論壇, 제4기, 2009.
- 高玉敏·盧冀峰, <漢語裏的完成體和動態助詞"了"的關係>, 語言應用研究, 2009.

- 顧頸松, <<百喩經>"得"字用法與漣水方言>, 文敎資料, 6월, 2009.
- 郭端平, <<百喩經>虛詞研究> 安徽大學碩士學位論文, 2013.
- 韓棟, <"卽便"的詞彙化初探>, 衡水學院學報, 제2기, 2009.
- 河洪峰·孫嵐, <"然後"的語法化及其認知機制>, 雲南師範大學學報, 제5기, 2010.
- 胡玉華, <<世說新語>助動詞研究>, 陝西師範大學碩士學位論文, 2001.
- 江藍生, <時間詞"時"和"後"的語法化>, 中國語文, 제4기, 2002.
- 姜仁濤, <周紹良<百喩經譯注>詞語釋義失當擧隅>, 安陽師範學院學報, 제4기, 2012.
- 姜雪, <<雜寶藏經>的助動詞研究>, 遼寧師範大學碩士學位論文, 2012.
- 蔣紹愚, <漢語動結式産生的時代>, 國學研究, 제6권, 1999.
- _____, <<世說新語>, <齊民要術>, <洛陽伽藍記>, <賢愚經>, <百喩經>中的 "已", "竟", "訖", "畢">, 語言研究, 제1기, 2001.
- _____, <魏晉南北朝的"述賓補"式述補結構>, 國學研究輯刊, 2003.
- 金春梅, <"但"字小議>, 東方論壇, 제3기, 2005.
- 李明, <漢語助動詞的歷史演變研究>, 北京大學博士學位論文, 2001.
- 李慶, <"小"的語義演變及其搭配組合>, 暨南大學碩士學位論文, 2012.
- 李淑賢, <<宋書>雙音節副詞研究>, 揚州大學碩士學位論文 2010.
- 李素英, <中古漢語語氣副詞研究>, 山東大學博士學位論文, 2010.
- 李向梅, <<三國志>裴注副詞研究>, 南京師範大學碩士學位論文, 2007.
- 李小軍·劉利, <語氣詞"者"的形成及其語氣義>, 南京師範大學文學院學報, 제4기, 2008.
- 李艶, <漢語竝列連詞的歷史演變>, 吉林大學碩士學位論文, 2003.
- _____, <<史記>連詞系統研究>, 吉林大學博士學位論文, 2012.
- 李宗江, <"卽, 便, 就"的歷時關係>, 語文研究, 제1기, 1997.
- 梁銀峰, <魏晉南北朝時期的"V+却(+O)"結構>, 貴州大學學報, 제3기, 2008.
- 劉金波, <"況"類演詞功能差異及歷時演變研究>, 江西師範大學碩士學位論文, 2011.
- 劉開驊, <論中古選擇關聯詞"爲", "爲是", "是"及其來源>, 鹽城師範學院學報, 제3기, 2005.
- _____, <試論中古漢語疑問代詞賓語的句法位置>, 南京師範大學文學院學報, 제1기, 2005.
- 劉敏, <漢語否定副詞來源與歷時演變研究>, 湖南師範大學碩士學位論文, 2010.
- 劉一豪, <結構助詞"者"的歷史演變>, 北京大學碩士學位論文, 2012.
- 柳士鎭, <<世說新語>句法特點初探>, 語言研究輯刊, 제1집, 1986.
- 李素英, <中古漢語語氣副詞研究>, 山東大學博士學位論文, 2010.
- 凌敏, <<百喩經>動詞研究>, 四川師範大學碩士學位論文, 2008.
- 盧卓群, <助動詞"要"漢代起源說>, 古漢語研究, 제3기, 1997.
- 羅雪萍, <古代漢語人稱代詞的特點>, 隴東學院學報, 제1기, 2007.

- 馬貝加, <"要"的語法化>, 語言研究, 제4기, 2002.
- 馬眞, <先秦複音詞初探>, 北京大學學報, 제1기, 1981.
- 毛志剛, <上古漢語複音因果關聯詞語>, 西南農業大學學報, 제6기, 2012.
- 茅磊閩, <<論衡>副詞研究>, 蘇州大學碩士學位論文, 2003.
- 朴元基, <<水滸傳>述補結構研究>, 復旦大學博士學位論文, 2007.
- 沈林林, <魏晉南北朝譯經疑問代詞研究>, 南京師範大學碩士學位論文, 2006.
- 孫冬妮, <上古漢語助動詞研究>, 武漢大學碩士學位論文, 2005.
- 唐立勇, <隋以前漢譯佛經中助動詞連用研究>, 湖南師範大學碩士學位論文, 2010.
- 唐爲群·張咏梅, <<百喩經>"我", "爾", "他"研究>, 湖北民族學院學報, 제2기, 2000.
- 王鴻濱, <<春秋左傳>中助動詞"可以"探源>, 漢中師範學院學報, 제2기, 2001.
- 王天佑, <"寧可"的詞彙化>, 漢字文化, 제3기, 2011.
- 王艷芳, <<百喩經>複音詞研究>, 四川大學碩士學位論文, 2007.
- 王祖霞, <先秦文獻中"足以"的結構及其詞彙化>, 安慶師範學院學報, 제4기, 2011.
- 溫振興, <程度副詞'好'及其相關句式的歷史考察>, 山西大學學報, 제5기, 2009.
- 吳福祥, <嘗試態助詞"看"的歷史考察>, 語言研究, 제2기, 1995.
- _____, <試論現代漢語動補結構的來源>, 漢語的現狀與歷史研究, 中國社會科學出版社, 1999.
- 吳國忠, <古漢語代詞'自'的語法特點>, 求是學刊, 1985.
- 吳茂剛, <魏晉六朝完成貌句式語法屬性研究述評>, 合肥師範學院學報, 제2기, 2009.
- 吳莎, <古漢語中介詞"以"和連詞"以"的用法及區別>, 開封教育學院學報, 제11기, 2014.
- 伍和忠, <上古漢語表"經驗"的手段>, 古漢語研究, 제2기, 2008.
- 謝換玲, <魏晉南北朝漢譯佛經程度副詞研究>, 中山大學碩士學位論文, 2010.
- 肖閣, <狀語位置上表程度義的"過"類詞研究>, 上海師範大學碩士學位論文, 2010.
- 徐朝紅, <中古漢語竝列連詞"幷"的發展演變>, 語言研究, 제4기, 2007.
- _____, <中古漢語佛經連詞研究>, 湖南師範大學博士學位論文, 2008.
- 薛蓓, <竝列連詞"與", "及"差異詳解>, 蘇州教育學院學報, 제2기, 2009.
- _____, <漢譯佛經連詞"及以"略說>, 晉中學院學報, 제1기, 2010.
- _____, <漢譯佛經中竝列連詞"及"簡述>, 河池學院學報, 제6기, 2013.
- 姚堯, <"或"和"或者"的語法化>, 語言研究, 제1기, 2012.
- 姚振武, <上古漢語第一人稱代詞的"形態"現象及相關思考>, 湖北大學學報, 제1기, 2015.
- 尹淳一, <<祖堂集>情態動詞及其語法化研究>, 復旦大學博士學位論文, 2014.
- 尤愼, <<百喩經>"得"字用例淺說>, 零凌師專學報, 제4기, 1994.
- 于麗娟, <試析條件連詞"但"的形成>, 內蒙古財經學院學報, 제2기, 2007.
- 俞理明, <漢語稱人代詞內部系統的歷史發展>, 古漢語研究, 제2기, 1999.
- 張建貴, <古漢語中代詞'自'的用法>, 河北師院學報, 제4기, 1988.
- 張明, <<世說新語>副詞研究>, 東北師範大學碩士學位論文, 2005.

- 張雪平, <副詞"可"的功能及其來源和演變>, 河南大學碩士學位論文, 2005.
- 趙紀彬·陳洪, <略論<百喩經>之四字格>, 名作欣賞, 2월, 2012.
- 趙亞麗, <<論衡>助動詞系統初論>, 吉林大學碩士學位論文, 2004.
- 鄭麗, <因果連詞"由", "由於"的來源與虛化過程>, 西南科技大學學報, 제6기, 2008.
- 周小婕, <<百喩經>中表完成的標記系統>, 株洲師範高等專科學校學報, 제1기, 2007.
- 朱冠明, <從中古佛典看"自己"的形成>, 中國語文, 제5기, 2007.
- 朱玲, <<百喩經>"之"字用法研究>, 南昌敎育學院學報, 제9기, 2012.
- 鄒德雄, <<百喩經>若干語法現象初探>, 鄖陽師範高等專科學校學報, 제5기, 2000.
- 박원기, <『水滸傳』중 목적어와 보어의 의미관계가 없는 'V得OC'구조에 대한 해석>, ≪중국어문학논집≫, 제51호, 2008.
- _____, <근대중국어 전치사 '就'와 '向'의 문법화와 그 기제>, ≪중국어문논총≫, 제44집, 2010.
- _____, <古漢語 조동사 '解'의 문법화와 발전>, ≪인문학연구≫, 제12집, 2011.
- _____, <고한어 양태부사 '好'의 문법화와 그 발전과정>, ≪중국어문논총≫, 제59집, 2013.
- _____, <부사 '直'의 '簡直' 의미 기능의 발전과 그 문법화>, ≪중국어문논총≫, 제61집, 2014.
- _____, <중고중국어 어기부사 '定'의 의미 분화와 문법화 과정>, ≪중국어문논총≫ 제64집, 2014.
- _____, <<百喩經> 부사연구>, ≪중국어문논총≫ 제69집, 2015.

# 허화성분 표제어 색인

**[가]**

可1(역접류관련부사) / 467

可2(긍정/강조류어기부사) / 510

可(양상동사) / 259

可以(양상동사) / 280

假使(양보접속사) / 228

各(방식부사) / 534

各各(방식부사) / 535

却(결과보어) / 306

敢(양상동사) / 271

强(상태부사) / 541

皆(총괄류범위부사) / 334

皆悉(총괄류범위부사) / 346

皆盡(총괄류범위부사) / 347

去(결과보어) / 306

去(방향보어) / 321

見(대명사성부사) / 530

見(대상전치사) / 126

兼(총괄류범위부사) / 342

更1(반복류시간부사) / 431

更2(추가부사) / 443

更3(상대류정도부사) / 483

兼(점층접속사) / 220

竟1(최종류시간부사) / 384

竟2(긍정/강조류어기부사: 도대체) / 499

竟3(긍정/강조류어기부사: 뜻밖에도) / 509

頃來(과거/이미류시간부사) / 371

竟(완성동사) / 315

故1(불변류시간부사) / 405

故2(상태부사) / 546

故(인과접속사) / 233

固(상태부사) / 546

苦(상태부사) / 547

空1(한정류범위부사) / 355

空2(상태부사) / 538

空自(상태부사) / 538

共(대상전치사) / 128

共(방식부사) / 533

共相(방식부사) / 537

壞(결과보어) / 299

久(지속불변류시간부사) / 415

俱(총괄류범위부사) / 337

苟(가설접속사) / 223

君(2인칭대명사) / 49

過(절대류정도부사) / 479

果(긍정/강조류어기부사) / 500

極(절대류정도부사) / 472

極大(절대류정도부사) / 481

及(시간전치사) / 113

及(병렬접속사) / 195

及以(병렬접속사) / 201

及乃(병렬접속사) / 203

急速(상태부사) / 549

急(상태부사) / 549

肯(양상동사) / 270

其1(3인칭대명사) / 53

其2(원칭지시대명사) / 67

己(재귀대명사) / 60

旣1(과거/이미류시간부사) / 363

旣2(병렬류관련부사) / 449

旣3(절대류정도부사) / 480

旣復(병렬류관련부사) / 450

幾(의문대명사) / 78


**[ 나 ]**

乃1(시초류시간부사) / 382

乃2(순접류관련부사) / 454

乃3(역접류관련부사) / 466

乃4(긍정/강조류어기부사) / 493

寧(의원류어기부사) / 513

寧可(의원류어기부사) / 513

能(양상동사) / 252


**[ 다 ]**

多(결과보어) / 311

多(상태부사) / 544

但(한정류범위부사) / 351

但1(역접접속사) / 238

但2(조건접속사) / 242

當(시간전치사) / 113

當(미래류시간부사) / 373

當(양상동사) / 274

當須(양상동사) / 279

唐(상태부사) / 540

唐自(상태부사) / 540

大1(절대류정도부사) / 471

大2(상태부사) / 545

大(결과보어) / 311

倒(긍정/강조류어기부사) / 508

都1(총괄류범위부사) / 343

都2(긍정/강조류어기부사) / 495

都盡(총괄류범위부사) / 346

徒1(한정류범위부사) / 352

徒2(상태부사) / 539

徒自(상태부사) / 539

到(처소전치사) / 107

獨1(한정류범위부사) / 354

獨2(상태부사) / 535

頓1(총괄류범위부사) / 342

頓2(즉시류시간부사) / 390

同(방식부사) / 533

動(결과보어) / 299

得(양상동사) / 262

得1(결과보어) / 305

得2(동상보어) / 319


**[ 라 ]**

爛(결과보어) / 299

來(명령어기조사) / 171

來(방향보어) / 320

立(즉시류시간부사) / 389


**[ 마 ]**

莫1(일반성부정부사) / 521

莫2(금지성부정부사) / 527

滿(결과보어) / 312

妄(상태부사) / 540

妄自(상태부사) / 540

每(항시류시간부사) / 420

每常(항시류시간부사) / 421

滅(결과보어) / 300

無(일반성부정부사) / 518

無(무정대명사) / 74

默然(상태부사) / 543

勿(금지성부정부사) / 528

未1(일반성부정부사) / 520

未2(기발생부정부사) / 521

未及(기발생부정부사) / 523

彌(상대류정도부사) / 486

密(상태부사) / 543


**[ 바 ]**

反(返)(긍정/강조류어기부사) / 507

返更(긍정/강조류어기부사) / 507

方1(미래류시간부사) / 375

方2(시초류시간부사) / 380

方3(불변류시간부사) / 407

倍(상대류정도부사) / 484

幷(총괄류범위부사) / 340

幷(병렬접속사) / 199

幷及(병렬접속사) / 202

復1(반복류시간부사) / 428

復2(추가부사) / 440

復更1(반복류시간부사) / 438

復更2(추가부사) / 446

本(시초류시간부사) / 379

夫(문두어기조사) / 173

分別(방식부사) / 535

不1(일반성부정부사) / 515

不2(기발생부정부사) / 524

不但(점층접속사) / 221

比(시간전치사) / 114

備(총괄류범위부사) / 341

非(판단성부정부사) / 526

頻(반복류시간부사) / 435


**[ 사 ]**

私(상태부사) / 543

死(결과보어) / 304

數(반복류시간부사) / 436

數數(반복류시간부사) / 436

殺(결과보어) / 307

常1(불변류시간부사) / 415

常2(항시류시간부사: 항상) / 417

常3(항시류시간부사: 평소에) / 417

相(방식부사) / 536

相將(방식부사) / 534

尙(지속불변류시간부사) / 409

詳(상태부사) / 547

先(선후류시간부사) / 377

先來(시초류시간부사) / 380

善(상태부사) / 550

設(가설접속사) / 224

成(결과보어) / 298

小(상대류정도부사) / 487

少(상태부사) / 544

少(결과보어) / 313

所(의문대명사) / 86

所(구조조사: 명사화) / 183

所(구조조사: 피동) / 185

素(항시류시간부사) / 420

速(상태부사) / 548

誰(의문대명사) / 78

遂1(최종류시간부사) / 386

遂2(불변류시간부사) / 409

遂3(승접류관련부사) / 456

遂便(승접류관련부사) / 465

隨時(부정시류시간부사) / 424

雖(양보접속사) / 226

雖復(양보접속사) / 227

須(양상동사) / 277

純(상태부사) / 547

是(근칭지시대명사) / 63

是故(인과접속사) / 234

是以(인과접속사) / 235

始1(과거/이미류시간부사) / 368

始2(시초류시간부사) / 382

時(즉시류시간부사) / 392

時卽(즉시류시간부사) / 398
悉(총괄류범위부사) / 338
悉皆(총괄류범위부사) / 346
實(긍정/강조류어기부사) / 490
尋(즉시류시간부사) / 391
尋復(즉시류시간부사) / 397
尋卽(즉시류시간부사) / 397
甚(절대류정도부사) / 473
甚大(절대류정도부사) / 481
甚爲(절대류정도부사) / 481
深(절대류정도부사) / 475

[아]
我(1인칭대명사) / 45
阿誰(의문대명사) / 79
也1(진술어기조사) / 153
也2(의문어기조사) / 160
也3(명령어기조사) / 169
耶(의문어기조사) / 161
若(가설접속사) / 222
於1(처소전치사) / 98
於2(시간전치사) / 110
於3(대상전치사) / 116
於是(승접접속사) / 209
汝(2인칭대명사) / 48
餘(방지대명사) / 72
與(대상전치사) / 128
與(병렬접속사) / 197
如(가설접속사) / 224
如何(의문대명사) / 82
緣(원인전치사) / 138
然(역접접속사) / 237
然後(승접접속사) / 207
亦1(동일류범위부사) / 358
亦2(병렬류관련부사) / 447

亦復(동일류범위부사) / 361
永(지속불변류시간부사) / 413
預(선후류시간부사) / 378
吾(1인칭대명사) / 46
枉(상태부사) / 542
要(역접접속사) / 240
要(긍정/강조류어기부사) / 497
要當(양상동사) / 279
欲(미래류시간부사) / 375
欲(양상동사) / 267
欲得(양상동사) / 282
用1(대상전치사) / 122
用2(도구/의거전치사) / 134
用(승접접속사) / 215
又1(반복류시간부사) / 430
又2(추가부사) / 444
又復(반복류시간부사) / 438
偶(부정시류시간부사) / 427
云何(의문대명사) / 80
願(양상동사) / 269
爲1(대상전치사: 행위자대상) / 123
爲2(대상전치사: 수익대상) / 127
爲3(원인전치사) / 137
爲(의문어기조사) / 163
爲(선택접속사) / 218
爲(결과보어) / 309
唯(한정류범위부사) / 350
猶(지속불변류시간부사) / 409
猶故(지속불변류시간부사) / 411
猶尙(양보류관련부사) / 470
由(원인전치사) / 138
由(인과접속사) / 232
逾(상대류정도부사) / 486
應(양상동사) / 272
應當(양상동사) / 279

矣(진술어기조사) / 158
宜(양상동사) / 276
宜應(양상동사) / 279
意欲(양상동사) / 282
已(과거/이미류시간부사) / 365
已(진술어기조사) / 159
已(완성동사, 동상보어) / 315
以1(시간전치사) / 112
以2(대상전치사) / 120
以3(도구/의거전치사) / 133
以4(원인전치사) / 136
以1(승접접속사) / 214
以2(인과접속사) / 230
以用(승접접속사) / 216
爾1(2인칭대명사) / 49
爾2(원칭지시대명사) / 68
爾乃(승접접속사) / 211
而1(병렬접속사) / 200
而2(승접접속사) / 204
而3(역접접속사) / 238
而復(병렬류관련부사) / 450
耳(진술어기조사) / 156
因(인과접속사) / 229
因卽(승접접속사) / 212
一旦(즉시류시간부사) / 402
一時(즉시류시간부사) / 401
一一(방식부사) / 536
一處(방식부사) / 534
入(방향보어) / 322

**[ 자 ]**
子(2인칭대명사) / 50
自(재귀대명사) / 58
自(처소전치사) / 107
者1(진술어기조사) / 150

者2(가설어기조사) / 166
者3(구조조사) / 178
作(결과보어) / 310
將(미래류시간부사) / 372
長(지속불변류시간부사) / 414
長(결과보어) / 308
暫(잠시류시간부사) / 422
在1(처소전치사) / 104
在2(시간전치사) / 111
哉(감탄어기조사) / 168
著(처소전치사) / 102
專(한정류범위부사) / 353
轉(상대류정도부사) / 485
折(결과보어) / 309
漸(점차류시간부사) / 416
定1(최종류시간부사) / 388
定2(긍정/강조류어기부사) / 494
正1(긍정/강조류어기부사: 바로) / 501
正2(긍정/강조류어기부사: 마침) / 505
足(결과보어) / 312
足以(양상동사) / 280
卒(cu)(즉시류시간부사) / 398
卒(zu)(최종류시간부사) / 387
卒爾(즉시류시간부사) / 398
從1(처소전치사) / 106
從2(시간전치사) / 115
從3(대상전치사) / 131
終1(최종류시간부사) / 384
終2(불변류시간부사) / 404
終3(긍정/강조류어기부사) / 498
縱(양보접속사) / 228
種種(방식부사) / 537
重(chong)(반복류시간부사) / 432
重(zhong)(상태부사) / 549
卽1(즉시류시간부사) / 389

卽2(승접류관련부사) / 453

卽3(긍정/강조류어기부사) / 492

卽便1(즉시류시간부사) / 393

卽便2(승접류관련부사) / 462

卽時(즉시류시간부사) / 395

直(지속불변류시간부사) / 409

則(승접류관련부사) / 451

曾(과거/이미류시간부사) / 370

之(구조조사) / 175

之1(3인칭대명사) / 54

之2(원칭지시대명사) / 68

止(한정류범위부사) / 355

至(처소전치사) / 107

眞(긍정/강조류어기부사) / 493

盡(총괄류범위부사) / 335

盡皆(총괄류범위부사) / 347

盡畢(총괄류범위부사) / 348

盡(결과보어) / 311

[ 차 ]

此(근칭지시대명사) / 62

錯(상태부사) / 542

諦(상태부사) / 548

致(승접접속사) / 212

初1(과거/이미류시간부사) / 367

初2(긍정/강조류어기부사) / 502

最(상대류정도부사) / 482

就(처소전치사) / 101

[ 타 ]

他(방지대명사) / 71

太(절대류정도부사) / 478

痛(상태부사) / 547

[ 파 ]

破(결과보어) / 300

偏(한정류범위부사) / 356

便1(승접류관련부사) / 458

便2(역접류관련부사) / 469

便3(긍정/강조류어기부사) / 504

彼1(3인칭대명사) / 55

彼2(원칭지시대명사) / 66

被(대상전치사) / 125

必(긍정/강조류어기부사) / 489

[ 하 ]

何(의문대명사) / 77

何故(의문대명사) / 80

何等(의문대명사) / 81

何物(의문대명사) / 84

何所(의문대명사) / 85

何時(의문대명사) / 82

何用(의문대명사) / 85

何爲(의문대명사) / 81

何由(의문대명사) / 83

何以(의문대명사) / 83

何足(의문대명사) / 86

何處(의문대명사) / 82

何必(의문대명사) / 85

下(방향보어) / 322

咸(총괄류범위부사) / 340

咸皆(총괄류범위부사) / 348

恒(항시류시간부사) / 419

解(양상동사) / 255

向(과거/이미류시간부사) / 366

虛(상태부사) / 539

虛自(상태부사) / 539

好1(절대류정도부사) / 476

好2(상태부사) / 551

乎(의문어기조사) / 162
互相(방식부사) / 537
或(무정대명사) / 75
或1(부정시류시간부사) / 426
或2(추측류어기부사) / 512
或復(추측류어기부사) / 512
忽(즉시류시간부사) / 400
忽然(즉시류시간부사) / 400

忽爾(즉시류시간부사) / 400
況復(점층접속사) / 220
還(반복류시간부사) / 433
還復(지속불변류시간부사) / 412
橫(상태부사) / 541
訖(완성동사) / 316
喜(상태부사) / 550

## 저자소개

**박원기**(朴元基)

* 현) 원광대학교 중국학과 교수
* 고려대학교 대학원 중문과 석사과정 졸업
* 上海 復旦大學 중문과 박사과정 졸업
* 석사과정에서는 중국성운학을 전공하였고, 박사과정에서는 근대한어어법을 전공하였다. 최근에는 문법화 이론 등을 중심으로 한 중국 역사어법 연구에 전념하고 있다.

* 주요논저
  『한국인을 위한 중국어교육법(언어요소편, 언어기능편)』 최우석·박원기 역, 박이정, 2012/2014
  『중국어와 문법화: 현대중국어의 탄생』 박원기 저, 학고방, 2012
  『중국어교수법연구』 김영민·박원기·전기정 역, 박이정, 2015년
  「중고중국어 어기부사 '定'의 의미 분화와 문법화 과정」(중국어문논총, 제64집, 2014)
  외 다수

중고중국어의 세계

# 百喩經의 언어

초판 인쇄  2015년 12월  10일
초판 발행  2015년 12월  21일

지 은 이 | 박 원 기
펴 낸 이 | 하 운 근
펴 낸 곳 | 學古房

주    소 | 경기도 고양시 덕양구 통일로 140 삼송테크노밸리 A동 B224
전    화 | (02)353-9908  편집부(02)356-9903
팩    스 | (02)6959-8234
홈페이지 | http://hakgobang.co.kr
전자우편 | hakgobang@naver.com,  hakgobang@chol.com
등록번호 | 제311-1994-000001호

ISBN     978-89-6071-557-8  93720

값 : 50,000원

이 도서의 국립중앙도서관 출판시도서목록(CIP)은 서지정보유통지원시스템 홈페이지
(http://seoji.nl.go.kr)와   국가자료공동목록시스템(http://www.nl.go.kr/kolisnet)에
서 이용하실 수 있습니다.(CIP제어번호: CIP2015033868 )